Governança

ADMINISTRAÇÃO E OPERAÇÃO DE HOTÉIS

TERCEIRA EDIÇÃO

Governança

ADMINISTRAÇÃO E OPERAÇÃO DE HOTÉIS

TERCEIRA EDIÇÃO

Robert J. Martin

Professor, Departamento de Gerenciamento Hoteleiro
Faculdade William F. Harrah de Administração Hoteleira
Universidade de Nevada, Las Vegas

ROCA

ISBN: 85-7241-537-8

Tradução

Gleice R. Guerra
Administradora Hoteleira, Bacharel em Turismo e Economista. Consultora, Pesquisadora e Professora de Cursos de Graduação e Pós-graduação em Turismo e Hotelaria

Gleidis R. Guerra
Fonoaudióloga, Psicopedagoga e Mestranda em Distúrbios da Comunicação. Professora. Coordenadora Técnico-pedagógica do Centro Municipal de Educação Inclusiva da Prefeitura Municipal de Mauá

Mariana A. Carvalho
Bacharel em Turismo e Mestre em Ciências da Comunicação pela Universidade de São Paulo. Professora da Pontifícia Universidade Católica de Minas Gerais - Poços de Caldas

CIP-BRASIL CATALOGAÇÃO-NA-FONTE
SINDICATO NACIONAL DOS EDITORES DE LIVROS, RJ

M334g

Martin, Robert J., 1927-1997
Governança : administração e operação de hóteis / Robert J. Martin ; [tradução Gleice R. Guerra, Gleidis R. Guerra, Mariana A. Carvalho]. – São Paulo : Roca, 2004.

Tradução de: Professional management of housekeeping operations, 3rd ed
Inclui bibliografia
ISBN 85–7241–537–8

1. Hotéis, pensões, etc. - Administração.
I. Título.

04-1305. CDD 647.94068
CDU 640.41

2005

Todos os direitos para a língua portuguesa são reservados pela

EDITORA ROCA LTDA.
Rua Dr. Cesário Mota Jr., 73
CEP 01221-020 – São Paulo – SP
Tel.: (11) 3331-4478 – Fax: (11) 3331-8653
E-mail: vendas@editoraroca.com.br – www.editoraroca.com.br

Impresso no Brasil
Printed in Brazil

Aos gerentes e executivos do futuro que abriram caminho para a governança
e à Betty

Agradecimentos

Nossos agradecimentos especiais aos muitos leitores da primeira e da segunda edição pelos comentários elogiosos. Ao longo dos anos, temos mantido pastas de arquivos para cada capítulo, dentro das quais guardamos fragmentos de idéias, pedaços de papéis, artigos de jornais, revisões de livros e notas de seminários. Cada uma das pastas serviu de base para a atualização de dados, novas idéias, esclarecimentos e partes refeitas. Contudo, os usuários se depararão com uma estrutura do livro essencialmente inalterada, embora seu conteúdo tenha sofrido grande mudança.

Gostaríamos de agradecer mais uma vez ao Sr. Bruce White, presidente da White Lodging Services, por nos permitir continuar utilizando o Radisson, na Star Plaza, Merrillville, Indiana, como hotel-modelo para os exercícios sobre abertura, escala e orçamento dos departamentos de governança.

Também somos gratos às gerências do Excalibur Hotel and Casino (4.032 unidades habitacionais) e do Marriott's Resident Inn (especialmente à Sra. Kathy Ness), pela permissão para fotografar suas acomodações a fim de incluí-las nesta edição.

Gostaríamos de agradecer, ainda, às gerências de três hotéis que foram incluídos nesta edição, o Mirage Resort and Casino (3.044 unidades habitacionais), o MGM Grand Hotel and Casino (5.005 unidades habitacionais) de Las Vegas, em Nevada, e o Four Seasons Hotel de Houston, no Texas, que nos permitiram estudar seus estabelecimentos e contar suas histórias por meio de fotografias de suas propriedades.

Queremos agradecer especialmente ao Dr. Henry Mintsberg, da Universidade McGill, em Toronto, no Canadá, por ajudar-nos a entender que a administração é mais do que apenas princípios, e ao Dr. Thomas Atchison, do Grupo de Consultoria Atchison, de Oakpark, em Illinois, por provocar-nos com a discussão sobre ser demasiadamente administrador e pouco líder.

Gostaria de expressar minha sincera gratidão ao meu assistente de graduação, Sr. David Bell (mestrando), da Faculdade William F. Harrah de Administração Hoteleira, da Universidade de Nevada, em Las Vegas, cuja contribuição permitiu atualizar os números de acordo com informações do século XXI. Não fosse sua coragem de refazer páginas e mais páginas contendo dados numéricos, provavelmente esta edição ainda estaria dentro da gaveta.

O editor agradece ao Professor Tom Jones, da Universidade de Nevada, em Las Vegas, por ter ajudado na publicação desta edição.

Prefácio

Dezoito anos se passaram desde que a caneta foi pega pela primeira vez para esboçar o que se tornou, cinco anos depois, a primeira edição deste livro. Na segunda edição, com a contribuição do co-autor Thomas Jones, houve uma grande melhora no Capítulo 1, a respeito dos princípios da administração, bem como a inclusão de quatro importantes capítulos que envolvem o planejamento de material, equipamento, mobiliário e enxoval. Além disso, foi acrescentado um importante capítulo sobre serviços ambientais. Surpreendentemente, de todo o conteúdo do livro, muitas partes envolvendo métodos e sistemas mantiveram-se essencialmente iguais. Porém, mudanças ocorrem, quer aceitemos isso ou não. Se não as administrarmos, podemos ser dominados por elas de maneira desastrosa.

Nesta edição foi adicionado o trabalho de outro teórico em administração, Henry Mintzberg, ao Capítulo 1. Pesquisas indicam que a grande maioria dos gerentes tem bons conhecimentos dos princípios da administração, mas, quando questionados, não conseguem dizer *o que fazem*. Inserimos aqui os resultados dos estudos de Mintzberg, que postulam dez coisas que os administradores, em geral, *fazem*. Há também a apresentação do especialista e consultor Thomas Atchison, que revela seu ponto de vista sobre relações significativas entre gestão e liderança. Atchison comenta que há muito tempo a América tem sido demasiadamente gerenciada e pouco liderada e que já é hora de olhar mais de perto para as contribuições e produções intrínsecas à liderança, se quisermos inspirar seguidores, bem como de formar colaboradores de qualidade, a quem possamos delegar responsabilidades.

Grande parte dos capítulos permaneceu essencialmente intacta, mas nos empenhamos em padronizar a denominação dos funcionários de linha de frente do Departamento de Governança (aqueles que limpam as acomodações de hóspedes). Acredita-se que o ciclo finalmente evoluiu. O que era a princípio *a empregada* passou a ser a camareira, a supervisora de andares e, finalmente, a GRA (isto é, a *guest room attendant**).

Ampliamos a lista de hotéis que haviam sido apresentados na edição anterior. Embora continuemos a apresentar o Radisson Hotel, na Star Plaza em Merrillville, Indiana, como nosso hotel-modelo para todas as demonstrações de sistemas e trabalhos práticos e a usar o Excalibur Hotel and Residence Inn de Las Vegas, incluímos, em fotografia, o Mirage Resort, com 3.044 unidades habitacionais, o MGM Grand Hotel de Las Vegas, com 5.005 unidades habitacionais, e o Four Seasons Hotel, no centro da cidade de Houston, no Texas.

A Lei dos Americanos com Deficiências (*American Disabilities Act*, ADA), que exige *conhecimento e ação adequada*, é discutida para ampliar nossa compreensão dos requisitos que devem ser seguidos em concordância com as medidas cabíveis na indústria hoteleira.

Mais de 70 fotografias foram substituídas. Todas as tabelas do Capítulo 11 foram refeitas de modo a

* **N. do T.:** Atendente de Acomodação de Hóspedes. Como essa terminologia ainda não é utilizada no Brasil e uma vez que a hotelaria brasileira de padrão superior é formada por grande número de cadeias e administradoras internacionais, portanto, com ampla utilização de termos estrangeiros, optou-se por manter a nomenclatura original em inglês.

atualizar os exemplos numéricos e o processo orçamentário de acordo com dados do século XXI.

O recém-incluído Capítulo 12 aborda procedimentos para piscinas. Como, em vários casos, a governanta executiva é responsável pelo funcionamento e pela administração da piscina, são apresentados *pequenos detalhes* sobre a limpeza da água e o equilíbrio químico.

O Capítulo 13 versa sobre os agentes patogênicos no sangue e esboça o que deve ser feito em obediência às mudanças nas regulamentações da Segurança Ocupacional e Administração de Saúde (*Occupational Safety and Health Administration*, OSHA*) com relação a esse assunto.

O capítulo sobre Segurança e Manutenção Patrimonial foi melhorado no que se refere a atividades negligenciadas, e nele apresenta-se o mais recente *plano de ação de emergência* do *Holiday Hospitality Corporation* (Apêndice G).

O importante papel das mulheres na indústria permanece. Além disso, as terminologias contendo suposição de gêneros, especialmente *mordomo* e *camareira* mudaram. Atualmente, títulos não relacionados ao gênero, como *GRA* e *ajudante de governança*, constituem o padrão.

Assim como nas outras edições, é importante reconhecer que, embora a demanda de material seja semelhante à de uma operação inicial, com um plano de ação adequado e o envolvimento ativo do pessoal, cada passo proporcionará novas competências em termos de tempo e produtividade para operações futuras, seja em um hospital ou em um hotel.

* **N. do T.:** No Brasil, seria o equivalente à Agência Nacional de Vigilância Sanitária.

Índice

Parte Um

A Profissão de Governança e os Princípios da Administração

As pessoas sempre viajaram, portanto, sempre houve necessidade de governantas e de hospitalidade. A função dessas profissionais mudou ao longo dos anos, passando da realização de tarefas específicas à administração de pessoas, materiais e outros recursos necessários para o cumprimento das tarefas. A Parte Um aborda essas mudanças e verifica como o desenvolvimento da ciência da administração relaciona-se com a profissão de governanta executiva. Prossegue, então, com a classificação dos princípios da administração de Mackenzie, que incluem as funções seqüenciais de planejamento, organização, liderança de pessoal, direção e controle. Essa seqüência será usada como estrutura de organização para a Parte Dois e a Parte Três. A Parte Um desta edição também apresenta o Preparo para a Mudança, de Atchison, em que ele distingue a gestão de sistemas e programas dos assuntos de liderança. (A Parte Quatro tratará de tópicos especiais e oferecerá um resumo deste livro.)

1

A Governanta Executiva e a Administração Científica

OBJETIVOS DO CAPÍTULO

1. Entender como a função de governanta mudou ao longo dos anos.
2. Ver como a ciência da administração se relaciona com a profissão de governanta executiva.
3. Investigar os princípios da administração, conforme apresentado por R. Alec Mackenzie.

Durante os últimos 30 anos, a profissão de governanta executiva passou do reino da arte para o da administração científica. Anteriormente, governantas profissionais aprendiam habilidades técnicas relacionadas com a manutenção da limpeza de uma casa. Hoje, a governanta executiva e outros funcionários de supervisão de governança não só estão aprendendo a fazer tal serviço, como também a planejar, organizar, lidar com o pessoal, dirigir e controlar operações de governança. Eles estão aprendendo como inspirar outras pessoas a executar o serviço com alto nível de qualidade, interesse e compromisso com a eficiência e o controle de custo. Para entender como a arte se molda à ciência, serão traçadas as origens da governança profissional e da administração científica.

Origens da Hospitalidade e da Governança

Hospitalidade é a recepção cordial e generosa e o entretenimento de hóspedes ou estrangeiros, tanto social como comercialmente. Lendo essa definição, pode-se ter a idéia de uma casa aberta e de um anfitrião de braços abertos, de um lugar em que as pessoas podem ser cuidadas. Independentemente das razões que levarem as pessoas a se hospedar em outra casa, elas precisarão de cuidados. Elas precisarão de um local limpo e confortável para descansar ou dormir, de alimentação, de uma área para se socializar e conhecer pessoas, ter acesso a mercados e lojas e contar com um ambiente seguro.

Os americanos têm sido freqüentemente descritos como um povo em movimento, uma sociedade móvel, e já nos primórdios necessitaram de cama e hospedagem. No início dos anos 1700, viajantes se depararam com uma hospitalidade semelhante à de seus países de origem, embora, muitas vezes, essas acomodações fossem estalagens, missões ou residências particulares e a governança incluísse apenas uma cama de palha, trocada semanalmente.

As instalações espalhadas pela América condiziam com a demanda do público viajante, e dados da época indicam que geralmente havia outras opções nos centros comerciais e nas estradas. A decisão sobre o melhor local era tomada como hoje, com base na oferta de melhor alimentação, segurança noturna e dependências limpas. Embora as hospedarias fossem rústicas, eram locais em que era possível saber as notícias do dia, socializar-se, resolver os problemas da comunidade e descansar.

Com o desenvolvimento dos meios de transporte – rodoviário, fluvial, ferroviário e aéreo –, os americanos se tornaram ainda mais nômades. Hospedarias, hotéis, alojamentos móveis, *resorts* e similares mantiveram o ritmo de desenvolvimento, tombados, construídos à beira da estrada ou reformados de modo a atender às demandas de qualidade.

Assim como o viajante do passado, os viajantes de hoje têm várias opções de escolha. Portanto, é preciso considerar seriamente por que um determinado hotel ou uma hospedaria pode ser escolhido em detrimento de outro. Há necessidade de manter a competitividade no que se refere a cada um dos aspectos mencionados – alimentação, aposentos limpos, atmosfera sociável, espaço para reuniões e segurança. Contudo, as prioridades relacionadas a essas áreas de necessidade permanecem na esfera de uma filosofia individual de administração de propriedade.

Criando Atitudes Adequadas

Além dos aspectos de hospitalidade discutidos, a governança profissional requer funcionários com sentimento de satisfação. Eles devem demonstrar preocupação com os hóspedes, o que os fará querer voltar, ingrediente essencial para o desenvolvimento da ocupação e o sucesso dos negócios hoteleiros. Essa satisfação é mais bem mensurada pela intensidade com que os GRA* (*guest room attendants* ou supervisores de andares) mostram aos hóspedes, por meio de suas atitudes, de seu interesse e de seu comportamento, "Bem-vindos! Estamos felizes por escolherem ficar conosco. Nós nos preocupamos com vocês e queremos que sua visita seja uma ocasião memorável. Se houver algum problema, por favor, avisem-nos para que possamos resolvê-lo imediatamente".

A principal responsabilidade da governanta executiva é desenvolver essa consciência em seus funcionários; isso é tão importante quanto a limpeza dos banheiros, a arrumação das camas e o preparo dos apartamentos para ocupação. Neste texto, serão apresentadas técnicas para o desenvolvimento de tais atitudes nas equipes de governança.

* N. do T.: *Conforme mencionado no prefácio, a sigla GRA, de guest room attendant* (atendente de acomodação de hóspede), é utilizada pelo autor deste livro para designar o cargo de camareira, e foi mantida na tradução.

Origens da Administração

Ao mesmo tempo que a profissão de governança evoluía, também era desenvolvida a administração profissional. Na verdade, evidências sugerem que no Egito e na Grécia, há mais de seis mil anos, grupos sociais complexos necessitavam de gerenciamento e administração. É possível sugerir evidências de estudos e formulações sobre o processo de gerenciamento já na época de Moisés. Henry Sisk[1] lembra que, de acordo com a Bíblia (Êxodo 18:13-26), Getro, sogro de Moisés, observou que o genro dispendia muito tempo ouvindo as reclamações de seu povo. Por isso, criou um plano para lidar com os problemas, o qual livraria Moisés do tédio desse tipo de administração. Emergiu, assim, um sistema de delegação a tenentes. Pode-se, pois, conferir a Getro créditos pelo estabelecimento de vários dos princípios de administração reconhecidos hoje: os princípios da **linha de organização**, **extensão de controle** e **delegação**.

Escolas Teóricas de Administração

Embora esteja aquém do escopo deste livro apresentar um exame exaustivo e uma análise comparativa de todas as abordagens da teoria de administração criadas nos últimos 2.000 anos, a proposta desta seção é tentar identificar as grandes escolas de teoria de administração e relacionar as teorias à operação de governança moderna.

A Escola Clássica

A **escola clássica** da teoria da administração pode ser dividida em duas linhas de interesse distintas: **teoria da administração e administração científica**. A teoria da administração preocupa-se principalmente com o gerenciamento da organização total, ao passo que a administração científica está preocupada com o funcionário e com a melhora da eficiência da produção por meio da análise do trabalho, utilizando-se do método científico. Essas duas correntes da escola clássica devem ser vistas mais como complementares do que como concorrentes.

Teoria da Administração

Considerado por muitos como o pai da teoria da administração, Henry Fayol[2] (1841-1925) foi um engenheiro francês que se tornou diretor administrativo de uma empresa de mineração. Fayol buscou aplicar princípios científicos ao gerenciamento de toda a organização. Seu trabalho mais famoso, *Administratim Industrielle et General* (Administração Industrial e Geral), publicado pela primeira vez em 1916 e, posteriormente, em inglês, no ano de 1929, é considerado por muitos um clássico da teoria da administração.

Fayol afirmava que o processo de administração era caracterizado por cinco funções:

1. Planejamento – especificação de metas e de que viabilizem seu cumprimento pela empresa.
2. Organização – maneira pela qual a estrutura organizacional é estabelecida e como a autoridade e a responsabilidade são passadas aos gerentes, tarefa conhecida como **delegação.**
3. Comando – como os gerentes comandam seus funcionários.
4. Coordenação – atividades planejadas para estabelecer uma relação entre todos os esforços da organização voltados ao cumprimento de uma meta comum.
5. Controle – como os gerentes avaliam o desempenho dentro da organização no tocante a seus planos e metas[3].

Fayol também é conhecido por seus Quatorze Princípios de Administração e por sua crença de que as habilidades administrativas podem ser ensinadas em uma sala de aula.

Administração Científica

A obra de Fayol sobre o gerenciamento do trabalho foi complementada por Frederick W. Taylor[4] (1856-1915), o pai da administração científica. Taylor foi um indivíduo intenso (alguns o chamariam de obsessivo) que se empenhou em aplicar o método científico ao ambiente de trabalho. Em 1912, ele apresentou sua própria definição de **administração científica** para um comitê na Câmara de Deputados dos Estados Unidos, declarando o que ela *não era*:

> Administração Científica não é qualquer ferramenta eficiente, nem um dispositivo de qualquer tipo que assegure a eficiência; também não é qualquer ramo ou grupo de instrumentos de eficiência. Não é um novo sistema de demonstração de custos; não é um novo esquema de remuneração; não é um sistema de empreitada; não é um sistema de bônus, tampouco uma forma de observação e registro. Não é o estudo do tempo, não é o estudo do movimento nem uma análise dos deslocamentos dos homens.

Embora Taylor tenha concluído sua definição de administração científica num estilo semelhante, ele não se posicionou contra o uso das ferramentas mencionadas. Ele sustentava que a administração científica era uma verdadeira *revolução mental* e que o **método científico** era a única base para obter informações das quais se pudessem extrair fatos, tirar conclusões, fazer recomendações e agir. A contribuição de Taylor foi essencial para o entendimento de como administrar um projeto e as pessoas nele envolvidas.

Em seus ***Princípios da Administração Científica,*** publicado em 1911, ele delineou os quatro princípios que constituem a administração científica:

1. Desenvolver, para cada elemento do trabalho de um homem, uma ciência que substitua o velho método empírico.
2. Selecionar o trabalhador cientificamente e, então, treiná-lo, ensiná-lo e desenvolvê-lo, considerando que, no passado, ele escolheu seu próprio trabalho e treinou a si mesmo da melhor maneira possível.
3. Cooperar vigorosamente com os trabalhadores, de modo a assegurar que todo o trabalho realizado esteja de acordo com os princípios da ciência que têm sido desenvolvidos.
4. Divisão quase igualitária do trabalho e das responsabilidades entre a administração e os trabalhadores, enquanto, no passado, quase todo o trabalho e a maior parte da responsabilidade recaíam sobre os trabalhadores[5].

Taylor também salientou que a revolução mental precisava ocorrer tanto na mente dos trabalhadores como na dos administradores.

Escola da Ciência da Administração

Um produto do Taylorismo é a escola da **ciência da administração,** ou, como é conhecida alternativamente, a **pesquisa operacional.** Essa ciência é definida como a aplicação dos métodos científicos na análise e na solução de problemas de decisão administrativa. A aplicação de modelos matemáticos em decisões executivas resultou da união dos esforços americanos e ingleses durante a Segunda Guerra Mundial para empregá-los nas decisões militares, nos níveis estratégico e tático.

Escola Behaviorista (Comportamental)

O antecessor das escolas de administração **humanísticas** foi o escocês Robert Owen, um operador de máquina têxtil do século XIX[6]. Ele acreditava que os trabalhadores precisavam ser "mantidos em bom estado de conservação". Owen instigava outras fábricas a aderir à sua preocupação no tocante à valorização dos recursos humanos empregados por elas. Segundo ele, o retorno dos investimentos nos recursos humanos excederia em grande escala investimentos similares em maquinários e equipamentos.

Infelizmente, só nos anos 1920 resultados de estudos desenvolvidos na Hawthorne, por Elton Mayo, reforçaram a posição de Owen e chamaram a atenção dos administradores americanos.

Mayo[7] (1880-1949) era membro da Faculdade de Administração de Negócios da Universidade de Harvard quando começou a estudar, em 1927, os funcionários da Hawthorne Works, da Western Electric Company de Chicago. A partir desse estudo, Mayo *et al.* concluíram que, além dos aspectos físicos do trabalho, outros fatores influenciavam na produtividade, tais como aspectos sociais e psicológicos dos trabalhadores e suas relações com a administração e com os colegas.

O trabalho de Mayo demonstrou eficazmente aos administradores que, para aumentar a produtividade no ambiente de trabalho, deveriam desenvolver habilidades de relações humanas, bem como os métodos de administração científica de Taylor e de outros teóricos clássicos.

Natureza do Administrador

A escola behaviorista não termina com Mayo. Douglas McGregor reuniu algumas premissas sobre a teoria administrativa tradicional ou centrada no trabalho sob o título de *Teoria X*. Essas premissas resumem-se a quatro afirmações[8]:

1. O trabalho, quando não causa repulsa, é uma tarefa árdua que deve ser cumprida para que se possa sobreviver.
2. O ser humano tem uma antipatia inerente com relação ao trabalho e o evitará, se puder.
3. Em razão da antipatia em relação ao trabalho, característica humana, a maioria das pessoas precisa ser coagida, conduzida, controlada ou ameaçada com punições que as induza a se esforçar adequadamente para alcançar os objetivos organizacionais.
4. O ser humano prefere ser conduzido, deseja eximir-se de responsabilidades, relativamente, tem pouca ambição e, sobretudo, quer segurança*.

Dito simplesmente, a Teoria X indica que não há satisfação intrínseca no trabalho, que os seres humanos o evitam tanto quanto possível, que é necessária uma orientação positiva para que se atinjam as metas organizacionais, e que os trabalhadores possuem pouca ambição ou originalidade.

McGregor também apresentou a **Teoria Y**, oposta à Teoria X. Suas seis premissas para a Teoria Y são as seguintes[9]:

1. O dispêndio de esforço físico e mental no trabalho é tão normal quanto o gasto ao brincar ou ao descansar. O ser humano não antipatiza com o trabalho inerentemente. Sob certas condições controláveis, o trabalho pode constituir fonte de satisfação e ser realizado voluntariamente.
2. O controle externo e as ameaças de punição não são os únicos meios de obter esforços para a consecução dos objetivos organizacionais. O homem exercitará a autocondução e o autocontrole a serviço dos objetivos com os quais se comprometeu.
3. O compromisso com os objetivos é uma função das recompensas associadas com suas realizações. As recompensas mais significativas, como, por exemplo, as necessidades de satisfação do ego e de auto-realização, podem ser produtos diretos dos esforços relacionados aos objetivos organizacionais.
4. Sob condições adequadas, o ser humano aprende não só a aceitar, mas também a buscar responsabilidades. A abstenção de responsabilidades, a falta de ambição e a ênfase na segurança são conseqüências gerais da experiência, e não características inerentes ao homem.
5. A capacidade de exercitar níveis relativamente altos de imaginação, inocência e criatividade na solução de problemas organizacionais está amplamente – e não limitadamente – distribuída entre a população.
6. Sob as condições da vida industrial moderna, as potencialidades intelectuais dos seres humanos são utilizadas apenas parcialmente.

Um ponto importante é que as diferentes visões propostas pela Teoria X e pela Teoria Y de McGregor

* As premissas 2, 3, e 4 foram extraídas diretamente de McGregor (referência bibliográfica 4). A premissa 1 foi incluída como uma afirmação explícita da natureza do trabalho que provoca a reação humana.

são transmitidas pelos administradores em seu contato diário com seus funcionários e em suas atitudes.

Satisfações e Insatisfações

Outro importante teórico da escola behaviorista foi Frederick Herzberg. Com seus colegas do Serviço de Psicologia de Pittsburgh[10], ele descobriu que as experiências que criam atitudes positivas em relação ao trabalho são provenientes do próprio trabalho, funcionando como **geradoras de satisfação** ou motivadoras. Em outras palavras, a satisfação é criada pelo desafio e pelo caráter intrigante do trabalho.

O segundo grupo de fatores relacionados com a produtividade no trabalho são as condições externas a ele. Fatores como remuneração, condições de trabalho, políticas empresariais e qualidade da supervisão fazem parte do ambiente de trabalho, mas são externos às tarefas a ele relacionadas. Quando esse grupo de fatores é inadequado, ou seja, quando essas condições não são boas, elas constituem **insatisfações** ou desmotivações. Contudo, ainda que os fatores sejam adequados, não motivam, necessariamente, os funcionários por muito tempo; eles são capazes de fazê-lo apenas por pouco tempo.

Dito de outra maneira, Herzberg argumentou que a presença de satisfações tende a motivar as pessoas a empreenderem grandes esforços e a melhorarem seu desempenho. A ausência de insatisfações não tem efeito permanente na motivação positiva; contudo, a presença de insatisfações tende a desmotivar os funcionários.

Administração Participativa

Rensis Likert[11], outro líder behaviorista, introduziu o termo **administração participativa** (caracterizada pela participação do trabalhador nas discussões que dizem respeito às decisões que os afetam).

A participação se efetiva quando a administração permite aos trabalhadores discutir suas próprias observações e idéias com as gerências departamentais. (Tais técnicas têm sido vistas como alguns dos maiores motivadores do desempenho qualitativo em uma operação de governança.) Essa técnica será aprofundada quando forem discutidas a ética e a motivação dos funcionários. A **Teoria Z**[12], o mais bem cotado modelo japonês de gerenciamento, está fortemente baseada nesse modelo de administração participativa.

Matriz da Administração

Blake *et al.*[13] apresentaram uma idéia revolucionária a respeito dos métodos que subsidiam o processo de pensamento envolvido na tomada de decisões. Eles descobriram que se poderia estabelecer uma **matriz administrativa** em que a máxima/mínima preocupação com a produção se equiparasse à máxima/mínima preocupação com a equipe. A matriz administrativa procura definir as várias maneiras que as pessoas pensam para tomar decisões. Saber por que as pessoas pensam ou sentem as coisas de uma determinada maneira pode ter uma grande influência na qualidade do comprometimento de uma decisão grupal, especialmente quando isso vem a resolver conflitos. Blake e Mouton defendem que os melhores gerentes têm grande preocupação com a produção e com as pessoas que fazem parte da organização.

Um dos mais recentes esforços para o envolvimento do grupo nas tomadas de decisões é derivado da maior preocupação com a perda de prestígio da indústria automobilística norte-americana em seu próprio mercado. Em especial, administradores e trabalhadores japoneses cunharam o termo **círculo de qualidade**, que é uma maneira de explicar o envolvimento total do trabalhador nos processos e nas decisões administrativas de produção e de qualidade que irão, em última instância, afetar seu bem-estar. Círculos de qualidade estão sendo minuciosamente estudados nos Estados Unidos e utilizados para ajudar a reacender a produção automobilística.

Liderança Situacional

A **liderança situacional**[14] ou a **abordagem contingencial**[15] para a administração afirma que não há uma abordagem aceita universalmente para um problema de administração, sustentando que problemas diferentes requerem soluções também diferentes. Talvez essa seja a abordagem que melhor reflete a natureza complexa da administração no espaço organizacional. Adeptos dessa abordagem concordam que não há "a melhor" maneira de administrar; a flexibilidade é o segredo do sucesso administrativo. Os trabalhos de Fred Fiedler[16], Victor Vroom[17] e Ken Blanchard e Paul Hersey[18] contribuíram para esse modelo.

Então, O Que os Gerentes Fazem?

Caso faça essa pergunta a um gerente, você provavelmente receberá uma resposta hesitante, que levará a declarações como: "O que eu faço?", "Isso é difícil de dizer", "Eu sou responsável por muitas coisas" ou "Eu verifico se as coisas estão caminhando"; nenhuma dessas declarações, no entanto, responde à pergunta feita. Após estudar as agendas de alta e média gerência por muitos anos e estender as observações a líderes de gangues de rua, a presidentes dos Estados Unidos, a administradores de hospitais, a celebridades e a presidentes de empresas, Mintzberg[19] conseguiu codificar o comportamento gerencial da seguinte maneira:

1. As tarefas dos gerentes são extraordinariamente semelhantes. O trabalho dos chefes, presidentes, administradores públicos e de outros gerentes pode ser descrito em termos de dez papéis básicos e seis conjuntos de características de trabalho.
2. As diferenças reais no trabalho dos administradores podem ser descritas em termos de papéis e características comuns, que podem ser suavizadas ou realçadas, com ênfase em certos papéis.
3. Como normalmente se imagina, grande parte do trabalho dos administradores é desafiadora e inesperada. Contudo, todo administrador tem obrigações e deveres comuns e regulares, particularmente no que diz respeito ao fluxo de informações e à manutenção de um sistema de *status*. Além disso, a prática de caracterizar algumas tarefas específicas dos gerentes como não gerenciais (como, por exemplo, lidar com clientes ou negociar contratos), embora comum, parece arbitrária. Quase todas as atividades realizadas por eles, ainda que façam parte das operações regulares da empresa, estão relacionadas, em última instância, a seu papel de gerente.
4. Administradores são, ao mesmo tempo, generalistas e especialistas. Em suas organizações, são generalistas e focam o fluxo geral de informações e o manejo de problemas. Entretanto, como administradores, são especialistas. O trabalho de gestão envolve papéis e habilidades específicos. Infelizmente, pouco se sabe sobre essas habilidades; conseqüentemente, as escolas de administração pouco fizeram, até agora, para ensiná-los de forma sistemática.
5. Muito do poder do gerente se justifica pela informação que detém. Como tem acesso a várias fontes de informação – algumas delas vetadas aos demais funcionários –, o gerente desenvolve uma base de dados que o capacita a tomar decisões mais efetivas do que os trabalhadores. Infelizmente, ele recebe muitas informações verbalmente e, por carecer de meios eficazes para disseminá-las, tem dificuldades em delegar tarefas no tocante à tomada de decisões. Conseqüentemente, arca com toda a responsabilidade do sistema estratégico organizacional.
6. O principal risco ocupacional do gerente é a superficialidade. Em razão da natural abrangência de seu trabalho e da responsabilidade pelo processamento da informação e pela elaboração de estratégias, ele é induzido a arcar com uma grande quantidade de trabalho e a fazer tudo muito superficialmente. Em conseqüência, seu ritmo é pesado e suas as atividades são caracterizadas pela brevidade, variedade e fragmentação. O trabalho do gerente não desenvolve planejadores reflexivos; ao contrário, origina manipuladores de informação adaptável que preferem um ambiente de estímulo-resposta.
7. Não há ciência no trabalho gerencial. Os gestores trabalham essencialmente como sempre o fizeram, com informações verbais e processos intuitivos (não explicitados). O teórico de administração quase não tem influenciado o trabalho dos gerentes.
8. O gerente vive num círculo vicioso. As pressões do trabalho o forçam a adotar certas características, como a fragmentação da atividade e a ênfase na comunicação verbal, que dificultam o assessoramento por um teórico de administração e que o conduzem à superficialidade. Isso leva a características mais pronunciadas e ao aumento das pressões do trabalho. À medida que os problemas enfrentados pelas organizações se tornarem mais complexos, a alta administração irá se deparar com pressões ainda maiores.
9. O teórico de administração pode ajudar a romper esse círculo auxiliando o gerente no que se refere ao processamento de informações e à elaboração de estratégias, desde que compreenda melhor o trabalho gerencial e que possa ter acesso à base de dados verbais.
10. O trabalho gerencial é extremamente complexo, muito mais do que um texto da literatura tradicional pode sugerir. É necessário estudá-lo sistematicamente e evitar a tentação de buscar receitas simples para as dificuldades.

Talvez os gerentes não consigam responder prontamente à questão sobre o que fazem porque têm real ciência do que estão fazendo apenas quando estão desempenhando suas funções. O autor também se recorda de um dia ter se perguntado "O que eu fiz?". Eu fiquei aturdido com a mesma questão até alguns anos atrás, quando descobri que um gerente desempenha muito mais do que funções *seqüenciais*. Há também funções *contínuas – analisar problemas, tomar decisões* e *comunicar-se* –, como será visto mais adiante.

Princípios da Administração

Hoje, as governantas executivas reconhecem a necessidade da clara compreensão e da aplicação bem-sucedida dos princípios da administração. Contudo, elas podem se sentir oprimidas pelos inúmeros termos

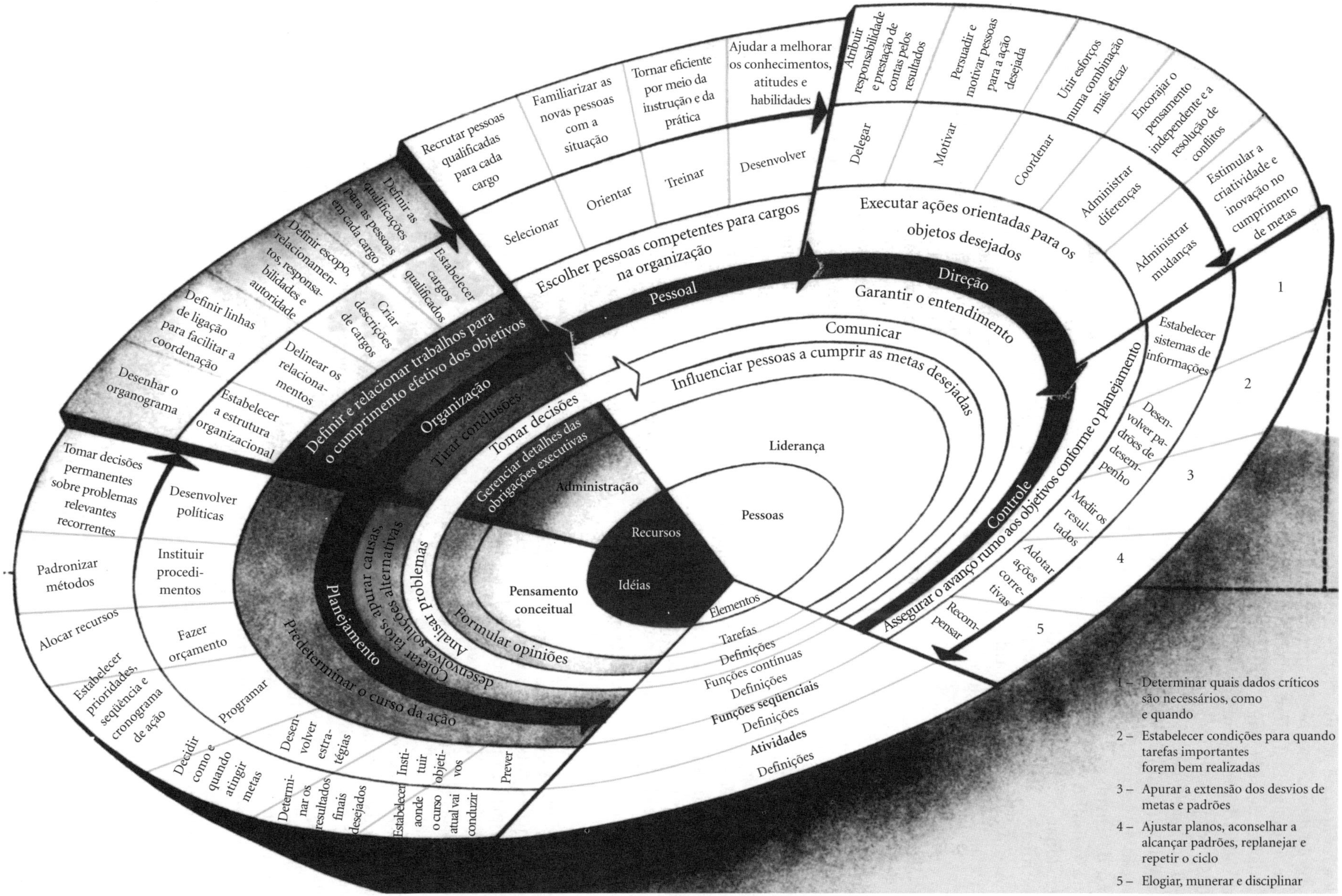

Figura 1.1 – Processo administrativo de Mackenzie, mostrando elementos, funções e atividades que fazem parte do trabalho executivo. (R. Alec Mackenzie, *"The Management Process in 3-D"*. Harvard Business Review. (Copyright©, November–December 1969 by the President and Fellows of Harvard College; all rights reserved.)

utilizados na área de administração científica, tanto os antigos quanto os novos. É importante que essas profissionais estejam familiarizadas e que se sintam à vontade diante desses termos e princípios, visto que nenhum outro departamento da indústria hoteleira e dos hotéis pode proporcionar mais oportunidades de aplicação das habilidades administrativas.

A fim de ajudá-lo a entender o conceito de administração, será apresentado um processo de administração desenvolvido por R. Alec Mackenzie[20]. A partir do trabalho de Fayol, ele criou uma figura tridimensional relacionando os elementos, as funções contínuas e seqüenciais, e as atividades dos gerentes. Acompanhe o diagrama de Mackenzie na Figura 1.1 ao ler o texto a seguir.

Elementos

De acordo com Mackenzie, os **elementos** com os quais a gerência de hoje trabalha são idéias, recursos e pessoas. Esses são os principais componentes de uma organização e estão no centro da figura. A tarefa do gestor relacionada com **idéias** é pensar de forma conceitual sobre problemas que precisam ser resolvidos. A tarefa relacionada com **recursos** é administrar ou gerenciar os detalhes das obrigações executivas. A tarefa relacionada a **pessoas** é exercitar a liderança e influenciar pessoas para que elas cumpram as metas desejadas.

Funções

As **funções** de um administrador podem ser pensadas como funções contínuas e seqüenciais. Muitas vezes, seria oportuno perguntar: "Mas o que o administrador faz?". Ele deveria ser visto como alguém que exerce várias funções contínuas e diversas funções seqüenciais.

A **função contínua** relacionada às idéias e ao **pensamento conceitual** é *analisar problemas*; a relacionada aos recursos e à **administração** é *tomar decisões*, e a relacionada a pessoas e à **liderança** é *comunicar* com sucesso. Problemas são analisados, fatos coletados, causas descobertas, soluções alternativas são desenvolvidas, decisões tomadas, conclusões tiradas, comunicações geradas e a compreensão assegurada.

As **funções seqüenciais** da administração são mais reconhecidas como parte da definição clássica de administração. Envolvem planejamento, organização, formação de equipe, direção e controle de idéias, recursos e pessoas. Mackenzie descreve várias atividades dentro de cada uma dessas funções seqüenciais, que devem ser estudadas e recordadas sempre que necessário.

Atividades das Funções Seqüenciais

De acordo com Mackenzie, as funções seqüenciais de um administrador são divididas em cinco áreas: planejamento, organização, pessoal, direção e controle.

Planejamento

O **planejamento gerencial** envolve sete atividades básicas:

1. *Previsão:* Estabelecer aonde o curso atual conduzirá.
2. *Determinação de objetivos:* Determinar os resultados desejados.
3. *Desenvolvimento de estratégias:* Decidir como e quando atingir as metas.
4. *Programação:* Estabelecer prioridades, seqüência e cronograma das ações.
5. *Elaboração do orçamento:* Alocar recursos.
6. *Instituição de procedimentos:* Padronizar métodos.
7. *Desenvolvimento de políticas:* Tomar decisões permanentes sobre problemas relevantes recorrentes.

Organização

Organizar envolve determinar arranjos e relações de trabalho para a efetiva realização de um objetivo. Administradores promovem a organização por meio da tomada de decisões administrativas ou operacionais. As quatro atividades envolvidas na organização são:

1. *Estabelecer uma estrutura organizacional:* Desenhar um organograma.
2. *Definir relacionamentos:* Definir linhas de ligação para facilitar a coordenação.
3. *Criar descrições de cargos:* Definir escopo, relacionamentos, responsabilidades e autoridade de cada membro da organização.
4. *Estabelecer qualificações para os cargos:* Definir a qualificação para as pessoas em cada cargo.

Pessoal

A terceira função seqüencial, de **pessoal**, envolve funcionários. A liderança entre em cena, e a comunicação é estabelecida com intuito de assegurar que haja compreensão. Essa função é composta por quatro atividades:

1. *Seleção de funcionários:* Recrutar pessoas qualificadas para cada cargo.
2. *Orientação de funcionários:* Familiarizar as novas pessoas com o ambiente.
3. *Treinamento:* Tornar as pessoas eficientes por meio da instrução e da prática.
4. *Desenvolvimento:* Melhorar o conhecimento, as atitudes e as habilidades.

Direção

As três primeiras funções seqüências da administração – planejamento, organização e pessoal – podem ser desenvolvidas antes de uma empresa começar a funcionar; as duas últimas funções – direção e controle – são colocadas em prática após a abertura da empresa ou quando ela está em fase de abertura. Assim como em outras relações administrativas envolvendo pessoas, a liderança é realizada por meio de comunicação. A **direção** das operações envolve cinco atividades básicas:

1. *Delegação:* Atribuir responsabilidade e prestação de contas pelos resultados.
2. *Motivação:* Persuadir e motivar pessoas para a ação desejada.
3. *Coordenação:* Unir esforços para uma combinação mais eficaz.
4. *Gestão de diferenças:* Encorajar o pensamento independente e a resolução de conflitos.
5. *Gestão de mudanças:* Estimular a criatividade e a inovação no cumprimento de metas.

Controle

A última função seqüencial da gerência é **controlar** a organização e as atividades para assegurar o avanço desejado rumo à conquista dos objetivos. O controle das operações envolve cinco atividades básicas:

1. *Estabelecimento de um sistema de informações:* Determinar quais são os dados críticos necessários.
2. *Desenvolvimento de padrões de desempenho:* Estabelecer condições para quando tarefas importantes forem bem realizadas.
3. *Mensuração dos resultados:* Apurar a extensão do desvio das metas e padrões.
4. *Ações corretivas:* Ajustar planos, aconselhar a alcançar níveis, replanejar e repetir tantas funções seqüenciais quantas forem necessárias.
5. *Recompensas:* Elogiar, remunerar ou administrar a disciplina.

Teoria da Administração e a Governança Executiva

A questão agora é: "Como a governanta executiva pode aplicar as diversas teorias administrativas no trabalho que desenvolve, ou seja, na gerência do departamento de governança?".

Antes de tentar responder a essa questão, sem dúvida de caráter enciclopédico, talvez fosse necessário enfocar alguns problemas organizacionais e relacionados aos funcionários enfrentados por vários departamentos de governança.

Para começar, a governança não é uma ocupação glamorosa. Ganhar a vida limpando banheiros não é, e nunca foi, um sonho dourado. Ninguém deseja que seu filho se torne GRA ou auxiliar de governança. Essa profissão é vista pela maioria das pessoas como a de menor nível hierárquico em termos de *status*, remuneração, benefícios e valor intrínseco.

Mesmo na indústria hoteleira, o salário dos funcionários de governança está entre os mais baixos pagos por um hotel. Por isso, o departamento tem atraído, tradicionalmente, indivíduos com níveis mínimos de formação, habilidades e auto-estima.

Até as posições de gerência no departamento de governança sofrem um problema de imagem. Nas escolas de hotelaria, antes de considerar a área de governança, os alunos tendem a optar pela controladoria, pelas áreas de *marketing*, de alimentos e de bebidas ou, ainda, pela área de recursos humanos.

Características dos Funcionários de Governança

Para administrar com mais eficiência os funcionários de governança, é preciso tentar entender suas características culturais, psicológicas e sociais. Algumas delas são comumente encontradas nos vários departamentos de governança.

- A diversidade cultural é abundante na maioria dos departamentos de governança. Minorias raciais, particularmente funcionários negros e hispânicos, são encontrados em números desproporcionais em relação à sua representação na população em geral.

  A causa dessa situação é óbvia: há gerações, as portas do mercado de trabalho foram fechadas para essas minorias raciais (muitas dessas portas não estão completamente abertas). Conseqüentemente, elas tendem a migrar para as poucas áreas em que podem encontrar emprego.
- Em várias regiões dos Estados Unidos, particularmente no sudoeste, na Flórida, em Nova York, e na maioria dos centros urbanos, o inglês não é a língua predominante no departamento de governança. Na realidade, em muitos desses departamentos, os funcionários não falam nem escrevem nesse idioma.
- A governança sempre atrai indivíduos com pouca educação formal. Muitos são analfabetos funcionais; outros podem ser classificados como "analfabetos em matemática". Isso pode ter um

efeito notável sobre a eficiência departamental e a comunicação.

- Muitos funcionários provêm de uma classe socioeconômica baixa. Esses ambientes podem constituir um fator significativo na formação de atitudes e comportamentos dos funcionários que não são compatíveis com os valores corporativos tradicionais. Esses indivíduos tendem, por exemplo, a ter uma ética bastante diferente da média. Freqüentemente, eles precisam aprender regras fundamentais, como ser pontual, ter higiene pessoal e comunicar-se com o hóspede.
- Muitas vezes, o trabalhador pode ter problemas emocionais ou econômicos e até de dependência química. Não se pretende sugerir, com isso, que a governanta executiva é a única gerente no hotel a enfrentar problemas como esses, mas muitos podem argumentar que sua freqüência é mais elevada na governança do que em outras áreas. Essa profissão costuma atrair pessoas com alta incidência de problemas, como donas-de-casa separadas, pais solteiros e ex-beneficiários do seguro social.

Embora devam existir inúmeros empreendimentos cujos funcionários de governança não apresentam essas peculiaridades e características, elas aparecem com freqüência suficiente para requerer que uma gerente perspicaz esteja preparada para elas.

Motivação e Produtividade

Motivo é definido pelo dicionário Webster[21] como "alguma coisa (uma necessidade ou um desejo) que induz ou influencia uma pessoa a fazer algo". A **motivação** dos empregados é realizada quando o gerente cria um ambiente em que eles consigam automotivar-se. Os gerentes não podem desejar motivar diretamente outros seres humanos; contudo, podem promover um ambiente no qual a automotivação se dê.

Os gerentes desejam que seus funcionários se tornem mais **produtivos** e cumpram suas obrigações de maneira mais efetiva e eficiente, de modo a reduzir substancialmente a **rotatividade**, as **faltas** e a **insubordinação**. Além disso, desejam que a organização seja repleta de pessoas felizes e competentes, que acreditem, conforme postulado por Douglas McGregor, que "trabalhar é tão natural quanto brincar ou descansar"[22].

Para isso, é necessário munir os funcionários de habilidades e inspiração para realizar, simultaneamente, os objetivos organizacionais e os individuais. Não existe uma fórmula mágica para alcançar essa meta. Essa conquista requer dedicação, perseverança, planejamento e trabalho duro. A seção seguinte não é um uma receita segura para uma liderança bem-sucedida, mas uma série de abordagens, métodos, procedimentos e programas que incorporam o que as escolas de teoria da administração já estudadas têm de melhor a oferecer ao departamento de governança. Embora nem todas essas aplicações funcionem nos vários ambientes, comprovadamente afetam, de modo positivo, a produtividade de diversos departamentos de governança.

Investigando os Motivos

Primeiramente, deve-se descobrir o que motiva os melhores funcionários a ter um desempenho tão bom. Em seguida, é preciso saber por que eles permanecem na empresa. Isso pode ser verificado entrevistando-os individualmente em um ambiente sóbrio; essa também é uma boa oportunidade para agradecer pessoalmente aos melhores funcionários por seu desempenho.

Em segundo lugar, deve-se descobrir por que alguns funcionários deixam a empresa. Devem-se conduzir **entrevistas demissionais**, e recomenda-se que isso não seja feito no momento da saída nem pela governanta, pois, se ela tiver alguma relação com o problema, os funcionários não serão tão honestos no tocante ao verdadeiro motivo de seu pedido de demissão. Proceder à entrevista no momento da saída pode conduzir a pouca honestidade: o funcionário pode justificar a saída com um motivo "aceitável", como, por exemplo, baixa remuneração, para não perder uma fonte de referência potencial.

A melhor solução é pedir a uma terceira pessoa que converse com o ex-funcionário um mês após a demissão. É preciso certificar-se de que o entrevistador seja capaz de transmitir uma imagem de confiança a esse ex-funcionário.

O terceiro passo é descobrir o que os funcionários atuais realmente desejam em termos de salário, benefícios e condições de trabalho. A pesquisa deve assegurar o anonimato da pessoa que a responder. Se o inglês não for a língua predominante entre os funcionários do departamento, deve-se preparar um formulário bilíngüe. Além disso, deve-se formar um comitê de funcionários para participar da elaboração da pesquisa; isso ajudará a reduzir os efeitos do viés administrativo e a assegurar que a ela reflita as ações do departamento.

Deve-se solicitar aos funcionários que enviem suas respostas à empresa (é preciso assegurar-se de que o formulário esteja selado e contenha o endereço do destinatário) ou disponibilizar uma urna para acondicionar os formulários. Outra opção é contratar uma firma de consultoria terceirizada para conduzir a pesquisa.

Por fim, deve-se aplicar a pesquisa periodicamente (duas vezes ao ano, por exemplo), a fim de manter-se atualizado no tocante à prevalência de determinadas atitudes dos funcionários.

As informações coletadas devem ser usadas para auxiliar nas decisões estratégicas de elaboração de políticas e nas operações cotidianas do departamento.

Seleção

Muito freqüentemente, admite-se na governança a primeira pessoa que aparece solicitando emprego. O recrutamento costuma ser visto pela administração e pelos proprietários como um procedimento caro e demorado. Trata-se de um esforço destinado ao fracasso: os funcionários desejados não comparecem às entrevistas, os recém-contratados se demitem na primeira semana de trabalho, etc.

Há um método que pode ajudar a reduzir substancialmente o custo e o tempo envolvido no recrutamento de funcionários, bem como a rotatividade e os custos a ela associados.

Esse método é a indicação de funcionários. Nesse caso, pede-se aos funcionários (especialmente aos melhores) que indiquem pessoas (amigos, familiares e conhecidos) para os cargos oferecidos. Para que esse procedimento funcione, o empregador deve estar preparado para pagar uma gratificação significativa quando um bom candidato for indicado. Em geral, essa gratificação é paga em parcelas mensais, podendo chegar a um ano ou mais, para assegurar que ambos os funcionários (o que indicou e o que foi indicado) permaneçam na empresa. Um benefício desse sistema é que os funcionários mais conscientes recomendarão apenas candidatos que acreditam ser bons e que não afetarão negativamente sua reputação.

Devem-se, contudo, estabelecer ressalvas para evitar que funcionários inescrupulosos tirem vantagem do sistema.

Certa vez, o autor presenciou, em um grande hotel de Las Vegas, um funcionário solicitando a um candidato, um estrangeiro, que estava na sala de espera do departamento pessoal do hotel que escrevesse seu nome no campo de referências do formulário. Se o candidato fosse admitido, o funcionário receberia uma gratificação, que propôs dividir com o candidato.

Outras fontes não tradicionais de candidatos ao departamento de governança são *pools* de portadores de deficiência. A maioria das comunidades tem agências de reabilitação, onde se podem estabelecer contatos e dar início a cooperativas.

Idosos, mães jovens e imigrantes legais também são fontes potenciais de mão-de-obra não tradicional.

Treinamento

Como a maioria dos administradores de governança sabe, um programa de treinamento formal é um elemento indispensável no cumprimento das metas de produtividade. Contudo, há certas abordagens de treinamento e preocupações que não estão sendo priorizadas por todos os profissionais dessa área.

Entre essas preocupações está a formação educacional dos funcionários. Conforme mencionado, muitos deles podem ser analfabetos ou não saber se comunicar em inglês. Materiais de treinamento escritos, como manuais, cartazes e testes, são praticamente inúteis se a equipe não consegue ler, escrever ou falar inglês. Muitas vezes, os departamentos de governança solicitam materiais de treinamento audiovisuais, e, freqüentemente, deve-se dispor de materiais redigidos em espanhol ou em outros idiomas.

A utilização desses materiais, contudo, não elimina o problema. Em conseqüência, muitos departamentos de governança iniciaram um programa educacional corretivo para que os trabalhadores possam não só aprender a ler e a escrever em inglês, como também obter o diploma de Ensino Médio.

A governanta executiva não precisa implementar tais programas sem preparo; ela pode recorrer a inúmeras instituições assistenciais, encontradas na maioria das comunidades, tais como escolas públicas ou associações comunitárias. Muitas vezes, essas instituições podem proporcionar instrução bilíngüe qualificada para adultos com pouco ou nenhum custo para a empresa. Outra tática é reembolsar o funcionário pela mensalidade escolar, se as aulas corretivas forem ministradas na escola comunitária local.

O benefício para o departamento de governança é duplo: primeiramente, a produtividade é beneficiada pela melhora no nível da comunicação. Além disso, o nível de auto-estima dos funcionários certamente melhorará quando eles começarem a alcançar suas metas educacionais pessoais; e uma força de trabalho auto-suficiente se tornará mais competente e produtiva.

Delegação: Segredo para o Sucesso Gerencial

De acordo com Mackenzie, delegar é uma das cinco atividades de direção. Outros autores consideram a **delegação** a atividade mais valiosa. As demais – motivação, coordenação, gestão de diferenças e de mudanças – podem ser vistas como derivadas da habilidade gerencial de delegar adequadamente.

Com muita freqüência é ouvida a frase: "delegação de responsabilidades e de autoridade". Na verda-

FORMULÁRIO DE INSPEÇÃO DE UNIDADE HABITACIONAL	
Nome: ______	Data: ______ UH: ______ Pontuação: ______ ☐ não aceitável ☐ aceitável
☐ Porta	Limpa, sem pó na frente, atrás, em cima
☐ Batente da porta	Limpo, sem pó
☐ Porta conjugada	Limpa, sem pó, trancada
☐ Corrente da porta	Fechada
☐ Placa de "não perturbe"	Em boas condições
☐ Mancebo	Limpo, sem pó, sem braços faltando, com dois plásticos de lavanderia
☐ Carpete	Aspirado, sem fragmentos (incluindo atrás de cortinas, entre as camas e debaixo da colcha, sem pó nos cantos ou embaixo dos móveis, entre as portas conjugadas). Relatar *todas as manchas ao supervisor.*
☐ Móveis	Sem pó em cima ou dos lados, incluindo o vão embaixo da escrivaninha, as pernas das cadeiras e almofadas, almofadas mudadas regularmente, gavetas limpas, todos os móveis na posição correta.
☐ Quadros e espelho	Sem pó na moldura, sem riscos no espelho
☐ Luminárias de parede	Sem pó nas lâmpadas, lâmpadas em funcionamento, sem pó no suporte da lâmpada, costura da cúpula voltada para a parede, cúpula endireitada, lâmpada de voltagem correta
☐ Abajur	Sem pó (nos braços, na haste ou na base), lâmpada funcionando e sem pó, na posição apropriada (a 30cm de cada parede, com projeção de luz sobre a cadeira), costura da cúpula voltada para a parede, cúpula endireitada, lâmpada correta
☐ TV	Sem pó na tela, na frente, atrás, no suporte, com cardápio do restaurante em cima
☐ Ar condicionado	Sem pó na frente, em cima, na caixa de controle, desligado
☐ Caminhos e porta do terraço	Limpos, sem pó, porta trancada
☐ Camas	Aparência asseada e esticada, roupas de cama limpas, lençol dobrado debaixo do rolo, lençol dobrado por cima do cobertor, a 15cm da cabeceira, costura da fronha voltada para a parede, cobertor limpo, colcha limpa, colchão e *box springs* bem posicionados na cama, sem pó na cabeceira
☐ Criado-mudo	Sem pó (em cima, dos lados e dentro), agenda de telefone de bom gosto, cartão de identificação
☐ Telefone	Sem graxa, maquiagem ou cabelo no gancho, disco e laterais limpas, fio limpo, sem pó na parte traseira
☐ Cesto de lixo	Limpo e em boas condições
☐ Gaveta da escrivaninha	Número apropriado, em cada gaveta, de mapas, mensagem A. M., escolha seu crédito, reservas, artigos de papelaria, dois sacos plásticos e mata-moscas
☐ Cômoda	Número apropriado em locais adequados: Bíblia, texto de boas-vindas, serviço de quarto, cardápio, relação de serviços para hóspedes, cinzeiro e fósforos, bandeja posicionada longitudinalmente voltada para o lado direito da cômoda, com quatro copos e jarro limpos e emborcados
Observações:	Ordens:

Figura 1.2 – Formulário de inspeção de unidade habitacional (UH). As condições aceitáveis estão especificadas e, se encontradas, indicam desempenho satisfatório. Quadrados marcados significam desempenho satisfatório; M significa necessidade de melhorias e I, condição insatisfatória (devem ser corrigidas antes do uso da unidade habitacional).

de, é impossível delegar uma responsabilidade. Delegar significa, de fato, passar autoridade para alguém que irá agir em nome de quem delega. Essa passagem não exime quem delega da responsabilidade por ações e resultados, embora implique prestação de contas pela pessoa a quem o poder foi delegado à pessoa que detém o poder. A responsabilidade do administrador pelos atos ou ações de seus subordinados é, portanto, absoluta, e não pode ser passada para mais ninguém.

Quando uma governanta executiva assume total responsabilidade pelo gerenciamento das atividades do departamento de governança, isso pode requerer a conclusão de milhares de tarefas; entretanto, poucas são cumpridas por ela pessoalmente. É, portanto, responsabilidade da gerência identificar essas tarefas e delegar responsabilidades aos subordinados para que eles as executem. (A definição dessas responsabilidades é realizada durante a organização, por meio da preparação das descrições do trabalho e do cargo; ver Apêndice B.) Uma boa definição operacional de delegar é a criar responsabilidades ou distribuir tarefas a um subordinado, concedendo-lhe a autoridade (poder) necessária para executar a tarefa e exigindo prestação de contas dos resultados de seus esforços. A falta de qualquer um dos três elementos dessa definição criaria uma situação na qual o gerente abdicaria da responsabilidade de gerenciar.

Uma delegação completa e perfeita, quando possível, livrará o gerente das tarefas que podem ser realizadas por seus subordinados, permitindo-lhe ter tempo para administrar a operação. Ele fica livre para (1) coordenar as atividades dos subordinados; (2) gerenciar as mudanças (uma vez que agora tem tempo para ser criativo e buscar as mudanças que melhorarão as operações); e (3) gerenciar as diferenças (uma forma de solucionar problemas).

Como delegar? Há muitos métodos, e todos serão úteis para a governanta executiva.

Métodos de Delegação

1. *Por resultados esperados:* O gerente pode fazer um breve relato dos resultados que deverão ser obtidos quando a tarefa for completada corretamente.
2. *Por padrão de desempenho:* O gerente pode criar condições para quando uma tarefa for realizada satisfatoriamente. Um exemplo desse tipo de delegação é encontrado nos formulários de inspeção, em que tais condições são especificadas. A Figura 1.2 mostra um formulário de inspeção de unidade habitacional (UH), em que o cumprimento dos padrões indica desempenho satisfatório.

   Em hospitais e instituições de saúde, os padrões podem se tornar mais rígidos, requerendo aprovação de um órgão público. A Figura 1.3 é uma lista de padrões, preparada por Charles B. Miller, que pode ser utilizada como guia de desenvolvimento de padrões, incluindo ou excluindo o que for necessário em hospitais, instituições de saúde e hotéis.
3. *Por procedimentos:* A melhor técnica, no que se refere a questões de rotina, é preparar **procedimentos-padrão de operação**, nos quais as tarefas a serem realizadas são descritas como rotineiras. Os procedimentos também indicam o que cada um deve fazer, permitindo, desse modo, a delegação de tarefas adequada às pessoas.

Outra técnica de delegação simples e igualmente importante é dividir todas as tarefas a serem realizadas em três grupos distintos: o grupo 1 abrange tarefas que podem ser realizadas por alguém imediatamente; o grupo 2 contém tarefas que podem ser designadas a outras pessoas, desde que tenham sido apropriadamente treinadas. O grupo 3 agrupa tarefas que devem ser realizadas *unicamente* pelo gerente. As tarefas do grupo 1 são delegadas tão logo haja pessoas disponíveis. Inicia-se um treinamento para as pessoas que realizarão as tarefas do grupo 2. Assim que ele termina e se verificam as competências desenvolvidas, delegam-se as tarefas do grupo 2. As tarefas do grupo 3 permanecem com o gerente. O número de tarefas restantes no grupo 3 costuma ser uma medida do grau de segurança do gerente para treinar pessoas e permitir que elas se envolvam.

Por Que os Gerentes Não Delegam

Muitas vezes, os gerentes não delegam tarefas com apropriadamente. Os motivos que levam a esse quadro podem ser resumidos da seguinte forma:

1. *Alguns gerentes não entendem seu papel.* Isso ocorre mais freqüentemente com gerentes recém-promovidos como recompensa por um serviço importante. Pode-se mencionar o exemplo de um funcionário do departamento de governança que tenha se destacado como atendente e que, por isso, foi promovido a supervisor, embora não tenha recebido treinamento para o cargo. Antes bastante ocupado com a limpeza das UH, agora está no comando, mas se sente deslocado. Ele passou de um "reino" no qual era extremamente competente a outro no qual tinha pouca ou nenhuma experiência. Na Figura 1.1, foi possível observar que o gerente deve analisar problemas, tomar decisões e se comunicar constantemente. Quando o supervisor não consegue compreender esse novo papel, faz o trabalho de outra pessoa. Por isso, o treinamento é um dever imperioso ao se promoverem trabalhadores de linha de frente a cargos como o de supervisor, que requerem desempenho gerencial.
2. *Gerentes que gostam de executar o trabalho às vezes relutam em abandonar tais tarefas.* Mais uma vez, trata-se de uma questão de treinamento. O novo gerente precisa ser lembrado de que ele não está sendo pago para realizar tarefas; ele precisa ser lembrado de que, ao fazer um trabalho físico que deveria ser delegado, situações que requerem decisões gerenciais podem passar despercebidas, porque ele está muito ocupado para observar, avaliar e conduzir operações.
3. *Pessoas menos competentes temem as conseqüências de serem superadas.* Alguns gerentes se recusam a delegar tarefas rotineiras por medo de que,

P
A
D
R
Õ
E
S

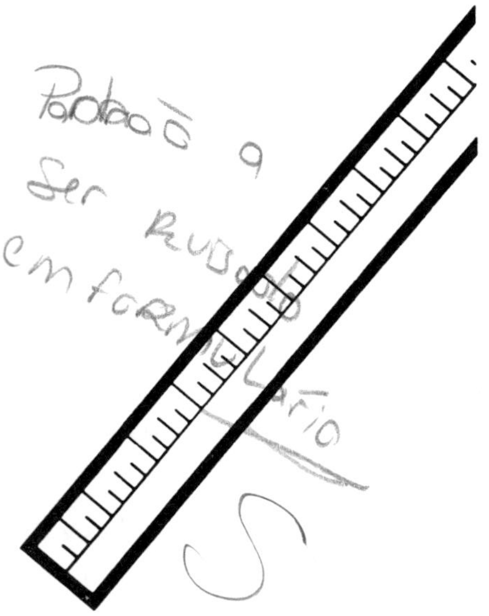

1. Tetos – Limpos, sem pó e manchas, pintura intacta; respiradouro limpo, sem pó e cotão; lâmpadas trocadas.
2. Paredes do Quarto – Limpas, sem cotão, pintura intacta, sem marcas de dedos e manchas.
3. Pisos – Limpos, sem pó, cotão e manchas; sem excesso de cera ou acúmulo de sujeira nos cantos, sem marcas de sapatos e de chinelos; sem resíduos de cera incolor.
4. Rodapés – Limpos e claros, sem excesso de cera, sem marcas de esfregão, sem acúmulo de sujeira nos cantos, intactos ao redor do quarto (firmemente presos às paredes, sem sinal de estarem soltos na junção com o chão).
5. Portas – Limpas, sem marcas, acabamento intacto, batente limpo e lustroso, topo sem pó e cotão, extremidades limpas, puxador ou maçaneta limpa e clara, dobradiça e alizar limpas, respiradouro limpo e sem pó e cotão, vidro e esquadria limpas e sem pó e cotão (por dentro e por fora).
6. Janelas – Limpas e translúcidas, quando não houver necessidade de lavagem imediata, esquadria limpa; vidros intactos; peitoril limpo; pintura em boa condição.
7. Cortinas da Janela – Sem cotão; adequadamente suspensas por trilhos; sem desbotamento; sem manchas, amarelecimento ou rasgos; cordas e roldanas intactas e em funcionamento; roldanas adequadamente presas ao tecido e aos trilhos.
8. Cortinas do cubículo – Limpas e sem manchas, sem desbotamento, com bom deslocamento nos trilhos, adequadamente colocadas, sem rasgos, com largura e comprimento apropriados.
9. Camas – Cabeceiras e "pés da cama" limpos, componentes da estrutura limpos, unidade de controle limpa e em funcionamento, lençóis limpos e sem manchas ou rasgos, cama fabricada adequadamente, estrado sem cotão e sujeira, rodinhas limpas e sem cotão.
10. Colchões – Limpos, sem manchas ou cotão, em bom estado de conservação, sem furos ou rasgos, completamente higienizados, virados a cada mudança de hóspede.
11. Mesas auxiliares de cama – Limpas e sem pó; controles de elevação em bom funcionamento, gavetas e espelho limpos e sem pó ou cotão, base, estrutura e rodinhas limpas e sem pó ou cotão.
12. Consoles – Bancada, prateleiras e laterais limpas e sem pó ou manchas; sem acúmulo de sujeira nos cantos, pia de aço inoxidável e encanamento limpos e sem manchas e riscos; *closet* limpo, sem pó e cotão.
13. Cadeiras – Limpas, sem cotão e pó.
14. Suportes de Televisão – Limpos, sem pó ou cotão; prateleira limpa, sem pó ou cotão.
15. Banheiros – Vaso sanitário limpo por dentro e por fora; sem manchas, riscos ou resíduos; assento limpo, sem marcas, manchas ou riscos e firmemente fixado; assento do vaso sanitário limpo; peças do encanamento sem pó, marcas e riscos; conexões do encanamento sem formações alcalinas e sujeira; base do vaso sanitário sem resíduos e manchas.
16. Pias – Limpas por dentro, por fora e por baixo, sem marcas e riscos; ausência de sujeira acima e abaixo das peças do encanamento, marcas e riscos; base das peças do encanamento sem formações alcalinas.
17. Espelhos – Limpos, sem marcas e riscos; parte superior da moldura e extremidades sem pó e cotão; prateleira limpa, sem marcas e riscos.
18. *Box* do Chuveiro – Paredes limpas, sem formação de resíduos na calafetagem, que deve estar intacta; fixadores sem marcas e riscos; batente e vidros sem pó, cotão, marcas e riscos, barras horizontais acima da porta sem pó, cotão, marcas e riscos.
19. *Dispensers* – Partes superiores e inferiores dos *dispensers* de sabão, de toalha de papel e de assentos descartáveis sem pó ou cotão, sem marcas e riscos; materiais repostos.
20. Refrigeradores – Limpos, sem pó, marcas ou manchas; prateleiras e revestimento limpos e sem marcas e derramamentos; *freezer* limpo e sem marcas; ventilador do motor limpo, sem pó e cotão.
21. Fornos – Parte superior externa e laterais, feitas de aço inoxidável, e porta de metal ou de vidro limpas, sem manchas e riscos; chapa interior, laterais e parte superior internas sem manchas; sem acúmulo de alimentos na superfície interior do forno.
22. Balcões – Limpos, sem pó, sem manchas e marcas de dedos.
23. Telefones – Limpos, sem pó e cotão; gancho, bocal e disco sem pó e cotão.
24. Bebedouros – Aço inoxidável sem marcas e riscos.

Figura 1.3 – Lista de itens que pode ser usada como base para estabelecer padrões, incluindo ou retirando o que for necessário para adaptá-la a uma instituição específica. Esta lista pode ser usada para desenvolver um formulário de inspeção. (Reproduzido com permissão de *How to Organize and Maintain an Efficient Hospital Housekeeping Department*, de Charles B. Miller, publicado pela Editora American Hospital, Inc., © 1981.)

com isso, sua própria incompetência seja evidenciada. Ironicamente, sua incompetência terá relação com a administração das atividades dos subordinados, e não com sua habilidade de realizar as tarefas que não delegou. Essas pessoas se preocupam por temerem que, eventualmente, um profissional melhor seja capaz de realizar seu trabalho. O que alguns gerentes esquecem, entretanto, é que eles próprios não podem ser promovidos até que alguém seja julgado competente o bastante para substituí-los.

4. *Alguns gerentes pensam que a delegação é uma situação de "tudo ou nada".* Isso pode ocorrer apesar do fato de que existem vários **níveis de delegação.** No caso de um gerente que precisa investigar algo, decidir se a ação é necessária e, em caso positivo, agir adequadamente, a tarefa – ou partes dela – pode ser delegada a outra pessoa, segundo seu grau de treinamento e de suas habilidades. Aqui há vários graus de delegação, e qualquer um deles pode ser utilizado, dependendo dos níveis de habilidade e de segurança do subordinado.

   a. Investigar e relatar.
   b. Investigar e recomendar uma linha de ação.
   c. Investigar e aconselhar sobre a ação pretendida.

d. Investigar, agir e manter o gerente informado.
e. Investigar e agir.

5. *Alguns gerentes acreditam que as tarefas não serão executadas de modo correto se não forem realizadas por eles.* Isso é um sinônimo da célebre frase: "Se você quer algo bem feito, faça-o você mesmo". Algumas vezes, é o ego que induz a esse pensamento, porém, muito freqüentemente, indica o adepto da Teoria X. Esse tipo de atitude encoraja a inatividade dos funcionários e o sentimento de que não são confiáveis para tarefas importantes; além disso, é contraproducente para a criação de um ambiente de moral alto. Muitos gerentes temem a possibilidade de subordinados se revelarem capazes de substituí-los. Em outras palavras, alguns adotam postura de indispensáveis, enquanto outros reconhecem que, até alguém ser capaz de substituí-los, não serão promovidos. É importante lembrar que, até o gerente treinar pessoas para agir em seu nome e delegar-lhes tudo o que for possível, não pode pensar em promoção, férias ou em ficar doente, para que a operação não falhe.

Tangíveis e Intangíveis

Até aqui, as principais considerações foram feitas na esfera da administração. Embora a tarefa de *exercitar a liderança* tenha sido mostrada apenas associada às pessoas da empresa, é necessário verificar como a *liderança* se relaciona com a *administração.*

Thomas Atchison[23] identificou uma diferença significativa entre os **tangíveis** e os **intangíveis** associados à administração e à liderança. Ele consultou várias organizações a respeito do *downsizing* ocorrido no início dos anos 1980 e verificou que as enormes pressões que recaíram sobre elas culminaram na necessidade de *downsize* ou de abrir falência. Graças às suas pesquisas como consultor, Atchison ajudou diversas empresas a se *prepararem para a mudança* à medida que adentravam o século XXI. Atchison conseguiu identificar a diferença significativa entre as **entradas** e **saídas** *tangíveis* e *intangíveis* no mundo dos negócios (Fig. 1.4).

Atchison reconheceu que as entradas e as saídas *tangíveis* produziam facilmente *resultados previsíveis e mensuráveis* (dinheiro, estoques, vendas, produtividade, qualidade, reconhecidas como as metas da administração), mas que eram as entradas e saídas *intangíveis* da organização que produziam **seguidores inspirados** (coisas que desafiam a mensuração – cultura, compromisso, satisfação, orgulho, moral, crença, espírito de equipe – e que deveriam ser as metas da liderança). Reconhecendo que era preciso lidar com a *mudança*, Atchison resumiu melhor seus achados com o seguinte argumento:

> Líderes têm seguidores que se comprometem a alcançar uma meta com a formação de equipes para administrar a mudança.

As atividades essenciais da liderança devem ser:

1. Desafiar o processo procurando oportunidades, sem medo de correr riscos.
2. Inspirar uma visão compartilhada antevendo o futuro e comunicando-se com os outros, levando-os a ter sua própria visão.
3. Permitir aos funcionários agir criando equipes e fortalecendo outras.
4. Moldar a maneira de agir dando um exemplo e lembrando que o sucesso é gradual.

Atchison concluiu que, quando se lidera bem, outros se dispõem a seguir na direção da *mudança administrada*; além disso, a gerência, de certa forma, pode não passar de um título. O gerente detém seu cargo até ser promovido, aposentar-se ou ser demitido. Contudo, a liderança é conquistada com o arrebanhamento de seguidores e reconquistada a cada dia. Nela não há aumento, igualdade ou transferência, e os seguidores devem ser inspirados todos os dias.

O significado dessas idéias é o de que, com o tempo, você tem apenas uma opção, ou *reagir* à mudança ou *gerenciá-la*, porque ela virá em uma marcha cada vez mais acelerada. **Mudanças autocráticas** sempre produzem comportamentos passivos agressivos, e isso pode destruir uma organização. A *mudança administrada*, ao contrário, é inspiradora e se constitui naquilo que a maioria dos funcionários realmente deseja. Ela é composta de cinco ingredientes.

1. Mudar alguma coisa. Deve-se especificar o tipo de mudança desejada.
2. Pensar pequeno. O projeto deve ser dividido em pequenos estágios.
3. Passar rapidamente de um estágio a outro.
4. Avaliar se o progresso está ou não acontecendo.
5. Celebrar a finalização de cada pequeno estágio.

É importante acrescentar *diversão* ao trabalho. Um bom trabalho pode ser prazeroso quando se lembra de atribuir sua autoria à pessoa responsável por ele. Quando o gerente reconhece um bom trabalho e dá o crédito ao funcionário que o realizou, bem como ao assistente desse funcionário, a automotivação emerge.

O consenso é o obstáculo que parece remeter à velha América, mas a confiança é a substância que liga

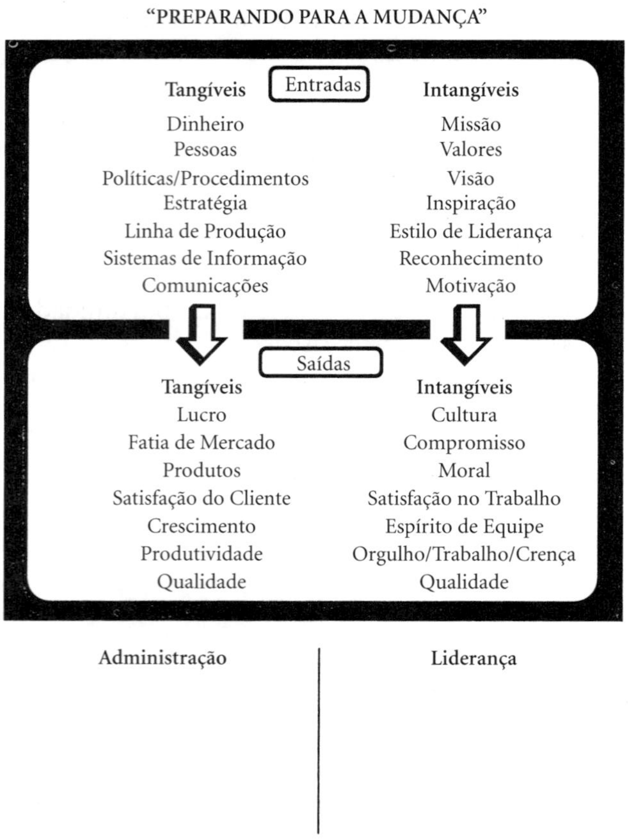

Figura 1.4 – Atchison apresentou as entradas e saídas tangíveis e intangíveis em relação à sua aplicação em administração (produção de resultados previsíveis) ou liderança (produção de inspiração nos seguidores). (Thomas A. Atchison, "Tangibles vs. Intangibles: Managing for Change". Notas do seminário reproduzidas com permissão.)

líderes e seguidores. Para merecer confiança, uma pessoa precisa trabalhar duro, mas confiança não compartilhada e protegida pode ser facilmente destruída.

Atchison estabeleceu seis estruturas, cada qual com quatro elementos intangíveis:

Estilo de Liderança
Líderes são inteligentes, o que não é nada mais do que ser flexível, disciplinado (ter controle sobre si mesmo), ter compaixão (importar-se com as pessoas) e ter energia (ficar envolvido e participar).
Poder da Cultura
Há uma missão?
Todos conhecem a proposta da unidade? Os funcionários devem entender o *valor* do que fazem.
Visão – onde sua unidade estará em dez anos? Confiança – trabalhe por ela, mereça-a. Sua unidade deve detê-la para ir adiante.

Investimento Pessoal
Busque conhecimento – as pessoas devem conhecer seus papéis e suas tarefas.
Habilidades – o líder deve saber como realizar seu trabalho.
Atitude – é difícil lidar com atitudes ruins; elas podem levar à desunião.
Satisfação – nada além de ser feliz e respeitado.

Espírito de Equipe
Objetivo – uma boa equipe sabe por que razão está unida.
Adaptação – todos os que desenvolvem um trabalho devem se "encaixar" na equipe e ser valorizados.
Comunicação – grandes equipes sabem como se comunicar.
Tensão dinâmica – grandes equipes discutem, mas mantêm seu ego sob controle.

Gestão de Mudanças
Foco – a mudança deve ser identificável.
Barreiras – o foco e o progresso sempre irão se deparar com barreiras; deve-se removê-las uma a uma.
Celebrar – toda vez que uma barreira for vencida.
Coragem – às vezes os funcionários sentem o progresso como um perigo; líderes dão bons exemplos.

Qualidade Intangível
Significado – quando se atribui significado à vida profissional dos funcionários, faz-se necessária pouca orientação.
Motivação – criar a atmosfera na qual os funcionários podem se automotivar.
Harmonia – como em uma grande sinfonia, todos se entrosam.
Comprometimento – requer três ingredientes: orgulho, lealdade e domínio.

Recompensas e Motivação

É fundamental reconhecer e recompensar adequadamente os funcionários por seu desempenho. Praticamente todos os funcionários desejam saber se seu desempenho foi ao encontro das expectativas do gerente, e a maioria quer perceber uma relação entre desempenho e recompensas.

A questão comumente levantada pelos gerentes é: "De que forma se deve recompensar?". Segundo alguns especialistas, embora certas recompensas intangíveis, como o reconhecimento pela realização, possam ser boas, não são tão decisivas para o aumento da produtividade quanto as recompensas mais tangíveis (isto é, dinheiro)[24].

Essa teoria parece advir de alguns experimentos recentes, que relacionaram o pagamento aos níveis de produtividade. O Country Lodging, da rede Carlson, subsidiária do Grupo Hoteleiro Carlson, paga suas GRA por unidade habitacional (UH) limpa, em vez de pagá-las por hora[25]. Essa abordagem reduziu a necessidade de GRA em período integral e a rotatividade de funcionários, bem como os custos com recrutamento no departamento de governança. As profissionais ganham mais e, em média, por uma jornada de trabalho menor.

É necessário considerar três cuidados no tocante à implementação do programa de "pagamento por UH". Em primeiro lugar, a gerência não deve explorar os funcionários, aumentando o número de UH que devem ser limpas em uma hora. Kirwin, vice-presidente do Country Lodging, disse: "A meta é fazer com que os aposentos sejam limpos, e não tirar vantagem das pessoas"[26]. O padrão de produtividade desse hotel foi estabelecido em 2,25 UH por hora.

Em segundo lugar, deve fazer parte do projeto um programa de incentivo de inspeção das UH, para que os padrões de limpeza não serão prejudicados em função do programa de pagamento por UH.

Em terceiro lugar, é duvidável que o programa possa ser adotado na maioria dos empreendimentos sindicalizados atuais.

No início desta seção, declarou-se que as recompensas intangíveis, tais como o reconhecimento, podem não ser tão decisivas para o aumento da produtividade quanto os efeitos mais tangíveis do dinheiro. Porém, mesmo crendo nisso, defende-se que o reconhecimento das realizações do funcionário é uma técnica de administração essencial.

Um exemplo notável de reconhecimento de funcionários na governança é o Concurso Anual de Arrumação de Camas da Associação de Hotéis da Cidade de Nova York[27]. Quarenta e cinco hotéis nova-iorquinos participaram desse evento em 1989. A competição final foi realizada no Salão de Eventos do New York Hilton e contou com a presença de representantes das mídias eletrônica e impressa dos Estados Unidos e da Europa.

A vencedora de 1989, Srta. Hazel Maye, ganhou uma viagem totalmente paga para o Fontainebleau Resort Hotel e Spa em Miami Beach e um troféu de bronze em forma de cama. Sua foto foi exibida em centenas de jornais e dezenas de emissoras de televisão.

Eis um excelente exemplo de veículo promocional que gera sentimentos de orgulho e realização na equipe de governança de um hotel.

Teoria de Administração e Gerenciamento de Governança

Discutiu-se, até agora, a influência da participação dos funcionários, da delegação gerencial, do treinamento e das recompensas na produtividade do departamento de governança. Cada uma dessas práticas advém de teorias de administração. Portanto, a resposta para a pergunta "Qual teoria deveria ser aplicada no departamento de governança?" é nenhuma e, ao mesmo tempo, todas elas. Cada teoria é apropriada para um determinado momento e em circunstâncias diferentes (liderança situacional).

Pesquisas recentes também parecem favorecer a liderança situacional ou abordagem contingencial. Estudos[28] indicaram que diferentes circunstâncias demandam abordagens distintas; um único **estilo de liderança** não funciona tão eficazmente quanto um estilo flexível. De acordo com os teóricos da liderança situacional, as principais variáveis que influenciam o estilo de um gerente são a habilidade e a atitude do seguidor.

Embora o comportamento do gerente possa mudar ou a abordagem de um problema possa ser determinada pela habilidade e pela atitude do seguidor, acredita-se que um gerente deve sempre manter um alto nível de preocupação tanto com a organização quanto com a funcionário; essa preocupação deve ser refletida em tudo o que ele diz e faz.

Novos Horizontes na Administração

Tentativas recentes de conseguir maior aprovação dos serviços oferecidos originaram relatos de que o principal problema detectado pelos hóspedes geralmente estava relacionado ao mau desempenho do funcionário; suas atitudes e motivações também eram altamente suspeitas. Isso foi percebido quando se pediu aos hóspedes que listassem suas queixas mais comuns quando em um hotel. O primeiro item da maioria das listas era a preocupação com as atitudes do funcionário. Estudos mais detalhados, contudo, indicaram que 85% dos problemas com o hóspede e com a qualidade dos serviços resultam de sistemas, políticas e procedimentos obsoletos, inapropriados ou restritos à necessidade de cuidar desse hóspede. Apenas 15% dos problemas de qualidade estão diretamente associados com o fracasso do desempenho do funcionário no relacionamento com o hóspede. Na indústria hoteleira, em geral, os funcionários têm sido demasiadamente gerenciados e pouco liderados.

Outros estudos abordaram a questão da garantia de qualidade nas operações hoteleiras. Esse foi o caso do estudo patrocinado pela American Hotel and Motel Association, conduzido no Sheraton Scottsdale, em Scottsdale, no Arizona[29]. O principal foco desse estudo era a solução de questões nas áreas nas quais, conforme indicado pelo hóspede, havia problemas relacionados à qualidade dos serviços prestados.

A técnica da Teoria Z foi aplicada no Sheraton Scottsdale, e criaram-se vários grupos de foco (envolvendo alguns funcionários de linha de frente, mais familiarizados com o problema discutido) para abordar as áreas problemáticas identificadas nos comentários dos hóspedes. (Os termos *grupos de foco* e *círculo de qualidade* são intercambiáveis.) O conceito de grupos de foco identificou, de uma vez por todas, o fato de que, na realidade, era o funcionário de linha de frente que estava oferecendo o produto ou serviço, e não a companhia ou o gerente geral, nem a média gerência, tampouco o supervisor. Em razão de seu maior contato com o hóspede, esse funcionário representa, para ele, toda a organização. Muitas vezes, no passado, a única resposta que o funcionário podia dar ao hóspede, quando conversava com ele, era: "Você terá de falar com o gerente".

Com a apresentação do problema do hóspede a esses funcionários (grupo de foco), que tinham maior conhecimento de como solucionar um problema (pelo fato de trabalharem na área problemática), os padrões de qualidade aumentariam. Se os funcionários estivessem envolvidos na criação de padrões de qualidade novos e melhores, estariam mais inclinados a se comprometer com o respeito a esses padrões, que se tornaram referência para o treinamento e a atualização de todos os funcionários: padrões estabelecidos pelos funcionários e aceitos pela gerência.

De acordo com Ken Mackenzie, gerente geral do Sheraton Scottsdale, os resultados das mudanças provocadas por esse estudo incluíram "aumento do faturamento em 28% no primeiro ano de programa e 25% no segundo, além de um grupo de funcionários solidários. Não é possível comprá-los ou contratá-los; é preciso desenvolvê-los"[30].

Funcionários Renomeados e Capacitados

O reconhecimento posterior dos resultados obtidos com a aplicação da Teoria Z e os grupos de foco levou muitas empresas hoteleiras a se referir a seus funcionários como "**associados**".

Além disso, os associados estão ganhando **plenos poderes** para fazer o que for necessário para resolver os problemas do hóspede, em vez de conduzi-los à gerência.

Dar plenos poderes a uma pessoa é uma forma de delegar que permite ao prestador de serviço, que está mais por dentro do problema, fazer (dentro de certos limites) tudo o que for necessário para resolvê-lo para o hóspede.

Como programa, essa concessão não reflete o funcionário que assume o poder, mas que o recebe de seu supervisor, após ter sido adequadamente treinado para respeitar os padrões de qualidade elaborados pelos associados e aceitos pela gerência. Quando um funcionário comete um erro nessa fase, pode ser aconselhado ou treinado novamente.

Esses conceitos de qualidade e de concessão de plenos poderes estão sendo desenvolvidos por várias organizações hoteleiras naquilo que está se tornando conhecido como Gestão da Qualidade Total (GQT). De acordo com Stephen Weisz, vice-presidente regional da Marriott Hotels, Inc., Middle Atlantic Region, "a GQT envolve a compreensão das expectativas dos clientes e a modificação dos produtos e serviços oferecidos para ir ao encontro dessas expectativas, tendo clientes externos e internos".

Resumo

Neste capítulo foram traçadas brevemente as origens da hotelaria e da governança, bem como o desenvolvimento das teorias de administração e suas aplicações na função de governança.

A exploração da governança e da teoria da administração não pretendeu ser exaustiva. É impossível falar a respeito de todos os colaboradores e de suas contribuições para a administração, mas, ao longo deste livro, serão feitas referências a alguns dos maiores, particularmente a R. Alec Mackenzie e as funções seqüenciais da administração. É, pois, preciso memorizar esses princípios e remeter a eles durante a leitura do livro, comparando essas idéias com as de Tom Atchison.

TERMOS E CONCEITOS-CHAVE

Hospitalidade
Linha de organização
Extensão de controle
Delegação
Escola clássica
Teoria da administração
Administração científica
Método científico

Pensamento conceitual
Administração
Liderança
Funções seqüenciais
Planejamento
Organização
Pessoal
Direção

Ciência da administração
Pesquisa operacional
Escola behaviorista (comportamental)
Relações humanas
Teoria X
Teoria Y
Satisfações
Insatisfações
Administração participativa
Teoria Z
Matriz administrativa
Liderança situacional
Abordagem contingencial
Círculo de qualidade
Elementos
Idéias
Recursos
Pessoas
Funções
Funções contínuas
Controle
Motivação
Produtividade
Rotatividade
Faltas
Insubordinação
Entrevistas demissionais
Procedimentos-padrão de Operação
Níveis de Delegação
Tangíveis
Intangíveis
Entradas
Saídas
Seguidores Inspirados
Mudança Autocrática
Comportamento Agressivo/Passivo
Estilo de Liderança
Associados
Plenos poderes

QUESTÕES PARA DISCUSSÃO E REVISÃO

1. Como a função de governanta executiva mudou ao longo dos anos?
2. Discuta as contribuições das seguintes pessoas à ciência da administração:
   Henri Fayol
   Frederick W. Taylor
   Douglas McGregor
   Frederick Herzberg
   Rensis Likert
   R. R. Blake
3. Explique a Teoria X e a Teoria Y. Por que elas são significativas para o desenvolvimento do moral do trabalhador e o enriquecimento do trabalho?
4. Quais são os três elementos da delegação? Discuta a importância de cada elemento. Cite algumas razões pelas quais o administrador não delega.
5. Alex Mackenzie forneceu uma matriz que relata muitos princípios da administração, termos, funções e atividades. Lembre-se da maior quantidade possível e identifique-os como elementos, funções contínuas, funções seqüenciais ou atividades dessas funções. Em sua opinião, quais são os mais importantes?
6. Discuta a diferença entre gerentes e líderes.

NOTAS

1. Henry L. Sisk, *The Principles of Management: A Systems Approach* (Ohio: Southwestern Publishing Co., 1969), p. 24.
2. Louis E. Boone & David L. Kurtz, *Principles of Management* (New York: Random House, 1981), pp. 82-83.
3. Patrick Montana & Bruce Charnov, *Management* (New York: Barron's Educational Series, Inc., 1987), p. 14.
4. H. F. Merrill (ed.), *Classics in Management* (New York: American Management Association, 1960), p. 77. The passage quoted is from Frederick W. Taylor's testimony at hearings before the special committee of the House of Representatives to investigate Taylor and other systems of shop management, January 25, 1912, p. 1387.

5. Louis E. Boone & David L. Kurtz, *Principles of Management*, p. 36.
6. Robert Owen, *A New View of Society* (New York: E. Bliss and F. White, 1825), pp. 57-62. Reprinted in H. F. Merrill (ed.), *Classics in Management* (New York: American Management Association, 1960), pp. 21-25.
7. Patrick Montana & Bruce Charnov, *Management*, pp. 17-19.
8. Douglas McGregor, *The Human Side of Enterprise* (New York: McGraw-Hill Book Co., 1960), pp. viii, 33-34, 246.
9. Ibid., pp. 47-48, 246.
10. Frederick Herzberg, Bernard Mausner, and B. Snydeman, *The Motivation to Work*, 2nd ed. (New York: John Wiley & Sons, 1959).
11. Rensis Likert, *New Patterns of Management* (New York: McGraw-Hill Book Co., 1961), pp. 222-236.
12. Patrick Montana & Bruce Charnov, *Management*, pp. 26-28.
13. R. R. Blake, J. S. Mouton, L. B. Barnes, and L. E. Greiner, "Breakthrough in Organization Development," *Harvard Business Review*, vol. XXXXII, November-December 1964, pp. 133-155. For a complete description of the managerial grid, see Robert R. Blake and Jane S. Mouton, *The Managerial Grid* (Houston: Gulf Publishing Co., 1964).
14. Kenneth H. Blanchard & Paul Hersey, *Management of Organizational Behavior: Utilizing Human Resources* (Englewood Cliffs, New Jersey: Prentice Hall, 1988).
15. J. M. Shepard & J. G. Hougland, Jr. "Contingency Theory: 'Complex Man' or 'Complex Organization'?" Academy of Management Review, July 1978, pp. 413-427.
16. Fred E. Fielder, *A Theory of Leadership Effectiveness* (New York: McGraw-Hill Book Co., 1967).
17. Victor Vroom & Phillip W. Yetton, *Leadership and Decision-Making* (Pittsburgh University of Pittsburgh Press, 1973).
18. Kenneth H. Blanchard & Paul Hersey, *Management of Organizational Behavior.*
19. Henry Mintzberg, *The Nature of Managerial Work* (Englewood Cliffs, New Jersey: Prentice Hall, 1973).
20. R. Alec Mackenzie, "The Management Process in 3-D," *Harvard Business Review*, November-December 1969.
21. *Webster's New Ideal Dictionary*, rev. ed. (1978), s.v. "motive."
22. Douglas McGregor, *The Human Side of Enterprise*, p. 47.
23. Thomas A. Atchison. The Atchison Consulting Group, Inc. Oak Park, Illinois (Seminar Notes, 1992).
24. Timothy Weaver, "Theory M: Motivating with Money," *The Cornell Hotel and Restaurant Administration Quarterly*, Vol. 29, No. 3, November 1988.
25. Paul Kirwin, "A Cost-Saving Approach to Housekeeping," *The Cornell Hotel and Restaurant Administration Quarterly*, Vol. 31, No. 3, November 1990.
26. Ibid., p. 27.
27. Margaret Rose Caro, "N.Y. Housekeepers' Egos Bolstered by Competition," *Lodging*, Vol. 15, No. 5, January 1990.
28. Kenneth H. Blanchard & Paul Hersey, *Management of Organizational Behavior*: pp. 197-199.
29. Pearson, James, "A.H. & M.A. Observation Hotel in Quality Assurance. The Sheraton Scottsdales in Scottsdale, Arizona," *Lodging Magazine*, April and May, 1985.
30. Ibid., p. 58, April.

Parte Dois

Planejamento, Organização e Formação de Equipe na Nova Organização

Na Parte Um do livro, foram apresentados os cinco passos seqüenciais da administração – planejamento, organização, formação de equipe, direção e controle. Na Parte Dois, será visto como os três primeiros passos se aplicam às funções de gestão de uma governanta executiva que, recentemente, assumiu o cargo em um hotel que será inaugurado. Os Capítulos 2 a 9 abordarão as tarefas gerenciais de planejamento de um novo hotel: estabelecimento de funções e descrições de cargos para que o departamento funcione tanto em hospitais como em hotéis, escala de trabalho, materiais necessários, formação de equipe para as operações de governança e planejamento operacional.

2

Planejamento Conceitual

OBJETIVOS DO CAPÍTULO

1. Estudar como as governantas executivas iniciam o planejamento de um hotel a ser inaugurado.
2. Aprender sobre definição de prioridades.
3. Considerar o que já pode ter acontecido nas novas instalações antes da governanta executiva entrar em cena.
4. Aprender sobre o Plano de Divisão da Casa, o Guia de Pessoal e a Tabela de Necessidades de Pessoal.
5. Conhecer o sistema de trabalho em equipes.

Conforme o Capítulo 1, há cinco funções seqüenciais de administração: planejamento, organização, formação de equipe, direção e controle. O planejamento para gerir o departamento de governança proporciona uma das mais clássicas experiências que pode ser encontrada na administração. É por essa razão que o Capítulo 1 foi dedicado, principalmente, aos princípios do desenvolvimento da administração profissional. Seria uma boa idéia, portanto, revisar no mapa de Mackenzie os termos, as atividades e as definições de administração antes de estudar este capítulo de desenvolvimento conceitual.

A Nova Governanta Executiva

Ser nomeada **governanta executiva** de um hotel em operação tem seus desafios. Depois de breve apresentação e orientação, costuma-se esperar que a nova gerente realize melhorias e mudanças relacionadas com as características gerenciais pelas quais ela foi selecionada. Qualquer governanta executiva que já teve essa experiência pode contar como é difícil propor modificações e como isso seria muito mais fácil se as operações pudessem ser reiniciadas desde o princípio. Essa idéia está correta.

Começar a se envolver com a operação de um hotel ainda antes da inauguração, quando os planejamentos departamentais ainda estão por fazer, dá ao gerente a oportunidade de influenciar a configuração do departamento. Ter uma experiência como essa é, ao mesmo tempo, recompensador e esclarecedor, podendo preparar os gerentes para apresentarem mudanças sistemáticas e eficazes em um hotel em operação. Um ponto importante a ser lembrado, como declarado por John Bozarth, é que "bons resultados sem planejamento significam sorte, NÃO boa administração"[1]. É essencial, portanto, que o planejamento de qualquer operação, modificação, sistema, organização ou procedimento tome boa parte da energia da administração.

Nos Capítulos 2 a 9, você estará no lugar de uma recém-nomeada governanta executiva de um hotel a ser inaugurado. Aprenderá sobre o planejamento administrativo que deverá ocorrer antes do início das operações, bem como sobre organizar e formar a equipe de uma nova operação. Uma vez desenvolvido e compreendido o sistema, você verá como aplicá-lo de forma sistemática e eficaz em hotéis em funcionamento.

O Cargo de Governanta Executiva na Organização

No hotel-modelo apresentado neste texto, a governanta executiva estará na posição de **chefia do departamento.** Esse cargo e nível de responsabilidade não são incomuns na maioria dos hotéis e hospitais que possuem entre 200 e 3.000 unidades habitacionais (UH). Por outro lado, algumas governantas executivas estão abaixo do nível mais alto do departamento, enquanto outras podem estar até em cargos que impliquem responsabilidades além do departamento em si. Muitas se tornam membros do comitê executivo (alta administração do empreendimento) e outras alcançam níveis executivos corporativos. Muitas direcionam a carreira para que se desenvolvam na hierarquia vertical da governança; outras escolhem ser governantas executivas e supervisionar toda a manutenção do hotel ou as instalações de saúde. Outras ainda buscam o envolvimento com a governança como porta de entrada para a hospitalidade ou para a área de saúde. Independentemente do cargo ou da posição ocupada, todas deveriam ter liberdade para se comunicar com todos os níveis da empresa.

Para todos os propósitos ilustrativos deste livro, supõe-se que nossa governanta executiva recém-nomeada será a responsável pelo departamento e que estará subordinada ao **gerente de hospedagem** do hotel.

O Hotel-modelo

Reconhecendo que o maior segmento de mercado hoteleiro nos Estados Unidos é o mercado individual de negócios, para ilustrar os sistemas e procedimentos que serão estudados, foi selecionado como **hotel-modelo** o Radisson Hotel na Star Plaza, em Merrillville, Indiana (Fig. 2.1), voltado para o público individual de negócios, mas que também possui apelo de um *resort.*

Hotel Radisson na Star Plaza

Localizado na extremidade noroeste de Indiana, na interseção das rodovias Interstate Highway 65 e US 30, esse hotel surgiu como um típico *holiday inn* de beira de estrada. É uma franquia localizada 10km ao sul do coração da região produtora de aço do meio-oeste, perto de Gary, Indiana. Estrategicamente localizado na principal estrada interestadual meridional, ao sul de Chicago, o Hotel Radisson na Star Plaza é resultado da sagacidade de seu proprietário e fundador, Dean V. White. Em 1969, White construiu a primeira versão dessa propriedade, idealizada como um *holiday inn* típico, com 120 UH, um modesto restaurante, um bar para aperitivos e algumas pequenas salas de reuniões. Em 1972, a propriedade sofreu sua primeira ampliação, aumentando em 128 o número de UH e ganhando 622m^2 de espaço para eventos.

Em 1979, ocorreu a segunda ampliação da propriedade, com a construção de 105 acomodações para hóspedes, a expansão da área de reuniões e eventos para um espaço maior que o dobro da original, a construção de uma piscina interna e de uma área de recreação ("Holidome"*), a reforma de todos os antigos aposentos e das instalações de alimentação e a incorporação de um teatro de 3.400 lugares ao hotel. Como resultado dessa expansão, a propriedade obteve distinção e, em 1983, mudou seu nome de "Holiday Inn Merrillville" para "Holiday Star Resort and Conference Center". No início de 1990, o hotel mudou sua franquia de *holiday inn* para Radisson. O teatro passou então a ser conhecido como Teatro Star Plaza. Esse hotel de negócios e de lazer, com 353 UH, será usado para estudar os princípios de planejamento do departamento de governança e de desenvolvimento de sistemas, exceto quando especificado o contrário.

Apresentando-se para o Trabalho

Imagine que você ocupa o cargo da governanta executiva recém-contratada do hotel-modelo e que lhe solicitaram que se apresentasse para o trabalho ape-

* N. do T.: *Dome*, do original em inglês, significa qualquer coisa que tenha o formato de cúpula. *Holidome* é, portanto, o nome para a área de recreação que faz referência ao nome do hotel, Holiday, e à configuração arquitetônica da área.

Figura 2.1 – Radisson Hotel, na Star Plaza. O empreendimento possui 353 unidades habitacionais de luxo, incluindo 20 suítes e dois apartamentos duplex, sete restaurantes e salões, espaço para convenções de 1.672 metros quadrados e um teatro com 3.400 assentos. O hotel e o centro de convenções são interligados ao teatro por uma passarela suspensa coberta. O centro de convenções é gerenciado pela White Lodging Services, uma subsidiária da Whiteco Industries de Merrillville, Indiana. (Cortesia da Whiteco Hospitality Corporation.)

nas seis semanas antes da abertura. É necessário estabelecer prioridades para suas primeiras atividades. Ao perceber que o departamento de governança consiste em apenas uma pessoa (a governanta executiva), logo se constata que as funções de planejamento, organização e formação de equipe são de importância primordial, sendo essencial a utilização eficiente do tempo. Não apenas o planejamento das funções da equipe é importante, mas também a concepção do sistema, o estabelecimento de procedimentos, a determinação dos equipamentos e materiais necessários e a descrição e coordenação dos relacionamentos.

A experiência da governanta executiva costuma iniciar-se com seu superior hierárquico (gerente de hospedagem) apresentando-a aos outros membros da administração do hotel. Em geral, essas pessoas trabalham em escritórios provisórios do hotel como, por exemplo, em edifícios próximos.

É nesse momento que, provavelmente, a governanta executiva terá contato com o esboço do organograma do hotel, que mostra os cargos dos principais colaboradores dos chefes de departamento. A Figura 2.2 é um exemplo de **organograma** hoteleiro para o nosso hotel-modelo, indicando que o cargo de governanta executiva é de comando de departamento, no nível de média gerência.

Observe os cargos de membros do **comitê executivo** na linha superior do organograma – esse é o grupo que cria as políticas do hotel. Preste especial atenção nos cargos de engenheiro chefe e gerente de pessoal, os quais aparecem acima dos chefes de departamento e abaixo de outros membros do comitê executivo. Na verdade, a incumbência desses dois cargos é comandar departamentos; todavia, em virtude de suas funções gerenciais interferirem em todos os departamentos aos quais prestam serviços de apoio, eles são membros do comitê executivo. De fato, o engenheiro chefe de manutenção e o gerente de pessoal são gerentes intermediários, com posição de líder de departamento.

A governanta executiva tem a mesma graduação que o gerente de recepção (*front office**), sendo que ambos se reportam ao gerente de hospedagem. A governanta executiva terá um assistente, também chamado de **chefe de governança.** Além disso, a operação da lavanderia ocorre sob a direção da governanta executiva, auxiliada por outro gerente júnior, o **chefe de lavanderia,** que se reportará a ela.

Considerando que há uma nova propriedade em construção, cujas operações hoteleiras ainda não foram iniciadas, é importante perceber as diferenças cronológicas na apresentação para o trabalho dos diferentes membros da organização. O diretor de vendas e *marketing* costuma ser o primeiro do comitê executivo a trabalhar no local, uma vez que as vendas antecipadas para grupos ocorrem desde que são feitas as fundações do hotel. O próximo gerente no local seria, provavelmente, o engenheiro chefe, o qual se apresenta no momento em que a fundação da nova edificação está pronta e se iniciam as primeiras instalações elétricas e hidráulicas. O engenheiro chefe deve monitorar os sistemas mecânicos desde o início, devendo conhecer esses sistemas detalhadamente. Algumas vezes, o engenheiro chefe trabalhará como um

* N. do T.: *Front office* é a recepção do hotel em sentido amplo, que envolve o departamento de reservas, de telefonia, de portaria social, além da própria recepção – em sentido estrito, *front desk.*

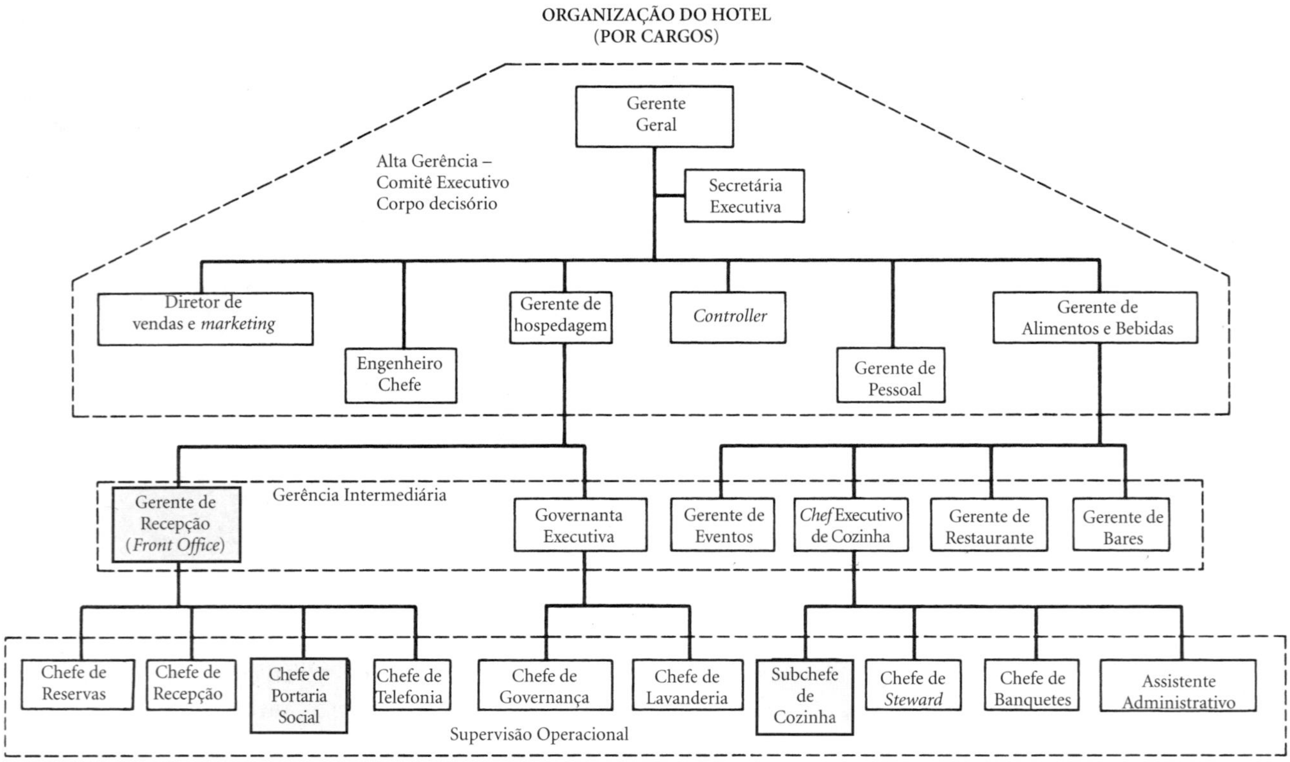

Figura 2.2 – Organograma de hotel (mostrando chefes de departamentos e assistentes) que poderia ser apresentado para a governanta executiva do hotel-modelo seis semanas antes da inauguração. Observa-se a posição da governanta executiva junto à gerência de nível médio e a expectativa de que a governanta executiva administre tanto a lavanderia como o departamento de governança. O nível inferior de supervisão, chamado a princípio de chefia de governança, seria uma função de apoio à governanta executiva.

assistente do construtor até as vésperas do término da construção. Possivelmente, o terceiro gerente a comparecer ao trabalho seria o gerente geral (seis meses antes da inauguração), seguido pelos gerentes de hospedagem e de alimentos e bebidas (quatro meses antes da inauguração) e pelos chefes de departamentos (entre seis e oito semanas antes da inauguração). O terceiro nível de gerência (os supervisores) começará seus trabalhos em torno de quatro semanas antes da inauguração.

A importância de conhecer quem se apresenta em qual época torna-se evidente quando se percebe que a governanta executiva deve aprender em seis semanas o que outros gerentes aprenderam em um período muito maior. Por exemplo, a governanta executiva deve aprender sobre a disponibilidade de mercadorias, armazenamento e locais seguros antes que a distribuição desses espaços seja realizada, para garantir que o departamento de governança não seja prejudicado na designação do espaço.

As relações de subordinação também são relevantes. A coordenação entre a governança e o *front office* requer respeito e compreensão do gerente de cada departamento pelas responsabilidades do outro. Além disso, a governanta executiva terá que se relacionar, em muitas ocasiões, com outros profissionais de todo o hotel. É, portanto, importante conhecer e tornar-se conhecida para cada um desses gerentes, desenvolvendo respeito e compreensão pelas necessidades de cada função. Por outro lado, os outros departamentos devem respeitar as funções da governança e entender seu significado dentro da operação hoteleira.

Familiarizar-se com o novo cenário inclui a obtenção do conjunto de plantas arquitetônicas da ala habitacional do hotel. Tais plantas permitirão que a governanta executiva estude o *layout* físico das instalações e fornecerá os fundamentos para determinar a extensão do envolvimento e as responsabilidades das várias áreas gerenciais. Além disso, as plantas arquitetônicas ajudarão a governanta executiva quando se iniciarem as inspeções do local.

Tão logo a governanta executiva compreenda quem é quem na organização, saiba há quanto tempo cada pessoa está trabalhando para o hotel, perceba o quanto cada gerente conhece e pode colaborar, apresente-se a todos os membros da administração até então contratados e tenha a cópia das plantas arquitetônicas das UH e áreas relacionadas, ela estará pronta para ser apresentada ao local de trabalho provisório onde irá iniciar o planejamento de seu departamento.

Atividades Prioritárias

Dadas as várias atividades que constituem as funções de planejamento, organização e formação de equipe, algumas delas ocorrerão concomitantemente. Se, por um lado, há uma óbvia necessidade de determinar o que e como deve ser feito, há igual urgência em definir os requisitos, estabelecer as qualificações importantes e recrutar os dois principais assistentes da governanta assim que possível: os chefes de governança e de lavanderia. Até que esses chefes sejam contratados, o conjunto de funções de planejamento, organização e formação de equipe estarão diretamente a cargo da governanta executiva. Dessa maneira, vê-se a necessidade imediata de especificar as qualificações necessárias desses dois gerentes para o gerente de pessoal, a fim de que se façam anúncios e se inicie o recrutamento. O recrutamento é um interesse imediato e permanecerá como parte das preocupações diárias da governanta executiva até que essas pessoas sejam admitidas, em geral no prazo de dez a quinze dias.

Documento de Divisão de Trabalho

O trabalho a ser realizado para sanar as necessidades do empreendimento deve ser identificado assim que possível. A governanta executiva deve fazer rondas regulares e diárias pela propriedade ainda em construção e esboçar o que é conhecido como **Documento de Divisão de Trabalho** do departamento. Trata-se de um reconhecimento do que será necessário para a limpeza da propriedade; todos os departamentos devem conhecê-lo. O documento de divisão de trabalho deve incluir, sem necessariamente se limitar, a supervisão e a manutenção do seguinte:

- *Departamento habitacional:* inclui aposentos de hóspedes, corredores habitacionais, elevadores, plataformas de elevador, escadas, áreas de armazenamento.
- *Áreas sociais:* associadas com a venda da hospedagem; recepção, entrada principal, via pública, banheiros sociais, áreas de guarda de bagagem e locais similares.
- *Áreas de recreação:* piscinas internas e externas, *health clubs**, salas de jogos, banheiros sociais, áreas de armazenamento.
- *Restaurantes:* áreas de alimentação e de serviço.
- *Bares:* áreas dos bares e de serviço, área de armazenamento de bebidas.
- *Salas de reuniões:* discriminadas pelo nome, indicando o tamanho em metros quadrados de área útil e das áreas de depósito.
- *Banquete e* ballrooms*:* discriminados pelo nome, indicando o tamanho em metros quadrados de área útil e das áreas de depósito.
- *Área da cozinha:* cozinha central, cozinha de banquete, área de preparo de saladas, câmaras frigoríficas, dispensa.
- *Área de funcionários:* incluindo vestiários, banheiros, refeitório.
- *Escritórios:* todos os escritórios que recebem o público em geral como, por exemplo, de vendas, de reservas e escritórios executivos.
- *Oficinas de manutenção:* área principal de trabalho de engenharia, oficinas de TV, de elétrica, de hidráulica, de refrigeração, de pintura.
- *Edificações externas.*
- *Paisagismo.*
- *Iluminação.*
- *Lavanderia.*
- *Outros.*

Uma vez completado o Documento de Divisão de Trabalho, a governanta executiva deverá apresentá-lo ao comitê executivo para revisão, relacionando as áreas pelo nome, anotando qualquer fato incomum relacionado às exigências de limpeza previstas e fazendo recomendações a respeito de quem deveria ser responsável pela limpeza e manutenção de cada área.

Embora a maioria das governantas executivas esteja envolvida apenas com a área habitacional do hotel e com as áreas sociais relacionadas, não é raro lhe ser designada também a responsabilidade pela limpeza noturna das cozinhas, limpeza de salões após eventos, manutenção da piscina e tarefas similares. Não há nada de errado em herdar tais responsabilidades, *desde que alocados* orçamento e pessoal suficientes para compensar o trabalho adicional. Muitas vezes, negociações entre departamentos são razoáveis, tais como o departamento de alimentos e bebidas manter o refeitório de funcionários sem custos para outros departamentos e a governança manter todos os sanitários sociais sem se importar em que departamentos estão localizados. Entretanto, se é esperado que o departamento de governança limpe outras áreas além da habitacional, como cozinhas, espaços de banquetes, restaurantes ou bares, a compensação orçamentária e de pessoal deve ser fornecida ao departamento de governança e imputada ao departamento que recebe o serviço. É sempre apropriado que os custos sejam confrontados com a receita gerada por cada departamento.

* N. do T.: Áreas dedicadas a ginástica, sauna, tratamentos de beleza, etc.

Uma Recomendação: Limpar Após o Trabalho

Pode parecer mais eficiente passar todas as responsabilidades de limpeza para o controle da mesma gerência, mas os funcionários se dispõem a ser mais cuidadosos e menos desorganizados se a limpeza dos locais de trabalho for prerrogativa de cada um deles. Desse modo, os departamentos encarregados da limpeza de suas próprias instalações criam uma categoria de custos própria para despesas com limpeza, que será imputada contra os recursos gerados pelo departamento ao invés de imputado a outro departamento. De qualquer forma, se a governança é responsável pela limpeza de qualquer área além da habitacional, compensações monetárias e de pessoal devem ser feitas.

Plano de Responsabilidade dos Departamentos

Uma vez submetido o Documento de Divisão de Trabalho ao comitê executivo para revisão e feitas as recomendações da governanta executiva para o gerente de hospedagem (membro do comitê executivo), o **Plano de Responsabilidade dos Departamentos** pode ser elaborado pelo comitê executivo. Esse projeto é uma designação de responsabilidades das várias áreas mencionadas no Documento de Divisão do Trabalho e delineia as fronteiras das diversas áreas de limpeza em uma cópia da planta baixa da propriedade. Essas linhas divisórias são importantes para garantir que nenhum espaço seja deixado sem designação e para que não ocorram superposições de responsabilidades de limpeza. O plano de responsabilidades é, com freqüência, resultado das reflexões e do planejamento de uma governanta executiva experiente, que realiza rondas regulares pelo empreendimento. O plano deve ser entregue ao comitê executivo na primeira semana da posse da governanta.

Rondas Regulares pelas Instalações

Uma importante razão para realizar rondas regulares e freqüentes pelo hotel antes do início das operações é conhecer as várias localizações de depósitos e áreas de serviço. Nunca há dúvidas em relação à rouparia principal, à lavanderia e ao almoxarifado central; contudo, a maioria dos hotéis tem pequenas áreas de depósito e de apoio ao serviço localizadas em locais distantes, ao longo do complexo hoteleiro. É importante que a governanta executiva conheça essas áreas mais isoladas para que, no devido momento, esteja bem preparada para as negociações concernentes à sua utilização. Por exemplo, a governanta executiva necessitará de rouparias de apoio (nos andares) e o chefe de engenharia precisará de áreas de depósito e espaço para reparos de televisores. Rondas conjuntas são altamente recomendadas, para que as gerências de cada departamento possam argumentar sobre o uso de tais espaços.

Organização do Departamento de Governança

A próxima tarefa da governanta executiva é desenvolver a **organização do departamento de governança.** Suponha que o plano de responsabilidade departamental indica que os funcionários do departamento de governança serão responsáveis pela limpeza das UH e áreas sociais relacionadas, dos escritórios, das instalações de recreação e de todos os banheiros públicos. A Figura 2.3 estabelece um organograma que indica a designação dessas responsabilidades.

Observe que a parte da organização dedicada à limpeza das UH ainda não está definida na empresa, podendo sofrer mudanças consideráveis antes da organização final do departamento. Contudo, os assistentes de gerência estão claramente colocados e a tarefa de organização da lavanderia será delegada ao chefe de lavanderia assim que ele estiver selecionado. A estrutura de supervisão de primeira linha cobre as operações vespertinas (das 15h30min à 0h), as operações de rouparia (central de comunicação), a supervisão de pessoal das áreas sociais e serviços públicos e a supervisão de áreas de recreação (duas piscinas, cascata, sala de jogos, sauna e banheiros públicos associados). A maior parte do organograma, dedicada à limpeza das UH de hóspedes e serviços, terá seu tamanho determinado pela aplicação da técnica conhecida como **orçamento base zero**, o qual se refere à confecção da escala de funcionários levando em consideração a efetiva taxa de ocupação do hotel em determinado dia ou período. A contratação e a escala de funcionários são determinadas diariamente a partir do serviço que uma taxa de ocupação pode gerar.

Plano de Divisão da Casa

O próximo grande passo da governanta executiva é o desenvolvimento do **Plano de Divisão da Casa**. A fim de garantir a máxima familiaridade com as instalações, é altamente recomendado que a governanta executiva desenhe pessoalmente a figura representativa da localização de todos os aposentos de hóspedes no hotel. Isso é feito a partir do esboço da área habitacional, mostrando as posições relativas dos quartos de hóspedes, corredores, áreas de serviço e de outras áreas significativas da limpeza. As Figuras 2.4 a 2.7 são exemplos de tais esboços para o nosso hotel.

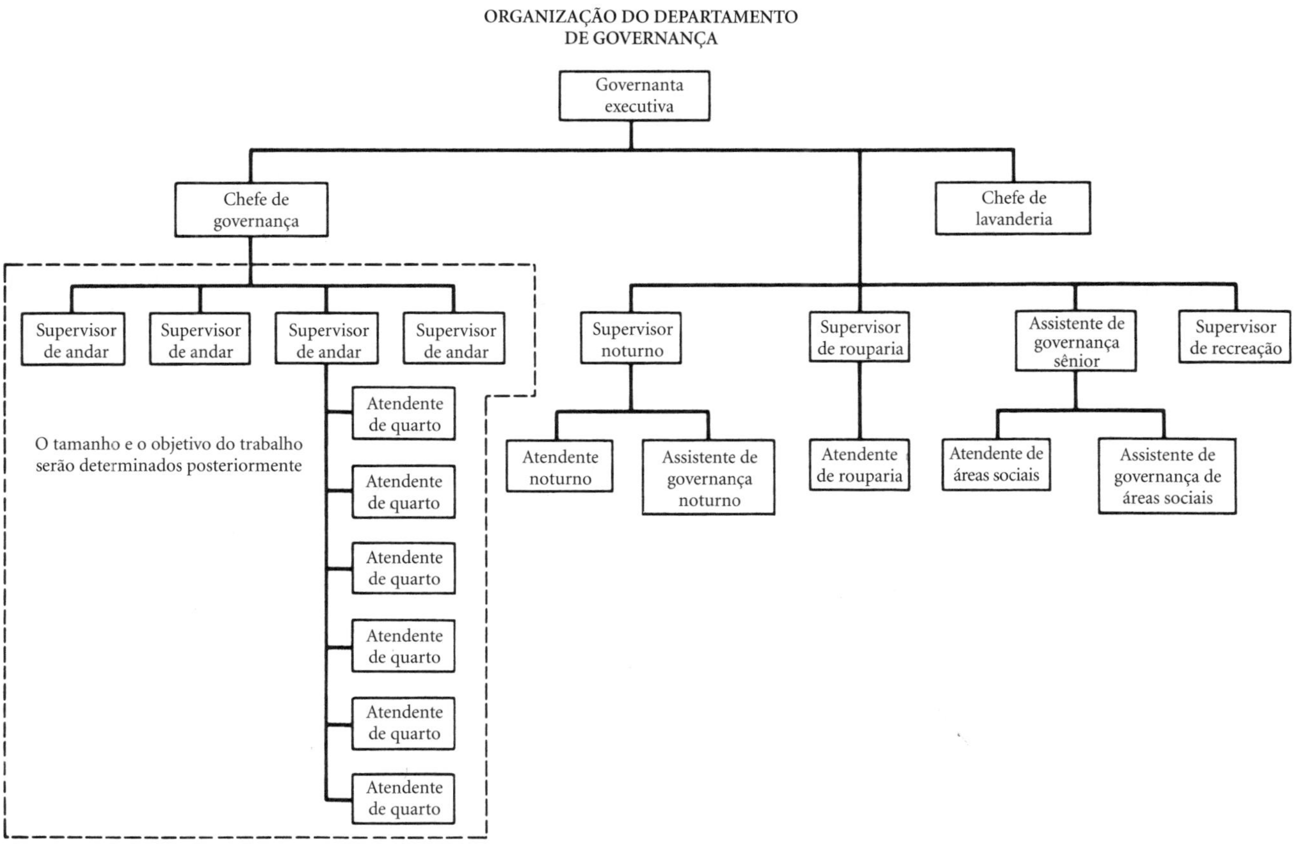

Figura 2.3 – Organização do departamento de governança. Primeira concepção da governanta executiva sobre a organização departamental. Observe a separação de tarefas a serem realizadas sob diversas supervisões. Falta determinar o número de supervisores de andar e a organização dos funcionários por andar.

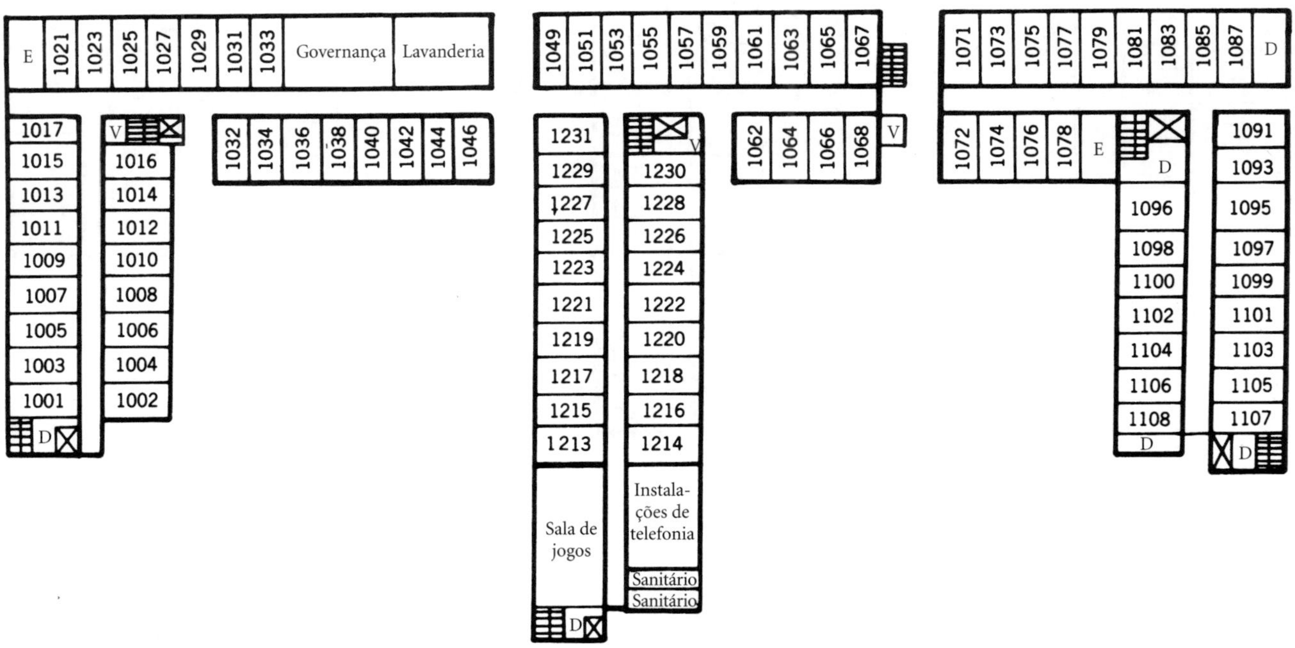

Figura 2.4 – *Layout* do andar do hotel-modelo para o Plano de Divisão da Casa; 94 UH no primeiro andar. D, depósito; V, *vending**; E, quadro elétrico; X, elevador.

* **N. do T.:** *Vending machines* são as máquinas de bebidas, salgados e outros que funcionam à base de moedas ou fichas.

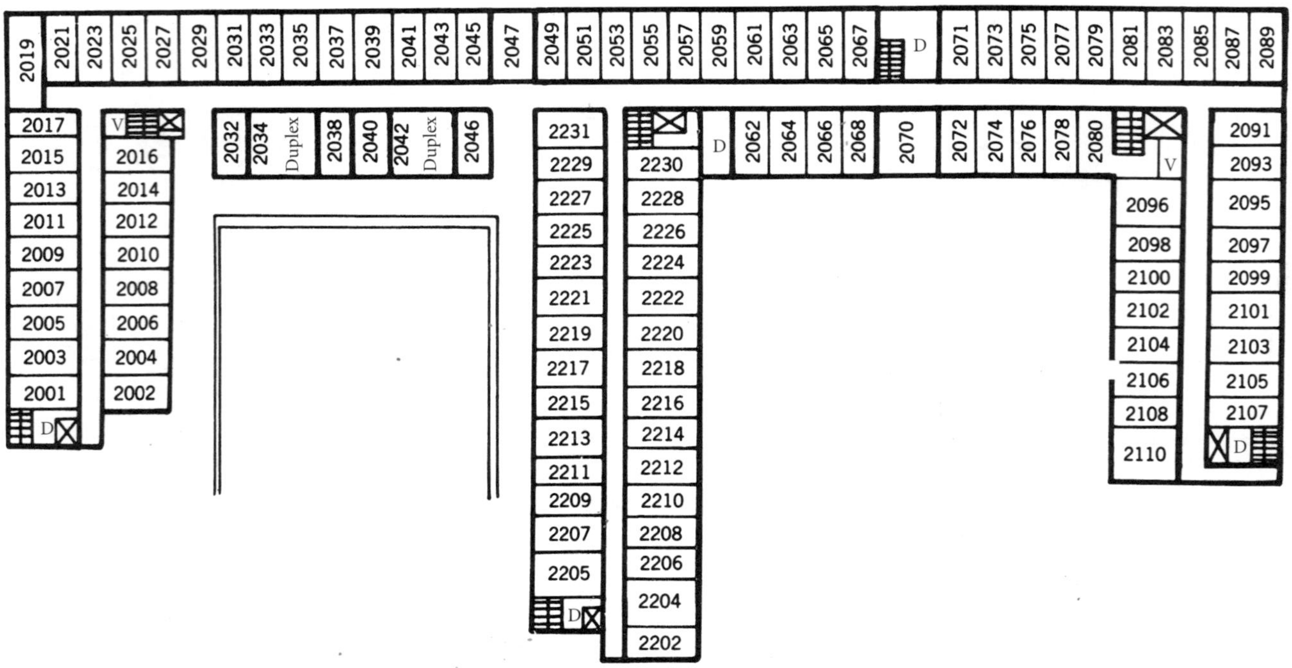

Figura 2.5 – *Layout* do andar do hotel-modelo para o Plano de Divisão da Casa; 114 UH no segundo andar. D, depósito; V, *vending*; X, elevador.

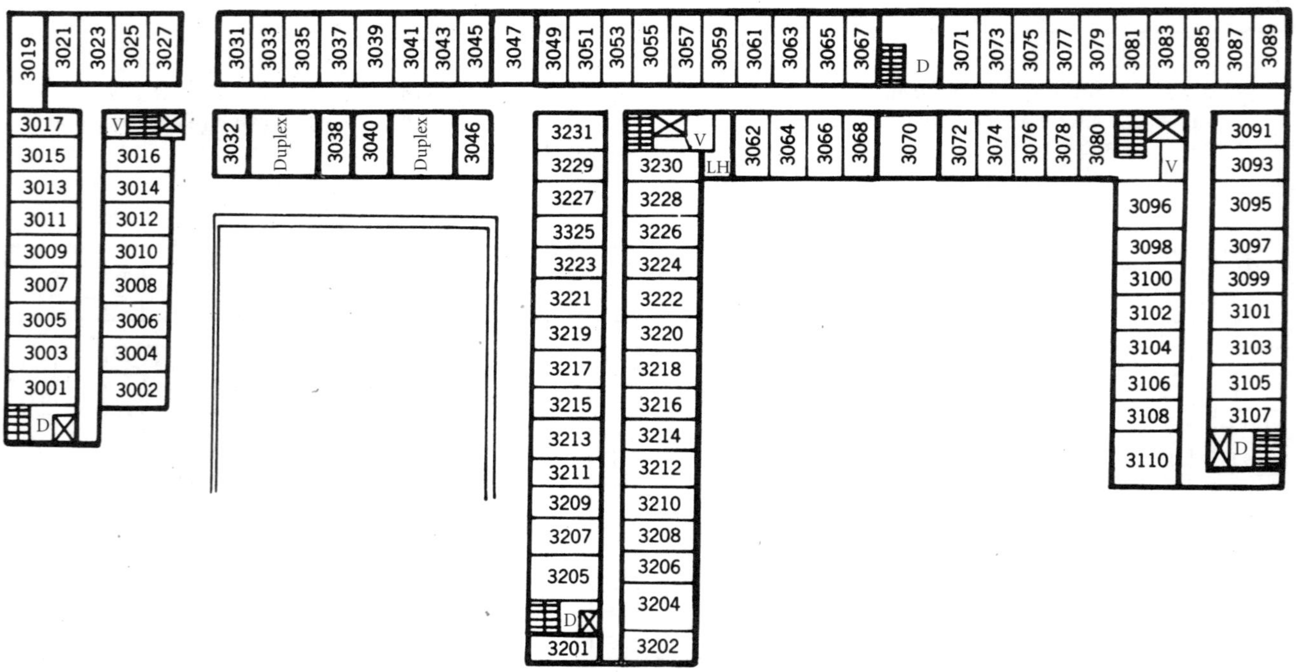

Figura 2.6 – *Layout* do andar do hotel-modelo para o Plano de Divisão da Casa; 112 UH no terceiro andar. D, depósito; V, *vending*; X, elevador; LH, lavanderia de hóspedes.

Critérios para a Distribuição de Trabalho

À medida que o Plano de Divisão da Casa é criado, certos critérios devem ser estabelecidos, em especial a carga de trabalho das atendentes de quarto. Em média, nos Estados Unidos, o número de UH limpas por pessoa por dia fica entre 14 e 16, mas o número real pode variar de 13 (turno de 8h) até o máximo de 20, dependendo do tipo e da natureza da atividade hoteleira. Em

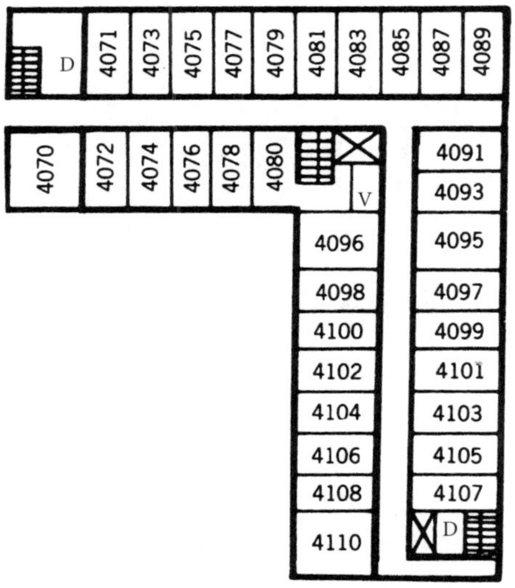

Figura 2.7 – *Layout* do andar do hotel-modelo para o Plano de Divisão da Casa; 33 UH do quarto andar. D, depósito; V, *vending*; X, elevador.

resorts, com muitas superfícies de metal para polir, espelhos para limpar e alta média de hóspedes por UH, em geral dormindo até mais tarde, o trabalho da atendente de quarto pode ser de apenas 13 UH por dia. Em hotéis urbanos, com UH de tamanho padrão, onde a ocupação consiste primordialmente de pessoas a negócios (em geral, ocupação *single*) que acordam e saem cedo todos os dias, as atendentes de quarto podem limpar aproximadamente 20 UH por dia – e limpá-las bem, se estiverem equipados e treinados para uma operação eficiente (não se trata de trabalhar mais arduamente, mas de forma mais eficaz). Em nosso hotel-modelo, a experiência dita que cerca de 18 UH por dia não seria exagero, levando em consideração áreas especiais do hotel nas quais a limpeza pode ser reduzida para 17 UH por dia.

Seção de Unidades Habitacionais e Divisão da Casa

A partir dos critérios de distribuição do volume de trabalho, o Plano de Divisão da Casa pode agora mostrar as instalações divididas em seções de UH. Uma **seção de UH** é um grupo de 13 a 20 UH, próximas umas das outras, que podem ser limpas e servidas por uma pessoa em um turno de 8h. Uma seção de UH é, em geral, designada por um número, e será limpa por um funcionário chamado de ***guest room attendant*** **(GRA, atendente de acomodação de hóspedes)***.

Para que as seções sejam agrupadas em grupos que facilitem a supervisão e o controle necessários, a **divisão da casa** será usada. A **divisão da casa** é um grupo de quatro ou seis seções de UH com corredores, elevadores, escadarias, áreas de serviço e depósitos associados e/ou específicos. Podem ser separadas por uma cor ou letra e designadas para um supervisor. Com o propósito de demonstrar essas divisões em nosso hotel-modelo, elas serão codificadas por cores e distribuídas para os supervisores, conhecidos também como **GRA sênior ou supervisor de GRA.**

Desenhos representativos, como os das Figuras 2.4 a 2.7, podem ser usados para determinar as seções de UH e as divisões do hotel-modelo. Utilizou-se o critério de 18 UH por dia; 353 UH devem ser limpas quando a ocupação alcançar 100%. Ao dividir 353 por 18 UH por dia, tem-se 19,6 seções de UH. Visto que a divisão parcial de uma seção não é prática nem econômica, optou-se por dividir a casa em 20 seções com 17 ou 18 UH cada. Adicionalmente, cinco GRA formarão a divisão da casa para fins de supervisão e controle.

O Plano de Divisão da Casa pode agora ser completado ao considerar o tamanho das seções, o conjunto das divisões da casa, a localização das UH conjugadas, a posição dos elevadores e o transporte de uma UH para outra.

A Figura 2.8 mostra como o primeiro andar do hotel-modelo da Figura 2.4 foi dividido nas seções de 1 a 5, com 18 UH cada. Além disso, todo o primeiro andar do hotel-modelo foi unido para formar a divisão vermelha, que contém um total de 90 UH para supervisão e controle da atendente sênior. Pode-se observar que há quatro UH excedentes no primeiro andar (números 1023, 1025, 1027 e 1029). Com 100% de ocupação, essas UH não farão parte da divisão vermelha e serão limpas pela atendente da seção do segundo andar, que pegará essas UH como parte de outra seção. As Figuras 2.9, 2.10 e 2.11 mostram o mesmo procedimento de planejamento usado na Figura 2.8 para as Figuras 2.5, 2.6 e 2.7, respectivamente.

Observe que o número de UH do segundo e terceiro andares é muito maior do que o do primeiro andar, o que deve ser considerado para formar a divisão restante. As Figuras 2.9, 2.10 e 2.11 mostram a criação da divisão amarela no segundo andar (composta pelas seções de 6 a 10 a oeste), a divisão marrom do terceiro andar (composta pelas seções de 11 a 15 a oeste) e a divisão verde no quarto andar (composta pelas seções de 16 a 19 a leste do edifício). A seção 7 se completa com a inclusão das quatro UH do primeiro andar que não fazem parte da divisão vermelha. Observe a proximidade dessas UH da seção 7 (diretamente abaixo e próximo ao elevador).

* N. do T.: Conforme mencionado no prefácio, a sigla GRA, de *guest room attendant* (atendente de acomodação de hóspedes), é utilizada pelo autor deste livro para designar a camareira, e foi mantida na tradução.

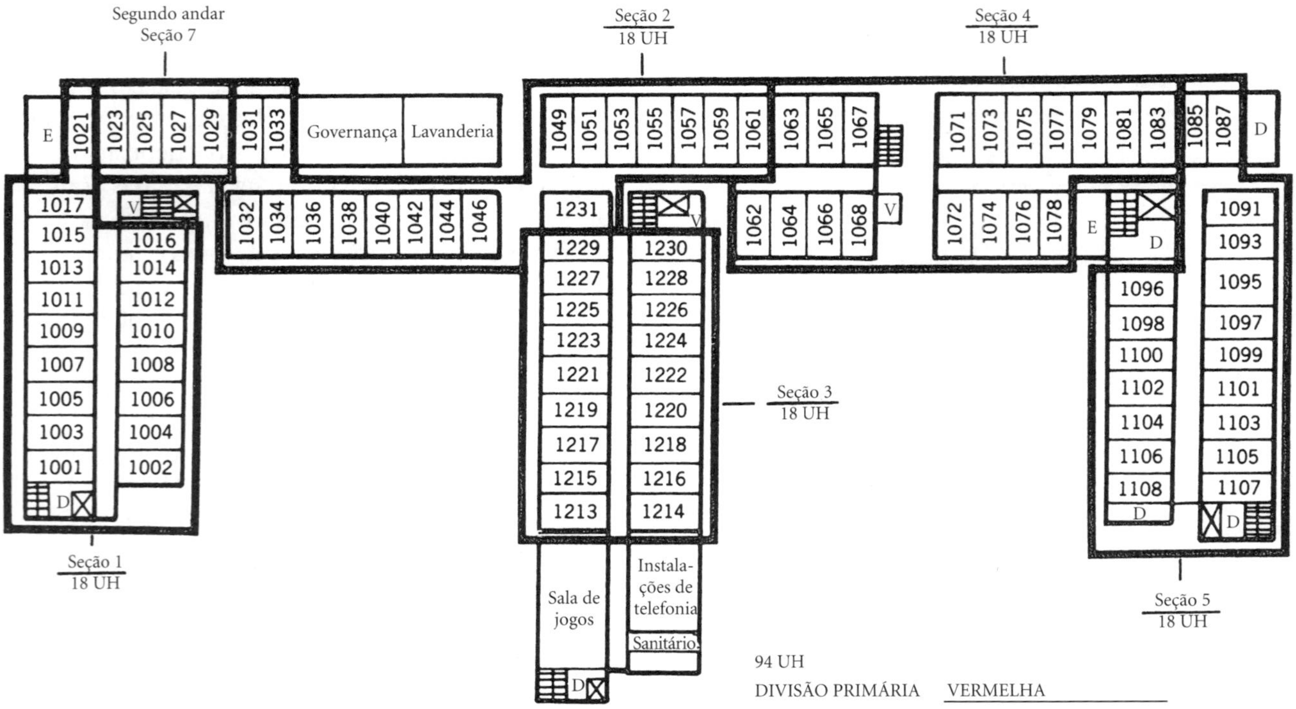

94 UH

DIVISÃO PRIMÁRIA	VERMELHA				
SEÇÃO Nº	1	2	3	4	5
Nº de UH	18	18	18	18	18

Figura 2.8 – Plano de Divisão da Casa para o hotel-modelo; primeiro andar. D, depósito; V, *vending*; E, quadro elétrico; X, elevador.

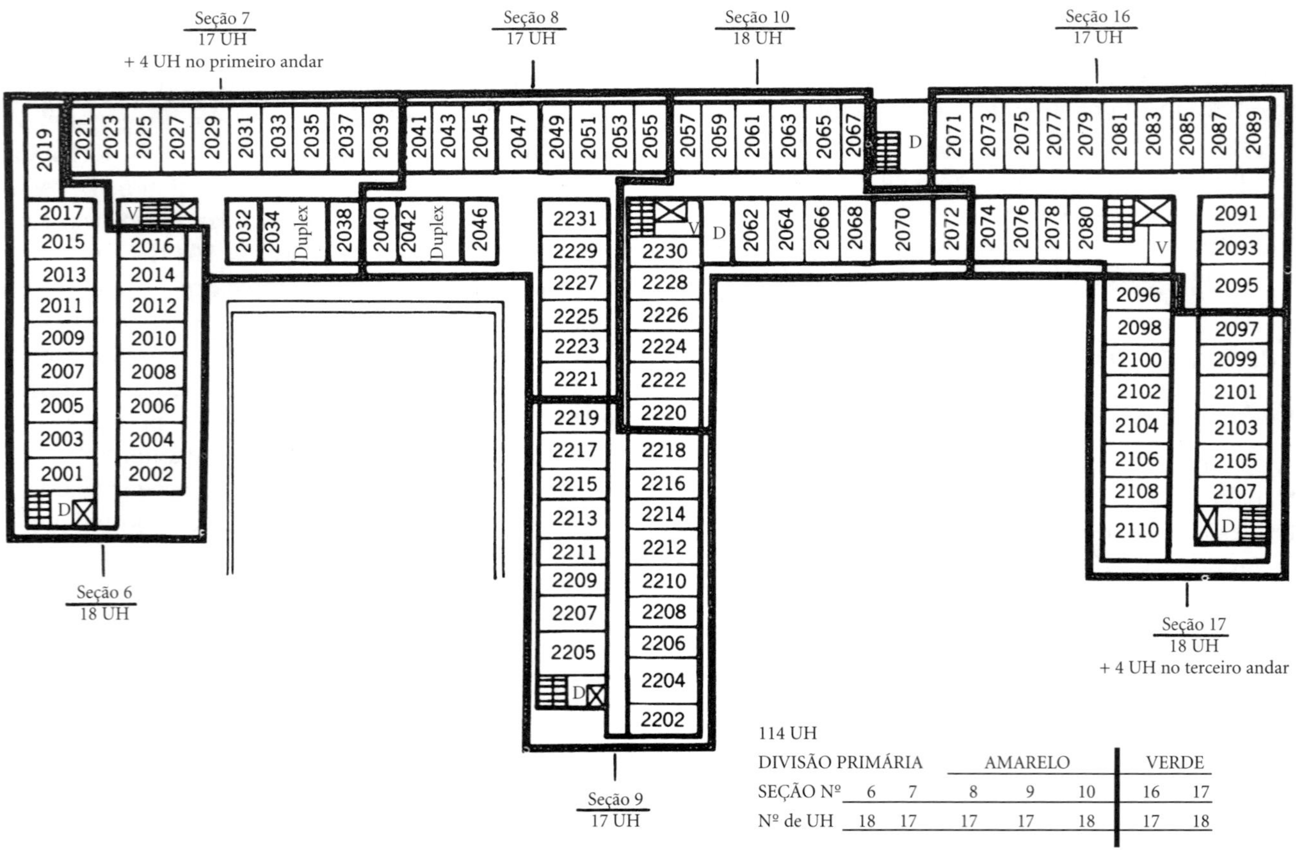

114 UH

DIVISÃO PRIMÁRIA	AMARELO					VERDE	
SEÇÃO Nº	6	7	8	9	10	16	17
Nº de UH	18	17	17	17	18	17	18

Figura 2.9 – Plano de Divisão da Casa para o hotel-modelo; segundo andar. D, depósito; V, *vending*; X, elevador.

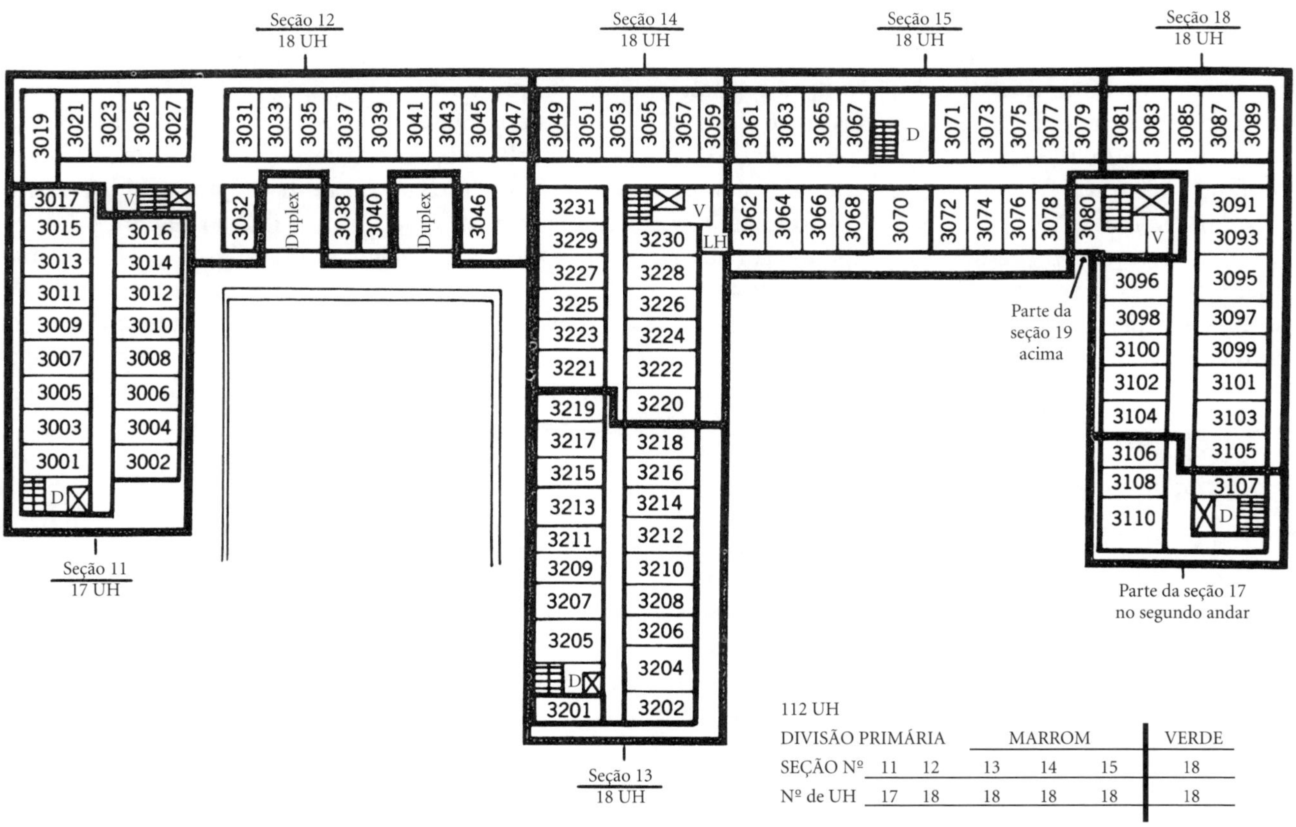

Figura 2.10 – Plano de Divisão da Casa para o hotel-modelo; terceiro andar. D, depósito; LH, lavanderia de hóspedes; X, elevador.

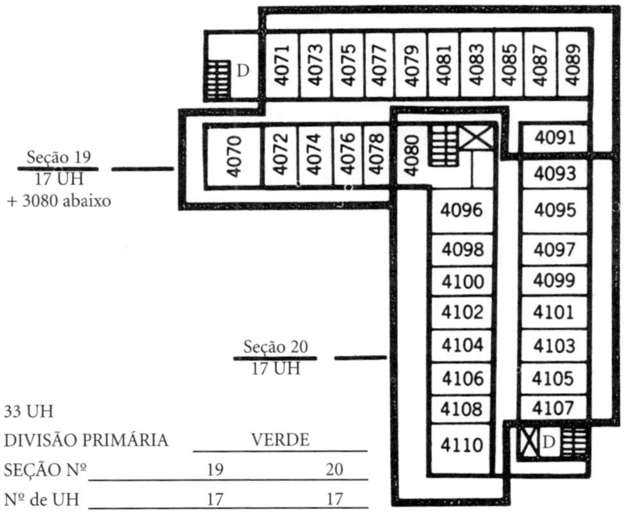

Figura 2.11 – Plano de Divisão da Casa para o hotel-modelo; quarto andar. D, depósito; X, elevador.

O Plano de Divisão da Casa desenvolvido neste capítulo não é, de nenhum modo, a única maneira de que o hotel-modelo pode ser dividido em unidades lógicas de trabalho, mas reflete um eficiente método de divisão da carga de trabalho. Essa técnica também é útil para formar a escala de trabalho (que será vista em detalhes no Cap. 3).

Considerações sobre Organização do Pessoal

A maioria dos departamentos de governança de hotéis admite e coloca funcionários na escala de trabalho conforme o necessário, dependendo da ocupação. Nos Estados Unidos, o sindicato da categoria exige a garantia de trabalho de 40h por semana para **funcionários fixos**, mas a maioria dos hotéis tem poucos funcionários fixos; o sindicato tem mais pessoas cadastradas como **extras**, que podem ser chamadas sempre que houver necessidade (quando a ocupação exceder de 25 a 40%).

Nos Estados Unidos, os empreendimentos não sindicalizados quase nunca garantem 40h semanais, mas montam a escala (com base na expectativa de ocupação) de modo que forneça de 35 a 40h de trabalho semanais a seus funcionários fixos. A partir da constatação de que as despesas de pessoal do departamento de governança são as maiores despesas recorrentes no orçamento do departamento, não adianta garantir a um grande número de funcionários as 40h semanais quando a ocupação é baixa. Por essa razão, muitos funcionários serão contratados com base na expectativa de ocupação de um dado período de tempo.

Os horários de trabalho dos atendentes das seções são montados de forma individual, mas rotativos, para garantir a distribuição justa e igualitária das horas de trabalho disponíveis entre eles. Às vezes, o porte do hotel pode justificar a escalação de centenas de funcionários diariamente. Tal técnica de montagem de escala de trabalho consome tempo e é cansativa. Assim sendo, usaremos um conceito diferente de escala de trabalho, que vem sendo testado e mostra ter muitas vantagens sobre a escala individual de governança.

Conceito de Equipe na Escala de Pessoal

Mais do que escalar atendentes individualmente, devem ser formadas **equipes de governança.** Uma equipe de governança consiste em um supervisor (GRA sênior) e um atendente de seção para cada seção da divisão. Uma vez que a divisão da casa inclui a limpeza de corredores, escadarias, elevadores e áreas de serviços, bem como as áreas contíguas às acomodações de hóspedes, a função adicional de **auxiliar de seção** é necessária na equipe. Esse cargo pode ser preenchido por qualquer pessoa capaz de realizar o trabalho constante da descrição do cargo (veja a descrição do cargo de auxiliar de seção de governança no Apêndice B). As equipes podem então ser formadas – compostas por uma supervisora (GRA sênior), cinco atendentes (GRA) e um auxiliar de governança – e identificadas por cores, que agora podem ser designadas para corresponder às divisões da casa (por exemplo, equipe vermelha para divisão vermelha; equipe amarela para divisão amarela). Não é demais lembrar que o sistema de organização por equipe até agora só serve ao propósito de formação para o trabalho. A escala de trabalho regular das equipes, do dia-a-dia, será confeccionada a partir da ocupação efetiva do hotel e será discutida no Capítulo 3.

Equipes Substitutas

A organização do trabalho segundo a designação de equipes regulares para cada divisão da casa satisfaz as necessidades de cada divisão, mas é óbvio que a operação do hotel, de sete dias por semana, irá requerer pessoal adicional para trabalhar quando a equipe regular estiver de folga. Para cobrir os dias de folga, **equipes substitutas** deverão ser formadas.

Em função da legislação norte-americana, que impede que funcionário trabalhe mais de 40h semanais sem o pagamento de hora extra, é prudente distribuir as 40h em cinco dias com jornada de 8h de trabalho como padrão e contratar funcionários adicionais para o sexto e sétimo dias de trabalho da divisão da casa*.

O departamento de governança da situação modelo também operará a lavanderia. A lavanderia opera praticamente sob as mesmas regras e irá se deparar com a mesma situação de trabalhar sete dias por semana, com a necessidade de dois dias de folga por semana para os funcionários. Somando a força total de trabalho das GRA e atendentes de lavanderia (20 GRA, cinco atendentes de lavanderia, supervisor e auxiliar em cada grupo), a situação de revezamento pode ser desenvolvida como segue:

20 GRA + 5 atendentes de lavanderia =
25 funcionários
25 funcionários × 7 dias/semana =
necessidade de 175 homens/dia de trabalho
175 homens/dia ÷ 5 (número máximo de
dias permitidos) =
35 funcionários necessários

A mesma fórmula pode ser aplicada para supervisores e auxiliares de seção na governança.

Dos 25 funcionários originais, serão necessários mais 10, se a jornada for de 5 dias de trabalho. Formando duas equipes extras, com os 10 funcionários substitutos, cada equipe tendo um supervisor e um auxiliar de governança, o preenchimento racional de vagas pode ser criado como se segue:

FUNCIONÁRIOS FIXOS	REVEZAMENTO
Equipe vermelha	Equipe substituta 1 cobre dois dias por semana
Equipe amarela	Equipe substituta 1 cobre dois dias por semana
Equipe marrom	Equipe substituta 2 cobre dois dias por semana
Equipe verde	Equipe substituta 2 cobre dois dias por semana
Equipe lavanderia	Cada equipe substituta cobre um dia por semana

Como se pode observar, não apenas as quatro equipes fixas e a da lavanderia estão trabalhando apenas cinco dias por semana, como também cada equipe substituta cumpre cinco dias por semana. Deve-se lembrar que o desenvolvimento do critério acima atende

* N. do T.: No caso brasileiro, são 44h de trabalho semanais, em geral seis dias por semana, com 7h20min de jornada diária nos hotéis e escala de 12h por 36h nos hospitais.

apenas ao estabelecimento do número de funcionários necessários: as considerações sobre a escala de trabalho do dia-a-dia e a necessidade de funcionários em função da taxa de ocupação serão discutidas no Capítulo 3.

Término da Organização do Departamento

O quadro de funcionários do departamento de governança pode agora ser completamente definido. O organograma incompleto do departamento, mostrado na Figura 2.3, pode ser concluído com a adição de seis equipes – quatro fixas (identificadas como vermelha, amarela, marrom e verde), cada uma com um supervisor, um auxiliar de seção e cinco GRA, e duas substitutas, identificadas como equipe substituta 1 e 2. As equipes substitutas trabalharão quatro dias em cada seção do hotel e um dia na lavanderia.

Guia de Pessoal

A principal fase do planejamento de pessoal pode ser concluída com a formulação do **Guia de Pessoal do Departamento.** A Tabela 2.1 apresenta um guia de pessoal, mostrando cada cargo que deve ser preenchido no departamento, utilizando o conceito de equipe de trabalho.

Tabela 2.1 – Guia de pessoal do departamento

POSIÇÃO Nº	CARGO	NOME
Equipe de gerência		
1	Governanta executiva	----------------------------
2	Chefe de governança	----------------------------
3	Chefe de lavanderia	----------------------------
Equipe fixa		
4	Supervisor de rouparia	----------------------------
5	Atendente de rouparia	----------------------------
6	Assistente de governança sênior (Supervisor de área social)	----------------------------
7	Atendente de área social 1 (masculino)	----------------------------
8	Atendente de área social 2 (feminino)	----------------------------
9	Atendente de área social (folguista)	----------------------------
Equipe vespertina		
10	Supervisor noturno	----------------------------
11	GRA noturna	----------------------------
12	Assistente de governança noturno	----------------------------
13	Atendente (área social) noturno (masculino) 1	----------------------------
14	Atendente (área social) noturna (feminino) 2	----------------------------
15	Atendente (área social) noturna (folguista)	----------------------------
Equipe fixa de limpeza dos quartos: Equipe vermelha		
16	GRA sênior (supervisor)	----------------------------
17	Auxiliar da seção	----------------------------
18	GRA 1	----------------------------
19	GRA 2	----------------------------
20	GRA 3	----------------------------
21	GRA 4	----------------------------
22	GRA 5	----------------------------
Equipe amarela		
23	GRA sênior (supervisor)	----------------------------
24	Auxiliar da seção	----------------------------
25	GRA 6	----------------------------
26	GRA 7	----------------------------
27	GRA 8	----------------------------
28	GRA 9	----------------------------
29	GRA 10	----------------------------

Continua

Tabela 2.1 – *(Cont.)* Guia de pessoal do departamento

POSIÇÃO Nº	CARGO	NOME
Equipe marrom		
30	GRA sênior (supervisor)	------------------------------
31	Auxiliar da seção	------------------------------
32	GRA 11	------------------------------
33	GRA 12	------------------------------
34	GRA 13	------------------------------
35	GRA 14	------------------------------
36	GRA 15	------------------------------
Equipe verde		
37	GRA sênior (supervisor)	------------------------------
38	Auxiliar da seção	------------------------------
39	GRA 16	------------------------------
40	GRA 17	------------------------------
41	GRA 18	------------------------------
42	GRA 19	------------------------------
43	GRA 20	------------------------------
Lavanderia		
44	Supervisor de lavanderia	------------------------------
45	Auxiliar de lavanderia / triagem	------------------------------
46	Atendente de lavanderia (passadeira)	------------------------------
47	Atendente de lavanderia (passadeira)	------------------------------
48	Atendente de lavanderia (dobrador/guardador)	------------------------------
49	Atendente de lavanderia (dobrador/guardador)	------------------------------
50	Atendente de lavanderia (dobrador/guardador)	------------------------------
Equipe substituta 1		
51	GRA sênior (supervisor substituto)	------------------------------
52	Auxiliar de seção (ST-A)	------------------------------
53	GRA A-1	------------------------------
54	GRA A-2	------------------------------
55	GRA A-3	------------------------------
56	GRA A-4	------------------------------
57	GRA A-5	------------------------------
Equipe substituta 2		
58	GRA sênior (supervisor substituto)	------------------------------
59	Auxiliar de seção (ST-B)	------------------------------
60	GRA B-1	------------------------------
61	GRA B-2	------------------------------
62	GRA B-3	------------------------------
63	GRA B-4	------------------------------
64	GRA B-5	------------------------------

O guia de pessoal identifica, por nome e número, todas as pessoas que devem ser contratadas para o departamento. Uma cópia pode ser dada para o departamento de recursos humanos e outra para o gerente de hospedagem, para revisão e críticas. A Tabela 2.1 tem também um espaço para escrever os nomes dos funcionários em frente ao número da função. Quando houver vagas, elas poderão ser prontamente identificadas pelo número do cargo. Se a projeção da taxa de ocupação do hotel for menor que 90% para o ano vindouro, alguns dos cargos listados podem ser deixados vagos até que a previsão de ocupação aumente.

Tabela de Necessidade de Pessoal

Após desenvolver o Plano de Divisão e o Guia de Pessoal, a governanta executiva pode desenvolver uma das mais importantes ferramentas cotidianas para a gestão eficaz do departamento de governança: a Tabela de Necessidade de Pessoal, ilustrada na Tabela 2.2. Ela foi desenvolvida para o hotel-modelo, que possui 353 UH e onde cada atendente de seção limpa, em média, 18 UH por dia.

A tabela estabelece quantas UH necessitarão do serviço da governança em cada nível de ocupação, o

Tabela 2.2 – Tabela de necessidade de pessoal

TAXA DE OCUPAÇÃO	NÚMERO DE UH	NÚMERO DE GRA POR DIA	GRA HORAS POR DIA	GRA HORAS POR SEMANA	GRA HORAS POR PERÍODO DE 28 DIAS
100	353	20	160	1120	4480
99	350	20	160	1120	4480
98	346	20	160	1120	4480
97	343	20	160	1120	4480
96	339	19	152	1064	4256
95	336	19	152	1064	4256
94	332	19	152	1064	4256
93	329	19	152	1064	4256
92	325	19	152	1064	4256
91	322	18	144	1008	4032
90	318	18	144	1008	4032
89	315	18	144	1008	4032
88	311	18	144	1008	4032
87	308	18	144	1008	4032
86	304	17	136	952	3808
85	300	17	136	952	3808
84	297	17	136	952	3808
83	293	17	136	952	3808
82	290	17	136	952	3808
81	286	16	128	896	3584
80	283	16	128	896	3584
79	279	16	128	896	3584
78	276	16	128	896	3584
77	272	16	128	896	3584
76	269	15	120	840	3360
75	265	15	120	840	3360
74	262	15	120	840	3360
73	258	15	120	840	3360
72	255	15	120	840	3360
71	251	14	112	784	3136
70	248	14	112	784	3136
69	244	14	112	784	313
68	241	14	112	784	3136
67	237	14	112	784	3136
66	234	13	104	728	2912
65	230	13	104	728	2912
64	227	13	104	728	2912
63	223	13	104	728	2912
62	220	13	104	728	2912
61	216	12	96	672	2688
60	212	12	96	672	2688
59	209	12	96	672	2688
58	205	12	96	672	2688
57	203	12	96	672	2688
56	199	12	96	672	2688
55	195	11	88	616	2464
54	191	11	88	616	2464
53	187	11	88	616	2464
52	184	11	88	616	2464
51	181	11	88	616	2464
50	177	10	80	560	2240

Continua

Tabela 2.2 – *(Cont.)* Tabela de necessidade de pessoal

TAXA DE OCUPAÇÃO	NÚMERO DE UH	NÚMERO DE GRA POR DIA	GRA HORAS POR DIA	GRA HORAS POR SEMANA	GRA HORAS POR PERÍODO DE 28 DIAS
49	173	10	80	560	2240
48	169	10	80	560	2240
47	166	10	80	560	2240
46	162	9	72	504	2016
45	159	9	72	504	2016
44	156	9	72	504	2016
43	152	9	72	504	2016
42	149	9	72	504	2016
41	145	9	72	504	2016
40	142	8	64	448	1792
39	138	8	64	448	1792
38	135	8	64	448	1792
37	131	8	64	448	1792
36	127	8	64	448	1792
35	124	7	56	392	1568
34	121	7	56	392	1568
33	117	7	56	392	1568
32	114	7	56	392	1568
31	110	7	56	392	1568
30	106	6	48	336	1344
29	103	6	48	336	1344
28	99	6	48	336	1344
27	96	6	48	336	1344
26	91	6	48	336	1344
25	89	5	40	280	1120
24	85	5	40	280	1120
23	82	5	40	280	1120
22	78	5	40	280	1120
21	75	5	40	280	1120
20	71	4	32	224	896
19	67	4	32	224	896
18	64	4	32	224	896
17	60	4	32	224	896
16	57	4	32	224	896
15	53	3	24	168	672
14	50	3	24	168	672
13	46	3	24	168	672
12	43	3	24	168	672
11	39	3	24	168	672
10	36	2	16	112	448
9	32	2	16	112	448
8	29	2	16	112	448
7	25	2	16	112	448
6	22	2	16	112	448
5	18	1	8	56	224
4	15	1	8	56	224
3	11	1	8	56	224
2	7	1	8	56	224
1	4	1	8	56	224
0	0	0	0	0	0 base

* Essa tabela é para um hotel de 353 UH com o critério de limpeza de 18 UH por dia por GRA.

número de atendentes necessárias (considerando que cada uma arruma 18 UH em 8h de trabalho por dia) e o número de horas de trabalho necessárias por dia, por semana e em 28 dias.

A elaboração da tabela começa com a base zero (ver o fim da tabela). Com ocupação zero, nenhuma GRA é necessária; ocupação de até 18 UH requer uma atendente de seção trabalhando 8h por dia; ocupação de até 36 UH requer a adição da segunda atendente de seção; e assim por diante, até a ocupação acima de 96%, que exige 20 atendentes de seção.

Toda governanta executiva deve confeccionar uma Tabela de Necessidade de Pessoal a fim de que o número de GRA e o número de horas de GRA por dia, por semana e por período possam ser rapidamente determinados para qualquer ocupação. Tal informação torna-se vital para determinar a escala e para a administração eficiente de qualquer departamento de governança.

Descrições de Cargos*

Paralelamente ao desenvolvimento da Tabela de Necessidade de Pessoal, um conjunto de **descrições de cargos** e/ou **de funções** deve ser desenvolvido. Isso é feito ao listar uma série de tarefas operacionais, que podem ser agrupadas e, então, designadas a uma única pessoa. O agrupamento de tais tarefas é a criação da descrição da função ou do cargo.

Para se beneficiar dos **motivadores de realização** – crescimento, responsabilidade e reconhecimento –, deve-se examinar todos os cargos com atenção, a fim de verificar se os fatores que o compõem formarão as **satisfações** de Herzberg, mencionadas no Capítulo 1. Com relativa freqüência, os cargos são concebidos pensando em pessoas com habilidades especiais. Isso não é necessariamente antiprofissional, desde que não haja *nenhuma* possibilidade de perder a pessoa para quem o cargo foi planejado. Na maioria das situações, contudo, isso não é possível. Quando uma pessoa com características especiais deixa a empresa ou é transferida, espera-se preencher o cargo com alguém com a mesma capacidade. Se não é possível encontrar alguém com as mesmas habilidades, o cargo deve ser redefinido. Isso costuma provocar muito desgaste e pode exigir reorganização. Uma linha de ação mais inteligente seria especificar, primeiro, as tarefas que devem ser realizadas, depois agrupar essas tarefas em unidades lógicas que tenham o menor custo por unidade.

* N. do T.: O original em inglês, *job descriptions*, é também bastante utilizado no Brasil.

Quando é possível escolher quais tarefas devem ser combinadas em um único cargo, deve-se aplicar o critério de *menor custo por unidade*. Se o custo deve ser minimizado, é lógico conceber e combinar tarefas de tal forma que seja requerido o menor nível de habilidade. Por exemplo, não se deve combinar as tarefas realizadas pela atendente com as de supervisor, porque diferentes níveis de habilidade seriam requeridos. De modo similar, as tarefas envolvidas no cargo de atendente da ala habitacional não deveriam ser combinadas com as envolvidas no cargo de atendente de áreas sociais. É racional supor que os custos não seriam reduzidos se houvesse pessoas limpando UH em um momento e executando tarefas de manutenção do saguão em outro.

Os objetivos de analisar as descrições dos cargos deveriam, portanto, ser:

1. Descobrir quais são as tarefas operacionais que compõem o trabalho do departamento de governança hoteleiro ou de higiene e limpeza hospitalar.
2. Ver como essas tarefas são agrupadas nas descrições de cargos e funções.
3. Entender a diferença entre descrição de função e descrição de cargo, e como cada uma é utilizada.
4. Ver qual o conteúdo de tais documentos.

O Apêndice B contém dois conjuntos completos de descrições de cargos: um para departamentos de governança de hotel e outro para departamentos de higiene e limpeza hospitalar. Eles são apresentados de formas distintas apenas para mostrar dois estilos de apresentação. Um estilo pode ser tão útil quanto o outro, seja em hotéis ou em hospitais.

Embora a descrição de cargos possa ser escrita para funcionários inexperientes, semi-especializados ou qualificados, também pode ser escrita para supervisores, gerentes e executivos.

Descrições de Cargos e Funções (Governança Hoteleira)

Descrições de funções são, às vezes, escritas para gerentes ou para aqueles que possuem prerrogativas de gerentes. Essas pessoas admitem, demitem, estabelecem salários e definem a política da empresa. A descrição de função é um tipo de documento que estabelece a **função básica** do gerente e define a extensão de suas responsabilidades e autoridade. Nela são listadas as **responsabilidades específicas** que foram criadas para o gerente e as **relações de responsabilidade** que ele tem com os outros membros da organização. Em geral, há uma declaração, chamada de **ênfase do trabalho**, sobre como o gerente deve dividir seu tempo e esforços.

Nos primeiros exemplos de descrições de funções do Apêndice B, de governanta executiva e de chefe de governança, pode-se observar que a função principal de cada um simplesmente retrata sua responsabilidade geral. Essa definição ajuda o gerente a entender os limites da autoridade gerencial. Em geral, observa-se a seguir um conjunto de responsabilidades específicas (tarefas concretas que devem ser realizadas). Os termos "coordenar", "administrar o controle" e "ser responsável por" são utilizados com freqüência e significam que tarefas específicas foram delegadas para alguém que está trabalhando para o gerente.

Observe também o *formato padrão*, primeiro na descrição da função do gerente do departamento depois nas descrições de cargo para o pessoal operacional do departamento de governança hoteleiro. Serão notadas diferenças quando comparadas ao serviço de higiene e limpeza hospitalar.

Descrições de Cargos (Serviço de Higiene e Limpeza Hospitalar)

O **departamento de limpeza hospitalar** tem necessidades similares de descrições de cargos. O mesmo formulário de **descrição de cargo** (*DC*) é utilizado tanto para gerentes quanto para subordinados. Os documentos são um ingrediente essencial para todos os departamentos hospitalares e todos têm o mesmo formato. A *DC* fornece uma sinopse dos requisitos de cada cargo. É utilizada pelo departamento de pessoal ao recrutar profissionais para preencher um cargo, como referência para os funcionários e como um recurso na condução de avaliações de desempenho.

A estrutura e o número de descrições de cargos dependem de cada empreendimento. O departamento de recursos humanos sempre tem um formato preferido para atribuir cargos; o número necessário dependerá do tamanho e da estrutura do departamento. Os modelos anexos são descrições de cargos para um departamento de higiene e limpeza hospitalar de médio a grande porte. Departamentos estruturados de forma diferente podem requerer mais, menos ou diferentes tipos de descrição de cargo: a singularidade de cada organização deve ser levada em consideração para isso.

Resumo

Embora as operações rotineiras do departamento de governança possam ser interessantes e gratificantes, há também limitações. Muitos dos sistemas e procedimentos usados no cotidiano já estão desenvolvidos. Por essa razão, este capítulo optou por expor o ponto de vista de uma governanta recém-contratada de um hotel que está para inaugurar, em função de ser uma situação que necessita que se comece o planejamento do princípio.

Neste capítulo, selecionou-se um hotel-modelo para mostrar o planejamento inicial que deve ser realizado. Também viu-se que a priorização das atividades é essencial: a governanta executiva deve familiarizar-se rapidamente com a organização inicial do hotel, criada antes de sua chegada, e conhecer os profissionais da equipe que já estavam trabalhando, o que pode ser uma valiosa fonte de informações, indicando inclusive onde poderão haver dificuldades. A governanta executiva deve obter, de imediato, o conjunto das plantas arquitetônicas, e começar a planejar as necessidades da equipe e os métodos operacionais. As rondas diárias pelas instalações são obrigatórias, a fim de que a governanta executiva conheça rápido todos os espaços com os quais terá contato. A organização departamental deve ser iniciada, documentos de divisão de trabalho criados, o plano de responsabilidade dos departamentos recomendado e aprovado e o Plano de Divisão da Casa criado.

O planejamento de equipe inicial termina quando há um Guia de Pessoal desenvolvido e uma Tabela de Necessidades de Pessoal elaborada. Nessa altura, a governanta executiva está pronta para providenciar o primeiro orçamento de trabalho e as necessidades da equipe. O passo seguinte é contratar os dois supervisores constantes do organograma e deixar o departamento pronto para admitir pessoal no máximo duas semanas antes da abertura.

Neste capítulo, apresentou-se também o sistema de formação de equipes. Muito mais será dito sobre esse sistema de trabalho ao se estudar escalas de trabalho, direção e supervisão de esforços e ambientes que favorecem o comprometimento. Os cenários aqui apresentados não devem, de maneira alguma, servir para menosprezar outras técnicas aplicáveis e que têm se mostrado eficientes. Por outro lado, outros departamentos externos à governança, que também dependem da taxa de ocupação, devem conhecer o método de escala de pessoal por equipes aqui proposto.

A terceira atividade das funções seqüenciais de Mackenzie, a organização, envolve a criação de descrições de cargos e funções. A fim de se beneficiar das satisfações de Herzberg (Cap. 1), as descrições de cargos e funções devem ser planejadas a partir do trabalho a ser feito, e não do talento de pessoas específicas.

Descrições de cargo são escritas tanto para funcionários inexperientes, semi- especializados e qualificados como para supervisores, gerentes e executivos. As descrições de cargo deste capítulo são para funcionários horistas, inclusive funcionários operacionais e supervisores que realizam algum trabalho manual.

Descrições de funções são escritas para funcionários com prerrogativas de gerência que admitem, demitem e determinam remunerações. Cada descrição de função dá a função básica, o escopo, as responsabilidades específicas, as relações de responsabilidades e a ênfase do trabalho. Exemplos foram apresentados.

O Apêndice B contém um conjunto completo de descrições de cargo e de função para um departamento de governança hoteleiro.

TERMOS E CONCEITOS-CHAVE

Governanta executiva
Chefe de departamento
Gerente de hospedagem
Hotel-modelo
Organograma
Comitê executivo
Chefe de governança
Chefe de lavanderia
Divisão da casa
Atendente sênior
Funcionários fixos
Funcionários extras
Equipe de governança
Auxiliar de seção de governança
Equipe substituta
Guia de Pessoal
Tabela de Necessidade de Pessoal
Descrição de cargo
Descrição de função
Formação de equipe
Documento de Divisão de Trabalho
Plano de Responsabilidade dos Departamentos
Organização do departamento de governança
Orçamento base zero
Plano de Divisão da Casa
Seção de UH
Atendente de seção
Motivadores de realização
Satisfações
Menor custo por unidade
Funções básicas
Responsabilidades específicas
Relações de responsabilidade
Ênfase do trabalho
Departamento de higiene e limpeza hospitalar

QUESTÕES PARA DISCUSSÃO E REVISÃO

1. Suponha que você é uma governanta executiva recém-contratada de um hotel a ser inaugurado em breve. Desenvolva uma lista de prioridades das ações a serem tomadas antes da inauguração. Como você modificaria essa lista caso a operação já estivesse em desenvolvimento?
2. Em suas palavras, defina quadro de pessoal de base zero.
3. Discuta as razões pelas quais a governanta executiva deveria desenvolver um Documento de Divisão do Trabalho. Qual é a relação da divisão em questão com o Plano de Responsabilidade dos Departamentos?
4. O Plano de Divisão da Casa é desenvolvido a partir de desenhos feitos na planta baixa dos andares habitacionais do hotel. Por que a governanta executiva deve preparar *pessoalmente* esses desenhos?
5. Cite quatro motivos pelos quais a governanta executiva deve fazer rondas diárias pelas novas instalações antes de sua inauguração. A governanta deveria realizar essas rondas sozinha? Se não, quem deveria acompanhá-la?
6. Qual a diferença entre uma descrição de cargo e uma descrição de função? Reflita sobre os elementos de cada uma.
7. Seria inapropriado indicar uma remuneração ou nível salarial em uma descrição de função? E em uma descrição de cargo? Justifique sua resposta.
8. O que é uma prerrogativa gerencial? Cite alguns exemplos complementando os que estão listados no texto.
9. O preparo de um conjunto de descrições de cargo é parte de qual função seqüencial de administração?
10. Utilizando como roteiro as descrições de cargos e funções encontradas neste capítulo, elabore uma descrição de função para um chefe de lavanderia, um supervisor de recreação e um *trainee* de gerência que estagia no departamento de governança por seis meses.

NOTA

1. John Bozarth, C. E. H., Leadership Styles – Where do you fit in? *Executive Housekeeping Today*, May 1983, p. 20.

3

Planejamento da Escala: A Maior Vantagem da Formação de Equipes de Governança

OBJETIVOS DO CAPÍTULO

1. Aprender os métodos convencionais de elaboração de escala de trabalho.
2. Descobrir o que é escalar por equipe.
3. Aprender o que é um sistema de escala de rodízio permanente e como construí-lo.
4. Aprender o que é escala reduzida, como ela se adapta ao sistema de rodízio permanente e como pode ser desenvolvida.
5. Entender como organizar o trabalho da semana a partir do sistema de rodízio permanente.
6. Ver como os acordos sindicais podem afetar o horário dos funcionários.

Métodos Convencionais para Elaboração de Escala de Trabalho

Poucos hotéis e hospitais fecham aos sábados, domingos e feriados. Se assim fosse, a elaboração da **escala de trabalho** seria demasiadamente simples: todos teriam finais de semana e feriados livres e, enquanto o departamento estivesse fechado, funcionários e gerentes poderiam ficar despreocupados, sabendo que nada iria acontecer.

Em hotéis, hospitais, restaurantes e outros locais que operam sete dias por semana, contudo, estabelecer a escala dos funcionários é uma tarefa importante e deve ser realizada com absoluta regularidade. O gerente e o supervisor não devem dedicar apenas tempo e disposição à tarefa de fazer uma escala de trabalho, mas devem também levar em conta as necessidades das pessoas que eles escalam. Por exemplo, alguns funcionários podem não estar disponíveis às terças-feiras e outros podem querem o final de semana livre; demandas familiares e doenças também devem ser identificadas e consideradas. Some-se a essas preocupações o problema da sazonalidade, que tem um grande impacto na escala de governança, e então o gerente tem uma tarefa para lhe ocupar todo o tempo, o que pode impedi-lo de realizar outras tarefas menos repetitivas e mais criativas.

O gerente que escala um grupo de pessoas para trabalhar semanalmente e que tem que ajustar os horários diariamente pode ganhar o rótulo de "atarefado". Para melhorar essa rotina de confecção da escala e, assim, reduzir drasticamente o tempo gasto pela gerência realizando essas tarefas, deve-se experimentar o sistema de organização e escalação por equipe.

Uma Noção sobre Equipes

O **sistema de organização por equipes** apresentado no Capítulo 2 possui muitas vantagens. Para a gerência, a principal delas é poder escalar um grupo de pessoas como se ele fosse uma única unidade. É verdade que nem todas as pessoas do departamento podem ser conduzidas dessa maneira, mas a maioria dos funcionários da governança pode ser agrupada para os propósitos da elaboração da escala. Outra vantagem do sistema de organização por equipes é o fato de que a cooperação e a motivação dos funcionários serão elevadas, pois eles farão parte de uma pequena unidade, em vez de parte de um grande grupo de pessoas. É muito mais provável que um funcionário, membro de uma equipe de sete pessoas, identifique a sua contribuição pessoal no desempenho do grupo, do que se fizesse parte de uma grande organização na qual ele é apenas mais um entre muitos.

O sistema de **organização e escalação por equipes** também adota a idéia de que a equipe trabalhará junta e sairá de folga junta. Designar equipes para trabalhar em áreas específicas do hotel (equipe vermelha na divisão vermelha, equipe amarela na divisão amarela e assim por diante) torna-as totalmente responsáveis pela função da limpeza em suas áreas. A equipe – que tem um supervisor (GRA sênior) respondendo por ela, vários atendentes* (GRA), que limpam as unidades habitacionais (UH), e um auxiliar de seção, que dá assistência e também limpa outras áreas da divisão como corredores, escadarias e elevadores – torna-se totalmente responsável por toda uma divisão do hotel. O desempenho de limpeza naquela divisão torna-se responsabilidade básica de toda a equipe daquele supervisor, e esse desempenho é medido pelo trabalho da equipe, e não de seus indivíduos.

Se a premissa de que cada funcionário quer ser parte de uma operação importante é verdadeira, o espírito de equipe fará com que todo o grupo se sobressaia. Sempre haverá algumas GRA que se sobressaem na limpeza das UH, com um trabalho acima da média, e que têm orgulho de seu trabalho individual. Contudo, aos olhos do hóspede, a boa reputação da melhor equipe nunca será maior do que a má reputação da GRA mais ineficiente do grupo. As atendentes, uma vez que percebam que sua reputação individual é avaliada também pelo desempenho da pior da equipe, tornar-se-ão mais propensas a ajudar as de desempenho ruim a melhorar. Não deveria ser uma surpresa, portanto, encontrar pequenos problemas de disciplina, tais como faltas e atrasos, resolvidos pela própria equipe, porque faltar ou atrasar poderia ter um efeito negativo na reputação da equipe como um todo.

* N. do T.: Conforme mencionado no prefácio, a sigla GRA, de *guest room attendant* (atendente de acomodação de hóspede), é utilizada pelo autor deste livro para designar o cargo de camareira, e foi mantida na tradução.

Promovendo o Trabalho em Equipe

Embora todo o departamento seja uma equipe e o trabalho em equipe deva ser favorecido em todos os turnos, promover o trabalho em equipe dentro de cada equipe requer esforço especial. Susan C. Bakos[1] faz a seguinte observação:

A maioria das pessoas, gerentes e funcionários, é favorável ao conceito de trabalho em equipe. "Trabalhar em equipe" parece um bom *slogan* para a empresa e soa bem em discursos. Mas a expressão normalmente significa conseguir que alguém coopere com você. Infelizmente, não é todo mundo na equipe que pensa da mesma forma!

Os indivíduos trabalham para a realização de metas pessoais: promoções, aumentos, benefícios e reconhecimento. O mundo atual favorece a competição violenta para o cumprimento dessas metas, com o resultado óbvio: os funcionários estão ainda menos dispostos a serem parte de equipes do que antes. E os gerentes sempre contribuem para essa situação, por defenderem o "trabalho em equipe" mas recompensarem os desempenhos individuais.

Bakos continua, dizendo que os gerentes que defendem o trabalho em equipe deveriam recompensar a cooperação, e sugere um ***checklist* de gerentes de equipe**, que inclui:

- Recompensar o trabalho em equipe com elogios (para a equipe), escolher as atribuições, aumentos salariais e promoções da mesma maneira que recompensaria o desempenho individual.
- Incluir o trabalho de equipe como parte da avaliação de desempenho.
- Designar tarefas especiais em rodízio, oferecendo, de vez em quando, oportunidades para todos brilharem individualmente.
- Considerar tanto idéias da equipe como idéias individuais.
- Dividir informações, decisões e créditos pelo trabalho bem feito.
- Dar o exemplo cooperando com os outros.

Bakos conclui indicando que esse *check list* de trabalho em equipe ajuda a transformar indivíduos competitivos em integrantes de um grupo orientado por objetivos, ajudando a colocar os próprios interesses de lado e a priorizar as metas da empresa.

Trabalho em Equipe e Equipes Substitutas

As **equipes substitutas**, embora não sejam regularmente designadas para uma das divisões do hotel, sofrem avaliação de desempenho como equipes regulares e são responsáveis pela utilização conjunta de equipamentos nos dias em que estão escaladas para trabalhar em determinada divisão. Isso ajuda a resolver problemas futuros. Por exemplo, atendentes às vezes reclamam sobre a condição de "suas" seções após retornarem da folga, ou sobre a condição de "seus" carrinhos, aspiradores ou outro equipamento. Em geral, tais reclamações são resolvidas quando a atendente fixa sabe exatamente quem é responsável pela limpeza de sua seção quando a equipe fixa está de folga. É muito mais fácil resolver os problemas quando os mesmos funcionários se encontram e trocam explicações sobre as condições do equipamento de uso comum.

Como outro exemplo, vamos considerar a GRA fixa da equipe vermelha que trabalha na seção 1 durante cinco dias por semana. Quando a equipe vermelha está de folga, a equipe substituta 1 trabalha na divisão vermelha e Jane, da equipe substituta, trabalha quase sempre na seção de Mary. Em outro dia, a equipe substituta 1 substitui a equipe amarela, e tanto Mary como Jane estão trabalhando no hotel. Dessa maneira, ambas, bem como seus supervisores, podem falar sobre a seção 1 e discutir a resolução de qualquer problema. Do mesmo modo, quando são feitos elogios para a seção 1, tanto a equipe vermelha como a equipe substituta 1 recebem os méritos.

Outras vantagens da formação de equipes e da escala de horário serão discutidas posteriormente. O interesse principal deste momento é a escala dos funcionários para o trabalho. Pode-se notar que escalar, como grupos, quatro equipes fixas, duas equipes substitutas e a equipe de lavanderia é mais simples do que escalar 49 funcionários individualmente. No hotel-modelo, escalar equipes significa escalar pessoas para 49 cargos. Doze postos de trabalho, contudo, ainda precisam da escala individual.

Escala de Rodízio Permanente e Escala Reduzida

Há duas tarefas importantes que devem ser realizadas a fim de que o sistema de escala de trabalho possa funcionar. Uma é a tarefa de construir um sistema de **escala de rodízio permanente** (a palavra "permanente" é usada para denotar um sistema contínuo; a palavra "rodízio", para denotar a natureza cíclica do sistema, que permite dois dias regulares de folga para os funcionários em cada semana, e que o restante do pessoal cubra toda a semana de sete dias em condições de 100% de ocupação). A outra tarefa é providenciar uma **escala reduzida,** mais "apertada", que é a modificação do sistema de rodízio para quando a ocupação estiver mais baixa. Isso é realizado designando dias extras de folga quando a ocupação for baixa. A escala reduzida é, na verdade, uma modificação diária da escala de rodízio permanente baseada na taxa de ocupação.

Em hotéis novos, esses dois sistemas são concebidos antes da inauguração e facilmente implantados no início da operação. Em hotéis que já estão funcionando, esses sistemas podem ser usados, mas será preciso explicá-los detalhadamente aos supervisores e garantir a completa compreensão dos funcionários antes de implantá-lo. Em geral, a troca de um sistema para outro só pode ser feita depois de várias semanas de treinamento de funcionários para o novo tipo de escala. Uma vez planejado o sistema e preparados os funcionários, o sistema de rodízio permanente é implantado na data escolhida, que costuma ser o primeiro dia de trabalho da semana.

Sistema de Rodízio Permanente

Usando o hotel-modelo, imagine a seguinte situação de trabalho:

1. Estabeleceu-se que a semana de trabalho do hotel começa aos sábados e termina às sextas-feiras.
2. Os funcionários não devem trabalhar mais de cinco dias na semana para que não haja pagamento de hora extra*.
3. Os dias de folga são consecutivos, a menos que se possa mostrar ao funcionário alguma vantagem de ter dias de folga alternados.
4. Uma condição de trabalho é que toda a equipe de funcionários esteja disposta a trabalhar em finais de semana (essa pode ser uma condição do emprego, especificada na hora da contratação).

Calendário de Trabalho

O **calendário de trabalho** é dividido em sete semanas de trabalho distintas. Em cada semana, as equipes (ou funcionários individuais) terão dois dias regulares de folga. A cada semana seguinte, os dias anteriormente designados como folga mudarão, avançando um dia. Por exemplo, se a equipe vermelha está escalada para ter folga sexta-feira e sábado na semana de trabalho 1, então terá folga sábado e domingo na semana 2 e domingo e segunda-feira na semana 3. Essa forma de rodízio (dias de folga movendo-se um dia à frente) continua até a sétima semana. Na oitava semana, re-

* **N. do T.:** Para o caso brasileiro, de jornada de trabalho de 44h semanais, normalmente distribuídas em seis dias de trabalho semanais, o mesmo raciocínio pode ser seguido, elaborando-se a escala permanente com rodízio de um dia por semana.

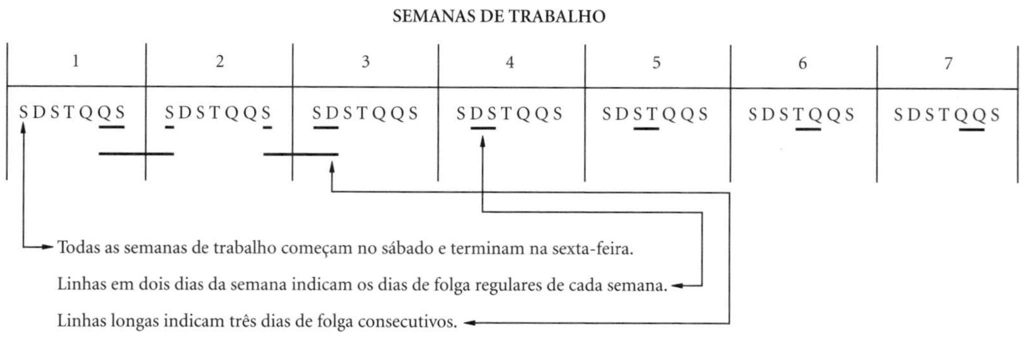

Figura 3.1 – Sistema de escala de rodízio permanente. No sistema de sete semanas, cada semana começa no sábado e termina na sexta-feira. O sublinhado indica os dias de folga regulares. Os dias de folga alternam-se, movendo-se um dia à frente em cada semana sucessiva. Na segunda semana, quando os dias de folga caem na sexta-feira e no sábado, eles devem ser trocados, passando o sábado a ser o primeiro dia de folga na semana e a sexta-feira, o último dia de folga da mesma semana. A quinta e a sexta-feira da semana 1 se juntam ao sábado da semana 2, possibilitando assim três dias de folga consecutivos. O mesmo ocorre quando as semanas 2 e 3 são combinadas. Este é o grande ponto positivo do sistema. Quando os dias de folga dos funcionários caem no final de semana, tem-se três dias de folga sucessivos, embora não na mesma semana, permitindo assim uma jornada completa de 40 horas de trabalho por semana. A oitava semana é a repetição da primeira, caracterizando assim o sistema cíclico.

pete-se a primeira, criando um ciclo de escala semanal que se repetirá a cada sete semanas. A Figura 3.1 é uma ilustração do sistema.

Observe as sete semanas de trabalho, com cada dia da semana indicado (semanas de trabalho são separadas por uma linha vertical). Observe também a barra horizontal abaixo dos dias regulares em que o trabalhador estará de folga. Conforme as semanas passam, a barra move-se para os dias sucessivos, até que os dias de folga sejam sexta-feira e sábado. Então, os dias de folga aparecem separados em cada uma das pontas da semana. Embora esses dias de folga estejam separados em uma semana específica, esse dia se liga aos dois dias de folga da semana posterior ou anterior, fazendo com que o trabalhador tenha três dias de folga consecutivos. Isso acontecerá duas vezes em sete semanas*. Observe que nunca haverá mais ou menos de dois dias de folga em qualquer semana de trabalho, mesmo que na maioria das vezes o funcionário esteja trabalhando seis dias seguidos. Agora que está explicado o método cíclico dos dias de folga, já se pode construir a semana de trabalho 1.

Construção da Semana de Trabalho 1

Observe a Figura 3.2 – o **Formulário de Escala de Rodízio Permanente de Governança**, especialmente planejado para o hotel-modelo. As quatro equipes fixas, a equipe de lavanderia, as duas equipes substitutas e os cargos individuais existentes estão listados. Observe que a escala é feita pelo **cargo**, não pela pessoa.

A designação de cores – vermelha, amarela, marrom e verde – na coluna "Equipe/Cargo/Pessoa" corresponde às divisões do hotel descritas no Plano de Divisão da Casa. Se **não** houver indicação na coluna do dia, isso significa que a equipe designada pela cor estará trabalhando na divisão de mesma cor; por exemplo, a indicação de que a equipe vermelha estará trabalhando na divisão vermelha é o espaço em branco na coluna. Para as equipes substitutas, é necessário especificar, no local apropriado da coluna, exatamente onde a equipe substituta vai estar. No sistema permanente de rodízio, todos os membros de determinada equipe serão considerados escalados para trabalhar quando a coluna correspondente for deixada em branco.

Pode-se, agora, construir a semana 1 de trabalho, usando o formulário da Figura 3.2.

Passo 1. Como ponto de partida, imagine que, na semana 1, a equipe vermelha trabalhará na divisão vermelha sábado, domingo, segunda, terça e quarta-feira, estando de folga quinta e sexta-feira. Nos dias de folga, a equipe substituta 1 trabalhará no lugar da equipe vermelha. Isso é indicado na escala da Figura 3.3.

Na escala de quinta e de sexta-feira, observe que está escrito "folga" e "ES-1", indicando que a equipe substituta 1 está trabalhando no lugar da equipe vermelha. Observe também que a palavra "vermelha" está colocada na quinta e na sexta-feira na linha da equipe substituta 1.

Passo 2. Agora que a equipe substituta 1 foi escalada para trabalhar na quinta e na sexta-feira para a equipe vermelha, é necessário que a equipe *continue trabalhando* cinco dias consecutivos. Uma vez que a

* N. do T.: No caso de escalas com seis dias de trabalho para um de folga, dois dias consecutivos cairão juntos em sete semanas.

ESCALA PERMANENTE DE GOVERNANÇA

SEMANA ____________

Equipe/cargo/pessoa	Sábado	Domingo	Segunda	Terça	Quarta	Quinta	Sexta
Vermelha							
Amarela							
Marrom							
Verde							
Lavanderia							
Equipe substituta 1							
Equipe substituta 2							
Supervisor de rouparia							
Atendente de rouparia							
Assistente de governança sênior							
Atendente de área social 1							
Atendente de área social 2							
Atendente de área social matutino (folguista)							
Supervisor noturno							
Assistente de governança noturno							
Atendente área social noturno 1							
Atendente área social noturno 2							
Atendente área social noturno (folguista)							

Figura 3.2 – Formulário de escala de rodízio permanente de governança.

ESCALA PERMANENTE DE GOVERNANÇA

SEMANA ____Um____

Equipe/cargo/pessoa	Sábado	Domingo	Segunda	Terça	Quarta	Quinta	Sexta
Vermelha						Folga / ES-1	Folga / ES-1
Amarela							
Marrom							
Verde							
Lavanderia							
Equipe substituta 1						Vermelha	Vermelha
Equipe substituta 2							

Figura 3.3 – Início do preparo do sistema de rodízio permanente para a primeira semana de trabalho. A equipe vermelha é escalada para trabalhar de sábado até quarta-feira, folgando quinta e sexta-feira. A equipe substituta 1 (ES-1) é escalada para trabalhar no lugar da vermelha, conforme indicado.

equipe substituta 1 também substitui a equipe amarela por dois dias e trabalha na lavanderia um dia, a escala pode agora ser completada, como mostra a Figura 3.4.

Nesse ponto, a escalação das equipes vermelha, amarela e substituta está concluída, e um dia de folga foi designado para o pessoal de lavanderia.

Passo 3. A equipe substituta 2 é a próxima escalada para dar à equipe de lavanderia o segundo dia de folga. A equipe também trabalhará dois dias para a equipe marrom e dois dias para a verde, completando cinco dias consecutivos de trabalho (observe que os dias de folga para as duas equipes substitutas agora estão estabelecidos). A Figura 3.5 mostra a conclu-

ESCALA PERMANENTE DE GOVERNANÇA

SEMANA Um

Equipe/cargo/pessoa	Sábado	Domingo	Segunda	Terça	Quarta	Quinta	Sexta
Vermelha						Folga / ES-1	Folga / ES-1
Amarela	Folga / ES-1	Folga / ES-1					
Marrom							
Verde							
Lavanderia			Folga / ES-1				
Equipe substituta 1	Amarela	Amarela	Lavanderia	Folga	Folga	Vermelha	Vermelha
Equipe substituta 2							
Supervisor de rouparia							

Figura 3.4 – Continuação do preparo do sistema de escala para a semana de trabalho 1. A equipe substituta 1 é mantida trabalhando cinco dias consecutivos, substituindo a equipe amarela no sábado e domingo e a equipe de lavanderia na segunda-feira.

ESCALA PERMANENTE DE GOVERNANÇA

SEMANA Um

Equipe/cargo/pessoa	Sábado	Domingo	Segunda	Terça	Quarta	Quinta	Sexta
Vermelha						Folga / ES-1	Folga / ES-1
Amarela	Folga / ES-1	Folga / ES-1					
Marrom					Folga / ES-2	Folga / ES-2	
Verde	Folga / ES-2						Folga / ES-2
Lavanderia			Folga / ES-1	Folga / ES-2			
Equipe substituta 1	Amarelo	Amarelo	Lavanderia	Folga	Folga	Vermelho	Vermelho
Equipe substituta 2	Verde	Folga	Folga	Lavanderia	Marrom	Marrom	Verde
Supervisor de rouparia							
Atendente de rouparia							
Assistente de governança sênior							
Atendente de área social 1							
Atendente de área social 2							
Atendente de área social matutino (folguista)							
Supervisor noturno							
Assistente de governança noturno							
Atendente área social noturno 1							
Atendente área social noturno 2							
Atendente área social noturno (folguista)							

Figura 3.5 – Escala completa da semana 1. A equipe substituta 2 está escalada para trabalhar na lavanderia no segundo dia consecutivo de folga da equipe; depois trabalha dois dias para a equipe marrom e dois dias para a equipe verde. Completando cinco dias consecutivos de trabalho em substituição, a equipe substituta 2 folga por dois dias.

são da escala para as equipes fixas, de lavanderia e as duas substitutas.

Passo 4. O próximo passo é escalar os cargos individuais para a semana de trabalho 1. Observe que, em geral, os cargos individuais são considerados **posições fixas**, já que suas escalas não dependem da taxa de ocupação. É lógico que o supervisor de rouparia e a atendente de rouparia estejam de folga em dias diferentes. É também razoável que os dois trabalhem juntos um dia, entre seus dias de folga, para facilitar a comunicação e a continuidade da rotina do departamento. Da mesma forma, a assistente de governança sênior não deve estar de folga no mesmo dia que o supervisor de rouparia (embora os cargos de supervisão não apareçam com freqüência na escala de trabalho, é ilógico que folguem no mesmo período. Assim, os cargos de supervisão têm dois dias de folga consecutivos de tal maneira que, ou um gerente possa cobrir o outro, ou alguém que tenha outro cargo de responsabilidade os cubra). Observe também que, no caso de áreas sociais de governança, o terceiro cargo existe para substituir os dois primeiros, desde que sua folga não seja escalada para o mesmo dia que a das atendentes de áreas sociais 1 e 2. Haverá um dia dos sete em que as três atendentes de áreas sociais estarão em serviço. Nesse dia em particular, muitos projetos especiais podem ser planejados e concluídos; se não fosse assim, isso exigiria um aumento extra de pessoal. A Figura 3.6 é a conclusão lógica do planejamento da semana de trabalho 1.

Embora o número total de funcionários possa ser reduzido em determinados períodos, o treinamento cruzado e a subordinação a outros supervisores servem para manter os funcionários em condições ideais. Por exemplo, nos dias em que o supervisor noturno está de folga, a assistente de governança ou o supervisor da rouparia pode ser escalado para chegar mais tarde, estando assim disponível para exercer as funções do supervisor noturno. Outra possibilidade é que a gerência pode ser escalada para cobrir o supervisor da noite. A escala final apresentada para a semana de trabalho 1 é, portanto, apenas uma das muitas possibilidades lógicas de organização.

ESCALA PERMANENTE DE GOVERNANÇA

SEMANA Um

Equipe/cargo/pessoa	Sábado	Domingo	Segunda	Terça	Quarta	Quinta	Sexta
Vermelha						Folga / ES-1	Folga / ES-1
Amarela	Folga / ES-1	Folga / ES-1					
Marrom					Folga / ES-2	Folga / ES-2	
Verde	Folga / ES-2						Folga / ES-2
Lavanderia			Folga / ES-1	Folga / ES-2			
Equipe substituta 1	Amarela	Amarela	Lavanderia	Folga	Folga	Vermelho	Vermelho
Equipe substituta 2	Verde	Folga	Folga	Lavanderia	Marrom	Marrom	Verde
Supervisor de rouparia	Folga	Folga					
Atendente de rouparia				Folga	Folga		
Assistente de governança sênior						Folga	Folga
Atendente de área social 1	Folga	Folga					
Atendente de área social 2			Folga	Folga			
Atendente de área social matutino (folguista)					Folga	Folga	
Supervisor noturno			Folga	Folga			
Assistente de governança noturno					Folga	Folga	
Atendente área social noturno 1	Folga						Folga
Atendente área social noturno 2		Folga	Folga				
Atendente área social noturno (folguista)				Folga	Folga		

Figura 3.6 – Conclusão do sistema de rodízio permanente para a semana 1. Os dias de folga foram designados para os cargos não considerados como parte de equipes de governança.

Construção das Semanas de Trabalho 2 a 7

Relembrando o sistema de rodízio permanente ilustrado na Figura 3.1, pode-se agora construir as escalas para as demais semanas de trabalho. Para isso, usa-se um formulário idêntico ao mostrado na Figura 3.2, avançando os dias de folga determinados para a semana de trabalho 1 em um dia, em todos os casos, para cada uma das seis semanas remanescentes. Da mesma forma que a Figura 3.6 mostra a escala completa da semana de trabalho 1, a Figura 3.7 representa a conclusão da escala da semana de trabalho 2. Mais uma vez alerta-se que, no caso dos dias de folga serem sexta-feira e sábado, eles estarão nas extremidades opostas da escala.

Divulgação e Implantação do Sistema

Depois do sistema permanente de rodízio ter sido planejado, só falta divulgá-lo e implantá-lo. As escalas devem ser divulgadas em um quadro de avisos, próximas a uma cópia do **Guia de Pessoal**, em que estão indicadas as incumbências de todos os cargos. Esses formulários são concebidos para serem permanentes: devem estar protegidos com plastificação. Para saber seus dias de folga regulares, o funcionário só precisa saber que cargo ocupa e em qual semana de trabalho está. A Figura 3.8 mostra como o Guia de Pessoal e as sete semanas do sistema permanente de rodízio podem ser expostos em um quadro de avisos de funcionários no departamento de governança.

A **implantação do sistema** começa em qualquer dia marcado e designado pela gerência como início da semana de trabalho (sábado, no exemplo). Uma vez iniciado, o sistema é um rodízio contínuo, que só precisa que alguém mova o marcador toda semana para indicar qual é a semana de trabalho em andamento.

Em empreendimentos novos, deve-se iniciar a escala da semana 1 alguns dias antes da inauguração. Em um empreendimento já em operação, o sistema deve ser explicado algumas semanas antes da mudança, em virtude do efeito que a mudança pode ter nos dias de folga.

Sistema de Escala Reduzida

Considerando que a escala de rodízio permanente é um sistema *contínuo* e que, uma vez estabelecido e

ESCALA PERMANENTE DE GOVERNANÇA

SEMANA Dois

Equipe/cargo/pessoa	Sábado	Domingo	Segunda	Terça	Quarta	Quinta	Sexta
Vermelha	Folga / ES-1						Folga / ES-1
Amarela		Folga / ES-1	Folga / ES-1				
Marrom						Folga / ES-2	Folga / ES-2
Verde	Folga / ES-2	Folga / ES-2					
Lavanderia				Folga / ES-1	Folga / ES-2		
Equipe substituta 1	Vermelha	Amarela	Amarela	Lavanderia	Folga	Folga	Vermelha
Equipe substituta 2	Verde	Verde	Folga	Folga	Lavanderia	Marrom	Marrom
Supervisor de rouparia		Folga	Folga				
Atendente de rouparia					Folga	Folga	
Assistente de governança sênior	Folga						Folga
Atendente de área social 1		Folga	Folga				
Atendente de área social 2				Folga	Folga		
Atendente de área social matutino (folguista)						Folga	Folga
Supervisor noturno				Folga	Folga		
Assistente de governança noturno						Folga	Folga
Atendente área social noturno 1	Folga	Folga					
Atendente área social noturno 2			Folga	Folga			
Atendente área social noturno (folguista)					Folga	Folga	

Figura 3.7 – Segunda semana de trabalho do sistema de rodízio permanente. Compare as semanas 1 e 2 e observe como os dias de folga regulares se alternam um dia à frente para cada equipe ou cargo escalado. As semanas de 3 a 7 são preparadas de maneira a continuar movendo os dias de folga um dia à frente em cada semana.

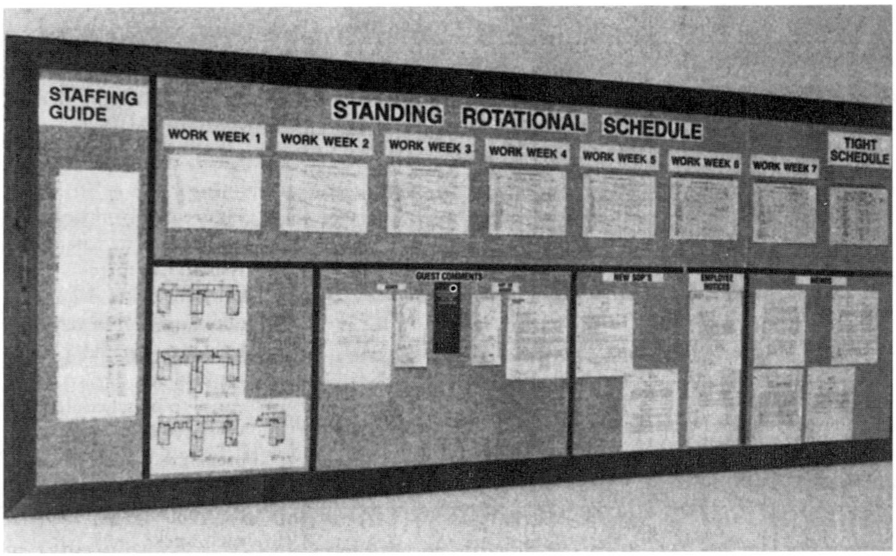

Figura 3.8 – Quadro de avisos com a escala de rodízio permanente e o Guia de Pessoal do departamento afixados.

iniciado, move-se conforme seu próprio ciclo, o sistema de escala reduzida é um sistema *operacional*. A escala reduzida permite modificações simples no dia-a-dia da escala permanente, que são necessárias em decorrência das flutuações da ocupação. A escala reduzida refere-se apenas à escala de equipe, não tendo efeito na escala de cargos individuais (porção inferior da escala permanente de rodízio), visto que todos os cargos, exceto os de equipes, são considerados fixos e não são afetados pela ocupação.

A Figura 3.9 é um formulário especialmente desenhado para o hotel-modelo, no qual são mostradas as modificações da escala reduzida. Observe o espaço para o número da semana de trabalho, a data do dia seguinte e o dia da semana ao qual a escala refere-se; a coluna intitulada "área" (divisão); "equipe escalada", indicando qual equipe deve trabalhar; e a coluna "apresentação", que serve para a gerência indicar ao supervisor quantas atendentes de seção da equipe devem se apresentar para o trabalho. Assim, a gerência *delega* para o supervisor de equipe a tarefa de determinar quem da equipe estará a serviço; dito de outra maneira, indica quantos membros da equipe devem ser escalados para um dia de folga extra.

Desenvolvendo a Escala Reduzida para um Dia Típico

Para ilustrar, imagine que exista a seguinte situação hipotética nas 353 UH do hotel-modelo:

1. Amanhã é quinta-feira, 16 de junho.
2. Essa data cai em um período em que a escala permanente de rodízio está na semana 2 (Fig. 3.7).
3. A ocupação de hoje foi de 95%; amanhã, a ocupação é estimada em 76% (268 UH estarão ocupadas essa noite; veja a Tabela 2.2, Tabela de necessidade de pessoal).

Os seguintes passos são necessários para desenvolver a escala reduzida de operação de amanhã.

Passo 1. Por volta das 16h da quarta-feira, 15 de junho, um dos supervisores do departamento de governança dirige-se à escala de rodízio permanente (Fig. 3.7) e observa as seguintes equipes escaladas para trabalhar naquela data (semana 2): equipe vermelha na divisão vermelha, equipe amarela na divisão amarela, equipe substituta 2 na divisão marrom e equipe verde na divisão verde (a equipe marrom e a equipe substituta 1 estão em dia de folga regular e os funcionários de lavanderia estão escalados para trabalhar na lavanderia). Essa informação é então transferida para a cópia do formulário da escala reduzida (Fig. 3.9).

Passo 2. O supervisor contata o gerente de recepção e pede uma estimativa de ocupação dessa noite (que é a carga de trabalho de amanhã do departamento de governança). O supervisor é informado que se espera que 268 das 353 UH do hotel sejam ocupadas.

Passo 3. O supervisor dirige-se à tabela de necessidade de pessoal (Tabela 2.2) e observa que 268 UH refletem 76% de ocupação, havendo então necessidade de 15 atendentes.

Passo 4. Na coluna de "apresentação", na escala reduzida, o supervisor da governança indica a distribuição mais próxima possível de 15 atendentes, necessários para realizar o serviço com a ocupação de amanhã. Por exemplo, três equipes comparecem com quatro

Escala Reduzida para:____________ / ____________ / ____________
data dia da semana semana

Expectativa de ocupação (%) ____________ Nº de UH ____________

Área	Equipe escalada	Apresentação no trabalho	Assinatura do supervisor	Dia extra de folga	Outros
Vermelho	Supervisor		1. ____ 2. ____ 3. ____ 4. ____ 5. ____	1. ____ 2. ____ 3. ____ 4. ____ 5. ____	
Amarelo	Supervisor		6. ____ 7. ____ 8. ____ 9. ____ 10. ____	6. ____ 7. ____ 8. ____ 9. ____ 10. ____	
Marrom	Supervisor		11. ____ 12. ____ 13. ____ 14. ____ 15. ____	11. ____ 12. ____ 13. ____ 14. ____ 15. ____	
Verde	Supervisor		16. ____ 17. ____ 18. ____ 19. ____ 20. ____	16. ____ 17. ____ 18. ____ 19. ____ 20. ____	
Lavanderia	Supervisor		1. ____ 2. ____ 3. ____ 4. ____ 5. ____	1. ____ 2. ____ 3. ____ 4. ____ 5. ____	

Figura 3.9 – Formulário usado pelo hotel-modelo para preparar a escala reduzida.

atendentes e uma equipe com três, das cinco atendentes de seção que são membros permanentes das equipes indicadas.

Passo 5. A lavanderia estará processando o enxoval sujo resultante da ocupação *de hoje* (95%), necessitando do quadro completo de lavanderia de cinco membros.

Passo 6. Em cerca de 5min, o supervisor de governança conhece o número ideal de funcionários da escala reduzida de amanhã, que agora é divulgada em local reservado, ao lado da escala permanente de rodízio. A Figura 3.10 é uma cópia da escala reduzida preparada para o dia de trabalho de amanhã.

Passo 7. Nos próximos 10 ou 15min, cada atendente sênior (supervisor) observará a necessidade de apresentação de pessoal para amanhã e determinará (pelo nome), de forma justa e imparcial, quem dentre os membros da equipe será designado para o trabalho. Da mesma forma, indicará quem terá uma folga extra. Tais indicações são feitas na escala reduzida (Fig. 3.11), acessível para que todos os funcionários a verifiquem antes do fim do expediente.

A escala reduzida está, agora, concluída para o trabalho de quinta-feira e disponível para que todos a vejam. Observe que os funcionários fixos da lavanderia estavam de folga ontem. Será necessário que o supervisor de lavanderia telefone e indague a respeito da necessidade de funcionários para amanhã. O supervisor especificará, por telefone, quais funcionários trabalharão dentre os membros da equipe de lavanderia e telefonará, então, para os membros da equipe, a fim de descrever a escala do dia seguinte.

Quando se sabe que a ocupação anual prevista é menor que 90%, não é necessário 100% dos funcionários; isto é, as equipes não precisam estar montadas para a capacidade total do hotel e podem ser reduzidas para garantir um aumento nos dias de trabalho dos funcionários. Se o quadro de funcionários for reduzido e a ocupação exceder a capacidade de pessoal do hotel, pessoas que regularmente estariam de folga podem ser convocadas para fazer hora extra, a fim de suprir essa falta.

Controle da Escala Reduzida

Lembre que a tarefa específica de designação de quem trabalhará em cada equipe foi delegada para cada supervisor. Embora a delegação enriqueça o trabalho de cada supervisor, deve ser mantido um controle para garantir o rodízio imparcial e justo de designação de dias de folga extra para os membros da equipe. Por essa razão, cada supervisor deve manter anotações que indiquem a concessão rotativa de dias de folga extra para cada membro da equipe. Se questionado por qualquer funcionário a respeito da escala, o supervisor

Escala Reduzida para: 16/6/ / Terça / 2
(data / dia da semana / semana)

Expectativa de ocupação (%) 76% Nº de UH 268

Área	Equipe escalada	Apresentação no trabalho	Assinatura do supervisor	Dia extra de folga	Outros
Vermelha	Vermelha Supervisor Miller	4	1. 2. 3. 4. 5.	1. 2. 3. 4. 5.	
Amarela	Amarela Supervisor Jones	4	6. 7. 8. 9. 10.	6. 7. 8. 9. 10.	
Marrom	Equipe substituta 2 Supervisor Foster	3	11. 12. 13. 14. 15.	11. 12. 13. 14. 15.	
Verde	Verde Supervisor Smith	4	16. 17. 18. 19. 20.	16. 17. 18. 19. 20.	
Lavanderia	Lavanderia Supervisor Thomas	5	1. 2. 3. 4. 5.	1. 2. 3. 4. 5.	

Figura 3.10 – Formulário de escala reduzida baseada na previsão de ocupação do dia seguinte para a situação hipotética.

Escala Reduzida para: 18/6/ / Terça / 2
(data / dia da semana / semana)

Expectativa de ocupação (%) 76% Nº de UH 268

Área	Equipe escalada	Apresentação no trabalho	Assinatura do supervisor	Dia extra de folga	Outros
Vermelha	Vermelha Supervisor Miller	4	1. Julia 2. 3. Ivone 4. Billie 5. Margarie	1. 2. Gladys 3. 4. 5.	
Amarela	Amarela Supervisor Jones	4	6. Dianne 7. Vivian 8. Marie 9. 10. Mildred	6. 7. 8. 9. Janice 10.	
Marrom	Equipe substituta 2 Supervisor Foster	3	11. Harriet 12. 13. Mannie 14. Jane 15.	11. 12. Elvira 13. 14. 15. Mary	
Verde	Verde Supervisor	4	16. 17. Geórgia 18. Tommy 19. Donna 20. Louise	16. Lillian 17. 18. 19. 20.	
Lavanderia	Lavanderia Supervisor Thomas	5	1. Jane 2. Marie 3. Wilma 4. Helen 5. Laura	1. 2. 3. 4. 5.	

Figura 3.11 – Supervisores concluem a escala reduzida, indicando quem irá trabalhar e quem terá um dia de folga extra. A escala reduzida completa é divulgada diariamente, perto da escala de rodízio permanente (Fig. 3.8).

deve estar pronto para apresentar o registro dos dias de folga extra. Em muitos casos, se a equipe tem tido muitos dias de folga*, basta pedir voluntários interessados em um dia extra de folga; em outros casos, o dia de folga extra deve ser decidido pelo supervisor. Os registros devem ser mantidos para provar que essa decisão foi tomada de forma justa.

Uso de Equipamento Relacionado à Escala Reduzida

Há dois equipamentos principais associados a cada seção de UH: o carrinho de camareira e o aspirador de pó. Esses equipamentos devem ser identificados pelo número correspondente à seção a que pertencem. Em uma situação de 100% de ocupação, cada um dos atendentes que trabalham em cada uma das 20 seções designadas terá o uso exclusivo do equipamento. Dessa maneira, um determinado GRA da equipe fixa e da equipe substituta pode ser considerado responsável pela condição e cuidado do equipamento. A menos de 100% de ocupação, no entanto, algumas seções não terão um GRA designado. Observe que, na Figura 3.11, as seções 2, 9, 12, 15 e 16 não possuem ninguém designado. Isso não significa que não haverá trabalho a desempenhar nessas seções; apenas que os funcionários escalados vão utilizar seus próprios equipamentos. Mais adiante, a designação de um GRA para trabalhar em uma área específica do hotel será abordada, como parte do procedimento conhecido como *abertura* do dia.

Acordos Sindicais e seus Efeitos sobre a Escala

Foi explicada uma das mais eficientes técnicas de montagem de escala disponível para as governantas executivas. Em situações reais, contudo, os **sindicatos** podem ter grande influência nas técnicas de escalas. Podem insistir na garantia de 40h semanais e exigir cargos adicionais no quadro de funcionários, em vez de permitirem treinamentos cruzados e que um funcionário desempenhe mais que um tipo de tarefa (por exemplo, arrumação de UH e lavanderia)**.

As governantas executivas, assim, têm o desafio de apresentar quadros de funcionários ao sindicato que garantam justiça aos funcionários fixos, para não terem que se submeter a situações que levam à contratação de trabalhadores desnecessários. Na maioria dos casos, o melhor argumento a favor do treinamento cruzado e da escala de funcionários é que não há trabalho para preencher as 40h semanais e a empresa não admitirá funcionários de tempo integral quando seriam necessárias apenas de 8 a 16h por semana. Muitos sindicatos lidam com esse tipo de problema optando por ter apenas um pequeno número de funcionários cadastrados para tempo integral e uma grande maioria considerados **extras regulares** (trabalhadores que não têm 40h garantidas).

Quando os contratos sindicais são obrigatórios, a governanta executiva deve trabalhar para ser justa com os funcionários. Se não são, a governanta executiva deve fazer todo o possível para assegurar que os trabalhadores tenham tratamento justo, salários e benefícios adequados.

Resumo

Embora existam várias maneiras de montar a escala de funcionários para empreendimentos que operam sete dias por semana, as melhores técnicas são simples métodos para economizar tempo dos gerentes, garantir uma divisão justa para os funcionários, assegurar que o número de funcionários seja suficiente para a operação e para ser compreendido de maneira adequada. Apresentou-se neste capítulo a combinação de dois sistemas – o sistema de rodízio permanente que, uma vez iniciado, opera de maneira cíclica por um período indefinido, e o sistema de escala reduzida, que modifica o sistema permanente diário para se adaptar à ocupação do hotel. O hotel-modelo foi o exemplo utilizado para demonstrar esses sistemas.

O sistema permanente define dias regulares de folga dos cargos escalados e o sistema reduzido define dias extras de folga quando a previsão de ocupação do hotel está abaixo de 100%. Ambos os sistemas são divulgados no quadro de avisos do departamento, próximos a uma cópia do Guia de Pessoal de Governança.

Os dois sistemas são adaptáveis para hotéis de 100 UH ou mais. Os sistemas são, na verdade, adaptáveis para qualquer departamento cujo funcionamento ou volume de trabalho dependa da flutuação da ocupação. O método de formação de equipes e de escalas permite uma competição amigável e a delegação de um maior número de tarefas para os supervisores.

A governanta executiva do hotel a ser inaugurado deve considerar o tipo de escala apresentado neste capítulo durante o estágio de planejamento. Negociar as técnicas de confecção das escalas depois da abertu-

* N. do T.: O autor está sempre se referindo a funcionários pagos por dia trabalhado, motivo pelo qual supõe-se que o interesse dos funcionários é ser escalado, e não ter a folga.

** N. do T.: Nesse sentido, os sindicatos possuem maior poder de influência nos Estados Unidos e na Europa do que no Brasil. Em algumas ocasiões, funcionam de modo comparável às cooperativas e associações de empregados brasileiras.

ra do hotel pode significar muitas horas extras de trabalho e tanto os funcionários como os gerentes podem ser afetados de forma desfavorável pela falta de um bom sistema. Em uma operação preexistente, o sistema é apresentado, o pessoal é treinado e uma data específica é escolhida para a implantação. O melhor jeito é desenvolver técnicas de elaboração de escala antes de admitir o primeiro funcionário.

TERMOS E CONCEITOS-CHAVE

Escala de trabalho
Sistema de organização por equipes
Formação da equipe
Posições fixas
Guia de pessoal
Implantação do sistema
Acordos sindicais
Extras regulares
Calendário de trabalho
Formulário de Escala de Rodízio Permanente de Governança
Escalação da equipe
Checklist de gerentes de equipes
Equipes substitutas
Escala de rodízio permanente
Escala reduzida

QUESTÕES PARA DISCUSSÃO E REVISÃO

1. Suponha que a legislação não permita que o funcionário trabalhe mais de cinco dias consecutivos sem o pagamento de hora extra. Desenvolva um sistema de rodízio permanente (similar ao descrito na Fig. 3.1) que satisfaça ao critério de cinco dias de trabalho sucessivos, sem que haja necessidade de pagamento de hora extra.
2. Quais as vantagens do sistema de escala reduzida para a atividade de delegar?
3. Imagine que um sistema de rodízio permanente e um sistema de escala reduzida sejam projetados para um hotel em operação. O que deve ser feito antes da implantação? Por quê?
4. Suponha que determinado hotel esteja na terceira semana de trabalho do ciclo da escala permanente e que um novo funcionário tenha sido admitido para uma vaga na equipe de governança. Como você explicaria o sistema para o novo funcionário?
5. É possível utilizar os sistemas de rodízio permanente e de escala reduzida em ambientes com sindicatos fortes?
6. Sendo a resposta da questão cinco positiva, como poderia ser justificado esse sistema para o sindicato?

NOTA

1. Susan C. Bakos, "Promoting Teamwork", *Executive Housekeeping Today*, setembro de 1982, p. 26.

4

Planejamento de Material: Administração de Equipamentos e Materiais

OBJETIVOS DO CAPÍTULO

1. Descobrir que as governantas executivas são administradoras e verificar o que isso significa.
2. Aprender sobre planejamento de materiais.
3. Familiarizar-se com os orçamentos envolvidos na operação de governança.
4. Aprender sobre estoque, equipamentos, patrimônio e custos.
5. Obter conhecimentos gerais sobre materiais, ou seja, móveis e acessórios habitacionais necessários para a operação de governança.

O tempo da governanta executiva até aqui parece ocupado apenas com a resolução de problemas de pessoal, dando a impressão de que outras formas de planejamento não são importantes. Embora o planejamento de pessoal possa requerer uma grande engenharia humana e seja, seguramente, a parte mais custosa das operações de governança, é também necessário planejar e organizar a administração do material. **Administração** refere-se à seleção, compra, uso e controle de itens; **material** refere-se aos vários produtos usados pelo departamento, os quais devem ser classificados e categorizados de maneira adequada.

O planejamento para aquisição e utilização de materiais é realizado paralelamente ao planejamento de pessoal, devendo também ser iniciado quando a nova governanta executiva começa a trabalhar na empresa. No caso de itens de enxoval e **removíveis**, seria desejável que já houvesse ocorrido um planejamento inicial e que a aquisição já tivesse sido feita, em função do longo tempo requerido para a entrega de tais materiais. Neste capítulo, o planejamento para a inauguração do hotel-modelo continuará. No entanto, todo o conhecimento desenvolvido a partir do entendimento desses procedimentos e conceitos é aplicável a hotéis em operação. O capítulo se inicia com a discussão sobre orçamento e controle de estoque e, então, apresenta uma análise completa dos materiais.

Orçamento de Materiais

Orçamentos são os planos para a alocação dos recursos necessários para gerar receitas. Há vários tipos diferentes de orçamento. Alguns distribuem pessoal, outros lidam com horas de trabalho ou com unidades monetárias. Planos que alocam recursos materiais associados com a geração de receita são uma parte significativa de muitos orçamentos.

São dois os tipos de orçamento mais comumente usados em operações hoteleiras: orçamento de despesas de capital e orçamento de operação. Quando novas propriedades são abertas, o orçamento de pré-abertura é elaborado para orientar as despesas até a inauguração. Os orçamentos devem ser preparados pelas gerências dos departamentos às quais se referem. Os níveis gerenciais superiores fazem comentários, devolvendo os orçamentos para os departamentos revisarem e, finalmente, endossam o orçamento departamental para aprovação do alto escalão. Uma vez aprovado, o orçamento é utilizado para orientar o departamento no sentido de ser bem-sucedido em suas operações por um ano ou outro período para o qual tenha sido projetado.

Orçamentos de Despesa de Capital

Os **orçamentos de despesa de capital** alocam a utilização de ativos de capital que possuem vida útil consideravelmente excedente ao período de um ano; não são recursos usados normalmente no dia-a-dia da operação. Em função desses itens terem a natureza de capital, são considerados investimentos de capital da empresa e, portanto, passíveis de alguma forma de **depreciação.** A edificação do hotel é um ativo de capital que pode ser depreciado ao longo de 25 ou 30 anos. **Móveis, instalações e equipamentos*** são ativos cuja depreciação ocorre em período mais curto (três, cinco ou sete anos) mas são, também, depreciáveis. Nas operações hoteleiras, o termo "removíveis" também é usado, algumas vezes, para descrever certos tipos de instalações depreciáveis.

Em hotéis em operação, uma vez por ano fiscal, os diversos departamentos são convocados a realizar seus orçamentos de despesa de capital. Nesse momento, a gerência de governança é chamada para especificar suas necessidades de verbas para a compra de móveis, instalações e equipamentos. Orçamentos de despesa de capital podem também incluir a solicitação de verbas para programas de reformas e modernização, desde que aumentem o valor do ativo da propriedade. Quando os orçamentos são aprovados e os recursos disponibilizados, o orçamento de despesa de capital é implementado pelos vários departamentos.

Se surge uma necessidade inesperada de móveis, equipamentos ou instalações no decorrer do ano, o gerente geral deve, em geral, enviar uma justificativa para os proprietários antes de realizar os gastos. Dependendo da política da empresa, alguns gerentes gerais têm autorização para gastar uma quantia limitada não prevista no orçamento de capital, mas tais gastos são bastante restritos. Por exemplo, para um grande hotel de uma cadeia cujo orçamento de capital atinge milhões de dólares anuais, a autoridade do gerente geral para gastar recursos excedentes sem aprovação de uma autoridade maior é limitada a US$ 500.

Nos Estados Unidos, para que um item específico de equipamentos possa ser **capitalizado**, deve ter vida útil superior a um ano e valor acima de US$ 100. Se um item não atende a esses critérios, deve ser considerado **despesa** (convertido em custos de realização do negócio), em vez de capitalizado.

Orçamento Operacional

O **orçamento operacional** é preparado anualmente para o período fiscal de um ano, relacionando as **despesas operacionais** do dia-a-dia com a **receita** resultante. As **despesas de mão-de-obra** (salários e encargos), os gastos com pessoal (saúde, previdência social e programas de benefícios) e as despesas controláveis compõem a despesa total relacionada à receita específica a ser gerada; **o lucro (ou prejuízo) controlável** é o resultado da comparação.

A receita é gerada pelo departamento de hospedagem do hotel e as despesas são incorridas por dois setores: recepção e governança. O gerente de recepção e a governanta executiva são, portanto, responsáveis pelo controle de custos associados à receita gerada pela venda de pernoites. A porção de gastos controláveis administrada pela governanta executiva inclui itens como materiais de limpeza, suprimentos de hóspedes, despesas com enxoval, gastos com uniformes de funcionários e despesas de lavanderia, mas não se limita a eles. Uma análise detalhada do orçamento operacional do departamento de hospedagem é estudada no Capítulo 11.

Uma vez que os gerentes de departamento têm a responsabilidade de manter os custos operacionais sob controle para maximizar o lucro, a compra de pequenos itens de equipamentos no varejo deve ser reduzida. Uma boa previsão e planejamento maximizarão o controle de resultados departamental.

* N. do T.: No inglês original, *furniture, fixtures and equipment* (FF&E). *Fixture* se refere a todos os itens de acabamento, móveis e utensílios que possuem instalação "fixa", ou seja, que não podem ou não devem ser movidos, como luminárias, cofres, etc.

Orçamento de Pré-abertura

O **orçamento de pré-abertura** costuma ser considerado um instrumento de alocar dinheiro e recursos para festas de inauguração, publicidade e boas vindas. As despesas de pré-abertura vão muito além disso, devendo incluir despesas iniciais de salários e encargos de funcionários e materiais, alimentos, louça, vidros e cristais, prataria e aço inoxidável e itens similares. Lembre que, em nossa inauguração hipotética, muitos gerentes estiveram na folha de pagamento vários meses antes do início da operação. Outros funcionários logo serão contratados para treinamento e orientação. Orçamentos de pré-abertura normalmente incluem o caixa e o estoque necessários para fazer frente a essas despesas, juntamente com outras coisas para preparar a propriedade para abrir e operar. Esses orçamentos são relativamente grandes e, por isso, são amortizados ao longo de três anos a partir da data de abertura. Assim, as despesas de pré-abertura não são devastadoras para os lucros da corporação no primeiro ano de operação. Muitas companhias profissionais compreendem a necessidade de um orçamento substancial para a inauguração e planejam tais despesas *pro forma.* As empresas hoteleiras que não planejam antecipadamente são surpreendidas por despesas de última hora e os departamentos acabam com baixos estoques de materiais e falta de equipamentos. O orçamento de pré-abertura força o planejamento necessário para que a inauguração seja tranqüila. A governanta executiva pode desempenhar um dos principais papéis no estabelecimento de orçamentos viáveis.

Controle de Estoque

O **controle de estoque** é uma função administrativa de classificação, organização, recebimento, armazenamento, lançamento e contabilização do valor de mercadorias. A governanta executiva, em uma operação nova ou já em andamento, não deve apenas realizar tarefas de controle das diferentes classificações de estoque, mas também ser tecnicamente competente na seleção, uso e manutenção de materiais como tecidos, mobiliário, equipamentos e suprimentos. Além disso, a alta gerência pode impor o nível de qualidade de certos materiais a serem usados nas unidades habitacionais (UH) do hotel. Em alguns casos, o preço da diária cobrada será um indicador da qualidade esperada de itens como toalhas de banho ou quantidade e tipo de sabonetes encontrados em cada UH.

Conforme acontece o planejamento inicial para a inauguração, devem ser criados sistemas e procedimentos para facilitar o controle de estoque e planos de treinamento de pessoal para familiarizar os funcionários com o cuidado dos equipamentos, o uso dos materiais e a contabilização de itens de valor. A armazenagem deve ser organizada e distribuída pelas várias categorias de materiais; **estoques mínimos** (*par stock*) devem ser instituídos, métodos de contabilização devem ser coordenados juntamente com o *controller* e regras fiscais e procedimentos de estoque devem ser estabelecidos. Mais do que tudo, organização, sistema e previsão (controle de estoque) são necessários para impedir gastos e prejuízos desnecessários (o controle de estoque será mais discutido no Cap. 11).

Classificação de Materiais

Aplicação Básica dos Princípios de Contabilidade

A **classificação de materiais** é o primeiro passo no processo pelo qual itens de valor serão contabilizados e controlados. Lembre-se dos princípios gerais de contabilidade que definem o que são **ativos.** Sob o amplo termo **ativo**, há o ativo circulante e o fixo. **Ativos circulantes** incluem itens como caixa, contas a receber e estoques. **Ativos fixos** incluem terrenos, edificações e equipamentos (no caso de hotéis, o vasto termo **equipamento** também inclui móveis e instalações). **Estoques** são considerados ativos até que sejam *usados*, enquanto móveis, instalações e equipamentos são assim considerados até sua depreciação total. Orçamentos de despesa de capital são os planos pelos quais os ativos fixos (depreciáveis) são adquiridos; orçamentos operacionais são os planos pelos quais o estoque é comprado.

Conforme o estoque vai sendo usado no dia-a-dia das operações para gerar receita, vai sendo consumido e subtraído da receita nas demonstrações de resultado.

A Tabela 4.1 relaciona alguns itens de materiais que estão sob o controle da governanta executiva e que costumam ser considerados nos **livros contábeis** do hotel como ativos fixos. Esses itens estão listados de acordo com sua categoria de depreciação, que indica sua **vida útil**. Como esses itens são ativos fixos, eles não são debitados contra as operações de rotina.

A Tabela 4.2 lista os itens de materiais que podem ser encontrados em estoques e que estão sob o controle da governanta executiva. Esses itens são regularmente gastos na geração de receitas, sendo então considerados itens de despesa, contabilizados como despesas do período nos demonstrativos de desempenho operacional e financeiro.

Tabela 4.1 – Classificação de materiais do ativo fixo para o departamento de governança

MÓVEIS E EQUIPAMENTOS DO QUARTO	REMOVÍVEIS	EQUIPAMENTOS DO DEPARTAMENTO
Categoria 7 anos	*Categoria 5 anos*	*Categoria 7 anos*
Carpetes	Camas extras de armar (*roll-aways*)	Equipamentos de lavanderia
Equipamentos de dormir	Cortinas	Prateleiras permanentes
Box springs	Cortinas para escurecimento (*black out*)	Lavadores de vidro
Colchões	Persianas	
Sofás-cama	Travesseiros (regulares e antialérgicos)	*Categoria 5 anos*
Poltronas-cama	Acolchoados	Carrinhos de camareira
Divãs		Aspiradores de pó dos corredores
Camas de parede	*Categoria 2 anos*	Aspiradores de pó portáteis
Móveis	Cobertores	Levantador
Cômodas	Cortinas de chuveiro	Máquina de lavagem a vácuo
Mesas		Enceradeira
Cadeiras		Máquina de lavar carpete
Escrivaninhas		Máquinas de costura
Instalações e Acabamento		Prateleiras removíveis de enxoval
Quadros		
Acessórios		*Categoria 3 anos*
Abajures e instalações de iluminação		Aspirador de pó
Outros equipamentos		Aspirador *back pack*
Telefones		Vassouras elétricas
Rádios		Transportador de lixo
Equipamentos de mensagens		Cadeiras de rodas
Televisores		Camas de bebê
Cofres		
Minibares		

À medida que os itens de estoque são comprados, as faturas tornam-se contas a pagar (**passivo**) que devem ser quitadas com o dinheiro da conta caixa do ativo. O resultado disso é a conversão de um ativo, caixa, em outro tipo de ativo circulante, estoques. Como o material é solicitado do estoque para manutenção das operações, o estoque é gasto, as despesas do período são reconhecidas e espera-se que estejam sendo geradas receitas no processo. Ainda que a governanta executiva seja a responsável pelo controle e uso dos ativos fixos e circulantes, são as despesas diárias dos ativos circulantes (dinheiro para salários e estoque de materiais) – como previsto nos orçamentos operacionais – que terão efeito no resultado controlável do departamento.

Operações em Andamento

A classificação contábil de materiais nas operações em andamento é similar à classificação para novas operações. Em hotéis em operação, os orçamentos de pré-abertura não são usados, mas orçamentos de despesas de capital e operacionais são apresentados anualmente. Se o hotel já está em operação há algum tempo, primeiro os orçamentos operacionais são planejados e aprovados, e então se trabalha com o orçamento de despesas de capital. A governanta executiva deve lembrar que as demonstrações reais de resultado servem para aperfeiçoar as previsões do orçamento operacional. Itens secundários ou menores de equipamentos que serão ativados não devem ser comprados para, assim, não serem lançados como despesas operacionais (despesas diversas). Esse tipo de compra deve ser planejado com muita antecedência, para ser considerada como despesa de capital.

A operação do hotel inclui compras rotineiras e periódicas de todos os itens de estoque, demandando que sistemas para pesquisa, pedido, recebimento, armazenamento, lançamento e contabilização de uso de materiais sejam desenvolvidos.

Operações de Pré-abertura

Armazenagem Temporária

Até agora, a governanta executiva se envolveu na seleção e na compra de itens de material que estão chegando diariamente para a inauguração do hotel.

Tabela 4.2 – Classificação de materiais de itens de estoque

SUPRIMENTOS DE LIMPEZA	SUPRIMENTOS DE HÓSPEDES	ENXOVAL	UNIFORMES
Limpadores multiuso	*Materiais de consumo de hóspedes*	Lençóis	Atendente de seção
Desinfetantes	Fósforos	Fronhas	Atendente sênior
Germicidas	Sacos de lavanderia	Toalhas de banho	Auxiliar de seção
Limpadores de janelas	Rol de lavanderia	Toalhas de rosto	Outros supervisores
Soda cáustica	Artigos de escritório	Toalhas de mão	
Polidores de metais	Canetas	Roupões	
Lustra-móveis	Bloco de anotações	Toalhas especiais	
Aplicadores (todos os tipos)	Cartões postais		
Garrafas *spray*	Revistas		
Luvas de borracha	Sacolas de plástico		
Buchas	Chinelos descartáveis		
Esponjas de aço	Escova para engraxar sapatos		
Vassouras	Panfletos (publicidade da casa)		
Esfregões (*mops*)	Pacotes individuais de café		
Baldes de limpeza	Balas de menta		
Torcedores de esfregões	Papel higiênico		
Esfregão para pó	Fitas de sanitização de vaso sanitário		
Panos de limpeza	Lenços de papel		
	Plásticos para sanitário		
	Sabonete de banho (barra)		
	Sabonete de rosto (barra)		
	Materiais essenciais de hóspedes		
	Cabides		
	Bandejas de plásticos		
	Baldes de gelo		
	Jarros de água		
	Mata-moscas		
	Copos		
	Cinzeiros		
	Cestos de lixo		
	Tapetes de borracha (chuveiro)		
	Cartão de "não perturbe"		
	Bíblias		
	Itens para empréstimo aos hóspedes		
	Tábuas de passar		
	Ferros de passar		
	Secadores de cabelo		
	Almofada com aquecimento elétrico		
	Garrafas térmicas		
	Aparelhos de barbear		
	Barbeadores elétricos		
	Bolsas térmicas		
	Despertadores		
	Bandejas de cama		

Embora o orçamento de pré-abertura não inclua os valores dos ativos fixos (móveis, instalações e equipamentos), será necessário preparar-se para receber e estocar temporariamente *todos* os materiais solicitados, não importando se são itens de capital (Tabela 4.1) ou partes do estoque (Tabela 4.2). Algumas empresas hoteleiras combinam com o fornecedor que os móveis e equipamentos devem estar instalados antes, para que a empresa os considere como recebidos. De qualquer forma, móveis são relativamente fáceis de serem guardados com segurança desde que sejam maciços ou que estejam instalados. Pequenos móveis (ou móveis desmontáveis) são passíveis de furto e devem ser guardados em depósitos seguros até que as operações comecem*.

Mudando-se para a Propriedade

Alguns dias antes da inauguração (depois de o pessoal operacional ter se fixado nas instalações), estabelece-se o **dia da mudança** para todos os materiais. Esse dia requer um planejamento detalhado da movimentação de material (do depósito para a instalação permanente), para que nada seja extraviado ou perdido. Nessa ocasião, deve-se prestar contas de cada item do estoque ou de cada equipamento adquirido e colocado em um armazém temporário, ou seja, de tudo o que está sendo transferido para o hotel. Dependendo do tamanho do hotel, esse processo pode levar vários dias. O planejamento para o dia da mudança determinará a eficiência com que a operação acontecerá e se ocorrerão perdas significativas**.

Disposição de Excedentes

Uma vez que os móveis, instalações e equipamentos da UH são, em geral, instalados pelo construtor, muitos hotéis compram itens de capital com 1 a 10% de **componentes excedentes**. Os excedentes são usados no estoque das operações e a responsabilidade pelo estoque deve ser assumida nesse momento. Os depósitos são então adequados e seu uso futuro é controlado.

Em muitos casos, o engenheiro chefe do hotel pode ser responsabilizado pelo estoque e armazenamento de itens como carpetes e móveis excedentes. A governanta executiva costuma ser responsável pelo pedido de substituição desses itens quando, no futuro, surgir a necessidade. Como o carpete é um item de grande volume, não é incomum que os hotéis contratem empresas especializadas para os reparos. Em tais casos, essas empresas guardam o carpete excedente e providenciam contagens periódicas do excedente para validação do hotel.

Móveis e Instalações de Unidades Habitacionais

Os itens listados nas Tabelas 4.1 e 4.2 costumam ser encontrados na maioria dos estoques de materiais dos hotéis. A governanta executiva em empreendimentos novos ou em operação é envolvida na compra de tais materiais de estoque. Espera-se que ela faça pesquisas na literatura atual, estude amostras, investigue fontes de suprimentos, decida questões de qualidade e características dos itens e conheça a reputação dos fornecedores selecionados para serviços e reparos. A governanta executiva deve ter conhecimento geral sobre materiais. As informações do restante deste capítulo sobre mobiliário de UH e as contidas nos próximos três capítulos podem ser usadas como referência para materiais relacionados com a governança e seu uso.

Colchões e Camas

A maioria dos gerentes de hotel concorda que um dos elementos mais importantes para o conforto dos hóspedes é a qualidade da cama. Pouca coisa pode ser feita pelo hotel para recompensar um hóspede após o desconforto causado por uma noite mal dormida em uma cama desconfortável.

Infelizmente, não há unanimidade no julgamento do que é uma cama confortável. Embora alguns hóspedes possam discordar, o sentimento prevalecente é que uma cama confortável deve ser firme por dentro, mas macia por fora.

Construção de Colchões

Hoje em dia, três tipos de colchões são usados em hotéis: de molas, de espuma e de água. Os colchões diferem em tamanho desde o de solteiro até o "Califórnia *king*", como mostra a Tabela 4.3. Hotéis de média a alta qualidade usam o tamanho grande de casal (extra-casal) como padrão na maioria das UH, por causa dos 10,2 centímetros extras no comprimento. É melhor ter um colchão que seja, no mínimo, 15,2 centímetros maior do que a média de altura dos hóspedes.

Os colchões podem ser médios, firmes, extrafirmes ou superfirmes. Colchões de mola são construídos como um sanduíche, com material isolante e acol-

* Participei da inauguração de um grande hotel de 1.000 UH em que não foi previsto o armazenamento temporário de equipamentos móveis e itens de estoque inicial. À medida que eram recebidos, esses itens eram colocados ao ar livre, na garagem do hotel ou em corredores apontados pelo construtor do empreendimento. Depois que a construção foi entregue para o hotel, constatou-se que o material, avaliado em mais de US$ 60 mil, havia desaparecido, gerando uma despesa maior do que a necessária para providenciar a estocagem temporária em um depósito.

** Participei de várias mudanças enquanto trabalhei na rede Marriott. O sistema Marriott determina que se utilize um armazém antes da mudança para a propriedade e que, no dia da mudança, os salões de eventos do hotel sejam temporariamente ocupados com todo o equipamento móvel e itens de estoque. Na área do salão, os equipamentos eram reunidos ou montados, marcados tanto quanto se fizesse necessário para identificação e, com outros itens de estoque, transferidos para o local permanente. Tudo acontecia de acordo com um planejamento detalhado. Desse modo, centenas de milhares de itens eram controlados, com perda absoluta mínima. Por exemplo, o dia da mudança do Los Angeles Marriott Hotel em 1973 colocou mais de US$ 1 milhão de estoque de material em dois salões de mais de 6 mil metros quadrados, sem relato de perda de uma simples vassoura, aspirador ou lençol.

Tabela 4.3 – Tamanho dos colchões

	LARGURA (cm)	COMPRIMENTO (cm)
Solteiro	96,5	188,0
Casal	137,2	188,0
Extra-casal	137,2	203,2
Queen	152,4	203,2
California *king*	182,9	213,4
Oriental *king*	193,0	203,2

choamento em ambos os lados da unidade espiral. Cada espiral deve apoiar e, ao mesmo tempo, contornar o corpo. O número de molas em cada unidade espiral pode variar de 150 até 1.000, sendo o padrão de 250 a 300, dependendo do grau de firmeza desejado.

O desenho das unidades espirais é importante na construção de colchões. A elasticidade, a consistência, o número de voltas de cada espiral, a medida de dureza das molas individuais e a maneira com que elas são fixadas são de grande importância na avaliação da qualidade de um colchão de molas. A ação independente de molas e do látex ou do endurecimento do esmalte da camada de molas dá longevidade e diminui o ruído. Deve haver, também, ventilação nas laterais do colchão, a fim de assegurar o fluxo de ar fresco dentro das unidades espirais.

Bons colchões têm uma camada de isolamento firme que separa o estofamento das molas. Uma camada de tapeçaria de algodão ou espuma antes da lona é aplicada para dar ao colchão uma superfície macia e atender às regulamentações governamentais de ações preventivas contra incêndios. As normas federais norte-americanas de segurança contra incêndios regem que um cigarro aceso não pode ser capaz de incendiar o material de isolamento ou a lona do colchão.

Fabricantes de colchões respondem às preocupações da indústria e do público com normas de segurança efetivas contra incêndios, desenvolvendo colchões que não liberam fumaças tóxicas quando incendiados; outros fabricantes criaram colchões que não mantêm chamas acesas.

A lona é a cobertura usada para estofamento na construção do colchão, sendo encontrada em todas as cores e modelos. Deve ter sua estrutura firmemente tecida e bem acolchoada para garantir a qualidade. Colchões de mola de boa qualidade devem durar mais de 10 anos.

Colchões de espuma são encontrados em dois tipos de materiais: espuma de látex e poliuretano. Espuma de látex é uma placa de 100% de borracha pura, formada em dois tipos de moldes: de orifícios pequenos ou com um padrão de orifícios maior. Poliuretano é mais barato do que látex. Ambos costumam ser fabricados com espessura de 10,8 a 15,2 centímetros, dependendo da altura da fundação e do *box spring**. A vantagem da espuma sobre o colchão de molas comum é que a espuma é antialérgica, menos cara e mais fácil de carregar e estocar. Os colchões de espuma, contudo, não têm a mesma longevidade do colchão de molas.

Colchões de água ou "camas d'água" fizeram sua estréia nos hotéis durante os anos 60. Não foram bem recebidos, inicialmente, porque apresentavam vazamentos, a água tinha que ser aquecida, necessitavam de lençóis especiais (e caros) e eram demasiadamente pesados para algumas construções com diversos andares. Os colchões de água passaram, então, a ser utilizados com exclusividade em suítes nupciais e "temáticas".

Hoje em dia, as camas d'água possuem pouca coisa em comum com suas predecessoras da década de 60. Na realidade, muitas delas têm aparência semelhante ao colchão de molas. Fábricas de colchões, tais como a Simmons, produzem colchões d'água que possuem células preenchidas por água em seu centro. As células são cobertas com vinil e espuma de poliuretano. No perímetro do colchão, há uma série de espirais de mola que dão apoio para uma pessoa sentada na ponta da cama. O colchão usa lençóis normais e as células preenchidas por água não precisam ser aquecidas, graças ao isolamento da camada de espuma. A lona pode ser removida por meio de um zíper na parte superior do colchão, para a manutenção das células.

Todos os colchões devem ser reforçados nas laterais para evitar que cedam com pessoas sentadas nas laterais. Tais reforços são feitos com uma fita costurada de cima a baixo nas extremidades e nas laterais da lona.

Ao comprar novos colchões, a governanta executiva deve insistir para ver o interior do colchão (um modelo cortado na vertical) antes de fechar o negócio.

Box Springs

Os *box springs* e os colchões devem ser comprados simultaneamente. Os *box springs* absorvem os impactos, amortecendo o peso e os movimentos de quem dorme e proporcionando um sono confortável. As espirais dos *box springs* são de aço mais pesado do que as encontradas nos colchões. As molas são posicionadas sobre as tiras de madeira ou metal dispostas lateralmente na estrutura, dando um apoio fixo para a parte inferior da unidade. As espirais dos *box springs* devem ser fixadas na base, nos lados e entre elas. O melhor teste para um conjunto de *box springs* é dei-

* **N. do T.:** No Brasil, os suportes de mola de colchões que substituem o estrado da cama são chamados pelo nome original em inglês, de cama "tipo americana" ou de "colchão duplo", uma vez que esse suporte se assemelha, em aparência, a um colchão.

tar-se sobre ele e verificar se há um apoio firme para todas as partes do corpo.

Estrutura da Cama

Existem dois estilos básicos de estruturas de cama disponíveis para a governanta: metal e plataforma. A estrutura de metal consiste em um retângulo de ferro com pernas de metal presas em cada canto. Nos tamanhos *queen* e *king* ou nas estruturas de colchão d'água, há também uma ou duas barras diagonais para suporte extra.

As plataformas são estrados ou caixas também de metal ou de madeira resistente para apoio de *box springs* ou colchões. Há duas vantagens nesse tipo de estrutura: não é necessário carpete embaixo dela, o que economiza uma considerável quantidade desse material em um grande hotel, e as atendentes não precisam se preocupar em limpar embaixo da estrutura. As laterais são normalmente acarpetadas, pois a má aparência causada pelo desgaste pode ser eliminada pelo aspirador de pó.

Cuidados e Manutenção das Camas

A manutenção preventiva inicia-se com a cobertura dos colchões. Todo colchão deve ser coberto com um impermeabilizante (contra umidade). As coberturas de colchões de melhor qualidade são feitas de material de vinil e são resistentes a manchas, antialérgicas, antichamas e impermeáveis. Um protetor de colchões lavável, também antialérgico e antichamas, é colocado sobre a cobertura, com o objetivo de proporcionar ao hóspede uma camada acolchoada entre os lençóis e o colchão. Muitos colchões, especialmente os com cobertura em gomos, necessitam de protetores.

Colchões de mola devem ser movidos regularmente, trocando a extremidade da cabeça pela dos pés em um primeiro momento, depois trocando os lados do colchão. Os colchões que são regularmente movidos podem ter um aumento de vida útil de até 50%. Para ajudar a monitorar a rotação dos colchões, etiquetas podem ser afixadas: em um canto, a etiqueta "janeiro, fevereiro e março" pode ser afixada; no canto oposto, "abril, maio e junho"; no lado reverso do colchão, a etiqueta "julho, agosto e setembro"; no canto oposto, a etiqueta "outubro, novembro, dezembro". As inspeções podem então revelar se determinado colchão foi movimentado ou não.

Roll-aways, Camas Desmontáveis e Berços

A necessidade de camas móveis depende do tipo de hóspedes. Famílias em férias e grupos de jovens irão gerar uma grande necessidade desses itens.

As camas desmontáveis ou dobráveis pararam de ser utilizadas pela dificuldade de transporte do depósito para a UH. Elas foram substituídas pelos *roll-aways*, que são camas com rodinhas. A qualidade dos *roll-aways* varia muito, dependendo do modelo e do fabricante. Em geral, possuem um colchão de espuma de látex que fica sobre uma superfície de molas, preso a uma estrutura dobrável. As melhores camas *roll-aways* têm colchões de mola próprios, especialmente projetados, além de uma cobertura de plástico para protegê-las da sujeira enquanto estão guardadas.

A maioria dos berços de hotéis é dobrável ou desmontável, para não ocupar muito espaço. Devem ser inspecionados regularmente para garantir que não se dobrem enquanto estão sendo ocupados por uma criança, e os funcionários devem ser instruídos para montá-los de forma adequada. O colchão do berço deve ficar no nível mais baixo possível, para prevenir a possibilidade de uma criança mais ativa virar por cima das grades e cair no chão.

Equipamentos com Dupla Função

Os equipamentos com dupla função permitem aumentar a capacidade de pessoa por UH sem superlotá-la, como ocorre com as camas *roll-aways*. São sofás, poltronas e cadeiras com braço e apoios para os pés que se convertem em equipamento de dormir à noite. Há basicamente cinco tipos de equipamentos com dupla função:

1. O sofá-cama que se converte em cama com a retirada das almofadas. Uma pequena alavanca no centro do assento libera a cama, que se abre, tornando-se um colchão de casal. Esse tipo de móvel pode ser encontrado como sofá ou poltrona.
2. O sofá que se transforma em cama abaixando o encosto para que fique no mesmo nível do assento.
3. O divã que se transforma em cama removendo as almofadas e a cobertura.
4. A cadeira que abaixa e junta com o apoio de pés para formar uma cama de aproximadamente 71 centímetros de largura.
5. As camas de parede, cada vez mais usadas por hotéis, com o objetivo de conservar a sala de estar e a sala de visitas durante o dia. Camas tamanho *queen* podem agora ser ocultadas na parede, mantendo durante o dia a aparência de um painel de parede, tendo mesa e cadeira colocados defronte ele. Um equipamento bem balanceado permite que os pés da cama se dobrem ao chão com um puxão leve na alavanca, escondida na moldura do estrado. As camas de parede proporcionam notável conforto ao dormir, sem possibilidade de retraimento para a parede com a pessoa, ao contrário da impressão dada pelas comédias antigas.

Móveis

Os móveis devem ser funcionais, atrativos, bem feitos e de fácil manutenção. Atualmente, a variedade de móveis disponível para hotéis é tão grande quanto o número de empresas fabricantes de móveis institucionais.

A maioria dos móveis de hotéis é uma combinação de madeira e plástico para imitar a madeira (muitas vezes, um exame de perto no que parece ser madeira francesa esculpida revela um molde de plástico). Madeiras maciças são raras e caras; portanto, substitutos como madeira compensada e prensada revestida são largamente utilizados na fabricação dos móveis. Poucos móveis de metal são encontrados em hotéis.

A governanta executiva deve examinar amostras para assegurar que os móveis tenham bom *design*, sejam reforçados (Fig. 4.1) para resistir ao uso prolongado e tenham bom acabamento que permita retoques. As juntas são os principais fatores de resistência e durabilidade dos móveis bem feitos. A Figura 4.2 mostra exemplos de vários tipos de juntas: as de espiga e encaixe ou de encaixe duplo são usadas em móveis bem feitos. Escrivaninhas, porta-bagagens, cômodas e outras peças de guardar objetos são, em geral, construídas com encaixes. Algumas peças de metal são usadas na fabricação desses móveis, para a sustentação de gavetas e para bagagem. As gavetas devem ser fabricadas de forma que ocultem o encaixe de sua parte frontal, para assegurar que a constante movimentação não as faça cair. As partes superiores laminadas são um elemento essencial dos móveis, já que marcas de copos e respingos de bebidas podem rapidamente desfigurar o acabamento e manchar a madeira.

A Figura 4.3 mostra um exemplo de mobiliário de quarto de hóspedes e a Figura 4.4 é um exemplo de mobiliário de quarto de um estabelecimento para idosos.

Tecidos de Decoração

A maioria dos tecidos é feita de fibras, que podem ser classificadas em dois tipos: naturais e sintéticas. A Tabela 4.4 mostra exemplos de cada tipo de fibra. A

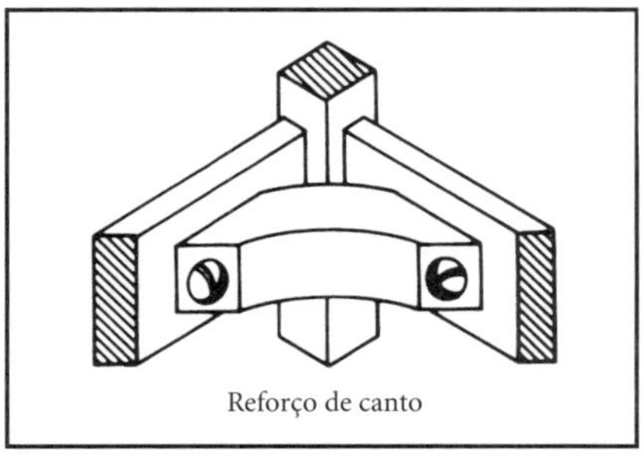

Figura 4.1 – Reforço de canto usado na construção de cadeiras de qualidade.

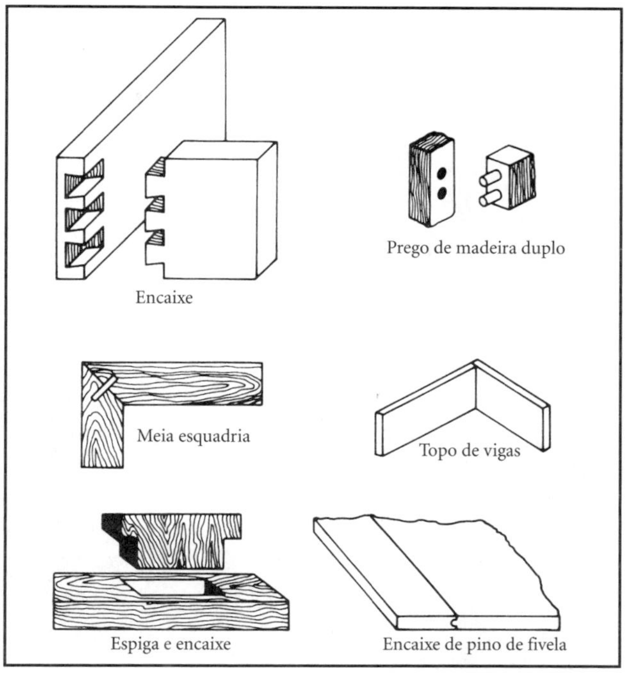

Figura 4.2 – Tipos de juntas de madeira utilizadas na fabricação de móveis.

Figura 4.3 – (A e B) Mobília de quarto de hóspedes da Broyhill Corporation. (Fotos cedidas por Jacqueline & Associados, Las Vegas.)

Broyhill Contract – Estabelecimento para Idosos, Westport

Broyhill contract

Figura 4.4 – Móveis da casa de repouso da Broyhill Corporation. (Foto cedida por Jacqueline & Associados, Las Vegas.)

Figura 4.5 – Arandela da Visa Lighting Corporation. (Foto cedida por Jacqueline & Associados, Las Vegas.)

Tabela 4.4 – Fibras usadas em tecidos de decoração

FIBRAS NATURAIS	FIBRAS SINTÉTICAS
Algodão	Raiom (seda artificial)
Lã	Acetato
Linho	Acrílico
Seda	Arnel
	Poliéster
	Dynel
	Fibra de vidro
	Náilon
	Orlom
	Vicara

maioria das fibras sintéticas é feita de celulose ou de derivados de carvão natural.

As fibras naturais são fortes, de uso prolongado, disponíveis em muitos acabamentos e fáceis de serem tingidas; devem, contudo, ser tratadas contra insetos e não ser guardadas úmidas. Tecidos para decoração em fibras naturais são, em geral, caros, ao contrário de tecidos sintéticos, que são mais baratos. Os tecidos sintéticos não são prejudicados por insetos ou pela umidade, são mais fáceis de limpar, mas são passíveis de criar eletricidade estática e difíceis de tingir. Cores sintéticas escuras não causam bom efeito.

Muitos tecidos de decoração são mistos de fibras sintéticas e naturais. Tecidos industrializados de decoração são fabricados com pontos densos, encorpados e fortes. Alguns têm pontos duplos e entrelaçados em telas de *jacquard*, outros são entrelaçados com tramas finas.

Tecidos plásticos – Têm aparência de acabamento em couro e são usados na fabricação de móveis. Podem ser limpos com sabão e esponja, podendo também ser encontrados nas lonas dos colchões e cortinas para escurecimento do ambiente.

Acabamentos

A ampla categoria de acabamentos nas UH inclui acessórios decorativos, iluminação, quadros e pinturas.

Acessórios, quadros e pinturas – Em geral, o decorador responsável pela aparência das UH também planeja os acessórios e as gravuras. Em relação aos acessórios, o ideal é que sejam poucos e que causem o impacto desejado. Os acessórios, assim como os móveis, devem ser selecionados conforme o tamanho da UH e não devem ser exagerados.

A harmonia das cores e a adoção de um estilo são essenciais para alcançar a sensação adequada. Harmonia formal é um termo usado para descrever a aparência formal (por exemplo, dois castiçais ladeados com um vaso de flores do mesmo estilo). Harmonia informal ocorre quando a montagem é heterogênea, com objetos de tamanhos e formas distintas, mas agrupados de forma a terem uma aparência harmoniosa.

Espelhos pendurados dão *glamour* à UH e, desde que devidamente emoldurados, podem ser usados no lugar de quadros ou pinturas. O decorador também seleciona pinturas que combinam com a decoração da UH; em hotéis, a maioria das pinturas é litográfica, para obter economia na compra de grande quantidade. As gravuras espalhadas pelas paredes criam o efeito de um lugar agradável.

A regra universal sobre espelhos suspensos e pinturas é que o seu centro geométrico seja a altura dos olhos. Como podem ser observados por pessoas de diferentes estaturas, o bom senso deve prevalecer para conseguir uma decoração harmoniosa.

Iluminação

Uma iluminação adequada aumenta a beleza da UH e proporciona mais conforto ao hóspede. A iluminação pode criar um efeito tão desejável e ser tão agradável ao ocupante quanto a mobília da UH. A iluminação nunca deveria ser relegada a segundo plano, mas considerada desde o projeto da UH. A arandela da Figura 4.5 ficaria completamente deslocada em uma UH decorada com temas antigos.

Em muitas decorações modernas, a fonte de iluminação é oculta. Decorações contemporâneas também usam lâmpadas de mesas, de paredes e suspensas para iluminação, fixadas de forma segura nas instalações para reduzir furtos e evitar acidentes. Lâmpadas de mesa devem ter seu interruptor localizado em sua base, para reduzir o risco de queimaduras nos dedos e evitar a necessidade de tatear no escuro à sua procura. Lâmpadas de chão são raras em virtude do espaço que ocupam e do perigo dos fios soltos; quando existem, são usadas em hotéis de arquitetura moderna.

Lâmpadas fluorescentes são usadas em instalações ocultas de iluminação e jamais devem ser do tipo "fria", por causa da aspereza dos resultados no tom da luz. Apenas os tons menos brancos deveriam ser usados. Tanto a iluminação fluorescente como a incandescente podem ser controladas por um reostato, para criar um clima de conforto e suavidade. Lâmpadas incandescentes cor de rosa proporcionam um ambiente agradável e conferem colorido róseo ao tom da pele; a iluminação incandescente laranja ou âmbar causa um desagradável tom cinza na pele. As lâmpadas fluorescentes, controladas pelo reostato adequado, podem economizar energia e reduzir o consumo em até 75%. Além disso, podem durar dez vezes mais do que as lâmpadas incandescentes comuns. Fluorescentes compactas podem ser colocadas na maioria dos soquetes de luz. Finalmente, a UH deve ter luz para leitura. Tanto as lâmpadas suspensas sobre as mesas de trabalho como as da cabeceira da cama devem ter voltagem suficiente.

Cofres

Os cofres para UH são novidades recentes. Apresentados pela primeira vez em 1983 pela Elsafe, os cofres agora estão disponíveis em dezenas de modelos, de diferentes empresas, com centenas de características. Há duas variedades principais: cofres eletrônicos e manuais. O acesso a vários cofres eletrônicos é monitorado por um painel na recepção e, se o hotel cobra uma taxa por seu uso, o sistema pode acrescentá-la automaticamente à conta do hóspede. Os cofres de hóspedes podem ser montados na parede, no chão ou escondidos dentro de criados-mudos e armários. A abertura do cofre pode se dar por meio de chaves comuns, trancões, cartões especiais ou até de um cartão de crédito padrão. Outras características a se observar na seleção de um cofre são as dimensões interiores e a resistência a incêndios.

Minibares

Um novo e potencialmente lucrativo aparelho na UH moderna é o minibar. Abastecido com refrigerantes, sucos, bebidas alcoólicas e petiscos, o minibar é uma tentadora conveniência a que poucos hóspedes podem resistir. Como ocorre com os cofres, há dezenas de empresas e centenas de modelos para escolher. Os minibares podem ser alugados ou comprados pelo hotel. Algumas empresas alugam o equipamento cobrando uma taxa e/ou tendo uma participação nos lucros. Há modelos de minibares que vão desde o sistema manual simples até o completamente automático.

O sistema completamente automático tem um sensor eletrônico que percebe quando um item é removido da prateleira, debitando-o automaticamente na conta do cliente. Ao mesmo tempo, os sistemas automáticos podem imprimir listas de estoque de cada UH, fazendo assim com que os funcionários saibam quais as necessidades de reposição de produtos. Sistemas automáticos também podem ser trancados eletronicamente, no caso de a UH ser ocupada por menores ou quando alugada para hóspedes que fizeram pagamento antecipado.

Os outros sistemas requerem da governanta um controle físico do consumo, relatando as informações para o computador da recepção. Os hotéis com sistema manual costumam utilizar o *honor check**, que pode ou não ser eficaz, dependendo da localização e do perfil do hóspede. Existem várias histórias sobre hóspedes que enchem garrafas de vodca com água ou que correm para o supermercado no dia seguinte para repor as sodas e cervejas.

Equipamentos Audiovisuais

Dentre os equipamentos audiovisuais presentes em uma UH encontram-se o sistema telefônico, rádios, televisores e videocassetes.

O aparelho de telefone com uma luz vermelha indicando mensagem resistiu a enormes mudanças tecnológicas em algumas propriedades nos últimos anos. Agora, o telefone serve como comunicação e sistema de controle de UH. Televisão, rádio, aquecimento, iluminação e ar condicionado podem ser controlados por um console central. O telefone pode ser conectado ao sistema de informática do hotel, permitindo que a governança informe à rouparia e à recepção o *status*** da UH, diretamente pelo telefone do hóspede.

Os televisores também têm mudado ao longo dos anos. Embora o televisor colorido de 19 polegadas ainda seja o mais comum, ele hoje em dia é freqüentemente equipado com um sistema de programação pago, permitindo que filmes inéditos sejam transmitidos na televisão da UH.

Com freqüência, a televisão vem sem nenhum controle secundário de acesso. Toda a sintonização é feita pelo controle remoto fixado na cabeceira da cama ou por um transmissor especial que o hotel controla, garantindo que as cores e matizes não possam ser alteradas pelo hóspede. Muitas televisões para hóspedes possuem um módulo de rádio e relógio AM/FM acoplado ao sistema, enquanto outras têm videocassetes instalados. Muitos hotéis alugam filmes recém-lançados na recepção ou em armários especiais localizados dentro da UH.

* N. do T.: Checagem de honra, em uma tradução literal. A referência é ao formulário utilizado pelos caixas dos hotéis, que perguntam ao hóspede o que foi consumido do minibar e confiam em sua palavra para lançar a cobrança em conta corrente.

** N. do T.: *Status* – estado ou posição da UH, por exemplo, vaga limpa, vaga suja, ocupada limpa, ocupada suja.

Portadores de Deficiências nos Estados Unidos

Nos Estados Unidos, todas as instalações, móveis, aparelhos e equipamentos de acomodações públicas devem considerar as exigências do *Americans with Disabilities Act* (ADA)*. O ADA torna ilegal a discriminação contra pessoas portadoras de deficiências nos Estados Unidos. O ADA, transformado em lei em 26 de julho de 1990, é a primeira lei federal norte-americana que requer que empreendimentos privados tornem-se acessíveis para pessoas com deficiências. Há duas seções do ADA que se aplicam aos meios de hospedagem:

1. O Título I trata da igualdade de oportunidade de emprego para pessoas com deficiências nos locais de trabalho (o que não será abordado por este livro).
2. O Título III, "Não discriminação de deficiências pelas acomodações públicas e instalações comerciais", exige dos meios de hospedagem e de outras "acomodações públicas" a remoção de barreiras arquitetônicas e que estejam disponíveis acomodações para hóspedes com deficiência (ver o Apêndice A para uma completa descrição das condições impostas pelo ADA para acomodações públicas).

Resumo

A governanta executiva não deve ser apenas uma planejadora, mas também uma administradora, com conhecimentos fundamentais de procedimentos orçamentários, móveis, instalações, equipamentos, utensílios, produtos de limpeza e suprimentos. O planejamento de materiais para as operações hotelei-

* N. do T.: Literalmente, Lei dos Americanos com Deficiências.

ras se dá a partir da compreensão dos sistemas orçamentários pelos quais os recursos materiais são alocados. Despesas de capital, orçamentos operacionais e orçamentos de pré-abertura foram definidos e discutidos neste capítulo. A classificação dos recursos materiais deve ser entendida. Para controlar custos, é importante o conhecimento dos materiais que são parte do ativo fixo e dos outros itens que são parte do estoque e que serão utilizados para a geração de receita. O controle de estoque é mais do que apenas a contagem de itens; é todo processo pelo qual os materiais são classificados, ordenados, recebidos, estocados, lançados e contabilizados. A governanta executiva envolvida na abertura de um hotel é responsável não só por estabelecer a quantidade certa de material do ativo e do estoque, mas também por determinar o arranjo físico de estocagem desses materiais, desenvolvendo sistemas de contabilização de uso de suprimentos, de organização da compra de produtos e de relacionamento com vendedores e fornecedores.

Neste e nos próximos três capítulos, apresenta-se uma análise completa dos materiais de estoque com os quais a governanta executiva pode estar envolvida. A seguir, apresenta-se uma continuação do tópico de controle de estoque, à medida que as funções administrativas de direção e de controle são desenvolvidas.

TERMOS E CONCEITOS-CHAVE

Administração
Material
Removíveis
Orçamento
Orçamento de despesa de capital
Depreciação
Móveis, instalações e equipamentos
Capitalizado
Despesa
Orçamento operacional
Despesa operacional
Receita
Despesas de pessoal
Custos controláveis
Lucro controlável
Prejuízo controlável
Orçamento de pré-abertura
Pro forma
Controle de estoque
Estoque mínimo
Classificação de materiais
Ativos
Ativo circulante
Ativo fixo
Equipamento
Estoque
Livros contábeis
Vida útil
Passivo
Dia da mudança
Componentes excedentes
ADA

QUESTÕES PARA DISCUSSÃO E REVISÃO

1. Alguns itens de material são capitalizados, outros são considerados despesa. Qual a diferença entre esses dois termos?
2. Explique a diferença entre orçamento de despesa de capital e orçamento operacional. Em operações em andamento, quantas vezes cada um dos dois é preparado em cada ano fiscal? Qual é preparado primeiro? Por quê?
3. Orçamentos de pré-abertura normalmente incluem itens tais como verba para as cerimônias de inauguração e festas, propaganda e relações públicas. Liste alguns outros itens importantes que devem ser previstos no orçamento de pré-abertura. Por que o orçamento de pré-abertura deve ser amortizado? Em quanto tempo?
4. Uma pessoa portadora de deficiência quer uma suíte no último andar. De acordo com o ADA, você deve acomodar esse hóspede? O alarme do hotel é acionado e os elevadores são desligados. Como evacuar essa pessoa do último andar?
5. Defina esses termos:
   Controle de estoque
   Minibar
   Classificação de materiais
   Equipamentos de dormir com dupla função
   Cofre de quarto
6. Explique o conceito de uso de estoque temporário quando da abertura do hotel.
7. Discuta as diferenças, incluindo vantagens e desvantagens, entre colchões de mola e colchões de espuma.

5

Planejamento de Material: Pisos, Paredes e Janelas

OBJETIVOS DO CAPÍTULO

1. Identificar os tipos de piso e saber descrever as vantagens e desvantagens de cada um.
2. Descrever os procedimentos empregados na limpeza do piso.
3. Identificar os elementos envolvidos na fabricação de carpetes.
4. Descrever os procedimentos para a limpeza de carpetes.
5. Identificar técnicas para a limpeza de janelas.
6. Descrever os materiais utilizados no acabamento de janelas e paredes.
7. Adquirir conhecimentos gerais quanto a cuidados e tratamento de paredes, janelas e pisos.

Este capítulo examina os materiais utilizados na construção e no acabamento de pisos. Serão discutidas as propriedades específicas de aparência, durabilidade, custo e facilidade de manutenção para cada tipo, assim como os métodos empregados na limpeza, vedação e manutenção.

Será dada atenção especial ao carpete. Sua composição, fabricação e modelo serão estudados e os diferentes métodos de limpeza avaliados.

Forrações de paredes e janelas serão descritas. Os diferentes tipos de forrações, sua durabilidade, custos relativos, facilidade de manutenção e procedimentos adequados de limpeza serão explorados.

As características e as formas de limpeza de janelas serão apresentadas, bem como os materiais utilizados em cortinados, cortinas e persianas.

Tipos de Piso e seus Cuidados

Seja para um empreendimento em construção ou para a reforma de uma propriedade existente, a governanta executiva costuma ser convocada para auxiliar na escolha do piso ou do acabamento apropriado.

Há muitas variáveis que devem ser consideradas nesse processo. O piso deve estar de acordo com as exigências estéticas do arquiteto e/ou decorador de interiores. Ele deve combinar com o papel de parede, com a janela e com os móveis do quarto.

Entretanto, para a escolha do piso e de seu acabamento, não se deve considerar apenas seus atributos estéticos. Muitos outros fatores, como durabilidade, custos de instalação e facilidade de manutenção, também devem ser considerados no processo de escolha.

É preciso determinar a quantidade e o tipo de circulação a que o piso estará sujeito. Então, deve-se considerar a durabilidade de cada piso proposto para a área. Em outras palavras, é necessário prever quanto tempo cada tipo de piso pode durar levando-se em consideração o uso esperado.

A governanta executiva deve, então, estimar os custos de limpeza e manutenção para cada piso proposto e sua vida útil. Esses custos incluem mão-de-obra, produtos químicos e equipamentos.

Os custos de instalação devem, então, ser somados aos custos de manutenção. Essa soma deve ser dividida pela expectativa de duração do piso (estimada em meses). O custo mensal de cada tipo de piso em estudo pode ser comparado e utilizado para a tomada de decisão. Certamente, outras variáveis, tais como a adequação do piso em questão à decoração do empreendimento e sua relativa facilidade de manutenção, devem ser comparadas ao custo.

Como Cuidar dos Pisos

Para cuidar de um piso, deve-se obedecer a um processo de quatro etapas, segundo Saunders e Mazzoli da Glit Incorporation (Fig. 5.1). Nesta seção será explorada cada etapa do modelo FPMR para cuidados com os pisos, de Saunders e Mazzoli[1].

Fundação

A primeira fase do modelo FPMR é a **fundação**. O tratamento dos pisos não é permanente: de tempos em tempos, deve-se trocar o tratamento antigo por um novo. Saunders e Mazzoli indicam quatro razões para trocá-lo:

1. Quando há uma avaria na superfície do piso e áreas que claramente apresentam desgaste provocado pelo uso. Essas áreas são identificadas pela ausência de acabamento e/ou vedação, deixando o piso exposto.
2. Um perceptível esfarelamento ou raspagem da superfície do acabamento podem indicar a hora da troca. Isto ocorre principalmente quando o procedimento adequado para esfregar o piso molhado não é seguido.
3. Quando o "aspecto molhado" apresenta áreas escuras. Isso normalmente resulta do polimento do piso sem a utilização anterior de esfregão úmido. O resultado? Brilho sujo!
4. Quando há manchas resultantes de derramamento ou da utilização inadequada de produtos de limpeza ao esfregar o chão[2].

Uma vez que se decida reformar o piso, o primeiro passo é eliminar o tratamento existente. A Figura 5.2 lista os equipamentos necessários para a realização desta tarefa.

O objetivo de tal tarefa é remover o tratamento antigo e toda a sujeira nele existente. Isto é realizado da seguinte maneira: primeiro, com um esfregão seco, retire do piso toda a sujeira e a poeira. Então, pegue dois esfregões limpos e dois baldes com água quente até a metade, com a adição da quantidade recomendada de solução removedora a um dos baldes. O piso que terá o tratamento removido deve ser isolado, com a colocação de avisos de perigo nos locais apropriados e capacho nas saídas da área, para que a solução removedora não passe para outros pisos. Então, derrame uma porção generosa de solução removedora em uma pequena área do piso e deixe por cerca de 5min.

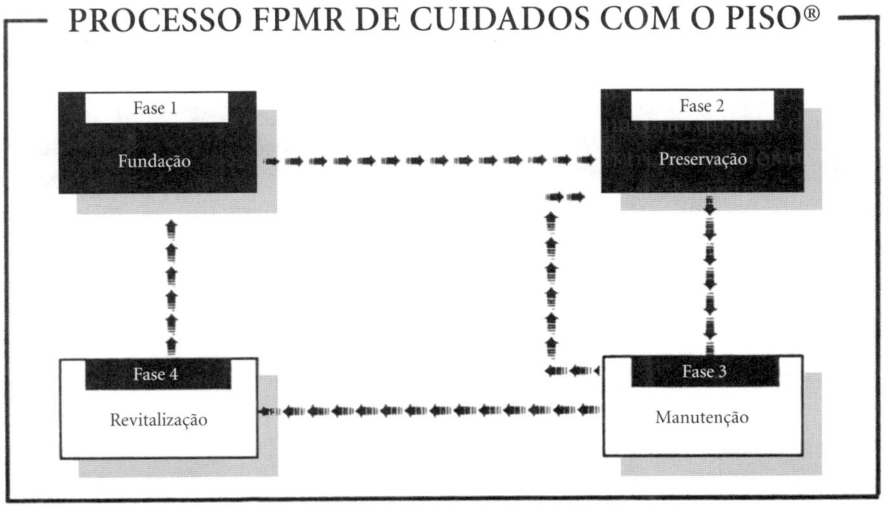

Figura 5.1 – Modelo FPMR para cuidados com o piso, de Mazzoli e Saunders. (Reproduzido com permissão dos autores.)

Utensílios e equipamentos necessários

Esfregão limpo
Pá de lixo e escova
Enceradeiras com escova removedora
Almofadas de limpeza para remoção do acabamento do piso
Aspirador de líquidos
Avisos de "piso molhado"
2 baldes limpos com espremedores
2 esfregões úmidos limpos
Espátula
Capachos nas portas
Feltros de mão para limpeza dos cantos
Removedor concentrado para pisos
Neutralizador de remoção concentrado

Figura 5.2 – Utensílios e equipamentos necessários para a retirada do tratamento do piso. (Reproduzido com permissão da International Sanitary Supply Association, Inc.)

Não permita que a solução seque. Se a solução secar, ela irá se misturar ao tratamento antigo, tornando-se uma pasta cinza e suja, fazendo com que o processo tenha que ser reiniciado.

Depois que a solução agir por 5min, inicie o processo esfregando ao longo do rodapé ou nos cantos. Então, comece a esfregar com a enceradeira utilizando escova preta ou marrom. Utilize uma máquina com rotação entre 175 e 350rpm; não use um polidor de alta velocidade. Tenha cuidado para não espirrar solução removedora nas paredes. Usando a enceradeira, esfregue em linha reta paralelamente ao rodapé, depois esfregue de um lado para o outro. Quando uma parte do piso estiver pronta, limpe-a de novo na direção oposta.

Uma vez que a área tenha sido esfregada, o tratamento antigo pode ser retirado do piso. A melhor maneira de realizar essa tarefa é usar um aspirador de líquidos, que pode ser substituído por um balde adicional. O mesmo esfregão utilizado para derramar a solução no chão pode ser usado para retirar a solução suja. Enxágüe o esfregão no balde e troque a água sempre que estiver suja.

O próximo passo é enxaguar e secar o chão utilizando um esfregão limpo e água quente limpa no balde de enxágüe. Então, retire a água do piso com o esfregão ou utilize o aspirador.

Quando o piso secar, verifique se há alguma película cinza no chão esfregando-o com as mãos. Se houver, ainda há tratamento antigo e o procedimento de retirada deve ser repetido.

Quando terminar, limpe os baldes e espremedores, lave os esfregões, a escova da enceradeira e todos os demais equipamentos utilizados.

A segunda fase envolve a aplicação do **acabamento** ou **selante.** Alguns selantes são permanentes, à base de solventes e utilizados em concreto, mármore, *terrazzo* ou outras superfícies de pedra. Removedores comuns não retiram esse tipo de selante. Um segundo tipo é uma emulsão à base de água que é colocada em alguns tipos de asfalto e de pisos ladrilhados. Esse tipo de selante deve ser recolocado após a remoção do tratamento antigo.

Existem diversos selantes/acabamentos de piso e muitos deles funcionam bem nos pisos modernos para os quais foram projetados. Para pisos mais velhos, contudo, o padrão utilizado é a aplicação de selante, seguido de acabamento.

A aplicação de um selante/acabamento de piso atende a três objetivos. Primeiro, protege o piso contra o desgaste e as manchas causadas pela circulação de pessoas, contra o derramamento de produtos e contra a química utilizada no processo de limpeza. Segundo, proporciona uma superfície mais segura para quem utiliza o piso. O acabamento adequado deve tornar o piso menos escorregadio. Terceiro, o acabamento tem um apelo estético, deixando o chão brilhante e transmitindo uma impressão positiva para clientes e funcionários. Hoje em dia, o piso bem cuidado deve ter "aparência molhada", o que significa muito brilho no ladrilho, na madeira e nos pisos de pedra. Os pisos de hoje não devem apenas estar limpos o suficiente para serem notados; eles devem brilhar. É interessante notar que essa tendência de "aparência molhada" pode parecer perigosa para um leigo mas, na realidade, essas superfícies são menos derrapantes do que uma superfície sem brilho.

A Figura 5.3 lista os materiais e equipamentos necessários para aplicar o selante/acabamento a um piso.

O primeiro passo é inspecionar o piso para ter certeza de que ele está completamente limpo e seco. A Associação Internacional de Utensílios Sanitários (International Sanitary Supply Association) recomenda que, junto ao balde do esfregão, exista um saco plástico de lixo para economizar tempo na limpeza[3].

Figura 5.3 – Suprimentos e equipamentos necessários para selamento do piso. (Utilizado com permissão da International Sanitary Supply Association, Inc.)

Utilizando um esfregão de náilon limpo, um aplicador de lã de cordeiro ou um aplicador mecânico especial para essa tarefa, primeiro aplique o selante no rodapé em movimentos rítmicos e suaves (Fig. 5.3). Então, aplique-o na parte central, fazendo movimentos em forma de 8 com o esfregão. Certifique-se de que a primeira camada e todas as demais sejam *finas*. Camadas grossas de acabamento não duram muito e podem tornar o chão escorregadio. Quatro camadas finas são melhores do que duas grossas.

Após a primeira camada estar seca ao toque, deixe o piso "descansar" por, no mínimo, o mesmo tempo que levou para secar, antes de aplicar a segunda camada. Repita esse procedimento para cada camada.

Para evitar que o acabamento fique mais grosso nos cantos e ao longo do rodapé, não aplique mais de duas camadas a uma distância de 30,5cm da parede.

Finalmente, deixe que o piso seque e mantenha a área fechada para o tráfego o maior tempo possível antes de polir. Três dias são suficientes para a secagem da maioria dos selantes de piso.

O **polimento** do piso é feito com enceradeira que emite 1,5 cavalo vapor e gira entre 175 e 350rpm.

O **brilho** é obtido com outra enceradeira que exerce menos peso sobre o chão e gira a mais de 1.000rpm. Essa alta velocidade cria maior fricção, dando ao piso o aspecto "molhado" que se tornou tão popular.

Seja qual for o tipo de máquina utilizada, o tipo de feltro é o mesmo (branco). Existe um código universal de cores seguido por todos os produtores de máquinas para assegurar que o tipo adequado de feltro seja utilizado em cada aplicação. Os pretos e marrons são utilizados para remover; os azuis e verdes, para esfregar; o vermelho para limpar e o branco para polir.

Uma vez que o processo de acabamento esteja completo, todos os equipamentos devem ser lavados imediatamente. Os esfregões lavados devem ser separados conforme sua utilização inicial e não devem ser utilizados para nenhuma outra aplicação.

Quando o ladrilho ou piso *terrazzo* fica amarelo, isso significa que foi aplicado muito acabamento, sendo necessário remover uma ou duas camadas para restaurar o brilho original. Entretanto, em geral, os novos acabamentos de polímeros não amarelam como os antigos acabamentos de cera.

Preservação

A segunda fase do modelo FPMR é a preservação[4]. Ela é realizada por três técnicas: a de varrer e tirar o pó, a de remover manchas e a de utilizar um capacho para limpar os sapatos.

Vassouras são utilizadas somente quando a superfície é muito áspera para um esfregão. Vassouras para empurrar a sujeira são utilizadas em áreas grandes; já as antigas, de piaçava, são melhores para cantos e espaços apertados. Uma pessoa com experiência de varrer tem ritmo e balanço corretos que evitam que as cerdas enrolem.

O esfregão é a melhor maneira de remover poeira, areia e pedrinhas do chão. Se elas não forem removidas diariamente, causarão riscos na superfície do acabamento, diminuindo seu brilho e, eventualmente, penetrando no próprio piso.

Utilize o maior esfregão possível. Ao utilizá-lo, mantenha-o no chão o tempo todo e não o mova para trás. Ao final de um corredor, gire-o e passe-o novamente por cerca de 20cm da área já limpa. Utilize uma pá para tirar o lixo acumulado e retire chicletes com uma espátula.

Limpe o esfregão com um aspirador ou sacuda-o em um saco plástico. A hora certa de cuidar do esfregão é ao final da limpeza e não no início, permitindo que ele seque. Nunca utilize produtos à base de óleo para a limpeza do chão, pois eles podem descolorir um piso de pedra. A cabeça do esfregão deve ser removida e lavada periodicamente, sempre que estiver suja.

Utensílios e equipamentos necessários

Esfregão limpo
Pá de lixo e escova
Enceradeira com feltro ou escova
Balde com espremedor limpos
Esfregão úmido
Rodo com cabo
Feltros de piso
Espátula
Solução detergente adequada para a área
Avisos de "piso molhado"
Panos de limpeza limpos

Figura 5.4 – Utensílios e equipamentos necessários para manutenção do piso. (Utilizado com permissão da International Sanitary Supply Association, Inc.)

Quando terminar, pendure o esfregão com os fios distantes da parede. Não permita que ele encoste no chão ou na parede, pois isso pode causar manchas.

A limpeza de manchas é essencial para a preservação do piso. Líquidos e sólidos que caem na superfície do piso, se deixados por muito tempo, podem penetrar no acabamento e manchar o piso. Até mesmo ácidos de sucos de frutas podem causar estragos se não forem imediatamente limpos. Um esfregão e um balde devem estar sempre disponíveis para cuidar desses acidentes.

A limpeza de manchas deve ser feita com água fria para não amolecer o acabamento. Os detergentes devem ser evitados a menos que estritamente necessários, ou seja, quando uma substância que foi derramada tiver secado sobre o piso. Se necessário, use um detergente de pH neutro, evite abrasivos e dilua o detergente de tal forma que seja possível retirar a sujeira sem danificar o acabamento.

A utilização de capachos para limpar os sapatos é o terceiro método de preservação. O objetivo de sua utilização é evitar que sujeira e pedrinhas do ambiente externo sejam trazidas para o piso. Há três considerações quer devem ser feitas com relação à utilização desse tipo de equipamento: 1) certifique-se de que o capacho é grande o suficiente para que todos pisem nele pelo menos duas vezes com o mesmo pé; 2) escolha um capacho adequado ao tipo de solo que pode ser trazido para a área; 3) troque os capachos sujos. Um capacho sujo funciona mais como fonte de contaminação do piso do que como solução.

Manutenção

A terceira fase do modelo FPMR é a manutenção[6], que envolve a remoção periódica de manchas, sujeira e do desgaste que aparece na superfície do acabamento. Seu objetivo é manter o brilho e a limpeza do piso. A manutenção engloba a **limpeza com esfregão úmido,** o polimento com *spray* e o polimento a seco. Essas técnicas são utilizadas em seqüência, ou seja, cada uma é aplicada no piso imediatamente após a anterior.

Antes de limpar o piso com esfregão úmido, é preciso tirar o pó. Nessa etapa, os equipamentos listados na Figura 5.4 devem ser reunidos. Adicione detergente neutro ou levemente alcalino na água. O detergente utilizado deve ser do tipo que não precisa de enxágüe, caso contrário será preciso enxaguar o piso após sua aplicação. Mergulhe o esfregão no balde e torça-o até ficar apenas *úmido*. Siga o mesmo procedimento que foi utilizado na remoção do acabamento do piso.

A solução do balde deve ser trocada quando estiver suja. Uma escova ou enceradeira pode ser utilizada para manchas difíceis e um rodo pode ser usado para ajudar a secar mais rápido. Os rodapés devem ser secados imediatamente após a aplicação da solução. Como na fundação, todos os equipamentos devem ser limpos após o término da tarefa.

Para o **polimento com *spray*** pode-se utilizar o mesmo procedimento para umedecer o piso. Espirre a solução de polimento em uma parte do piso (aproximadamente uma área de 10 × 15cm) e utilize a enceradeira com feltro vermelho para polir. Faça movimentos de lado a lado até o piso começar a brilhar. Repita a operação sobre a área polida e troque o feltro utilizado com freqüência. A Figura 5.5 mostra os equipamentos e suprimentos necessários para o polimento.

Para o **polimento a seco**, são utilizadas enceradeiras de alta velocidade que produzem entre 300 e 1.500rpm, dependendo do modelo. Esse tipo de enceradeira é utilizado preferencialmente em linha reta e não em movimentos de lado a lado. Utiliza-se feltro branco, que deve ser trocado com freqüência. Assim como no polimento com *spray*, é prudente polir de novo as áreas anteriormente polidas para assegurar um acabamento uniforme.

Revitalização

A quarta fase do modelo FPMR é a revitalização[7]. A revitalização ou limpeza profunda consiste em remo-

Utensílios e equipamentos necessários

Esfregão limpo
Pá de lixo e escova
Enceradeira (175 a 400rpm) com feltro ou escova
Feltros limpos para polir pisos
Balde e espremedor limpos
Esfregão úmido limpo
Solução detergente adequada para a área
Spray de polimento em pulverizador
Avisos de "piso molhado"

Figura 5.5 – Equipamentos e utensílios necessários para o polimento com *spray*. (Utilizado com permissão da International Sanitary Supply Association, Inc.)

ver uma ou mais camadas do tratamento antigo e aplicar um novo. O primeiro passo é misturar água fria com solução de limpeza neutra ou levemente alcalina, que é aplicada ao piso e esfregada com uma enceradeira utilizando escova preta. A enceradeira deve ser passada no chão apenas uma vez para não remover muito acabamento. Utiliza-se, de preferência, água fria ao invés de água quente, para não amolecer todas as camadas do acabamento.

A água suja é retirada com aspirador de líquidos ou esfregão e o piso é enxaguado com um esfregão limpo e água limpa. Quando o piso estiver seco, uma ou duas camadas de acabamento são aplicadas e o piso pode, então, ser polido para renovar o brilho[8].

Na próxima seção serão estudados os principais tipos de pisos e os cuidados peculiares necessários a cada um. As sugestões que se seguem são apenas indicações gerais de técnicas para cuidados de pisos específicos. Os leitores devem procurar seguir as indicações dos fabricantes com relação aos utensílios de limpeza e técnicas.

Pisos Não Resilientes

Pisos não resilientes são aqueles que não "se dobram" sob os pés. Sua dureza assegura sua durabilidade – amassados não são problemas para esse tipo de piso. Contudo, sua dureza é também sua maior desvantagem. Eles são extremamente cansativos para quem precisa permanecer em pé sobre sua superfície por muito tempo.

Tijolos

Tijolos não costumam ser utilizados como material para piso, exceto quando se quer uma aparência rústica. Nesses casos, os pisos de tijolos são deixados em estado e cor naturais, mas podem ser selados e acabados em algumas utilizações internas.

Tijolos não esmaltados são materiais de alta porosidade, possuem grande durabilidade e são antiderrapantes, mas a argamassa utilizada entre eles pode se deteriorar rapidamente se não for feita manutenção adequada. Argamassa deteriorada e tijolos soltos podem se tornar inconvenientes em pouco tempo, provocando escorregões e quedas.

Outro cuidado é não utilizar tijolos onde possam ocorrer derramamentos de graxa: como o tijolo não esmaltado é muito poroso, a graxa e o óleo podem ser absorvidos, sendo difícil removê-los. Então, se o piso for molhado, a superfície do tijolo terá água e óleo misturados, tornando-se uma superfície muito escorregadia.

Procedimentos de limpeza. Pisos de tijolo criam um problema especial para a limpeza. Se eles são do tipo especial, não escorregadios, farão com que o esfregão de algodão desfie. Além disso, tijolos não esmaltados tendem a acumular muito pó.

A melhor maneira de limpar o piso de tijolos é aspirar com uma escova e, ao esfregar, utilizar uma escova de cerdas junto com o aspirador.

Selamento, acabamento e remoção. Apesar dos tijolos nem sempre receberem selagem, a argamassa entre eles precisa ser selada e conservada regularmente. Escolha o selante correto para esse tipo de aplicação.

O acabamento, assim como as ceras e acrílicos, não é normalmente aplicado a superfícies de tijolos, o que elimina a necessidade de remoção.

Terracota e Ladrilhos de Cerâmica

Assim como o tijolo, a cerâmica e a terracota são feitas de barro levado ao forno. Entretanto, a cerâmica difere dos tijolos por receber um revestimento em uma de suas faces e depois ser levada ao forno, criando uma superfície quase impenetrável para resíduos e líquidos.

Os ladrilhos de terracota, tipicamente de $15cm^2$, assemelham-se aos tijolos por serem deixados na cor natural e não possuírem o revestimento que costuma ser aplicado à cerâmica. A cor da terracota é tradicionalmente o marrom avermelhado. Uma de suas variedades é utilizada com freqüência em pisos de cozinha, por possuir uma superfície áspera que evita escorregões quando há gordura.

Esses ladrilhos podem ser classificados como superfícies não resilientes. Deve-se tomar cuidado para que objetos pesados e duros não caiam sobre a superfície, pois podem danificá-la.

As cerâmicas podem ser encontradas em uma enorme variedade de cores e podem ter superfície fosca ou brilhante. Deve-se ter cuidado ao escolher a cerâmica, pois certas cores sujam-se com facilidade. A cerâmica também é utilizada em paredes e balcões, bem como em pisos interiores e exteriores. A Figura 5.6 é um exemplo de cerâmica importada da Espanha, utilizada em grandes áreas para um efeito especial. As Figuras 5.7 e 5.8 são outros exemplos do uso de cerâmica para melhorar a aparência dos banheiros em suítes.

Figura 5.6 – Ladrilhos modernos da Espanha são um bom exemplo de uso arquitetônico de cerâmica sofisticada para realçar uma área pública. (Foto cortesia da Tile and Carpet Gallery, Las Vegas.)

Finalmente, cabe aqui uma observação com relação à utilização de cerâmica em certos tipos de pisos: a menos que uma superfície especial e antiderrapante seja empregada, superfícies de cerâmica molhadas, gordurosas ou escorregadias são muito perigosas.

Procedimentos de limpeza. Os ladrilhos devem ser freqüentemente limpos para a retirada do pó e das pedrinhas que podem danificar seu revestimento. Os procedimentos de limpeza podem incluir a retirada do pó, a limpeza com esfregão úmido e uma leve esfregada quando necessário. Esfregão com fios de algodão não devem ser utilizados em ladrilhos antiderrapantes em virtude dessas superfícies desfiarem o esfregão. Para esfregar, deve-se utilizar escovas e a água deve ser retirada com um aspirador de líquidos.

Selamento, acabamento e remoção. O ladrilho não precisa ser selado por já ter superfície resistente a arranhaduras e manchas. Contudo, os rejuntes dos ladrilhos devem ser selados com selante especial. Em geral, a cerâmica não recebe acabamento, de modo que sua remoção não é uma preocupação.

Concreto

O piso de concreto é empregado por ser útil, não por ser atraente ou resiliente. É composto por cimento,

Ithaca

Figura 5.7 – Azulejo com linha decorativa (Ithaca). (Foto cortesia da Tile and Carpet Gallery, Las Vegas.)

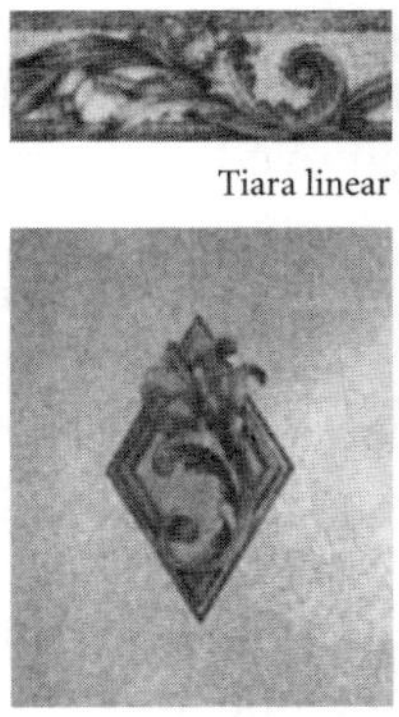

Figura 5.8 – Outra cerâmica com desenho (Tiara). (Foto cortesia da Tile and Carpet Gallery, Las Vegas.)

rochas e areia, aos quais se adiciona água para iniciar uma reação química que os transforma em um material que se assemelha à pedra.

Procedimentos de limpeza. Os procedimentos de limpeza que podem ser usados no piso de concreto vão da utilização diária do esfregão, passando pela limpeza com esfregão úmido até a limpeza pesada para remover graxas e resíduos. Sendo o concreto, em especial o concreto não selado, muito poroso, deve-se procurar limpar líquidos derramados imediatamente, antes que eles sejam absorvidos e causem manchas disformes.

Selamento, acabamento e remoção. O concreto necessita, em definitivo, de selamento. O concreto não selado estará constantemente empoeirado e absorverá a sujeira e todos os líquidos nele espirrados.

O selante utilizado na superfície de concreto deve ser permeável. A umidade e os ácidos do concreto sobem para a superfície quando ele seca. Um selante permeável permite que a umidade e os ácidos evaporem. Se fosse usado um selante impermeável, eles ficariam presos na superfície bem abaixo do selante e sua concentração faria o concreto começar a se desintegrar.

O concreto deve ser completamente limpo antes do selante ser aplicado, caso contrário o selante não adere à superfície. Se o concreto for novo, selantes especiais deverão ser usados para permitir que o concreto continue conservado.

Os acabamentos podem ser aplicados a pisos de concreto, mas devem ser compatíveis com pisos porosos e selantes permeáveis. Selantes coloridos e tintas devem ser evitados pois, quando começam a apresentar desgaste, ficam feios e é quase impossível repará-los. Entretanto, selante epóxi e tintas podem ser aplicados em um piso tratado para diminuir o efeito do uso. Os acabamentos podem ser lustrados com uma enceradeira rotatória.

Para a remoção do acabamento de um piso de concreto é preciso um agente removedor alcalino diluído em água. A solução removedora é, então, aplicada à superfície do piso com uma enceradeira rotatória com feltro abrasivo.

Após a remoção do selante antigo e antes da aplicação do novo, costuma-se tratar o piso com uma solução ácida especial que tornará a superfície mais aderente ao novo selante.

Epóxi

O piso de epóxi é um composto de resinas sintéticas de alta durabilidade e sem emendas. Esse tipo de piso é ideal quando é preciso obter resistência a materiais pesados. Partículas decorativas podem ser misturadas à resina de epóxi, criando um piso atrativo e bastante funcional.

Pisos de epóxi são ideais para áreas de exposições, carregamento, vestiários e áreas de banho.

Procedimentos de limpeza. Não são necessários procedimentos e técnicas especiais para a limpeza do piso de epóxi. Varrer, lavar e esfregar com um limpador alcalino diluído em água é o suficiente.

Selamento, acabamento e remoção – Os pisos de epóxi devem ser selados e podem receber acabamento. Entretanto, o acabamento não é necessário para sua manutenção. A remoção é realizada com removedor alcalino e uma enceradeira.

Pisos de Pedra

Os tipos mais comuns de pedras naturais incluem mármore, calcário, granito, ardósia e arenito (Fig. 5.9). Todos os produtos de pedras naturais possuem propriedades comuns que devem ser levadas em consideração pela governanta executiva para garantir que se tomem os cuidados adequados com esse tipo de piso.

As pedras naturais podem parecer impenetráveis, mas com certeza não são tão resistentes a estragos quanto parecem. Ácidos e umidade podem exercer efeitos desastrosos sobre as pedras naturais. Alguns ácidos estão naturalmente presentes nas pedras, mas até mesmo o ácido do suco de laranja, quando derramado nesse tipo de piso, pode deteriorá-lo, criando buracos, quebras e **rachaduras.** Esses pisos requerem a aplicação de selantes permeáveis à umidade para que os ácidos e a umidade não fiquem concentrados sob o selante e não destruam a superfície do piso. Óleos e gordura podem manchar para sempre pisos de pedra sem tratamento, pois esse tipo de piso é muito poroso.

Procedimentos de limpeza. Para evitar manchas, o esfregão deve estar livre de qualquer resíduo de óleo. O pó deve ser tirado todos os dias, pois areia, terra e outros abrasivos destroem rapidamente o acabamento.

Recomenda-se a utilização de um detergente de pH neutro para a limpeza desse tipo de piso. Produtos altamente alcalinos e componentes ácidos danificam a pedra. Ao lavar o piso, não devem ser deixados resíduos de água ou produtos químicos. O piso precisa ser sempre enxaguado com água limpa, que deve ser retirada imediatamente com um esfregão ou com o aspirador de líquidos.

Selamento, acabamento e remoção. Muitos pisos de pedra precisam ser protegidos com selante permeável à umidade. O acabamento deve ser aplicado em uma ou duas camadas finas e polido. Camadas grossas não devem ser aplicadas, pois tornam o piso escorregadio.

Ao remover o acabamento de um piso de pedra, tenha certeza de que o agente removedor é neutro ou levemente alcalino. Os removedores ácidos ou fortemente alcalinos podem danificar todos os tipos de pedras.

Terrazzo

O piso *terrazzo* é um mosaico composto de cimento Portland com mármore ou lascas de granito. Veja a Figura 5.10, em que um piso *terrazzo* está sendo polido com uma enceradeira de alta velocidade. Depois de colocado, ele se desgasta por pedrinhas cada vez menores, até que se obtenha uma superfície perfeitamente lisa e polida. As lascas utilizadas podem diferir em tamanho e cor, criando vários pisos coloridos e atrativos.

Com o devido cuidado, um piso *terrazzo* manterá seu brilho original e durará indefinidamente. O que mais danifica pisos desse tipo não é o uso, mas a manutenção inadequada.

Figura 5.9 – Aglomerado de mármore, tipo de acabamento fabricado com pedras naturais de mármore combinadas com resinas de poliéster, da Dal Tile Corporation. (Usada com a permissão de Jacqueline & Associados, Las Vegas.)

Figura 5.10 – Polimento de piso *terrazzo*. Ver também o Apêndice I. (Usado com a permissão da Advance Machine Company.)

Procedimentos de limpeza. Deve-se retirar o pó todos os dias para remover pedrinhas e areia que podem desgastar a superfície, mas não se deve utilizar produtos à base de óleo no esfregão porque ele é o arquiinimigo do piso *terrazzo*. Quando óleo ou gordura penetra nesse tipo de piso, a remoção é praticamente impossível.

Não se deve utilizar palha de aço sobre pisos *terrazzo*, pois elas podem manchar de ferrugem as lascas de mármore.

Ao escolher detergentes e produtos de limpeza para esse tipo de piso, fique longe dos produtos ácidos, pós-abrasivos e alcalinos com pH maior que 10. Sempre enxágüe o piso que acabou de ser esfregado e não deixe que sobrem resíduos de água ou produtos de limpeza em sua superfície.

Selamento, acabamento e remoção. Todos os pisos *terrazzo* devem ser selados com um selante próprio. Tal selante deve ser permeável à água, de modo que a umidade possa evaporar pela superfície do piso e seja possível evitar a absorção de óleos e produtos químicos.

Removedores altamente alcalinos devem ser evitados ao realizar a limpeza profunda ou ao remover o acabamento de pisos *terrazzo*.

Como esse tipo de piso possui brilho natural, costuma-se pensar que o acabamento é desnecessário. Entretanto, se o que se quer é obter uma superfície espelhada (também chamada de "aparência molhada"), uma ou duas camadas finas de acabamento polido com uma máquina de alta velocidade produzirão o efeito desejado.

Superfícies Resilientes

Os **pisos resilientes** podem ter diferentes níveis de resistência, variando do asfalto, quase tão duro quanto o concreto ou os pisos de pedra, aos pisos acarpetados e acolchoados. Sob essa classificação inclui-se asfalto, cortiça, linóleo, borracha, vinil, vinil composto e madeira. O carpete será discutido em um tópico exclusivo neste capítulo, uma vez que sua manutenção é muito complexa. Algumas precauções universais para cuidar de todos os pisos resilientes incluem limitar a carga estática ao máximo de 113kg a cada 2,5cm^2, remover todas as partes de metais dos pés dos móveis e utilizar rolamento de borracha nas cadeiras.

Pisos de Asfalto

O piso de asfalto é um dos pisos resilientes de menor custo e dura bastante sob condições normais. Contudo, torna-se quebradiço quando exposto por longos períodos a temperaturas baixas e afunda quando objetos pesados são colocados em sua superfície, em particular quando a temperatura ambiente for maior que 27°C.

O asfalto também é resistente ao fogo, sendo um dos pisos mais resistentes a estragos causados por cigarros.

Procedimentos de limpeza. Esfregão para a retirada de pó, esfregão seco e a escovação, como descritos no tópico de métodos de cuidados de pisos, irão manter e preservar o asfalto. Ao lavar o asfalto com esfregão úmido, nunca se deve deixar água parada sobre o piso. A água parada atacará o cimento adesivo, fazendo com que o asfalto se curve e solte.

Selamento, acabamento e remoção. São normalmente aplicadas algumas finas camadas de acabamento, que é lustrado e polido com uma máquina. Nunca deixe a solução removedora sobre o piso e sempre retire a solução suja imediatamente após o piso ter sido esfregado para evitar que o piso se curve e solte.

Pisos de Cortiça

O piso de cortiça é feito de cascas de cortiça de carvalho que crescem na Espanha e em Portugal. A cortiça é moída em grãos largos, misturada a resinas sintéticas e pressionada dentro de lâminas que são, então, cortadas em ladrilhos. Os ladrilhos de cortiça para pisos normalmente possuem uma camada superior de vinil claro aplicado (Fig. 5.11). Essa camada de vinil protege a cortiça de manchas e do desgaste provocado pelo uso.

A cortiça tem aplicação limitada em indústrias e instituições. Uma razão para isso é o fato da cortiça ser suscetível a manchas, uma vez que é um dos tipos de piso mais porosos que existe. Outra limitação é o fato de durar pouco; ela é altamente suscetível ao desgaste. Cinzas, areia e pedregulhos na cortiça diminuem muito seu tempo de vida. Por último, a cortiça é cara: iguala-se à cerâmica no custo, mas está longe de ter a mesma vida útil.

Embora a cortiça tenha desvantagens, ela possui três propriedades que a fazem adequada para alguns espaços: absorve o som, é atrativa e, o mais importante, é o mais resiliente de todos os pisos. Essa resiliência tem uma desvantagem: objetos pesados colocados em uma pequena superfície podem amassá-la facilmente.

Procedimentos de limpeza. O piso de cortiça natural é um dos mais caros para se manter. Ele deve ser varrido diariamente ou com maior freqüência, dependendo do uso. Quase nunca se utiliza esfregão úmido e não se deve empregar detergentes.

Os pisos de cortiça cobertos com uma camada de vinil podem ser lavados, desde que os detergentes não fiquem parados sobre o piso.

Selamento, acabamento e remoção. Para remover o acabamento de um piso de cortiça natural e reparar qualquer mancha ou descoloração, aplica-se primeiro um solvente especial que é depois removido com o selamento e acabamento. Então, limpa-se o piso com areia para remover as manchas da superfície. Depois, aplicam-se diversas camadas de selante seguidas por finas camadas de acabamento. O piso é, então, polido.

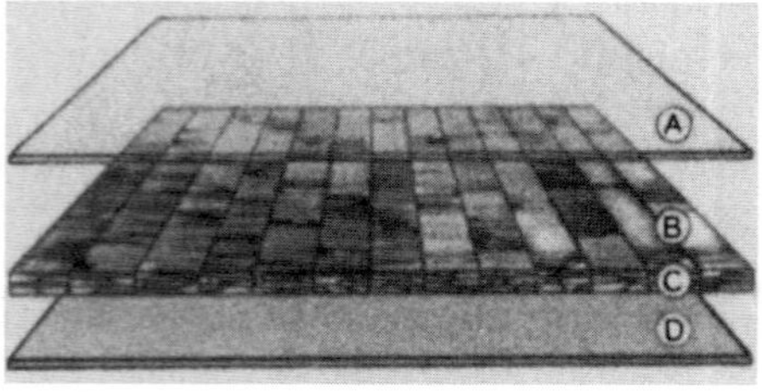

A. Vinil transparente e puro
B. Cortiça natural
C. Camadas seladas
D. Barreira de vinil

Figura 5.11 – Modo como o piso de cortiça com vinil da Permagrain Inc. é fabricado. (Usado com a permissão de Jacqueline & Associados, Las Vegas.)

Pisos cobertos por vinil não precisam ser selados, mas podem receber camadas finas de acabamento e podem ser polidos com uma enceradeira.

Pisos de Borracha

Todos os pisos de borracha modernos são feitos de borracha sintética, como a **borracha de estireno e butadieno** (SBR). A borracha é tratada ou vulcanizada pela aplicação de calor. Os pisos de borracha são superfícies não porosas e impermeáveis. Uma de suas maiores vantagens é ser muito resiliente e continuar resiliente sob diversas temperaturas.

O piso de borracha é suscetível à ação de produtos alcalinos, óleos, gorduras, solventes, luz ultravioleta e ao ozônio do ar. Quando atingida por tais elementos, a borracha freqüentemente torna-se grudenta e mole. Depois, fica frágil e começa a rachar e a desfazer-se.

Os pisos de borracha possuem saliências, desenhos que melhoram a aderência, em especial nos locais onde constantemente derrubam-se líquidos sobre a superfície.

Procedimentos de limpeza. Produtos de limpeza altamente alcalinos devem ser evitados – é melhor utilizar detergentes de pH neutro sempre que possível. Solventes para limpeza, tais como nafta e aguarrás, nunca devem ser utilizados em pisos de borracha.

Esse tipo de piso é relativamente fácil de ser conservado. Tirar o pó todos os dias e utilizar um esfregão de vez em quando é o suficiente para mantê-lo.

Selamento, acabamento e remoção. Os pisos de borracha não precisam ser selados, portanto a tarefa de remoção não é necessária. Uma emulsão polidora à base de água pode ser aplicada, mas isso também não é necessário. Esse piso pode ser lustrado e ter bom brilho sem a necessidade de acabamentos. Se for utilizado um acabamento, deve ser do tipo que se adapta a uma superfície flexível e que não esfarela. Não é recomendada a utilização de máquinas de alta velocidade porque elas podem deixar marcas no piso.

Pisos de Vinil

Há vários tipos de pisos e ladrilhos de vinil. As principais variedades são o vinil de amianto, vinil composto, vinil flexível ou homogêneo e vinil laminado.

O vinil de amianto não é mais produzido e tem sido removido de diversos locais comerciais e residenciais desde que se classificou o **amianto** no ladrilho como **cancerígeno.** A limpeza inadequada do vinil de amianto pode liberar fibras de amianto no ar, provocando riscos reais à saúde.

O vinil laminado é mais barato para fabricar do que o vinil composto ou o **homogêneo.** O baixo custo inicial pode ser uma ilusão pois, se a camada superior for muito usada, o piso terá que ser trocado. Alguns pisos laminados têm garantia de apenas três anos com uso moderado. O custo desse tipo de piso varia proporcionalmente à espessura da camada superior.

Além das resinas de vinil, o vinil composto contém minerais como asfalto e pigmentos. O vinil homogêneo pode ser flexível ou sólido, tendo-se tornado o preferido entre os pisos resilientes. Ele praticamente não é afetado por umidade, óleos e solventes químicos. A durabilidade da camada de vinil é diretamente proporcional à espessura, uma vez que suas cores e desenhos estão presentes em toda a espessura. O vinil mais barato possui cores e desenhos apenas na superfície.

Atualmente, há uma grande variedade de cores e texturas para os pisos de vinil. Eles são feitos de maneira a assemelhar-se à madeira, ao mármore, ao granito, ao calcário, ao tijolo e à cerâmica. Algumas dessas imitações são bem parecidas e custam bem menos que o produto verdadeiro. Bruce é uma marca de pisos que ganhou espaço em áreas comerciais com diferentes tipos de vinil decorado (Fig. 5.12). Dois outros exemplos de vinil de alta qualidade são mostrados no catálogo Tarkett de 1996. As Figuras 5.13 e 5.14 são exemplos de produtos Tarkett que imitam pedras naturais e madeira e são produzidas em peças de 3,65m.

Figura 5.12 – Piso de vinil Bruce imitando pedra com decoração de madeira em área comercial de grande circulação. (Foto cortesia da Tile e Carpet Gallery, Las Vegas.)

Procedimentos de limpeza. O vinil homogêneo moderno precisa apenas ser limpo com esfregão para pó e esfregão úmido para ter o brilho de volta. Tirar o pó todos os dias para remover areia e pedrinhas é muito importante para cuidar do vinil porque a maioria desses pisos fica riscada quando há muita circulação de pessoas. Alguns ladrilhos são especialmente tratados para resistir a arranhões, com selamento aplicado de fábrica.

O vinil moderno não é danificado por detergentes alcalinos, mas recomenda-se a utilização de detergentes de pH neutro.

Selamento, acabamento e remoção. A remoção, o selamento e o acabamento não são recomendados para pisos de vinil "não encerado". O vinil não é poroso, por isso não precisa ser selado e o acabamento não adere bem aos pisos de vinil "não encerado". Esse tipo de vinil é bastante suscetível ao desgaste e deve ser utilizado somente em áreas onde a circulação é pequena ou moderada. Os compradores de vinil "não encerado" devem procurar meios de proteção.

Sobre o piso de vinil comum, o acabamento é aplicado em camadas finas e polido. A remoção do acabamento é feita com a utilização de detergente removedor recomendado, como descrito no tópico sobre as técnicas de manutenção dos pisos.

Nunca deixe que o vinil de amianto seque ao remover o acabamento. Sempre mantenha a superfície do piso molhada ao utilizar a máquina e use o feltro menos abrasivo possível. Além disso, nunca lustre ou dê polimento a um piso de vinil de amianto que não tenha uma camada protetora de acabamento. A remoção a seco do acabamento ou o polimento sem acabamento liberará as fibras de amianto nocivas no ar, as quais podem ser inaladas e causar distúrbios pulmonares.

Pisos de Madeira

Não há nada mais atraente do que a simpatia e riqueza de um piso de madeira (Fig. 5.15). A maioria dos pisos de madeira é feita de carvalho, mas outras madeiras bastante utilizadas são freixo, faia, vidoeiro, bordo, teca e nogueira. Além de sua beleza, os pisos de madeira maciça são extremamente duráveis quando adequadamente acabados e mantidos.

Pisos de madeira sem acabamento se deterioram facilmente mesmo com uso leve, pois a madeira é extremamente porosa. A madeira sem acabamento é

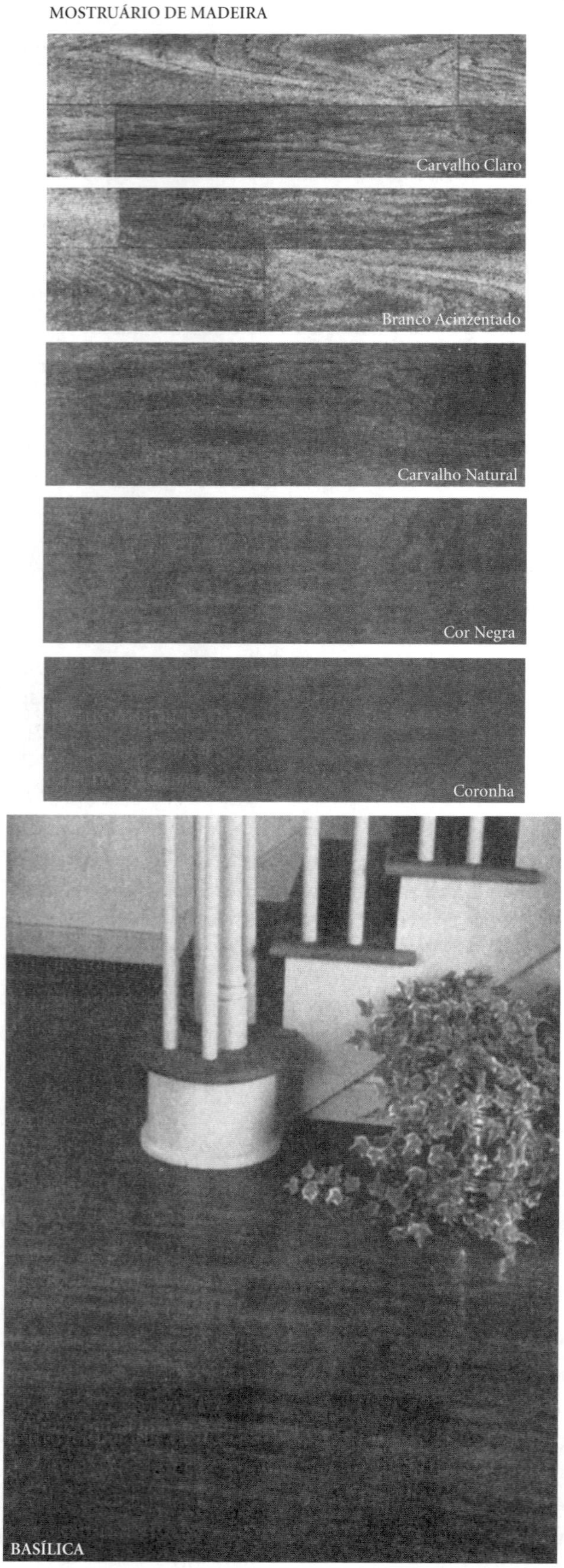

Figura 5.13 – A Tarkett produz lâminas de vinil com 3,65m de largura que se assemelham à madeira maciça. (Foto cortesia de Tile e Carpet Gallery, Las Vegas.)

Figura 5.14 – Outro piso Tarkett representando pedras. (Foto cortesia de Tile e Carpet Gallery, Las Vegas, NV.)

Figura 5.15 – Piso de bordo maciço Bruce WestMaster do Restaurante Al Dente, Bally's Las Vegas. (Foto cortesia de Virginia Hardwood Company, Las Vegas.)

suscetível ao desgaste provocado pelo uso normal, ao alojamento de sujeira em suas fibras que lascam facilmente e à destruição pela umidade. Muita umidade fará com que a madeira empene; pouca umidade fará com que ela encolha e rache.

Para ajudar a evitar danos, a maioria dos pisos de madeira recebe acabamento na fábrica. Em alguns casos a madeira é aquecida para abrir seus poros. **Óleo de tungue** e **cera de carnaúba** são, então, aplicados para selá-la.

Em outro processo, utiliza-se **poliuretano** para selar a madeira. Uma empresa usa **acrílico** líquido, que penetra na madeira e a protege. Uma outra vende um piso de madeira compensada entre camadas de vinil que a tornam impermeável e tão fácil de instalar e manter como o vinil puro.

Como há certo grau de resiliência mesmo no piso de madeira mais duro, deve-se tomar cuidado com os pés dos móveis que podem amassar o piso. Os pisos de madeira são particularmente suscetíveis a rodinhas de metal ou plástico duro e àquelas pequenas peças de metal que costumam ser encontradas nos móveis de escritórios.

Procedimentos de limpeza. A manutenção preventiva é essencial para a durabilidade e a beleza do piso de madeira. Uma das melhores técnicas de prevenção é utilizar capachos nas entradas externas e tapetes pequenos nas áreas de grande circulação.

Deve-se tirar o pó desse tipo de piso, mas não se pode usar esfregão de pó oleoso. O óleo do esfregão pode escurecer ou manchar o piso. A água é uma das substâncias mais nocivas a um piso de madeira, por isso não deve ser utilizada na limpeza da maioria dos pisos desse tipo. Tirar o pó, aspirar, lustrar e, em algumas ocasiões, limpar com o esfregão úmido basta para manter o piso de madeira diariamente.

Selamento, acabamento e remoção. Quando um piso de madeira começa a ficar muito manchado ou danificado, ele é lixado para a remoção das manchas e marcas. Então, um selante é aplicado ao piso. Existem diversos selantes de madeira à venda: selantes de uretano modificados com óleo, de uretano com tratamento para umidade, "suíço" e à base de água. Na maioria dos casos, o mesmo selante utilizado inicialmente deve ser usado nas aplicações subseqüentes. Aplicações repetidas de certos tipos de selante podem escurecer o piso com o passar do tempo. O lixamento e o selamento não ocorrem com freqüência; a maior parte dos pisos mais modernos tolera, no máximo, de três a cinco lixamentos antes que o piso deva ser totalmente trocado.

Acabamentos como uretano, **verniz** e **goma-laca** não são recomendados para muitos dos pisos modernos. A maioria necessita apenas de uma encerada ocasional e polimento. Certos pisos modernos de madeira tratada nunca precisam de acabamento.

É sempre inteligente seguir as recomendações do fabricante com relação à manutenção do piso e de sua cobertura.

Como dito anteriormente, carpetes e tapetes são inquestionavelmente os pisos mais resilientes entre todos e é sobre eles que falaremos agora.

Carpetes e Tapetes

Há registros da utilização de carpetes e tapetes há três mil anos atrás, nos reinos da Babilônia, Suméria e Assíria.

O carpete costuma ser instalado de uma parede a outra para eliminar a manutenção das superfícies de piso duro ao seu redor. Tapetes, por outro lado, são utilizados para realçar o piso de ladrilho ou madeira. Em áreas onde há grande circulação de pessoas, os tapetes podem ser utilizados para equilibrar o uso e ajudar a evitar marcas na cobertura do piso.

O carpete oferece inúmeros benefícios em comparação aos pisos de materiais duros e resilientes: evita escorregões; funciona como uma fonte a mais de isolamento – tornando mais barato aquecer o ambiente durante o inverno; possui propriedades acústicas que podem diminuir o nível de ruído e é o piso mais resiliente de todos, o que é um grande benefício para quem precisa permanecer em pé por muito tempo.

Componentes do Carpete

Em geral, o carpete é composto de três elementos: **felpa, forro primário** e **forro secundário**; costuma ser acompanhado de um quarto elemento, o **estofamento.**

A felpa é o fio que vemos e podemos facilmente tocar. As fibras podem ser de composição sintética ou natural. A densidade da felpa é uma indicação da qualidade do carpete. Carpetes com maior densidade de pêlos mantêm sua forma por mais tempo e são mais resistentes a sujeira e manchas. Um teste comum de densidade pode ser feito ao dobrar um pedaço do carpete: se o forro pode ser facilmente visto, o carpete é de qualidade inferior. A densidade da felpa é medida pelo número de terminações ou tufos cruzados em uma extensão de 70cm, chamados de *pitch* em carpetes de tecidos ou *gauge* em variedades com tufos. Outro indicador da durabilidade é o peso de face do carpete. O **peso de face** é o peso das fibras do carpete em onças ou gramas por área quadrada. Quanto maior for o peso de face, melhor é a qualidade. A altura da felpa é a terceira medida da qualidade do carpete: fibras longas são melhores do que fibras curtas. A quarta medida é a trança do fio da felpa. Quanto mais firme for a trança, melhor é o carpete.

O forro é a parte de baixo do carpete. Ele segura os tufos de felpa e proporciona maior resistência e estabilidade ao carpete. A maioria dos carpetes possui dois forros: o primário, ao qual o fio é preso, e um forro externo chamado de secundário. Uma camada de látex adesivo fica entre os forros para colar os tufos de felpa no forro primário.

Alguns tipos de forro são a **juta,** uma fibra natural importada da Índia e de Bangladesh, o **polipropileno,** uma resina sintética termoplástica, e a espuma de borracha. O forro de espuma costuma ser preso ao forro primário para fazer um carpete com estofamento próprio, eliminando a necessidade de estofamento separado. Isso é feito com freqüência nos carpetes mais baratos. Nos mais caros, a juta revestida de borracha é o material preferido para o forro secundário. Entretanto, os forros sintéticos são mais resistentes à descoloração, odor, apodrecimento e são antialérgicos.

O estofamento pode ser colocado embaixo do carpete, proporcionando isolamento extra, amortecimento do som, conforto adicional e maior durabilidade por "absorver o impacto". Os tipos mais comuns de estofamento são os de espuma de borracha, de espuma de uretano e de materiais naturais tais como juta e pêlos. Os estofamentos naturais são mais firmes do que os de materiais sintéticos. A escolha do estofamento depende do tipo de carpete a ser utilizado e do tipo de circulação a que o carpete estará submetido em condições normais.

Alguns especialistas recomendam que o estofamento não seja usado e que o carpete seja colado diretamente no chão em áreas de grande circulação ou onde carrinhos com cargas pesadas serão usados. Muito estofamento costuma aumentar a fricção, provocando deformação e rasgos que desgastam prematuramente o carpete.

Há três tamanhos de carpete disponíveis no mercado. Carpetes largos têm normalmente 4m de largura, mas podem ser pedidos com 5m. Passadeiras ou carpetes de corredor possuem entre 0,65 e 3m de largura. Os carpetes quadrados para piso são de $30cm^2$. Esses últimos estão sendo bastante utilizados em áreas públicas como saguões e salas de reuniões. Os novos adesivos para os pisos de carpete tornaram a remoção do piso menos trabalhosa do que era anteriormente. O tamanho-padrão dos capachos varia de 7,5 × 12,5cm a 25 × 30cm. Os tamanhos habituais podem ser ainda maiores.

Fabricação do Carpete

A fabricação do carpete descreve o método pelo qual o carpete é produzido. Isso envolve a maneira como os fios da face são fixados no forro e o tipo de forro utilizado. Hoje em dia, mais de 90% dos carpetes produzidos são de tufos. O carpete de tufo é produzido com agulhas que passam a felpa pelo forro primário (em geral polipropileno) para formar tufos. Uma camada de látex adesivo é então aplicada ao forro para prender os tufos. Esse processo pode ser utilizado para produzir uma grande variedade de texturas, como:

- *Cut loop* (dupla): a felpa do carpete é agrupada em ilhas de tufos altas e baixas para formar desenhos.
- *Level loop* (única): a felpa do carpete é agrupada em tufos de mesmo tamanho; é apropriado para áreas de grande circulação.
- *Multilevel loop* (múltipla): a felpa do carpete é agrupada em tufos de dois ou três tamanhos diferentes.
- Pelúcia: a felpa do carpete é cortada, criando um efeito relativamente simples, limpo e formal. A felpa com altura de 1,25cm ou menos é chamada de pelúcia de *jacquard* e a felpa com altura acima de 1,25cm é chamada de pelúcia texturizada.
- Friso: tufos retos são misturados com tufos ondulados. O carpete não fica com marca de pés e pode ser classificado como de textura informal.
- Corte aleatório: mistura de felpa cortada e não cortada que cria uma aparência de alta textura.

Na fabricação dos carpetes produzidos com agulhas, a felpa é colocada no forro estrutural e comprimida em um tecido parecido com feltro. Isso é feito principalmente em carpetes internos e externos.

Os carpetes estofados são produzidos pela fixação eletrostática de fibras curtas em um forro, produzindo uma aparência aveludada na superfície.

Carpetes tricotados são produzidos por um método que utiliza uma máquina de tricô especial com diferentes conjuntos de agulhas que juntam a felpa, o forro e os fios tricotados.

A tecelagem é a maneira tradicional de fazer carpetes em tear. Fios intercalados formam o forro e a felpa. Os fios longitudinais recebem o nome de *urdidura* e os transversais são as *tramas*. A felpa faz parte da urdidura. Há três tipos básicos de tear: o de veludo, o tipo oriental ou Axminster e o Wilton.

Os carpetes de tecido e os tricotados são os de fabricação mais cara.

Fibras de Carpete

A lã é o padrão de comparação para os carpetes de fibra sintética. Estudos independentes mostraram que a lã é superior ao náilon de quarta geração com relação à sujidade e aparência[9]. A lã é extremamente durável e resistente à sujeira, mas também possui propriedades negativas. Por ser um material natural, a lã é um local melhor para bactérias, além de perder a forma e descolorir com maior facilidade. É também mais suscetível a estragos causados pelo uso ou por produtos de limpeza abrasivos. A lã é muito pouco resistente à abrasão. Em baixa umidade, a lã sem tratamento gera mais eletricidade estática do que as fibras sintéticas. Por último, além de a lã ser mais cara do que as fibras sintéticas, os carpetes de lã são produzidos em tear ou tricotados, o que os torna mais custosos do que os carpetes produzidos com tufos.

A fibra mais utilizada para a fabricação de carpetes é o náilon, utilizado em mais de 90% de todos os carpetes produzidos nos dias de hoje. As fibras de náilon de quarta geração usadas atualmente são bastante resilientes, resistentes à sujeira e de fácil limpeza, além de existirem em uma grande variedade de cores e texturas. As fibras de náilon também podem ser protegidas por tratamento com produtos à base de flúor, como no caso do carpete Dupont "resistente a manchas", que é tratado com Teflon® para aumentar a resistência a manchas e à sujeira.

Outra fibra sintética utilizada hoje em dia é o polipropileno (olefina), que tem boa durabilidade e não é suscetível ao desbotamento pelo sol, mas não é tão confortável quanto o náilon.

Outras fibras sintéticas são acetato, acrílico, poliéster e raiom. Embora cada uma delas tenha qualidades muito positivas, não possuem todos os aspectos positivos da lã, do náilon e do polipropileno.

Escolhendo o Carpete Adequado

Espaços diferentes pedem carpetes diferentes. As necessidades de cor, textura, modelo e acolchoamento variam de lugar para lugar. A seguir são citadas diversas especificações de carpetes segundo considerações estéticas.

- Cores densas aumentam os efeitos da sujeira e de manchas.
- Se você deseja criar estímulos, use cores quentes; se o seu objetivo é provocar relaxamento, use cores frias.
- Evite desenhos geométricos em salas de jantar: use desenhos orgânicos, harmoniosos. Eles escondem a sujeira.
- A utilização de carpetes com tufos baixos e sem acolchoamento é ideal para áreas de grande circulação.
- Carpetes com tufos de diversos níveis ou cortados são mais difíceis de limpar.
- Use desenhos grandes em salas grandes e desenhos pequenos em locais pequenos.

A Figura 5.16 mostra modelos de carpete com figuras geométricas modernas.

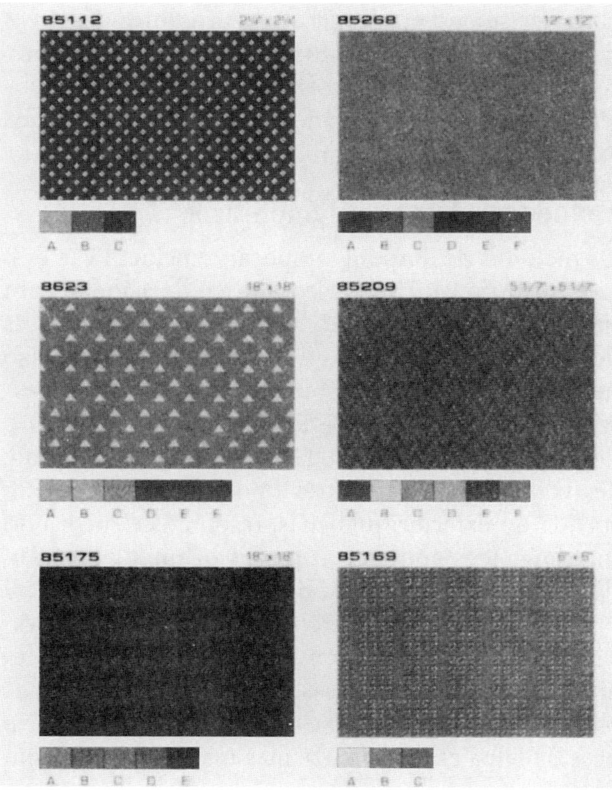

Figura 5.16 – Desenhos geométricos modernos para carpetes. (Usados com permissão de Jacqueline & Associados, Las Vegas.)

Instalação do Carpete

A governanta executiva deve resistir a todas as tentações de instalar um carpete novo. A colocação de carpetes, pisos resilientes e duros é trabalho para profissionais. Uma instalação realizada por amadores sempre significa gastos maiores do que a economia proporcionada pela não-contratação de profissionais.

Os responsáveis pela instalação devem retornar seis meses depois da instalação para corrigir quaisquer saliências ou abaulamentos que possam ter aparecido.

Manutenção do Carpete

A manutenção do carpete deve ser feita por meio de quatro procedimentos ao longo de todo o ciclo de vida do carpete.

Inspeção e Prevenção

A atividade mais freqüente é a inspeção do carpete, que deve ocorrer de forma contínua. O carpete necessita ser inspecionado para verificar a existência de manchas e respingos, mais facilmente removidos se percebidos antes de se fixarem. Os funcionários de todos os departamentos, da manutenção à área de alimentos e bebidas, devem ser instruídos a relatar qualquer mancha assim que notarem.

A prevenção inclui a utilização de capachos para absorver sujeira e respingos nos arredores das áreas de preparação de alimentos e a utilização de grades, capachos e carpetes de corredores para absorver sujeira e areia e controlar o desgaste nas entradas e nos locais de grande circulação.

Métodos de Limpeza Temporária

Os métodos de limpeza temporária incluem varrer o carpete, aspirá-lo, limpar com disco de algodão com tiras de abrasivo (limpeza *bonnet*) e remover marcas de manchas. Os cuidados de limpeza temporária são necessários para remover areia e manchas antes desses elementos tornarem-se incrustados, causando o desgaste precoce da felpa. De acordo com a Cleaning Team Management, há três tipos de sujeira: sujeira trazida do exterior; manchas, respingos e sujeira do interior; óleos animais e vegetais oriundos do salão de jantar e da cozinha[10].

A formação da sujeira ocorre em três níveis do carpete. No topo aparecem as sujeiras leves, pó, doces grudentos e sujeiras oleosas. No centro, estão as partículas mais pesadas de pó e substâncias orgânicas. Na base da felpa estão as partículas mais pesadas, como terra e areia. Embora a terra e a areia não sejam necessariamente vistas, são elas que mais estragam a felpa, pois corroem suas fibras[11].

Estima-se que, em média, 79% de toda a sujeira possa ser removida pela aspiração regular[12]. Contudo, as substâncias grudentas e oleosas continuarão a fixar-se, unindo as partículas secas às fibras dos carpetes, causando erosão. Embora a aspiração seja o fator mais crítico para aumentar a vida útil do carpete, só isso não é suficiente. Todo carpete deve ser, periodicamente, objeto de métodos de limpeza restaurativos.

A aspiração-padrão com uma máquina vertical ou horizontal (com mangueira) inicia-se conectando o fio na saída elétrica. A tomada deve ser de três pontos e estar ligada à terra. Inspecione o fio e ligue-o na tomada. Inicie aspirando na parede onde a máquina está conectada e trabalhe distante da tomada para evitar o embaraço do fio. Deve-se deixar uma distância de três passos para puxar e empurrar o aspirador (Fig. 5.17). Normalmente, é necessário passar o aspirador apenas duas vezes. Deve-se tomar cuidado para não aspirar muito rápido; é preciso deixar que as escovas e a sucção façam seu trabalho. Faça os movimentos de maneira suave para que a felpa seja aspirada no movimento de puxar. Mova os móveis o mínimo possível e evite colidir com os móveis e a parede.

Figura 5.17 – Aspirando com o novo Advance L/A 114, aspirador vertical de carpete. (Foto cortesia da Advance Floor Machine Company.)

Quando terminar, inspecione e reponha as escovas usadas e esvazie o filtro. A aspiração deve sempre ser feita depois de tirar o pó dos móveis.

A **limpeza *bonnet*** é quase sempre classificada como um método de limpeza restaurativo, mas deveria ser classificada como um método temporário. A Figura 5.18 é um exemplo desse tipo de limpeza utilizando uma máquina para pisos multiuso. Para a limpeza *bonnet*, utiliza-se máquina para pisos comum equipada com discos de algodão com tiras de abrasivo, xampu especial, borrifador, água limpa, balde e espremedor.

Primeiro aspira-se a área a ser limpa; então, espirra-se xampu em uma área de 10 × 20cm e também no disco de algodão. Passa-se a máquina com o disco de algodão em toda a área. Esse procedimento é repetido até que todo o carpete esteja limpo. Quando o disco de algodão começar a ficar sujo, ele deve ser virado para o lado limpo. Quando estiver completamente sujo, deve ser enxaguado e torcido no balde.

Ao terminar, enxágüe todo o equipamento, lave os discos de algodão e pendure-os para secar. Não recoloque os móveis até que o carpete esteja completamente seco.

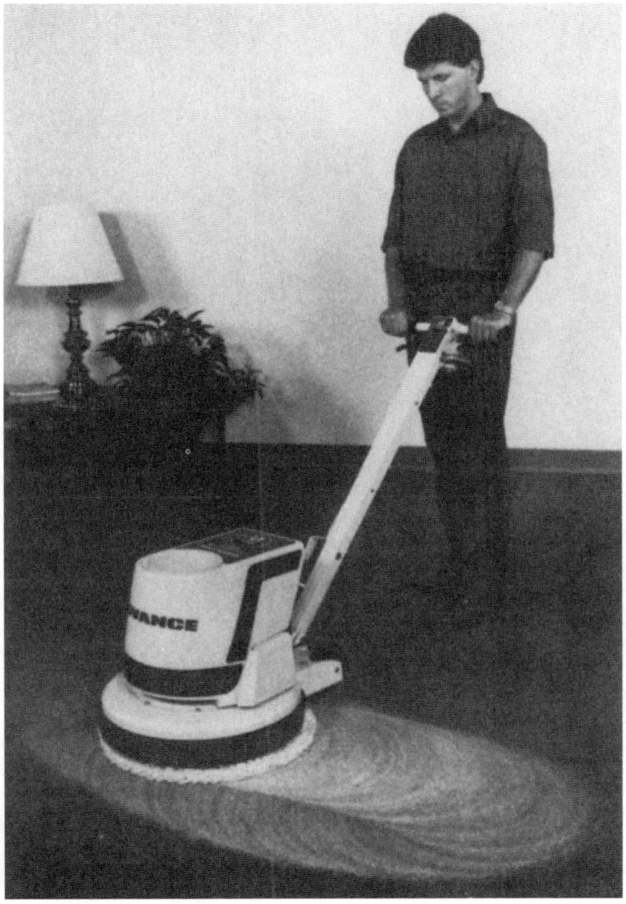

Figura 5.18 – Limpeza com disco de algodão com máquina da Advance (ver também Apêndice I). (Usada com permissão.)

Esse tipo de limpeza causa um pequeno desgaste nas fibras do carpete e, reforçando, não deve ser visto como um método de restauração.

Por último, vassouras de carpete são usadas para retirar partículas de sujeira secas antes que elas tenham a chance de penetrar na superfície do carpete e alojar-se na felpa. Elas são especialmente úteis no salão do restaurante, onde os garçons podem usá-las para limpar embaixo das mesas e coxias.

Métodos de Limpeza Restaurativos

Os métodos temporários de limpeza não removem os resíduos grudentos e pegajosos e as partículas secas presas neles. Limpezas profundas devem ser realizadas para devolver ao carpete uma condição quase perfeita. Há quatro sistemas de limpeza restaurativa: extração com água, espuma seca, pó seco e xampu em máquinas giratórias. Há uma certa discordância na indústria sobre qual desses sistemas é o melhor método. Entretanto, todos concordam que é melhor remover todos os resíduos sólidos e secos aspirando o carpete antes de aplicar qualquer método restaurativo.

A **extração com água**, também conhecida como extração com água quente ou "limpeza a vapor", é um sistema que pulveriza uma solução no carpete e a retira com um aspirador de líquidos. O termo "limpeza a vapor" é realmente um termo errôneo, visto que vapor propriamente dito nunca é usado, apenas água quente ou fria. A máquina costuma ter dois reservatórios: um para a solução que será pulverizada no carpete e outro para a solução suja que será retirada.

O operador do extrator da água quente deve evitar molhar demais o carpete e deve sobrepor a máquina de 5 a 7cm em cada passada. Para remover manchas difíceis, o operador deve molhar a área por alguns minutos antes de usar o aspirador. Todo o carpete deve estar totalmente seco antes dos móveis serem recolocados e da área ser liberada para o tráfego.

Muitos especialistas consideram este o melhor sistema para a limpeza profunda. Entretanto, a extração com água quente pode ter inúmeros efeitos negativos se feita de maneira inadequada. O carpete molhado pode encolher e as costuras podem se romper caso a água utilizada seja muito quente ou se for aplicada muita solução. A temperatura da água não deve ser superior a 65°C e, ao limpar carpetes de lã, é melhor usar água fria. A maioria dos extratores existentes pode ser usada com água quente ou fria. Embora os extratores à água minimizem os problemas associados com outras técnicas que usam xampu, como a descoloração por fungos e outras bactérias, seu desenvolvimento pode ocorrer em ambientes úmidos. Use ventiladores e o sistema de aquecimento ou de ar condicionado do prédio para acelerar o processo de secagem do carpete. Se o operador não colocar solução em excesso no carpete, a secagem deve ocorrer em uma hora.

A **espuma seca** é outro método utilizado na restauração de carpetes. A espuma é esfregada no carpete e retirada quase imediatamente por um aspirador de líquidos. Quando o carpete estiver seco, deve ser aspirado mais uma vez para a retirada dos resíduos (Fig. 5.19).

Esse método é usado em áreas de grande circulação, até mesmo diariamente, para remover a sujeira. Seu ponto mais negativo é deixar a maior quantidade de resíduo de detergente no carpete, o que fará com que o carpete fique sujo antes da hora. Se o carpete não for rigorosamente aspirado após a colocação da espuma pode, em poucos dias, ter uma aparência pior do que antes do tratamento.

A limpeza com **pó seco** tem a vantagem de necessitar de um prazo mínimo para a reutilização da área. Assim que o procedimento tiver sido completado, a área pode ser reaberta para o uso. Como não utiliza água, os problemas de descoloração, odor, estiramento e rompimento da costura não aparecem.

A limpeza com pó seco é feita aplicando-se sobre o carpete pó ou cristais que se unem à sujeira e são, posteriormente, removidos com um aspirador, ao mesmo tempo em que o carpete é batido com uma escova (Fig. 5.20).

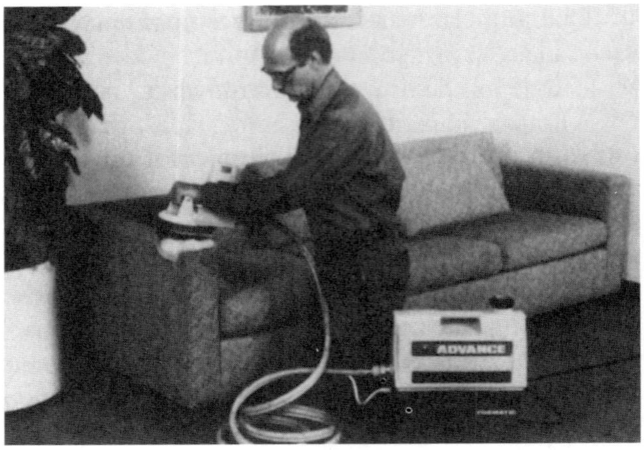

Figura 5.19 – Máquina Foamatic, da Advance. A espuma seca pode ser usada em estofados e carpetes com o equipamento adequado. (Reproduzido com permissão.)

Esse tipo de limpeza pode deixar alguns resíduos no carpete e pode não remover todos os tipos de sujeira.

A **lavagem com xampu** é feita com a utilização de uma máquina para piso rotativa que, em geral, possui um reservatório que contém a solução de xampu. Uma escova especial alisa o carpete conforme a solução é dispensada. O carpete é então aspirado com o aspira-

Figura 5.20 – Sistema de limpeza com pó seco. O aplicador de pó está à direita. A máquina de limpeza seca, à esquerda, retira o pó do carpete. (Usado com a permissão das indústrias Racine.)

dor de líquidos, que contém um agente que retira a espuma. Depois que o carpete estiver seco, ele pode ser aspirado a seco novamente.

A utilização desse método tem o risco de molhar demasiadamente o carpete, alterando sua forma, causando descoloração por fungos e provocando o crescimento de outras bactérias. O carpete pode também estirar e depois encolher, rompendo as costuras. As escovas da máquina de piso podem danificar a felpa se ficarem sobre o mesmo lugar durante muito tempo. Segundo muitos especialistas, esse é o tipo de limpeza que mais desgasta o carpete.

Limpeza de Manchas

Manchas e respingos pedem ação imediata. Muitas substâncias podem manchar o carpete para sempre, em especial se ele for feito de lã ou náilon. A seguir estão alguns procedimentos gerais que devem ser seguidos para cuidar de manchas, independentemente de seu tipo, do carpete ou do produto de limpeza.

1. Com cuidado, raspe o excesso de sujeira do carpete, como gomas de mascar e alcatrão.
2. Enxugue o excesso de líquido que foi derramado antes que ele encharque o carpete. Não esfregue a mancha – isto pode, na verdade, empurrar a mancha para dentro das fibras. Use apenas panos limpos para enxugar o carpete.
3. Aplique o produto de limpeza no carpete. Se o removedor de manchas for líquido, remova o excesso enxugando com um pano limpo ou uma esponja.
4. Após a ação do removedor de manchas, aspire e seque a área tratada.

Muitas empresas conceituadas desenvolveram excelentes removedores que podem agir com eficácia sobre vários tipos de manchas. A Figura 5.21 apresenta um exemplo desses sistemas removedores.

Certos produtos químicos fortes, tais como alvejantes, não devem ser usados sobre manchas, pois removem a cor do carpete junto com a mancha.

Forração para Teto e Paredes

A escolha do material para a forração do teto e das paredes deve considerar cinco aspectos: custo inicial, custos de manutenção, acústica, segurança ao fogo e aparência.

Embora o custo do produto e da instalação dos materiais de forração de paredes e teto deva estar dentro dos limites do orçamento, deve-se levar em consideração também os demais aspectos. Isto é, o custo de manutenção deve ser parte da equação de custo. Os custos da manutenção diária podem fazer o produto ficar demasiadamente caro, mesmo que o custo inicial esteja no orçamento.

A capacidade dos materiais de parede, piso ou teto reduzir sons é muito importante para o conforto do hóspede, seja em uma sala de reuniões, no restaurante ou no apartamento. A maioria dos materiais comercializados é classificada por meio de um coeficiente de redução de ruído que pode ser utilizado na seleção dos materiais. Entretanto, a manutenção inadequada pode afetar a acústica do material, como quando os painéis acústicos do teto são pintados, destruindo quase toda sua capacidade de redução de ruídos.

A segurança contra incêndios é uma das principais preocupações, especialmente em grandes hospitais e hotéis. Muitas comunidades têm aprovado leis rigorosas sobre o uso de materiais resistentes ao fogo. De fato, muitos códigos de incêndio especificam o uso de materiais classe A em hotéis e hospitais. Os fabricantes responderam a esse tipo de preocupação com a segurança produzindo forrações de parede e teto que emitem gases inofensivos que acionam os detectores de fumaça quando a temperatura passa dos 149°C.

Há materiais para parede no mercado que emitem gases tóxicos quando queimados. Muitas cidades proíbem os uso desses materiais em unidades habitacionais e áreas públicas de hospitais e hotéis. A Associação Norte-americana de Proteção ao Fogo (National Fire Protection Association – NFPA) estabelece padrões sobre a capacidade de propagar o fogo e a toxicidade de materiais queimados. A governanta deve conhecer essas especificações.

Hotéis e hospitais preocupam-se com a imagem que projetam. Os materiais utilizados para forrar paredes, tetos e pisos devem ser escolhidos de forma a aprimorar essa imagem. Pode-se dizer que esses materiais são uma das mais importantes ferramentas de *marketing* do hotel.

Tipos de Forração de Tetos e Paredes e sua Manutenção

A manutenção de forros de parede e teto se assemelha à manutenção de pisos, pois possui três abordagens distintas: manutenção temporária, limpeza restaurativa e remoção de manchas.

O método de limpeza temporária inclui a retirada diária ou semanal de pó e aspiração. A limpeza restaurativa inclui o uso de detergentes e solventes e é realizada periodicamente. A remoção de manchas é realizada quando surge a necessidade.

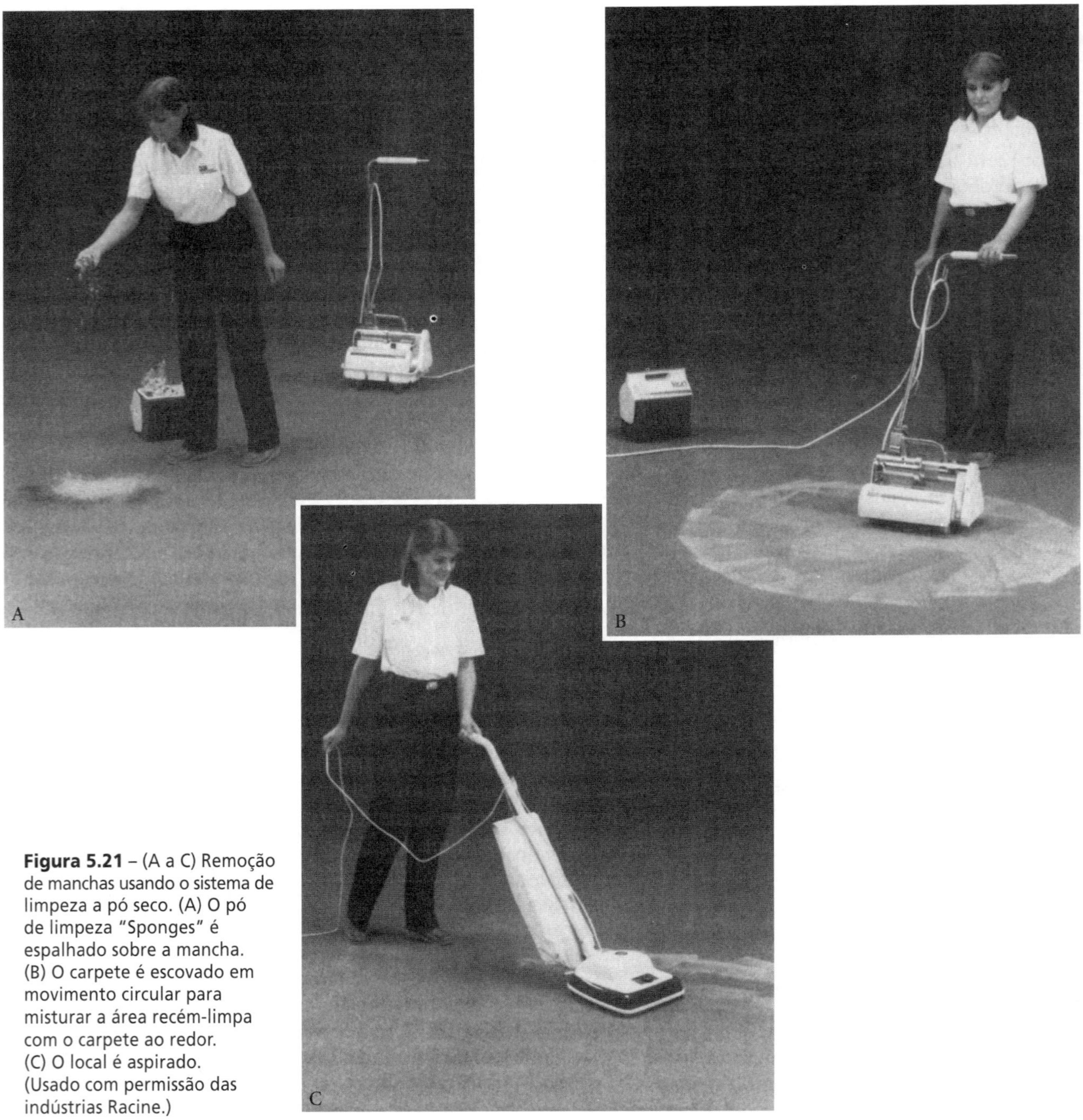

Figura 5.21 – (A a C) Remoção de manchas usando o sistema de limpeza a pó seco. (A) O pó de limpeza "Sponges" é espalhado sobre a mancha. (B) O carpete é escovado em movimento circular para misturar a área recém-limpa com o carpete ao redor. (C) O local é aspirado. (Usado com permissão das indústrias Racine.)

A seção seguinte examinará as vantagens e desvantagens das forrações mais comuns para paredes e tetos e suas exigências específicas de manutenção.

Cortiça

A cortiça tem excelentes propriedades de absorção de sons e possui uma aparência rica e luxuosa, mas é uma superfície delicada que pode ser facilmente danificada por métodos inadequados de limpeza. Hoje em dia, é colocada com freqüência entre lâminas de vinil claro que a protegem do desgaste – entretanto, o vinil prejudica sua capacidade acústica. A cortiça natural pode ser aspirada usando uma escova macia. Ela nunca deve ser lavada com água. Para remover manchas pode ser necessário efetuar uma limpeza leve com areia, utilizando também removedores. Às vezes é mais fácil recolocar uma cortiça danificada do que tentar restaurá-la para sua condição original.

Tecido

Embora linho, seda e couro possam, de início, parecer bastante atraentes, esses materiais não devem ser usados como forração de parede em virtude das dificuldades de limpeza, em particular nos casos de remoção de manchas. Se a opção for por tecidos, eles devem ser resistentes ao fogo e também a manchas.

Os tecidos também são altamente suscetíveis à deformação, descoloração e odores causados por bactérias.

Uma alternativa recomendada para tecidos é a nova forração que intercala tecidos com lâminas de vinil. Esse tipo de forração possui a beleza dos tecidos, é muito mais fácil de limpar e muito mais durável.

Forrações de tecido, de modo geral, podem ser aspiradas para a retirada do pó. Nunca se deve usar água, pois ela pode provocar encolhimento ou estiramento. Marcas e manchas só devem ser removidas com produtos químicos recomendados pelo fabricante. Algumas soluções de limpeza podem afetar adversamente a resistência do tecido ao fogo.

Fibra de Vidro

As paredes de fibra de vidro costumam ser feitas para assemelharem-se a outros materiais de construção, como tijolos. Elas podem ser aspiradas para remoção de pó e podem ser limpas em profundidade com água e detergente neutro.

Superfície Pintada

A pintura continua sendo o acabamento de parede mais comum porque apresenta custos iniciais baixos e uma grande variedade de cores disponíveis.

Ao escolher uma tinta, a governanta deve levar em consideração o tempo de secagem, o cheiro e a durabilidade. O objetivo é reduzir o custoso desperdício de tempo causado por esses fatores.

Superfícies pintadas podem ser espanadas, aspiradas e lavadas usando um detergente suave e água. Esfregar e usar produtos químicos como fosfato de sódio removerá a tinta junto com a sujeira.

Plástico Laminado

Um dos materiais mais fáceis de manter, o plástico laminado vem em painéis de 10 × 20cm que são pregados diretamente na parede. Os plásticos laminados costumam ter efeito de madeira ou aparência de azulejo. Tudo que é preciso fazer para mantê-lo é aspirar periodicamente com uma escova macia.

Azulejo

Os azulejos necessitam dos mesmos cuidados dos pisos de ladrilho previamente tratados neste capítulo. A maioria dos fabricantes produz dois tipos de ladrilho: para paredes e para pisos. Eles são mais usados em banheiros e cozinhas. Os de cerâmica são também usados para destacar o reboque da parede.

Vinil

Assim como a pintura, o vinil é, sem dúvida, o acabamento de parede mais utilizado. Ele pode ser comprado em uma grande variedade de cores e texturas e pode enganar até um observador treinado, fazendo-o acreditar que a forração não é vinil, mas mármore, borracha, tecido, metal ou até azulejo de cerâmica.

O vinil é resistente à deformação e à descoloração, fácil de limpar, considerado quatro vezes mais durável do que a pintura e fácil de instalar e remover. De acordo com as especificações governamentais norte-americanas, o vinil é dividido em três categorias por peso da área. O tipo I é normalmente reservado para uso não comercial. O tipo II é a categoria mais escolhida para acomodações de hóspedes, corredores e saguões. O tipo III é o mais durável, a melhor escolha para áreas de grande desgaste, como elevadores e outras áreas de grande contato.

A desvantagem do vinil é poder rasgar ou romper, de modo que é bom comprar rolos extras quando da sua instalação. Com prática, os rasgos do vinil podem ser reparados.

Papel de Parede

O vinil tornou o antigo papel de parede obsoleto, uma vez que pode duplicar o efeito do papel de parede e, ao mesmo tempo, proporcionar uma superfície que pode ser facilmente limpa com detergente suave e água.

O papel de parede deve ser aspirado para a remoção da sujeira e do pó. Alguns tipos de manchas podem ser removidos com o auxílio de uma pasta de limpeza. Poucos papéis de parede podem ser umedecidos com uma esponja.

Madeira

As paredes de madeira ou compensado demandam os mesmos cuidados que o piso de madeira. Não se deve usar água nesse tipo de superfície. O pó deve ser retirado com freqüência e a parede deve ser polida conforme as recomendações do fabricante.

Paredes de Vidro

Cada vez mais, os arquitetos utilizam paredes de vidro para embelezar certas áreas interiores e introduzir luz nos espaços. Blocos de vidro usados no lugar da alvenaria podem aumentar a claridade e exigem pouca manutenção. A Figura 5.22 mostra opções de blocos de vidro que podem ser utilizados para a construção de paredes leves.

Figura 5.22 – Blocos de vidro usados para substituir outras formas de alvenaria, permitindo que a luz penetre nos ambientes. (Foto cortesia de Tile e Carpet Gallery, Las Vegas.)

Janelas e seus Acabamentos

Limpeza de Janelas

A limpeza de janelas será uma das tarefas mais fáceis se os funcionários da governança tiverem as ferramentas adequadas à disposição. É necessário um utensílio para a lavagem de janelas feito de lã de carneiro sintética, um balde que acomode o utensílio (de aproximadamente 30 × 60cm), um rodo e um pano de algodão limpo, sem fibras. Os melhores rodos possuem mecanismos de soltura rápida e cabeça angular.

Uma solução leve de água e sabão, contendo um pouco de amônia, é preparada com água fria ou morna (nunca quente). O primeiro passo é remover todo o tratamento anterior da janela para facilitar a limpeza e evitar a possibilidade de espirrar solução no cortinado e nas cortinas.

Comece aplicando a solução de limpeza no topo da janela, trazendo a sujeira dos cantos para o centro. Não molhe demais a janela para que a solução de limpeza não escorra. Antes que a janela seque, passe o rodo, começando pelo alto. Limpe o vidro com um movimento cruzado e incline a pá do rodo para que a solução suja vá para a parte de baixo da janela e não para a parte já limpa. Limpe o rodo com um pano toda vez que passá-lo na janela.

Nunca tente limpar a janela sob o sol forte. O sol secará a janela antes você consiga passar o rodo, riscando-a.

A limpeza exterior da janela, especialmente em edifícios altos, deve ser deixada para lavadores de janela profissionais.

Cortinados, Cortinas e Persianas

Ao escolher o acabamento para janelas, deve-se levar em consideração sua funcionalidade e a aparência. O acabamento apropriado proporciona privacidade e isolamento, sendo um elemento importante para a ambientação.

Os acabamentos para janelas podem ser divididos em três categorias: cortinados, cortinas e persianas.

Cortinados e cortinas de tecido devem ser resistentes ao fogo, à sujeira, ao desgaste, aos danos causados pelo sol, a deformações e descolorações por fungos e a vincos. Tecidos delicados e trançados irão perder rapidamente sua forma, rasgar e ficar com dobras, e desgastar-se-ão prematuramente. Um estilo cada vez mais usado de cortinado é o tecido revestido de vinil, em virtude da sua maior durabilidade.

Os cortinados devem ser aspirados todos os dias. A limpeza seca é o método restaurativo mais indicado. A maioria dos especialistas concorda que a limpeza a seco manterá a forma do cortinado melhor do que a lavagem.

As cortinas estão disponíveis em vários estilos e materiais. Seu objetivo é proporcionar uma aparência personalizada para a janela e, ao mesmo tempo, garantir privacidade para o hóspede. Elas também devem ser aspiradas diariamente. Os métodos restaurativos de limpeza dependerão do material da cortina.

As persianas mais populares são as mini-horizontais e as verticais. As verticais são muito mais fáceis de manter e proporcionam maior controle da claridade do quarto. Painéis de tecido podem ser colocados em alguns tipos de persianas verticais para conferir mais cor e textura ao quarto.

Resumo

A manutenção dos pisos, seu tratamento, a forração das paredes e janelas consomem grande parte do orçamento do departamento de governança. Por isso, a governanta deve conhecer bem esses materiais e sua manutenção. Esse conhecimento também deve ser transmitido aos funcionários do departamento, a fim de que sejam aplicadas, com responsabilidade, as políticas determinadas e para que os padrões de limpeza e reparos sejam mantidos. Vendedores que conhecem seus produtos serão os melhores consultores. Veja o Apêndice I sobre os Sistemas de Limpeza.

TERMOS E CONCEITOS-CHAVE

Fundação
Acabamento
Remoção
Selante
Terrazzo
Brilho
Polimento
Limpeza com esfregão úmido
Polimento com *spray*
Polimento a seco
Pisos não resilientes
Epóxi
Rachaduras
Pisos resilientes
Linóleo
Peso de face
Juta
Polipropileno
Cut loop (nível duplo)
Level loop (nível único)
Multilevel loop (nível múltiplo)
Pelúcia
Borracha de estireno e butadieno
Amianto
Cancerígeno
Homogêneo
Óleo de tungue
Cera de carnaúba
Poliuretano
Acrílico
Verniz
Goma-laca
Felpa
Forro primário
Forro secundário
Estofamento
Friso
Corte aleatório
Limpeza com disco de algodão
Extração de água
Espuma seca
Pó seco
Lavagem com xampu

QUESTÕES PARA DISCUSSÃO E REVISÃO

1. Ao supervisionar a instalação de um novo piso, quais preocupações a governanta executiva deve ter?
2. Explique as vantagens e desvantagens relativas dos diferentes métodos de limpeza restaurativa de carpetes.
3. Dadas as seguintes áreas do hotel – salão de eventos, saguão, sala de jantar, cozinha, lavanderia, escritório –, recomende pisos adequados para cada área.
4. Descreva os passos do modelo FPMR.
5. Suponha que se tenha decidido colocar carpete no principal salão de eventos do hotel. Que sugestões você daria quanto ao tipo de carpete a ser usado?
6. Como você garantiria a cooperação dos outros departamentos do hotel para relatar manchas e respingos nos tapetes e pisos ao departamento de governança?
7. O gerente de hospedagem deseja instalar uma "parede mais bonita" em cada apartamento. Essa parede teria uma forração diferente das demais paredes pintadas. Que tipo de forração você sugeriria para essa parede?

NOTAS

1. Bill Saunders and Rick Mazzoli, "The FPMR Process of Floor Care", *Sanitary Maintenance*, October 1989, pp. 144-45.
2. Ibid., p. 144.
3. John P. Walker, *Fourteen Basic Custodial Procedures*, (Lincolnwood, IL: International Sanitary Supply Association, Inc., 1989), p. 21.
4. Bill Saunders and Rick Mazzoli, "The FPMR Process of Floor Care", *Sanitary Maintenance*, November 1989, pp. 76-77.
5. Ibid., p. 76.
6. Ibid., p. 77.
7. Ibid., p. 78.
8. Ibid., p. 79.
9. Ray Draper, "Wool Performance – Performance Cleanability and Soil Resistance Than 4th Generation Naylons", *Executive Housekeeping Today*, March 1990, pp. 8-10.
10. John Phillip Walker and L. Kent Fine, *Cleaning Team Management: Custodial Management for Increased Productivity and Safety*, (Salt Lake City: Management, 1990), Carpet Care: p. 2.
11. Ibid., p. 2.
12. Ibid., p. 2.

6

Planejamento de Material: Utensílios e Equipamentos

OBJETIVOS DO CAPÍTULO

1. Ser capaz de classificar os produtos químicos utilizados no departamento de governança e indicar sua utilidade.
2. Definir as propriedades dos produtos químicos utilizados pela governança.
3. Descrever como estabelecer um Programa de Comunicação de Prevenção de Riscos.
4. Descrever equipamentos comumente utilizados pela governança e determinar padrões de compra.
5. Descrever cortesias comuns que o hotel oferece a seus hóspedes.

Neste capítulo, o planejamento de materiais pela governanta executiva continuará sendo examinado, com a atenção voltada, agora, para utensílios e equipamentos.

Produtos Químicos de Governança

A governanta executiva contemporânea nunca conseguiria superar os desafios diários de limpar e preservar o hotel, enfermaria, dormitório ou hospital modernos sem a assistência dos produtos químicos. Os produtos químicos utilizados pelo departamento de governança incluem os que têm por objetivo remover sujeira, os que matam **microorganismos patogênicos** e pragas que carregam doenças e aqueles que preservam, protegem e embelezam a propriedade.

A governanta eficiente conhece as funções de cada produto químico do estoque do departamento. Ela é também a última responsável pela correta manutenção e estocagem de cada produto, de modo que o público e o meio ambiente não sejam afetados de maneira desfavorável pelo seu uso.

Terminologia das Substâncias Químicas

Ao escolher a substância química adequada para determinado objetivo, a governanta executiva costuma estar à mercê dos vendedores da indústria de suprimentos químicos local, pois ela não conhece a terminologia básica dos produtos e a química da limpeza.

O Capítulo 13 deste livro tem uma seção inteira dedicada à química da limpeza; o objetivo deste tópico, no entanto, é informar ao leitor alguns termos básicos que irão ajudá-lo na escolha e utilização adequada dessas substâncias.

Embora existam, no departamento de governança, muitos produtos químicos utilizados para proteger e embelezar pisos, paredes e móveis, a maior parte deles tem a função de limpar, desinfetar e higienizar o ambiente.

O objetivo da utilização de **detergentes** é remover a sujeira das superfícies por meio da ação química. Detergentes sintéticos dissolvem a sujeira sólida e a mantêm em suspensão distante da superfície do ambiente, permitindo que seja removida facilmente. A maior parte dos detergentes usados na governança são detergentes sintéticos derivados de diversos minerais básicos, principalmente hidrocarbonetos sulfonados. Muitos detergentes têm pH neutro, o que significa que eles não são nem alcalinos nem ácidos. O grau de alcalinidade ou acidez é indicado pela escala de pH, que vai de 0 a 14. Os valores de zero a 6 na escala indicam acidez e os de 8 a 14 indicam alcalinidade. O 7 indica um composto neutro. Sais alcalinos são usados para aumentar o poder de limpeza dos detergentes sintéticos. Detergentes fortemente alcalinos não devem ser usados em certas superfícies (para mais informações, consulte o Cap. 5).

Desinfetantes são agentes químicos testados e que provaram destruir microorganismos patogênicos em superfícies inanimadas. Eles têm efeito bactericida. Um **bactericida** evita que micróbios se multipliquem na superfície. Os desinfetantes não são adequados para o uso direto em humanos ou animais. Outros termos usados para descrever desinfetantes específicos são germicidas e fungicidas. O objetivo dos desinfetantes não é remover sujeira da superfície, mas há inúmeros produtos no mercado que combinam um detergente sintético com um desinfetante para que a superfície possa ser limpa e desinfetada ao mesmo tempo. O uso isolado de desinfetante em uma superfície suja não é eficaz, pois a sujeira protege as bactérias da ação germicida do desinfetante. A combinação de detergente com desinfetante, como nos produtos da Figura 6.1, é bastante eficaz, desde que sejam usados conforme as instruções. Em certos casos, entretanto, principalmente em hospitais, é preciso aplicar primeiro um detergente para remover a sujeira e então aplicar a solução desinfetante na superfície que será limpa. Na maioria das aplicações em hotéis, é perfeitamente aceitável usar produtos combinados de detergente com desinfetante. A grande vantagem de usar essa solução ao invés de usá-las separadamente é não ter o trabalho de lavar a superfície duas vezes.

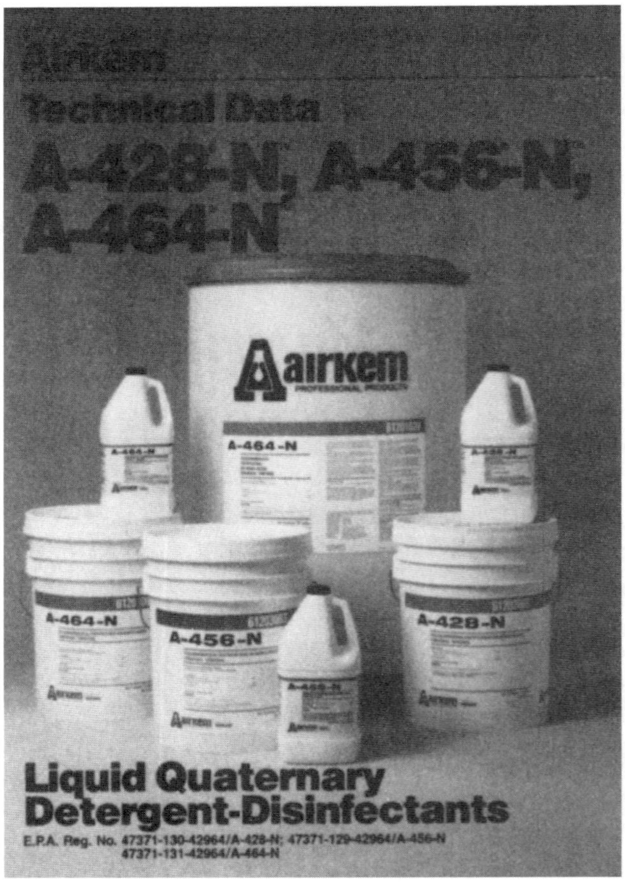

Figura 6.1 – Três detergentes-desinfetantes líquidos quaternários que removem a sujeira e desinfetam a superfície ao mesmo tempo. Foto da Airkem Professional Products. (Usada com permissão de JB Chemical Co. Inc., Las Vegas.)

Alguns desinfetantes comuns são **compostos de amônia quaternária,** ***idophors*** (combinações de iodo e ácido fosfórico), **hipocloritos e compostos fenólicos.** Estes compostos serão discutidos mais detalhadamente no Capítulo 13.

Deve-se observar que algumas governantas de hotel falham em perceber a importância dos desinfetantes para a governança. Essa atitude baseia-se na concepção errônea de que só os hospitais precisam preocupar-se com o controle de microorganismos patogênicos. Infelizmente, hotéis e restaurantes proporcionam um ambiente soberbo para o desenvolvimento e a transmissão de doenças. Por exemplo, de acordo com o Centro de Controle de Doenças dos Estados Unidos, 77% de todos os casos de doenças provocadas por alimentos originaram-se de alimentos servidos em estabelecimentos comerciais. Estima-se também que a hepatite A é transmitida para milhares de clientes de restaurantes por trabalhadores infectados[1]. Por fim, quem pode esquecer o pavor causado pela doença dos legionários, originada no sistema de ar condicionado de um hotel?

Em muitas áreas de um hotel, o objetivo não é manter as superfícies totalmente desinfetadas, como é necessário em hospitais, mas mantê-las simplesmente higienizadas. Um **higienizador** é um produto químico que mata microorganismos até o nível aceito ou considerado seguro. Os higienizadores não têm como objetivo tornar as superfícies livres de bactérias. Podem ser produtos químicos especialmente formulados ou desinfetantes diluídos para servirem como higienizadores. São usados em superfícies como carpetes, paredes e pisos, podendo também ser usados em conjunto com produtos para purificar o ar.

Reações químicas potencialmente perigosas podem acontecer nos baldes da governança da mesma forma que em um laboratório químico. Um dos tipos de reação mais perigosos ocorre quando um produto de amoníaco é misturado a um hipoclorito (como alvejantes) ou quando um alvejante é misturado a um produto de limpeza de base ácida. Em ambos os casos, gases de cloro potencialmente mortais são liberados.

Considerações na Escolha

Muitas variáveis devem ser consideradas para garantir que o produto químico mais apropriado seja escolhido. Um fator crucial é a dureza relativa da água no local. A dureza da água se refere à quantidade de cálcio e magnésio encontrada em sua composição. A maioria dos desinfetantes e higienizadores de base quaternária é afetada de maneira negativa pela dureza da água. Observe o rótulo do produto e verifique sua eficácia conforme a dureza da água.

Uma segunda preocupação é o tipo específico de sujeira que deve ser removida do ambiente. Gorduras e óleos podem requerer a ação de solventes que normalmente têm base de petróleo, enquanto oxidações nas instalações do banheiro podem necessitar de um produto de limpeza de base ácida. Na próxima seção deste capítulo, serão verificadas as vantagens e desvantagens dos produtos multiuso.

Uma terceira consideração é o custo inicial do produto. Como cada produto químico é diluído em diferentes concentrações, baseie seus cálculos no custo por litro da solução que será utilizada.

O quarto fator é o custo da mão-de-obra e do equipamento. Alguns produtos químicos são mais "trabalhosos" do que outros, isto é, requerem grande esforço físico em sua aplicação para que sejam eficazes. Isso pode significar a necessidade de equipamentos caros e mais horas de trabalho para conseguir efetuar a limpeza.

Um quinto fator é a disponibilidade relativa do produto. O distribuidor está sempre pronto, disposto e capaz de providenciar o produto? Ou têm ocorrido inúmeros casos de produtos esgotados no estoque? Se o produto não está sempre disponível quando necessário, você deve pensar seriamente em trocar de marca ou de distribuidor.

Finalmente, o distribuidor fornece um bom serviço? O vendedor está disposto a demonstrar o uso adequado do produto? O vendedor está disposto a fazer testes comparativos de produtos químicos no seu local de trabalho? A companhia está disposta a treinar seus funcionários a utilizar os produtos de maneira adequada? Além disso, se o produto frustrar as expectativas, o distribuidor irá aceitá-lo de volta, dando um crédito para compras futuras?

Um bom serviço certamente aumenta o valor agregado do produto. Algumas vezes, esse serviço compensa um custo maior por litro.

Todas essas variáveis devem ser cuidadosamente analisadas ao comprar produtos químicos.

Produtos de Limpeza Multiuso

Os **produtos multiuso** são novidades em matéria de produtos de limpeza. A maioria desses produtos tem pH neutro, sendo assim seguros para a maioria das superfícies que podem ser limpas com produtos à base de água. Em geral, eles não necessitam de enxágüe, não deixam marcas e não riscam. Sua eficácia relativa costuma ser determinada por seu poder de diluição, que pode ser ajustado conforme o objetivo. Um exemplo de produto de limpeza multiuso pode ser visto na Figura 6.2.

A utilização de produtos multiuso é uma forma eficaz de diminuir o número de produtos em estoque, o que significa mais dinheiro em caixa. A utilização desses produtos também pode significar maiores quantidades compradas e, conseqüentemente, maior poder de barganha – o que pode resultar em economia.

Entretanto, há desvantagens com relação aos produtos de limpeza multiuso. Talvez a maior delas seja o fato deles serem inadequados para algumas tarefas. Um exemplo seria a limpeza de equipamentos de banheiro, em que é necessário usar um desinfetante. A maior parte dos produtos multiuso não contém desinfetantes. Outra preocupação é saber se os funcionários estão diluindo adequadamente o produto para tarefas específicas. Com freqüência, os funcionários podem assumir a postura de "quanto mais melhor" e falhar na diluição adequada do detergente. Essa atitude, inevitavelmente, eleva os custos.

Produtos de Limpeza com Finalidade Específica

Há inúmeras situações em que o limpador multiuso é inadequado. Nessa seção examinaremos as vantagens

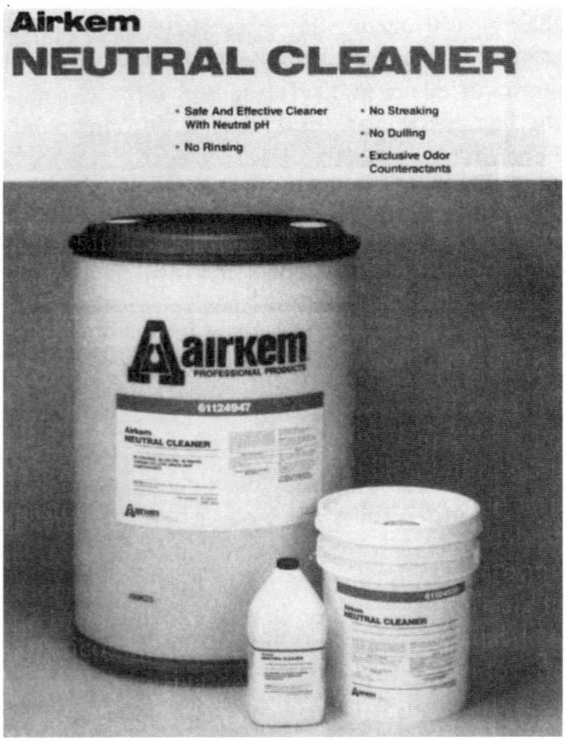

Figura 6.2 – Produto de limpeza multiuso e neutro. Observe que o produto pode ser comprado nos tamanhos de um galão (3,8L), 5 galões (19L) ou 55 galões (205L). Foto da Airkem Professional Products. (Usada com permissão de JB Chemical Co. Inc., Las Vegas.)

e desvantagens relativas de diversos produtos de limpeza com finalidade específica (veja também o Apêndice I para referências).

Produtos Abrasivos

Os produtos de limpeza abrasivos contêm um detergente combinado com um alvejante e um abrasivo (em geral sílica, um quartzo capaz de riscar vidros). A abrasividade do produto de limpeza é determinada pela porcentagem de abrasivo que ele contém. Esses produtos podem ser encontrados em pó ou pasta. A pasta é melhor porque gruda em superfícies verticais. A Figura 6.3 é um exemplo de limpador abrasivo suave em pasta. Em nenhuma circunstância os abrasivos devem ser utilizados em banheiras ou *boxes* de fibra de vidro; além disso, não se recomenda a utilização de abrasivos sobre porcelana.

Desengordurantes

Os desengordurantes ou emulsificadores são encontrados em quase todas as cozinhas comerciais. São detergentes concentrados formulados para remover gordura pesada. A Figura 6.4 é um exemplo de desengordurante concentrado da S. C. Johnson. Solventes de petróleo têm propriedades desengordurantes mas, em função das suas características inflamáveis e tóxicas, quase nunca são usados em superfícies de cozinhas.

Figura 6.3 – Limpador abrasivo moderado da Airkem Professional Products. Observe o borrifador e o aplicador embutidos. Foto da Airkem Professional Products. (Usada com permissão de JB Chemical Co. Inc., Las Vegas.)

Figura 6.4 – AccuMix, removedor de gordura para serviços de alimentação. Observe o bico medidor. (Foto usada com a permissão de S.C. Johnson Wax, Racine, Wisconsin.)

Desodorizadores

Desodorizadores, se usados de forma adequada, podem melhorar a imagem de um estabelecimento e elevar a motivação dos funcionários. Alguns desses produtos neutralizam odores ruins, deixando o ar limpo e fresco, por meio do princípio de **neutralização de odores.** Esses desodorizadores não deixam perfume, sendo ideais para banheiros, quartos e áreas públicas. A maioria dos hóspedes reage de maneira negativa a cheiro de perfume barato no saguão e nas acomodações.

Entretanto, nos locais onde há odores fortes, como nos depósitos de lixo ou no canil, uma fórmula com fragrância pode ser mais apropriada. Os métodos de aplicação dos desodorizantes incluem *spray* aerossol, sistemas de liberação programada (Fig. 6.5), sistemas que grudam na parede, aplicadores, líquidos, pós e *sprays* de válvula manual.

Produtos para a Limpeza de Ralos

Esses produtos contêm ácidos nocivos e detergentes, não devendo, portanto, ser aplicados pelos funcionários da governança. Eles devem ser usados apenas pela gerência ou por pessoas treinadas para sua aplicação. Os produtos para a limpeza de ralos são perigosos e podem corroer os canos, motivo pelo qual muitos estabelecimentos proibiram seu uso e utilizam gases pressurizados ou verrumas.

Figura 6.5 – Sistema programado para liberação de odor. Foto da Airkem Professional Products. (Usada com permissão de JB Chemical Co. Inc., Las Vegas.)

Produtos para Limpeza e Polimento de Móveis

Esses produtos, à base de cera ou óleo, contêm componentes antiestáticos. Os melhores polidores contêm óleo de limão, que serve para repor a umidade perdida da madeira.

Sabonetes e Detergentes

A lavagem das mãos é um importante componente da higiene pessoal de todos os funcionários. Uma das maiores formas de prevenção de **infecções hospitalares** em hospitais é o hábito de lavar as mãos. Infelizmente, muitos funcionários não lavam as mãos com tanta freqüência como deveriam, por acreditarem que isso resseca a pele e causa rachaduras. Como o departamento de governança é o responsável pela compra de sabonetes, a governanta deve estocar somente sabonetes desinfetantes que previnam esses problemas.

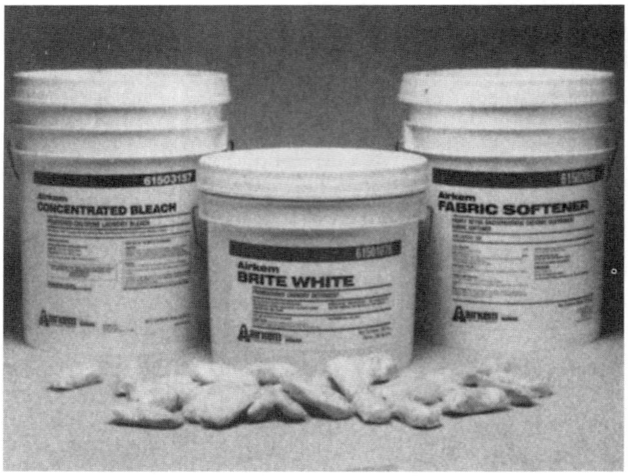

Figura 6.6 – Pacotes de detergentes de lavanderia pré-medidos. Foto da Airkem Professional Products. (Usada com permissão de JB Chemical Co. Inc., Las Vegas.)

Produtos Químicos Utilizados na Lavanderia

Alguns produtos químicos utilizados na lavanderia são detergentes sintéticos, alvejantes concentrados, **anticloro, ácidos** e amaciantes. Os detergentes costumam ser **não iônicos** e conter agentes clareadores e que evitam a deposição de resíduos. O ingrediente ativo na maioria dos produtos alvejantes é o hipoclorito de sódio. Os anticloros são utilizados para remover o excesso de cloro do tecido. Os ácidos servem para baixar o pH e podem conter também anil e branqueadores. Alguns ácidos adequados são o silicofluoreto de amônia, silicofluoreto de sódio, silicofluoreto de zinco e ácido acético. O uso de ácido em excesso pode resultar em um odor que impregnará a roupa. Os amaciantes são, em geral, produtos **catiônicos** que contêm agentes antiestáticos e bactericidas. Seu objetivo é deixar o produto lavado fresco e macio, sem eletricidade estática. Quando há agentes bactericidas presentes, eles ajudam a evitar o crescimento de microorganismos patogênicos no tecido. A Figura 6.6 mostra exemplos de produtos de lavanderia pré-medidos. Os sachês dos produtos dissolvem-se na água.

Produtos para Limpeza e Polimento de Metais

Esses produtos costumam ser comercializados em pasta e contêm solução levemente ácida. Alguns contêm camadas protetoras que inibem a ocorrência de manchas.

Solventes

Solventes são usados para limpar superfícies que estão muito sujas de graxa, alcatrão ou óleo. Eles são produzidos a partir de óleo de pinho, querosene e álcool. Alguns tipos não afetam a pintura de acrílicos e metais. Alguns solventes não inflamáveis, como o tetracloreto de carbono, são extremamente tóxicos e devem ser usados apenas por funcionários treinados. Os produtos inflamáveis são menos tóxicos. O departamento de governança deve procurar comprar apenas **solventes de nafta de petróleo** que possuem alto **ponto de ignição***. Quanto maior o ponto de ignição, menor é a probabilidade de que o produto pegue fogo.

Produtos de Limpeza para Banheiros

Para limpar o limo que se forma nas instalações do banheiro, remover manchas de ferrugem e sujeiras orgânicas, a indústria química produziu produtos químicos que vão de encontro a essas necessidades únicas. Os produtos para banheiro contêm ácidos que removem a ferrugem e a corrosão, e detergentes que removem o material fecal, urina e colônias de bactérias. O ácido clorídrico costuma ser escolhido para a formulação desses produtos. Entretanto, em alguns produtos, o ácido clorídrico foi substituído pelo ácido fosfórico, que é um pouco mais leve (Fig. 6.7). Os produtos ácidos para limpeza do vaso sanitário não devem entrar em contato com as instalações de metal, especialmente as de cromo.

Com freqüência, os produtos multiuso para a limpeza do vaso sanitário são versões mais leves dos produtos específicos. Os produtos de limpeza para banheiros não devem ser utilizados em pisos ou paredes. Pisos de pedra e ladrilhos reagem negativamente mesmo a produtos levemente ácidos.

---

* N. do T.: em inglês, *flash point*, temperatura na qual o produto químico entra em combustão.

Figura 6.7 – Dois exemplos de produtos de limpeza para vaso sanitário. Foto da Airkem Professional Products. (Usada com permissão de JB Chemical Co. Inc., Las Vegas.)

Produtos para a Limpeza de Carpetes

Os produtos para a limpeza de carpetes, sejam *spray*, espuma, pó seco ou xampu, contêm o mesmo tipo de substância química em diferentes formas. Alguns produtos químicos comuns são solventes neutros solúveis em água, emulsificadores, emulsões, **removedores de espuma**, produtos para dar brilho e desodorizadores. Muitos também contêm desinfetantes; contudo, alguns deles podem estragar carpetes de náilon de quarta ou quinta geração. Outros produtos são repelentes de sujeira e manchas. Ao escolher uma marca em particular, observe se esses produtos fazem parte da fórmula e compare seu produto de limpeza atual com as alternativas propostas.

Produtos para Cuidados com Piso

A formulação química de produtos para o piso depende da função do produto.

Removedores

Os removedores são usados para remover o acabamento desgastado do piso. Eles podem ter base de amônia ou não. Os produtos sem amônia não são eficazes na remoção de **acabamentos de polímeros de metal,** mas não possuem o odor forte dos produtos que contêm amônia. Um neutralizante é sempre aplicado após o removedor. Eles neutralizam os resíduos alcalinos deixados pela solução removedora para não afetar o desempenho do novo acabamento.

Limpadores de Pisos

São detergentes moderados que trabalham em água fria para remover a sujeira sem afetar o acabamento. Muitos acabamentos são **termoplásticos;** água quente tende a amolecer o acabamento. A maior parte desses produtos tem pH neutro e muitos não precisam ser enxaguados.

Selantes e Acabamentos

Selantes e acabamentos são aplicados à maioria das superfícies para proteger o piso do desgaste, dos produtos químicos e de líquidos que espirram no chão. A composição química dos selantes ou acabamentos varia conforme o material do piso. Os produtos mais usados na maioria dos pisos resilientes e em alguns pisos de pedra têm sido os acabamentos de liga de metal cruzada (em particular o polímero de zinco), graças à sua capacidade de deixar o piso com "aparência molhada". Recentemente, o uso desses acabamentos de metal pesado tem sido desconsiderado em decorrência das preocupações com o meio ambiente. Alguns estados norte-americanos proibiram sua venda em virtude do perigo do despejo desses metais no sistema de esgoto após a remoção dos acabamentos. Empresas como a Airkem agora produzem selantes e acabamentos que não contêm metais pesados (Fig. 6.8).

Muitas das mesmas preocupações estão sendo consideradas com relação aos selantes e acabamentos de madeira que contêm solventes como base. Já existe um acabamento para madeira à base de água, considerado por especialistas como seguro para o meio ambiente (Fig. 6.9).

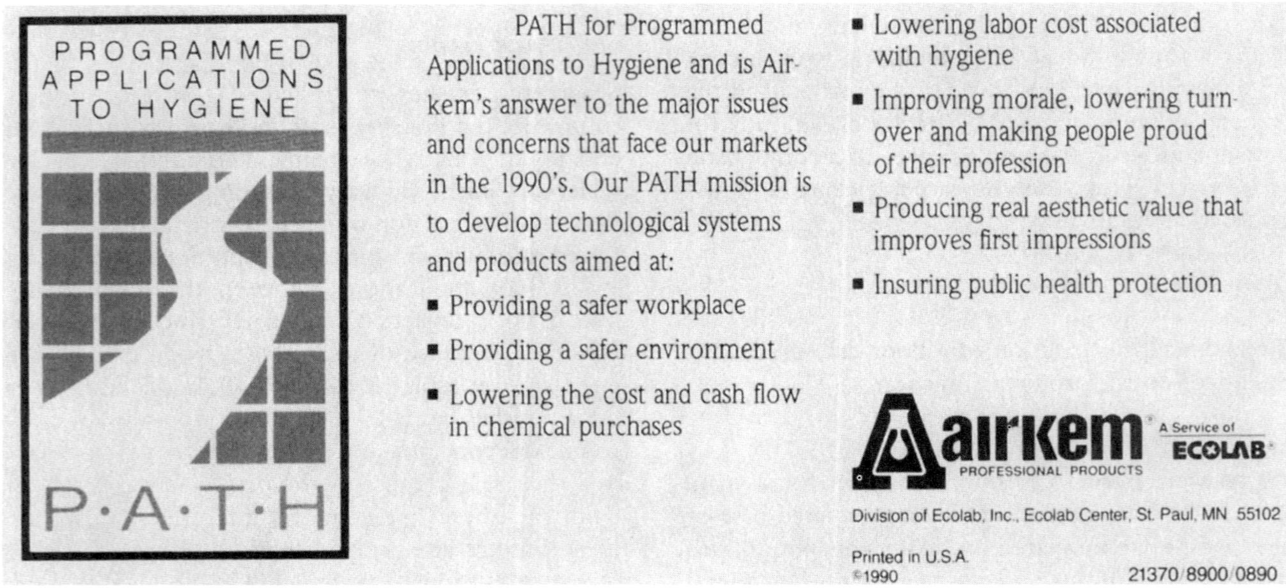

Figura 6.8 – "PATH". Uma empresa norte-americana atendeu às preocupações do público com relação ao uso de materiais de acabamento de liga de metal cruzada, produzindo uma nova linha de selantes e acabamentos. Foto da Airkem Professional Products. (Usada com permissão do JB Chemical Co. Inc., Las Vegas.)

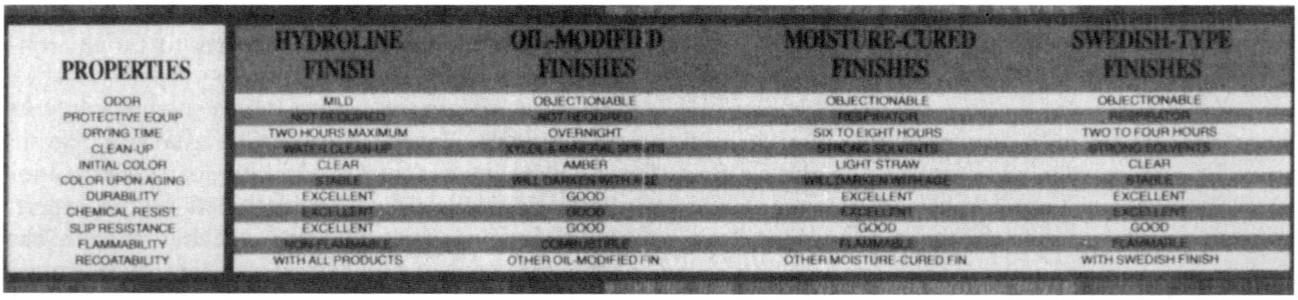

PROPERTIES	HYDROLINE FINISH	OIL-MODIFIED FINISHES	MOISTURE-CURED FINISHES	SWEDISH-TYPE FINISHES
ODOR	MILD	OBJECTIONABLE	OBJECTIONABLE	OBJECTIONABLE
PROTECTIVE EQUIP	NOT REQUIRED	NOT REQUIRED	RESPIRATOR	RESPIRATOR
DRYING TIME	TWO HOURS MAXIMUM	OVERNIGHT	SIX TO EIGHT HOURS	TWO TO FOUR HOURS
CLEAN-UP	WATER CLEAN-UP	XYLOL & MINERAL SPIRITS	STRONG SOLVENTS	STRONG SOLVENTS
INITIAL COLOR	CLEAR	AMBER	LIGHT STRAW	CLEAR
COLOR UPON AGING	STABLE	WILL DARKEN WITH AGE	WILL DARKEN WITH AGE	STABLE
DURABILITY	EXCELLENT	GOOD	EXCELLENT	EXCELLENT
CHEMICAL RESIST	EXCELLENT	GOOD	EXCELLENT	EXCELLENT
SLIP RESISTANCE	EXCELLENT	GOOD	GOOD	GOOD
FLAMMABILITY	NON-FLAMMABLE	COMBUSTIBLE	FLAMMABLE	FLAMMABLE
RECOATABILITY	WITH ALL PRODUCTS	OTHER OIL-MODIFIED FIN	OTHER MOISTURE-CURED FIN	WITH SWEDISH FINISH

Figura 6.9 – O acabamento "Hydroline", utilizado nos Estados Unidos, é à base de água; portanto, sem solventes que podem ser perigosos para funcionários ou para o público. (Foto usada com permissão de Jacqueline & Associates, Las Vegas.)

Pesticidas

A aplicação de pesticidas deve ser feita por especialistas. Aconselha-se o departamento de governança a procurar os serviços de uma empresa de confiança para fazer o controle de insetos ao invés de tentar realizar esse serviço. Se existir a necessidade de manter pesticidas no estoque, recomenda-se que apenas piretros naturais sejam usados, se possível. O controle de insetos e roedores é discutido em detalhes no Capítulo 13.

Manuseio e Acondicionamento dos Produtos Químicos

Deve-se seguir rigidamente as instruções do fabricante ao estocar e manusear produtos químicos. Todos os produtos devem ser armazenados em locais trancados. Um sistema de controle do estoque deve ser estabelecido e seguido. Produtos químicos são caros e os funcionários devem utilizá-los com responsabilidade. Os funcionários devem aprender a diluir produtos químicos concentrados, caso sejam utilizados.

Embalando Produtos Químicos

Produtos Químicos Concentrados e em Grande Quantidade

A compra de produtos químicos concentrados e em grande quantidade representa economia para o departamento de governança, mas a governanta executiva deve tomar cuidado para não comprar produtos demais. Um problema é que uma grande quantidade de produtos não pode ser estocada de maneira adequada.

O custo de estocagem de grandes quantidades pode não compensar a economia da compra em escala. Produtos químicos podem estragar quando estocados, devendo-se observar as datas de validade. A governanta executiva também deve comparar a economia no custo da compra de um grande volume com os juros potenciais que poderiam ser obtidos se uma quantidade mínima dos produtos fosse comprada, e a diferença de custo entre a quantidade mínima e a quantidade em escala. Se a economia de comprar um grande volume for maior do que o valor gerado pelos juros, a compra é um bom investimento. Mas se os juros gerados forem maiores, a melhor escolha é comprar uma pequena quantidade e investir o restante do dinheiro.

Outro problema da compra em larga escala ocorre quando os funcionários não diluem o produto no nível apropriado. Se o processo de diluição não é rigorosamente monitorado, a maioria dos funcionários tende a usar muito produto químico, o que aumenta os custos. Um meio para evitar isso é possuir, dentro do estabelecimento, uma estação misturadora de químicos, como a da Figura 6.10. Esses sistemas misturam automaticamente produtos químicos concentrados, eliminando assim o "achismo" e diluições inadequadas.

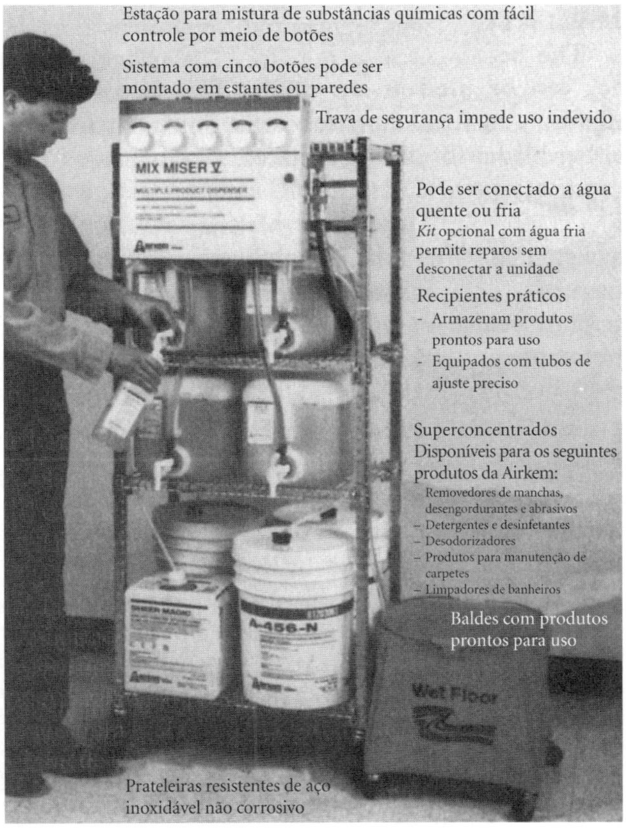

Figura 6.10 – Estação para mistura de substâncias químicas. Foto da Airkem Professional Products. (Usada com permissão de JB Chemical Co. Inc., Las Vegas.)

Produtos Químicos Pré-medidos

Muitos fabricantes de químicos e detergentes possuem produtos com medidas predeterminadas (embaladas) que vêm em recipientes que se dissolvem quando colocados na quantidade de água indicada, resultando em uma mistura com a quantidade correta de produto químico[3] (Fig. 6.11). Apesar desses produtos serem mais caros por unidade, sua utilização permite controle rigoroso de custos, garante a aplicação de melhores procedimentos de controle de estoque e a qualidade de limpeza. Além disso, governantas executivas e administradores de hospitais que desejam documentar os custos de limpeza atingem melhor esse objetivo com os produtos pré-medidos, pois com eles quantidades exatas do gasto dos produtos podem ser determinadas.

Aerossóis

Nos últimos anos, os produtos químicos em aerossol têm recebido considerável pressão negativa de diversas fontes. As governantas sempre reagem negativamente em virtude do alto custo desses produtos, encarecidos pelas embalagens e pelo sistema de propulsão.

Ambientalistas são contrários ao uso de aerossóis há anos. Nos anos 70, o problema era o uso do clorofluorcarbono (CFC), considerado destruidor da camada de ozônio e responsabilizado pelo aquecimento do planeta. Embora o CFC não seja mais usado, seus substitutos têm sido acusados de contribuir para a chuva ácida e a formação de neblina e fumaça; em um caso, o propulsor (metileno clorídrico) é suspeito de ser cancerígeno[4].

Entretanto, os aerossóis continuam sendo usados porque, para algumas aplicações, eles funcionam me-

Figura 6.11 – Produtos químicos pré-medidos em pacotes solúveis em água. Foto da Airkem Professional Products. (Usada com permissão de JB Chemical Co. Inc., Las Vegas.)

lhor do que os *sprays* de válvula manual e são mais fáceis de aplicar.

Compatibilidade dos Produtos Químicos

Uma razão pela qual as governantas devem considerar a compra de apenas uma marca de produtos é a sua compatibilidade. Os fabricantes de produtos químicos criam fórmulas que agem melhor quando combinadas com outros produtos da mesma linha do que com produtos da concorrência. Um exemplo disso pode ser um removedor de piso que funciona melhor com o acabamento de piso fabricado pela mesma indústria.

Ao escolher um novo produto químico, a governanta deve solicitar ao vendedor que demonstre o produto no local onde ele será utilizado para poder comparar marcas diferentes.

Padrões de Comunicação de Riscos da OSHA

Desde 1988, os hotéis norte-americanos devem satisfazer às exigências quanto à comunicação de riscos da Administração de Saúde e Segurança Ocupacional (Ocupational Safety and Health Administration – OSHA), com relação à manipulação e estocagem de produtos químicos perigosos. Alguns desses produtos são para pisos, carpetes, banheiros, químicos de lavanderia, inflamáveis, aerossóis, detergentes, polidores e pesticidas.

Para atender completamente às exigências, a governanta deve ler as diretrizes referentes à comunicação de riscos. A OSHA mantém um *site* (http://www.osha.gov) que possui muitas informações que o funcionário deve conhecer para que a empresa esteja de acordo com a lei. Numa das páginas desse *site*, é possível verificar as instruções de desenvolvimento de um programa de comunicação de riscos.

O hotel deve também inventariar e listar todos os produtos perigosos da propriedade. A empresa deve, então, conseguir formulários de **dados referentes à segurança dos materiais** (MSDS, do inglês *material safety data sheets*) junto aos fabricantes de produtos químicos. Esses formulários devem conter as características químicas dos produtos, recomendações de manuseio e estocagem, informações sobre inflamabilidade, ingredientes, prejuízos à saúde, procedimentos de primeiros socorros e como agir em caso de fogo ou explosão. Essas informações devem ser divulgadas para os funcionários e estar sempre disponíveis.

O hotel deve formular também um programa adequado de comunicação de riscos e desenvolver um programa de treinamento para os funcionários que usam ou têm contato com esses produtos. Finalmente, a empresa deve providenciar todos os equipamentos de proteção necessários para esses funcionários[5].

Utensílios e Equipamentos de Limpeza

Os produtos químicos são apenas parte do arsenal do departamento de governança na guerra contra a sujeira. A governanta executiva deve desenvolver padrões para os equipamentos e utensílios usados pelo estabelecimento, registrando-os por escrito nas especificações de compra. A seção seguinte tem a intenção de ajudar a governanta na formulação dessas especificações.

Utensílios de Limpeza

Alguns utensílios de limpeza não químicos são escovas, vassouras, baldes, esfregões, feltros, panos e espremedores. Embora esses utensílios pareçam simples, há diversos aspectos que devem ser observados ao escolhê-los.

Vassouras e Escovas

Algumas variedades comuns de vassouras são as de empurrar, piaçavas e espanadores. O papel da vassoura é remover partículas grandes de sujeira de pisos duros e resilientes. Boas vassouras têm duas fileiras de cerdas. A primeira tem cerdas duras desenhadas para remover as partículas grandes e a sujeira mais resistente. A segunda fileira deve ter cerdas finas, com as extremidades divididas, para remover partículas finas de sujeira. Muitas vassouras boas permitem que a escova gasta seja trocada por uma nova. Há uma empresa que produz vassouras com estrutura destinada até à absorção de choques entre a escova e o cabo para evitar quebras.

As melhores escovas possuem juntas em forma de U para que possam ser usadas em diversos ângulos. Isso é particularmente positivo para a limpeza dos rodapés. Alguns modelos têm lâminas de borracha para superfícies secas.

Baldes

Os baldes são feitos de três materiais básicos: aço galvanizado, aço inoxidável e plástico. Os baldes de plástico não enferrujam e são os mais baratos, mas eles riscam, acumulando sujeira nas arranhaduras, o que faz com que sempre pareçam sujos. "Os baldes de aço inoxidável são os 'Cadillacs' da indústria e, portanto, previsivelmente, são os mais caros"[6]. Os baldes têm tamanhos que variam de 15 a 55L. "Os tamanhos mais usados são os de 30 e 40L... Baldes redondos deixam rastros em linha reta quando empurrados pelos corredores, enquanto baldes ovais tendem a serpentear"[7]. Baldes bem projetados têm rodinhas de 7,5cm e borrachas para proteger móveis e paredes. Os melhores não têm sulcos. Para lavar e enxaguar, o equipamento com dois baldes economiza custos de mão-de-obra.

Espremedores

Os espremedores comprimem em duas direções – para os lados e para baixo. Os que espremem para baixo são melhores, mas mais caros. São feitos de aço ou plástico. O plástico é mais barato, mas se desgasta mais rápido que o metal. Podem ser comprados conforme o tamanho ou em tamanho único[8].

Esfregões para Limpeza com Água

A cabeça dos esfregões pode ser de algodão, raiom ou uma mistura dos dois. O algodão é melhor para esfregar e é um material mais econômico. O raiom é melhor para a aplicação do acabamento do piso. A composição de raiom e algodão é excelente. Escolha esfregões que tenham os fios em curva, não cortados, porque esse tipo segura melhor os líquidos, é mais durável e não solta os fios. Todo esfregão de qualidade tem uma parte inferior que ajuda a esfregar de maneira homogênea e mantém sua forma.

Lave os esfregões depois de usá-los e não aplique alvejantes que desintegrem as fibras. Eles podem ser comprados em diversas cores, para que cada uma tenha uma finalidade. Há no mercado esfregões que contêm um tratamento antimicrobial permanente, que evita o desenvolvimento de germes que causam doenças e estragam o esfregão[9].

Cabo do Esfregão

O cabo do esfregão pode ser feito de madeira, metal ou plástico e com diversas características. Cabos que podem ser trocados rapidamente são uma boa opção. Os cabos estão disponíveis em 140, 150 ou 160cm de comprimento[10].

Esfregão de Pó

Os esfregões de pó podem ser usados diariamente para remover o pó e pequenas partículas de sujeira do piso. Isso ajuda a proteger o acabamento, removendo as partículas abrasivas que podem causar sua erosão. Os esfregões têm entre 30 e 150cm de extensão. Podem ser feitos de algodão ou fios sintéticos. Os de algodão são tratados com produtos químicos que atraem e seguram as partículas de pó. Tratamentos com óleos devem ser evitados, pois mancham pisos de pedra ou madeira. O esfregão de pó deve ser limpo ao final do trabalho, e não no início, para permitir que o tratamento de limpeza seque. Os fios sintéticos não precisam ser tratados e podem ser a melhor alternativa em várias situações. Esfregões descartáveis duram cerca de 30 mil metros quadrados[11].

Rodos

Há dois tipos de rodo: o de piso e o de janelas. Os rodos de piso possuem a borracha muito mais dura do que os de janela. Os de janela possuem características interessantes, como cabo telescópico, que habilita a limpeza de uma janela exterior do terceiro andar sem necessidade de andaime ou de escada, e juntas em U que permitem limpar a janela em ângulos diferentes.

Feltros, Discos de Algodão e Escovas

As máquinas de piso e polidoras usam feltros, discos de algodão e escovas. Os feltros são feitos de fibras naturais ou sintéticas e seguem um código universal de cores para que os usuários saibam se estão utilizando o feltro correto em determinada aplicação (Cap. 5). Os discos de algodão são usados para limpar e as escovas, para passar xampu em carpetes. Suas fibras são sintéticas.

Equipamentos de Limpeza

Ao comprar equipamentos de governança, deve-se lembrar que há muitos produtos que parecem preencher as necessidades, mas poucos que efetivamente o fazem. O desafio é encontrar o equipamento certo: que seja de qualidade, possa ser usado continuamente com manutenção limitada e tenha melhor custo-benefício.

A decisão a respeito dos equipamentos que suprirão melhor as necessidades do departamento costuma ser tomada ao mesmo tempo em que são elaboradas as descrições de cargos. A qualidade, entretanto, é outra questão. Alguns gerentes enfatizam o preço da compra em detrimento da qualidade do produto. Outros colocam à disposição dos funcionários equipamentos de alta qualidade e esperam o mais alto nível de limpeza possível. A governanta executiva deve pressupor que o desejo da gerência é o mais alto nível de limpeza possível, e deve fornecer a seus funcionários os recursos para a realização dessa tarefa.

Muitos fornecedores são também representantes de equipamentos. Quando um novo hotel abre, eles agendam uma visita para apresentar sua linha de produtos e equipamentos. Um representante confiável é um recurso que deve ser considerado ao comprar equipamentos.

A governanta executiva deve ter a palavra final com relação ao tipo, quantidade e qualidade dos equipamentos necessários para a limpeza dos apartamentos e das áreas públicas. As compras de equipamentos são substanciais e, por isso, é preciso o máximo de cuidado e reflexão na sua escolha. A análise dos diversos equipamentos listados na Tabela 4.1 é apropriada para um hotel do tamanho do nosso hotel-modelo. Informações gerais sobre esses equipamentos são descritas a seguir.

Carrinho da Governança

O carrinho da governança é um equipamento muito importante. Deve haver um para cada seção de quartos. Ele deve ser grande o suficiente para carregar *tudo* que a atendente possa precisar em um dia de trabalho (viagens repetidas à rouparia para pegar dois lençóis extras ou três copos a mais dispersam e podem diminuir a eficácia do trabalho). Como o carrinho é grande e bem abastecido, ele deve ser manobrável e capaz de ser empurrado por uma pessoa de 45kg. Surpreendentemente, esses carrinhos existem. Carrinhos de qualidade são manobráveis com duas rodas fixas na traseira e duas rodas giratórias no lado oposto.

Os carros devem ter três prateleiras profundas, lugar para colocar roupas sujas e para sacos de lixo destacáveis, espaço para o aspirador e uma parte superior dividida em repartições. A Figura 6.12 mostra um carrinho de três prateleiras que atende 20 acomodações (30 camas) quando totalmente abastecido. Observe a proteção de neopreno que circunda o carro e protege as paredes dos corredores e os batentes das portas. O carrinho mostrado pesa mais de 250kg quando cheio. A Figura 6.13 mostra uma cesta usada na parte superior do carrinho e uma com diversos itens pequenos, de alto custo, que serão necessários para suprir os apartamentos dos hóspedes durante o dia de trabalho.

A divisão da parte superior do carrinho é feita de forma mais adequada quando é possível medir os itens que serão colocados no carrinho. O carpinteiro do hotel deve ser capaz de fazer essas repartições corretamente.

Carregadores pequenos também são disponíveis para auxiliar o trabalho de limpeza no saguão e áreas comuns.

Aspirador de Pó

Há diversos tipos de aspiradores para a limpeza das unidades habitacionais (UH). Alguns hotéis possuem aspiradores com reservatório, outros têm aspiradores instalados no carrinho da governança com mangueiras de 7m que, do corredor, alcançam todo o apartamento. A preocupação principal com esse tipo de aspirador, no entanto, é o ruído que se propaga pelo corredor quando um ou mais aspiradores estão em uso. O aspirador mais encontrado em hotéis é o que possui cabo perpendicular, com saco e escova. A Figura 6.14 é uma fotografia desse modelo.

Uma versão melhorada do aspirador de um motor mostrado na Figura 6.14 é o de motor duplo mostrado na Figura 6.15: um motor dirige a escova enquanto outro providencia a sucção. Em geral, esse tipo de aspirador de motor duplo tem uma mangueira que permite a limpeza dos cantos e estofados.

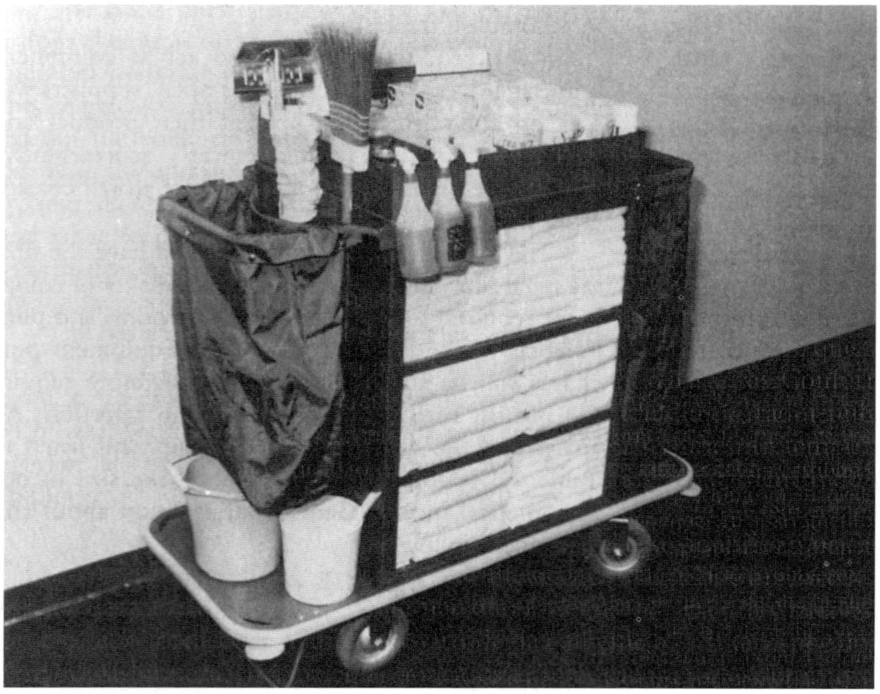

Figura 6.12 – Carrinho de atendente abastecido com enxoval suficiente para atender 20 apartamentos. Observe as três prateleiras profundas e os reservatórios de lixo e roupa suja. Os carrinhos devem ser de alta qualidade, com bons rodízios e pára-choques de neopreno. (Foto usada com a permissão das Indústrias Forbes.)

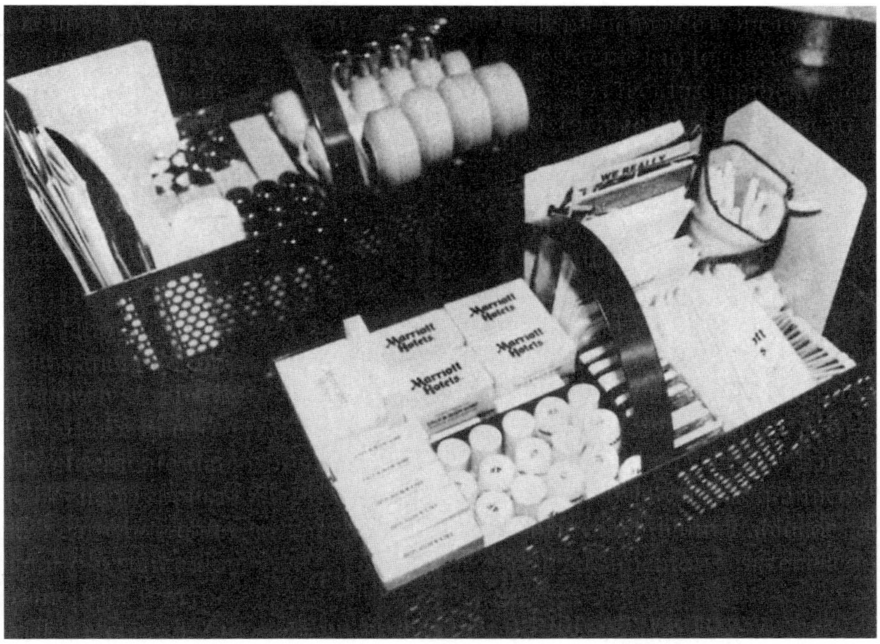

Figura 6.13 – Cesta utilizada na parte superior do carrinho. (Foto cortesia do Los Angeles Airport Marriott Hotel.)

Figura 6.14 – Aspirador-padrão de motor único com escova de 30cm. (Foto cortesia da Advance Machine Company.)

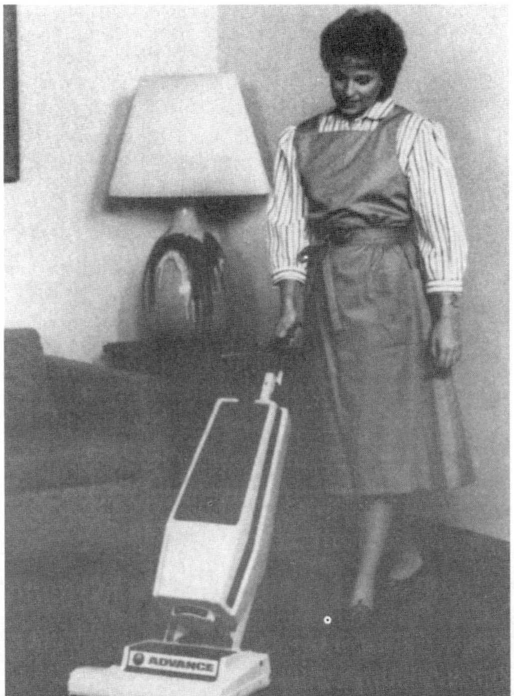

Figura 6.15 – O "Carpetwin", um aspirador de motor duplo. Esse aspirador está disponível em modelos de 35, 40 e 50cm. (Foto cortesia da Advance Machine Company.)

São comercializados muitos aspiradores de diferentes níveis de qualidade cujo preço varia entre US$ 100 e US$ 500 (eu ainda não encontrei aspiradores de US$ 400 que valham essa diferença, por isso prefiro os mais baratos). A potência do motor, a facilidade de esvaziar e trocar as correias da escova e a manutenção de rotina são critérios que devem ser considerados ao avaliar aspiradores. Sejam baratos ou *top* de linha, os aspiradores da governança serão muito utilizados. Se o aspirador mais barato puder agüentar o uso pesado (e ele pode), é melhor usá-lo até o fim e substituí-lo quando necessário. Deve haver um aspirador para cada atendente, um para cada funcionário da limpeza das áreas comuns e 10% do total como reserva.

Aspiradores para Corredores

A equipe de governança possui funcionários que têm como responsabilidade passar o aspirador nos corredores do hotel. Tais áreas têm grandes extensões de carpete que necessitam de uma forma eficiente de aspiração. Os funcionários precisam ter à disposição um aspirador capaz de executar essa pesada e demorada tarefa. Um aspirador com motor e tamanho entre 45 e 71cm na base, como mostrado na Figura 6.16, é adequado para esse tipo de trabalho.

Todas as fábricas de equipamentos comerciais produzem modelos desse tipo e tamanho que devem ser comparados e estudados antes da compra.

Aspirador de Espaços

Os aspiradores de espaço (Fig. 6.17) se parecem com um cortador de grama. Com aproximadamente 76cm de largura, motor e capacidade para aspirar fragmentos largos, os aspiradores de espaço são os melhores equipamentos para aspirar os grandes carpetes encontrados nos salões, salas de reuniões e corredores. Em um hotel do tamanho do nosso hotel-modelo, tanto o departamento de banquetes como o de governança necessitam de um. Quando necessário, um poderá ser substituído pelo outro se ocorrer algum problema. Haverá momentos em que o departamento de banquetes precisará usar ambos.

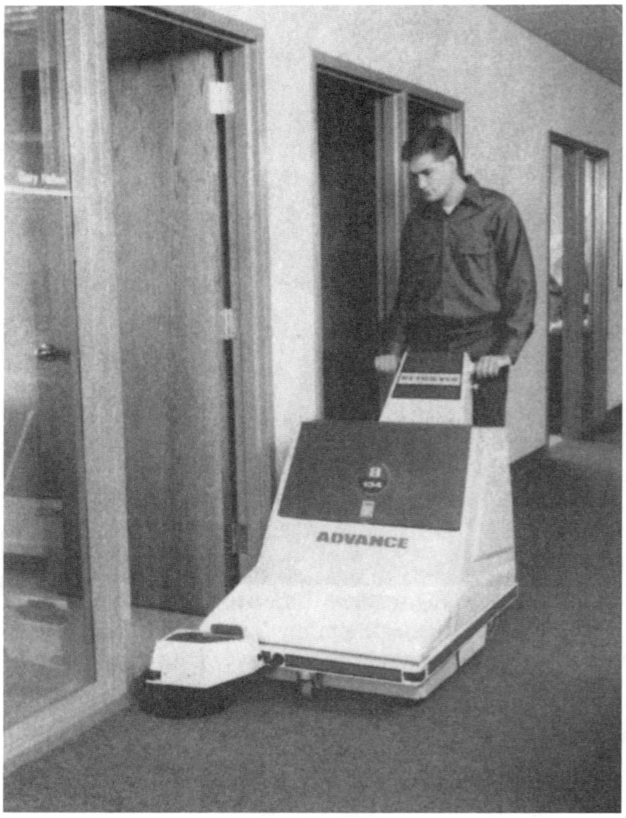

Figura 6.17 – "Retriever" de 86cm, aspirador de espaços. Este é um modelo movido a bateria com autopropulsão, dotado de uma vassoura na lateral para limpeza das paredes. (Foto cortesia da Advance Machine Company.)

Figura 6.16 – Aspirador "Carpetriever" da Advance. Observe a mangueira acoplada nesse modelo. (Foto cortesia da Advance Machine Company.)

Levantadores de Felpa

Levantar a felpa, como o termo indica, significa levantar a felpa do carpete que ficou abaixada. Esse processo deve ser efetuado junto com a limpeza com xampu. O Rugavator (Fig. 6.18) é um exemplo de máquina capaz de fazer com que a felpa retorne à sua orientação vertical.

A utilização do levantador de felpa antes da aplicação do xampu ajuda na limpeza do carpete e, se usado depois do xampu, ajuda na secagem. Esta é outra forma de aspiração, pois esse tipo de máquina possui uma grande escova rotatória. Pelo menos um levantador de felpa costuma ser encontrado no arsenal de equipamentos dos hotéis com mais de 300 UH.

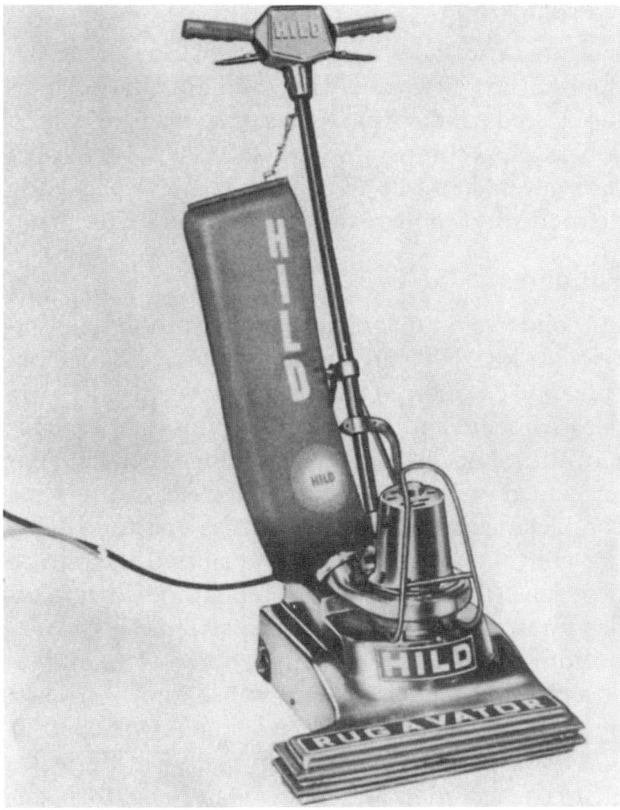

Figura 6.18 – O aspirador Rugavator é usado para aspirar o carpete e restaurar a orientação vertical da felpa. É especialmente bom para usar antes e depois da lavagem com o xampu. O Rugavator é altamente manobrável, pode ser usado em áreas restritas e pode ser ajustado para diferentes alturas de felpa. (Foto cortesia de HILD Floor Machine Co., Inc.)

Figura 6.19 – Modelo de aspirador de líquidos "Tip & Pour" da Advance. Não é necessário erguê-lo para esvaziá-lo. (Foto cortesia da Advance Machine Company.)

Aspiradores de Líquidos

Os aspiradores de líquidos (Fig. 6.19) são absolutamente necessários nas operações hoteleiras. Ainda que os aspiradores de água possam ser usados também para aspiração de pó, eles são configurados para líquidos, estando prontos para qualquer emergência de derramamento de líquidos. Devem existir dois aspiradores de líquidos no estabelecimento: um no departamento de banquetes e um na governança, ambos limpos e prontos para uso. Eles também são úteis em grandes áreas de piso não acarpetado cujo acabamento está sendo removido e limpo, pois auxiliam bastante na remoção de água, tornando essas operações mais eficientes.

Aspiradores Mochila

Os aspiradores tipo mochila (Fig. 6.20) são muito eficientes para limpeza de cortinas, cortinados, cantos do teto e outras áreas que precisam de aspiração pesada. O aspirador fica preso nas costas do funcionário e tem um bastão com vários acessórios que oferecem flexibilidade para limpar sem precisar configurar o aspirador. Dois aspiradores mochila são suficientes para um departamento de governança que atende 350 quartos.

Vassouras Elétricas

Vassouras elétricas são aspiradores muito leves sem motor. São usadas para serviços leves de aspiração e, algumas vezes, usadas no lugar do aspirador. São excelentes para retoques rápidos no carpete e em pisos ásperos ou para retirar areia e líquidos espirrados quando não é necessário aspirar completamente. Elas não devem substituir o aspirador.

Enceradeiras de Disco Simples

A enceradeira de disco simples é o item mais versátil dentre os equipamentos da governança. Essa máquina pode esfregar o chão, remover acabamentos, polir pisos, lixar pisos de madeira e lavar carpetes com xampu. As máquinas estão disponíveis em modelos de 43, 45, 48 e 50cm. Elas podem acomodar feltros, escovas ou discos de algodão. Como já foi observado, diferentes feltros são usados para diferentes trabalhos, de remoção ao polimento (Fig. 6.21).

Escovas são usadas para esfregar o piso e ensaboar o carpete e discos de algodão são usados para a "lim-

Figura 6.20 – O "Papoose–on-the-back vac" da Advance pode ser convertido para um aspirador com reservatório com a colocação de rodas. (Foto cortesia da Advance Machine Company.)

Figura 6.21 – O "All Purpose Matador" pode polir, remover e esfregar pisos e lavar carpetes com xampu com os acessórios adequados. (Foto cortesia da Advance Machine Company.)

peza *bonnet*" do carpete (descrita no Cap. 5). Ao escolher uma enceradeira, não opte por uma muito pequena. Uma maior cobrirá uma área maior mais rápido, reduzindo assim os custos de mão-de-obra. A Tabela 6.1 é a comparação dos custos de mão-de-obra para enceradeiras de 43cm e de 48cm. Dependendo do modelo, ela poderá operar entre 175 e 350rpm.

Polidores

Os polidores ou máquinas para dar brilho de ultravelocidade (UHS) parecem enceradeiras, mas operam entre 350 e 2.500rpm. Eles foram desenvolvidos para dar polimento aos novos acabamentos duros que foram introduzidos no mercado. Diferentemente das enceradeiras, o feltro do polidor UHS não repousa completamente sobre o piso. Apenas a parte da frente fica em contato com o solo, enquanto o restante do peso é distribuído nas rodas. Muitos modelos têm rodas giratórias na frente para distribuir o peso. O polidor UHS opera em linha reta, enquanto as enceradeiras tradicionais operam de um lado para outro. Há modelos a bateria e a propano que permitem trabalhar grandes áreas sem a necessidade de fios elétricos incômodos. Os modelos a propano são ruidosos, produzem uma fumaça nociva e apresentam riscos de incêndio. Eles são ilegais em alguns municípios. A Figura 6.22 mostra dois polidores UHS.

Esfregadores Automáticos

O objetivo dos esfregadores automáticos é esfregar ou remover pisos ásperos e resilientes. O aparelho aplica solução removedora ou de limpeza, esfrega o chão e aspira a solução suja em uma operação contínua. A maioria das unidades é autopropulsora. Algumas têm acessórios que as transformam em aspirador de pó ou de líquidos, enquanto outras podem ser também usadas para polir pisos secos. Além dos modelos elétricos AC, há modelos a bateria. Os modelos impulsionados por bateria são melhores, pois evitam o liga e desliga dos fios elétricos, um inconveniente que diminui a produtividade do funcionário. Estão disponíveis em diferentes tamanhos, desde 43cm a mais de 120cm.

Ao comprar uma máquina para limpar saguões e corredores, considere o número de passadas necessárias para limpar um saguão. Se a máquina limpar corredores no mesmo número de passadas que uma máquina pequena, não há benefício em pagar mais por uma máquina maior. A Figura 6.23 mostra uma esfregadora automática em ação.

Extratoras de Água

A extratora de água é, algumas vezes, conhecida como máquina "a vapor" ou de água quente. Esses termos

Tabela 6.1 – Comparação dos custos de mão-de-obra entre as máquinas de piso de 43 e 50cm

	CUSTOS DE MÃO-DE-OBRA POR HORA PARA 300m²					
TEMPO POR 300m²	US$ 7/h	US$ 8/h	US$ 9/h	US$ 10/h	US$ 11/h	US$ 12/h
43cm – 23min	2,68	3,07	3,45	3,83	4,22	4,60
50cm – 16min	1,87	2,13	2,40	2,67	2,93	3,20

Fonte: cortesia da Advance Machine Company.

Figura 6.22 – (A) O "Whirlamatic 2500B", um polidor a bateria com 2.500rpm para trabalhos grandes. (B) O "Whirlamatic 17/20 UHS", um polidor de corrente elétrica AC que opera a 1.500 rpm. (Foto cortesia da Advance Machine Company.)

são, na verdade, errados, pois o vapor nunca é produzido por essas máquinas e a água quente não costuma ser usada por causa dos riscos de encolhimento e desbotamento.

Atualmente, há três variedades de extratoras no mercado. O primeiro tipo é o menos caro: consiste em dois reservatórios – um que carrega a solução de limpeza, outro que guarda a água suja aspirada – e um bastão que conecta os dois por meio de duas mangueiras. Conforme o bastão é empurrado pelo carpete, o operador pulveriza a solução detergente limpa. Ao mesmo tempo, a solução é imediatamente aspirada para dentro do reservatório de resíduos.

A segunda variedade de extrator é aparentemente idêntica à primeira, mas possui um acessório valioso. Uma escova é acoplada ao bastão, que trabalha a solução detergente no carpete e decompõe fisicamente a sujeira pegajosa antes de aspirá-la. Essa opção (Fig. 6.24) definitivamente vale o preço maior.

A terceira variedade é, inquestionavelmente, a melhor, pois diminui o cansaço do operador e elimina o esforço extra-requerido para a reposição das mangueiras e reservatórios. Essa variedade é chamada de extratora única de carpete. Esses equipamentos (Fig. 6.25) eliminam as mangueiras e reservatórios e os modelos a bateria também eliminam o incômodo fio elétrico. Os menores são muito bons para os apartamentos e os maiores podem limpar até 90cm de carpete em uma passada. Alguns desses modelos têm uma mangueira e ferramentas de mão para limpar escadas e estofados.

As máquinas para limpeza de carpete com espuma seca depositam uma espuma levemente úmida sobre o carpete, que é aspirada depois de seca. Elas deixam um pouco de espuma no carpete. Têm entre 30 e 70cm de largura (Fig. 6.26). Muitas possuem acessórios para a limpeza de estofados.

Figura 6.23 – Uma esfregadora automática substitui o esfregão, economizando tempo. (Foto cortesia da Advance Machine Company.)

Figura 6.25 – Advance "Aquamatic", movido a bateria, segue o extrator. (Foto cortesia da Advance Machine Company.)

Figura 6.24 – "Aquatron 16XP", um extrator com reservatório e escova elétrica. (Foto cortesia da Advance Machine Company.)

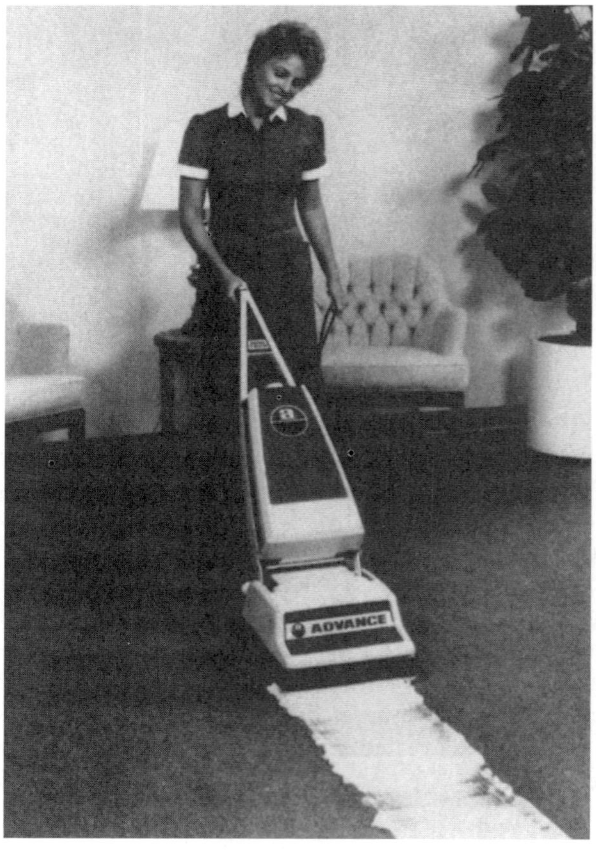

Figura 6.26 – Advance "Minitron", que limpa com espuma seca. (Foto cortesia da Advance Machine Company.)

Sistemas de Limpeza a Pó Seco

Esses sistemas costumam usar três peças de equipamento. Primeiro o pó seco é derramado no carpete com um aplicador. Então, uma escova trabalha o pó no carpete, desalojando a sujeira das fibras. O pó é, então, aspirado com um aspirador-padrão. A Figura 6.27 mostra um sistema de pó a seco. Como mencionado no Capítulo 5, esse sistema permite que o carpete seja usado imediatamente após a limpeza.

Prateleiras Móveis Conversíveis

As prateleiras móveis conversíveis são únicas em sua versatilidade e construção (um modelo típico, como o mostrado na Figura 15.5, será discutido no Cap. 15).

Elas estão presentes na rouparia, com prateleiras ajustadas para receber o enxoval sujo, funcionando como um grande cesto para as roupas usadas. Ao final do dia, a roupa suja é levada para a lavanderia no carrinho apropriado. Enquanto isso, outra unidade, ajustada para receber o enxoval limpo processado pela lavanderia, é levada para a rouparia para que as atendentes possam carregar seus carrinhos para o próximo dia de operação. Uma vez esvaziadas, as prateleiras são reposicionadas para repetir o ciclo no próximo dia.

Figura 6.27 – Sistema de limpeza de extração a seco de carpete. (Foto cortesia das Indústrias Racine Inc.)

Esse tipo de prateleira não apenas elimina a necessidade de prateleiras permanentes na lavanderia e na rouparia, como também reduz a tarefa de carregamento em três passos (tirar as roupas das prateleiras, colocá-las no carrinho e colocá-las na prateleira novamente) a uma tarefa de carregamento único. Deve haver no mínimo duas unidades para cada rouparia.

Equipamento para Transporte de Lixo

Outros equipamentos utilizados por funcionários da governança são para remover lixo e outros materiais dos diversos departamentos do hotel para a área de depósito.

Um transportador similar ao produzido pela Rubbermaid (Fig. 6.28), conhecido como *hopper*, é recomendado. Ele pode ser utilizado para transportar, várias vezes ao dia, o enxoval sujo dos carrinhos da governança para a rouparia, ou para carregar sacos de lixo dos carrinhos para serem esvaziados. Uma grande quantidade de materiais e lixo precisa ser transportada todos os dias em cada departamento do hotel. Conseqüentemente, cada equipe de governança precisará de um transportador para a remoção dos materiais.

Máquinas de Costura

Uma máquina de costura de qualidade é útil na rouparia principal. Ela será utilizada para fazer reparos em cortinas e colchas e pode ser usada para fazer certos itens de tecido. A máquina deve ser de qualidade industrial, visto que um dos itens que precisará de reparos serão cortinas *blackout*. Máquinas não automáticas ou de múltiplos pontos são necessárias.

Lavadoras de Copos

O departamento de governança pode precisar de sua própria máquina para lavar copos, dependendo se os

Figura 6.28 – O carrinho basculante (*hopper*) é apropriado para carregar suprimentos de um lugar para o outro, transportar roupas sujas dos carrinhos da governança e remover lixo. O modelo mostrado pode carregar 450kg e tem meia jarda cúbica de capacidade. (Foto cortesia da Rubbermaid, Commercial Products Division.)

copos de bebidas das UH forem de vidro ou de plástico e da disponibilidade da lavadora de louça do hotel. Em hotéis de grande porte (mais de 1.000 UH), é adequado que a rouparia esteja equipada com uma lavadora de copos para evitar o transporte de 15 a 20 caixas de copos para a cozinha toda noite.

As lavadoras de copos são caras e constituem um equipamento primordial. A utilização de copos de vidro em vez de plástico é uma questão de qualidade e economia, e o uso contínuo dos copos justifica o gasto com a lavadora.

Suprimentos para Hóspedes

Suprimentos para hóspedes são quaisquer itens que sirvam para dar ao hóspede conforto e conveniência. O termo **cortesia** ou *amenity* é comumente empregado para identificar itens de luxo que o hotel dá aos seus hóspedes sem custo extra, embora o custo desses itens esteja embutido no valor da diária.

Há também materiais destinados para uso dos hóspedes que não podem ser classificados como de luxo nem no mais espartano hotel econômico. Pode-se categorizar esses itens como **produtos para consumo do hóspede.**

Existem ainda os itens essenciais ao hóspede, que não costumam ser usados ou levados por ele. Esses itens podem ser chamados de **produtos essenciais ao hóspede.**

Itens de empréstimo ao hóspede são produtos que não são encontrados no apartamento, mas que são disponibilizados quando requeridos.

Essas categorias de materiais para hóspedes são ligeiramente arbitrárias, mas representam uma tentativa de diferenciar os itens essenciais dos dispensáveis.

Com freqüência, o valor da diária de cada apartamento terá influência na quantidade e na qualidade desses materiais. Embora esses suprimentos não sejam caros se considerados item por item, juntos podem aumentar substancialmente os custos do hotel. Hoje em dia, muitos estabelecimentos econômicos estão diminuindo as cortesias. Por outro lado, muitos acreditam que uma diminuição das cortesias reduziria seriamente o valor percebido pelos hóspedes de muitos hotéis de luxo[12].

Os materiais para hóspedes representam uma grande preocupação com relação ao estoque e à segurança. Alguns itens como canetas, artigos de papelaria e envelopes existem em quantidades tão grandes que parece pouco importante que funcionários mal treinados possam achar que seu uso em casa é totalmente aceitável. Outros itens de maior valor (como um pacote de detergentes e alvejantes da lavanderia) podem precisar de mais segurança na estocagem. Nesses casos, locais trancados para armazenamento (dentro do almoxarifado) são primordiais. Se não for controlado de maneira adequada, o uso indiscriminado e negligente do estoque dos suprimentos para hóspedes pode tornar-se uma despesa cara.

Pacotes de Cortesias

Embora as cortesias estejam presentes além do quarto de hóspedes (cafés da manhã grátis, recreação, etc.), nossa discussão será apenas sobre as cortesias encontradas nos apartamentos.

Cortesias de Banheiro

Quando o público em geral pensa em cortesias do apartamento, ele tipicamente pensa nos produtos usados no banheiro. A Tabela 6.2 contém uma lista desses itens mais comuns.

Há duas escolas, com linhas de pensamento opostas, quando se trata das cortesias do banheiro. Uma acredita que o hóspede aprecia ver produtos de marca no aparador, enquanto outra acha que o produto deve ter o logotipo do hotel. Felizmente, diversos fornecedores podem conciliar (mediante pagamento) a impressão dos dois.

O que deve preocupar mais o hotel é o custo-benefício das cortesias. Freqüentemente gerentes de hotel acreditam que é possível ganhar a lealdade de um cliente investindo em *amenities.* A gerência deveria primeiro analisar o que é realmente importante para o hóspede. Talvez, apenas talvez, muito dinheiro seja gasto nos hotéis norte-americanos em cortesias que são uma preocupação secundária para os hóspedes desses hotéis.

Cortesias do Apartamento

Essas cortesias são as encontradas no quarto dos hóspedes. A Tabela 6.3 apresenta uma lista de cortesias comuns.

Tabela 6.2 – Cortesias de banheiro

Pós-barba	Sabonete de glicerina
Gel de banho	Condicionador de cabelo
Sais de banho	Loção para as mãos
Óleo para o corpo	Esponjas
Talco	Líquido para limpeza bucal
Espuma para banho	Cortador de unhas
Colônia	Perfume
Cosméticos	Aparelho para barbear
Desodorante	Tesoura
Sabonete desodorante	*Kit* de costura
Lixa de unhas	Xampu
Sabão em pó	Creme de barbear
Loção facial	Calçadeira
Sabonete facial	Touca de banho
Creme facial	Loção bronzeadora

Tabela 6.3 – Cortesias para hóspedes

Robes de banho	Flores
Chocolate	Bebidas grátis no quarto
Sachês para roupas	Aperitivos grátis
Cafeteira	Filmes no quarto
Saca-rolhas	Artigos de papelaria de luxo
Canetas caras	Canetas de qualidade

Elementos Indispensáveis ao Hóspede

Os elementos indispensáveis aos hóspedes são os que devem permanecer no hotel após sua partida. Infelizmente, nem sempre é esse o caso. Um objeto particularmente incômodo para os hóspedes e para o hotel são os cabides de roupa. Anos atrás, os hotéis eliminaram os cabides de madeira, pois eles costumavam ser levados pelos hóspedes em sua bagagem. Eles foram substituídos pelos cabides de cabeça arredondada que não são roubados, mas foram e continuam sendo fonte de irritação para os hóspedes. Então, entra em cena o cabide com um gancho menor do que o normal. Esse item adaptado tem um gancho que é muito pequeno para encaixar em guarda-roupas-padrão, mas é fácil de usar.

Um colega do autor, que é desenhista e um freqüente viajante de negócios, uma vez sugeriu um acessório que esquentaria o coração de todos os viajantes que usam porta-ternos: um pequeno mas bem fixo gancho defronte à prateleira de roupas ou ao armário na UH. Esses ganchos seriam colocados a aproximadamente 2m do piso e serviriam para pendurar os porta-ternos. Tirar um porta-ternos de dentro do armário ou da cama, argumenta o desenhista, é muito inconveniente. Embora poucos hotéis reconheçam essa necessidade, eles são a extrema minoria.

Uma observação final sobre os elementos indispensáveis aos hóspedes: o logotipo do hotel quase sempre fará com que esses itens pareçam *souvenirs* e, como tal, desaparecerão a taxas alarmantes. Se ficar decidido que esta é uma forma efetiva de "propaganda", talvez os custos desses itens devam ser divididos com outros departamentos do hotel, particularmente com o de *marketing*.

Uma lista de itens indispensáveis está na Tabela 4.2.

Produtos para Consumo do Hóspede

Esse tipo de produto, feito para ser usado ou levado pelo hóspede, é algumas vezes fornecido por outras organizações que não o departamento de governança. Por exemplo, sacos e formulários de lavanderia são normalmente fornecidos pelo estabelecimento de limpeza que providencia o serviço. Muitos desses itens (como sabonetes) não são necessariamente usados ou levados pelo hóspede, mas são repostos quando o quarto é arrumado para outro hóspede. Todos esses itens costumam ser inventariados e estocados pelo departamento de governança.

Eles estão listados na Tabela 4.2.

Itens de Empréstimo aos Hóspedes

Os itens para empréstimo não são mantidos no quarto de hóspedes, mas são disponibilizados quando requisitados com respectivo recibo. Em geral, esses itens são estocados na rouparia principal (centro de operações da governança) e, quando requisitados, são levados ao hóspede com recibo. Tais recibos devem especificar quando o item deverá ser devolvido, para não parecer que o produto é grátis.

Resumo

O sucesso financeiro de uma instituição não é necessariamente o resultado de algumas poucas decisões estratégias isoladas. Ele costuma ser obtido por meio de centenas de pequenas decisões importantes, minúcias como a seleção do sabonete correto para os apartamentos, a compra do tamanho correto da máquina de piso e a utilização de um produto químico para limpeza do banheiro que não estrague as instalações. A governanta executiva deve estar informada do desenvolvimento tecnológico com relação a suprimentos e equipamentos de governança e deve basear suas decisões de compra e uso em fatos objetivos, não na influência de um vendedor de fala mansa. O Apêndice I servirá como uma boa referência para suprimentos e equipamentos.

TERMOS E CONCEITOS-CHAVE

Microorganismos patogênicos
Detergentes
Desinfetantes
Bactericidas
Compostos de amônia quaternária
Idophors
Hipocloritos
Composto fenólico
Higienizador
Produtos de limpeza multiuso
Neutralização de odores
Infecção hospitalar
Anticloros
Termoplástico
Comunicação de riscos

Ácidos
Detergentes não iônicos
Catiônico
Solvente de nafta de petróleo
Ponto de ignição
Removedor de espuma
Acabamentos de polímeros de metal
Dados referentes à segurança dos materiais
Cortesia
Produtos para consumo do hóspede
Produtos essenciais ao hóspede
Produtos de empréstimo ao hóspede

QUESTÕES PARA DISCUSSÃO E REVISÃO

1. Que cortesias são características de um hotel econômico? E de um hotel de tamanho médio? E de um hotel de luxo?
2. Explique as vantagens e desvantagens de confiar em um produto de limpeza multiuso.
3. Em que áreas do hotel a governança deve usar desinfetante? Em que áreas o higienizador é adequado?
4. Liste as aplicações da enceradeira de disco simples.
5. Defina esses termos:
   Desinfetante
   Higienizador
   Detergente
   Ácido
   Anticloro
   Cortesia
6. Explique os benefícios da utilização de prateleiras conversíveis móveis.

NOTAS

1. John J. Dykstra and Andrew R. Schwartz, "Sanitation and Disinfection Key to Infection Control", *Executive Housekeeping Today*, November 1990, p. 4.
2. "Handwashing: The Most Effective Method in Preventing Nosocomial Infection", *Executive Housekeeping Today*, May 1990, p. 12.
3. "Premeasured Detergents and Costs", *Executive Housekeeping Today*, November 1982, p. 12.
4. Ron Gillette, "Aerosols Under Pressure", *Sanitary Maintenance*, June 1990, p. 22.
5. Christine O'Dwyer, "Chemical Warfare", *Lodging*, December 1990, pp. 59-60.
6. Buzz Flannigan, "Mopping Equipment", *Sanitary Maintenance*, May 1989, p. 42.
7. Ibid.
8. Ibid.
9. Joseph Wilen, "Wet Mops", *Sanitary Maintenance*, May 1989, p. 37-38.
10. Buzz Flannigan, "Mopping Equipment", *Sanitary Maintenance*, May 1989, p. 80.
11. Mark Friedman, "Dust Mops", *Sanitary Maintenance*, May 1989, pp. 40-41.
12. Christine O'Dwyer, "Should You Cut Amenities?" *Lodging*, October 1990, pp. 73-75.

7

Planejamento de Material: Enxovais e Uniformes

OBJETIVOS DO CAPÍTULO

1. Ser capaz de determinar especificações para compra de enxovais de cama, incluindo lençóis, travesseiros, colchões, cobertores e colchas.
2. Estabelecer critérios de compra para enxovais de mesa, incluindo o tamanho adequado, o tipo de tecido e o método de fabricação.
3. Ser capaz de determinar padrões de escolha para os uniformes dos funcionários.
4. Descrever os critérios usados para avaliar enxovais de banho para meios de hospedagem.

Este capítulo é o quarto e último voltado para a avaliação da administração de materiais. Aqui serão considerados os **enxovais de cama, mesa e banho** e os **uniformes**. Esses itens são os de maior custo anual para a operação hoteleira. Os suprimentos iniciais necessários para manter o funcionamento de um hotel comercial do tamanho do hotel-modelo podem custar muito mais de US$ 200 mil.

Antes de decidir quanto às necessidades de um estoque inicial de enxoval de cama, mesa e banho e de uniformes, a governanta profissional deve ter amplo conhecimento da sua composição e fabricação. Ela deve, então, especificar a compra desses itens de tal forma que eles complementem a propriedade, em vez de desvalorizá-la.

A meta deste capítulo é proporcionar à governanta conhecimento referente aos diferentes materiais e métodos de fabricação usados para produzir esses tecidos.

Enxoval de Cama

Fazem parte do enxoval de cama todos os materiais usados para arrumá-la, incluindo lençóis, fronhas, cobertores, travesseiros, colchas, **saias**, acolchoados e cobre-leitos.

Lençóis e Fronhas

Muitos hotéis pequenos (e baratos) trocam a roupa de cama uma vez por semana ou quando o hóspede deixa o hotel, o que acontecer primeiro. Hotéis de qualidade trocam os lençóis todos os dias, independentemente da data de partida do hóspede.

Tecidos e Fabricação

Apesar de existirem lençóis 100% algodão, a grande maioria dos hotéis usa uma mistura de algodão e poliéster (*dacron*, fibra sintética de poliéster). Estima-se que a mistura de 50% algodão com 50% *dracon* proporcione ao tecido as qualidades ideais das fibras natural e sintética.

A mistura desses dois materiais resulta em um artigo mais durável que o de algodão puro. Depois de 100 lavagens, o algodão perde de 35 a 40% de sua elasticidade; a mistura algodão/poliéster perde de 3 a 7%. Assim, a durabilidade esperada aumenta três vezes e meia.

Essa mistura não encolhe tanto quanto o algodão. Se ele for colocado na secadora, encolherá de 5 a 8%. A mistura irá encolher de 0 a 3%.

A lavagem da mistura também é mais econômica. Após a centrifugação, ela retém de 15 a 50% menos água que um lençol de algodão puro. Isso significa menor tempo de secagem.

As fibras de algodão podem ser penteadas ou cardadas antes de serem fiadas. Se forem cardadas, o tecido é áspero e sem brilho. Lençóis produzidos dessa maneira são chamados de lençóis de **musselina.** Se as fibras são penteadas, o tecido é muito mais suave e tem maior elasticidade. Os lençóis feitos por esse processo são chamados de lençóis de **percal.**

Os fios longitudinais do lençol são chamados de **urdidura.** Os fios horizontais são denominados **trama** ou **enchimento.** A trança mais comum para lençóis é chamada de trança simples. Nesse tipo de trança, a urdidura e a trama são perpendiculares uma à outra.

Os tecidos são categorizados pelo **número de fibras** e pela **elasticidade.** A governanta deve utilizar lençóis que tenham contagem de fibras de, no mínimo, T-180. Isso significa que existem 180 fibras em cada polegada (2,54cm) quadrada de lençol. O ideal seria que existissem 94 fibras de urdidura e 86 de trama. De modo algum, o número de urdiduras e tramas deve ser aproximadamente semelhante. A elasticidade é determinada pela quantidade de carga usada para tecer um pedaço de tecido de uma por três polegadas.

Tecidos que vêm diretamente do tear são chamados de **tecidos crus**, o que significa que não receberam tratamento de acabamento e são inadequados para a maioria dos usos. Acabamento é um termo geral aplicado para um grande número de tratamentos que podem ser aplicados a tecidos recém-fabricados. Pode ser a lavagem, o alvejamento e um processo chamado **mercerização,** no qual o tecido é tratado com soda cáustica. A mercerização dilata as fibras de algodão, aumentando a elasticidade e o brilho da roupa. Os tecidos também podem ser **sanforizados.** Esse processo pré-encolhe o tecido para evitar que ele encolha mais de 1% durante a lavagem normal. Lençóis fabricados com algodão e poliéster costumam ser quimicamente modificados durante a fabricação, para que se obtenha o chamado efeito "que não amassa" ou "que dispensa o ferro de passar". Esse tecido é suave no início e se mantém suave após a lavagem e durante o uso. Alguns tratamentos de acabamento são processos patenteados.

Os lençóis podem ser coloridos, mas o branco é a escolha da maioria dos hotéis. Se os lençóis devem ser coloridos, o melhor processo é tingir os fios em um tonel antes de tecê-los, mas na maioria das vezes o tecido é tingido quando está pronto. Quase sempre os lençóis brancos têm um fio ou um ponto colorido que indica o seu tamanho para separá-los. Os brancos são preferidos porque não desbotam após a lavagem e, portanto, não requerem mão-de-obra adicional para classificá-los.

Os lençóis que têm pequenas imperfeições são de **segunda linha** e costumam ser marcados com um "S" ou têm a etiqueta do fabricante cortada. A maioria deles é perfeitamente aceitável na maior parte dos hotéis.

Lençóis e fronhas vêm em caixas com grandes quantidades. Uma caixa pode conter de uma a doze dúzias, dependendo do tamanho do pedido e do peso manejável por caixa. Um exemplo de como as caixas de roupas de cama são marcadas seria assim: "2F/11S-81×104". Essa informação é traduzida como: 2 dúzias de primeira qualidade (F de *first*, primeiro), 11 dúzias de segunda qualidade, lençóis de tamanho 81×104cm.

Tamanho

Há duas medidas para os lençóis. Uma é o *torn sheet*, o tamanho do lençol antes de a bainha ser feita; outra é o *finished sheet*, seu tamanho com as bainhas superior e inferior. Os lençóis utilizados comercialmente costumam ter 5cm de bainha em cada ponta. Isso é feito para que o lençol não precise ser muito manuseado para ser dobrado ou ao arrumar a cama. Além disso, como o lençol será usado dos dois lados, espera-se que as bainhas sofram o mesmo desgaste.

Na Tabela 7.1 são apresentados os tamanhos, em polegadas, de lençol recomendados para cada tipo de colchão.

Lençóis com elástico nunca são usados em estabelecimentos comerciais porque rasgam nos cantos, ocupam três vezes mais espaço no estoque e podem ser usados apenas como lençóis de baixo. Por outro lado, lençóis-padrão são mais flexíveis e os maiores podem ser substituídos por menores.

Par Stock

O termo ***par stock**** refere-se aos níveis-padrão de estoque, específico ou normal. O *par stock* do enxoval

* N. do T.: O original em inglês, *par stock*, deriva da abreviação PAR, que significa *per available room*, ou "por apartamento disponível". Nos grandes hotéis brasileiros, o termo *par stock* é utilizado, motivo pelo qual ele foi mantido aqui.

Tabela 7.1 – Tamanhos de lençóis recomendados (em polegadas)

NOME	TAMANHO DO COLCHÃO	TAMANHO DO LENÇOL (SEM BAINHAS)	TAMANHO DO LENÇOL (COM BAINHAS)
Roll-away (desmontável)	33 × 76	66 × 104	66 × 99
De solteiro	39 × 76	66 × 104	66 × 99
De solteiro longa	39 × 80	66 × 108	66 × 103
$^{3}/_{4}$ de solteiro	48 × 76	66 × 104	66 × 99
De casal	54 × 76	81 × 104	81 × 99
De casal longa	54 × 80	81 × 108	81 × 103
Queen	60 × 80	90 × 108	90 × 103
King	78 × 80	108 × 110	108 × 105
California king	72 × 80	108 × 115	108 × 110
Fronha de travesseiro	Padrão	42 × 36	20,5 × 30
Fronha de travesseiro	*King*	42 × 46	20,5 × 40

é o nível-padrão da relação de enxovais necessários para manter o funcionamento. "Um jogo de enxoval de cama" é a quantidade necessária de cada item para equipar completamente um apartamento do hotel. Como um jogo é muito pouco para um funcionamento eficiente, deve-se estabelecer uma quantidade de jogos que garanta um estoque adequado para o que funcionamento transcorra sem problemas (uma GRA* que precisa esperar a lavanderia terminar a lavagem das roupas antes de poder arrumar as camas dificilmente representa o uso eficiente dos custos com pessoal ou mostra um serviço adequado para o hóspede. Além disso, lençóis recém-lavados devem "descansar" por 24h antes de serem usados para garantir sua durabilidade).

Hotéis que possuem enxoval próprio precisam ter à mão 3,5 jogos *par stock* (um em uso, um sujo que será lavado no dia seguinte, um limpo para o dia seguinte e meio novo no estoque). Hotéis que utilizam serviços de lavanderias terceirizadas precisam de um jogo a mais por causa do tempo de entrada e saída do enxoval.

Cobertores

O cobertor é um isolante, mantendo o corpo aquecido quando o ar externo está frio. O melhor cobertor é o leve, para proporcionar maior conforto; ao mesmo tempo, deve ser muito eficaz no isolamento térmico. Adicionar peso ao cobertor não o faz necessariamente melhor isolante. A maneira pela qual ele é tecido (o modo como mantém o corpo aquecido) é que faz o cobertor ser quente.

* N. do T.: Conforme mencionado no prefácio, a sigla GRA, de *guest room attendant* (atendente de acomodação de hóspede), é utilizada pelo autor deste livro para designar o cargo de camareira, e foi mantida na tradução.

Tecidos e Fabricação

Embora cobertores de lã retenham muito calor, eles são muito mais pesados do que os sintéticos. Os tecidos sintéticos, tais como poliéster, acrílico e náilon, são os preferidos para fabricação de cobertores de estabelecimentos comerciais.

Outro aspecto positivo dos cobertores sintéticos é que eles podem ser lavados com água ou a seco. Contudo, lavagens repetidas tendem a desbotá-los. Ao lavar os cobertores, deve-se ter certeza de que suas fibras são feitas do mesmo material, pois diferentes fibras encolhem em diferentes proporções.

Os cobertores podem ser tecidos, perfurados por agulha (de forma similar ao carpete em tufos) ou fabricados por meio de um processo eletrostático. Os cobertores que são tecidos costumam ser mais caros, mas não são necessariamente melhores. Uma variedade comum de cobertor é o térmico, de tecidos mais leves mas com grandes bolsas de ar para isolamento. Um cobertor ou lençol normal é colocado em cima desse cobertor para aumentar seu poder de isolamento.

Deve-se tomar cuidado para escolher cobertores permeáveis à umidade. Um cobertor que não transfira a umidade fará o hóspede sentir-se frio e desconfortável.

Acima de tudo, o cobertor deve ser bloqueador de fogo.

Alguns hotéis possuem cobertores elétricos em seus quartos. Há quem diga que os cobertores elétricos são apreciados por muitos hóspedes e que seu uso diminui os custos com aquecimento. Outros gerentes de hotel acreditam que o furto desse tipo de cobertor ocorre com maior freqüência do que de cobertores comuns, que eles representam risco potencial de incêndio e que alguns hóspedes afirmam que dormir sob um cobertor elétrico é perigoso e/ou nocivo à saúde.

Tamanho

Um cobertor muito pequeno para a cama irá se desgastar antes do tempo por ser constantemente puxado pelo hóspede. Ele deve ter o comprimento do colchão, mais sua espessura, mais 15cm de dobra. A largura deve ser a largura do colchão, mais o dobro da espessura, mais 15cm de dobra.

O peso de um cobertor-padrão varia de 1 a 1,5kg. Os mais leves devem ser usados em regiões menos frias e os mais pesados devem ser reservados para um clima mais rigoroso.

Par Stock

Os hotéis devem ter um cobertor por unidade habitacional (UH) mais 10% do total em regiões de clima ameno. Em climas mais frios, a quantidade *par* pode ser tão alta quanto 2,5 cobertores por UH, já que se coloca um cobertor extra por cama nos quartos. Essa política, contudo, freqüentemente resulta em altas taxas de furto.

Colchas, Acolchoados e Saias

A cama é o ponto principal da maioria dos quartos de hotel, de forma que a colcha é muito importante sob o ponto de vista da decoração. Ela deve complementar as cores e outros elementos de decoração do quarto, mas também deve ser durável e de fácil manutenção.

Há dois principais tipos de colchas: largas e sob medida. As colchas sob medida ficam presas nos cantos do colchão, enquanto as largas são "jogadas" por cima da cama e vão até o chão.

A colcha pode encostar no chão, cobrindo o colchão, os *box springs* e a estrutura da cama, ou apenas cobrir o colchão. Se um cobre-leito é usado, uma saia é colocada para cobrir os *box springs* e a estrutura da cama. A saia é um tecido pregueado em forma de saia que se estende pelos lados e pés da cama. Esse tecido decorativo costuma ser costurado em musselina e é colocado entre o colchão e os *box springs*. Na maioria das vezes, quando o cobre-leito é lavado, a saia também é.

Em um espaço formal, a cama também pode ser decorada com fronhas de travesseiros cujos tecidos são iguais ao da colcha. Em um espaço informal, a cama geralmente é coberta com uma coberta acolchoada que é usada como colcha e cobertor.

Tecidos e Fabricação

Materiais sintéticos, como o poliéster, têm dominado o mercado de colchas comerciais. As saias são, em geral, feitas de uma mistura de algodão e poliéster.

A maioria dos hotéis prefere ter colchas laváveis que mantêm sua forma depois de repetidas lavagens. Ao comprar novas, use uma de amostra para ter certeza de que ela não encolhe, desbota ou forma vinco. Todas as colchas devem ser bloqueadoras de fogo.

Tamanho

Como já foi mencionado, a colcha larga pode encostar no chão, enquanto o cobre-leito cobre da parte superior até a saia. Os cobre-leitos são mais fáceis de manusear e cabem melhor nas máquinas de lavar e secar; entretanto, para colocar a saia, é necessário que o colchão seja removido.

Par Stock

O nível de estoque para colchas, cobre-leitos, acolchoados e saias deve ser um por UH mais 10%.

Travesseiros

Parece que cada pessoa tem uma opinião diferente quando se trata de definir um bom travesseiro. Alguns preferem os mais macios; outros, os mais densos. Uma corrente diz que, para ser realmente confortável, ele deve ter enchimento de penugem de ganso; outra diz que os com poliéster são tão bons quanto esses.

Enchimentos Naturais

O padrão com o qual todos os enchimentos são comparados é a penugem – especificamente a do ganso de variedade européia. A penugem de ganso consiste nas penas pequenas e macias encontradas no ganso ou no pato, sendo a qualidade das de pato considerada inferior. Usar apenas penugem de ganso para encher um travesseiro é absurdamente caro. Por isso, penas de pato, que são maiores, são misturadas com as de ganso na maioria das vezes.

Os travesseiros com penugem ou mistura de penugem e pena são encontrados apenas em hotéis de categoria superior.

Enchimentos Sintéticos

Os travesseiros com fibras sintéticas se tornaram comuns nos Estados Unidos. O poliéster é o líder do mercado na categoria de sintéticos. Além da vantagem de custo já mencionada, as fibras sintéticas podem ser lavadas e poucos indivíduos são alérgicos a elas, se comparadas com as penas. Poucas pessoas são alérgicas aos enchimentos sintéticos, por isso todo hotel deve ter alguns travesseiros de penugem e pena no estoque.

Um bom travesseiro deve ser flexível, preenchido homogeneamente (sem protuberâncias) e não muito pesado (travesseiros pesados indicam fibras sintéticas de qualidade inferior). O enchimento e a cobertura devem ser bloqueadores de fogo e o tecido que o reveste deve ser à prova de água e de manchas.

Os materiais usados na fabricação dos travesseiros devem estar impressos na etiqueta, conforme a lei.

Protetores de Colchão

Os protetores de colchão têm dois objetivos: separar o hóspede do colchão por uma camada macia, proporcionando um sono mais tranqüilo, e proteger o colchão de manchas resultantes de derramamentos e de hóspedes incontinentes ou doentes.

Esses devem ser trocados sempre que o hóspede for embora do hotel.

Capas Acolchoadas

Protetores de algodão são muito caros. Um problema associado com esse tipo de protetor é a tendência de suas fibras diagonais romperem após poucas lavagens, permitindo que o enchimento se desloque e que o acolchoado se torne granuloso.

Todo acolchoado de algodão tende a encolher de 15 a 20%; portanto, é preciso considerar esse encolhimento no momento da compra.

Capas de Feltro

O protetor de colchão preferido pelos hotéis é o 100% feltro de poliéster. Ele encolhe menos de 2%, não enruga nem se torna granuloso, além de ser muito mais barato do que as capas acolchoadas e de poder ser à prova de umidade.

Todos os protetores de colchão nos Estados Unidos devem atender ao padrão federal norte-americano FF-4-72 para bloquear o fogo.

Vinil

Os protetores de colchão de vinil são mais adequados para hospitais. A nova geração de capas de vinil pode até mesmo ser lavada como roupa e ser esterilizada.

Enxoval de Mesa e Banho

A qualidade das roupas de mesa e banho de um hotel é um indicador preciso e singular da sua classe e do seu preço. Quanto mais grossa for a toalha, mais cara será a diária.

Roupas de Banho

O objetivo de uma toalha de banho é absorver água, mas ela é freqüentemente usada pelo hóspede como um trapo para limpar líquidos derramados ou dar brilho em sapatos. Considerando os abusos que uma toalha sofre em um hotel, é realmente um milagre que, de acordo com um dos principais fabricantes de enxovais, um hotel use apenas 12 toalhas por apartamento por ano, considerando as perdas por desgaste natural, manchas permanentes e furtos.

Nesta seção, analisaremos também pisos de banheiro e cortinas de chuveiro.

Tecidos e Fabricação

O padrão para toalhas de hotel é uma toalha de tecido branco, felpudo, que é uma mistura de fibras de algodão e poliéster.

Toalhas felpudas são tecidas em tear. Suas fibras longitudinais (a **urdidura de superfície**) geralmente são uma mistura de duas partes de poliéster e uma parte de algodão. O poliéster na urdidura proporciona resistência à toalha e ajuda a minimizar o encolhimento.

A **urdidura *pile*** é a felpa que corre longitudinalmente, responsável pela formação da felpa em forma de laço em ambos os lados da superfície da toalha. Essas fibras devem ser 100% algodão para a absorção. O enchimento ou trama é o fio que corre na horizontal, cruzando a toalha. Esse enchimento também deve ser 100% algodão. A **ourela** é a extremidade lateral da toalha ou de outros tecidos. É uma superfície plana sem nenhuma urdidura *pile*.

Toalhas, assim como lençóis, podem ser vendidas como artigos de primeira ou de segunda linha. As de segunda costumam apresentar fios grossos, urdidura ou fios soltos, ou bainhas ou bordas desiguais. Esses tipos de defeitos não atrapalham sua durabilidade ou absorção; sendo assim, muitos hotéis as utilizam.

Os pisos de banheiro são feitos da mesma maneira que uma toalha felpuda, mas com material muito mais resistente.

O melhor tipo de cortina de chuveiro para estabelecimentos comerciais é feito de náilon **com espessura 260** (*denier* 260). Esse tipo de cortina é melhor do que a de plástico, pois sua manutenção é mais fácil, ela é resistente ao mofo, não fica viscosa ou quebradiça após algum tempo, disfarça manchas de sabonete e está disponível em muitas cores.

A melhor proteção contra manchas de sabonete e mofo é usar um forro de vinil com a cortina. Não se recomenda o uso de forros de vinil transparentes, pois eles mostrarão as manchas. Deve-se prefirir branco ou uma cor pastel. O vinil deve ter espessura de, no mínimo, seis *gauge*. Ganchos de plástico de pressão são melhores que outros tipos de ganchos plástico ou de metal.

Tamanho

O tamanho-padrão de uma toalha de boa qualidade é 65 × 125cm; o tamanho médio para toalhas de rosto é 45 × 68cm; um bom piso mede 55 × 86cm e um tamanho apropriado para a toalha de mão é 30 × 30cm.

Toalhas podem ser encontradas em tamanhos maiores ou menores do que os recomendados acima. A escolha de determinado tamanho deve considerar o *marketing*.

Par Stock

Uma quantidade razoável de roupa de banho por UH para hotéis que têm sua própria lavanderia é 3,5 jogos. Se a lavanderia for terceirizada, a proporção deve ser de 4,5 jogos.

A informação dada na Tabela 7.2 refere-se ao hotel-modelo. São dados a configuração das UH e outros critérios, incluindo preços aproximados de cada item. Use essa informação como um exercício para determinar os níveis de estoque e indicar o custo aproximado do material inicial.

Enxoval de Mesa

Nos serviços de alimentação, a primeira impressão é a que fica. Como o sucesso nesse negócio depende muito de clientes que retornam, o administrador inteligente desejará causar uma primeira impressão que faça com que os clientes voltem muitas vezes.

O ponto principal para a maioria dos serviços de alimentos é a mesa. Ela deve parecer tão atraente quanto o cardápio e nada contribui mais para isso do que uma **roupa de mesa** limpa e bonita.

Tecidos e Fabricação

Há dois tipos principais de materiais usados para toalhas de mesa e guardanapos: *momie* e damasco. Tecidos *momie* quase sempre são 50% algodão e 50% poliéster, de trança simples, relativamente baratos, duráveis, não desbotam, não formam bolinhas ou soltam fios.

O damasco é feito com sarja. Pode ser dividido em três categorias: de linho, de algodão e de uma mistura de algodão e poliéster. O de linho é mais bonito que os demais, mas consideravelmente mais caro. O de algodão e poliéster tem as mesmas vantagens do *momie*, mas tem uma aparência melhor depois de lavado.

A mistura de algodão e poliéster costuma encolher em média 3% e dura cerca de quatro vezes mais do que o algodão puro, o qual encolhe em média 12%.

Tabela 7.2 – Necessidade de estoque por unidade habitacional disponível para o hotel-modelo

		TIPO DE UH		
	UNIDADES	MÓVEIS	TOTAL DE CAMAS	TRAVESSEIROS
Suítes	5	1 cama *king*		3/cama
Apartamentos *king*	13	1 cama *king*		3/cama
Parlors	15	1 cama *queen*		2/cama
Double-Doubles	320	2 camas *double*		2/cama
Total	353	20 camas móveis *roll-aways* (usa lençol de casal)		1/cama Total de travesseiros + 10%

	ROUPA DE BANHO			
	1 JOGO POR UH	3,5 JOGOS POR UH	PREÇO (US$)	CUSTO
Lençóis				
King			12,00	
Queen			9,50	
De casal			7,50	
Fronhas			1,50	
Toalhas de banho			3,00	
Toalhas de mão			1,10	
Toalhas de rosto			0,40	
Pisos			2,80	
1 por UH				
Acolchoados (1 jogo por UH + 10%)			7,70	
Cobertores (1 jogo por UH + 10%)			28,00	
Travesseiros (1 jogo por UH + 10%)			7,80	
Total				

Guardanapos comuns de algodão duram, em média, 34 lavagens e toalhas de mesa duram 32. A mistura seca mais rápido e é mais fácil de passar.

Tamanho

A toalha de mesa deve se estender por, no mínimo, 20cm ao redor da mesa. A Tabela 7.3 é uma lista de alguns padrões de tamanho de mesas e toalhas. Essa tabela tem por objetivo servir apenas como guia; somente um desenhista ou fabricante de mesas pode indicar os tamanhos corretos.

Par Stock

O nível do estoque dependerá do número de refeições (*couverts*) previsto, do horário de funcionamento, do número de vezes que abre para refeições e da freqüência das lavagens.

Contudo, como regra geral para estabelecimentos novos, devem existir quatro toalhas de mesa e de 9 a 12 guardanapos por mesa. Essa quantidade é suficiente para um restaurante que abre para duas refeições e tem serviço de lavanderia 24h disponível.

Uniformes

Em muitos departamentos de um hotel os funcionários usam uniformes. Em alguns casos, cada departamento mantém seu próprio suprimento de uniformes; em outros, o departamento de governança zela pelos uniformes de todo o hotel. Se esse for o caso, o departamento necessitará de um espaço grande e seguro para estocagem, com mesas de trabalho e pessoas capazes de realizar reparos.

Os uniformes devem ser lavados diariamente e retirados a cada dia de trabalho pelo funcionário. Alguns uniformes específicos podem ficar sob a responsabilidade de certos funcionários que cuidam de sua manutenção. Alguns hotéis terceirizam os serviços relacionados aos uniformes. Nesse caso, outra empresa compra, lava e providencia cinco uniformes para cada funcionário semanalmente. O hotel deve ter um contrato adequado para esse serviço, visto que a empresa contratada deve comprar 11 uniformes para cada novo funcionário admitido.

Tabela 7.3 – Tamanho das mesas e das toalhas de mesa (em polegadas)

NÚMERO DE ASSENTOS	TAMANHO DA MESA	TAMANHO DA TOALHA
Mesa para 2	36 × 36	54 × 54
Mesa para 4	45 × 45	64 × 64
Mesa para 6	54 × 54	72 × 72
Mesa para 8	60 (redonda)	90 × 90
Mesa para 10	66 (redonda)	90 × 90

A maneira mais simples e eficiente de administrar os uniformes é fazer com que cada departamento cuide dos seus, repassando a responsabilidade sobre sua manutenção a seus funcionários no momento da contratação, permitindo que cada um cuide dos seus uniformes.

Os uniformes da governança não precisam ser feios ou desconfortáveis. Eles devem vestir bem e permitir movimentos livres, visto que esse trabalho envolve muita extensão e flexão. Uniformes sem manga são excelentes e um ou dois bolsos sempre ajudam. O algodão é mais confortável, mas os tecidos de poliéster são mais abundantes. A qualidade dos uniformes da GRA e da supervisora sênior de governança deve ser similar, mas deve haver uma distinção de cor. Quatro uniformes diferentes são adequados para o pessoal de governança: GRA (feminino), auxiliar de limpeza (masculino), supervisora e supervisor.

Dois uniformes na contratação e um terceiro após o período de experiência é uma quantidade razoável para cada funcionário. Os uniformes danificados ou desgastados em função do trabalho devem ser substituídos. A falta de cuidado com eles deve ser objeto de orientação ou ação disciplinar.

A lei norte-americana exige que os funcionários responsáveis pela limpeza de seu uniforme sejam compensados, sugerindo que a utilização do serviço de lavanderia do hotel seja um parâmetro para mensurar a despesa. O estoque total de uniformes deve contar com cinco vestimentas por funcionário, para que seja possível vestir funcionários novos e substituir uniformes desgastados. Os tamanhos variam de muito pequenos a muito grandes. É uma tarefa difícil, entretanto, manter um estoque com os tamanhos corretos.

Resumo

Decisões com relação à compra e ao uso de recursos sem a pesquisa necessária das suas características e qualidades podem afetar seriamente o lucro.

Os custos dos enxovais e de sua manutenção devem ser continuamente avaliados para determinar se decisões corretas foram tomadas e para evitar a repetição de erros. Além disso, os custos dos enxovais devem sempre ser avaliados a partir do custo por UH por dia, nunca do valor total. Se os custos dos enxovais forem avaliados por dia, a taxa de ocupação também pode ser colocada no cálculo.

A manutenção e a reposição do enxoval de cama, mesa e banho é um custo contínuo do negócio. É responsabilidade da governanta garantir que esses custos sejam razoáveis e, ao mesmo tempo, atender às expectativas dos hóspedes.

TERMOS E CONCEITOS-CHAVE

Enxoval de cama
Uniformes
Musselina
Urdidura
Enchimento
Elasticidade
Mercerização
Segunda linha
Lençol com bainhas
Capas
Espessura
Urdidura *pile*
Medida de espessura (*denier*)
Enxoval de mesa e banho
Saias
Percal
Trama
Número de fibras
Tecido cru
Sanforizar
Lençol sem bainhas
Par stock
Cobertas
Urdidura de superfície
Ourela
Roupa de mesa

QUESTÕES PARA DISCUSSÃO E REVISÃO

1. Faça uma lista das especificações do uniforme da atendente de governança.
2. Explique os critérios que você utilizaria para avaliar o desempenho da roupa de cama de um hotel.
3. Quais são as vantagens das roupas de banho brancas que não têm logotipo? Você pode observar alguma desvantagem nesse tipo de produto?
4. Como você estabeleceria a quantidade de roupas de mesa para um restaurante novo? Qual critério você utilizaria para determinar o estoque de um restaurante já existente?

8

Formação de Equipe de Governança

OBJETIVOS DO CAPÍTULO

1. Aprender como contratar pessoal para os cargos de governança.
2. Entender as especificações dos cargos e o perfil para contratação.
3. Familiarizar-se com os seguintes processos:
   a. Seleção e entrevista de funcionários.
   b. Desenvolvimento de um programa de integração.
   c. Treinamento dos novos funcionários.
   d. Desenvolvimento de funcionários.
   e. Manutenção de registros de treinamento e desenvolvimento.
   f. Utilização de avaliações de desempenho objetivas.

Introdução à Formação de Equipe

A **formação de equipe** é a terceira função seqüencial da administração. Até agora, a governanta executiva tem se preocupado com o planejamento e a organização do departamento de governança para a iminente inauguração e início das operações. Agora, a governanta executiva precisa pensar na admissão de pessoal com antecedência suficiente para garantir que as três atividades de contratação de pessoal – seleção (incluindo entrevista), integração e treinamento – possam ser completadas antes da inauguração. Essa será a principal tarefa das duas últimas semanas antes da abertura.

O desenvolvimento do Plano de Responsabilidade dos Departamentos e do Plano de Divisão da Casa antes da abertura conduziu à preparação do Guia de Pessoal, que será uma das principais ferramentas para determinar as necessidades de funcionários de diversas categorias. A governanta executiva e o chefe de lavanderia devem agora auxiliar no desenvolvimento das descrições de cargos (descritas no Apêndice B). O departamento de recursos humanos do hotel também deve ter se preparado para as contratações, publicando anúncios em meios de comunicação para todas as categorias de pessoal aproximadamente duas semanas antes da inauguração.

Embora este capítulo seja uma continuação do planejamento da governanta executiva para a abertura, as técnicas aqui descritas se aplicam também a qualquer estabelecimento em funcionamento: a diferença é que, na abertura, as atividades de seleção, integração e treinamento são bastante intensas. Além disso, a quarta atividade – desenvolvimento de funcionários – não costuma acontecer na inauguração, mas é visível nos estabelecimentos que já estão funcionando.

Especificações de Cargos

As especificações de cada cargo devem ser escritas ao mesmo tempo em que as descrições de cargos (veja Apêndice B) são preparadas. As especificações são indicações do que se espera de cada funcionário de determinado cargo. Um exemplo de especificação para o cargo de camareira é o seguinte:

Especificação de Cargo – Exemplo

Camareira (hotéis) [*guest room attendant, GRA*]
O funcionário trabalhará como membro da equipe de governança, limpando e atendendo cerca de 18 UH por dia. O trabalho incluirá as tarefas de arrumar as camas, aspirar, tirar o pó e limpar o banheiro. O funcionário também deverá cuidar dos equipamentos usados para o trabalho e abastecer o carrinho de governança antes do final de cada dia. As camareiras deverão estar dispostas a trabalhar em finais de semana e nos dias em que estiverem escaladas.
[Quaisquer qualificações especiais, como falar outro idioma, também devem ser listadas].

Requisição de Funcionário

Depois que as especificações são feitas para cada cargo, as **requisições de funcionários** são preparadas para as primeiras admissões (e para acompanhamento do departamento de recursos humanos). A Figura 8.1 é um exemplo de requisição de funcionário. Observe os campos que indicam se a requisição é para um novo funcionário ou para substituição de um antigo e o campo que indica o número de funcionários requisitados naquele documento. O departamento de recursos humanos irá anunciar, receber pedidos de emprego e selecionar candidatos para preencher o número de vagas indicado para cada cargo. Por exemplo, a primeira requisição para GRA* pode ser de vinte funcionários. O departamento de recursos humanos continuará a anunciar, receber currículos, selecionar candidatos para o departamento de governança e encaminhá-los para entrevista com a governanta até que 20 GRA sejam contratadas. Caso alguma GRA admitida precise ser substituída, uma nova requisição de funcionário será necessária.

* N. do T.: Conforme mencionado no prefácio, a sigla GRA, de *guest room attendant* (atendente de acomodação de hóspede), é utilizada pelo autor deste livro para designar o cargo de camareira, e foi mantida na tradução.

Preenchendo os Cargos da Governança

Há várias atividades envolvendo a formação de equipes operacionais de governança. A governanta executiva deve selecionar e entrevistar funcionários, participar de programas de integração, treinar funcionários recém-admitidos e desenvolver funcionários para crescimento futuro. Cada uma dessas atividades será agora discutida.

Seleção de Funcionários

Fontes de Funcionários

Cada região tem características demográficas próprias que afetam a disponibilidade de funcionários adequados para o trabalho na governança de hotéis ou hospitais. Por exemplo, em uma região pode existir um índice excepcionalmente alto de pessoas buscando trabalho em serviços de alimentação e poucas pessoas querendo empregos na área de governança. Em outra, o contrário pode ser verdadeiro, e o número de pessoas interessadas em atuar na governança pode exceder o número de interessados em serviços de alimentação.

Pesquisas em hotéis e hospitais da sua região indicarão a melhor fonte para os diversos tipos de funcionários. Campanhas publicitárias que atinjam esses futuros funcionários são o melhor método de encontrar as pessoas apropriadas. Anúncios nos principais classificados associados a contratações em massa atenderão às necessidades de recepcionistas, garçons, garçonetes, pessoal de governança, manutenção e de serviços de alimentação. Tais anúncios podem produzir resultados surpreendentes.

Se o volume de interessados em governança for insuficiente para suprir as contratações necessárias, as seguintes **fontes** podem ser utilizadas:

1. Agências de emprego locais.
2. Anúncios colocados nos quadros de aviso da comunidade.
3. Organizações de igrejas locais.
4. Indicações de vizinhos e amigos de funcionários recém-contratados.
5. Anúncio nas rádios locais.
6. Organizações de minorias étnicas excluídas e pessoas com deficiência mental (deve-se observar que muitas pessoas com deficiência mental são completamente capazes de realizar tarefas simples de governança, além de serem pessoas confiáveis e responsáveis procurando uma oportunidade para mostrar sua capacidade produtiva).

REQUISIÇÃO DE FUNCIONÁRIOS

Requisição nº ________

Data ____________________ Departamento ____________________

Cargo ____

(número e título)

Novo __________ Substituição __________ Quantidade __________

Classificação ____

(período integral, meio período, temporário, reserva)

Horas de trabalho ______________ Número estimado de horas/semana ________

Data desejada de início ____

Remuneração inicial ____________________Salário-base __________

Especificação (descrição geral das obrigações)

____

____

____

____

____

____

Qualificações especiais (necessárias ou desejáveis)

____

____

____

____

____

____

________ Gerente do departamento

Figura 8.1 – Requisição de funcionários utilizada para solicitar um ou mais funcionários para um cargo específico.

Se essas fontes não produzirem candidatos suficientes para montar uma equipe, pode ser necessário procurar funcionários em regiões distantes e providenciar transporte regular para que eles venham e voltem do trabalho.

Se houver a possibilidade de admitir estrangeiros, o gerente do departamento deve ter certeza de que são residentes legais e possuem autorização para trabalho. Nos Estados Unidos, algumas vezes um gerente de hotel já teve todos os seus funcionários expulsos pelo Departamento de Imigração depois de ter admitido imigrantes ilegais. Isso resultou na necessidade de imediata assistência de todos os funcionários disponíveis (incluindo gerência) para a realização das tarefas.

Análise de Candidatos

Seja na admissão em massa ou no recrutamento de apenas um funcionário, o procedimento sistemático e cortês de **análise de candidatos** é essencial. Por exemplo, na inauguração do Los Angeles Airport Marriot, 11 mil candidatos foram analisados, em duas semanas, para o preenchimento de aproximadamente 850 vagas. Tal operação exigiu uma técnica como as das linhas de montagem, mas sem deixar de lado a preocupação de proporcionar uma experiência agradável e positiva para os candidatos.

O tratamento eficiente das centenas de candidatos, o atendimento atencioso, a preocupação pessoal com os desejos dos candidatos e as explicações sobre o funcionamento dos departamentos para aqueles não familiarizados com um hotel ou hospital são indicações de como a empresa tratará seus funcionários. A chave para a condução adequada da análise dos candidatos é a utilização de um **sistema de controle**, por meio do qual os candidatos são encaminhados pelos passos de **candidatura, pré-seleção** e, se qualificados, **indicação ao departamento** para entrevista. A Figura 8.2 é um exemplo de **registro do processo** para garantir tratamento justo e eficiente para cada candidato.

Observe a oportunidade que os candidatos têm de expressar sua vontade de atuar em um cargo específico. Entretanto, embora um funcionário possa desejar atuar em determinado cargo, ele pode ser admitido para uma vaga em outro departamento. Além disso, os candidatos podem não conhecer as pos-

REGISTRO DE CANDIDATO A EMPREGO

Nome ______________________ Cargo desejado

Endereço ______________________ ______________

Telefone ______________________ Data da solicitação

Horário em que pode ser localizado ______________ ______________

Pré-seleção do departamento de recursos humanos

Data ________ Por ____________ Recomendado para ____________ (cargo)

Código ____________

Entrevista pelo departamento

Data da entrevista ____________ Entrevistado por ____________

Comentários ______________________

Recomendação ______________________

Admitir ________ Indicar para ________ Arquivo – departamento

Referências checadas pelo departamento entrevistador ________ (sim / não)

Quem foi contatado?

1. ______________________
2. ______________________
3. ______________________

Nota: As referências serão checadas para todas as pessoas a quem o emprego é oferecido. O departamento de recursos humanos checará as referências de todos os candidatos antes de fazer uma oferta *quando solicitado pelo departamento entrevistador.* Nenhuma oferta terá continuidade sem a verificação das referências.

Disposição

Cargo oferecido ________ (data) Aceito / Negado ____________

Comparecerá para trabalhar em ________

Arquivado ______________________ (data / responsável)

Figura 8.2 – Registro de candidato a emprego usado para acompanhar o progresso do candidato.

sibilidades existentes em determinado departamento no momento da candidatura ou pode ser impossível contratá-lo no departamento desejado no momento da admissão em massa. Aos funcionários que realizam bom trabalho deve ser dada a oportunidade de transferência para outros departamentos quando as oportunidades aparecerem.

Nos Estados Unidos, de acordo com as leis regulamentadas pelas agências federais e estaduais de Práticas Justas de Contratação (*Fair Employment Practices Agencies*, FEPA), a nenhuma pessoa pode ser negada a oportunidade candidatar-se para o cargo por ela escolhido. Não apenas a lei é rigorosa nesse ponto, como empresas de alguma forma beneficiadas pelo comércio interestadual (como hotéis e hospitais) não podem discriminar a contratação de pessoas com base em sua raça, cor, naturalidade ou preferência religiosa. Embora o horário de trabalho e os dias da semana possam ser especificados, hotéis e hospitais devem manter suas operações de modo que as pessoas tenham a oportunidade de candidatarem-se sem abrir mão de seus direitos.

Pré-seleção de Candidatos

A **entrevista de pré-seleção** costuma ser executada em todos os hotéis e hospitais pelo departamento de *re-*

cursos humanos da organização. A pré-seleção é uma entrevista preliminar, na qual os candidatos não qualificados – que não atendem aos critérios estabelecidos para o cargo – são desclassificados. Por exemplo, uma candidata a um cargo de secretária, que requer conhecimento de taquigrafia e capacidade de datilografar 60 palavras por minuto, pode ser desclassificada se não passar nesses dois testes. Os resultados da pré-seleção são geralmente codificados para uso interno e indicados no registro de candidatos (Fig. 8.2).

Se um candidato é desclassificado pelo departamento de recursos humanos, deve-se informá-lo imediatamente da razão e agradecê-lo pela participação.

Os candidatos que não forem desclassificados devem ser encaminhados para o devido departamento para entrevista ou, se todos os cargos estiverem preenchidos, ter seus registros arquivados para consulta futura. Todos os candidatos devem ser comunicados de que a decisão quanto à contratação será tomada individualmente pelo gerente do departamento, com base nas melhores qualificações dentre os entrevistados.

A seguir encontram-se sugestões para as entrevistas de pré-seleção:

1. O contato inicial deve ser cortês e proveitoso. Muitos funcionários são perdidos nesse estágio em virtude de um sistema ineficiente de análise de candidatos.
2. Durante a entrevista de pré-seleção, deve-se verificar o que o funcionário está buscando, se tal cargo está disponível e, se não, quando estará.
3. Revise o histórico profissional do candidato para avaliar se ele atende às exigências físicas e mentais, bem como a qualificações importantes como estabilidade emocional, personalidade, honestidade, integridade e confiabilidade.
4. Não perca tempo se o candidato é obviamente desqualificado ou se não houver cargos disponíveis no momento. Quando houver vagas potenciais ou um banco de reserva de candidatos, informe ao candidato de maneira eficiente. Sempre se certifique de que o candidato deu seu número de telefone para que seja possível localizá-lo no futuro. Como a maioria dos candidatos está procurando empregos imediatos, processos com mais de 30 dias geralmente não têm valor.
5. Se for possível, uma entrevista imediata com o gerente do departamento deve ser feita após a triagem. Se não, uma entrevista deve ser agendada assim que possível.

Entrevista

As **entrevistas** devem ser conduzidas pelo gerente do departamento para o qual o candidato foi encaminhado. Em estabelecimentos em funcionamento é sempre inteligente, também, permitir que o supervisor para quem o candidato irá trabalhar converse com o candidato para que se possa sentir como será o trabalho em conjunto. O ponto de vista do supervisor deve ser considerado, pois uma relação harmoniosa no trabalho é importante. Embora a aceitação de um funcionário seja uma decisão da gerência, seria tolo contratar uma pessoa para determinado cargo se o supervisor tem restrições com relação a ela.

Certas características pessoais devem ser exploradas ao entrevistar um candidato. Algumas dessas características são: habilidades naturais, estabilidade, confiabilidade, experiência, atitude com relação ao emprego, personalidade, traços físicos, resistência, idade, sexo, educação, conhecimento anterior da função, iniciativa, agilidade, aparência e asseio pessoal. Embora os candidatos não possam ser discriminados quanto a raça, sexo, idade, religião e nacionalidade, pode ser preciso considerar a capacidade do candidato levantar objetos pesados, entrar nos banheiros masculinos ou femininos e assim por diante. No departamento de governança (de hotéis ou hospitais) devem ser contratadas pessoas que gostem dos serviços domésticos. Lembre-se de que o caráter e a personalidade não podem ser completamente julgados pela aparência. Além disso, deve-se esperar que a aparência da pessoa seja a melhor no momento em que está candidatando-se a um emprego.

Cartas de recomendação e referências devem ser consideradas com cuidado. Raramente uma carta de referência será desfavorável: um telefonema, porém, poderá ser revelador.

Talvez a entrevista seja a etapa mais importante no processo de seleção. A entrevista é o que separa quem será empregado de quem não será. **Técnicas de entrevista** medíocres podem tornar o processo mais difícil e produzir um resultado frustrante para ambas as partes. Além disso, uma entrevista inadequada resultará em informações incorretas, confusão sobre o que foi dito, omissão de informações e, em algumas circunstâncias, na saída do candidato do processo.

Para uma entrevista bem-sucedida deve-se observar:

1. *Esteja preparado.* Tenha uma lista com as perguntas mais importantes prontas para serem formuladas ao candidato. Tais questões devem ser preparadas com base na descrição do cargo, permitindo que o entrevistador assuma a iniciativa durante a entrevista.
2. *Encontre um local adequado para conduzir a entrevista.* O candidato deve sentir-se confortável. A entrevista deve ser conduzida em um ambiente

com atmosfera silenciosa e relaxante, onde haja privacidade para que se estabeleça uma conversa confidencial.

3. *Pratique.* Pessoas que conduzem entrevistas devem praticar suas habilidades periodicamente. Os gerentes devem discutir juntos as técnicas de entrevistas a serem usadas.
4. *Seja diplomático e cortês.* Deixe o candidato tranqüilo, mas também controle as discussões e faça as perguntas mais importantes.
5. *Tenha conhecimento.* Esteja completamente familiarizado com o cargo para o qual o candidato será entrevistado para poder responder a todas as suas dúvidas. Além disso, conheça bem a empresa para fornecer informações gerais sobre ela.
6. *Ouça.* Incentive o candidato a falar. Isso pode ser feito por meio de perguntas que não sejam prontamente respondidas por sim ou não. Quando as pessoas sentem-se confortáveis e são questionadas a responder sobre si próprias, elas costumam falar livremente e dão informações que não seriam conseguidas por perguntas específicas. Os candidatos geralmente falam quando se sentem compreendidos.
7. *Observe.* Muito pode ser inferido sobre o candidato apenas pela observação das reações às questões, atitudes sobre o trabalho e, especificamente, em relação à sua postura para servir outras pessoas. A observação é um passo vital no processo de entrevista.

Armadilhas da Entrevista

Tão importantes quanto as técnicas de entrevista são as **armadilhas** descritas a seguir, que devem ser evitadas:

1. Ter a impressão de que o candidato deve ser escolhido com base em algumas características excepcionais e não no conjunto de características.
2. Deixar-se influenciar pelo asseio, elegância, roupas caras e personalidade extrovertida – nenhuma dessas características estão relacionadas com competência em governança.
3. Valorizar muito determinada observação (por exemplo, a afirmação de um candidato de que ele "quer realmente trabalhar").
4. Admitir uma pessoa que sempre quer trabalhar em estabelecimentos novos. Infelizmente, esse tipo de pessoa troca de emprego sempre que um empreendimento novo abre.
5. Projetar seus próprios conhecimentos e *status* social na análise do candidato. Em qual escola o candidato estudou ou se ele tem o "visual adequado" não importa. É o desempenho no trabalho que conta.
6. Confundir força e fraqueza. O que é interpretado por uma pessoa como agressividade pode ser interpretado por outra como confiança, ambição e potencial de liderança, sendo que os dois últimos traços existem em poucos funcionários na maioria dos departamentos de governança. Essas são as características que possibilitam à gerência promover e desenvolver novos supervisores e gerentes.
7. Impressionar-se com a fala mansa de um candidato – ou o contrário: acreditar que o silêncio reflete força e sabedoria. O entrevistador deve se concentrar no que o candidato está dizendo e não em como está sendo dito e, então, decidir se sua personalidade será adequada na empresa.
8. Ser atraído por candidatos muito qualificados. Pessoas com experiência e educação além das necessidades do cargo podem ser incapazes, por algum motivo, de conseguir um trabalho equivalente à sua qualificação. Mesmo que tais candidatos não estejam escondendo informações, eles tendem a ficar frustrados e insatisfeitos com um cargo tão abaixo de suas habilidades.

Aplicar as técnicas de entrevista e evitar as armadilhas são ferramentas valiosas na eficaz seleção de pessoal para a governança de hotéis e hospitais.

Durante muitos anos, a abordagem usada por muitos gerentes era fazer a descrição do cargo e então preenchê-lo tentando encontrar a pessoa perfeita. Tal abordagem pode desprezar muitas pessoas qualificadas, como pessoas com dificuldades ou com problemas de aprendizagem. As descrições de cargos devem ser analisadas de duas maneiras: (1) o que é realmente necessário para executar o trabalho e (2) o que é desejável. A habilidade de ler e escrever é realmente necessária para o cargo? A habilidade de aprender rápido é realmente necessária? Uma pessoa que não sabe ler ou escrever ou que tem dificuldade de aprendizagem pode ser treinada e pode tornar-se um excelente funcionário. É verdade que o tempo despendido será maior, mas a recompensa será um funcionário leal e menor rotatividade de pessoal. Já foi provado muitas vezes que, uma vez treinadas, pessoas com dificuldades ou com deficiências mentais leves apresentam desempenho consistente por longos períodos. Há agências que procuram empresas que tentam contratar tais pessoas.

Resultado da Entrevista

Se o resultado de uma entrevista for negativo e houver rejeição, o candidato deve ser informado assim que possível. Frases ditas com cortesia, como "outros candidatos aparentemente eram mais bem qualificados", costumam ser suficientes. Essa informação pode ser transmitida com gentileza e honestidade de tal forma que o candidato não se arrependa pelo tempo destinado à entrevista.

Quando os resultados da entrevista forem positivos, uma declaração indicando a impressão favorável é motivadora. Entretanto, não deve haver comprometimento até que as *referências* tenham sido *verificadas*.

Verificação das Referências

Em muitos casos, a **verificação das referências** é feita apenas para confirmar se o que foi dito na entrevista é verdade. Muitas vezes os candidatos relutam em explicar com detalhes o que motivou a saída do emprego anterior. É mais importante ouvir a verdadeira história sobre o motivo que determinou a saída do que ouvir simplesmente que a pessoa pediu demissão. A verificação das referências pode ser feita das seguintes maneiras, em ordem de preferência:

1. Encontros pessoais (cara a cara) são difíceis de acontecer, mas proporcionam informações mais exatas.
2. Conversas telefônicas são a segunda melhor abordagem e a mais utilizada. Para cargos críticos, uma boa conversa entre o novo gerente em potencial e o gerente anterior é mais desejável; por outro lado, uma simples verificação de dados é suficiente para assegurar a honestidade.
3. A referência menos desejável é uma carta de recomendação, visto que os gerentes costumam ser extremamente relutantes em dar uma opinião franca e honesta por escrito.

Aos candidatos bem-sucedidos na entrevista, deve-se comunicar que as referências serão verificadas e que, caso haja resultados positivos, o departamento pessoal fará contato em dois dias. Os candidatos que estiverem empregados no momento em geral pedirão para que seu atual patrão não seja contatado. Esse pedido deve ser respeitado sempre, uma vez que os candidatos que estão trabalhando preferem falar com seu empregador da maneira apropriada. Se o candidato optar por não avisar seu patrão, provavelmente ele não avisará ao hotel quando arrumar outro emprego.

Em alguns casos, o candidato pede demissão e é desligado da empresa imediatamente. Deve, então, ser orientado a contatar o gerente do departamento tão logo isso ocorra, para que possa começar a trabalhar.

Habilidades de Entrevista *versus* Rotatividade de Funcionários

Não há entrevistador, entrevistado ou contratação perfeitos. Pode-se apenas querer melhorar as habilidades para entrevistar a fim de que seja possível reter o maior número de funcionários. A governanta executiva deve esperar que 25% dos funcionários inicialmente admitidos no departamento não fiquem por mais de três meses – isso ocorre principalmente porque as habilidades de governança são facilmente aprendidas e o salário pago é o mínimo ou próximo do mínimo. Alguns novos departamentos de governança chegam a até 75% de taxa de rotatividade nos primeiros três meses de operação. Certamente esse quadro pode mudar com atenção adequada à entrevista e ao processo de seleção. Contudo, independentemente do resultado da entrevista, o processo (Fig. 8.2) deve ser registrado de forma adequada e retornar ao departamento pessoal para ser processado.

Integração

Um **programa de integração** cuidadosamente planejado e informativo é importante para a primeira impressão que o novo funcionário terá do hotel ou do hospital de forma geral e do departamento de governança em particular. Com muita freqüência, mostra-se ao novo funcionário apenas onde fica sua área de trabalho e o banheiro, explicando-lhe de maneira superficial o trabalho que tem início de imediato. Não é raro encontrar gerentes que colocam para trabalhar funcionários que ainda nem foram contratados, situação infeliz que normalmente é descoberta no dia do pagamento, quando não existe um contracheque para o novo funcionário. Tal situação representa péssima recepção do novo funcionário por parte da empresa. Um programa de integração planejado eliminará esse tipo de prática e fará com que o funcionário ingresse na empresa preocupado com ela, ampliando as possibilidades de um relacionamento proveitoso para ambos.

Todo bom programa de integração constitui-se de quatro fases: contratação do funcionário, entrega de um manual de funcionários, reconhecimento das instalações e a integração propriamente dita, em uma aula expositiva.

Contratação do Funcionário

Uma vez que a pessoa é aceita para o emprego, ela deve comparecer ao departamento pessoal em determinado dia e horário. Os procedimentos de contratação podem demorar cerca de metade de um dia e os gerentes de departamento devem permitir que o funcionário tenha tempo para passar adequadamente pelo **processo de contratação** na organização. A Figura 8.3 é um **roteiro de contratação** similar aos utilizados por muitos departamentos de pessoal para garantir que nada seja negligenciado na contratação de uma nova pessoa para a organização.

ROTEIRO DE CONTRATAÇÃO

Nome ____________________ Número da previdência social ____________
Endereço ____
Cidade ____________ Estado ____________ CEP ____________

Item	*Verificação*
Ficha do candidato	____________
Histórico	____________
Identificação de segurança (cartão de saúde/ permissão de trabalho)	____________
Documentos de saúde e previdência	____________
Deduções do pagamento (se houver)	____________
(sindicato, imposto de renda)	____________
Emissão do manual do funcionário do hotel (confirmação de recebimento)	____________
Processamento dos dados	____________
Ficha de funcionário preenchida	____________
Número de folha de pagamento designado	____________
Número do departamento para pagamento	____________
Solicitação de crachá (apenas o primeiro nome, exceto para gerentes)	____________

Funcionário encaminhado para ____________________
no departamento de ____________ para treinamento e integração no departamento.

Integração agendada para ____________________.

Supervisor de pessoal	Recebido pelo departamento
____________________	____________________
Assinatura	Assinatura do supervisor

Figura 8.3 – Roteiro de contratação. Uma vez que o candidato tenha sido pré-selecionado e entrevistado, tenha tido suas referências checadas e recebido uma oferta de emprego, o roteiro é usado para garantir que todos os dados necessários para a inserção do funcionário na folha de pagamento sejam preenchidos.

Nesse momento, deve-se ter certeza de que o formulário esteja totalmente preenchido e de que todas as informações adicionais que possam ser necessárias para obter a permissão de trabalho e as credenciais estejam à mão. Em geral, o departamento de segurança registrará a entrada do novo funcionário no quadro de funcionários e fornecerá instruções relativas ao uso das entradas de funcionários, vestiários e áreas de estacionamento para funcionários. O formulário para permissão de trabalho e os testes de drogas serão utilizados quando necessários. Todos os documentos solicitados pelo seguro de saúde do hotel e pela previdência social devem ser preenchidos, devendo-se orientar o funcionário novo a comunicar de imediato acidentes, mesmo que leves, a seus supervisores. As deduções obrigatórias sobre o salário devem ser explicadas (impostos federais e estaduais sobre a renda), bem como aquelas que podem ser solicitadas ou desejadas. Neste momento, alguns formulários de registro de pessoal são abertos para o novo funcionário e arquivados no seu arquivo permanente. A Figura 8.4 é um exemplo de tais formulários.

A Figura 8.4 é um documento impresso, chamado **Ficha de Funcionário**, que indica todos os dados necessários sobre o novo funcionário. Observe as informações que devem ser preenchidas. A Ficha de Funcionário possui um número de série criado a partir de dados armazenados eletronicamente, e é mantido no arquivo de pessoal. Quando uma mudança precisa ser feita, como nome do cargo, estado civil ou salário, a Ficha de Funcionário é recuperada nos registros do funcionário, as mudanças *naquele item* são feitas e a Ficha corrigida é usada para modificar os dados armazenados no sistema. Uma vez que a nova informação é armazenada, uma nova Ficha de Funcionário é criada e colocada nos registros, à espera do próximo processamento. Um funcionário antigo pode ter muitas fichas anteriores armazenadas em seu arquivo.

Quando **avaliações de desempenho** regulares ou especiais são realizadas, a última (mais atual) Ficha

FICHA DE FUNCIONÁRIO

Empresa

Nº da previdência social	Nº	Seção

Data da impressão	Número

ALTERAÇÃO NA FOLHA DE PAGAMENTO

Sobrenome	Nome	Segundo nome

Endereço	Cidade	Estado	CEP

Telefone	Data de nascimento	Data de admissão	Sexo	Seleção	Tipo	*Status*
					Permanente - Temporário	Integral - Meio período / Reserva

CLASSIFICAÇÃO PRIMÁRIA

Cargo nº	Descrição do cargo	Classificação do cargo	Conta nº	Classe de pagamento	Código de motivo	Data efetiva	Próxima revisão	Código de pagamento	Número de horas
				Salário por hora				Semanal - quinzenal / Mensal	

CLASSIFICAÇÃO DO ÚLTIMO CARGO

Última revisão	Estado emprego	Estado reserva	Estado civil	Unidade da federação	Estado
			Casado/ solteiro		

CLASSIFICAÇÃO DO PENÚLTIMO CARGO

INFORMAÇÃO SOBRE IMPOSTOS

FEDERAL			ESTADUAL			MUNICIPAL			COMARCA			OUTROS		
Valor	%	Padrão	Valor	%	Padrão	Valor	%	Padrão	Valor	%	Padrão	Valor	%	Padrão

DISTRIBUIÇÃO

Centro de custo	Relatório	Departamento nº	Departamento

EDUCAÇÃO

Nível	Ano	Término
Ensino médio / Graduação		

SEGURO DE GRUPO

Desconto	Classe	Data	Tipo de cobertura

DEDUÇÕES

Nº	Descrição	Valor fixo	%	Limite

MUDANÇA

Valor fixo	%	Limite	Empregado OK

DEMISSÃO

Último dia trabalhado	Razão	Readmissão	Vol
		Sim / Não / Condicional	Sim / Não

LICENÇA

Data da efetivação	Motivo	Data de retorno	Data de retorno ao trabalho

CÓDIGOS DOS MOTIVOS

MUDANÇA DE CLASSIFICAÇÃO

10. Revisão do desempenho
11. Aumento da experiência
12. Acordo coletivo
13. Mérito
14. Ajuste de salário
15. Transferência horizontal
16. Obrigações adicionais
17. Promoção
18. Rebaixamento
19. Recusa de responsabilidade
20. Informação corrigida ou modificada

DEMISSÃO VOLUNTÁRIA

21. Aceitação de outro emprego
22. Procura de outro emprego
23. Irá dirigir seu próprio negócio ou negócio da família
24. Transferido para outra divisão / subsidiária
25. Estudando
26. Insatisfeito com o trabalho (salário, horário, obrigações, condições)
27. Incapaz de enfrentar a pressão do cargo
28. Incapaz de relacionar-se com supervisores, subordinados ou colegas
29. Abandono após repreensão ou avaliação desfavorável
30. Abandono sem avisar / causa desconhecida
31. Não apareceu ou telefonou em três turnos consecutivos
32. Problemas familiares
33. Casamento
34. Recolocado em uma área mais desejada
35. Transferência do cônjuge
36. Dificuldades de transporte
37. Condição física/mental
38. Gravidez
39. Exército
40. Não retornou após licença
41. Aposentadoria voluntária
42. Morte

DEMISSÃO INVOLUNTÁRIA

50. Atrasos e faltas crônicas
51. Violação das normas da empresa
52. Desempenho insatisfatório documentado
53. Não qualificado para o cargo
54. Insubordinação
55. Conduta imprópria
56. Posse ou remoção não autorizada de patrimônio da empresa
57. Razões de caráter ou integridade
58. Falta de interesse e/ou atitude
59. Incapaz de relacionar-se com supervisores, subordinados ou colegas
60. Término de cargo temporário
61. Eliminação do cargo
62. Aposentadoria obrigatória
63. Redução de pessoal
64. Concordância mútua
65. Transferência para outra divisão / subsidiária
66. Acidente / doença de trabalho
67. Conclusão insatisfatória do período de experiência
68. Em reserva / não trabalhou em três meses

CÓDIGO DE LICENÇAS

81. Licença-maternidade
82. Licença médica
83. Licença médica não remunerada
84. Licença pessoal não remunerada
85. Licença-maternidade não remunerada
86. Exército
87. Serviço de júri/tribunal
88. Dispensa temporária

Supervisor — Data e assinatura

Aprovação autorizada — Data e assinatura — Data

Figura 8.4 – A Ficha de Funcionário é um formulário de processamento de dados usado para coletar e armazenar informações sobre um funcionário. Observe as diversas informações coletadas. (Cortesia da White Lodging Services.)

de Funcionário será usada para registrar a avaliação. A Figura 8.5 é um formulário-padrão usado para registrar tais avaliações, bem como para anotar advertências escritas e problemas envolvendo o término do contrato. Esses formulários costumam ser encontrados no verso da Ficha de Funcionário. Como as avaliações de desempenho podem resultar em aumento de salário, o valor apropriado (com aumento) estará indicado na frente da Ficha de Funcionário (Fig. 8.4). Para todos os registros feitos é preciso inserir os dados, armazenar as informações e criar uma nova Ficha de Funcionário para ser arquivada no registro do funcionário.

A Ficha de Funcionário e a avaliação de desempenho devem ser detalhadamente explicadas para o novo funcionário, bem como o sistema da folha de pagamento. O empregador deve explicar também como e quando os funcionários são pagos e quando o primeiro pagamento ocorrerá.

Manual dos Funcionários

O novo funcionário deve receber uma cópia do **Manual do Funcionário** do hotel ou hospital e deve ser orientado a lê-lo completamente. Como o novo funcionário da governança não trabalhará apenas para o departamento de governança – será parte do quadro

Pontos fortes

Objetivos

1. ☐ alcançado ☐ não alcançado ☐ não se aplica

2. ☐ alcançado ☐ não alcançado ☐ não se aplica

3. ☐ alcançado ☐ não alcançado ☐ não se aplica

Pontos fracos

Ação sugerida

O que o empregado fará para melhorar seu desempenho?

O que o supervisor fará para auxiliar essa melhoria?

Pronto para ser promovido em (estimativa) ____________________

Advertência escrita ☐ reavaliar após ____________________

Motivo da demissão ____________________

Assinatura do avaliador ____________________ data __________

Revisado por ____________________ data __________

Assinatura do empregado ____________________ data __________

Comentário do empregado

Figura 8.5 – O verso da Ficha de Funcionário pode ser usado para registrar avaliações de desempenho, advertências ou problemas envolvendo demissão.

geral de funcionários –, ler esse manual é muito importante para garantir que as instruções adequadas sobre regras e normas sejam apresentadas. O manual deve ser desenvolvido de modo a inspirar o novo membro a tornar-se participante ativo da organização. Como exemplo, o Manual para Funcionários do Radisson Hotel na Star Plaza é apresentado no Apêndice C. Observe o tom da carta de boas vindas e a maneira pela qual as regras e regulamentações são apresentadas.

Familiarização com as Instalações

Após o término da fase de contratação, deve-se conduzir o funcionário novo para um **reconhecimento das instalações.** Para estabelecimentos novos, o acesso à propriedade deve acontecer cerca de uma semana antes da inauguração, e um único *tour* pode ser feito para muitos funcionários novos simultaneamente. É possível que funcionários trabalhem anos no departamento de governança e nunca tenham visitado os salões de eventos, as salas de jantar, o salão de baile ou a área dos escritórios executivos. Uma volta completa pelas instalações insere o funcionário na organização como um todo, e as informações a respeito dos locais *nunca* devem ser negligenciadas.

Para estabelecimentos em operação, o novo funcionário deve ser encaminhado ao supervisor do departamento onde irá atuar após a contratação, para que o supervisor se encarregue de lhe apresentar as instalações. O envolvimento total de cada funcionário é reforçado por essa apresentação. Se necessário, isso pode ser adiado para depois da reunião de integração; entretanto, a integração dos novos funcionários não estará completa até que as instalações sejam conhecidas.

Integração

As **reuniões de integração** não devem acontecer até que o funcionário esteja minimamente familiarizado com os arredores. Depois de aproximadamente duas semanas, ele terá muitas perguntas sobre suas experiências, seu novo cargo, seu treinamento e sobre as regras e normas listadas nos manuais do estabelecimento e do departamento (veja o tópico sobre treinamento). Quando as reuniões de integração de funcionários acontecem muito cedo, elas não respondem a muitas das dúvidas que surgirão na primeira ou na segunda semana de emprego.

A reunião deve acontecer em um local confortável, com refrescos à disposição. Costuma ser conduzida pelo gerente de recursos humanos, com a presença de todos os gerentes que puderem comparecer. Certamente, o gerente geral do hotel ou os membros do comitê executivo do hospital, o gerente de segurança e os chefes de departamento dos novos contratados devem estar presentes. Cada um desses gerentes deve ter a oportunidade de dar as boas vindas aos novos funcionários e se apresentar. Todos os gerentes e novos funcionários devem usar crachás. Nas reuniões de integração, uma breve história da empresa e suas metas devem ser apresentadas.

Uma reunião de integração planejada não deve ser concluída sem que alguém ressalte a importância de cada cargo. Todos os cargos devem ter um objetivo e são, portanto, importantes para o funcionamento global da organização. Um exemplo excelente dessa filosofia foi dado certa vez por um gerente geral: "A pessoa que limpa o chão da cozinha às 3h é tão valorizada por essa operação como eu sou – apenas fazemos coisas diferentes".

As reuniões de integração devem ser organizadas de modo que muitas perguntas possam ser feitas. Deve também haver alguém disponível para responder a *todas elas.*

Embora o novo funcionário ganhe confiança e segurança em seu trabalho com o fim do treinamento e a atuação efetiva no cargo, a orientação informal deve acontecer mais vezes. A orientação formal, entretanto, termina na reunião de integração. Finalmente, deve-se notar que uma boa integração resulta na satisfação do trabalhador e ajuda a diminuir a ansiedade e o medo que o novo funcionário possa ter. Quando uma boa integração é negligenciada, as sementes da insatisfação são plantadas.

Treinamento

Geral

A eficiência e economia da operação de um departamento dependerão da habilidade de cada membro da organização de fazer o seu trabalho. Tal habilidade depende em parte das experiências anteriores, mas com maior freqüência pode ser creditada ao tipo e qualidade de **treinamento** oferecido. Os funcionários, independentemente de sua experiência anterior, sempre necessitam de treinamento antes de iniciar o trabalho.

Pequenas empresas tentam evitar oferecer treinamentos contratando pessoas que já são treinadas nas funções gerais em que estarão envolvidas. Contudo, a maioria das empresas reconhece a necessidade de treinamento específico voltado para a nova experiência e possui um programa de treinamento oficial.

Alguns empregadores consideram mais fácil treinar pessoas inexperientes e não instruídas para o departamento de governança. Nesses casos, práticas ruins ou indesejáveis não precisam ser mudadas. Entretanto, a experiência anterior e a instrução devem ser analisadas e consideradas no treinamento de cada novo funcionário para que seja eficiente. Se o funcionário já conhece os padrões e políticas do departamento, essa parte do treinamento deve ser encurtada ou modificada. Contudo, as experiências e habilidades devem ser demonstradas antes do treinamento ser alterado. Finalmente, o treinamento é a melhor maneira de comunicar como a empresa atua. Sem isso, o novo funcionário pode executar tarefas contrárias à política da empresa.

Primeiro Treinamento

O **primeiro treinamento** de um novo funcionário começa como continuação da integração no *departamento.* Quando um funcionário é encaminhado para o departamento de governança hoteleiro ou hospitalar, a integração inclui a familiarização do funcionário com as *regras e normas do departamento.* Muitos departamentos de governança têm seu próprio **Manual do Funcionário.** Por exemplo, veja o Apêndice D, que contém as regras e normas do departamento de governança do Bally's Cassino Resort de Las Vegas, Nevada. Compare esse guia com o do Radisson Hotel na Star Plaza (Apêndice C). Embora esses guias sejam de organizações completamente diferentes, a essência de seu conteúdo é a mesma; ambos têm por objetivo a familiarização de cada funcionário novo com o ambiente. Os manuais devem ser escritos de modo a inspirar os funcionários a tornarem-se membros da equipe, comprometendo-os com os objetivos da empresa.

Abordagem Sistemática para o Treinamento

O treinamento pode ser definido como sendo as atividades destinadas a ajudar o funcionário a realizar tarefas para as quais foi contratado ou para ajudar o funcionário a melhorar seu desempenho em um trabalho que já realiza. O objetivo do treinamento é capacitar um funcionário a iniciar determinado trabalho ou melhorar as técnicas já usadas.

Na governança de um hotel ou hospital, há três áreas básicas nas quais as atividades de treinamento devem acontecer: **habilidades, atitudes** e **conhecimento.**

Treinamento de habilidades. Uma lista simples de habilidades em que um funcionário regular de governança deve ser treinado é a seguinte:

1. *Arrumar a cama:* técnicas específicas; política da empresa.
2. *Aspiração:* técnicas; uso e cuidado com os equipamentos.
3. *Tirar o pó:* técnicas; uso de produtos.
4. *Limpeza de espelhos e janelas:* técnicas e produtos.
5. *Padronização das UH:* organização da UH; como uma UH deve estar arrumada.
6. *Limpeza do banheiro:* limpeza da banheira e do vaso sanitário; aparência; métodos de limpeza e resultados desejados.
7. *Rotina diária:* ordenamento dos procedimentos para o trabalho diário; fatos a serem relatados todos os dias.
8. *Cuidado e uso dos equipamentos:* carrinho de governança; abastecimento.
9. *Segurança industrial:* uso de produtos, segurança do hóspede, incêndios e outras emergências.

A melhor referência para saber as habilidades que requerem treinamento é a descrição do cargo para o qual a pessoa está sendo treinada.

Orientação de atitudes. Os funcionários necessitam ser orientados para atitudes diante do trabalho. Precisam ser orientados para tomar decisões com relação a unidades habitacionais que apresentam problemas específicos na limpeza. As atitudes da camareira devem permitir-lhe ver, ocasionalmente, esforços extras para que as UH voltem ao padrão como parte do serviço prestado para o hóspede que pagou para usufruir a acomodação. Carol Mondesir[1], diretora de governança do Sheraton Centre de Toronto, afirma que:

> Um hotel é feito para ser apreciado e, ocasionalmente, os quartos são deixados totalmente bagunçados. Porém, contanto que eles não tenham sido destruídos, faz parte do trabalho. Quem quer estar na indústria da hospitalidade deve estar disposto a fazer com que a estada do hóspede seja a melhor possível. Os apartamentos estão à disposição para serem desfrutados.

Relações positivas com diversas funções e pessoas também precisam ser desenvolvidas. Abaixo está uma lista de áreas nas quais as orientações de atitudes são importantes.

1. Hóspede/paciente.
2. O gerente do departamento e o supervisor imediato.
3. Um quarto de hóspedes que esteja muito bagunçado.
4. O hotel e a empresa.
5. Uniforme.
6. Aparência.
7. Higiene pessoal.

Atendendo aos padrões. A principal tarefa do treinamento é preparar os novos funcionários para **atender aos padrões.** Com esse objetivo em mente, a seqüência da limpeza dos apartamentos é muito importante para realizar as tarefas do dia-a-dia com eficiência. Além disso, o *melhor método* de realização das tarefas deve ser apresentado para o novo funcionário que está sendo treinado. Uma vez que a tarefa tenha sido aprendida, o próximo passo é atender aos padrões, o que não significa necessariamente fazer o trabalho da maneira como a pessoa foi treinada. A determinação de padrões de desempenho será discutida no Capítulo 11, no tópico referente aos controles operacionais.

Treinamento de conhecimento. As áreas de conhecimento nas quais os funcionários precisam ser treinados são as seguintes:

1. Conhecimento completo de todas as instalações do hotel: o funcionário deve ser capaz de indicar caminhos e conversar com o hóspede sobre o hotel, seus restaurantes e outras instalações.
2. Conhecimento dos direitos e benefícios dos funcionários.
3. Compreensão dos procedimentos com queixas.
4. Conhecimento dos principais gerentes de vista e pelo nome.

Treinamento Contínuo

É necessário conduzir um **treinamento contínuo** para todos os funcionários, independentemente de quanto tempo estejam trabalhando no departamento. Há duas circunstâncias nas quais treinamento adicional é necessário: (1) na ocasião da compra de novos equipamentos e (2) quando o comportamento do funcionário muda ou é incomum no trabalho.

Quando um novo equipamento é comprado, os funcionários precisam saber as diferenças do novo para o antigo, quais novas habilidades ou conhecimentos são necessários para operá-lo, quem necessitará desse conhecimento e quando. Novos equipamentos também podem exigir novas atitudes com relação aos hábitos de trabalho.

O comportamento do funcionário no trabalho indicando a necessidade de treinamento adicional pode ser dividido em duas categorias: ocorrências que o gerente presencia e ocorrências das quais o gerente toma conhecimento por intermédio de outros funcionários.

As ocorrências que o gerente presencia que indicam a necessidade de treinamento são: faltas freqüentes de funcionários, considerável desperdício de produtos, falta de cuidado, alta taxa de acidentes e resistência em ser orientado pelos supervisores.

Ocorrências que o gerente fica sabendo que indicam a necessidade de treinamento ocorrem em situações nas quais algo não está indo bem (produtos que não são bons), produtos/situações perigosas para a execução do trabalho, algo que provoque aumento da carga de trabalho.

Embora o treinamento seja vital para que as organizações funcionem com o máximo de eficiência, ele é caro. Portanto, o dinheiro e as horas de trabalho que se gastam devem compensar o investimento. Deve existir um equilíbrio entre o dinheiro gasto com o treinamento dos funcionários e os benefícios da produtividade e do bom desempenho. Um método simples de determinar a necessidade de treinamento é medir o desempenho dos trabalhadores: investigue o que está acontecendo durante o trabalho e compare esse desempenho com o que deveria estar acontecendo. A diferença, se houver, descreve quanto treinamento é necessário.

Ao efetuar **análises de desempenho**, a seguinte pergunta deve ser feita: o funcionário poderia realizar esse trabalho se sua vida dependesse do resultado? Se a resposta for *não*, há uma **deficiência de conhecimento** (DC). Se o funcionário pudesse executar a tarefa se sua vida dependesse do resultado e não o faz, há uma **deficiência da execução** (DE). Algumas causas das deficiências de execução são interferências na tarefa, falta de *feedback* (o funcionário não sabe quando o trabalho está sendo feito de maneira correta ou incorreta) e as conseqüências (alguns funcionários gostam mais de algumas tarefas do que de outras).

Em qualquer dos casos, seja de deficiência de conhecimento ou de execução, o treinamento deve ser conduzido. Porém, a abordagem ou o método de treinamento pode variar. Deficiências de conhecimento podem ser corrigidas com o treinamento do funcionário durante o trabalho, observando e corrigindo o que for necessário até que a tarefa esteja sendo realizada de maneira eficiente. A deficiência de execução costuma ser corrigida procurando a causa do mau desempenho, não ensinando a tarefa.

Métodos de Treinamento

Há diversos métodos ou maneiras de conduzir um treinamento. Cada método tem vantagens e desvantagens que devem ser avaliadas. Alguns métodos são mais caros do que outros, mas também são mais eficazes com relação ao tempo necessário para a compreensão e proficiência que devem ser desenvolvidas. Alguns métodos comuns para o treinamento do pessoal de governança são discutidos abaixo.

Treinamento prático. Usando o treinamento prático (*on-the-job training* – OJT), uma técnica em que se "aprende fazendo", o instrutor demonstra o procedimento e então observa os alunos repetindo-o. Com essa técnica, um instrutor pode orientar vários alunos. Na governança, o instrutor costuma ser uma GRA que instrui os funcionários nos apartamentos que devem ser limpos naquele dia. O método prático não é operacionalmente produtivo até que o aluno esteja bom o suficiente nas tarefas treinadas para absorver parte da carga operacional.

Treinamento simulado. Com o treinamento simulado, um apartamento modelo (vago) é usado no treinamento de alguns funcionários. Enquanto o treinamento prático auxilia na limpeza diária, a simulação requer uma UH desocupada. Além disso, o treinador não é produtivo ao limpar acomodações prontas. A vantagem do treinamento simulado é que ele permite parar, discutir e repetir o processo de treinamento, se necessário. A simulação é um excelente método quando o treinador é pago com recursos previamente destinados e quando a produtividade da limpeza das UH não é importante durante o dia de trabalho.

Método instrutor-aluno. O método instrutor-aluno é similar ao treinamento prático, mas cada instrutor tem apenas um aluno. Esse método exige que existam instrutores qualificados em número suficiente para que diversos treinamentos aconteçam ao mesmo tempo.

Aulas expositivas. As aulas expositivas atingem o maior número de alunos por instrutor. Quase todos os programas de treinamento usam esse tipo de instrução para determinados segmentos. Infelizmente, as aulas expositivas são a técnica mais tediosa e, portanto, requerem instrutores talentosos que saibam fazer apresentações. Além disso, pode ser difícil obter o espaço necessário para aulas expositivas, sendo preciso utilizar instalações especiais.

Conferências. Esse método é freqüentemente conhecido como *workshop*. Envolve um grupo de alunos que formulam idéias, resolvem problemas e relatam projetos. A conferência ou *workshop* é excelente para o treinamento de supervisores.

Demonstrações. Quando novos produtos ou equipamentos vão ser introduzidos, as demonstrações são excelentes. Muitas demonstrações podem ser conduzidas por vendedores ou fornecedores como parte da venda do equipamento e dos produtos. Dificuldades podem surgir quando existirem barreiras de linguagem. É também importante que não sejam apresentadas mais informações do que as que podem ser absorvidas em um período de tempo razoável, caso contrário poderão acontecer muitos equívocos.

Suporte ao Treinamento

Muitos hotéis utilizam elementos que dão **suporte ao treinamento** em uma sala de conferência ou colocam mensagens no quadro de avisos dos funcionários. Junto com os tradicionais elementos utilizados como lousa, quadros de aviso, desenhos, gráficos e diagramas, fotografias podem oferecer referências claras e precisas sobre como os apartamentos devem ser organizados, os carrinhos da governanta abastecidos e as rotinas realizadas. Muitos departamentos de governança possuem filmes sobre como interagir com os hóspedes e ser cortês que podem ser utilizados no treinamento. Os filmes atingem, de forma direta, muitas pessoas que podem não entender os procedimentos adequados ao ler sobre eles. Muitas técnicas de treinamento podem ser combinadas para desenvolver um plano de treinamento bem feito.

Desenvolvimento

É possível ter dois alunos sentados lado a lado na mesma classe, um treinando e outro se aperfeiçoando. Lembre que a definição de treinamento é preparar uma pessoa para fazer um trabalho para o qual ela foi contratada ou melhorar seu desempenho no trabalho atual. O **aperfeiçoamento** prepara uma pessoa para uma promoção ou para assumir uma responsabilidade maior. As técnicas são as mesmas, mas o resultado final é bastante diferente. O treinamento começa após a integração do funcionário recém-admitido para um trabalho específico, ao introduzir um novo equipamento, ou em virtude da observação e da indicação de funcionários que necessitem de treinamento. O aperfeiçoamento tem início com a identificação de um funcionário específico que tem demonstrado potencial para ser promovido. O treinamento para a promoção ou para a melhoria do potencial é, na verdade, aperfeiçoamento, devendo sempre incluir um tipo muito negligenciado de treinamento – o **treinamento de supervisores.**

Muitas formas de desenvolvimento podem acontecer no estabelecimento; outras podem incluir o envio dos funcionários para escolas e seminários. O desenvolvimento é associado sobretudo com o aprimoramento de supervisores e gerentes, podendo incluir muitos tipos de experiências.

A Figura 8.6 é um exemplo de **programa de desenvolvimento** para um gerente *trainee* que, em breve, estará envolvido com a gerência do departamento de governança. Observe as diversas tarefas de desenvolvimento que o *trainee* deve realizar em um período de cerca de 11 meses.

O desenvolvimento de indivíduos dentro da organização tem por objetivo o potencial e a promoção futura de funcionários. Especificamente, os funcionários que demonstram potencial de liderança devem ser desenvolvidos por meio de treinamento de supervisão para avançar para cargos de maior responsabili-

PROGRAMA DE *TRAINEE* DO DEPARTAMENTO DE GOVERNANÇA DO HOTEL
CRONOGRAMA DE DESENVOLVIMENTO

Datas Para ______________________________
(nome)

Orientador	*Tarefas*	
Atendente de rouparia		Período: 1 mês
	Conceitos:	
	Ordens de serviço	
	Atendimento e processamento de telefonemas, incluindo comunicação com o hóspede e com outros departamentos do hotel	
	Procedimentos com UH de *check out*, VIP, de pré-registro e em manutenção	
Camareira – turno matutino		Período: 2 semanas
	Como limpar a unidade habitacional	
Camareira – turno vespertino		Período: 2 semanas
	Procedimento diário e serviço de abertura de camas	
Supervisora de andares		Período: 3 meses
	Como inspecionar uma UH	
	Abertura e encerramento e outros procedimentos diários	
Supervisor de treinamento		
	Treinamento de quatro funcionários novos	
	Procedimento de acompanhamento	
	Folheto de orientação	
Supervisor-chefe		
	Obrigações e responsabilidades adicionais	
Gerente de lavanderia		Período: 3 meses
	Conceitos:	
	Produtos, equipamentos, custos, lucro, manutenção	
Lavador	Produtos usados, avaria de equipamentos	
Selecionador	Pesagem	
Passador	Prioridades e procedimentos	
Entregador de lavanderia	Obrigações	
Recebimento	Contagem	
Gerente de manutenção		Período: 2 meses
	Conceitos:	
	Obrigações e responsabilidades de todos os funcionários da governança	
Central de governança		
	Escalas de funcionários	
	Solicitação de suprimentos no final do mês	
Funcionário da manhã	Limpeza do restaurante e saguão	
Funcionário da tarde	Procedimento para o salão de jogos	
	Limpeza do segundo andar e da recepção	
Pessoal externo	Limpeza da cascata e piscina	
	Quadras de tênis e jardim	
Lavador de janelas	Procedimento	
Camareira dos andares	Armazenamento de enxoval nos andares	
Atendente do saguão	Procedimento detalhado do saguão	
Assistente de governança		Período: 1 mês
	Conceitos:	
	Folha de pagamento – cartões de ponto	
	Análise diária da mão-de-obra	
	Escala diária das camareiras	
	Entrevista com candidatos	

Figura 8.6 – Programa de *trainee* para o departamento de governança de um hotel. Cronograma de desenvolvimento usado para desenvolver o *trainee* nas diversas funções do departamento de governança do hotel. Observe a posição da pessoa que irá orientar o desenvolvimento das diversas habilidades e o tempo estimado a ser gasto em cada área. *(Continua)*

PROGRAMA DE *TRAINEE* DO DEPARTAMENTO DE GOVERNANÇA DO HOTEL
CRONOGRAMA DE DESENVOLVIMENTO

Gerente de governança		Período: 1 mês
	Conceitos: Formação de equipe Programas de renovação e reforma Orçamentos e investimentos de itens Seleção e pedido de suprimentos Registros de manutenção – inventário – *status* de manutenção Entrevistas demissionais Treinamento e retreinamento de subordinados Lidando com queixas dos empregados Reclamações de hóspedes Ações disciplinares e histórico de desempenho no trabalho Motivação dos empregados (programas de incentivo) Programas de segurança no trabalho Pedidos, tamanhos e estocagem de enxoval Pedido de uniforme Compra de equipamentos Procedimentos mensal e anual para faxina geral	

Figura 8.6 – *(Cont.)* Programa de *trainee* para o departamento de governança de um hotel. Cronograma de desenvolvimento usado para desenvolver o *trainee* nas diversas funções do departamento de governança do hotel. Observe a posição da pessoa que irá orientar o desenvolvimento das diversas habilidades e o tempo estimado a ser gasto em cada área.

dade. Infelizmente, muitos trabalhadores excelentes têm seu desempenho recompensado por uma promoção, mas não recebem treinamento. A excelente camareira promovida a supervisora, sem o benefício do treinamento de supervisão, fica frustrada e infeliz em pouco tempo, podendo tornar-se uma perda para o departamento. É, portanto, essencial que o potencial individual seja desenvolvido de forma ordenada e sistemática, ou esse potencial pode nunca ser reconhecido.

Durante o desenvolvimento gerencial, como o especificado na Figura 8.6, aluno e gerente não devem perder de vista os objetivos principais do programa, que são o aprendizado e o desenvolvimento do potencial do aluno, não a produtividade departamental. Embora haja momentos em que podem ser dadas ao treinando responsabilidades específicas de supervisão da operação, limpeza de UH ou limpeza das áreas comuns, não se deve tirar vantagem do *trainee* ou da situação em detrimento do desenvolvimento. O desenvolvimento de novas capacidades torna-se difícil quando o instrutor de treinamento ou coordenador não está apenas desenvolvendo um novo gerente, mas também é responsável por qualquer aspecto de produtividade das operações de governança.

Registros e Relatórios

Ao conduzir um programa de treinamento ou de desenvolvimento, devem ser mantidos, pelo supervisor de treinamento e pelo aluno, **registros** adequados do progresso do treinamento. Avaliações periódicas do progresso do aluno devem ser conduzidas, devendo-se reconhecer o término bem-sucedido do programa. O reconhecimento público inspirará o recém-treinado ou o funcionário desenvolvido a atingir altos padrões de desempenho e esforçar-se para a promoção.

Uma vez que o funcionário tenha sido treinado ou desenvolvido e seu desempenho satisfatório tenha sido reconhecido e registrado, a pessoa deve ter um desempenho que satisfaça aos padrões. A avaliação do desempenho futuro pode ser baseada no desempenho inicial após o treinamento. Se o desempenho de um funcionário começa a fugir dos padrões e expectativas, deve existir outra razão que não a falta de habilidades. A razão para o desempenho insatisfatório deve ser, então, descoberta. Esse tipo de acompanhamento não é possível sem que registros adequados do treinamento e desenvolvimento tenham sido mantidos para serem usados como comparação.

Avaliação e Reconhecimento do Desempenho

Embora a **avaliação e o reconhecimento do desempenho** de funcionários ocorra conforme o trabalho é desenvolvido, não é incomum encontrar sistemas de avaliação como parte das funções de organização e de formação de equipes. Isso ocorre porque a primeira avaliação se dá durante o treinamento, que é uma atividade de formação de equipe. Uma vez que os treinados têm seu desempenho avaliado, os métodos utilizados continuarão sendo empregados no decorrer do contrato. Como parte do treinamento, os novos funcionários devem ser comunicados como, quando e por quem eles serão avaliados e que questões relativas a seu desempenho serão regularmente formuladas.

Período de Experiência

O período inicial de contratação deve ter natureza de **experiência**, permitindo que o novo funcionário melhore sua eficiência com relação ao número de UH limpas por dia durante esse período (cerca de três meses). Se muitos funcionários forem incapazes de atingir o padrão durante a experiência, o padrão deve ser reavaliado. Se apenas um ou dois funcionários não conseguirem atingir o número determinado de UH limpas por dia, uma avaliação do funcionário em treinamento deve revelar a razão ou indicar que o funcionário não deve permanecer contratado. Um funcionário que depois de treinado não apresente desempenho razoável não deve continuar no emprego. Da mesma forma, um funcionário que conseguiu atingir o desempenho necessário no período de experiência deve ser contratado como funcionário regular e, deste modo, alcançar relativa estabilidade no emprego.

Objeto da Avaliação

A avaliação de pessoal é uma tentativa de medir determinadas peculiaridades, características e produtividade. Infelizmente, as avaliações são, em geral, objetivas por natureza e os avaliadores quase nunca são treinados na arte da avaliação subjetiva. Iniciativa, autocontrole e habilidade de liderança não têm como ser medidos; portanto, tais características são estimadas e a estimativa depende muito da pessoa que a faz. Dois avaliadores usando o mesmo formulário e avaliando a mesma pessoa provavelmente chegarão a conclusões diferentes.

Certas políticas quanto à utilização de avaliações devem ser estabelecidas para que possam ser compreendidas por quem avalia e por quem é avaliado. Essas políticas devem ser estabelecidas e disseminadas pela gerência. Para isso, as questões seguintes, dentre outras, devem ser respondidas e comunicadas a todos os envolvidos na avaliação: para que as avaliações serão utilizadas? As avaliações influenciarão promoções, farão parte dos registros do funcionário, serão utilizadas para checagens periódicas ou para recomendações e orientações? Que qualidades serão avaliadas? Quem será avaliado? Quem fará as avaliações?

Avaliações fidedignas requerem planejamento cuidadoso e demandam tempo, habilidade e trabalho consideráveis. Uma avaliação deve ser compreendida pelo funcionário.

As avaliações devem ser usadas ao final do período de experiência e o funcionário deve compreender, desde o início, que estará sendo observado e avaliado. Cada item, bem como o impacto que a avaliação terá sobre o futuro do emprego, deve ser explicado para o funcionário. Pessoas submetidas a avaliações periódicas, como no final de cada ano, também devem saber por que as avaliações estão sendo conduzidas e o que pode resultar delas. Nas duas situações, a avaliação deve ser usada para recomendações e orientações, de modo que o desempenho possa ser melhorado ou corrigido se necessário. Certamente, os pontos fortes devem ser apontados. Um funcionário deve ter conhecimento tanto das avaliações positivas como das negativas.

As avaliações devem ser aplicadas com um objetivo e não como um exercício. Elas devem ser utilizadas como uma ferramenta gerencial e ser desenvolvidas conforme as políticas da empresa e o cargo a ser avaliado. A mesma avaliação não é adequada para todos os cargos.

Um exemplo de avaliação – um formulário de avaliação de desempenho – foi apresentado na Figura 8.5 (verso da Fig. 8.4). No Capítulo 11, outros aspectos das avaliações de desempenho serão discutidos, no tópico referente às sub-rotinas do departamento de governança.

Resumo

O preenchimento de vagas para as operações de governança de hotéis e hospitais envolve as atividades de seleção, entrevista, integração, treinamento e desenvolvimento de pessoal para executar funções específicas na organização para a qual foram admitidos. Cada atividade deve ser realizada com consciência, presteza e atenção individual a cada funcionário trazido para a organização. Apesar do enfoque principal da formação de equipe neste texto ter sido desenvolvido para uma contratação em massa para o hotel-modelo, todos os aspectos referentes à seleção, integração e treinamento de novos funcionários podem ser aplicados nas situações em que ocorre troca de funcionários (mesmo que apenas de um) na organização.

As especificações de cargos são documentos que indicam qualificações, características e habilidades necessárias aos candidatos. A Requisição de Funcionários é o instrumento pelo qual o número e tipo específico de candidatos a emprego são procurados pelo departamento pessoal para cada departamento do hotel.

O próximo passo é a entrevista, que deve ser feita por pessoas de diversos departamentos. A escolha final, entretanto, deve ser feita apenas pelo gerente do departamento para quem o funcionário trabalhará.

A fase de contratação é essencial para o sucesso da integração do novo funcionário e não deve ser omitida. Após a contratação do novo funcionário, a apresentação do Manual do Funcionário (Apêndices C e D) é adequada. Esse manual deve conter as principais regras, procedimentos e normas da empresa, além de informações relevantes para o funcionário. A integração é a base que permite ao novo funcionário acostumar-se com o novo ambiente. A qualidade da integração determinará se o novo funcionário sentir-se-á seguro no novo ambiente, comprometendo-se com o relacionamento que terá início.

Com o início do treinamento, a integração continua, mas é conduzida pelo departamento específico onde o novo funcionário trabalhará. Há diversos métodos de treinamento e cada um deve ser utilizado visando à obtenção do melhor resultado com o menor custo. O desempenho do funcionário no treinamento deve ser avaliado por métodos similares aos usados na avaliação do desempenho operacional. Depois de receber aproximadamente 24h de treinamento prático na limpeza das UH, os funcionários devem tornar-se produtivos, sendo capazes de limpar um número razoável de apartamentos (aproximadamente 60% de eficiência). O desenvolvimento contínuo das habilidades aumentará a produtividade.

Com o final do treinamento preliminar, a integração deve ser concluída, garantindo que uma reunião de orientação e um reconhecimento de todo o estabelecimento tenham acontecido. Falhas na integração ou no treinamento podem plantar a semente de um funcionário inquieto, descontente e, possivelmente, uma relação falha entre funcionário e empresa que poderia ter sido evitada.

Durante o treinamento ou desenvolvimento, devem ser mantidos registros adequados do progresso do funcionário. Registros de treinamentos bem feitos servem de base para futuras avaliações de desempenho. Não será possível medir melhorias nas habilidades e crescimento do potencial de promoção se os registros dos treinamentos e avaliações não forem contínuos. Os funcionários têm o direito de conhecer as avaliações e, em geral, consideram observações objetivas um sinal de preocupação da gerência com seu desempenho.

TERMOS E CONCEITOS-CHAVE

Formação de equipe
Especificações de cargos
Requisição de funcionários
Fontes de funcionários
Análise de candidatos
Sistema de controle
Candidatura
Pré-seleção
Indicação ao departamento
Registro do processo
Entrevista de pré-seleção
Entrevista
Técnicas de entrevista
Armadilhas das entrevistas
Verificação das referências
Programa de integração
Contratação de funcionário
Roteiro de contratação
Deficiência de execução
Treinamento prático
Treinamento simulado
Método instrutor-aluno
Aulas expositivas
Conferências
Demonstrações
Ficha de funcionário
Avaliação de desempenho
Manual do funcionário do hotel ou hospital
Reconhecimento das instalações
Integração
Treinamento
Primeiro treinamento
Manual do funcionário do departamento
Habilidades
Atitudes
Conhecimentos
Padrões de desempenho
Treinamento contínuo
Análise do desempenho
Deficiência de conhecimento
Suporte ao treinamento
Aperfeiçoamento
Treinamento de supervisores
Programa de desenvolvimento
Registros
Avaliação e reconhecimento do desempenho
Período de experiência

QUESTÕES PARA DISCUSSÃO E REVISÃO

1. Quando as especificações de cargos devem ser preparadas? Que informações elas devem conter?
2. Quais tarefas o departamento de pessoal de uma empresa deve executar durante o processo de admissão de pessoal? Quais tarefas o gerente do departamento para quem o funcionário irá trabalhar deve realizar?
3. Esquematize um plano de entrevista. Quais perguntas você faria? Quais devem ser evitadas?
4. Depois de ler o Manual do Hotel no Apêndice C e o Manual do Departamento no Apêndice D, discuta as diferenças de abordagem dos dois documentos.
5. Há três áreas básicas nas quais o funcionário da governança deve receber treinamento. Quais são essas áreas? Liste alguns elementos encontrados em cada área.

NOTA

1. Dan Wilton, "Housekeeping: Cleaning up Your Hotel's Image." Reported in an interview with Carol Mondesir, in *Canadian Hotel and Restaurant*, March 1984, pp. 36-37.

9

Planejamento Operacional

OBJETIVOS DO CAPÍTULO

1. Aprender sobre o planejamento operacional para direção e controle das operações de governança do hotel.
2. Entender a rotina de abertura da casa.
3. Descobrir as vantagens de usar formulários padronizados de procedimentos e comunicação com os funcionários.
4. Investigar procedimentos-padrão de operação e ver como eles são usados na delegação de tarefas.

Até agora, o planejamento para a abertura de um hotel incluiu o estudo da escolha da equipe de trabalho, a elaboração de escalas de trabalho, o preparo das descrições de cargos, a utilização de materiais e a admissão, orientação e treinamento de funcionários. Apesar de questões como quem, o que e quando terem sido decididas, os procedimentos referentes a *como* as operações acontecerão ainda precisam ser estabelecidos. A governanta executiva deve estabelecer, com base em suas experiências anteriores, um plano mental sobre como as operações diárias devem ser conduzidas. Muito ainda precisa ser feito, entretanto, com relação à padronização de procedimentos específicos e rotinas para o novo estabelecimento. Este capítulo trata, em especial, dos procedimentos para dirigir e controlar as operações de governança em hotéis.

O mapa tridimensional de administração de Mackenzie (Cap. 1), que trata das funções de direção e controle, deve ser relembrado. Certas atividades de direção e controle devem ser planejadas com antecedência, antes da abertura do estabelecimento. Tais atividades são: delegação de tarefas (uma atividade da direção) e elaboração de relatórios, desenvolvimento de padrões de desempenho, medição de resultados e ações corretivas (atividades de controle). Essas atividades não podem ser realizadas sem que os procedimentos tenham sido determinados e comunicados aos empregados. Como o trabalho do departamento de governança é, em grande parte, uma rotina que se repete diariamente, a melhor forma de comunicação para dirigir e controlar são os **formulários.**

O dia-a-dia da delegação de tarefas como, por exemplo, quais apartamentos precisam ser limpos e quem irá realmente fazê-lo, acontece por meio de uma rotina geralmente conhecida como **abertura da casa.** A distribuição das tarefas acontece com a criação e utilização de diversos formulários que são desenvolvidos antes do funcionamento do estabelecimento, impressos em quantidade suficiente para que a comunicação possa acontecer todos os dias. Outros formulários relativos à comunicação, controle do progresso das operações e relato de informações oportunas também são necessários. Tais formulários costumam ser explicados por meio de documentos conhecidos como **procedimentos-padrão de operação (PPO).** Os PPO não apenas estabelecem e descrevem rotinas para um dia normal de operação, como também indicam como executar muitos outros procedimentos como controle de chaves, inspeção de unidades habitacionais (UH), controle de inventário, padrões de desempenho e manuseio de achados e perdidos. Diversos procedimentos associados com as operações de governança serão apresentados neste capítulo, incluindo exemplos de PPO que servem para o controle da operação.

Procedimentos para Abertura da Casa

Para a **abertura da casa,** os seguintes eventos acontecem:

1. A recepção informa à governança quais UH precisam ser limpas em determinado dia.
2. A informação recebida pela governança é passada para **documentos de trabalho e controle** para que a líder de equipe ou supervisora possa controlar o progresso do trabalho do dia.
3. A informação é repassada com a especificação das seções para cada GRA* e com algumas **seções abertas** (seções sem GRA designadas em virtude da ocupação ser inferior a 100%).
4. Se a ocupação é menor que 100%, a informação é usada para determinar **18 UH** para cada GRA escalada para trabalhar naquele dia específico. Isso é feito marcando-se as UH ocupadas das seções abertas como **UH a serem arrumadas** pelas GRA cujas seções não estavam totalmente ocupadas. Essas UH, mais as UH que seriam normalmente limpas pela GRA, constituem o total de 18 UH (com 100% de ocupação, todas as seções têm GRA designadas e não há a designação de outros apartamentos a serem arrumados).
5. Depois que todos os quartos ocupados tiverem sido designados para uma GRA específica e que a informação tiver sido conferida com todos os documentos das supervisoras, o planejamento diário é transferido para documentos por meio dos quais as GRA são informadas das tarefas a serem executadas.
6. Como o Plano de Divisão da Casa (Cap. 2) dividiu o hotel-modelo em quatro divisões de cinco seções cada, para a abertura diária da casa são necessários 24 documentos (formulários) para transmitir as informações da recepção para os funcionários e supervisores responsáveis pela execução do trabalho.
7. Uma vez que todos os formulários tenham sido adequadamente preenchidos, colocados em uma prancheta e na rouparia principal, as chaves de cada área de trabalho são separadas. Com isto feito, o planejamento de abertura da casa para o dia é considerado concluído.

Observação: é importante observar que todo o planejamento relacionado à abertura da casa pode ser informatizado e que os documentos específicos citados nesse tópico podem ser obtidos por meio dos computadores do hotel.

A utilização e o detalhamento dos formulários serão agora apresentados. Todos os formulários são específicos para o hotel-modelo de 353 UH.

Relatório Noturno da Recepção para a Governança

O documento pelo qual a informação é transmitida da recepção para a governança, de manhã bem cedo, é chamado de **relatório noturno da recepção para a governança.** A Figura 9.1 é um exemplo desse formulário, preenchido pela recepção com informações a respeito da situação dos apartamentos do hotel. A posição do número das UH no formulário é idêntica à ordem na qual elas aparecem na recepção.

Observe as colunas próximas às que têm o número das UH. As marcas na coluna "OC" indicam os apartamentos que estavam **ocupados** na noite anterior e precisarão ser limpos durante o dia. As marcas na coluna "CO" indicam que os ocupantes desses quartos farão ***check out*** no dia. Se não há marcas em nenhuma das colunas próximas ao número do quarto, ele é considerado **vago limpo** (VL) e não necessitará de serviço naquele dia. Os apartamentos marcados com "M" estão

* N. do T.: Conforme mencionado no prefácio, a sigla GRA, de *guest room attendant* (atendente de acomodação de hóspede), é utilizada pelo autor deste livro para designar o cargo de camareira, e foi mantida na tradução.

RELATÓRIO NOTURNO DA RECEPÇÃO PARA A GOVERNANÇA
(Apartamentos que Precisam de Limpeza)

Total de apartamentos ocupados 248
Total de apartamentos vagos 102
Saídas 72
Apartamentos em uso 176
Em manutenção 3

Data 10/1/
Preparado por A.B. Clark

Apartamento	OC	VL	CO	Apartamento	OC	VL	CO	Apartamento	OC	VL	CO	Apartamento	OC	VL	CO	Apartamento	OC	VL	CO	Apartamento	OC	VL	CO	Apartamento	OC	VL	CO	Apartamento	OC	VL	CO
1001	✓			1068	✓			1228	✓			2051	✓			2110	✓			3015	✓			3079	✓			3222			
1002				1071	✓			1229			✓	2053	✓							3016				3080				3223	✓		
1003	✓			1072			✓	1230			✓	2055			✓	2202				3017	✓			3081				3224	✓		
1004	✓			1073			✓	1231			✓	2057			✓	2204	✓			3019				3083				3225			
1005				1074			✓					2059			✓	2205	✓			3021	✓			3085	✓			3226			
1006	✓			1075	✓							2061	✓			2206				3023				3087				3227			
1007	✓			1076	✓			2001	✓			2062	✓			2207				3025				3089				3228	✓		
1008	✓			1077	✓			2002	✓			2063				2208	✓			3027				3091	✓			3229	✓		
1009	✓			1078	✓			2003				2064	✓			2209	✓			3031	✓			3093				3230			
1010	✓			1079		M		2004				2065	✓			2210				3032				3095	✓			3231			✓
1011				1081			✓	2005	✓			2066				2211	✓			3033	✓			3096				4070			
1012	✓			1083			✓	2006	✓			2067				2212				3035			✓	3097				4071			✓
1013	✓			1085				2007	✓			2068	✓			2213	✓			3037			✓	3098	✓			4072			
1014	✓			1087	✓			2008				2070	✓			2214	✓			3038	✓			3099				4073	✓		
1015				1091			✓	2009				2071	✓			2215	✓			3039			✓	3100	✓			4074	✓		
1016				1093				2010	✓			2072	✓			2216	✓			3040			✓	3101	✓			4075			
1017	✓			1095	✓			2011	✓			2073				2217	✓			3041	✓			3102	✓			4076	✓		
1021	✓			1096	✓			2012				2074			✓	2218	✓			3043	✓			3103	✓			4077			✓
1023	✓			1097			✓	2013				2075			✓	2219	✓			3045	✓			3104			✓	4078			✓
1025	✓			1098				2014	✓			2076				2220			✓	3046	✓			3105			✓	4079			✓
1027			✓	1099	✓			2015	✓			2077	✓			2221			✓	3047				3106				4080	✓		
1029	✓			1100	✓			2016	✓			2078	✓			2222	✓			3049	✓			3107				4081	✓		
1031			✓	1101	✓			2017	✓			2079			✓	2223			✓	3051		M		3108			✓	4083	✓		
1032	✓			1102	✓			2019				2080				2224	✓			3053	✓			3110	✓			4085	✓		
1033			✓	1103			✓	2021				2081	✓			2225				3055	✓			3201				4087	✓		
1034	✓			1104			✓	2023	✓			2083			✓	2226	✓			3057				3202			✓	4089			
1036	✓			1105				2025	✓			2085	✓			2227				3059	✓			3204	✓			4091	✓		
1038			✓	1106				2027				2087				2228			✓	2061	✓			3205			✓	4093			✓
1040			✓	1107	✓			2029		M		2089	✓			2229				3062				3206	✓			4095	✓		
1042	✓			1108				2031			✓	2091				2230	✓			3063	✓			3207				4096			
1044	✓			1213				2032			✓	2093	✓			2231			✓	3064				3208			✓	4097			✓
1046	✓			1214	✓			2033			✓	2095				3001	✓			3065	✓			3209			✓	4098	✓		
1049	✓			1215				2034				2096	✓			3002	✓			3066	✓			3210	✓			4099			
1051				1216				2035	✓			2097				3003	✓			3067				3211				4100			✓
1053				1217	✓			2037	✓			2098				3004	✓			3068	✓			3212	✓		✓	4101	✓		
1055	✓			1218				2038			✓	2099	✓			3005			✓	3070				3213				4102	✓		
1057	✓			1219				2039	✓			2100				3006	✓			3071	✓			3214				4103			✓
1059				1220	✓			2040			✓	2101				3007			✓	3072				3215	✓			4104			✓
1061	✓			1221			✓	2041	✓			2102				3008			✓	3073	✓			3216			✓	4105			✓
1062				1222			✓	2042			✓	2103				3009	✓			3074	✓			3217			✓	4106	✓		
1063	✓			1223				2043	✓			2104	✓			3010				3075				3218	✓			4107	✓		
1064	✓			1224	✓			2045	✓			2105			✓	3011	✓			3076	✓			3219				4108	✓		
1065	✓			1225			✓	2046			✓	2106			✓	3012	✓			3077				3220	✓			4110	✓		
1066			✓	1226			✓	2047	✓			2107				3013				3078	✓			3221							
1067			✓	1227				2049				2108	✓			3014	✓														

Figura 9.1 – O relatório noturno da recepção para a governança indica quais apartamentos precisarão de limpeza por estarem ocupados ou vagos e sujos, e os que não necessitam ser limpos. As marcas de certo na coluna "OC" indicam que se espera a permanência do hóspede; as marcas "CO" indicam que o hóspede deverá sair (*check out*) durante o dia corrente.

em manutenção e também não precisarão ser limpos até que o departamento de manutenção autorize.

No topo do relatório estão a data e um resumo do total de UH ocupadas, total de vagas, saídas esperadas, UH que continuarão em uso e UH em manutenção. Na Figura 9.1, observe que continuarão em uso 176 UH mais as de saída (72), totalizando 248 UH ocupadas. O total de UH ocupadas (248), mais o total de UH vagas (102), mais as UH em manutenção (3) totalizam os 353 apartamentos do hotel.

Essa informação resumida é fornecida para garantir a segurança das marcações, que devem coincidir com ela. O relatório costuma estar disponível às 6h30 e é pego por um supervisor ou pela governanta, que dá início ao processo de abertura da casa. O relatório noturno da recepção é um dos muitos formulários utilizados, sendo posteriormente arquivado como um registro permanente do trabalho realizado naquele dia.

Após o supervisor ter o relatório da noite, a primeira tarefa é comparar as UH realmente ocupadas com a Tabela de Necessidade de Pessoal (Tabela 2.2) e determinar o número de GRA necessárias para limpar os 248 apartamentos. Pela tabela, viu-se que são necessárias 14 GRA para limpar 248 UH. A próxima preocupação imediata é saber se há ou não 14 GRA escaladas para trabalhar naquele dia. Uma referência rápida ao sistema de escala reduzida (Cap. 3) responderá a essa questão. Se não existir um número suficiente de GRA escaladas, telefona-se para funcionários que estavam de reserva, chamando-os para o trabalho. Se há excesso de funcionários conforme a escala reduzida, liga-se para alguns deles solicitando que não compareçam naquele dia, evitando que venham sem necessidade. Se funcionários ligam para dizer que não virão trabalhar enquanto o supervisor está fazendo a abertura da casa, os funcionários de reserva podem ser convocados*.

Relatório Diário de Supervisão

A informação contida no relatório noturno da recepção para a governança é transferida para o **relatório diário de supervisão.** As Figuras 9.2 a 9.5 mostram esse relatório para as quatro divisões do hotel-modelo (vermelha, amarela, marrom e verde). Os quatro formulários foram criados conforme o Plano de Divisão da Casa que foi desenvolvido no Capítulo 2.

Próximo ao nome de cada divisão há o número total de UH de cada uma. Observe também que há cinco seções de UH em cada divisão, com 17 ou 18 UH em cada uma. No topo do relatório há espaço para o nome da camareira sênior, dia e data. Há também espaços para o nome da GRA designada para cada seção. As marcas em algumas UH e a indicação das UH que deverão vagar no dia (CO) são informações transferidas do relatório noturno da recepção. A transferência dessas informações pode ser tediosa até que o supervisor esteja familiarizado com os dois relatórios e a maneira como eles se relacionam. Especialmente em sistemas manuais, a organização dos números em um formulário não é necessariamente igual à organização dos números do outro (o relatório noturno da recepção é feito conforme a disposição das UH no controle da recepção, e o relatório diário da supervisora é formatado conforme o Plano de Divisão da Casa).

* N. do T.: Esse sistema é válido para hotéis que não possuem a totalidade de funcionários fixos, trabalhando com diaristas.

RELATÓRIO DIÁRIO DE SUPERVISÃO

Divisão VERMELHA (90)

GRA sênior (supervisor) *Georgia* Dia *Quarta-feira* Data *11/4*

Seção 1 GRA *Júlia*	Seção 2 GRA *(aberto)*	Seção 3 GRA *Ivone*	Seção 4 GRA *Billie*	Seção 5 GRA *Marjorie*
1001 ✓	1031 ✓ CO	1213	1062	1091 ✓ CO
1002	1032 ✓	1214 ✓	1063 ✓	1093
1003 ✓	1033 ✓ CO	1215	1064 ✓	1095 ✓
1004 ✓	1034 ✓	1216	1065 ✓	1096 ✓
1005	1036 ✓	1217 ✓	1066 ✓ CO	1097 ✓ CO
1006 ✓	1038 ✓ CO	1218	1067 ✓ CO	1098
1007 ✓	1040 ✓ CO	1219	1068 ✓	1099 ✓
1008 ✓	1042 ✓	1220 ✓	1071 ✓	1100 ✓
1009 ✓ CO	1044 ✓	1221 ✓ CO	1072 ✓ CO	1101 ✓
1010	1046 ✓	1222 ✓ CO	1073 ✓ CO	1102 ✓
1011 ✓ CO	1049 ✓	1223	1074 ✓ CO	1103 ✓ CO
1012 ✓	1051	1224 ✓	1075 ✓	1104 ✓ CO
1013 ✓	1053	1225 ✓ CO	1076 ✓	1105
1014 ✓	1055 ✓	1226 ✓ CO	1077	1106
1015	1057 ✓	1227	1078 ✓	1107 ✓
1016	1059	1228 ✓	1079 M	1108
1017 ✓	1061 ✓	1229 ✓ CO	1081 ✓ CO	1085
1021 ✓	1231 ✓ CO	1230 ✓ CO	1083 ✓ CO	1087 ✓

Figura 9.2 – Relatório diário de supervisão: divisão vermelha. Esse relatório contém as informações transferidas do relatório noturno da recepção para a governança, considerando as UH que fazem parte das cinco seções da divisão vermelha.

RELATÓRIO DIÁRIO DE SUPERVISÃO

Divisão AMARELA (87)

GRA sênior (supervisor) *Katy* Dia *Quarta-feira* Data *11/4*

Seção 6	GRA *Dianne*	Seção 7	GRA *(aberto)*	Seção 8	GRA *(aberto)*	Seção 9	GRA *Janice*	Seção 10	GRA *Mildred*
2001	✓	2021		2040	✓ CO	2202		2220	✓ CO
2002	✓	2023	✓	2041	✓	2204	✓	2222	✓
2003		2025	✓	2042	✓ CO	2205	✓	2224	✓
2004		2027		2043	✓	2206		2226	✓
2005	✓	2029	M	2045	✓	2207		2228	✓ CO
2006	✓	2031	✓ CO	2046	✓ CO	2208	✓	2230	✓
2007	✓	2032	✓ CO	2047	✓	2209	✓	2057	✓ CO
2008		2033	✓ CO	2049		2210		2059	✓ CO
2009		2034		2051	✓	2211	✓	2061	✓
2010	✓	2035	✓	2053	✓	2212		2062	
2011	✓	2037	✓	2055	✓ CO	2213	✓	2063	
2012		2038	✓ CO	2221	✓ CO	2214	✓	2064	✓
2013		2039	✓	2223	✓ CO	2215	✓	2065	✓
2014	✓	1023	✓	2225		2216	✓	2066	
2015	✓	1025	✓	2227		2217	✓	2067	
2016	✓	1027	✓ CO	2229		2218	✓	2068	✓
2017	✓	1029	✓	2231	✓ CO	2219	✓	2070	✓
2019								2072	✓

Figura 9.3 – Relatório diário de supervisão: divisão amarela.

RELATÓRIO DIÁRIO DE SUPERVISÃO

Divisão MARROM (89)

GRA sênior (supervisor) *Jesse* Dia *Quarta-feira* Data *11/4*

Seção 11	GRA *Florence*	Seção 12	GRA *Wilma*	Seção 13	GRA *Marilyn*	Seção 14	GRA *(aberto)*	Seção 15	GRA *Susie*
3001	✓	3019		3201		3220	✓	3061	✓
3002	✓	3021	✓	3202	✓ CO	3221		3062	
3003	✓	3023		3204	✓	3222		3063	✓
3004	✓	3025		3205	✓ CO	3223	✓	3064	
3005	✓ CO	3027		3206	✓	3224	✓	3065	✓
3006	✓	3031	✓	3207		3225		3066	✓
3007	✓ CO	3032		3208	✓ CO	3226		3067	
3008	✓ CO	3033	✓	3209	✓ CO	3227		3068	✓
3009	✓	3035	✓ CO	3210	✓	3228	✓	3070	
3010		3037	✓ CO	3211		3229	✓	2071	✓
3011	✓	3038	✓	3212	✓ CO	3230		3072	
3012	✓	3039	✓ CO	3213	✓	3231	✓ CO	3073	✓
3013		3040	✓ CO	3214		3049	✓	3074	✓
3014	✓	3041	✓	3215	✓	3051	M	3075	
3015	✓	3043	✓	3216	✓ CO	3053	✓	3076	✓
3016		3045	✓	3217	✓ CO	3055	✓	3077	
3017	✓	3046	✓	3218	✓	3057		3078	✓
		3047		3219		3059	✓	3079	✓

Figura 9.4 – Relatório diário de supervisão: divisão marrom.

RELATÓRIO DIÁRIO DE SUPERVISÃO

Divisão VERDE (87)

GRA sênior (supervisor) Heidi Dia Quarta-feira Data 11/4

Seção 16	Seção 17	Seção 18	Seção 19	Seção 20
GRA Harriet	GRA (aberto)	GRA (aberto)	GRA Jane	GRA Mary
2071 ✓	2096 ✓	3081	3080	4080 ✓
2073	2097	3083	4070	4093 ✓ CO
2074 ✓ CO	2098	3085 ✓	4071 ✓	4095 ✓
2075 ✓ CO	2099 ✓	3087	4072	4096
2076	2100	3089	4073 ✓	4097 ✓ CO
2077 ✓	2101	3091 ✓	4074 ✓	4098 ✓
2078 ✓	2102	3093	4075	4099
2079 ✓ CO	2103	3095 ✓	4076 ✓	4100 ✓ CO
2080	2104 ✓	3096	4077 ✓ CO	4101 ✓
2081 ✓	2105 ✓ CO	3097	4078 ✓ CO	4102 ✓
2083 ✓ CO	2106 ✓ CO	3098 ✓	4079 ✓ CO	4103 ✓ CO
2085 ✓	2107	3099	4081 ✓	4104 ✓ CO
2087	2108 ✓	3100 ✓	4083 ✓	4105 ✓ CO
2089 ✓	2110 ✓	3101 ✓	4085 ✓	4106 ✓
2091	3106	3102 ✓	4087 ✓	4107 ✓
2093 ✓	3107	3103 ✓	4089	4108 ✓
2095	3108 ✓ CO	3104 ✓ CO	4091 ✓	4110 ✓
	3110 ✓	3105 ✓ CO		

Figura 9.5 – Relatório diário de supervisão: divisão verde.

Após as informações terem sido transferidas, colocam-se os nomes das GRA escaladas em sua seção específica. Na medida do possível, as camareiras devem ser designadas para suas seções regulares para que trabalhem sempre com os mesmos equipamentos. Como para a ocupação do dia são necessárias 14 GRA, seis seções não terão uma GRA designada. Essas seis seções serão listadas como seções abertas, embora contenham quartos que precisarão de limpeza.

O próximo passo no processo requer amplo conhecimento físico do hotel – posicionamento das UH com relação umas às outras e localização dos elevadores. A melhor referência para essa informação é, novamente, o Plano de Divisão da Casa demonstrado no Capítulo 2. Nessa etapa, as UH ocupadas das seções abertas são designadas para as GRA que tenham sua seção parcialmente desocupada. Essas são as UH "transferidas de outras sessões".

A técnica de determinação dessas UH será ilustrada para a divisão vermelha e envolverá o reajustamento das seções de 1 a 5 apenas (em alguns casos, a redistribuição das UH pode requerer a transferência de UH ocupadas de uma seção em que uma GRA está designada para uma seção na qual outra GRA está designada, em virtude da proximidade de certos apartamentos de seções diferentes e para equilibrar a carga de trabalho). Observe na Figura 9.6 a continuação do processo de abertura da divisão vermelha (Fig. 9.2). Observe o pequeno número circulado à direita do nome da GRA. Esse é o número de UH da seção regular que precisam ser limpas e é uma referência para a supervisora que faz a abertura.

Designação de Unidades Habitacionais Transferidas de Outras Seções

A designação das UH transferidas de outras seções requer a utilização do Plano de Divisão da Casa. Observe primeiro que as seções 1 e 2 são adjacentes. A seção 1 tem uma GRA (Júlia) designada; a seção 2 está aberta. Note também que, com 100% de ocupação, os apartamentos 1023, 1025, 1027 e 1029 estão localizados na seção 7 (bem em cima, no segundo andar). Como a ocupação é menor que 100% e a seção 1 não está completamente ocupada, a primeira consideração deve ser evitar viagens de elevador para a GRA designada para a seção 7. Conseqüentemen-

RELATÓRIO DIÁRIO DE SUPERVISÃO

Divisão VERMELHA (90)

GRA sênior (supervisor) *Georgia* Dia *Quarta-feira* Data *11 / 4*

Seção 1 GRA *Júlia (18)*	Seção 2 GRA *(aberto) (0)*	Seção 3 GRA *Ivone (18)*	Seção 4 GRA *Billie (18)*	Seção 5 GRA *Marjorie (17)*
1001 ✓	← 1031 ✓ CO	1213	1062	1091 ✓
1002	1032 ✓ → 3	1214 ✓	1063 ✓	1093
1003 ✓	1033 ✓ CO → 3	1215	1064 ✓	1095 ✓
1004 ✓	1034 ✓ → 3	1216	1065 ✓	1096 ✓
1005	1036 ✓ → 3	1217 ✓	1066 ✓ CO	1097 ✓
1006 ✓	1038 ✓ CO → 3	1218	1067 ✓ CO	1098
1007 ✓	1040 ✓ CO → 3	1219	1068 ✓	1099 ✓
1008 ✓	1042 ✓ ↗ 4	1220 ✓	1071 ✓	1100 ✓
1009 ✓ CO	1044 ✓ ↗ 4	1221 ✓ CO	1072 ✓ CO	1101 ✓
1010	1046 ✓ ↗ 4	1222 ✓ CO	1073 ✓ CO	1102 ✓
1011 ✓ CO	1049 ✓ ↗ 4	1223	1074 ✓ CO	1103 ✓ CO
1012 ✓	1051	1224 ✓	1075 ✓	1104 ✓ CO
1013 ✓	1053	1225 ✓ CO	1076 ✓ → 5	1105
1014 ✓	1055 ✓ ↗ 4	1226 ✓ CO	1077 ✓ → 5	1106
1015	1057 ✓ ↗ 4	1227	1078 ✓ → 5	1107 ✓
1016	1059	1228 ✓	1079 M	1108
1017 ✓	1061 ✓ ↗ 4	1229 ✓	1081 ✓ → 5	1085
1021 ✓	1231 ✓ CO → 3	1230 ✓	1083 ✓ → 5	1087 ✓
1023, 1025, 1027, 1029 1031		1231, 1032, 1033, 1034, 1036 1038, 1040	1042, 1044, 1046, 1049, 1055 1057, 1061	1076, 1077, 1078, 1079 1081, 1083

Figura 9.6 – Relatório diário de supervisão: divisão vermelha. Informações específicas sobre as UH a serem limpas foram adicionadas pela supervisora durante as operações de abertura para aquele dia. Informações similares são adicionadas aos relatórios das divisões amarelas, marrom e verde.

te, os quatro apartamentos mencionados (se precisarem de limpeza) são designados para Júlia, marcando-se seus números na coluna da seção 1. A carga de trabalho de Júlia foi agora aumentada de 13 para 17 UH. Observe também que o apartamento 1031 na seção 2 é adjacente ao 1029, tornando-o uma escolha lógica como a UH necessária para completar a carga de trabalho da seção 1.

Uma vez que a seção 2 está aberta, todos os apartamentos lá ocupados devem ser novamente designados para serem limpos. Lembre que o 1031 já foi transferido da seção 2 para a carga de trabalho da seção 1. Os apartamentos 1032, 1033, 1034, 1036, 1038, 1040 e 1231 foram transferidos para a seção 3, onde Ivone é a GRA, visto que o Plano de Divisão da Casa mostra que essas UH são uma continuação da seção 3. Os apartamentos que sobraram na seção 2 (1042, 1044, 1046, 1049, 1055, 1057 e 1061) estão mais próximos da seção 4, onde Billie está trabalhando, e são transferidos para lá. Observe as técnicas para demonstrar como a transferência de UH dentro das diferentes seções é indicada. O supervisor deve lembrar-se de escrever o número das UH transferidas nas seções novas e nas originais.

Todas as UH das seções abertas foram, agora, transferidas. Contudo, desta maneira, Billie, na seção 4, recebeu uma carga maior. Para corrigir isso, as UH 1076, 1077, 1078, 1081 e 1083 são retiradas da seção regular de Billie e designadas para a seção 5, de Marjorie. O planejamento para a divisão vermelha está agora concluído. O número entre parênteses à direita do nome de cada GRA refere-se ao número final de UH designadas para cada funcionário. Observe a distribuição igual de trabalho: três seções com 18 apartamentos e uma seção com 17.

O planejamento da carga de trabalho das outras três divisões é feito como o da divisão vermelha. Não há uma resposta "correta" para a designação dos apartamentos das seções abertas. Há, contudo, a "melhor" resposta, que somente é obtida com prática. A melhor indicação de que o planejamento do trabalho de abertura foi satisfatório é a falta de reclamações dos funcionários que tiveram que trabalhar conforme o plano.

RELATÓRIO DIÁRIO DE GRA

Seção 1 (18) UH Manhã Tarde

GRA Júlia Dia Quarta-feira Data 11/4

Nº da UH	CO	OC	VL	Observações	UH transferidas de outras seções
1001					1023
1002					1025
1003					1027
1004					1029
1005					1031
1006					
1007					
1008					
1009					
1010					
1011					
1012					
1013					
1014					
1015					
1016					
1017					
1021					

Figura 9.7 – Relatório diário de GRA para a seção 1, designada para Júlia. Júlia deverá limpar todas as UH constantes da lista impressa na coluna da esquerda, mais as UH de outras seções que lhe forem designadas. O fato de cinco apartamentos de outras seções terem sido designados para ela indica que cinco dos 18 listados na coluna da esquerda não necessitarão de serviço. Júlia também receberá uma cópia em branco do relatório para usar mais tarde, quando as UH forem checadas.

Relatório Diário de GRA

As Figuras 9.7 a 9.11 são os formulários para os **relatórios diários de GRA** para as cinco seções da divisão vermelha. Esses formulários servirão para dois propósitos: (1) transmitir a informação das UH de outras seções transferidas para cada GRA e (2) providenciar uma cópia do formulário em branco para cada GRA a fim de que um **relatório vespertino** de UH da seção regular (UH cujos números estão impressos) possa ser feito à tarde. Observe que nada é escrito na cópia número 1 do formulário, exceto as UH de outras seções que devem ser arrumadas, observações especiais ou comentários. (Observe que, na Fig. 9.10 – seção 4 – Billie é informada de que Marjorie arrumará os apartamentos 1076, 1077, 1078, 1081 e 1083. Nesse caso específico, as UH regulares da seção 4 teriam sido normalmente arrumadas pela GRA designada. Contudo, houve uma sobrecarga dessa seção em virtude das UH de outras seções que foram transferidas; por isso, os últimos apartamentos da seção 4 foram designados para a GRA da seção 5).

O formulário possui colunas marcadas como "CO", "OC" e "VL". Essas colunas são importantes para a segunda função do formulário (explicada em

RELATÓRIO DIÁRIO DE GRA

Seção 2 (18) UH Manhã Tarde

GRA (em aberto) Dia Quarta-feira Data 11/4

Nº da UH	CO	OC	VL	Observações	UH transferidas de outras seções
1031					
1032					
1033					
1034					
1036					
1038					
1040					
1042					
1044					
1046					
1049					
1051					
1053					
1055					
1057					
1059					
1061					
1231					

Figura 9.8 – Relatório diário de GRA para a seção 2. Essa é uma seção aberta, ou seja, não há GRA designada para essa seção nesse dia. O formulário, contudo, será dado à supervisora da divisão vermelha, para que a checagem vespertina das UH possa ser feita posteriormente. Todos os apartamentos ocupados na seção 2 foram transferidos para outras GRA que trabalham nas adjacências da seção 2.

detalhes no Cap. 10). Nesse momento, o ponto relevante a ser lembrado é que uma cópia em branco do formulário com o nome da GRA e a data devem ser providenciados de manhã, no momento de abertura da casa.

Preparo para a Chegada dos Funcionários

O planejamento da distribuição do trabalho para o dia está agora concluído. Observe que os formulários usados são, na verdade, ferramentas que organizam a rotina do trabalho diário. Eles representam a delegação de tarefas para os funcionários com base na ocupação do dia. Tudo o que falta ser feito agora é preparar-se para a chegada dos funcionários.

Uma cópia da escala de trabalho das quatro supervisoras é feita e exposta na rouparia perto do telefone e do *electrowriter* (um equipamento eletrônico que transmite e recebe fax e mensagens manuscritas entre governança, recepção e manutenção). Os relatórios originais das supervisoras são colocados em pranchetas no balcão da rouparia para esperar a

RELATÓRIO DIÁRIO DE GRA

Seção 3 (18) UH Manhã Tarde

GRA Ivone Dia Quarta-feira Data 11/4

Nº da UH	CO	OC	VL	Observações	UH transferidas de outras seções
1213					1231
1214					1032
1215					1033
1216					1034
1217					1036
1218					1038
1219					1040
1220					
1221					
1222					
1223					
1224					
1225					
1226					
1227					
1228					
1229					
1230					

Figura 9.9 – Relatório diário de GRA da seção 3, designada para Ivone, que deverá limpar sete UH de outras seções.

chegada dos funcionários, por volta das 8h. Uma cópia dos relatórios diários das camareiras das seções abertas também é colocada na prancheta das supervisoras. Todos os outros relatórios diários das camareiras com as UH transferidas de outras seções são colocados em pranchetas menores, com uma cópia em branco do mesmo formulário (para ser usada posteriormente para um relatório vespertino). As chaves mestras de cada área de trabalho são colocadas próximas às pranchetas, na rouparia. A operação de abertura da casa já pode ser considerada completa e o departamento aguarda a chegada dos funcionários para o trabalho.

Outros Formulários para Direção e Controle: Procedimentos-padrão de Operação

Padronização

Os PPO são instrumentos escritos que traçam diretrizes para ações recorrentes. Constituem a ferramenta com a qual os procedimentos são padronizados e são a base para uma verificação rápida de como realizar determinada tarefa. O procedimento de abertura da casa descrito anteriormente é um bom

RELATÓRIO DIÁRIO DE GRA

Seção ______ (18) UH   Manhã   Tarde

GRA *Billie (18)*   Dia *Quarta-feira*   Data *11/4*

Nº da UH	CO	OC	VL	Observações	UH transferidas de outras seções
1062					1042
1063					1044
1064					1046
1065					1049
1066					1055
1067					1057
1068					1061
1071					
1072					
1073					
1074					
1075					
1076					Marjorie limpará
1077					″ ″
1078					″ ″
1079					
1081					″ ″
1083					″ ″

Figura 9.10 – Relatório diário de GRA para a seção 4, designada para Billie, que tem sete UH de outras seções para limpar. A supervisora percebeu que as UH de outras seções designadas provocaram sobrecarga para Billie. Então, as UH 1076, 1077, 1081 e 1083 foram transferidas para Marjorie por serem adjacentes à sua seção regular, a seção 5.

exemplo de procedimento que precisa ser documentado. A existência de um PPO sobre determinado assunto impede tacitamente que o padrão das atividades seja modificado até que uma mudança controlada aconteça. Quando isso ocorrer, um PPO novo ou revisado pode ser emitido. Os PPO são similares no formato, numerados e normalmente mantidos em um manual acessível a todos que tenham qualquer responsabilidade com relação a um procedimento específico. Os PPO são codificados para cada departamento do hotel e agrupados em um volume único, disponível para o gerente geral e para outros interessados em revisar as técnicas operacionais. Em geral, todos os manuais começam com alguma orientação sobre a política da empresa, seguidas por parágrafos que indicam normas, procedimentos, explicações sobre formulários, registros a serem mantidos, responsabilidades de cada cargo e relações de coordenação.

Operações Estruturadas versus *Operações Não Estruturadas*

Alguns gerentes consideram que a existência de um grande número de PPO controlados forma uma organização

RELATÓRIO DIÁRIO DE GRA

Seção 5 (18) UH Manhã Tarde

GRA Marjorie (17) Dia Quarta-feira Data 11/4

Nº da UH	CO	OC	VL	Observações	UH transferidas de outras seções
1085					1076
1087					1077
1091					1078
1093					1081
1095					1083
1096					
1097					
1098					
1099					
1100					
1101					
1102					
1103					
1104					
1105					
1106					
1107					
1108					

Figura 9.11 – Relatório diário de GRA para a seção 5, designada para Marjorie, que deverá limpar cinco UH transferidas de outras seções.

que é demasiadamente estruturada, criando um ambiente que inibe a iniciativa. Por outro lado, organizações que não possuem processos e procedimentos controlados costumam ter tantas maneiras de realizar uma operação quanto pessoas trabalhando nessas tarefas. Alguns funcionários podem apresentar maneiras melhores de realizar uma tarefa do que a maneira descrita no PPO. Se esse é o caso, testar o novo procedimento pode vir a permitir a promulgação de uma mudança no procedimento, padronizando-o novamente da melhor maneira. Os PPO podem, portanto, representar um desafio para os funcionários encontrarem melhores maneiras de realizar as tarefas. Se as sugestões apresentarem bons resultados, os empregados devem receber o crédito por sua participação na melhoria da operação.

Tópicos para a Padronização de Operações e Procedimentos em Hotéis

É adequado que os itens a seguir sejam descritos em PPO. Observe que esses procedimentos são regularmente utilizados, são adequados para a delegação de tarefas, permitem a comunicação por intermédio de formulários e são a base sobre a qual qualquer mudança autorizada pode ser feita.

- Abertura da casa.
- Rotina diária.
- Atividades noturnas.
- Controle de chaves.
- Achados e perdidos.
- Procedimentos de controle de inventário.
- Procedimentos para o manuseio do enxoval.
- Controle de cartão de ponto.
- Controle da diluição de produtos químicos utilizados na limpeza.
- *Check lists* de inspeção.
- Padrões de desempenho.
- Sistema de emissão de ordens de serviço para a manutenção.
- Controle de empréstimo de itens ao hóspede.

Exemplos de Procedimentos-padrão de Operação para Hotéis

Há muitos procedimentos que podem ser publicados em um PPO. Como exemplo, apresentaremos três procedimentos típicos, comuns em quase todos os departamentos de governança.

ACHADOS E PERDIDOS

Departamento de Governança
PPO-1
6/91

Seu Hotel
Qualquer lugar, EUA
Procedimento-padrão de Operação 1
Achados e Perdidos

Responsabilidade

A organização dos achados e perdidos do hotel deve ser feita pelo departamento de governança. Nenhum outro departamento guardará os itens encontrados. Qualquer funcionário que encontre um item que pareça ser de valor em qualquer lugar do hotel seguirá as instruções de seu supervisor com relação a itens perdidos, e cada supervisor de departamento garantirá que os procedimentos internos propiciem o fluxo ordenado dos itens encontrados para o departamento de governança, a fim de que sejam adequadamente armazenados. Ao departamento de governança também cabe a tarefa de controlar e coordenar o retorno do item encontrado para seu dono, *se este item for procurado.* Em nenhuma circunstância um funcionário entrará em contato com quem ele pensa ser o dono do item encontrado para sua devolução (para ser devolvido, ele precisa ser procurado). Nenhum funcionário admitirá ter visto um objeto ou sugerirá que tal item possa estar no achados e perdidos, a menos que este objeto esteja em suas mãos.

Procedimento (Itens Encontrados)

1. Quando um item é encontrado durante o turno da manhã (das 8 às 16h), deverá ser levado para a rouparia, para controle de registro e custódia.
2. Nos demais horários, os objetos deverão ser levados à recepção para o controle de custódia.
3. O supervisor da rouparia pegará qualquer objeto deixado na recepção em outros turnos e o levará para a rouparia, para fazer seu registro e guardá-lo adequadamente.
4. Se uma bolsa ou carteira for encontrada, ela deverá ser verificada por dois gerentes, tendo seu conteúdo anotado no Livro de Registro (descrito posteriormente) que é assinado pelos dois gerentes.

Registro de Achados e Perdidos

Todo objeto levado ao departamento de governança para ser seguramente guardado será registrado em um Livro de Registro contendo as seguintes colunas: data / número de série / descrição do item / onde foi encontrado / por quem / departamento / entrega / referência cruzada / assinatura / observações.

1. Cada item levado ao departamento de governança será registrado com as informações indicadas acima, observando a data em que foi encontrado. A anotação receberá um número de série e a descrição do item será registrada junto com o local onde foi encontrado, por quem e em qual departamento a pessoa que encontrou trabalha.
2. O item será colocado, se possível, em uma sacola opaca, marcada *apenas com o número de série registrado no Livro de Registro.*
3. O item será guardado no local de armazenagem de achados e perdidos, em seqüência numérica para facilitar a localização.
4. O supervisor ou o atendente da rouparia será responsável pelo registro de entradas, pela manutenção do Livro de Registro atualizado e pela armazenagem dos achados e perdidos.

5. O supervisor ou o atendente da rouparia deverá certificar-se de que, ao término do dia, o Livro de Registro de Achados e Perdidos estará trancado *dentro do armário de achados e perdidos.*

Informações sobre Achados e Perdidos

1. Todas as informações sobre itens perdidos deverão ser encaminhadas ao supervisor ou atendente da rouparia para serem verificadas. Qualquer pergunta feita para qualquer funcionário do hotel sobre itens perdidos será encaminhada para o escritório da governança. O horário de funcionamento dos achados e perdidos será das 9 às 17h, de segunda a sexta-feira.
2. Se algum hóspede perguntar sobre algum item perdido, o supervisor de rouparia deverá verificar primeiro o Livro de Registro. Se o item estiver registrado, deverá ir ao local de armazenagem de achados e perdidos para localizá-lo. Somente quando o supervisor tiver o item em suas mãos poderá dizer ao hóspede que o item está na seção de achados e perdidos. Se o hóspede estiver hospedado no hotel, ele será orientado sobre como ir à seção de achados e perdidos. Após apresentar-se e descrever adequadamente o objeto, o hóspede deverá assinar o Livro de Registro de Achados e Perdidos na coluna *entrega*, deixando registrados seu nome, endereço e telefone. O objeto é então devolvido. *Nunca* devem ser solicitadas recompensas; contudo, se isso acontecer, essa informação será anotada na coluna de observações (o funcionário que encontrou o item pode ser chamado para receber a recompensa). Em nenhuma circunstância o funcionário deverá dizer ao hóspede que o objeto foi encontrado verificando apenas o Livro de Registro. O item deve estar nas mãos de quem transmite a informação, antes que seja dito que o objeto está no achados e perdidos.
3. Quaisquer perguntas feitas fora do horário de funcionamento do departamento responsável deverão ser anotadas em um formulário de achados e perdidos e deixadas para o supervisor da rouparia. Se o objeto for localizado, o supervisor entregará o item ao proprietário.

Itens Enviados pelo Correio

Quando um objeto perdido for positivamente identificado pela pessoa e precisar ser enviado pelo correio, quem deve fazê-lo é o atendente da rouparia. A pessoa que levar o pacote para os correios deverá assinar o Livro de Registro, assumindo temporariamente sua custódia.

Controle de Armazenagem de Achados e Perdidos

Será mantido rígido controle da armazenagem. As únicas pessoas que poderão entrar na sala de achados e perdidos são a governanta executiva ou sua assistente e o supervisor ou atendente de rouparia. Eles são os únicos que podem liberar objetos achados ou perdidos. Ao final de cada dia, o supervisor deverá certificar-se de que a sala esteja trancada.

Disposição de Itens Não Reclamados

Os itens achados e perdidos serão guardados por 90 dias. Se, ao final desse período, o item não for reclamado pelo dono, será oferecido a quem o encontrou. Se a pessoa que o encontrou desejá-lo, receberá uma autorização feita pelo departamento de governança autorizando-a a levar o objeto embora do hotel. Se a pessoa não o quiser, ele será doado a uma instituição de caridade designada pela gerência. A entrega será, então, anotada no Livro de Registro.

Relações Adequadas com o Hóspede

O tratamento adequado dado aos problemas de achados e perdidos dos hóspedes é uma das melhores oportunidades de promover a imagem pública do estabelecimento. Todos os esforços devem ser feitos para atender às preocupações do hóspede, oferecendo atendimento eficiente e imediato com relação a itens perdidos.

MUDANÇA DE FECHADURAS DAS PORTAS

Departamento de Governança
PPO-2
6/91

Seu Hotel
Qualquer lugar, EUA
Procedimento-padrão de Operação 2
Procedimento para Mudança de Fechaduras

Procedimento

Sempre que for necessário mudar a fechadura da porta de uma UH, o procedimento adotado deverá ser o seguinte:

1. O gerente que deseja solicitar uma nova fechadura deverá preencher o formulário de pedido de fechadura nova, indicando o número da UH, o número do cilindro, a data, a hora e o nome da camareira.
2. Um oficial de segurança deverá também datar e aprovar o pedido na linha adequada.
3. Se o pedido for feito no turno diurno, o formulário de requisição será levado em mãos ao chaveiro, que irá assiná-lo e recebê-lo. A cópia rosa ficará com o chaveiro.
4. Se o pedido for feito em outro turno, será levado ao escritório da segurança. As secretárias serão responsáveis por enviar o formulário para o chaveiro no dia seguinte.

Será feita uma observação no relatório indicando que uma mudança de fechadura foi solicitada.

O formulário de requisição de mudança de fechadura é preenchido em três vias, que devem ser distribuídas da seguinte forma:

- Cópia branca: retida pela segurança.
- Cópia amarela: encaminhada à recepção e à governança.
- Cópia rosa: dada ao chaveiro.

Haverá ocasiões em que, para manter a segurança, será necessário mudar fechaduras.

CONTROLE DE CHAVES

Departamento de Governança
PPO-3
6/91

Seu Hotel
Qualquer lugar, EUA
Procedimento-padrão de Operação 3
Controle de Chaves

Geral

O controle das chaves é essencial para a segurança do hotel, dos funcionários e dos hóspedes. O departamento de segurança possui algumas chaves para emergência, chaves mestras e especiais que são emprestadas a funcionários autorizados a utilizá-las em ocasiões específicas. É necessário controlar de maneira rígida sua utilização e o departamento de segurança estabelecerá procedimentos para a manutenção da segurança dessas chaves.

Procedimento

1. O departamento de governança manterá as chaves mestras dos andares trancadas em um claviculário (armário de chaves).
2. Cada uma dessas chaves será identificada por uma etiqueta com a indicação de sua finalidade e nível de mestragem, sendo listada no Mapa de Controle de Chaves Mestras no escritório da segurança.
3. Pessoas que precisarem legitimamente de chaves ou estiverem envolvidas em emergências que permitam o uso de tais chaves deverão entrar em contato com o supervisor da rouparia para assistência.
4. Para retirar uma chave é preciso assinar o mapa de controle.
5. As chaves devolvidas serão anotadas em uma folha de controle.

Chaves Encontradas

Funcionários que encontrem chaves no hotel devem levá-las ao departamento de segurança. Funcionários que tenham conhecimento de pessoas não autorizadas que estejam de posse de alguma chave devem comunicar ao departamento de segurança. Funcionários não autorizados que estejam de posse de chaves sofrerão ação disciplinar.

Assistência para Hóspedes

1. Se um hóspede está trancado fora do seu apartamento, não tem a chave e pede ajuda,

um oficial de segurança ou gerente deve ser notificado.

2. Ao chegar ao apartamento, o segurança deve perguntar ao hóspede seu nome e endereço residencial.
3. O oficial de segurança pode, então, entrar na UH, deixando a porta aberta e solicitando ao hóspede que aguarde do lado de fora até que a identificação positiva seja feita.
4. O segurança deverá, então, ligar para a recepção e confirmar o *nome e local de residência do hóspede da referida UH.*
5. Se a informação transmitida pela recepção coincidir com a informação passada pelo hóspede, será permitida a entrada do hóspede na UH.

Não haverá exceções para essa política. Os oficiais de segurança devem relatar por escrito as ocorrências sempre que forem solicitados a abrir um apartamento para um hóspede.

Exemplos de Procedimentos-padrão de Operação para Hospitais

As páginas seguintes mostram o PPO em um formato diferente. Quatro exemplos de PPO para hospitais são mostrados para ilustrar o diferente formato; contudo, um conjunto completo de PPO para um hospital é apresentado no Apêndice E. Os PPO mais tradicionais de serviços de higiene de hospitais são apresentados no apêndice e devem cobrir 95% do trabalho. Muitos procedimentos encontrados no apêndice são também adequados para a indústria hoteleira. Tanto os exemplos citados neste capítulo como os do Apêndice E foram fornecidos por Janice Kurth, autora de *Environmental Services Policy and Procedure Manual* (Manual para Políticas e Procedimentos de Serviços de Higiene Hospitalar), publicado pela *Aspen Publishers, Inc.* Nossos agradecimentos à autora e editora por permitirem a reimpressão do trabalho.

Procedimentos Gerais

ASSUNTO: Organização do carrinho
DEPARTAMENTO: Serviço de Higiene e Limpeza DATA DA EMISSÃO: ______
APROVADO POR: ______ DATA DA EFETIVAÇÃO: ______
ORIGEM: ______ DATA DA SUBSTITUIÇÃO: ______

Página 1 de 1

Objetivo: fornecer ao técnico de higiene um *check list* dos equipamentos e suprimentos necessários para concluir a rotina de trabalho designada (para projetos serão necessários equipamentos e suprimentos diferentes e/ou adicionais.)

Os itens seguintes devem estar em um carrinho de limpeza adequadamente equipado:

- 1 esfregão seco com cabo
- 1 esfregão úmido com cabo
- 5 (ou mais) cabeças de esfregão molhado
- 1 (ou mais) cabeça de esfregão seca
- Suprimento adequado de sacos plásticos de 60L
- Suprimento adequado de sacos de 30L
- 1 garrafa plástica com borrifador
- 1 garrafa com abrasivo de limpeza líquido
- 1 garrafa com produto de limpeza para vaso sanitário
- 1 esfregão de banheiro
- 1 espanador
- 1 pá de lixo
- 1 vassoura pequena
- 1 balde de 19L
- 1 espremedor pequeno
- 1 balde plástico pequeno
- 6 recipientes de sabonete líquido para as mãos
- Suprimento adequado de papel higiênico
- Suprimento adequado de papel toalha
- 4L de desinfetante com medidor ou válvula
- Panos

Os técnicos de higiene são responsáveis por manter os carrinhos de limpeza limpos e em ordem o tempo todo. Todas as soluções de limpeza e produtos químicos devem possuir rótulo correspondente ao seu conteúdo.

Uso de Máquinas

ASSUNTO: Utilização e cuidados com o aspirador de líquidos
DEPARTAMENTO: Serviço de Higiene e Limpeza DATA DA EMISSÃO: ______
APROVADO POR: ______ DATA DA EFETIVAÇÃO: ______
ORIGEM: ______ DATA DA SUBSTITUIÇÃO: ______
Página 1 de 1

Objetivo: fornecer instruções suplementares para o funcionário quanto à utilização e aos cuidados com o aspirador de líquidos para uma operação eficiente e segura.

O departamento de higiene e limpeza possui diversos modelos de aspirador de líquidos. Eles possuem tanques de aço inoxidável e são montados sob rodas.

Procedimento:

1. Coloque o motor sobre o tanque, prendendo-o de maneira segura; se o motor não estiver preso de forma adequada, a máquina não operará corretamente.
2. Coloque uma parte da mangueira (não mais que 15m) na abertura da frente da máquina e encaixe bem; a mangueira cairá se não for fixada adequadamente.
3. Fixe a extensão de metal na mangueira em um lado e o rodo no outro abaixo da parte curva.
4. Ligue a máquina na tomada, aperte o botão de ligar e coloque o rodo no piso à sua frente.
5. Puxe a mangueira na sua direção para obter rendimento máximo; levante-a, estenda e puxe até você. Repita.
6. Preste atenção, pois quando a máquina estiver cheia, a válvula automática entrará em operação e a máquina não aspirará mais nenhum líquido. O som do motor também é diferente quando o reservatório está cheio.
7. Desligue a máquina, desconecte a mangueira, tire da tomada (tome cuidado para não colocar a tomada no chão molhado) e esvazie o reservatório.
8. Limpe e seque a máquina por dentro para evitar o surgimento de ferrugem antes de guardá-la.
9. Lave a mangueira com água limpa.
10. Seque a mangueira, o fio elétrico, o rodo e parte externa do tanque e motor.
11. Relate qualquer irregularidade ou problema de manutenção para o gerente da sua área.
12. Guarde adequadamente.

Cuidados com Piso, Paredes e Janelas

ASSUNTO: Limpeza do pó
DEPARTAMENTO: Serviço de Higiene e Limpeza DATA DA EMISSÃO: ______
APROVADO POR: ______ DATA DA EFETIVAÇÃO: ______
ORIGEM: ______ DATA DA SUBSTITUIÇÃO: ______
Página 1 de 1

Objetivo: remover poeira, sujeira e fragmentos e limitar sua dispersão no ar.

Separe os equipamentos necessários:

Cabo e armação para esfregão seco (use um esfregão de cabeça pequena nos quartos de pacientes e escritórios e de cabeça grande nos corredores ou outros locais abertos e em áreas sem obstrução); uma cabeça de esfregão limpa que encaixe na armação (os tamanhos variam: verifique se encaixa); vassoura e pá ou aspirador de pó.

Procedimento:

1. Coloque o esfregão de pó na armação e prenda firmemente.
2. Inicie do ponto mais distante do quarto e trabalhe voltando, ou inicie no final do corredor e vá em direção ao outro lado.
3. Empurre o esfregão, mantendo-o à sua frente; como a armação tem um suporte giratório, é fácil girar ou mudar a direção.
4. Cubra toda a superfície do piso para obter melhores resultados.
5. Não levante o esfregão de pó até que toda a área esteja pronta, caso contrário as partículas serão levadas pelo ar e se depositarão novamente.
6. Retire a sujeira acumulada, usando uma vassoura e uma pá ou o aspirador, quando toda a área estiver pronta.
7. Não chacoalhe o esfregão de pó em nenhum momento.
8. Troque a cabeça do esfregão quando necessário; nunca use a do dia anterior.
9. Coloque as cabeças sujas do esfregão em um saco plástico, amarre bem e leve para a lavanderia.
10. Limpe o equipamento e guarde-o adequadamente.

Cuidados com Carpetes e Cortinas

ASSUNTO: Limpeza do carpete – com Bonnet
DEPARTAMENTO: Serviço de Higiene e Limpeza DATA DA EMISSÃO: ______
APROVADO POR: ______ DATA DA EFETIVAÇÃO: ______
ORIGEM: ______ DATA DA SUBSTITUIÇÃO: ______
Página 1 de 1

Objetivo: limpar a superfície de uma área acarpetada rapidamente, com pouca interferência no seu funcionamento, com o mínimo de água e o menor tempo de secagem.
Separe os equipamentos necessários:
Aspirador
Enceradeira
Discos de algodão
Xampu para carpete
Pulverizador de pressão e/ou 2 baldes grandes com espremedor
Procedimento:
1. Aspire completamente a área a ser limpa, primeiramente na largura e depois no comprimento; esse é um passo crucial, não o omita.
2. Misture o xampu no balde grande seguindo cuidadosamente as instruções do rótulo para obter a proporção adequada.

Método A:

1. Despeje a solução no pulverizador de pressão.
2. Trabalhe 1,2m^2, pulverize completamente a área, mas evite molhar demais.
3. Molhe o disco de algodão em água limpa e torça-o bastante. Coloque-o no carpete com a máquina de piso centralizada sobre ele.
4. Mova a máquina transversalmente, na direção da largura, depois no sentido do comprimento, tomando cuidado para percorrer toda a área.
5. Repita esse procedimento sobre as seções de 1,2m até que estejam prontas, virando o disco de algodão para o outro lado quando estiver sujo; em áreas grandes, pode ser necessário enxaguar o disco de algodão para remover o excesso de sujeira e/ou usar vários discos.
6. Deixe secar antes de permitir o tráfego de pessoas.
7. Limpe o equipamento e guarde-o adequadamente.

Método B:

Esse método difere do A apenas quanto à aplicação da solução.
1. Prepare a solução em um balde grande.
2. Encha o segundo balde com água limpa.
3. Molhe o feltro de lã na solução detergente e torça-o bem.
4. Siga o procedimento descrito acima para limpar o carpete, molhando outra vez e torcendo o disco de algodão com freqüência.
5. Enxágüe o disco de algodão em água limpa para remover o excesso de sujeira e prolongar o seu uso.

Procedimentos-padrão de Operação Não Devem Inibir a Iniciativa

A abrangência da documentação dos procedimentos para servir como referência, para estabelecer padrões e para treinamentos é uma questão de preferência pessoal da governanta executiva e, na maioria dos casos, política da empresa. A maioria das companhias que exigem a elaboração de PPO costuma enfatizar que tais procedimentos serão usados principalmente como um roteiro para a operação, não devendo inibir a **iniciativa** de tentar descobrir maneiras de melhorar a operação. Muitos hotéis recompensam rapidamente funcionários que descobrem melhores maneiras de realizar as tarefas; alguns oferecem prêmios como incentivo para quem promove melhorias nos procedimentos. Os PPO podem estruturar a organização do trabalho para a operação e, ao mesmo tempo, ser a ferramenta pela qual mudanças controladas podem ser feitas.

Resumo

Neste capítulo, viu-se como o planejamento operacional está envolvido no preparo para a abertura do novo hotel. Embora o hotel ainda não esteja funcionando, as técnicas preliminares para as rotinas, delegação de tarefas e controle foram determinadas do mesmo modo que outros sistemas envolvendo o desenvolvimento do conceito, a organização, a formação de equipes e o planejamento do material. Embora a organização das operações ainda não tenha começado, deve-se desenvolver e padronizar o preparo para a rotina e para a comunicação das atividades diárias.

Uma das primeiras rotinas pela qual as atividades diárias são dirigidas – a abertura da casa – foi descrita em detalhes, bem como os formulários por meio dos quais ocorre a comunicação intradepartamental. Além disso, um sistema de procedimentos-padrão de operação foi apresentado, com exemplos, por meio dos quais a abertura da casa e outras rotinas podem ser padronizadas. Tópicos para os PPO são listados, mas são apenas o início de tal lista.

TERMOS E CONCEITOS-CHAVE

Formulários
Procedimentos-padrão de operação
Abertura da casa
Documentos de trabalho e controle
Seções abertas
Carga de trabalho de 18 UH
UH transferidas de outras seções
Relatório noturno da recepção para a governança
Ocupado
Saída (*Check out*)
UH prontas (vago limpo)
Em manutenção
Relatório diário de supervisão
Relatório diário de GRA
Relatório vespertino
Iniciativa

QUESTÕES PARA DISCUSSÃO E REVISÃO

1. Discuta como o planejamento operacional está relacionado com a delegação de tarefas e por que o pré-planejamento da operação é tão importante.
2. Explique por que formulários são importantes na operação do departamento de governança. Explique como esses formulários são usados na abertura da casa:
   Relatório noturno da recepção para a governança
   Relatório diário de supervisão
   Relatório diário de GRA
3. Defina os seguintes termos e dê suas abreviaturas se apropriado:
   Vago limpo
   Ocupado
   Saída (*Check out*)
   Em manutenção
   UH transferidas de outras seções
   Seção aberta
4. Algumas pessoas dizem que os PPO inibem a iniciativa. Explique por que isso não é necessariamente verdade.
5. Explique o significado de mudança controlada.

Parte Três

Dirigindo e Controlando a Governança em Estabelecimentos em Funcionamento

Na segunda parte, os princípios de planejamento, organização e gestão de pessoal da Administração foram aplicados antes da abertura do novo hotel ou empreendimento similar. A terceira parte está concentrada nas funções de direção e controle na governança de estabelecimentos em funcionamento.

Em primeiro lugar, será discutida a rotina diária da governanta executiva na gestão do departamento. Então, são apresentadas "sub-rotinas", ou seja, outras funções da governanta que não são necessariamente rotinas diárias, mas que são essenciais.

Outras preocupações especiais em relação a hospitais, proteção de recursos, enxoval e lavanderia serão estudadas, com uma conclusão apresentada na quarta parte.

10

Rotinas Diárias de Gestão do Departamento de Governança

OBJETIVOS DO CAPÍTULO

1. Aprender as rotinas diárias de um hotel em funcionamento.
2. Observar como as atividades rotineiras das atendentes de governança são divididas em períodos e quem é responsável pelas rotinas em cada período.
3. Aprender como limpar uma unidade habitacional (UH).
4. Entender como os formulários são usados para registrar e transmitir informações entre turnos na governança
5. Compreender como os computadores são utilizados nas operações de governança.

Na segunda parte foi estudada a abertura da casa, de modo que já é possível apresentar, agora, as principais rotinas diárias de um estabelecimento em funcionamento. Na realidade, a abertura da casa é o primeiro passo da rotina diária no ciclo contínuo conhecido como dia da governança.

Dia da Governança

A cronologia do **dia da governança** pode ser dividida em diversas partes. Essa cronologia muda conforme o tipo de estabelecimento e em função do grau de informatização do departamento. Para fins de ilustração, o hotel-modelo (voltado para negócios, sem sistema computadorizado para a comunicação da governança com a recepção) continuará sendo a base para o desenvolvimento dos sistemas. Deve-se ressaltar, entretanto, que grandes *resorts* podem apresentar diferentes cronologias por atingirem um público-alvo diferente.

A **cronologia da rotina diária** para o departamento de governança do hotel-modelo pode ser a seguinte:

- 6h30 às 8h: abertura da casa.
- 8 às 13h: atividades matutinas (inclui a arrumação das UH).
- 13 às 15h: análise das placas de "não perturbe".
- 15 às 15h30: checagem vespertina das UH.

- 15h30 às 16h30: troca de turnos – coordenação do primeiro e segundo turnos.
- 16h30: o relatório de governança é transmitido para a recepção.
- 16h30 às 18h: *discrepâncias* (identificação das UH cujos *status* na recepção diferem do da governança). Muitas discrepâncias serão resolvidas por meio de verificação cuidadosa da conta do hóspede na recepção. *Checagem* (discrepâncias não resolvidas repassadas para a governança). As UH dessa lista são novamente verificadas para determinar o *status* correto. O trabalho vespertino da governança está finalizado.
- 18 às 24h: atividades noturnas (até fechar o departamento).

Abertura da Casa (6h30 às 8h)

A **abertura da casa** é a primeira tarefa do dia da governança. As informações transmitidas pela recepção via relatório noturno são transcritas para os formulários de trabalho do departamento de governança. Nesse momento, a pessoa responsável certifica-se de que há um número adequado de funcionários para trabalhar e prepara-se para sua chegada. As Figuras 9.6 a 9.11 são exemplos dos recursos utilizados para dirigir e delegar tarefas diárias a uma parte dos funcionários da governança (equipe vermelha em nosso modelo) em um dia típico. A delegação das tarefas para os demais funcionários (equipes amarela, marrom e verde) ocorre de maneira similar. Ao longo do estudo das atividades desempenhadas no dia da governança, os formulários usados nas Figuras 9.6 a 9.11 para a equipe vermelha continuarão sendo utilizados.

Atividades Matutinas (8 às 13h)

A maioria dos departamentos de governança inicia suas atividades diárias às 8h. O horário de início das atividades pode variar em função da dificuldade de acesso das GRA* aos apartamentos dos hóspedes. Em estabelecimentos que oferecem pacotes familiares para o final de semana, o início do trabalho pode ser postergado para as 9 ou 10h, dependendo de quão tarde os hóspedes costumam levantar-se. Em hotéis em que executivos constituem a maior parte dos hóspedes, contudo, há um número suficiente de pessoas que acordam cedo, permitindo que as GRA comecem a trabalhar às 8h. Imaginemos que, em nosso hotel-modelo, as atividades da manhã comecem às 8h (os exemplos de processos de comunicação apresentados a seguir referem-se à divisão vermelha, conforme definido no Cap. 9).

Em estabelecimentos pequenos, os funcionários simplesmente batem seu cartão na entrada e vão direto para a área central da governança receber as instruções do dia. Eles costumam chegar ao trabalho já usando seus uniformes e estão prontos para pegar as instruções e subir para os andares.

Alguns hotéis, contudo, não permitem que seus funcionários levem seus uniformes para fora do estabelecimento. Outros nem mesmo possuem armários onde a roupa pode ser guardada durante as horas de trabalho. Nesses casos, existe um **vestiário** perto da **rouparia**, que facilita a mudança de roupa quando muitos funcionários chegam para trabalhar ao mesmo tempo.

Por exemplo, no Mirage Resort em Las Vegas, Nevada, os funcionários batem o cartão em um relógio logo que entram no hotel. Então, dirigem-se à rouparia, onde retiram **cabides com sacolas plásticas** pré-designados. As sacolas possuem um dos quatro ou cinco trajes que foram comprados para cada funcionário (um exemplo de rouparia que possui mais de seis mil sacolas desse tipo é mostrado na Fig. 10.1). Os cabides com uniformes limpos são, então, levados pelos funcionários (Fig. 10.2), que se trocam no vestiário. Após colocar o **uniforme,** os funcionários colocam as roupas que estavam usando na sacola e a devolvem à rouparia, onde ficará guardada até o final do expediente. Ao final do dia, o inverso do processo acontece e a rouparia recebe os uniformes sujos. No dia seguinte, uniformes limpos são novamente entregues aos funcionários.

A Figura 10.3 mostra as atendentes do Mirage chegando à rouparia do andar onde trabalham, apresentando-se uniformizadas. De acordo com as regras do hotel, é nesse momento que se inicia a jornada de trabalho de 8h.

Conforme os funcionários chegam, recebem as tarefas do dia e pegam suas chaves, assinando o respectivo formulário de controle (Fig. 10.4).

O relatório diário da supervisora (Fig. 9.6) tem as observações dos apartamentos que farão *check out* no dia. A questão agora é: será que já existem apartamentos vagos às 8h? (Veja a Fig. 10.5.) Se as saídas realmente aconteceram, a recepção deve transmitir essa informação para a governança o mais rápido possível. Esse tipo de informação (apartamentos vagos) será transmitido durante todo o dia, da recepção para a governança e para as rouparias dos andares, onde serão captadas pelas supervisoras de andares. Elas, então, transmitirão essas informações para as atendentes, que limparão os apartamentos assim que possível.

* N. do T.: Conforme mencionado no prefácio, a sigla GRA, de *guest room attendant* (atendente de acomodação de hóspede), é utilizada pelo autor deste livro para designar o cargo de camareira, e foi mantida na tradução.

Figura 10.1 – Rouparia com os uniformes dos funcionários. Os uniformes ficam pendurados em araras móveis, em sacolas plásticas usadas para guardar as roupas dos funcionários durante o dia de trabalho. Mais de 6.500 uniformes são estocados no Mirage Hotel Resort & Casino, em Las Vegas. (Foto com permissão do Mirage Resorts.)

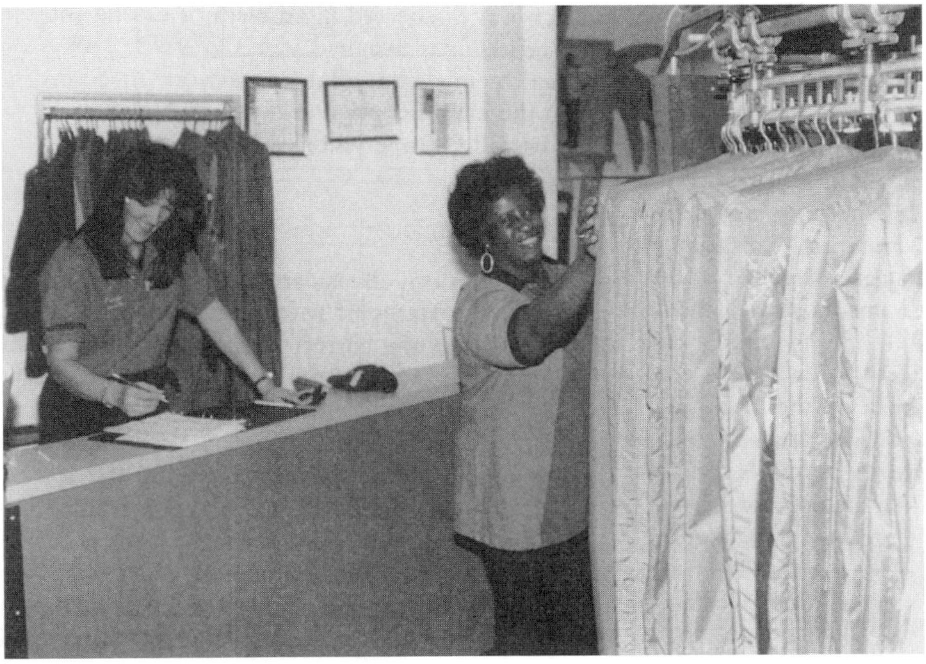

Figura 10.2 – Atendente assina para retirar uniforme trazido automaticamente do estoque (Foto com permissão do Mirage Resorts.)

Logo ao chegar, a governanta executiva deverá entrar em contato com a central da governança para certificar-se de que o trabalho do dia está transcorrendo bem (Fig. 10.6).

A Figura 10.7 mostra como o relatório diário da supervisora (Fig. 9.6) é usado para registrar as saídas *efetivas* e as que eram anteriormente *esperadas.* Observe que alguns quartos que deveriam continuar ocupados (como o 1228 e 1096) estão agora com *status* de *check out.* Esses hóspedes partiram inesperadamente, resultando em saídas adicionais. As saídas efetivas são marcadas com um círculo ao redor da anotação CO. Essa informação é passada para a atendente para que ela possa realizar o serviço de imediato em todos os apartamentos, de modo que possam ser ocupados outra vez.

Ao chegar à rouparia do andar, a supervisora certifica-se de que os membros da equipe estejam preparados para dirigirem-se, o mais breve possível, às estações de trabalho designadas. Os carrinhos das GRA

Figura 10.3 – Atendentes verificam com a supervisora seus locais de trabalho (Foto com permissão do Mirage Resorts.)

FOLHA DE CONTROLE DE *BIPS* E CHAVES-MESTRAS

Dia ______________________ Data ______________________

Para	Andar	Chaves	*Bip* Nº	Horário de saída	Devolvido por	Chaves	Entrada *bip*	Horário de entrada	Recebido por

Figura 10.4 – Folha de controle de *bips* e chaves-mestras. Qualquer movimentação de *bips* e chaves deve ser registrada. Tais registros possibilitam manter grande controle sobre esses objetos. (Formulário cortesia do MGM Hotel, Las Vegas.)

Figura 10.5 – Linda Ulrich, atendente da central de governança do Mirage, transmite informações atualizadas para a supervisora de andares sobre os *status* das UH. (Foto com permissão do Mirage Resorts.)

A

B

Figura 10.6 – (A) Pauline Swain, governanta executiva do Mirage, comunica-se com Celia Lewis (B), atendente da central, sobre o início das atividades da manhã. (Fotos com permissão do Mirage Resorts.)

devem ter sido adequadamente carregados um dia antes, devendo ser apenas verificados antes do início do trabalho (Fig. 10.8). Cada atendente agora vai para a área que lhe foi designada.

A auxiliar de seção inicia a inspeção de rotina de corredores, elevadores, escadas e outras áreas comuns para determinar se alguma área necessita de atenção de emergência em função de algum acidente noturno (derramamento de líquidos, cinzeiros virados, etc.). Ela, então, registra no formulário de inspeção, como o mostrado na Figura 10.9, o que é necessário limpar. Também verifica se há algum trabalho que deverá passar a ser parte da rotina diária de limpeza ou de um plano futuro. Na Figura 10.10, um auxiliar de limpeza do Mirage limpa um derramamento de líquido que aconteceu durante a noite e foi descoberto em um elevador durante a inspeção matutina da área. Caso não haja limpezas emergenciais, o auxiliar inicia seu dia de trabalho conforme a descrição de cargos do Apêndice B. A supervisora de andares inicia a checagem matutina das UH.

Checagem Matutina das Unidades Habitacionais

A **checagem matutina das UH** é realizada para determinar se o *status* de cada UH corresponde ao *status* informado pela recepção na noite anterior. Por exemplo, se a recepção informa que determinadas UH estão **ocupadas** (com hóspede ou bagagem) e precisam ser limpas, a checagem matutina determina se esses apartamentos estão mesmo ocupados ou se o *status* está errado. Verificam-se os apartamentos informados como **vagos limpos** ou **vagos sujos** (à espera de limpeza para serem ocupados novamente; são, às vezes, marcados como *check out* ou, simplesmente, "saída"). Esses apartamentos estão realmente prontos para serem ocupados e vagos? Ou há **discrepância** de informações?

Como essa informação é necessária e deve ser precisa, as checagens das UH acontecem logo cedo na maioria dos hotéis. As GRA batem na porta e, quando

RELATÓRIO DIÁRIO DE SUPERVISÃO

Divisão VERMELHA (90)

GRA sênior (supervisor) *Georgia* Dia *Quarta-feira* Data *11/4*

Seção 1 (13) GRA *Júlia*	Seção 2 (15) GRA *(aberto)* (0)	Seção 3 (11) GRA *Irene* (18)	Seção 4 (16) GRA *Billie* (18)	Seção 5 (12) GRA *Marjorie* (17)
1001 ✓	1031 ✓ CO ←	1213	1062	1091 ✓
1002	1032 ✓ → 3	1214 ✓	1063 ✓	1093
1003 ✓	1033 ✓ CO → 3	1215	1064 ✓	1095 ✓
1004 ✓	1034 ✓ → 3	1216	1065 ✓	1096 ✓ (CO)
1005	1036 ✓ → 3	1217 ✓	1066 ✓ CO	1097 ✓
1006 ✓	1038 ✓ CO → 3	1218	1067 ✓ CO	1098
1007 ✓	1040 ✓ (CO) → 3	1219	1068 ✓	1099 ✓
1008 ✓	1042 ✓ ↗ 4	1220 ✓	1071 ✓	1100 ✓
1009 ✓ (CO)	1044 ✓ ↗ 4	1221 ✓ CO	1072 ✓ (CO)	1101 ✓
1010	1046 ✓ ↗ 4	1222 ✓ (CO)	1073 ✓ CO	1102 ✓
1011 ✓ CO	1049 ✓ ↗ 4	1223	1074 ✓ CO	1103 ✓ CO
1012 ✓	1051	1224 ✓	1075 ✓	1104 ✓ CO
1013 ✓	1053	1225 ✓ CO	1076 ✓ → 5	1105
1014 ✓	1055 ✓ ↗ 4	1226 ✓ (CO)	1077 ✓ → 5	1106
1015	1057 ✓ ↗ 4	1227	1078 ✓ → 5	1107 ✓
1016	1059	1228 ✓ (CO)	1079 M	1108
1017 ✓	1061 ✓ ↗ 4	1229 ✓	1081 ✓ → 5	1085
1021 ✓	1231 ✓ CO → 3	1230 ✓	1083 ✓ → 5	1087 ✓
1023, 1025, 1027, 1029, 1031		1231, 1032, 1033, 1034, 1036, 1038, 1040	1042, 1044, 1046, 1049, 1055, 1057, 1061	1076, 1077, 1078, 1079, 1081, 1083

Figura 10.7 – Relatório diário de supervisão, divisão vermelha, às 8h. Observe os círculos ao redor dos CO, indicando que os *check outs* esperados realmente aconteceram e que as UH estão vagas.

Figura 10.8 – A GRA verifica seu carrinho para ter certeza de que poderá trabalhar sem precisar retornar à rouparia para pegar mais suprimentos durante o dia. (Foto com permissão do Mirage Resorts.)

AUXILIAR DE LIMPEZA – CHECAGEM MATINAL

Data ____________________

Área	Local e condição
Rouparias de apoio	
Poços das escadas	
Corredores	
Elevadores	
Áreas das máquinas de alimentos	

Figura 10.9 – Auxiliar de limpeza – início da manhã. Formulário usado para registrar os resultados da inspeção das áreas comuns do hotel. Esse relatório indicará trabalhos especiais que devem ser realizados.

necessário, entram nos apartamentos. Alguns hotéis nem mesmo utilizam qualquer tipo de formulário. A rotina diária simplesmente começa com alguém do departamento de governança entrando em todos os quartos para determinar se é preciso limpá-los.

Relatório matutino da governança. Em alguns casos, a checagem matutina acontece e os resultados são transcritos no relatório matutino da governança. Esse relatório é enviado à controladoria para checagem e auditoria com relação à receita com as UH ocupadas

Figura 10.10 – Funcionário da limpeza limpa derramamento na entrada do elevador, descoberto na inspeção matinal. (Foto com permissão do Mirage Resorts.)

informada pela recepção. A função principal desse relatório é, portanto, apurar se a venda de cada pernoite da noite anterior foi informada.

Checagem rápida da discrepância. Há uma maneira mais simples de apurar se todos os apartamentos ocupados foram relatados do que perturbar todos os hóspedes do hotel todas as manhãs. Os apartamentos ocupados devem estar assinalados para serem limpos. Os apartamentos vagos limpos não devem estar assinalados para serem limpos, de modo que o espaço correspondente a eles está em branco no relatório diário da supervisora (Fig. 10.7). Visto que a principal preocupação é se há ou não quartos ocupados cuja receita não está sendo recebida, não há necessidade de checar as UH reportadas como ocupadas, de modo que a supervisora de andares apenas precisa inspecionar as que estão marcadas como vagas. As UH com *status* vago limpo que forem encontradas ocupadas (ou sujas) precisam ser investigadas imediatamente para determinar o motivo pelo qual seu *status* está incorreto na recepção. Um relatório de discrepância pode ser gerado como resultado somente da inspeção dos apartamentos vagos limpos.

Há algumas razões que provocam discrepâncias:

1. Um hóspede que deveria estar no apartamento 2204 recebe por engano a chave do 2206. Um simples erro ao pegar a chave passou despercebido pelo recepcionista e o hóspede foi para o número indicado na chave (2206). Desse modo, a recepção pensou que o 2204 estava ocupado e, na realidade, descobre-se pela manhã que o 2206, que deveria estar vago, está ocupado. Esse tipo de erro não afeta a receita; contudo, outro hóspede pode ser encaminhado para o apartamento 2206, causando embaraço a ele e ao hotel.
2. Outro erro mais preocupante é a possibilidade de que a chave tenha sido entregue por alguém que não tinha autoridade para isso (não há registros, conseqüentemente nenhuma pergunta pode ser feita!).
3. Por fim, há a possibilidade de que algum funcionário (mensageiro, segurança noturno, recepcionista noturno) que tenha acesso às chaves use uma UH, sem a devida autorização, para uma noite de descanso – ou algo assim.

Independentemente das razões pelas quais a UH tenha sido utilizada sem o registro da venda, deve haver investigações e medidas para evitar que isso aconteça no futuro.

Importância de um serviço de qualidade. É lamentável que muitos hotéis sejam fiéis à idéia de que é necessário bater nas portas de todas as UH às 8h a fim de conduzir uma precisa checagem de quartos. Outros hotéis, porém, reconhecem que não é necessário perturbar os hóspedes dos apartamentos considerados ocupados para saber que se a UH com *status* vago limpo está realmente vaga: as UH inspecionadas devem se restringir àquelas com *status* vago limpo ou vago sujo (saída). Se esse procedimento for seguido, as atendentes não precisarão ir a nenhum apartamento pela manhã antes de estarem prontas para iniciar a limpeza. A checagem matinal pode, então, ser feita pela supervisora, que abrirá todas as UH consideradas vagas para certificar-se de seu *status*.

Técnicas de registro das informações. A Figura 10.11 ilustra uma técnica para registrar as informações referentes à checagem das UH. Observe o VL colocado em frente a cada UH com *status* vago limpo, cujo *status* foi verificado e está correto (observe, por exemplo, os apartamentos 1002, 1005 e 1010). Uma linha é traçada entre o número do apartamento e o espaço

RELATÓRIO DIÁRIO DE SUPERVISÃO

Divisão VERMELHA (90)

GRA sênior (supervisor) *Georgia* Dia *Quarta-feira* Data *11/4*

Seção 1	Seção 2	Seção 3	Seção 4	Seção 5
(13) GRA *Júlia* (18)	(15) GRA *(aberto)* (0)	(11) GRA *Ivone* (18)	(16) GRA *Billie* (18)	(12) GRA *Marjorie* (17)
1001 ✓	1031 ✓ CO	~~1213 VL~~	~~1062 VL~~	1091 ✓
~~1002 VL~~	1032 ✓ → 3	1214 ✓	1063 ✓	~~1093 VL~~
1003 ✓	1033 ✓ CO → 3	~~1215 VL~~	1064 ✓	1095 ✓
1004 ✓	1034 ✓ → 3	(1216) DISC (CO)	1065 ✓	1096 ✓ (CO)
~~1005 VL~~	1036 ✓ → 3	1217 ✓	1066 ✓ CO	1097 ✓
1006 ✓	1038 ✓ CO → 3	~~1218 VL~~	1067 ✓ CO	(1098) DISC (✓)
1007 ✓	1040 ✓ (CO) → 3	~~1219 VL~~	1068 ✓	1099 ✓
1008 ✓	1042 ✓ ↗ 4	1220 ✓	1071 ✓	1100 ✓
1009 ✓ (CO)	1044 ✓ ↗ 4	1221 ✓ CO	1072 ✓ (CO)	1101 ✓
~~1010 VL~~	1046 ✓ ↗ 4	1222 ✓ (CO) VL	1073 ✓ CO	1102 ✓
1011 ✓ CO	1049 ✓ ↗ 4	~~1223 VL~~	1074 ✓ CO	1103 ✓ CO
1012 ✓	~~1051 VL~~	~~1224 ✓ VL~~	1075 ✓	1104 ✓ CO
1013 ✓	~~1053 VL~~	1225 ✓ CO	1076 ✓ → 5	~~1105 VL~~
1014 ✓	1055 ↗ 4	~~1226 ✓ (CO) VL~~	1077 ✓ → 5	~~1106 VL~~
~~1015 VL~~	1057 ✓ ↗ 4	~~1227 VL~~	1078 ✓ → 5	1107 ✓
~~1016 VL~~	~~1059 VL~~	1228 ✓ (CO)	1079 M	~~1108 VL~~
1017 ✓	1061 ✓ ↗ 4	1229 ✓	1081 ✓ → 5	~~1085 VL~~
1021 ✓	1231 ✓ CO → 3	1230 ✓	1083 ✓ → 5	1087 ✓
1023, 1025, 1027, 1029, 1031		1231, 1032, 1033, 1034, 1036 1038, 1040	1042, 1044, 1046, 1049, 1055 1057, 1061	1076, 1077, 1078, 1079 1081, 1083

Figura 10.11 – Relatório diário de supervisão para a divisão vermelha, indicando os resultados da checagem matutina das UH. Os apartamentos supostamente prontos para venda e encontrados nesta condição são marcados com VL. Uma linha é traçada até o final da coluna indicando que não é necessário preocupar-se com essa acomodação naquele dia. As UH 1216 e 1098 são discrepâncias, isto é, não são VL como informado pela recepção.

próximo a ele, indicando que não há necessidade de limpeza naquele dia. Também observe como as discrepâncias descobertas durante a checagem matinal são registradas: nos apartamentos 1216 e 1098, foram desenhados círculos ao redor do número, indicando essas discrepâncias. Nesses casos, telefona-se imediatamente para a recepção apontando as discrepâncias, para que os funcionários da recepção possam resolver o problema na hora. A única preocupação do departamento de governança é que mais um apartamento precisará de limpeza, devendo ser designado para uma das GRA.

A checagem matutina costuma ser concluída em 30min, dependendo do número de apartamentos vagos limpos ou das saídas. Uma vez concluída a checagem, o supervisor estará livre para retomar suas responsabilidades de supervisão da equipe.

Comunicação e supervisão. A supervisora circula pela divisão que lhe foi designada, comunicando-se com as GRA e atendentes de limpeza e **processando o trabalho** durante o dia. A supervisora está constantemente recebendo informações e transmitindo-as para as GRA. Ela recebe informações sobre UH que ficaram vagas pela comunicação com a central de governança. Essa informação é transmitida para as GRA, que podem limpar as UH o mais breve possível. Além disso, informações – sobre UH limpas e prontas para serem ocupadas – recebidas das GRA são transmitidas para a central da governança, que as passa para a recepção.

Na Figura 10.11, a supervisora foi informada pela GRA de que o apartamento 1222 está limpo e pronto para ser usado pela recepção. A supervisora escreve VL depois da indicação CO registrando, assim, todos os apartamentos limpos (ocupados ou vagos). A supervisora poderá inspecionar essas UH ou, caso confie que a limpeza atende aos padrões, simplesmente marcar no relatório diário da supervisora, conforme demonstrado no apartamento 1222 da Figura 10.11. Quando a informação de que o apartamento está vago limpo é transmitida para a central, a supervisora traça uma linha no espaço correspondente ao número da UH. Isso foi feito para o quarto 1226, de modo que não há mais interesse nessa UH em particular naquele dia.

Pode-se agir de maneira similar com relação aos apartamentos ocupados nos quais hóspedes passaram a noite. A UH 1224 (Fig. 10.11) precisava ser limpa, pois o hóspede pernoitara (não existia a indicação CO; portanto, uma saída não era esperada). Como o apartamento precisava ser limpo, a GRA que o limpou informou que o serviço já havia sido feito. O OL indica que o quarto ocupado já está limpo, e a linha desenhada até o final indica que não é mais necessário preocupar-se com essa UH.

Comunicação por símbolos. A lista a seguir é um resumo de **símbolos utilizados para comunicação** com relação ao andamento do trabalho para cada UH no relatório diário da supervisora:

1. A marca indica as UH que precisam de limpeza.
2. O símbolo CO indica que a UH deve vagar em algum momento do dia (*check out*).
3. Um círculo ao redor do CO indica que a UH realmente vagou (verificado pela GRA).
4. Os símbolos OL ou VL (ocupada limpa ou vaga limpa) indicam que a UH já foi limpa e comunicada como tal pela GRA para a supervisora.
5. Uma linha traçada por todo o espaço correspondente à UH indica que a GRA informou à central que a UH já está pronta (não é mais preciso preocupar-se com ela nesse dia).

A supervisora é capaz de acompanhar um grande número de UH por dia e pode fazê-lo por meio de um simples sistema de símbolos usado para indicar as diversas mudanças de *status*. Quando todas as UH estiverem riscadas, todos os serviços de rotina estarão feitos.

Acompanhamento do trabalho na central da governança. Uma cópia dos relatórios diários da supervisora de cada uma das quatro divisões foi colocada no balcão da rouparia principal (ou pode ser visualizada no monitor, nos hotéis que utilizam sistemas informatizados de *status* das UH). Desse modo, a atendente da governança que está em contato com a recepção pode repassar as informações referentes às UH recém-limpas (se o hotel possuir um *electrowriter*, anteriormente mencionado, é possível transmitir um fax manuscrito, de modo que as informações trocadas entre governança e recepção são registradas. Isso também pode ser feito em um sistema computadorizado). Conforme as supervisoras informam ao atendente de governança as UH prontas, o atendente também marca VL ou OL na cópia do relatório. Conforme se informa o *status* de tais UH para a recepção, é traçada uma linha no espaço correspondente a cada UH e um registro completo fica disponível na governança central para que todos os gerentes possam acompanhar o andamento do trabalho a qualquer hora do dia.

Prioridades na Limpeza das Unidades Habitacionais

Em qual ordem as UH devem ser limpas? Nada seria mais conveniente para ela do que começar em uma ponta do corredor e limpar UH por UH até chegar à outra ponta, quando, então, todas as UH designadas estariam prontas. Apesar desta parecer a melhor maneira de organizar o dia de trabalho, ela não leva em consideração hóspedes que não querem ser incomodados ou que desejam que sua acomodação seja arrumada antes ou por último.

Ao chegar em sua área de trabalho, as GRA devem observar todas as UH que precisam de limpeza para averiguar em quais há indicação de "não perturbe" ou de "por favor, arrume assim que possível". Apartamentos trancados são facilmente notados em função de um pequeno pino que fica em evidência na maçaneta. Esse pequeno pino é percebido com um toque no centro da maçaneta. Quando o pino está em evidência, a GRA deve considerar a UH ocupada e não deve perturbar o hóspede até que o trinco seja retirado ou mais tarde durante o dia.

As prioridades de limpeza podem ser estabelecidas da seguinte forma:

1. UH cujos hóspedes solicitaram limpeza cedo.
2. UH cujos hóspedes fizeram *check out* no início da manhã e estão sendo requisitadas pela recepção (para reservas para hóspedes que chegarão no dia).
3. Outros *check outs.*
4. Demais UH ocupadas que precisam de limpeza.
5. UH cujos hóspedes pediram que a limpeza fosse feita mais tarde.

O estabelecimento adequado de prioridades na limpeza das UH mostra que o hotel se preocupa com as necessidades e desejos dos hóspedes. Apesar de alguns apartamentos ocupados serem os últimos a serem limpos a cada dia (por volta das 16h), os hóspedes que desejarem saber por que suas acomodações não foram arrumadas antes precisam apenas ser lembrados de que um telefonema para a governança ou o folheto na maçaneta solicitando arrumação será atendido assim que possível. De outro modo, uma UH ocupada por um hóspede que pernoitará novamente pode de fato ser a última a ser limpa naquele dia naquela seção em particular.

Ocasionalmente, sobretudo em finais de semana e feriados, muitos hóspedes indicarão que não querem ser incomodados até mais tarde. Se existir um grande número de UH com tal solicitação, a GRA pode não conseguir entrar em *nenhum* dos apartamentos que lhe foram designados. Nessas situações, o supervisor pode solicitar à GRA que ajude outra camareira em outra seção até que as acomodações comecem a ser liberadas. Mais tarde, o "favor" poderá ser retribuído. Esse é mais um exemplo da importância do trabalho em equipe na governança.

Muitas vezes, durante a manhã, a GRA pode perceber apartamentos sendo desocupados. Quando isso acontece, tais UH podem ser as próximas a serem limpas, desde que não existam prioridades (pedidos de hóspedes ou da recepção) que ainda precisem ser atendidas.

Limpeza da Unidade Habitacional

Agora, a descrição do "dia da governança" será temporariamente suspensa e as técnicas e os sistemas específicos de limpeza de uma UH serão demonstrados. Em primeiro lugar, será visto o caso de um grande hotel onde todos os quartos são praticamente iguais no tamanho e na mobília. Depois, será estudado um "hotel suíte", no qual mais de um cômodo pode ser uma única UH.

Como mencionado anteriormente, o número médio de UH limpas por uma pessoa em um turno de 8h varia entre 13 e 20 por dia. Isso depende do tipo de mercado atendido, do tipo de mobília e de banheiro das UH e do estabelecimento em si. O número de UH limpas por dia não será, portanto, discutido neste tópico.

A maioria dos hotéis estabelece procedimentos de rotina para a limpeza das UH com base em objetivos e experiências próprios. Há muitas corporações hoteleiras que têm muitos anos de experiência, a partir dos quais construíram seus procedimentos, tornando-os únicos. Outros hotéis deixam que sua governanta executiva desenvolva novos procedimentos de limpeza das UH com base em sua própria experiência individual.

O que se segue, então, não é necessariamente único ou genérico, mas um exemplo de sistematização de rotinas que devem acontecer em qualquer hotel para que sua operação seja metódica, eficaz e eficiente. Embora os exemplos de procedimentos apresentados sejam específicos, eles não excluem a possibilidade de que outros exemplos possam constituir melhorar a maneira de limpar uma UH.

Agradecimentos especiais são feitos ao Mirage Resort de Las Vegas, Nevada, por permitir a utilização de seus sistemas relativos à limpeza das UH e para o MGM Grand. As fotografias a seguir são ilustrativas para qualquer hotel comum.

Entrando na Acomodação do Hóspede

A GRA deve bater suavemente na porta com as mãos, não com a chave, conforme a Figura 10.12 (após certo tempo, a chave pode danificar o acabamento da porta). As camareiras devem se anunciar como "camareira", "arrumadeira" ou simplesmente "governança". Se não houver resposta, após esperar cerca de 15s, elas devem repetir o procedimento e inserir a chave ou cartão na fechadura (Fig. 10.13). Se ninguém responder após mais 5s, ela deve abrir a porta anunciando outra vez "com licença, camareira". Se houver um hóspede no quarto que não respondeu à porta anteriormente, deve-se dirigir a ele da seguinte maneira: "Desculpe por incomodá-lo. Quando será conveniente que seu apartamento seja arrumado? Se o senhor desejar, posso voltar outra hora."

A resposta do hóspede deve ser respeitada. Se o hóspede disser que o serviço pode ser feito naquele momento (enquanto ele ainda está no apartamento), a camareira pode iniciar uma conversa perguntando "o senhor teve uma boa noite?" ou fazer qualquer comentário para que uma agradável conversa aconteça.

A GRA também pode perguntar "o senhor ficará mais uma noite conosco ou irá embora hoje?" – a resposta determinará se apenas a cama deve ser arrumada e a UH **ajeitada** para que, mais tarde, o serviço seja concluído para um novo hóspede. A GRA também pode responder dizendo (se o hóspede for embora naquele dia) "irei apenas arrumar a cama e ajeitar o quarto e o banheiro para o senhor agora e voltarei para terminar após sua partida".

Se o hóspede for ficar por mais uma noite, a limpeza completa é realizada. Se não existirem hóspedes na UH ao entrar, os procedimentos de limpeza também são realizados.

A porta deve ser deixada bem aberta. A camareira deve colocar o carrinho da governança bloqueando a porta e posicionando-o com o lado do enxoval de frente para o apartamento e o mais perto possível da parede. A Figura 10.14 mostra a supervisora lembrando a camareira de bloquear a entrada da porta com o carrinho. O carrinho deve ser posicionado de maneira que ninguém possa entrar sem que se perceba.

Figura 10.12 – Essa GRA inicia seu dia de trabalho no primeiro apartamento a ser limpo, batendo levemente na porta e anunciando-se "governança". (Foto com permissão do MGM Grand Resorts.)

Figura 10.13 – A GRA bateu na porta e esperou por uma resposta. Agora ela se prepara para entrar inserindo seu cartão na fechadura. Ao abrir a porta, ela deve anunciar-se novamente e perguntar "posso entrar?". (Foto com permissão do MGM Grand Resorts.)

O aspirador deve ser levado para dentro do quarto, não deixado no corredor. Ao entrar na UH, a GRA deve acender as luzes e abrir as cortinas para uma iluminação adequada. Se a TV estiver ligada, deve ser desligada.

A GRA deve verificar o apartamento para ver se há itens faltando, danificados ou quebrados. Se houver, a central da governança e uma supervisora devem ser notificadas para que alguém da manutenção ou da segurança possa ser enviado imediatamente.

A GRA deve sempre inspecionar os itens a seguir em todas as UH, não importando se é uma saída ou não, avisando a central se existir qualquer problema que não possa ser sanado. É preciso verificar:

1. Todas as lâmpadas da acomodação, substituindo as queimadas onde for possível. Demais lâmpadas queimadas devem ser informadas para a central.
2. Cortinas, puxadores e roldanas.
3. *Box* ou cortinas do chuveiro.
4. Chuveiro, vaso sanitário e pia para verificar vazamentos ou outros problemas.
5. Som e imagem da TV.

Se quaisquer materiais do *room service* ou do bar precisarem ser retirados, devem ser removidos para o local designado ou para o corredor, avisando-se o departamento responsável para que sejam retirados. A supervisora deve garantir sua rápida retirada do corredor, pois não é agradável vê-los e pode ser que exalem odores desagradáveis. Se esses itens não forem removidos em um período de tempo razoável, a governança central deve ser avisada por telefone.

Se a UH estiver ocupada, as revistas e os jornais devem ser dobrados cuidadosamente e colocados na mesa ou penteadeira. Eles nunca devem ser jogados fora, a menos que estejam no cesto de lixo.

Sugestões de Métodos de Limpeza

Antes de descrever a limpeza de uma UH, alguns métodos de limpeza devem ser revisados. O pó deve sempre ser tirado com um pano úmido ou embebido em substâncias químicas específicas para limpeza de pó.

Figura 10.14 – A supervisora do andar lembra a GRA de que seu carrinho deve bloquear completamente a entrada, assim ela não será surpreendida por alguém que entre no apartamento sem seu conhecimento. (Foto com permissão do MGM Grand Resorts.)

Seguem algumas sugestões de métodos de limpeza para itens específicos:

- Espelho: enxágüe com água quente e passe um pano seco.
- Abajures: esfregue levemente com pano seco ou espanador.
- Cortina do chuveiro: use um **limpador multiuso** e seque com uma toalha.
- Chão do banheiro: esfregue o chão molhado com limpador multiuso e seque com uma toalha.
- *Box* do chuveiro: esfregue com limpador multiuso, enxágüe e seque com uma toalha.
- Pias: use um limpador multiuso, enxágüe e seque com uma toalha.
- Banheira: esfregue com limpador multiuso ou sapólio em pó, enxágüe e seque com uma toalha.
- Cromo: use limpador multiuso, enxágüe e seque com uma toalha; certifique-se de não deixar pingos d'água.
- Vaso sanitário: lave-o por dentro e por fora. Use um **produto de limpeza germicida** e seque com uma toalha.

Os itens seguintes devem ser limpos com um pano úmido ou embebido no produto químico adequado: maleiro, gavetas e prateleiras, cestos de lixo, lâmpadas, ar-condicionado, termostato, encanamento embaixo da pia, mesas e cadeiras, TV e seu suporte, cabeceiras, criados-mudos, molduras dos quadros, peitoril da janela.

Às vezes pode ser preciso utilizar **produtos especiais**. Quando isso acontece, a supervisora deve controlar de maneira rígida o uso de tais produtos. Todos os funcionários devem ser advertidos para não tentarem "tornar-se químicos", misturando substâncias para tentar obter produtos mais eficazes. Por exemplo, produtos ácidos usados para remover manchas e limo do vaso sanitário podem produzir gás cloro, um gás fatal, se misturados com Clorox. Além disso, algumas pessoas podem ser alérgicas a certos tipos de produtos na forma concentrada. Os produtos multiuso são concebidos para serem **diluídos na proporção específica** conforme o trabalho a ser executado. Os funcionários devem ser treinados quanto a isso e orientados a seguir as especificações de diluição indicadas pelo fabricante.

Para proteção, é recomendável o uso de luvas de borracha na execução das tarefas de limpeza para proteger contra germes, infecções e possíveis reações químicas. Embora poucos produtos utilizados na limpeza possam causar danos, como já foi mencionado, os produtos devem indicar claramente os **riscos** na embalagem. Essa informação deve estar disponível aos usuários de tais produtos.

Quarto

Tire todo o lixo do quarto. Todos os resíduos e lixos devem ser coletados, removidos e colocados na sacola de lixo do carrinho. Leve os cestos de lixo para o banheiro para limpá-los. Recolha todos os cinzeiros dos quartos de fumantes e esvazie-os na privada. Dê descarga, lave-os e seque-os. Passe um pano úmido nos cestos de lixo e recoloque-os no lugar, junto com os cinzeiros.

Traga para dentro do quarto lençóis limpos e outros materiais necessários para a arrumação. Não coloque os lençóis limpos no chão enquanto se prepara para arrumar a cama.

Sacuda toda a roupa de cama cuidadosamente ao retirá-la. Hóspedes tendem a deixar artigos de valor em cima e embaixo da cama e dentro dos travesseiros. Notifique a supervisora do andar e siga os **procedimentos de achados e perdidos** caso encontre algum item esquecido pelo hóspede.

Verifique se os colchões e box springs não estão sujos ou manchados. Verifique também se há arames saindo do *box spring*. O colchão e o *box spring* devem ser ajeitados um em cima do outro e colocados firmemente junto à cabeceira. Verifique o estrado da cama, caso haja (um item perigoso quando fora do lugar). Se ajustes forem necessários, notifique a supervisora do andar. Se qualquer parte da cama precisar ser substituída (colchões molhados, acolchoados sujos, colchas sujas ou rasgadas, travesseiros danificados ou sujos, cobertores sujos, danificados ou rasgados), avise a supervisora do andar e substitua os itens imediatamente para que o trabalho possa ter continuidade com eficiência.

Lençóis limpos devem ser colocados em todas as camas que tiverem sido usadas ou abertas na noite anterior. Não use lençóis rasgados ou manchados. Coloque toda a roupa de cama inadequada para utilização em lugar próprio na rouparia do andar.

O *lençol de baixo* deve ser colocado sobre o colchão de maneira a facilitar a dobra na parte superior da cabeceira da cama em um **envelope** (Fig. 10.15). O lençol de baixo deve também ser dobrado nos dois lados da cama, mas não necessariamente nos pés.

O *segundo lençol* deve ser colocado sobre o lençol de baixo com o lado suave para baixo (para que fique próximo ao corpo) com a bainha principal (se houver) colocada na linha do colchão, junto à cabeceira. Isso deve deixar bastante sobra de lençol no pé da cama para fazer outro envelope depois que o cobertor tiver sido colocado na posição adequada.

O *cobertor* deve ser agora colocado sobre o segundo lençol, a 20cm da cabeceira da cama. Quando o cobertor estiver adequadamente ajeitado na cama, o lençol superior deve ser dobrado sobre o cobertor. O lençol de cima e o cobertor devem ser, então, dobrados juntos nos pés da cama e o envelope (Fig. 10.15) feito em ambos os lados.

Alguns hotéis adotam a colocação de um *terceiro lençol* sobre o cobertor. Isso dá uma boa aparência à cama se a colcha for virada ou removida, mas é feito mais para proteger o cobertor de derramamentos e manchas. Se o terceiro lençol for utilizado, deve-se dobrá-lo junto com o cobertor e com o segundo lençol ao fazer o envelope.

Alguns hotéis *dobram* o segundo lençol, o cobertor e o terceiro lençol sob o colchão dos dois lados da cama. Outros hotéis deixam os lados soltos. Entretanto, quando as cobertas são dobradas sob o colchão, os hóspedes provavelmente desfarão a cama ao entrar sob as cobertas: conforme a parte superior do lençol e do cobertor é puxada, o lençol de baixo também se solta.

O autor sugere que se aplique o melhor de cada um dos métodos. Dobre sob o colchão o topo do lençol e o cobertor no lado da cama oposto ao lado que o hóspede costuma usar quando se deita. Deixe sem dobrar o lado que o hóspede mais usa.

A colcha. Como a cama costuma ser o objeto que mais chama a atenção na UH, a colcha deve ser adequadamente posicionada e alisada, para que fique sem protuberâncias. Colocada da maneira correta, a colcha deve quase tocar levemente o chão nos três lados e ser dobrada na cabeceira. Deve-se dobrar ou fazer uma prega nos cantos da colcha aos pés da cama.

A colcha na cabeceira da cama é facilmente arrumada, primeiro dobrando-a a cerca de 30cm da cabeceira. Os travesseiros devem ser colocados a 40cm da cabeceira, sobre a parte dobrada da colcha. Então, uma parte da colcha é dobrada por cima dos travesseiros em ambos os lados da cama, e tudo é virado na direção da cabeceira. A Figura 10.16 mostra a GRA dobrando a colcha a cerca de 30cm da cabeceira.

Na Figura 10.17, ela colocou três travesseiros sobre a parte dobrada e está virando a colcha sobre eles. Depois, tudo é "enrolado" junto até a cabeceira.

Então, a colcha deve ser alisada tanto quanto for necessário para que a cama fique bem arrumada. Essa técnica de arrumação da colcha é facilmente aprimorada com a prática e é especialmente útil quando uma pessoa está arrumando uma cama *king size* com três travesseiros.

Camas portáteis são arrumadas com lençol limpo e, normalmente, não são utilizadas colchas. A maioria é arrumada com o terceiro lençol, que funciona como uma colcha. Se a UH for uma saída, a cama é arrumada, o travesseiro colocado verticalmente sob a tira que segura a cama, e ela é colocada de pé sobre as rodas. Uma vez em pé, a cama pode ser reabastecida com uma toalha de banho, uma de rosto, uma de mão e duas barras de sabonetes arrumadas junto com o travesseiro. Uma atendente de limpeza pode agora ser chamada para retirar a cama do apartamento e guardá-la de maneira adequada. Lembre que as camas portáteis devem ser arrumadas antes de serem levadas para o corredor.

Limpe (**com pano úmido**) cadeiras, mesas, penteadeiras, peitoril e sulcos das janelas, cabeceiras, ar-condicionado, termostatos, lustres, quadros, maleiros e as prateleiras dos armários. A Figura 10.18 mostra uma

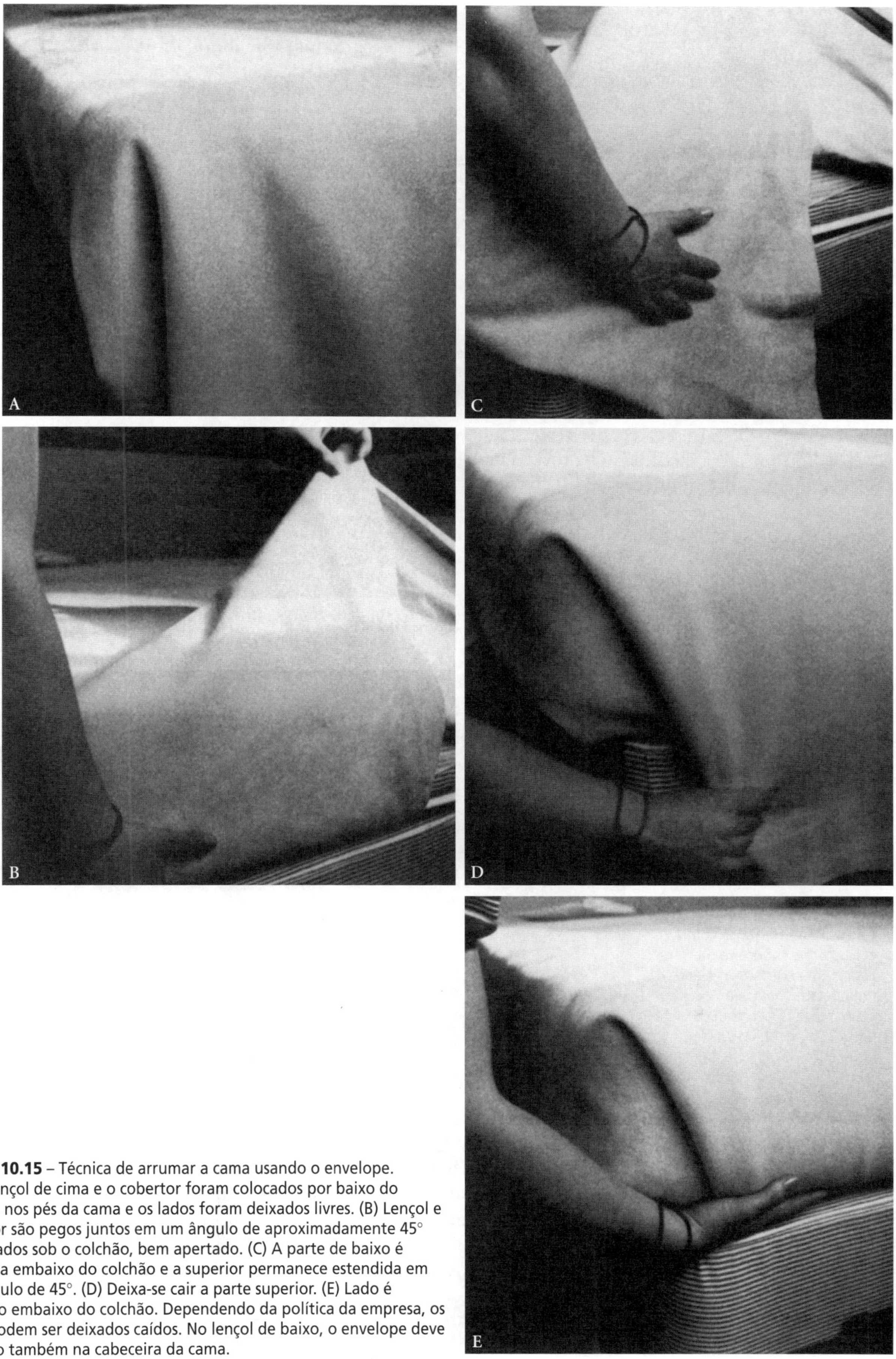

Figura 10.15 – Técnica de arrumar a cama usando o envelope. (A) O lençol de cima e o cobertor foram colocados por baixo do colchão nos pés da cama e os lados foram deixados livres. (B) Lençol e cobertor são pegos juntos em um ângulo de aproximadamente 45° e colocados sob o colchão, bem apertado. (C) A parte de baixo é colocada embaixo do colchão e a superior permanece estendida em um ângulo de 45°. (D) Deixa-se cair a parte superior. (E) Lado é dobrado embaixo do colchão. Dependendo da política da empresa, os lados podem ser deixados caídos. No lençol de baixo, o envelope deve ser feito também na cabeceira da cama.

Figura 10.16 – A GRA dobra a colcha a aproximadamente 30cm da cabeceira da cama para enrolar os travesseiros. (Foto com permissão do MGM Grand Resorts.)

Figura 10.17 – A GRA enrola três travesseiros junto com a colcha até a cabeceira da cama. Essa é uma maneira eficiente de uma pessoa manusear três travesseiros. (Foto com permissão do MGM Grand Resorts.)

GRA usando uma solução diluída e preparada especialmente para a limpeza dos móveis. Tire o pó das lâmpadas e abajures. Ajuste os abajures de forma adequada e mova a cúpula de modo que a costura fique na parte de trás, sem que possa ser vista pelo hóspede. Limpe o minibar (se existir) e todos os espelhos do quarto.

Reponha todo o material de leitura, cinzeiros e diretórios de serviço. Os fósforos devem ser cuidadosamente *colocados* nos cinzeiros (não jogados dentro deles), com o lado que contém propaganda de frente para a mesa ou escrivaninha onde devem ser colocados conforme as especificações do hotel.

As gavetas devem ser abertas nas UH "de saída" e limpas com pano úmido. Verifique se não há objetos esquecidos pelo hóspede. Não abra as gavetas nos quartos em que o hóspede **pernoitará novamente.**

Tire o pó da área da escrivaninha, incluindo lâmpadas e cadeiras. Verifique o diretório do telefone. Se a capa estiver rasgada, marcada ou amassada, troque-a. Todo o material de leitura sobre a escrivani-

Figura 10.18 – A GRA usa um produto especialmente preparado e diluído de maneira adequada para limpar a UH. (Foto com permissão do MGM Grand Resorts.)

nha e dentro da gaveta deve ser verificado para ver se está completo. Os papéis de carta devem estar limpos e sem marcas.

Limpe o telefone com pano úmido e use desinfetante para limpar o bocal.

Verifique todas as gavetas e prateleiras do armário. A Figura 10.19 mostra a GRA usando um espanador para limpar o ar-condicionado. Verifique também o cofre (se existir) e embaixo da cama para ver se há objetos esquecidos. Se alguma coisa for encontrada, preencha o formulário de achados e perdidos, coloque o artigo junto com o formulário em uma sacola plástica e entregue-a ao departamento de achados e perdidos no final do turno. Retire os cabides não pertencentes ao hotel e reponha cabides do hotel se necessário.

Limpe a TV. A Figura 10.20 demonstra uma GRA usando um limpador multiuso que foi adequadamente diluído para limpar vidros. Deve-se sempre passar um pano seco para terminar a limpeza. A GRA deve certificar-se de que o diretório telefônico foi colocado em seu devido lugar e, então, limpar todas as partes do bocal do telefone com desinfetante germicida (Fig. 10.21).

Figura 10.19 – A GRA espana regularmente a saída do ar-condicionado para evitar que acumule pó. Fazer isso regularmente ajuda a reduzir possíveis causas de reações alérgicas. (Foto com permissão do MGM Grand Resorts.)

Figura 10.20 – A GRA usa um produto de limpeza multiuso adequadamente diluído para limpar a tela da TV. Essa diluição também é apropriada para todos os vidros, espelhos e plásticos. (Foto com permissão do MGM Grand Resorts.)

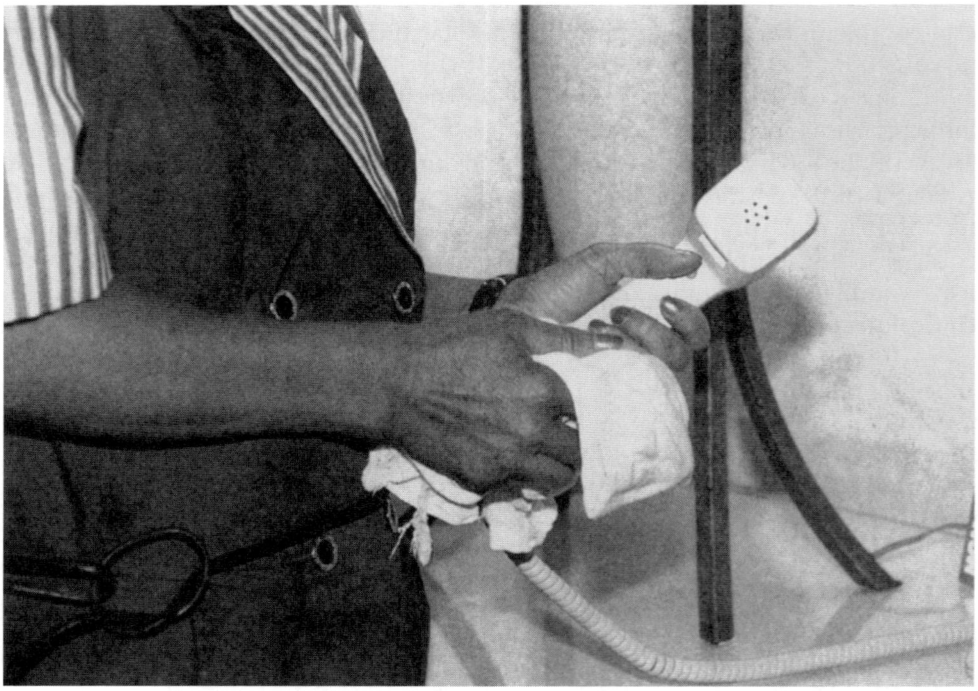

Figura 10.21 – A GRA recoloca todas as listas telefônicas no local adequado e passa um pano úmido no bocal do telefone com um desinfetante germicida. (Foto com permissão do MGM Grand Resorts.)

Arrume conforme necessário todos os abajures e luminárias, cortinas e demais objetos que estejam fora do lugar.

Para *terminar de tirar o pó,* se o apartamento for conjugado, abra a porta de conexão e limpe a porta por dentro e o batente. Passe pano úmido no lado interno da porta de entrada ao redor da fechadura. Limpe toda a porta e passe o pano úmido nas placas plásticas de sinalização existentes atrás da porta.

Alguns hotéis exigem que todas as UH sejam *aspiradas* todos os dias. Outros deixam que a GRA decida se é necessário aspirar ou não. Na maioria das vezes, a decisão das GRA tem fundamento e pode-se economizar tempo na limpeza do apartamento. Se o julgamento da GRA não for bom, a supervisora deve trabalhar seu poder de observação. A Figura 10.22 mostra uma GRA aspirando a acomodação para terminar sua limpeza.

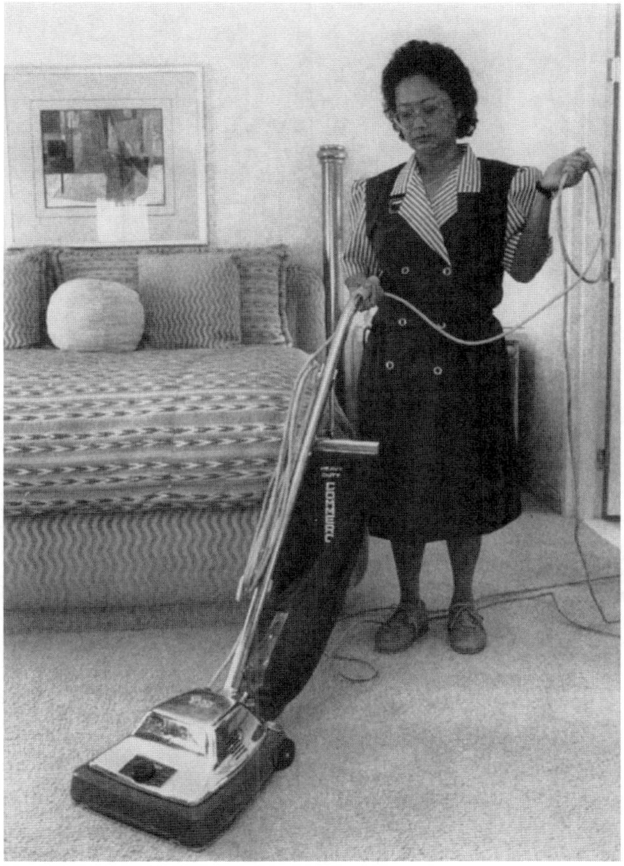

Figura 10.22 – Aspirar é a última tarefa na limpeza do quarto. (Foto com permissão do MGM Grand Resorts.)

Figura 10.23 – A GRA, usando luvas, limpa o vaso sanitário com uma escova. (Foto com permissão do MGM Grand Resorts.)

Limpando o Banheiro

Acenda todas as luzes e dê a descarga. Limpe dentro e fora do vaso sanitário com o produto químico adequado e uma **escova para vaso sanitário.** Limpe bem embaixo da borda por onde sai a água. A Figura 10.23 mostra a GRA usando luvas e a escova para limpar sob a borda.

Limpe a área da banheira/chuveiro, colocando primeiro uma toalha seca dentro da banheira/chuveiro. Então, com o produto adequado, limpe as paredes do chuveiro, a saboneteira e as portas por dentro e por fora. Na Figura 10.24, a GRA demonstra a técnica adequada de pisar dentro do chuveiro para limpá-lo. Ela está em pé em uma toalha para evitar escorregões. Limpe os objetos de cromo, incluindo o chuveiro. Use um produto de limpeza suave para limpar a banheira por dentro. Puxe a tampa da banheira e limpe-a completamente. Recoloque-a. Seque todas as superfícies e passe um pano nas gotas d'água dos objetos de cromo.

Limpe a pia com o produto apropriado, esfregando-a. Puxe a tampa da pia e limpe-a completamente. Passe um pano e seque todas as torneiras.

Figura 10.24 – A GRA demonstra a maneira adequada de limpar a área do chuveiro. Ela está em pé sobre uma toalha suja para não escorregar ou riscar a superfície do piso. (Foto com permissão do MGM Grand Resorts.)

Verifique os demais objetos de cromo, como o porta-papel e o porta-toalha. Passe um pano úmido e certifique-se de que não restaram gotas d'água. Coloque o papel higiênico e os lenços de papel de volta em seus lugares (a ponta do papel deve ser dobrada na forma de um pequeno triângulo para a próxima pessoa a usar o banheiro).

Limpe o espelho e passe pano úmido na moldura (se houver). O espelho deve estar sem manchas. Um pano úmido sem produtos químicos normalmente produzirá os melhores resultados. Limpe os encanamentos de cromo debaixo da pia e atrás do vaso sanitário.

O vaso sanitário deve ser limpo com germicida. Limpe o exterior do vaso e a caixa d'água, a tampa, o assento e a base. Com uma escova para vaso sanitário, limpe o interior. Dê a descarga, enxágüe a escova com cuidado para não respingar no piso e devolva-a ao carrinho.

O piso deve ser primeiramente limpo com pano úmido para remover fios de cabelos e outras sujeiras. Passe o pano no piso (usando um germicida), incluindo todos os cantos, atrás do vaso sanitário e atrás da porta. Passe um pano úmido no cesto de lixo e coloque-o no lugar.

Verifique os suprimentos. Substitua se necessário (a maioria das UH é equipada com uma toalha de banho, uma de rosto e uma de mão para cada travesseiro do apartamento). Também coloque no mínimo um sabonete de banho e um de rosto. Alguns hotéis colocam dois sabonetes de cada tipo em todas as UH. Outros ainda usam um **conjunto de cortesias** (Fig. 10.25) com sabonetes, xampus, condicionadores e outros, além de rolos adicionais de papel higiênico e caixas de lenços de papel. Não substitua o papel higiênico antes de pelo menos três quartos dele ter sido usado. Dobre as toalhas da maneira correta e organize o banheiro conforme instruído.

Para a *checagem final do banheiro,* verifique novamente todas as lâmpadas. Verifique o quarto mais uma vez antes de sair e jogue um pouco de *spray* perfumado no ar. Apague todas as luzes do banheiro.

Para a *checagem final do quarto,* a camareira deve dirigir-se à entrada do quarto para observá-lo como um todo. Lembre-se de que a imagem vista nesse momento é a imagem que os hóspedes verão ao entrar no apartamento. A GRA também deve se orgulhar de seu trabalho. Ela deve deixar a UH como gostaria de encontrá-la se estivesse pagando o que o hóspede pagará.

Em geral, a GRA terá mais contato com o hóspede do que o chefe do departamento ou o gerente geral. Por essa razão, a GRA deve lembrar-se de desejar ao hóspede uma feliz estada e convidá-lo a voltar outras vezes. Afinal de contas, o hóspede paga os salários de todos.

Figura 10.25 – A GRA verifica as cortesias para completar o que falta e organizar as peças conforme a padronização do hotel. (Foto com permissão do MGM Grand Resorts.)

Se o hóspede estiver presente quando a GRA for arrumar a acomodação, ela deve agir como um anfitrião age em sua casa. Afinal de contas, são os funcionários de linha de frente (neste caso a GRA) que distribuem hospitalidade na nossa indústria. Na Figura 10.26, a pedido do hóspede, a GRA entrega uma revista de entretenimento (os funcionários devem lembrar que os hóspedes são a razão do trabalho e não uma interrupção dele). A GRA deve agora sair do apartamento, certificando-se de que a porta está bem fechada, e então ir para a próxima UH a ser limpa ou, se terminado o seu turno, ir para a rouparia do andar para recarregar o carrinho para o próximo dia.

Se este for um apartamento *vago limpo* (o hóspede foi embora do hotel), a supervisora deverá ser avisada de que a acomodação está pronta. Nesse caso, ela pode optar por inspecionar o trabalho para verificar se está bem feito e adequado aos padrões. Na Figura 10.27, a supervisora verifica se o lado de dentro das janelas está limpo e sem manchas. Gavetas são inspecionadas para verificar se estão limpas, sem pó e sem objetos estra-

Figura 10.26 – Embora as GRA não devam conversar demasiadamente com os hóspedes, elas devem aproveitar as oportunidades para oferecer cortesias simples. Aqui, a GRA entrega uma revista para a hóspede com um sorriso. (Foto com permissão do MGM Grand Resorts.)

Figura 10.27 – A supervisora verifica a janela para ver se há manchas. (Foto com permissão do MGM Grand Resorts.)

nhos (Fig. 10.28). A supervisora observa se as toalhas estão em número adequado, dobradas e colocadas nas prateleiras do banheiro (Fig. 10.29). Por fim, dá uma última ajeitada nas almofadas sobre os sofás (Fig. 10.30). Então, a supervisora avisa à central que a UH está pronta para ser ocupada (Fig. 10.31).

A governanta, então, passa no apartamento para dar sua opinião. Depois de elogiar, ela diz que o preço dos roupões (disponíveis para os hóspedes que quiserem comprar) deve estar visível (Fig. 10.32).

Hotéis Suítes (com Cozinhas, Lareiras e Pátios)

Há muitos tipos diferentes de hotéis que necessitam de rotinas que são únicas. Um bom exemplo desse tipo de hotel são os **hotéis suítes**, que oferecem mais do que quartos e banheiros. Suas UH podem possuir uma sala de estar ou de visitas, quarto, cozinha e área de jantar, lareira e pátio. Um bom exemplo desse tipo de

Figura 10.28 – Para garantir a qualidade, a supervisora checa as gavetas para verificar se estão conforme o padrão ou para certificar-se de que estão vazias e limpas. (Foto com permissão do MGM Grand Resorts.)

Figura 10.29 – A supervisora checa o banheiro para verificar a padronização das toalhas. (Foto com permissão do MGM Grand Resorts.)

estabelecimento é a cadeia de hotéis conhecidos como Marriot's Residence Inns.

A Marriot Corporation atende a diversos segmentos do mercado hoteleiro; o Marquis e o Full Service Hotels são hotéis de luxo, os Marriott Courtyards e os Fairfeld Inns oferecem apartamentos de categoria superior para hóspedes que pretendem ficar por uma noite ou por seis meses. Esse tipo de estabelecimento foi planejado para atender ao hóspede que precisa mudar-se para uma comunidade ou vai trabalhar na comunidade por um determinado período. Como esse tipo de empreendimento visa a atender principalmente indivíduos que precisam manter uma casa longe de casa, não é incoerente encontrar estabelecimentos que não trocam as roupas de cama com a mesma freqüência dos hotéis onde os hóspedes entram e saem quase todos os dias.

A seguir é descrita a rotina diária da GRA para esse tipo específico de hotel. O leitor deve imaginar que a GRA está tão equipada quanto antes, com os equipamentos e materiais necessários para a limpeza.

Figura 10.30 – Toque final: afofar as almofadas do sofá. (Foto com permissão do MGM Grand Resorts.)

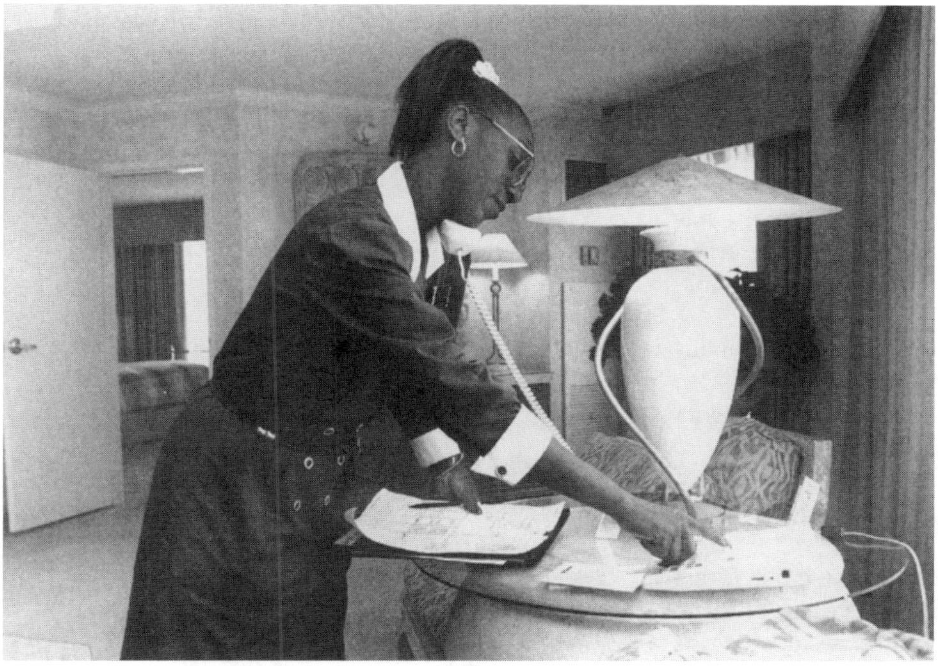

Figura 10.31 – Pelo telefone, a supervisora disca o código que fará o programa de informática do hotel alterar o *status* da UH para VL. A central da governança e a recepção são notificadas da disponibilidade da UH. (Foto com permissão do MGM Grand Resorts.)

Detalhes específicos sobre como limpar ou arrumar a cama não serão repetidos.

Agradecimentos ao Marriot's Residence Inn, Las Vegas, Nevada, por permitir que parte de seus sistemas apareça neste texto.

Limpando as Áreas de Suíte

A *limpeza diária (UH vagas e limpas)* é realizada como antes, observando-se o protocolo adequado para entrar na UH. A **atendente** deverá acender todas as lâmpadas para ver se há alguma queimada, substituindo-a se necessário, e limpar todos os interruptores, lâmpadas e abajures.

Qualquer mancha do carpete deverá ser tratada.

Os cestos de lixo e cinzeiros devem ser esvaziados. Depois, limpe, passe um pano e seque-os conforme necessário. Recoloque o forro dos cestos, se houver, e coloque-os novamente no lugar.

Os móveis e prateleiras devem ser limpos com pano úmido e o carpete aspirado, se necessário. Colo-

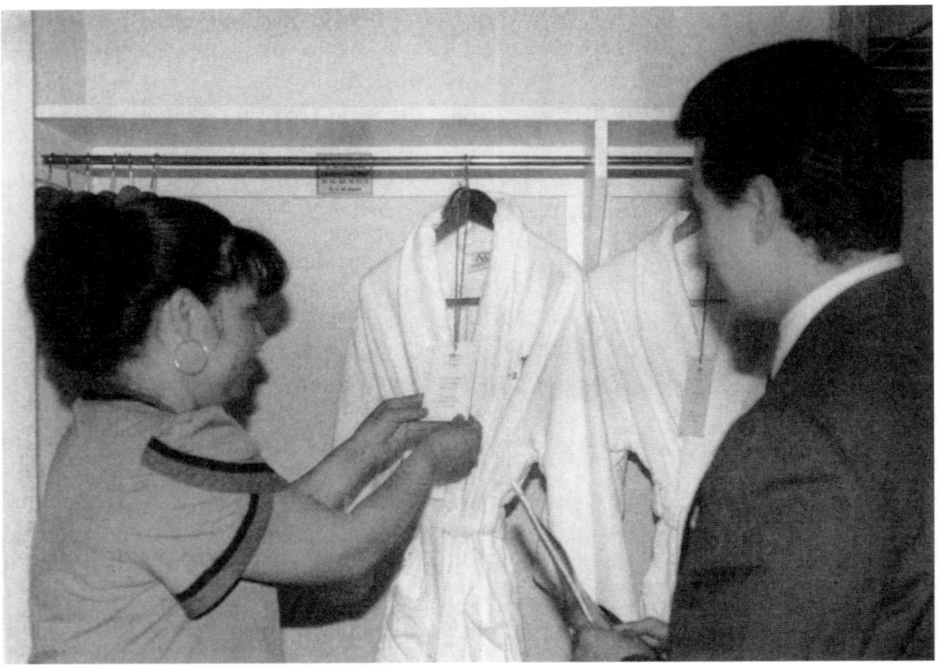

Figura 10.32 – A GRA é lembrada que as etiquetas dos roupões de banho de hóspedes devem mostrar o preço no caso do hóspede desejar comprá-lo. (Foto cortesia do Mirage Resort.)

que todos os móveis que estiverem fora do lugar em seus devidos lugares.

Verifique as portas do pátio e a porta de fora. Tenha certeza de que elas estão trancadas e com a **barra de segurança** colocada, com a **corrente de segurança** em seu lugar.

Verifique se há impressões digitais ou sujeira nas portas de vidro ou nas janelas e limpe se necessário.

Limpe o peitoril da janela, a janela, a haste da cortina e a porta, incluindo a parte de correr.

Certifique-se de que o telefone seja colocado no lugar adequado e de que seu fio não esteja enrolado.

Todas as manchas pré-tratadas do carpete devem agora ser esfregadas, enxaguadas e secas conforme necessário.

Área da Entrada e Armários

Com um pano úmido, limpe por dentro e por fora a porta de entrada, a soleira, a maçaneta e a dobradiça. Limpadores abrasivos não podem ser usados na dobradiça. Limpe e aspire o capacho da entrada.

Certifique-se de que um mata-moscas seja colocado na prateleira do armário. Verifique se o tipo e a quantidade adequada de cabides estão no armário. O armário da entrada tem quatro cabides; o principal tem de quatro a seis cabides comuns/de saia. Aspire o interior do armário. Verifique se o **cartão de tarifas** está no lugar adequado.

Área de Estar

Se a lareira tiver sido usada, avise o atendente de limpeza para vir e limpar os resíduos. Limpe o ladrilho da lareira, a lâmina de face preta, o cano da chaminé, a grade e o atiçador. Feche o cano e limpe o quadro acima da lareira. Esses procedimentos tornam-se instintivos depois de repetidos algumas vezes conforme as orientações. A Figura 10.33 mostra a camareira seguindo as instruções.

Figura 10.33 – A GRA passa um pano úmido na moldura do quadro acima da lareira como parte da sua rotina de trabalho. Tal procedimento torna-se instintivo com a prática. (Foto com permissão.)

Certifique-se de que todo o material de leitura e os materiais descartáveis estejam no lugar certo. O rádio deve estar em uma estação agradável.

Passe pano seco na tela da TV. Limpe o suporte com pano úmido. Todos os fios elétricos de abajures devem ser limpos e arrumados fora da passagem.

Verifique se o pote de balas está limpo e com balas e se as plantas estão no local adequado.

Camas

Limpe as partes de madeira da cama e esvazie e limpe as gavetas do criado-mudo. Coloque os catálogos telefônicos no local adequado.

Verifique se há manchas na colcha, nas partes de cima e de baixo. Troque-a por uma limpa, se necessário.

Verifique se há buracos, manchas ou rasgos nos cobertores. Se o furo for menor que dois dedos, coloque um terceiro lençol na cama.

Verifique se o cobre-leito não tem manchas. Arrume a cama.

Os lençóis devem ser trocados no mínimo duas vezes por semana quando o hóspede pernoita. Em todas as saídas, deve-se trocar a roupa de cama.

Verifique o relógio e certifique-se de que a hora esteja correta.

Banheiro

Limpe e seque a haste e a cortina do chuveiro com um pano umedecido com um limpador multiuso. Limpe a banheira com o produto adequado.

Limpe os espelhos e dê polimento no cromo com limpador de vidros.

Limpe o vaso sanitário. Não se esqueça da região embaixo da borda, em que há os furos por onde sai a água. Desinfete semanalmente ou em cada *check out*. Limpe o assento, a tampa e a dobradiça com limpador multiuso.

Limpe as pias com limpador multiuso. Remova quaisquer marcas de queimado.

Coloque um tapete limpo e sabonetes novos no banheiro. A Figura 10.34 mostra a padronização adequada do banheiro da suíte.

Reponha outros sabonetes e lenços de papel se necessário. Se a quantidade de lenços for pequena, deixe caixas extras na penteadeira. Sempre deixe um rolo extra de papel higiênico.

Troque as toalhas de banho, de rosto e de mão conforme as instruções.

Figura 10.34 – Área do chuveiro/banheira. Limpe, seque e organize-a conforme o padrão, com o tapete e o sabonete. (Foto com permissão.)

Cozinha

Limpe a frente, controles e fendas da lava-louças. Verifique dentro da lava-louças se há objetos caídos na parte inferior ou esquecidos pelo hóspede. Se existir louça suja, carregue a lava-louças (Fig. 10.35) e ligue-a ou, se a quantidade for pequena, lave à mão.

Coloque as louças limpas e os utensílios nos locais apropriados, de acordo com o **Guia de Padronização da Organização** (pequena publicação com fotografias que indicam a organização adequada de todos os objetos na cozinha e em outras partes da suíte. Toda louça, pote, faca, garfo e colher tem seu lugar).

Potes e panelas devem ser limpos diariamente e todas as marcas ou manchas devem ser removidas.

Limpe a geladeira e o *freezer:*

- Enxugue quaisquer líquidos derramados.
- Remova qualquer item esquecido.

Limpe a porta da geladeira por fora, em cima, na dobradiça e na vedação. Deixe secar.

Verifique se o forno está funcionando e se está sujo, limpando conforme necessário. Limpe com pano úmido a frente do forno e o painel de controle se for preciso. Limpe a tampa e o exaustor.

Figura 10.35 – Ao limpar a cozinha de uma suíte ocupada, coloca-se a louça suja na lava-louças, ligando-a. Se existirem poucas peças, a GRA as lavará na pia. (Foto com permissão.)

Armários: passe um pano nas prateleiras. Observe se as louças e copos estão limpos e sem manchas de água. Limpe o extintor de incêndio e guarde-o adequadamente.

Se pequenos eletrodomésticos foram usados (torradeira, cafeteira, pipoqueira), limpe e/ou dê polimento no exterior ou lave conforme necessário. Recoloque-os no local apropriado. Tire restos de pão da torradeira.

Limpe os balcões e atrás das pias e prateleiras. Limpe a pia e dê polimento no cromo.

Verifique o suprimento de sabão para lava-louças. Reabasteça se necessário; deve haver sempre mais de um terço de uma caixa pequena.

Recoloque o ***kit* da primeira noite**. A Figura 10.36 mostra uma GRA repondo o *kit* na mesa de jantar organizada conforme os padrões para um novo hóspede.

Pegue os guardanapos sujos e reabasteça com limpos, se necessário.

Coloque uma toalha de cozinha e um pano de prato limpos na pia conforme a padronização.

Recoloque todos os cinzeiros no seu lugar. A Figura 10.37 mostra a GRA verificando a padronização final da escrivaninha da suíte.

Antes de Sair da Unidade Habitacional

Nos *check outs*, regule o termostato, deixando o ar condicionado a 24°C e o aquecimento a 18°C. Deixe o ventilador no modo automático.

Apague todas as luzes, menos a da pia.

Figura 10.36 – O *kit* da primeira noite está sendo verificado para um novo hóspede. Ele contém pequenas quantidades de detergente e pacotes pequenos de café, creme, açúcar e adoçante. Observe a padronização da mesa de jantar. (Foto com permissão.)

Figura 10.37 – GRA coloca um cinzeiro limpo no local adequado na escrivaninha. (Foto com permissão.)

Quando terminar, observe o seu trabalho. Preencha quaisquer formulários para a manutenção e entregue-os à supervisora.

Ao limpar suítes com o hóspede presente, a experiência mostra que, em geral, ele deixará que você faça seu trabalho sem ser interrompida. Isso não a impede de ser agradável e hospitaleira com o hóspede. Todas as GRA devem participar de conversas amigáveis quando têm a oportunidade.

O *guia de limpeza para hóspedes que pernoitam* é, basicamente, o mesmo. Na cozinha, as louças sujas são colocadas na lava-louças.

Verifique eventuais derramamentos na geladeira e no *freezer*, limpando-os quando necessário.

Manual de Operações Hoteleiras para um Serviço Excelente

Os passos referentes à limpeza das suítes fazem parte de um dos Manuais de Operações Hoteleiras para um Serviço Excelente *(HOMES*, da sigla em inglês de *Hospitality Operations Manual for Excellent Service)*, do Residence Inn. Existem outros manuais para procedimentos envolvendo a recepção, o departamento de manutenção, a governança, os uniformes e a aparência dos funcionários e o **comprometimento com a qualidade**. Há também um "Guia de Padronização da Organização" para todos os objetos de uma suíte. Orientações adicionais são oferecidas quando o trabalho exige contato com os hóspedes.

Como deve estar evidente em virtude dos cenários apresentados, os procedimentos para a limpeza das UH são muito importantes. À primeira vista, o que foi mostrado pode parecer inalcançável. Entretanto, o que parece ser desgastante torna-se quase instintivo com o treinamento e a prática. No Residence Inn, uma GRA experiente limpa 16 apartamentos por dia.

Vamos retornar agora à rotina diária da governança.

Continuação do Dia da Governança

Conforme a GRA termina cada UH, ela deve fazer um registro por escrito de cada apartamento limpo para saber quais das UH que lhe foram designadas já estão prontas. Além disso, após limpar cada UH, as GRA devem reavaliar a prioridade de limpeza dos apartamentos. Algum hóspede pode ter solicitado arrumação ou podem ocorrer *check outs* enquanto a atendente limpava determinada UH; essas situações podem provocar pequenas mudanças na ordem anteriormente estabelecida para o trabalho.

Durante o processo de "abertura da casa", a supervisora foi informada, por meio do relatório diário de trabalho, quais eram os apartamentos que deveriam vagar naquele dia. Contudo, a GRA não foi avisada. Ao notificar a GRA sobre os *check outs* esperados, é importante saber se é preciso esperar esses apartamentos ficarem vagos antes de começar o serviço. E se o hóspede de uma acomodação que deverá vagar solicita que a arrumação seja feita logo cedo? Nesse caso, pode ser que a UH seja limpa duas vezes no mesmo dia: uma vez devido à solicitação do hóspede e outra após sua partida. Como anteriormente mencionado, a GRA pode estabelecer um "acordo" com o hóspede, garantindo que a solicitação de arrumação pela manhã seja atendida. Ela deve perguntar a todos os hóspedes que solicitam esse serviço: "o senhor ficará mais uma noite conosco?", de modo que será possível saber quais irão partir. Para os que irão, a GRA dirá: "tudo bem, então eu irei apenas arrumar a cama e o banheiro até a sua partida, depois voltarei para terminar o serviço no quarto. Desta maneira, seu quarto será organizado e eu não precisarei incomodá-lo por muito tempo". Tal resposta é normalmente bem recebida pelos hóspedes que esperam receber visitas em suas acomodações antes de partir.

A GRA continua o seu dia de trabalho, limpando cada UH que lhe foi designada conforme as prioridades estabelecidas até que o último apartamento tenha sido arrumado. Do mesmo modo, a atendente de limpeza e a supervisora de andares continuam a executar suas funções descritas anteriormente e especificadas em suas descrições de cargos.

Todos da equipe fazem uma pausa de 15min pela manhã, 30min na hora do almoço e 15min à tarde. Nos Estados Unidos, a maioria dos departamentos de governança opera de tal maneira que o funcionário recebe pelos 30min de pausa para o almoço, mas não recebe pelas outras duas pausas de 15min. Durante as pausas, é aconselhável que alguns membros da equipe continuem trabalhando até que os demais retornem. Isso permite que haja sempre alguém a postos para alguma emergência ou prioridade. O resto do dia continua basicamente da mesma forma até as 13h, horário em que os apartamentos com sinais de "não perturbe" precisam ser averiguados.

Verificação dos Sinais de "Não Perturbe" (13 às 15h)

Vamos imaginar que o departamento de governança não foi notificado a respeito de algum hóspede que costuma dormir até mais tarde ou que tenha solicitado que a arrumação seja feita mais tarde (se isso tivesse acontecido, o departamento de governança teria sido avisado sobre o horário específico em que a UH deveria ser arrumada). Torna-se necessário investigar o *status* dos apartamentos que estavam anteriormente marcados como **"não perturbe"**. Isso também envolve verificar o *status* das UH que estavam trancadas. Não é incomum que as GRA tenham diversos apartamentos nessas situações nas suas seções todos os dias.

Se o horário de vencimento da diária (*check out*) é às 13h, essa é uma boa hora para verificar o *status* dessas UH. Nos apartamentos anteriormente trancados, a GRA apenas bate na porta. Como é complicado bater em portas que estejam com sinal de "não perturbe", um método mais prático de resolver esse problema é ligar para o apartamento. Essa ligação pode ser feita de um apartamento vago, possivelmente do outro lado do corredor. Antes de fazer a ligação, é preciso considerar todas as possibilidades que se pode enfrentar nessa situação:

- Caso 1: o hóspede atende e:
  - Estava dormindo.
  - Não estava dormindo, mas não sabia que o sinal de "não perturbe" estava na porta.
- Caso 2: o hóspede não atende.

No caso 1, seria aconselhável iniciar a conversa assim: "Boa tarde, aqui é a Mary do departamento de governança. Estou ligando para saber a que horas o senhor gostaria que o seu apartamento fosse arrumado hoje". A maioria das respostas dadas a essa pergunta resolvem problemas com UH marcadas com sinal de "não perturbe". Essas respostas podem ser: "Você pode vir agora", "Venha daqui a uma hora" ou "Não venha até as 18h". Ou ainda: "Eu não quero que meu apartamento seja arrumado hoje". Contudo, se algum hóspede disser que não deseja que seu apartamento seja arrumado no dia, deve-se responder: "Tudo bem, mas há uma camareira próxima ao seu apartamento que levará toalhas limpas para o senhor. Ela estará aí em alguns minutos".

O que deve ser observado com essa explicação é que, embora o hóspede tenha pagado por uma acomodação que deve ser arrumada e pela roupa de cama trocada diariamente, não é possível forçar para que o serviço seja feito. É importante, contudo, que alguém dê uma espiada no quarto para garantir que nada ilegal esteja acontecendo em seu interior (a maioria dos atos ilegais que acontecem em quartos de hotéis é encoberto por sinais de "não perturbe" e pela afirmação de que não se deseja arrumação naquele dia). A espiada pode acontecer com a desculpa de levar toalhas limpas. Em todos os casos nos quais o hóspede disser que não deseja arrumação, a supervisora e a governanta devem ser avisadas. A supervisora ou governanta pode entregar as toalhas para verificar se o serviço foi mesmo recusado e para conversar com o hóspede, de modo a certificar-se de que nenhuma atividade ilegal esteja acontecendo dentro da UH.

No caso 2, quando o hóspede não responde ao telefonema, a GRA deve ir imediatamente ao quarto, bater na porta e entrar. Na maioria dos casos em que o telefone não é atendido, ao entrar na UH, a camareira constatará que o hóspede não está ou deixou o hotel, esquecendo de retirar o sinal de "não perturbe" da porta ao sair.

Se a porta estiver trancada por dentro e o hóspede não responder ao telefonema ou às batidas na porta, é preciso avisar imediatamente a gerência. A maior preocupação nesse caso é que o hóspede esteja trancado e incapacitado de responder à porta. Sem demora, esse apartamento deve ser aberto pela governanta com a chave de emergência.

Uma situação similar ocorre se a GRA tentar entrar com a chave mestra do andar depois do telefonema e, ao tentar abrir a porta, encontrar a corrente de segurança colocada. A preocupação nessa situação é grande o suficiente para solicitar a presença da governanta e de um funcionário da manutenção para cortar a corrente.

Há duas exceções específicas para esse tipo de preocupação e ambas devem ser consideradas antes de usar a chave mestra de emergência ou cortar as correntes. A UH pode ter sido vendida compondo uma suíte com uma UH adjacente. Com freqüência, quando o hóspede tem dois quartos, ele mantém um trancado ou com a corrente e entra pela porta de acesso do quarto adjacente. Uma checagem rápida na recepção revela se isso aconteceu ou não. A outra exceção ocorre quando o quarto fica no térreo e o hóspede pode sair por uma porta de vidro corrediça. Não é incomum encontrar um hóspede que tenha trancado a porta do corredor com a corrente, deixado o sinal de "não perturbe", e saído pela porta corrediça de vidro direto para a rua. Essa possibilidade deve ser sempre investigada antes de cortar as correntes e usar chaves de emergência em UH do térreo.

Embora a possibilidade pareça remota, já foram encontrados hóspedes mortos em quartos de hotéis. Essa possibilidade deverá ser sempre lembrada pela GRA quando o acesso ao apartamento não puder ser imediato. O fato de ser possível encontrar uma pessoa falecida deverá ser assunto das sessões de treinamento.

Depois de verificar todas as UH com sinal de "não perturbe", a GRA continua limpando conforme as prioridades. A primeira parte da tarde será dedicada aos quartos em que houve *check outs*, visto que a maioria dos hóspedes deve ter deixado o hotel por volta das 13h. A maior parte das arrumações de UH vagas e de saída acabará em cerca de 2h, ficando a arrumação do restante dos apartamentos ocupados para o fim da tarde. A limpeza vespertina das UH será interrompida apenas pela necessidade de fazer a checagem da tarde.

Checagem Vespertina das Unidades Habitacionais

Ao contrário da checagem matinal, agora é necessário ter certeza e registrar o *status* de *todos* os apartamentos do hotel para que a recepção possa organizar-se para a venda das UH à noite. A **checagem vespertina das UH** é feita pelas GRA, em um período específico de tempo e o mais rápido possível, checando todas as UH da seção que lhes é designada.

Não é preciso bater em todas as portas. Se a GRA vir um hóspede deixar o apartamento minutos antes da checagem, não será necessário bater na porta dessa UH, pois ela estará vaga. Da mesma forma, se ela vir um hóspede entrando minutos antes da checagem, obviamente essa UH estará ocupada. Algumas vezes, a GRA conhecerá os hóspedes de sua seção; portanto, se ela sabe o *status* de determinada UH, não é necessário perturbar o hóspede. Contudo, a certeza é essencial para a checagem vespertina.

No Capítulo 9, viu-se que as GRA recebem uma cópia em branco dos relatórios da sua seção e que as supervisoras recebem uma cópia em branco dos relatórios das seções abertas. Dessa maneira, tem-se no hotel-modelo 20 relatórios disponíveis por dia para o registro dos resultados da checagem vespertina. Em torno das 15h, a maioria das saídas do dia (pode haver exceções) já aconteceu e a maioria das entradas ainda vai acontecer. Sendo assim, esse é um horário adequado para conduzir a checagem vespertina e preparar o relatório. A inspeção é conduzida de maneira a garantir sua precisão. Exceto para as situações mencionadas anteriormente, todas as portas de todas as seções devem ser abertas entre 15h e 15h10.

Há muitas maneiras diferentes de bater na porta e anunciar a presença da GRA. A pior situação possível ocorre quando a GRA bate à porta com a chave (danificando o acabamento) e grita "camareira", incomodando todos que possam ouvi-la. Há uma maneira muito mais profissional de agir.

Deve ser procedimento-padrão a GRA bater à porta com as mãos e nunca com objetos de qualquer tipo que possam estragar a porta após uso repetitivo. O termo "governança" deve ser usado no lugar de "camareira". O procedimento profissional que pode ser usado é o seguinte:

1. Bata à porta com os nós dos dedos.
2. Anuncie-se como governança. Se houver resposta, diga: "Desculpe por bater, estamos verificando o *status* dos apartamentos. Obrigada, tenha uma boa estada conosco". Então, vá para a próxima UH. Se não houver resposta, continue o procedimento.
3. Bata à porta novamente.
4. Coloque a chave na porta.
5. Anuncie novamente "governança".
6. Abra a porta e, ao entrar, diga: "Com licença, posso entrar?".

Alguém que não tenha ouvido a primeira batida costuma ouvir quando a chave é colocada na porta. Se houver resposta em algum momento, desculpe-se e diga que você está verificando os apartamentos. Quando não houver resposta, entre na UH para verificar seu *status.*

A pessoa que faz a checagem observa a UH para determinar se está:

- *Vaga limpa (VL) ou disponível*: limpa e pronta para ser alugada.
- *Ocupada (OC)*: há hóspedes na UH (apartamentos nos quais há somente a bagagem também são considerados ocupados).
- *Vaga suja (CO) ou de saída*: UH vaga, mas que não está pronta para um novo hóspede.

As Figuras 10.38 e 10.39 mostram o relatório diário vespertino da GRA para as seções 1 e 2, respectivamente. Júlia foi designada para a seção 1 e, portanto, checou as UH dessa seção. A seção 2 era aberta, então a supervisora foi quem fez a inspeção. Um dos três *status* – VL, OC ou CO – será registrado para cada UH, marcando a coluna correspondente. Quaisquer observações especiais que precisem ser feitas serão anotadas. As UH de outras seções que foram arrumadas por Júlia não são checadas por ela,

RELATÓRIO DIÁRIO DE GRA

Seção 1 (18) UH Manhã (Tarde)

GRA Júlia Dia Quarta-feira Data 11/4

Nº da UH	CO	OC	VL	Observações	UH transferidas de outras seções
1001		✓			
1002	✓				
1003		✓			
1004		✓			
1005			✓		
1006			✓		
1007		✓			
1008		✓			
1009	✓			Manutenção arrumando ar-condicionado	
1010	✓				
1011		✓		Solicitação de arrumação para as 20h	
1012			✓		
1013			✓		
1014		✓			
1015			✓	Achados e perdidos – objeto removido	
1016		✓			
1017		✓			
1021	✓				

Figura 10.38 – Relatório diário de GRA para a seção 1. Formulário usado para registrar os resultados da checagem feita nas UH às 15h. As marcas indicam os resultados da inspeção das UH.

pois aparecerão na folha de outra seção. Desse modo, apenas as UH correspondentes aos números impressos (coluna da esquerda) deverão ser checadas. Cada UH deve sempre ter um dos três *status* indicados – *nunca mais de um.*

Após cada GRA ter completado a checagem de sua seção e preenchido o relatório vespertino, ele é colocado no carrinho para que seja recolhido. Depois que as supervisoras tiverem checado as seções abertas, elas circulam pelos andares recolhendo os relatórios. No total, para o hotel-modelo, existirão 20 relatórios e todos devem ser trazidos para a rouparia principal às 15h30. É nesse horário que a equipe do turno da noite chegará para trabalhar; haverá durante sobreposição dos turnos de aproximadamente 1h.

Outras Atividades Durante o Turno

Há muitas outras atividades relacionadas à limpeza das UH que não são tão óbvias como as desempenhadas pelas GRA.

A GRA é ajudada por alguém que retira a roupa suja e o lixo do carrinho. Essa pessoa é a **auxiliar de seção da governança**, em geral um membro da equipe que trabalha na área.

RELATÓRIO DIÁRIO DE GRA

Seção 2 (18) UH Manhã (Tarde)

GRA (em aberto) Dia Quarta-feira Data 11/4

Nº da UH	CO	OC	VL	Observações	UH transferidas de outras seções
1031			✓		
1032	✓				
1033			✓		
1034		✓		Apenas bagagem	
1036		✓			
1038			✓		
1040		✓			
1042			✓		
1044		✓			
1046	—	—	—	M	
1049			✓		
1051			✓		
1053		✓			
1055	✓				
1057			✓		
1059		✓		Solicitação de arrumação para as 22h	
1061			✓		
1231			✓		

Figura 10.39 – Relatório diário de GRA para a seção 2, que era uma seção aberta e foi, portanto, inspecionada pela supervisora da divisão vermelha.

Outras questões, como o reabastecimento, também são significativas. Para que se tenha o enxoval e demais suprimentos do carrinho de governança necessários para o serviço na quantidade correta, é preciso um exército de pessoal de suporte que cuida do manuseio do enxoval, em especial quando ele deve ser enviado de grandes hotéis para lavanderias comerciais.

Há o reabastecimento dos principais produtos químicos de limpeza que, na sua maioria, precisam ser diluídos na **proporção especificada**. A diluição costuma ser realizada em outro local, por uma pessoa qualificada, para manter o controle. As Figuras 10.40 a 10.47 descrevem algumas dessas atividades.

Sobreposição de Turno: Coordenação do Primeiro e Segundo Turnos (15h30 às 16h30)

Quando a supervisora e a governanta da noite chegam para trabalhar a partir das 15h30, sua primeira tarefa será receber os 20 relatórios diários das GRA,

Figura 10.40 – Durante o turno do dia, o auxiliar de seção da governança providencia a retirada da roupa de cama suja e do lixo para todas as GRA da equipe. Ele também é responsável pela limpeza das áreas comuns. Aqui o auxiliar de governança está aspirando o corredor do hotel conforme escala de limpeza. (Foto cortesia do Mirage Resorts.)

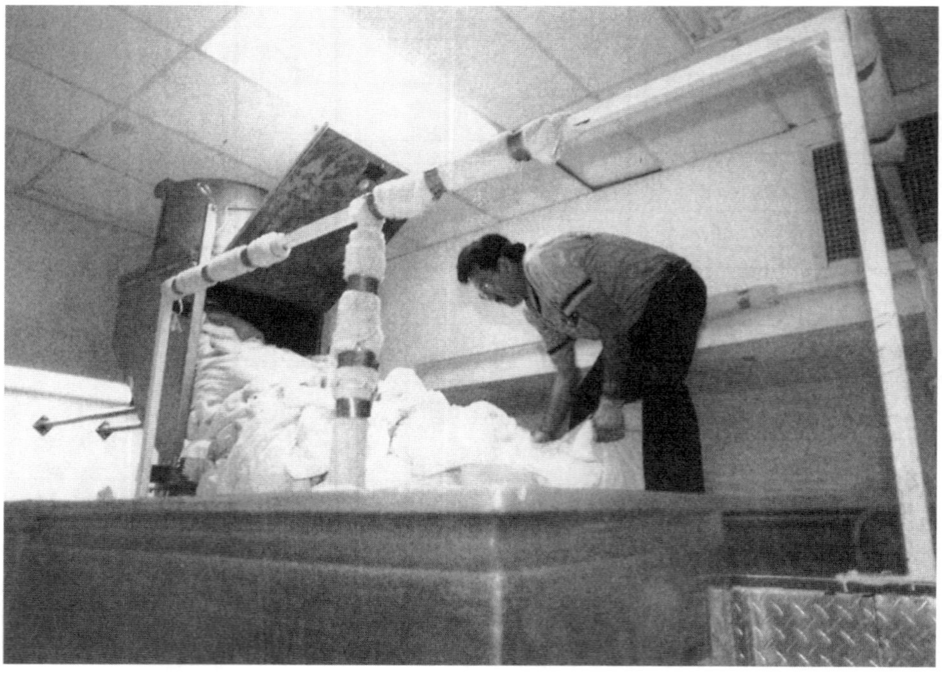

Figura 10.41 – Funcionário recolhe a roupa de cama suja na sala de apoio e a coloca em um carrinho para transportá-la para a lavanderia. (Foto cortesia do Mirage Resorts.)

Figura 10.42 – Cobertores e colchas limpas são colocados na rouparia de um andar vindos de uma lavanderia comercial. (Foto cortesia do Mirage Resorts.)

Figura 10.43 – A GRA carrega seu carrinho com enxoval limpo. Em alguns hotéis, os carrinhos devem ser abastecidos ao final do turno de trabalho; em outros, pela manhã. Isso depende da disponibilidade de enxoval limpo ao final do turno. Em geral, grandes estabelecimentos que enviam seu enxoval para lavanderias externas precisam esperar até que as rouparias dos andares tenham sido reabastecidas durante a noite. (Foto cortesia do Excalibur Hotel, Las Vegas.)

para transcrever as informações de cada um deles para o **relatório da governança** e, posteriormente, enviá-lo para a recepção e para a controladoria. A transcrição desse relatório é tediosa em virtude da diferente ordem das UH no Relatório da Governança (na mesma ordem que aparece para a recepção).

A Figura 10.48 é um relatório da governança preparado com as informações recebidas de cada seção (as UH que antes estavam indicadas como CO e depois aparecem como VL serão explicadas depois). Observe que, quando possível, a informação recebida de Júlia na seção 1 e da supervisora na divisão vermelha coincidem com as informações que aparecem no relatório da governança. Observe também que o formulário do relatório da governança é idêntico ao formulário em que o recepcionista noturno preparou seu relatório para ser usado na abertura da casa. Contudo, no relatório da governança, cada UH terá uma indicação, próxima a seu número, do *status* correspondente apurado no curto período de tempo de 10min (entre 15h e 15h10).

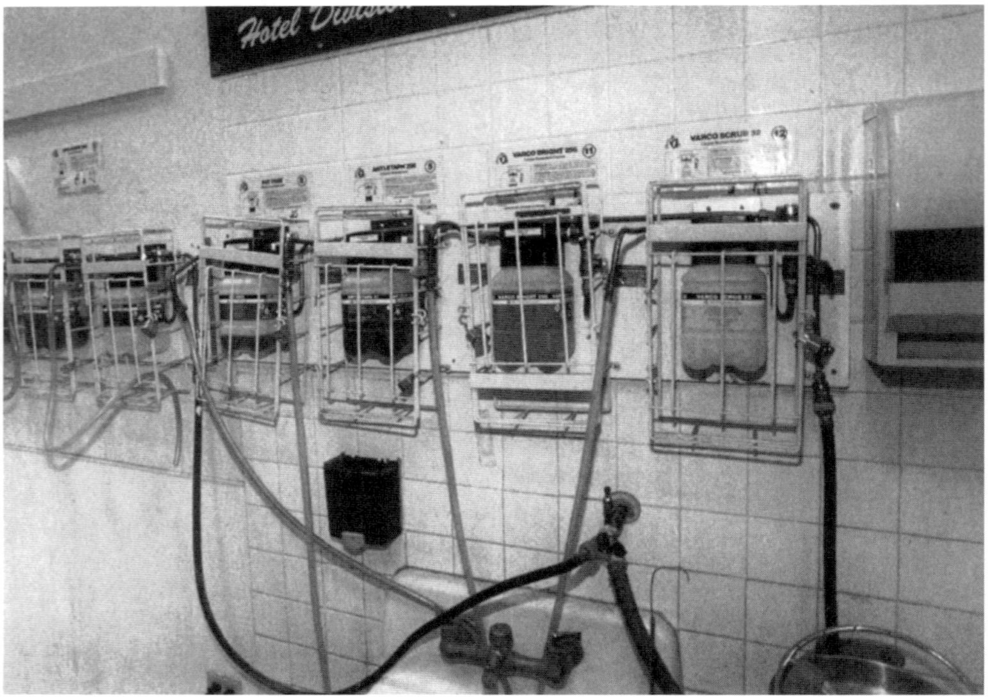

Figura 10.44 – Estação de mistura de substâncias químicas, onde recipientes com borrifador são preenchidos com produtos para serem usados pelas GRA. (Foto cortesia do Mirage Resorts.)

Figura 10.45 – Outra estação para mistura de substâncias químicas, perto do local para lavagem do esfregão, na rouparia de um andar, permitindo fácil acesso aos usuários. Observe o rótulo das embalagens alertando para os riscos: as informações sobre os perigos dos produtos devem estar claramente especificadas no recipiente. Produtos em recipientes menores devem exibir as mesmas precauções dos recipientes de onde foram retirados. (Foto cortesia do Mirage Resorts.)

Figura 10.46 – Outros materiais utilizados pelas GRA estão disponíveis nos depósitos de apoio, onde os carrinhos são carregados. (Foto cortesia do Excalibur Hotel, Las Vegas.)

A transcrição do relatório leva cerca de 30min. Tão logo a transcrição esteja concluída, o relatório precisará ser atualizado antes de ser remetido. Entre as 15 e 16h, acontecem muitas coisas que podem provocar mudanças nos *status* relatados. Há hóspedes que entraram em UH prontas e hóspedes que saíram após as 15h; mas o mais importante é que as UH marcadas como vagas e sujas podem agora estar limpas (é bem possível que uma GRA que tenha reportado três apartamentos como vagos sujos tenha tido tempo de deixá-los limpos entre 15 e 16h). Como cada GRA deixa seu andar às 16h, ela avisa a supervisora que as UH anteriormente reportadas como VS estão agora VL. Conforme a GRA vai para a rouparia do andar para reabastecer o carrinho com o enxoval para o dia seguinte, cada supervisora leva a informação atualizada para a rouparia principal. A supervisora da noite usa essas informações para atualizar o relatório da governança.

Na Figura 10.48 há atualizações que foram feitas em muitas UH originalmente marcadas como CO. Há também um resumo das atualizações na parte superior da página. As UH de saída (CO), que antes eram 45, agora são 13. Em conseqüência, o número de UH disponíveis (VL) aumentou de 158 para 190. É comum que as indicações originais sejam apagadas para a informação correta ser transcrita. Entretanto, a transmissão da informação atualizada para a recepção na forma original e corrigida pode ajudar a resolver discrepâncias, visto que os recepcionistas sabem quais UH vagaram ou foram ocupadas entre 15 e 16h.

Às 16h30

O relatório da governança deve estar pronto, no máximo, até as 16h30. Ele é revisado por um gerente (e assinado), com uma cópia para arquivo. O original é enviado imediatamente para o supervisor ou chefe da recepção.

Figura 10.47 – Funcionário do almoxarifado verifica o inventário dos materiais em estoque que são retirados diariamente pelos auxiliares de seção da governança. (Foto cortesia do Mirage Resorts.)

RELATÓRIO DA GOVERNANÇA

Total de apartamentos ocupados 147
Total de apartamentos vagos ~~158~~ 190
Saídas ~~45~~ 13
Apartamentos em uso
Em manutenção 3

Data 11/4
Preparado por R. J. Housekeeper

Apartamento	OC	VL	CO	Apartamento	OC	VL	CO	Apartamento	OC	VL	CO	Apartamento	OC	VL	CO	Apartamento	OC	VL	CO	Apartamento	OC	VL	CO	Apartamento	OC	VL	CO	Apartamento	OC	VL	CO
1001	✓			1068		✓		1228		✓		2051		✓		2110		✓		3015		✓		3079		✓		3222		✓	
1002			✓	1071	✓			1229	✓			2053	✓							3016		✓		3080	✓			3223		✓	
1003	✓			1072		✓		1230	✓			2055		✓		2202		✓		3017		✓		3081	✓			3224		✓	
1004	✓			1073			✓	1231		✓		2057			✓	2204		✓		3019		✓		3083	✓			3225		✓	✗
1005		✓		1074	✓							2059	✓			2205	✓			3021	✓			3085		✓		3226	✓		
1006		✓		1075	✓							2061		✓		2206		✓	✗	3023	✓			3087		✓	✗	3227		✓	
1007	✓			1076		✓		2001		✓		2062		✓		2207	✓			3025	✓			3089	✓			3228		✓	
1008	✓			1077		✓		2002		✓		2063		✓		2208		✓		3027		✓		3091	✓			3229	✓		
1009		✓	✗	1078	✓			2003		✓		2064	✓			2209		✓		3031		✓		3093	✓			3230	✓		
1010		✓	✗	1079		M		2004			✓	2065		✓		2210	✓			3032	✓			3095	✓			3231		✓	
1011	✓			1081		✓		2005	✓			2066		✓	✗	2211	✓			3033		✓	✗	3096		✓		4070		✓	
1012		✓		1083	✓			2006	✓			2067		✓	✗	2212		✓		3035	✓			3097	✓			4071		✓	
1013		✓		1085		✓		2007		✓		2068		✓		2213	✓			3037	✓			3098		✓	✗	4072	✓		
1014	✓			1087	✓			2008	✓			2070	✓			2214		✓		3038		✓	✗	3099	✓			4073		✓	✗
1015		✓		1091		✓	✗	2009		✓		2071	✓			2215		✓		3039	✓			3100	✓			4074		✓	
1016	✓			1093	✓			2010		✓	✗	2072			✓	2216	✓			3040		✓		3101	✓			4075	✓		
1017	✓			1095		✓	✗	2011		✓		2073	✓			2217	✓			3041		✓		3102		✓		4076		✓	
1021		✓	✗	1096		✓		2012		✓		2074		✓		2218		✓		3043	✓			3103	✓			4077	✓		
1023		✓		1097		✓		2013	✓			2075	✓			2219		✓		3045		✓		3104		✓	✗	4078	✓		
1025		✓		1098		✓		2014		✓	✗	2076		✓		2220	✓			3046	✓			3105	✓			4079	✓		
1027			✓	1099		✓		2015		✓		2077		✓		2221		✓	✗	3047		✓		3106	✓			4080		✓	
1029		✓		1100		✓		2016		✓		2078	✓			2222	✓			3049	✓			3107		✓		4081	✓		
1031		✓		1101	✓			2017		✓		2079		✓		2223	✓			3051		✓	✗	3108		✓		4083	✓		
1032		✓	✗	1102	✓			2019		M		2080	✓			2224		✓		3053	✓			3110		✓		4085	✓		
1033		✓		1103		✓		2021	✓			2081		✓		2225	✓			3055	✓			3201	✓			4087		✓	
1034	✓			1104		✓	✗	2023	✓			2083	✓			2226		✓		3057		✓		3202		✓		4089		✓	
1036	✓			1105		✓		2025		✓		2085		✓	✗	2227	✓			3059		✓		3204		✓	✗	4091		✓	
1038		✓		1106	✓			2027	✓			2087		✓		2228		✓		3061	✓			3205	✓			4093			✓
1040	✓			1107	✓			2029	✓			2089	✓			2229			✓	3062	✓			3206		✓		4095		✓	
1042		✓		1108		✓		2031		✓		2091		✓		2230	✓			3063		✓		3207	✓			4096		✓	
1044	✓			1213		✓		2032		✓		2093	✓			2231	✓			3064	✓			3208		✓		4097		✓	
1046		M		1214		✓	✗	2033		✓	✗	2095		✓		3001		✓		3065		✓		3209	✓			4098	✓		
1049		✓		1215		✓		2034	✓			2096	✓			3002		✓		3066			✓	3210	✓			4099		✓	✗
1051		✓		1216		✓		2035		✓		2097		✓	✗	3003	✓			3067	✓			3211		✓		4100	✓		
1053	✓			1217	✓			2037		✓		2098	✓			3004		✓		3068		✓		3212	✓			4101	✓		
1055		✓	✗	1218	✓			2038	✓			2099		✓		3005		✓		3070	✓			3213	✓			4102		✓	
1057		✓		1219		✓		2039		✓		2100		✓		3006		✓		3071		✓		3214		✓		4103	✓		
1059	✓			1220		✓		2040	✓			2101	✓			3007			✓	3072	✓			3215	✓			4104		✓	
1061		✓		1221			✓	2041	✓			2102	✓			3008	✓			3073		✓		3216		✓		4105	✓		
1062	✓			1222		✓		2042	✓			2103	✓			3009		✓		3074	✓			3217		✓		4106		✓	
1063		✓		1223		✓		2043	✓			2104		✓		3010	✓			3075		✓	✗	3218			✓	4107		✓	✗
1064	✓			1224	✓			2045		✓		2105	✓			3011	✓			3076		✓		3219	✓			4108		✓	
1065		✓		1225		✓		2046	✓			2106	✓			3012		✓		3077		✓		3220	✓			4110		✓	✗
1066		✓		1226	✓			2047	✓			2107		✓		3013		✓	✗	3078		✓		3221		✓					
1067			✓	1227		✓		2049		✓		2108		✓		3014	✓														

Figura 10.48 – O relatório da governança possui informações de 20 relatórios diários de GRA. As mudanças nos registros originais refletem o que aconteceu por volta das 15h, quando os dados foram coletados, e às 16h, quando foi feita a atualização das informações.

Enquanto isso, as GRA devem ter terminado de abastecer os carrinhos para o trabalho do dia seguinte. Há um suprimento novo de enxoval que o auxiliar de seção da governança trouxe da lavanderia e colocou na rouparia dos andares antes das 16h. O auxiliar também coloca todos os copos sujos em caixas em um carrinho, levando-os para a rouparia principal para serem lavados e utilizados pelos funcionários da noite. A supervisora retorna para a rouparia dos andares para ver se todos os carrinhos estão abastecidos e acondicionados adequadamente para a noite. Por fim, todas as rouparias são checadas para verificar se o lixo foi removido e se o enxoval está organizado e trancado. Quando são usados suportes na parte superior dos carrinhos, eles retornam para a rouparia principal para serem reabastecidos. Todos os funcionários que iniciam o trabalho às 8h vão embora às 16h30 tendo concluído um turno de 8h de trabalho em um período de 8h30 (lembre-se que cada funcionário teve uma pausa de 30min na hora de almoço). Antes de deixar o hotel, cada funcionário verifica a escala (Cap. 3) para ver se deve trabalhar no próximo dia.

Discrepâncias e Novas Checagens (16h30 às 18h)

Depois que os funcionários da manhã foram embora, algum membro da gerência do departamento ou uma supervisora do dia inspeciona todos os corredores e áreas de serviço para verificar se partes de equipamentos, lençóis sujos, lixo ou qualquer objeto foram esquecidos nos corredores. As rouparias dos andares são checadas para verificar se as latas de lixo (que representam perigo de incêndio) foram esvaziadas e se todas as portas de serviço estão trancadas. Antes da partida do último gerente de departamento, o setor de achados e perdidos é trancado (Cap. 9).

Se for necessário terminar algum trabalho administrativo atrasado ou conversar com o pessoal da noite, é possível considerar o dia da gerência encerrado. As atividades noturnas do departamento são deixadas sob a orientação da supervisora da noite, que direcionará as atividades das GRA desse turno, dos auxiliares e dos funcionários de limpeza das áreas comuns.

Pouco tempo após o relatório da governança ser entregue na recepção, a supervisora da noite deve passar todas as UH de saída que constavam no relatório da governança para o **relatório de atividades da supervisora noturna** (Fig. 10.49).

Conforme descrito anteriormente, havia 13 UH com *status* vago sujo no relatório da governança.

RELATÓRIO DE ATIVIDADES DA SUPERVISORA NOTURNA

DIA ________ DATA ________ SUPERVISORA ________

CO	Arrumado pelo turno da noite	Nova verificação		Arrumação leve		Abertura de cama		Solicitações de hóspedes	
UH nº	UH nº	UH nº	*Status*	UH nº	*Status*	UH nº		UH nº	Item
1002	1011 8pm	1007	C/O/VS	1007	A	1005		1034	Ferro dev
1027	1059 10pm	2013	C/O	2083	A	1067		2217	Travesseiros de espuma
1067		2083	C/O/VS	3055	A	1103		2064	Mesa para cama
1073		3055	C/O/VS	4105	A	2040		3067	Ferro dev
1221		3068	VL			2059		3225	Secador de cabelos dev
2004		3207	C/O			3018		3051	Kit de costura
2057		3214	VL			3108		2012	Mesa pra cama
2072		4072	C/O			3222		1021	Cama dobrável
2229		4099	OC			4080		2105	Berço
3007		4105	C/O/VS			4107		2224	Cama dobrável
3066								1023	Lâmina de barbear dev
3218								3067	Berço
4093								4075	Hóspede doente
2013									
3207									
4072									

Outras tarefas da noite	Concluído
Aspiração da recepção, reservas, gerência, escritório executivo	
Limpeza do carpete da entrada	
Limpeza suave nos móveis do escritório de A&B	

Figura 10.49 – O relatório de atividades da supervisora noturna é utilizado para registrar as atividades dos funcionários da noite. O relatório mostra os apartamentos CO que não foram limpos até as 16h, os resultados das novas verificações, as UH que requerem arrumação leve, as solicitações de hóspedes atendidas durante a noite e quaisquer outras tarefas especiais executadas nesse período. VL = vago limpo; CO = *check out*; VS = vago sujo; A = arrumação; OC = ocupado; DEV = devolvido.

O número dessas UH é colocado na primeira coluna do relatório da supervisora da noite. Os apartamentos 1011 e 1059, que nos relatórios de seção estavam sinalizados para serem arrumados mais tarde, são colocados no relatório da supervisora da noite com o horário que devem ser limpos.

Observe a coluna marcada como "abertura de cama". Essa informação é recebida da recepção e se refere às UH que terão uma ou mais camas abertas para serem usadas à noite. O serviço de abertura de camas geralmente tem início quando os hóspedes estão fora de seus quartos, durante a hora do jantar, e termina quando todas as camas estão abertas. Antes, esse serviço era exclusivo para hóspedes VIP, mas atualmente é oferecido por hotéis mais sofisticados como uma tarefa de rotina para todos os apartamentos. A Figura 10.50 mostra a abertura de cama sendo feita em uma UH.

A última coluna do relatório da supervisora da noite, **solicitações de hóspedes**, indica serviços específicos solicitados por hóspedes durante a noite. Registram-se os números das UH e as solicitações. Se algum objeto for emprestado para um hóspede, deve-se pedir a ele que assine um recibo. A saída do objeto deve ser registrada no livro de ocorrências, para garantir seu retorno.

Por volta das 18h, a recepção terá utilizado o relatório da governança para **conferir o *status* das UH**, comparando-o com a posição das UH na recepção (no *rack* manual ou no sistema informatizado). Haverá muitas discrepâncias, primeiramente em função das mudanças nos *status* das UH ocorridas entre 15 e 18h.

A maioria das discrepâncias pode ser resolvida pelo recepcionista ao verificar os horários de chegada dos hóspedes das UH que constam para a recepção como ocupadas (OC) e para a governança como disponíveis (VL): na checagem da GRA, a UH estava VL às 15h; às 18h, na checagem da recepção, já estava ocupada (OC).

As discrepâncias também podem mostrar o contrário. A recepção pode ter um apartamento como vago sujo e o relatório da governança mostra a mesma UH como ocupada. Esse tipo de discrepância pode ter ocorrido como resultado de um *check out* tardio, ou o hóspede pode ter ido embora *depois* do apartamento ter sido arrumado. Tais discrepâncias devem ser **verificadas novamente.**

Todas as discrepâncias que não puderem ser resolvidas na recepção e todos os apartamentos indicados pela recepção como VS devem ser pessoalmente verificados. O número das UH a serem novamente verificadas é enviado para a governança pelo sistema ou por escrito. Cada uma delas é listada no relatório da supervisora da noite na primeira metade da terceira coluna. A supervisora ou a GRA da noite deve verificar imediatamente o *status* de cada UH listada e registrar os resultados na segunda metade da coluna.

Como exemplo, observe no relatório da governança (Fig. 10.48) o primeiro *status* marcado para cada UH com discrepância. Os apartamentos 1007, 2083, 3055 e 4105 estavam primeiramente listados como OC, mas depois da nova verificação passaram a CO/A; o A se refere à necessidade de **arrumação.** Um apartamento nessa situação foi arrumado anteriormente quando estava ocupado, mas agora está vago. Neles, é preciso

Figura 10.50 – A GRA da noite faz a abertura da cama para hóspedes no Los Angeles Marriot Hotel. Durante a abertura de cama (*turn down service*), a colcha deve ser retirada ou dobrada com o lençol de cima e com o cobertor, deixando os travesseiros expostos, como mostrado. Acrescenta-se um toque de elegância colocando uma bala de menta sobre o travesseiro com um cartão dizendo: tenha uma agradável noite de sono e um bom dia amanhã. (Foto com permissão do Los Angeles Airport Marriot Hotel.)

fazer apenas uma limpeza leve, remover pequena quantidade de lixo, repor copos, limpar os cinzeiros e, talvez, arrumar a cama. É preciso trocar os lençóis caso a cama tenha sido usada. As GRA da noite devem verificar se a cama não foi usada e depois arrumada pelo hóspede para não deixar passar uma surpresa desagradável para o próximo hóspede. O banheiro também pode precisar de um pequeno retoque. Nesse tipo de apartamento, gasta-se entre 2 e 5min para fazer o serviço, desde que o hóspede não tenha usado a cama antes de partir.

Todas as UH listadas para serem verificadas novamente que possuem *status* CO/A são também listadas na coluna arrumações. Tão logo elas **fiquem prontas** (VL) é feita uma lista para avisar a recepção de que podem ser vendidas.

As UH 2013, 3207 e 4072 foram marcadas apenas como CO na coluna referente à nova checagem. Essas UH precisam ser completamente limpas, como as originalmente listadas na primeira coluna – e são acrescentadas lá, caso ainda não estejam.

Os apartamentos 3068 e 3214 foram originalmente listados como VL e, após a checagem, mantiveram o *status*. A recepção deve continuar pesquisando essas duas UH para determinar por que o *status* na recepção estava errado, visto que em duas ocasiões a governança os marcou como VL. É possível que o hóspede tenha ido embora, muitas vezes tendo a intenção de pagar a conta com cartão de crédito e esperando que o hotel **encontre a UH vazia**, faça o *check out*, totalize a conta e debite do cartão informado. Outra possibilidade é que alguém tenha **escapado** sem pagar a conta. O apartamento 4099 estava originalmente marcado como VL e agora é encontrado ocupado. Para a recepção, essa UH está vaga e ela deve continuar pesquisando até que a discrepância seja resolvida.

Da maneira descrita acima, todas as UH que forem verificadas novamente devem ter seus *status* definidos. A maioria dessas verificações precisará de uma arrumação leve. Em muitas ocasiões, elas podem ser arrumadas no momento em que são descobertas e imediatamente avisa-se a recepção por telefone. O *status* final de cada UH que foi verificada é registrado e enviado para a recepção.

Atividades Noturnas (18 às 24h)

O trabalho do pessoal da noite pode ser resumido da seguinte maneira:

1. Transcrever o relatório da governança e atualizá-lo.
2. Transcrever as UH de saída remanescentes para o relatório de atividades da supervisora da noite e informar a GRA da noite para começar a limpá-las.
3. Os funcionários da limpeza responsáveis pelas áreas comuns assumem seus postos.
4. Os funcionários da noite atendem a serviços especiais solicitados pelos hóspedes e anotam cada serviço no relatório.
5. Por volta das 18h, receber a notificação das UH que precisarão ser verificadas outra vez, checá-las e determinar se há alguma para ser arrumada pelo departamento de governança. Muitas dessas UH necessitarão de limpeza leve e outras precisarão ser completamente limpas; outras precisarão apenas ter seu *status* verificado. As UH que forem arrumadas e outras solicitações especiais atendidas serão marcadas no relatório.
6. A abertura das camas tem início às 19h e continua até que esteja concluída.
7. A auxiliar de governança da noite em geral lava todos os copos das UH e ajuda a colocá-los em suas respectivas embalagens para serem usados no dia seguinte. Esses copos são levados para as rouparias dos andares durante a noite.
8. A supervisora da noite, auxiliada por outros membros da equipe noturna, pode reabastecer as cestas da parte superior dos carrinhos com os suprimentos adequados; essas cestas serão pegas no dia seguinte pelas GRA ao iniciarem seu dia de trabalho.

É de grande importância o fato de que a supervisora da noite é *responsável* e deve *assumir a responsabilidade* com relação às atividades da noite do departamento de governança. Ela deve usar um *bip* e não deve ficar apenas no escritório. As mensagens da recepção são verificadas ao retornar ao escritório e as mensagens telefônicas são interceptadas e retransmitidas pelo operador do PABX. A supervisora trabalha em conjunto com o supervisor noturno da recepção para ter certeza de que todas as checagens que foram refeitas tenham sido adequadamente resolvidas e que todas as UH estejam limpas e prontas para a venda. O hotel *nunca* deve perder a receita de um apartamento porque o departamento de governança falhou na limpeza.

A supervisora da noite também deve inspecionar os banheiros públicos para verificar se estão sendo adequadamente mantidos. Uma GRA que trabalha à noite pode arrumar de 10 a 15 UH por noite para deixá-las prontas para os hóspedes que chegarem tarde (Fig. 10.51). A supervisora da noite deve verificar se a rouparia principal está limpa e adequadamente preparada para a supervisora que fará a abertura da casa na manhã seguinte. É importante que a supervisora mantenha-se atenta ao inesperado. Uma mudança de tempo às 22h pode ter um efeito surpreendente na escala do dia seguinte. Qualquer mudança incomum na ocupação esperada deve ser notificada à

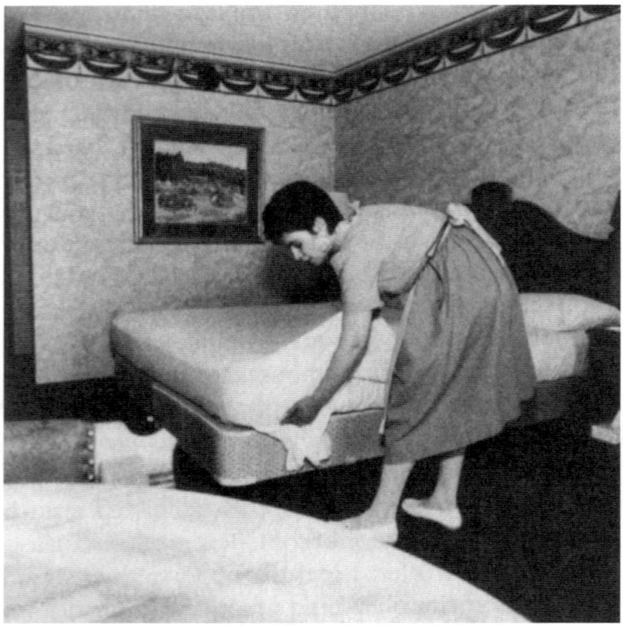

Figura 10.51 – A GRA da noite arruma uma UH desocupada tarde (*late check out*) para deixá-la pronta para um novo hóspede. (Foto com permissão.)

governanta executiva para que sejam tomadas medidas adequadas para a ocasião incomum que surgiu.

Quando todos os apartamentos vagos estiverem limpos e prontos para serem vendidos, a abertura das camas concluída, a rouparia limpa e pronta para o próximo turno, copos lavados e embalados para serem usados no dia seguinte e as cestas dos carrinhos reabastecidas para as GRA pegarem pela manhã, as atividades da noite estarão praticamente encerradas. O passo final da supervisora com relação às atividades noturnas é arquivar cronologicamente todos os relatórios, registros e formulários relacionados às tarefas do dia. A seguir está uma lista de documentos que devem ser arquivados:

1. Relatório noturno da recepção para a governança (usado para a abertura da casa naquele dia).
2. Originais e cópias de todos os relatórios diários das supervisoras (os originais foram dados para as supervisoras e as cópias foram usadas na rouparia para acompanhar o progresso do trabalho em cada divisão).
3. Todos os relatórios noturnos de seção da governança.
4. Cópia do relatório da governanta.
5. Folhas de controle de chaves mestras e *bips* preenchidas.
6. Relatório de atividades da supervisora da noite.

Haverá diversas situações em que as informações acima precisarão ser consultadas. É, portanto, essencial que elas sejam guardadas por, no mínimo, um ano.

Computadores no Mundo da Governança

Finalmente, a utilização de **computadores** e sua aplicação na gestão das operações hoteleiras atingiram a maioridade. Antes limitada à gerência, a aplicação do computador no desenvolvimento de sistemas de gerenciamento das operações para, por exemplo, efetuar análises estatísticas ou processar a folha de pagamento é agora lugar comum. A corrida para projetar e fornecer sistemas para manusear informações econômicas e relatórios tem sido espetacular. Embora a competição continue, ***hardware*** (terminais de entrada, microprocessadores, componentes de unidades de disco e impressoras) e **pacotes de *software*** hoteleiros (programas pelo qual o computador assimila informações), antes inimagináveis na governança, hoje fazem parte da rotina diária do departamento. Os computadores são hoje apenas mais uma ferramenta que ajuda o departamento de governança a tornar-se mais eficiente no manuseio das informações.

O desenvolvimento dos computadores está atualmente na sua quinta geração. Conforme o futuro chega, eles têm se tornado mais baratos, permitindo que até mesmo hotéis pequenos tenham a oportunidade de modernizar o processamento das informações.

Embora a indústria hoteleira pareça tão imutável quanto a história, os anos 80 trouxeram para as tarefas de governança, além do computador, o **sistema telefônico** por meio do qual a tecnologia do computador é utilizada. Como cada UH possui um, o telefone tem sido o principal instrumento utilizado pela governança para acessar o computador. Essa técnica diminui de maneira significativa os custos de atualização das instalações, uma vez que muitas despesas podem ser evitadas estabelecendo-se conexões em cada UH.

Por exemplo, uma **interface** é criada entre o sistema de telefone e a **unidade central de processamento** (CPU) da rede de computadores. É possível fazer isso por meio da discagem de uma seqüência de números no telefone de determinada UH. Uma vez conectados, o computador reconhece de imediato o número do apartamento ao qual está sendo conectado. Depois da conexão, a GRA pode transmitir informações por meio de uma lista de códigos de discagem. A Figura 10.52 mostra a GRA discando um código específico de uma UH.

Imagine o seguinte cenário:

1. A GRA da Seção 54 está no apartamento 2025 e quer se comunicar com o computador. O número especial do computador é 71555.

Figura 10.52 – Preparando para transmitir a informação de uma UH disponível para o computador. (Foto com permissão.)

2. A GRA disca 71555 e ouve um tom de discagem novo e diferente. Esse tom indica que ela está conectada ao computador.
3. A seguinte lista de códigos de três dígitos por meio da qual ela pode transmitir informações ao computador é, então, disponibilizada.

CÓDIGO DO *STATUS*	INFORMAÇÃO TRANSMITIDA
111	Apartamento *vago sujo* (CO)
112	Apartamento *ocupado* (limpo)
113	Apartamento *ocupado* (sujo)
114	Apartamento *vago limpo* (disponível)
115	Apartamento *em manutenção* (esse código pode ser lido pelo departamento de manutenção, que envia imediatamente um funcionário)
116	Apartamento bloqueado para manutenção (esse código está disponível apenas para o departamento de manutenção, para garantir que o gerente de manutenção, responsável por modificar esse *status*, conheça a situação)
117	Apartamento já pode ser vendido, mas necessita da governança antes (esse código está disponível apenas para o departamento de manutenção. Apenas a governanta pode tornar a UH disponível após verificar o trabalho feito pela manutenção)

4. Após discar um dos códigos (111-115), a GRA disca o número da sua seção [027], que a identifica como autora da mensagem. Se a mensagem for 116 ou 117, **um código especial** pode ser inserido por alguém da manutenção para que a mensagem seja aceita pelo computador.

Após a informação ter sido transmitida, a UH 2025 passa a fazer parte de um tipo de *status* específico. Por exemplo, esse apartamento passa a ser identificado em ordem numérica com os demais que estejam na mesma categoria tais como *UH disponíveis*, *UH ocupadas não disponíveis para venda*, *UH vagas sujas* (entre a partida e a chegada de um novo hóspede, ainda sem ter sido limpa – CO).

A GRA não é a única pessoa que pode mudar o *status* de uma UH. Quando o recepcionista aluga um apartamento, ele escolhe um listado no inventário de UH identificado como *disponível*. Ao fazer o *check in* do hóspede, o recepcionista, por meio do **terminal do computador**, muda o *status* do apartamento para *ocupado não* (não mais) *disponível para venda*. O recepcionista também coloca quartos em *status* especiais, como *reservado*. Os apartamentos com esse *status* foram pré-designados para determinados hóspedes. Essas UH são prioridade para a governança e vêm antes das demais CO.

A central da governança também pode fazer esse tipo de mudança. Muitas vezes uma mudança de *status* que precisa ser feita não pode ser diretamente informada da UH (o hóspede pode estar usando o telefone ou com a sinalização de "não perturbe"). As mudanças de *status* podem ser informadas por telefone para a central da governança (Fig. 10.53).

Em diferentes períodos do dia, ou conforme a necessidade, a atendente da central pode imprimir o *status* de todos os apartamentos em determinado momento e fornecer às supervisoras de andar informações relativas à sua seção. Além disso, a gerência pode verificar o *status* de todas as UH, solicitando um relatório a qualquer momento.

Este é apenas um exemplo de como um computador pode ser empregado para administrar informações referentes às UH. Em hotéis novos, podem ser instalados diferentes tipos de conexões que, além de transmitir informações à governança, podem ligar o ar-condicionado e as luzes quando um apartamento é vendido, dizer se a GRA está em uma UH específica e, pela fechadura da porta, dizer quem foram as últimas 24 pessoas a entrar na acomodação.

O relatório noturno da recepção, os processos de abertura da casa e a escala de trabalho das supervisoras

Figura 10.53 – Central da governança: central de operações para 600 funcionários. A atendente recebe chamadas de hóspedes solicitando serviços e verifica as informações transmitidas pelas supervisoras de andar referentes aos *status* das UH. Rádios também são utilizados para transmitir informações. (Foto cortesia do Mirage Resorts.)

e GRA estão, atualmente, disponíveis pelos computadores. Informações sobre UH com sinalização de "não perturbe", em manutenção ou *check outs* tardios são atualizadas e disponibilizadas, e os relatórios noturnos e as informações sobre os apartamentos que precisam ser limpos imediatamente ou sobre solicitações específicas para a abertura da cama são acessíveis instantaneamente. As discrepâncias dos apartamentos são manuseadas de forma eficiente, permitindo a limpeza de quartos duvidosos para serem vendidos.

Como um exemplo do avanço espetacular no campo dos computadores para governança, considere a seguinte situação:

Um supervisor ou gerente inspeciona um quarto e registra o que encontra verbalmente em uma fita cassete. Após a conclusão da inspeção, o gravador é *conectado* a um recipiente localizado no apartamento. A informação é, então, imediatamente transmitida a um **microprocessador**, onde a voz é processada em um banco de memória de dados. A qualquer momento a partir daí, a impressão dos resultados da inspeção para todas as UH inspecionadas está disponível para a governanta. Os microprocessadores são capazes de selecionar, codificar e classificar as informações de tal forma que as solicitações para a manutenção podem ser imediatamente transmitidas. Conforme os trabalhos forem concluídos, a transmissão da informação a partir da UH pode atualizar os relatórios. Se as acomodações precisarem ser bloqueadas para manutenção, haverá informações disponíveis sobre a natureza do problema, ações corretivas que serão feitas e o tempo esperado para que possam ser utilizadas novamente.

Essa é apenas uma das muitas possibilidades de uso do computador no departamento de governança. Ao ler o Capítulo 11, você verá outras maneiras de utilizar o computador. Lembre, contudo, que antes do uso do computador tornar-se uma realidade, o entendimento dos sistemas e de como eles devem ser conduzidos *manualmente* é muito importante; senão, acaba-se comprando programas pouco úteis, enquanto o que se precisa pode ser encontrado no hotel do outro lado da rua.

Resumo

Sabendo que, para exercer direção e controle, é preciso comunicar instruções e procedimentos, o método mais simples para fazer isso é utilizar formulários. Neste capítulo, os principais aspectos da rotina diária do departamento de governança referentes ao hotel-modelo foram divididos e apresentados de maneira cronológica. Essas são as principais tarefas do departamento que *acontecem todos os dias.*

Primeiro, a informação referente às UH que precisavam ser limpas foi comunicada, por meio de um formulário, ao departamento de governança. Essa informação foi, então, convertida em um plano de trabalho para o departamento. Tarefas específicas foram designadas aos funcionários de acordo com o volume de trabalho existente. Isso também foi feito a partir da utilização de formulários, em um procedimento chamado de "abertura da casa"; tudo antes que os funcionários chegassem para trabalhar. O dia de trabalho foi então dividido em várias partes.

Nas atividades da manhã, foram explicadas as diversas tarefas de cada membro da equipe de governança, o relatório matutino e como a checagem das UH gerou discrepâncias nos *status* dos apartamentos que precisaram ser resolvidas com a recepção, as prioridades na limpeza das UH pelas GRA e a técnica de usar formulários e símbolos para acompanhar as mudanças de *status* das UH durante o dia. Procedimentos sobre como limpar uma acomodação também foram apresentados.

A seguir, apresentou-se no início da tarde a necessidade de resolver o *status* dos apartamentos que tinham sido identificados como "não perturbe" durante a manhã. Foi apresentada uma técnica para realizar esta tarefa levando em consideração, sobretudo, o hóspede e sua segurança.

Durante a tarde, o relatório noturno foi preenchido, permitindo a elaboração, antes das 15h, do relatório da governança para a recepção com os *status* atualizados de todas as UH. Esse relatório foi preparado sob orientação da supervisora do segundo turno, que mais tarde teve que fazer nova verificação das discrepâncias que não puderam ser resolvidas na recepção. Com a resolução dessas discrepâncias, o trabalho do dia foi finalizado pelo departamento de governança e o segundo turno terminou aproximadamente às 23h.

Outras atividades noturnas foram apresentadas, como o serviço de abertura de cama, o atendimento às solicitações dos hóspedes e o arquivo de todos os formulários utilizados.

Há muitos outros procedimentos, conhecidos como sub-rotinas, que também são importantes, mas não ocorrem necessariamente todos os dias. Diversas dessas sub-rotinas serão discutidas no Capítulo 11. Depois que elas tiverem sido compreendidas, podem ser adaptadas para serem processadas em um computador.

TERMOS E CONCEITOS-CHAVE

Dia da governança
Cronologia da rotina diária
Abertura da casa
Atividades matutinas
Trabalho em andamento
Símbolos de comunicação
UH que precisam de arrumação leve
Central da governança
Limpador multiuso
Produto de limpeza germicida
Componentes especiais de limpeza
Produto de limpeza ácido para vaso sanitário
Proporção específica de diluição
Exigências para a comunicação de riscos
Procedimentos de achados e perdidos
Envelope
Terceiro lençol
Camas portáteis
Passar pano úmido
Pernoites
Escova para vaso sanitário
Cortesias
Hotéis suítes
GRA de suíte
Barra de segurança
Corrente de segurança
Cartão de tarifas
Guia de Padronização da Organização
Kit da primeira noite
Cabides com sacolas plásticas
Uniforme
Checagem matutina das UH
Ocupado
Apartamentos vagos e sujos
Rouparia
Discrepância
Ocupação dupla
Vago limpo
Vago sujo
Comitê de qualidade
"Não Perturbe"
Checagem vespertina das UH
Auxiliar de seção da governança
Relatório da governança
Relatório das atividades da supervisora noturna
Solicitações de hóspedes
UH prontas
UH encontrada vaga
UH cujo hóspede deixou hotel sem pagar
Computadores
Hardware
Pacotes de *software*
Sistemas telefônicos
Interface
Unidade central de processamento (CPU)
Códigos de discagem
Códigos especiais de identificação
Inventário das UH
Terminal de computador
Microprocessador

QUESTÕES PARA DISCUSSÃO E REVISÃO

1. Explique os diferentes objetivos da checagem de UH feita pela manhã e à tarde. Como a checagem da manhã pode ser feita de modo a demonstrar o máximo de preocupação com o hóspede?
2. Por que os formulários e símbolos são tão importantes para o acompanhamento do trabalho do departamento de governança? Defina os seguintes símbolos: OC, A, CO, VL, NP, M.
3. Explique o termo discrepância. Qual a diferença entre discrepância e uma nova verificação?
4. Quais são as razões para a preparar um relatório das atividades da supervisora da noite?
5. Durante a checagem da manhã, o supervisor descobre que duas UH cujo *status* era VL estão, na verdade, ocupadas. Quais as alternativas disponíveis para facilitar a limpeza dessa inesperada carga de trabalho adicional?
6. Liste quantas tarefas você conseguir que são de responsabilidade da equipe da noite. Qual é a última tarefa normalmente realizada pela supervisora da noite antes da troca de turno? Como parte da rotina diária, qual é o objetivo principal a ser alcançado à noite?

11

Sub-rotinas da Governança do Hotel

OBJETIVOS DO CAPÍTULO

1. Aprender outras funções vitais do departamento de governança – sub-rotinas.
2. Entender que as sub-rotinas diferem das rotinas diárias apenas por serem realizadas periodicamente, e não todos os dias.
3. Aprender como as sub-rotinas podem ser padronizadas e sistematizadas com a utilização de procedimentos-padrão de operação.
4. Compreender por que o pré-planejamento das sub-rotinas é importante.

No Capítulo 10, as principais funções do departamento de governança foram apresentadas como uma cronologia de eventos que geralmente constituem a rotina diária do departamento. Há muitas outras funções, contudo, com as quais o departamento de governança pode estar envolvido. Elas também são mais bem apresentadas como rotinas, embora não aconteçam todos os dias. Essas rotinas, chamadas de **sub-rotinas**, são vitais para o funcionamento global do estabelecimento e devem ser planejadas com o mesmo cuidado que as rotinas diárias.

As sub-rotinas podem ser apresentadas por meio de procedimentos-padrão de operação (PPO), como os mostrados no Capítulo 9 (procedimentos de achados e perdidos, controle de chaves e procedimentos para a mudança da fechadura da porta). Pode parecer que muito do que será descrito neste capítulo não pode ser delegado sem abdicar de responsabilidades. Essa suposição não é correta, como o bom profissional poderá perceber. O preparo do orçamento, por exemplo, ocorre tão raramente (uma vez ao ano) que um gerente júnior pode não ter a oportunidade de envolver-se com essa atividade antes de ser transferido ou promovido. Todas as chefias do departamento devem, portanto, envolver-se com todas as oportunidades de desenvolvimento profissional que aparecerem.

A Tabela 11.1 mostra áreas e rotinas associadas que são executadas pela maioria dos departamentos de governança com regularidade, e que devem ser consideradas como sub-rotinas e não como exceções à rotina diária. É importante que a governanta executiva despenda tempo e esforço para uma análise detalhada de cada uma das sub-rotinas da Tabela 11.1 para que elas também façam parte do planejamento do departamento.

Assim como a rotina diária, as sub-rotinas devem ser controladas por meio de formulários. Para algumas, é necessário apenas um pouco de planejamento e a adoção de políticas sobre sua efetivação, enquanto para outras é preciso planejamento detalhado e implementação cuidadosa. Cada uma dessas sub-rotinas será estudada agora, mantendo em mente a importância da delegação adequada de tarefas para a motivação dos funcionários e eficácia da operação.

Limpeza e Manutenção

Limpeza das Áreas Comuns

As GRA* são mais eficientes quando seus esforços estão concentrados nas áreas habitacionais do hotel. A auxiliar de seção da governança dá suporte à equipe de governança e realiza certas tarefas relacionadas à manutenção dos corredores das unidades habitacionais (UH) (Fig. 11.1), escadas, elevadores, áreas onde ficam máquinas de alimentos e rouparias de apoio de andares. Há, contudo, outras áreas que precisam de limpeza e manutenção em todo o estabelecimento, pelas quais a governanta executiva é responsável.

No Capítulo 2, por meio do Documento de Divisão de Trabalho, viu-se que pode haver muitas **áreas comuns** sob a responsabilidade da governanta executiva que requerem atenção diária, quando não de hora em hora. Saguões, banheiros sociais, *halls* e *lobbies*, escritórios, banheiros das áreas de eventos, vestiários de funcionários e outras áreas de serviço requerem uma escala de limpeza e manutenção. Os funcionários da limpeza normalmente são subordinados à supervisora de limpeza e estão disponíveis para executar um grande número de tarefas especializadas de limpeza e manutenção que devem ser realizadas. Esses funcionários devem estar sempre uniformizados e devem possuir temperamento adequado para trabalhar próximo ao público em geral.

Rondas de limpeza e manutenção precisam ser estabelecidas para que seja possível controlar todas as áreas necessárias. A ordenação e o reposicionamento da mobília, a limpeza de lixos, cinzeiros, manchas de

Tabela 11.1 – Áreas e rotinas

ÁREA	SUB-ROTINA
Limpeza e manutenção	Limpeza das áreas comuns Faxina das unidades habitacionais Projetos Solicitação de serviços pela manutenção
Controles operacionais	Inspeção das unidades habitacionais Inspeções em todo o estabelecimento Inventários Utilização de pessoal (previsão e análise) Avaliação crítica do período
Compras	Materiais de limpeza e para hóspedes Enxovais
Administração de pessoal	Controle de cartões de ponto Administração da folha de pagamento Avaliações de desempenho
Comunicação e treinamento	Reuniões departamentais
Planejamento de longo prazo	Elaboração de orçamento

Figura 11.1 – Enquanto as GRA estão limpando as unidades habitacionais, o funcionário da limpeza aspira um corredor do saguão principal. (Foto com permissão.)

* N. do T.: Conforme mencionado no prefácio, a sigla GRA, de *guest room attendant* (atendente de acomodação de hóspede), é utilizada pelo autor deste livro para designar o cargo de camareira, e foi mantida na tradução.

portas de vidros e espelhos e banheiros públicos podem exigir atenção tanto de 8 em 8h quanto de 15 em 15min, dependendo das circunstâncias (Figs. 11.2 a 11.5). Funcionários que trabalham sob o comando da supervisora de limpeza devem ser treinados para atender a essas necessidades sem supervisão direta e imediata.

Figura 11.2 – Os funcionários responsáveis pela limpeza das áreas comuns podem trabalhar em rondas de limpeza. Aqui, um funcionário limpa a pia de um banheiro social. (Cortesia do Excalibur Hotel.)

Figura 11.3 – Funcionário da limpeza limpa o bebedouro. (Cortesia do Excalibur Hotel.)

Figura 11.4 – De volta ao banheiro social para mais um retoque. O funcionário da limpeza faz isso muitas vezes durante seu turno. (Cortesia do Excalibur Hotel.)

Figura 11.5 – Funcionária da limpeza da noite limpa o vestiário dos funcionários. (Cortesia do Excalibur Hotel.)

Uma iniciativa especial pode ser esperada do funcionário responsável pela limpeza do saguão para modificar a ronda de limpeza com base na observação do fluxo de pessoas que entram no hotel. Por exemplo, a falta de atividades no saguão em determinadas horas do dia pode indicar a necessidade de menor atenção, visto que a área já foi adequadamente limpa. Em horários nos quais ocorre grande número de *check ins*, pode ser necessária a atenção contínua da pessoa responsável de tal modo que, muitas vezes, ela não pode deixar o saguão até que o movimento diminua.

Os suprimentos e equipamentos devem ser apropriados e, quando necessário, específicos para determinadas tarefas. Um equipamento-padrão para quem limpa o saguão é um carrinho especial, que guarda os produtos necessários. Esfregão de piso tipo *kex* (especial para piso duro tratado com um produto químico que atrai poeira), aspiradores e materiais para tirar o pó são carregados nos carrinhos, que suportam boa carga de lixo e papéis. Os funcionários devem estar equipados não apenas para as tarefas de rotina, mas devem ter equipamentos especializados à mão, como pás de raspar pintura para retirar chicletes mastigados de paredes, pisos ou carpetes. Superfícies internas, como azulejos mexicanos decorativos ou piso tipo *terrazzo*, exigem a utilização de equipamento especializado para sua limpeza e manutenção. Na maioria dos casos, para a limpeza de carpetes, também são necessários equipamentos especiais e domínio de habilidades para efetuar sua manutenção. Em geral, funcionários especialmente treinados que realizam trabalhos como a limpeza dos carpetes estão sob a orientação da supervisora de limpeza.

Quando os funcionários da manhã são substituídos pelos da noite, a supervisora noturna é responsável pela limpeza e manutenção das áreas públicas, bem como pela limpeza das UH. Desse modo, a supervisora de limpeza e a supervisora noturna são essenciais para o funcionamento da governança. A governanta executiva deve trabalhar para estabelecer e fortalecer as habilidades técnicas e de supervisão desses dois funcionários. Mais do que tudo, a governanta executiva deve delegar as tarefas adequadamente de modo a permitir que esses supervisores tenham a oportunidade de realizar seu trabalho sem interferências que vão além de orientações e conselhos sobre a execução das tarefas.

Tanto a supervisão de limpeza quanto a supervisão noturna devem estar envolvidas no estabelecimento dos PPO para a limpeza das áreas comuns e na elaboração das descrições de cargos dos funcionários sob sua supervisão. Embora a contratação final seja decidida pela gerência, essas duas supervisões devem entrevistar e aprovar qualquer candidato a uma vaga para atuar nas áreas sob sua supervisão.

Faxina das Unidades Habitacionais

A limpeza de rotina das UH geralmente inclui retirada do lixo, troca do enxoval, limpeza completa do banheiro, aspiração do piso (quando necessário), retirada de pó ou limpeza com pano úmido das superfícies planas e organização e reposição dos materiais para o próximo hóspede. As UH também precisam periodicamente de uma **faxina ou limpeza profunda.**

Algumas tarefas devem ser realizadas regularmente, mas não todos os dias: retirar o pó profundamente, aspirar cortinas e batentes, limpar paredes, cantos do carpete e filtros de ventilação, deslocar as camas e os demais móveis e virar os colchões. A freqüência com que tais tarefas devem ser realizadas depende do uso, do clima e da qualidade da arrumação diária.

A faxina pode ser feita pela GRA ou por uma equipe especial de funcionários que fazem apenas faxinas. Tenho experiência com estabelecimentos nos quais as faxinas são feitas pelas GRA com o auxílio das auxiliares de seção da governança, bem como com estabelecimentos onde uma equipe especializada não faz nada além desse tipo de limpeza. De acordo com minha experiência, acredito que a faxina deva ser feita pelas GRA, pois a carga adicional de trabalho não é tão difícil a ponto de exigir a contratação de mais pessoas.

Uma boa faxina leva aproximadamente duas vezes mais tempo do que a limpeza de rotina. Por exemplo, considere um dia típico de 8,5h. Lembre-se que, no nosso hotel-modelo, cada funcionário tem um intervalo de 30min para almoço e duas pausas de 15min, restando 7,5h para o trabalho. Vamos supor que uma GRA consiga arrumar três UH em 1h e necessite de 0,5h para organizar o carrinho no final do dia. Dependendo do tipo do hotel e da clientela, cada GRA pode limpar de 14 a 20 quartos por dia, sobrando 15min que podem ser acrescentados ao tempo de faxina de uma UH. Se cada GRA faz uma faxina por dia, cada UH será limpa dessa forma a cada 15 ou 20 dias.

A auxiliar de seção de governança também ajuda na faxina, em virtude da necessidade de mover a mobília e tirar bem o pó em muitos apartamentos. Ela pode precisar ajudar mais de uma GRA. Caso ela fique sobrecarregada, um funcionário da limpeza poderá ser chamado para ajudar nas faxinas. As supervisoras devem registrar as UH que foram faxinadas para que esse serviço seja feito em cada uma regularmente.

Projetos

A administração de qualquer departamento de governança requer, ocasionalmente, **projetos** especiais. A lavagem periódica de áreas acarpetadas, a colocação de acabamento novo em superfícies de piso duro, a remoção de marcas em espaços menos usados e a limpeza e higienização dos equipamentos de manuseio do lixo são projetos que devem ser realizados periodicamente, com base nas observações feitas durante as inspeções. Esses projetos são, em geral, de responsabilidade da supervisora de limpeza. O resultado da inspeção matinal feita por essa supervisora (Fig. 10.7) pode indicar a necessidade de realizá-los.

Os projetos especiais são realizados pelos funcionários da limpeza sob supervisão. Deve-se manter e revisar registros dos projetos periodicamente para determinar as horas de trabalho gastas com esse tipo de trabalho. Muitos projetos podem ser eliminados no futuro, tornando-se parte do trabalho de rotina. Além disso, os projetos justificam os registros de horas trabalhadas dos funcionários, utilizados posteriormente para dar subsídios à necessidade de orçamento maior para pagar os funcionários do departamento.

Solicitação de Serviços para a Manutenção

Muitas vezes, a qualidade e as condições de um estabelecimento podem ser avaliadas investigando-se a relação entre a governanta executiva e o gerente de manutenção. Quando essa relação é positiva e há respeito mútuo em relação às responsabilidades e carga de trabalho de cada um, a aparência física de um hotel é excelente. Quando não existe um relacionamento positivo, a inspeção do estabelecimento não revelará nada além do esperado – um estabelecimento abaixo do padrão.

Eu me lembro da filosofia de um dos primeiros gerentes de manutenção com quem tive contato, ensinada quando eu ainda estava começando na governança:

> Você deve deixar o lugar limpo e, se não puder limpá-lo de forma que tenha um aspecto como se fosse novo, me avise e eu troco ou arrumo tudo que for preciso para que pareça; mas eu preciso dos seus *olhos* no hotel, porque não posso estar em todos os lugares ao mesmo tempo e não tenho funcionários para procurar problemas.

Especificamente, o gerente de manutenção é responsável pelo **reparo e manutenção física** das instalações do hotel (manutenção não engloba a limpeza das UH). A governanta executiva é responsável pela limpeza e arrumação de áreas específicas. Os funcionários do departamento de governança são em maior número do que os do departamento de manutenção e estão em melhor posição para procurar e encontrar áreas que necessitem de reparo e manutenção. A maior preocupação é ter um sistema que permita aos dois departamentos informar e acompanhar as necessidades, garantindo o fluxo ordenado das informações. A Figura 11.6 é um formulário-padrão utilizado para solicitar reparos e serviços de manutenção que não podem ser executados durante a limpeza normal.

A **ordem de serviço de manutenção** é feita em três cópias e numerada para que seja fácil localizá-la quando houver qualquer problema. A primeira via (geralmente branca) é preenchida e arquivada pelo departamento que fez o pedido; as duas outras vias são enviadas para a manutenção, onde a requisição é

SEU HOTEL

O

Ordem de serviço de manutenção — Nº de série 0261248

Requisitado por ________ Data ______

Departamento ________

Local ________

Problema ________

____

____

____

____

____

Responsável ________

Data da execução do serviço ________

Concluído por ________

Tempo de trabalho necessário __H__ ______ Min ______

Observações ________

____

____

____

Figura 11.6 – Típica ordem de serviço de manutenção, feita em três cópias. Esses registros são arquivados para resolver problemas e discrepâncias.

registrada para que os materiais possam ser providenciados e para agendar o trabalho. Quando o trabalho for concluído, registra-se o resultado obtido e a segunda via (azul) é devolvida ao departamento que fez a solicitação, para que ele acompanhe o trabalho e compare o resultado com a solicitação original. O trabalho é, então, inspecionado e, se estiver satisfatório, as vias branca e azul podem ser destruídas. A outra via é arquivada pelo departamento de manutenção como um registro do material e tempo gastos.

Esse sistema é simples mas, em muitos casos, não é usado de maneira que garanta que o reparo e a manutenção sejam feitos da maneira adequada. O segredo para seu sucesso está no entendimento de dois preceitos importantes: (1) a governanta executiva não pode dizer quais são as prioridades da manutenção, e (2) o papel da ordem de serviço é barato.

Se o problema não for corrigido em um prazo razoável, solicite a execução do serviço novamente e escreva uma **segunda requisição** na ordem de serviço. Se o problema for decorrente da falta de algum material, o gerente de manutenção deve comunicar esse fato à governanta executiva e dizer que não é necessário encaminhar outras requisições. Além disso, a necessidade de fazer uma segunda requisição pode indicar que há outras prioridades da manutenção impedindo a resposta imediata a certos tipos de solicitações ou que o departamento de manutenção irá agrupar serviços de natureza similar para realizá-los de uma só vez (como reparos no vinil, em móveis e pintura). Tarefas que, se não realizadas, deixam uma UH bloqueada, devem ser tratadas como de máxima prioridade pelo gerente de manutenção.

Como o estabelecimento deve ser mantido em bom estado de conservação, haverá abundância de ordens de serviço para a manutenção, muitas das quais serão repetidas. A idade das instalações determina quantas requisições oriundas do departamento de governança existirão em qualquer momento. O principal é lembrar que os funcionários da governança são os "olhos" da manutenção nas áreas sob a responsabilidade da governanta executiva e que *tudo que não estiver em ordem e não puder ser limpo deve ser reparado* para que o estabelecimento pareça sempre novo.

A governanta executiva deve desenvolver um sistema que incentive o encaminhamento de ordens de serviço para a manutenção. É melhor *solicitar* que um certo número de requisições seja preenchido pelo departamento a cada semana. Tal exigência ajuda a fazer com que todos os problemas tenham chance de ser informados. Alguns exemplos de problemas que devem ser relatados são pequenos rasgos no vinil do corredor e do quarto, lascas e riscos nos móveis, torneiras vazando, interruptores quebrados e lâmpadas queimadas (que não sejam de responsabilidade da governança). Áreas que precisam de pintura, ares-condicionados com barulho, imagem ruim da TV, pequenos problemas com carpete (costuras descolando), portas que rangem e piso com má aparência na banheira também necessitam de uma ordem de serviço para a manutenção.

Eu me lembro de sistemas nos quais todos os supervisores e gerentes tinham que preencher, no mínimo, dez ordens de serviço por semana. Tal exigência força o "olhar" tão necessário para o departamento de manutenção. Quando eu era um governante executivo, preenchia 40 ordens de serviço por semana. Essas 40, somadas às preenchidas por outros gerentes e supervisores, totalizavam mais de 100 ordens de serviço por semana. O estabelecimento tinha seis anos mas parecia mais novo, pois o sistema descrito aqui era seguido meticulosamente.

Outro sistema pelo qual a governanta executiva e o gerente de manutenção podem trabalhar em conjunto é combinando a programação das faxinas com a manutenção. Clarence R. Johnson[1] sugere que, a cada mês, 25% das UH faxinadas recebam também uma **inspeção de manutenção.** Desse modo, cada UH será totalmente inspecionada três vezes ao ano, sendo mantida em condição próxima à perfeição. A Figura 11.7 é um exemplo de ***check list* de manutenção** proposto por Johnson que pode ser usado com essa finalidade.

Algumas vezes pode ser difícil manter um relacionamento adequado, que inspire a cooperação mútua, entre a governanta executiva e o gerente de manutenção. Isso costuma decorrer de diferenças no histórico de cada um. Entretanto, esse fato não pode de maneira alguma prejudicar o *esforço profissional* necessário para fazer com que o relacionamento no trabalho fun-

CHECK LIST DE MANUTENÇÃO

□ VISTORIADO □ NECESSITA REPARO ■ REPARO CONCLUÍDO

UH Nº________

Ar-condicionado

- □ 1. Tomadas/controles/válvulas – funcionamento
- □ 2. Termostato posicionado, funcionando
- □ 3. Sonda do termostato presa, calibrada e funcionando
- □ 4. Filtro – limpo
- □ 5. Ventilador e motor – limpo, lubrificado, seguro
- □ 6. Evaporador e condensador – limpos
- □ 7. Recipiente de condensação e drenagem – limpo
- □ 8. Parte externa – limpa, conservada de modo a complementar a aparência externa do prédio
- □ 9. Compressor – limpo
- □ 10. Verificar vazamentos no sistema de refrigeração
- □ 11. Verificar tomada elétrica, receptores e fio
- □ 12. Unidade de aquecimento, limpa e operando corretamente

Parte elétrica

- □ 13. Interruptores de luz – funcionando corretamente
- □ 14. Soquetes das lâmpadas e suportes giratórios, firmes, em boas condições
- □ 15. Cúpulas dos abajures limpas, sem buracos, firmes
- □ 16. Lâmpadas – trocadas se queimadas, voltagem verificada
- □ 17. Tomadas, fios e conexões, reparados conforme necessário
- □ 18. Base e corpo dos abajures em bom estado
- □ 19. Interruptores de abajures funcionando e em bom estado
- □ 20. Espelhos de interruptores e tomadas – em bom estado e mesma cor
- □ 21. Tomadas da parede funcionando, sem curtos
- □ 22. Ponteiros dos relógios funcionando corretamente
- □ 23. Lâmpadas de aquecimento, voltagem correta, limpas, em bom estado
- □ 24. Todos os lustres, luminárias e abajures limpos, sem pó, complementando a decoração do quarto

Televisão

- □ 25. Áudio – claro (rádio e televisão)
- □ 26. Visual – com foco (verifique todos os canais)
- □ 27. Botões – substitua se necessário
- □ 28. Sintonia fina – cor, contraste, horizontal, vertical
- □ 29. Antena – cabos de conexão firmes
- □ 30. Chassi/tela – limpos, sem pó, sem danos aparentes – base de suporte segura

Telefone

- □ 31. Aparência geral e condições – limpo, em bom estado
- □ 32. Instruções de discagem, substituir se desbotada
- □ 33. Defeitos (boas conexões, bom áudio, campainha funcionando, etc.) – informar a companhia telefônica

Mobília

- □ 34. Puxador das gavetas e portas firmes, em bom estado de conservação e guias das gavetas lubrificados
- □ 35. Colchões e *box springs* em boas condições, virados e limpos, etc.

□ 36. Superfície de todos os móveis – manchas, arranhões, danos, estado geral
□ 37. Cadeiras (almofadas, pernas, braços, molas) – conserte/substitua conforme necessário
□ 38. Mesas/escrivaninhas – parte superior e base firmes, estáveis e em bom estado de conservação
□ 39. Cabeceiras – firmes, limpas na parte da frente e atrás
□ 40. Criados-mudos – estáveis, sem manchas e riscos
□ 41. *Box* e grades da cama limpos e em boas condições
□ 42. Quadros firmes, limpos, em boas condições, cores combinando com a UH

Janelas e espelhos
□ 43. Janelas abrem e fecham facilmente
□ 44. Janela com aparência limpa, vedação em boas condições
□ 45. Ferragens das cortinas em boas condições
□ 46. Espelhos firmes, sem riscos ou marcas

Portas/janelas de correr
□ 47. Trilhos limpos e em bom estado
□ 48. Guias e rodas limpas para correrem livremente
□ 49. Mola e protetores contra impacto presentes para a porta fechar silenciosamente e com segurança
□ 50. Trincos – primários e secundários – funcionando

Portas, entradas
□ 51. Maçanetas – firmes
□ 52. Cilindro e miolo da fechadura, condições e funcionamento
□ 53. Dobradiça lubrificada e firme
□ 54. Corrente da porta bem presa e funcionando corretamente
□ 55. Fechadura e travas firmes para evitar que pessoas não autorizadas entrem
□ 56. Batente da porta, protetor contra impacto, substituir se necessário
□ 57. Vedação em boas condições, substituir se necessário
□ 58. Soleira da porta firme, substituir a borracha se necessário
□ 59. Ajuste da porta (segurança, energia e barulho sob controle) suave e firme
□ 60. Olho mágico corretamente instalado e limpo
□ 61. Condições da porta – checar se há buracos, se é preciso limpá-la ou consertá-la
□ 62. Encosto de porta no lugar para prevenir danos ao trinco ou à parede

Banheiro/toucador
□ 63. Banheira com tiras antiderrapantes, limpa e em boas condições
□ 64. Ralo da banheira e do bidê, tampões e filtros limpos e funcionando
□ 65. Cabeça do chuveiro segura, limpa, dentro dos padrões
□ 66. Azulejos e paredes – verifique se há azulejos quebrados, buracos na argamassa, necessidade de vedação
□ 67. Descarga e ralos – sem excesso de ruído, vazamentos
□ 68. Reservatório do vaso sanitário e tampa limpos, sem rachaduras, firme na base
□ 69. Assento, dobradiça, protetores contra impacto em boas condições – substitua em caso de dúvida
□ 70. Vedação do vaso sanitário – verifique se há vazamentos
□ 71. Torneiras quentes e frias – verifique vazamentos
□ 72. Válvula do chuveiro sem vazamentos
□ 73. Instalações de cromo brilhantes – limpe/substitua se necessário
□ 74. Vara do chuveiro e cortinas limpas, de cromo ou plástico
□ 75. Sifão em "P" limpo, sem vazamentos
□ 76. Banheira e pia com aparência livre de rachaduras
□ 77. Porta papel higiênico montado adequadamente, limpo
□ 78. Porta lenços faciais firme e limpo
□ 79. Saboneteira e barras de segurança firmes, em boas condições
□ 80. Porta toalhas – firmes, em boas condições
□ 81. Armário em bom estado, limpo, atraente
□ 82. Piso limpo e em boas condições
□ 83. Interruptores de luz, lâmpada de aquecimento e cronômetro funcionando adequadamente
□ 84. Fechadura privativa do banheiro funcionando corretamente
□ 85. Exaustor limpo, lubrificado, funcionando de forma correta e eficiente

Itens gerais
□ 86. Porta casacos/cabides limpos, firmes, em número suficiente
□ 87. Rodapés firmes na parede, limpos, sem rachaduras
□ 88. Carpetes sem manchas, buracos, ondulações ou pêlos saindo
□ 89. Condições do acabamento/pintura da parede – todos os buracos, arranhões, rasgos consertados
□ 90. Teto – verifique se está limpo, sem rachaduras, pintura descascada ou manchada
□ 91. Detectores de fumaça verificados, baterias trocadas
□ 92. Vazamentos de ar ou isolamento reparados
□ 93. Água quente na temperatura correta (50°C)

Áreas gerais
□ 94. Luzes e sinalização das saídas de emergência em boas condições
□ 95. Extintores de incêndio no lugar certo, completamente carregado
□ 96. Sistema de fechamento automático das portas funcionando adequadamente
□ 97. Carrinhos de bagagem limpos e em boas condições
□ 98. Corrimãos das escadas firmes
□ 99. Calçadas e passagens internas limpas, em bom estado
□ 100. Corredores internos – bem iluminados, carpetes limpos e em boas condições
□ 101. Escadas sem entulhos, com todos os degraus, corrimãos, etc.
□ 102. Sistema de iluminação de emergência – verificado e funcionando
□ 103. Música ambiente funcionando
□ 104. Saídas de emergência livres de riscos, barras de pânico funcionando corretamente.

Figura 11.7 – *Check list* de manutenção com identificação da mobília, instalações e equipamentos da UH. Todos os meses, 25% das UH devem ser inspecionadas e os reparos necessários feitos. Dessa maneira, cada UH recebe uma vistoria completa três vezes ao ano. Devem ser mantidos registros com a data em que a UH foi verificada e os serviços necessários concluídos. (Reimpresso com permissão da *Lodging Magazine*.)

cione para o bem do empreendimento. Persistência e persuasão exercidas com gentileza podem fazer com que relacionamentos fortes cresçam.

Controles Operacionais

Inspeção das Unidades Habitacionais

Existem diversos métodos para conduzir as **inspeções das UH.** Além disso, dependendo do estilo de gestão dos gerentes de departamento e dos gerentes gerais dos hotéis, pode ser dada muita ou nenhuma importância à sua execução. Alguns hotéis contratam **inspetores e inspetoras** – pessoas cuja única função é inspecionar as UH e informar o que observaram. Outros hotéis nunca inspecionam seus apartamentos e outros possuem procedimentos sofisticados para fazê-lo.

Um projeto para estudantes de governança em Las Vegas foi investigar as técnicas de inspeção de diversos hotéis. Eles tinham que descrever os resultados e a eficácia dos programas de inspeção pesquisados. Alguns hotéis contratavam inspetores, outros usavam as supervisoras de andar para inspecionar todas as UH antes de serem liberadas para a venda, outros tinham inspeções periódicas feitas pelo gerente geral e alguns não tinham nenhum programa de inspeção.

Os resultados foram medidos pela aparência e limpeza das UH inspecionadas. Surpreendentemente, os hotéis que contratavam inspetores não se saíram bem na pesquisa; nem os hotéis que utilizavam formulários de inspeção regularmente pelas supervisoras. Hotéis com boa manutenção e apartamentos muito limpos foram os que eram inspecionados vez ou outra ou onde era realizada uma **inspeção aleatória** por pessoas que supervisionavam a operação (supervisoras de andares, gerentes, governanta executiva, algumas vezes GRA, ocasionalmente alguém de outro departamento e, em especial, o gerente geral do hotel). Esses hotéis utilizavam formulários de inspeção que determinavam padrões de desempenho simples e razoáveis. (Na Fig. 1.2, observe o formulário de inspeção no qual são indicados *padrões* para algumas áreas das UH. Uma simples marca indica o que está no padrão, o que precisa ser melhorado ou o que está insatisfatório. Uma indicação de "insatisfatório" precisa ser corrigida antes da UH ser vendida.)

Inspetoras que não executam o trabalho de limpeza das UH (supervisoras de andares e GRA) não têm nada a perder ao reclamar de itens ou serviços fora do padrão, uma vez que não seriam elas as responsáveis pela correção dos problemas. Em virtude disso, quem tem que fazer o trabalho costuma possuir ressentimentos com relação às inspetoras. A dinâmica das relações interpessoais indica que as inspetoras seriam mais apreciadas se não reclamassem dos problemas. As supervisoras de andares que checam aleatoriamente o trabalho de determinados funcionários têm muito mais chance de encontrar soluções para desempenhos ruins e, como resultado, melhorar a *performance* dos funcionários. Aparentemente, a checagem aleatória de duas ou três UH por dia em cada seção indica o que é necessário para que cada funcionário execute seu trabalho com a melhor qualidade possível. Esse tipo de ação também permite que cada GRA informe que suas UH já estão prontas para serem vendidas, enriquecendo o trabalho e melhorando a eficácia da comunicação entre a governança e a recepção.

Há também muito a ser dito com relação à demonstração de confiança e crédito nos funcionários, o que é muito motivador para um bom desempenho. Além disso, a maioria das GRA se orgulha de seu trabalho e gosta de mostrar os resultados de seus esforços para seus superiores. É por essa razão que a governanta executiva e/ou o gerente residente/geral devem inspecionar as UH com regularidade. Entretanto, não se pode enfatizar demais a importância da inspeção regular das UH pelos gerentes –mais importante é a oportunidade do gerente aproximar-se de seus funcionários.

Há mais de 600 funcionários no departamento de governança do Hotel Excalibur em Las Vegas. Um número tão grande de funcionários pode causar problemas de difícil superação relacionados aos níveis hierárquicos dentro da organização. Haverá sempre alguns funcionários-problema, mas aqueles que forem muito bons precisam de "reforço positivo" por parte do gerente que se importa com seus funcionários como indivíduos. Quando o trabalho é bem feito, um pouco de humor na hora certa ajuda a expressar calor e reconhecimento do valor de um bom funcionário (Fig. 11.8).

A expectativa das inspeções feitas por níveis hierárquicos mais altos normalmente melhora a qualidade global do trabalho no **dia da inspeção** e, como resultado, tende a melhorar a aparência de cada UH limpa.

Uma técnica de inspeção por meio da qual é possível obter bons resultados em áreas nas quais funcionários específicos não estão atingindo o padrão desejado é deixar a GRA conduzir a inspeção na presença de um inspetor e de um supervisor. Mais especificamente, a pessoa que vai inspecionar a UH convida a pessoa que a limpou para fazer a inspeção e as respectivas observações, enquanto o gerente ou supervisor faz as anotações no formulário de inspeção. Essa técnica tem provado ajudar muitas GRA que, na presença de

Figura 11.8 – Mike Burns, governante executivo do Excalibur Hotel em Las Vegas, acrescenta um toque de humor em seu comentário a uma das GRA durante a inspeção da UH: "Que bela abertura de cama em formato de borboleta. Agora me diga, quantas borboletas você colocou *embaixo* das cobertas?".

seu supervisor e gerente, expõem não apenas o que está ruim, mas também o que está bom no seu trabalho.

Os **programas de inspeção** das UH devem ser conduzidos de maneira que os trabalhos com qualidade sejam amplamente notados e divulgados. Programas como "a GRA da semana", nos quais os funcionários acumulam pontos durante um período de tempo específico e como resultado podem ganhar um prêmio, motivam muito os funcionários a se destacarem. As GRA devem entender que sua reputação nunca será melhor do que a pior de todas as GRA do departamento. Essa informação faz com que elas se lembrem de que precisam e devem auxiliar umas às outras para obter um trabalho de qualidade e favorecer o comprometimento com os padrões.

Outra técnica para melhorar a aparência e limpeza das UH é o sistema de recompensa por equipe. Em capítulos anteriores, foi apresentado o sistema de escala da equipe para a arrumação das UH do hotel-modelo. Os sistemas de desempenho foram planejados com base na expectativa de que cada GRA limpe 18 UH por dia em cada turno de 8h. Há programas concebidos de forma que cada equipe que termine adequadamente seu trabalho tenha suas UH inspecionadas aleatoriamente por um supervisor ou gerente externo e, se os resultados forem positivos, a equipe pode ir embora mais cedo e receber pelo turno de 8h (isso somente poderia acontecer para a equipe, nunca individualmente, senão o aspecto do desempenho da equipe pode ser destruído).

Em resumo, as inspeções das UH são essenciais para a qualidade da limpeza e dos serviços e devem ser conduzidas regularmente. Nos sistemas mais eficientes não é feita a inspeção de todas as UH limpas. Inspeções aleatórias, adequadamente registradas pelas supervisoras dos andares, gerentes de departamento e gerente geral, têm demonstrado ser a maneira mais eficaz de realizar esse trabalho. Deve-se reconhecer o trabalho de qualidade e criar incentivos para encorajar desempenhos de alta qualidade, em especial da equipe como um todo.

Inspeção de Todas as Instalações

Para que os hotéis mantenham suas instalações com alta qualidade, não basta que a governanta executiva inspecione as acomodações ou que seja a única que o faça. Além de estabelecer um **programa de inspeção** amplo, bem administrado e com periodicidade definida, é fundamental que as UH sejam verificadas por mais de uma pessoa da gerência. Um **olhar externo** é necessário para que seja possível corrigir o que foi observado sem ser visto. Os gerentes que estão acima da governanta executiva na hierarquia da organização podem delegar a tarefa de manutenção das UH para ela, mas não podem abdicar de sua própria responsabilidade de certificar-se de que o hotel esteja sendo adequadamente conservado.

Os demais departamentos também possuem responsabilidades com relação à limpeza do hotel. Os gerentes de alimentos e bebidas (de restaurantes, bares, banquetes e *chef*) possuem grandes áreas cuja limpeza, manutenção e segurança adequadas estão sob sua responsabilidade. O gerente de manutenção pode ser responsável por toda a área externa do estabelecimento, como jardins, garagens e estacionamentos.

No Documento de Divisão de Trabalho (Cap. 2), a governanta executiva procurou garantir que cada área da propriedade fosse permanentemente designada para um gerente específico, que ficaria responsável por sua conservação. Assim sendo, deve haver um gerente responsável por cada metro quadrado, canto e fresta do hotel. Esse documento deveria ser realmente usado para estabelecer um programa de inspeção (veja a seguir) que identificasse cada pedaço do estabelecimento a ser periodicamente verificado, para garantir que a manutenção, a limpeza e a segurança dos espaços estejam adequadas.

Por fim, o olhar externo mencionado permite, além de outro par de olhos para a área, a orientação e o desenvolvimento do pessoal da gerência em áreas em que normalmente não estão envolvidos. Um programa de inspeção que usa o gerente da recepção para inspecionar a governança e usa a governanta executiva para inspecionar a cozinha é um bom treinamento para o futuro crescimento e desenvolvimento de gerentes para promoções ou para assumirem maiores responsabilidades.

Inspeção por Zonas

Há muitas inspeções que podem ser conduzidas como sub-rotinas, mas nenhuma é mais completa e, como resultado, mais benéfica para a manutenção total da propriedade do que o **programa de inspeção por zonas. Zonas** costumam ser criadas a partir da divisão do estabelecimento em partes iguais, de forma que cada inspetor tenha a mesma carga de trabalho em determinado período de tempo. As zonas de inspeção devem ser conduzidas por não mais que 3h, pois caso contrário se perde a efetividade.

A inspeção deve ser **documentada** e uma técnica deve ser desenvolvida para que a(s) pessoa(s) responsável(is) por cada zona de inspeção possa(m) implementar medidas corretivas aos problemas encontrados antes da próxima inspeção. Também é importante deixar registradas informações sobre condições de falta de segurança. A responsabilidade judicial em ações por negligência pode ser diminuída se for possível demonstrar que são conduzidas inspeções regulares, completas e controladas do estabelecimento e que há um acompanhamento adequado dos problemas encontrados.

Em 1982, quando eu trabalhava como consultor no Tropicana Hotel em Las Vegas, Nevada, implementei um programa de inspeção por zonas. Esse programa, além de utilizar gerentes seniores como inspetores chefes, envolveu também os gerentes juniores na inspeção de cada zona. Os gerentes juniores que, devido ao tamanho do empreendimento, mal entravam em contato com outros departamentos que não o seu, tiveram a oportunidade de aprender, compreender e respeitar o trabalho dos demais funcionários. O programa de inspeção foi desenvolvido como um PPO e está em uso atualmente. Ele é apresentado no Apêndice E. Estude o formato, analisando a delegação, a comunicação e o controle desse procedimento como uma sub-rotina.

Inspeções Semanais de Manutenção

Apesar das zonas de inspeção abrangerem todo o estabelecimento, pode haver situações em que uma zona específica não foi inspecionada por motivo de força maior. Isso não impede que as áreas comuns recebam regularmente uma **inspeção semanal de manutenção** feita pela supervisora de limpeza ou pela governanta executiva. A Figura 11.9 é um exemplo de formulário de inspeção semanal que pode ser usado pela supervisora ao final da cada semana, em geral às sextas-feiras no início da noite, para garantir que o estabelecimento esteja em condições adequadas antes do final de semana.

A Figura 11.9 pode também ser usada para registrar os "pontos positivos" de um trabalho bem feito. Os funcionários que fazem a limpeza das áreas comuns podem, desse modo, ser incluídos nos programas de incentivo junto com os demais funcionários do departamento de governança.

INSPEÇÃO SEMANAL DA
SUPERVISORA DE LIMPEZA

Data ________ Hora ________
Inspecionado por ________________

Rouparia
- Carrinho de roupas – bem abastecido ______
- Piso ______
- Prateleiras – limpas ______
- Sem cabides extras de arame ______
  - Copos
  - Bandejas
  - Lixo
- Aparência geral de limpeza ______

Corredor
- Extremidades do carpete ______
- Carpete ______
- Rodapé ______
- Extintor de incêndio ______
- Alarmes e caixas de incêndio ______
- Cinzeiros ______
- Protetores de parede ______
- Janelas (dentro) ______
- Peitoril da janela ______
- Ar-condicionado ______
- Sem teias ______
- Aparência geral de limpeza ______

Escadarias
- Corrimão ______
- Piso ______
- Cantos ______
- Portas ______
- Aparência geral de limpeza ______

Área das máquinas de alimentos
- Latas de lixo (limpas, vazias) ______
- Piso ______
- Máquinas (parte superior, lados e frente) ______
- Máquina de gelo ______

Elevadores
- Porta (dentro e fora) ______
- Paredes ______
- Aço inoxidável ______
- Carpete ______
- Teto ______

Total de pontos: ________

Figura 11.9 – O formulário de inspeção semanal da supervisora de limpeza funciona como uma *check list* das áreas que devem ser observadas durante a inspeção, que acontece normalmente às sextas-feiras à tarde. O formulário possui um espaço para registro de pontos conforme a qualidade do trabalho, de modo que os funcionários da limpeza possam participar de competições de desempenho.

Inventários

Nos Capítulos 4 a 7, foram listadas várias categorias de **inventários** com as quais a governanta executiva pode estar envolvida. Há algumas sub-rotinas relacionadas à organização e ao registro desses inventários. Itens como móveis e equipamentos, junto com outros itens (colchas e outros), formam a base das despesas de capital. Esses itens têm vida útil limitada e sofrem depreciação ao longo dos anos. Outros itens de material são operacionais por natureza e consumidos em ciclos bem menores (em geral mensais); eles são parte das despesas do empreendimento para produzir receita no mesmo período. Itens como produtos de limpeza e cortesias para hóspedes e os custos amortizados do enxoval estão entre as despesas que ocorrem mensalmente. Os gastos com tais suprimentos e com o enxoval devem ser comparados com a receita produzida para mensurar o resultado do período. Além disso, tais suprimentos e o enxoval fazem parte do ativo que forma o balanço da empresa, devendo ser periodicamente contados. Assim sendo, o gasto e o nível de suprimentos armazenados são **informações críticas de controle** que devem ser rotineiramente atualizadas para garantir a disponibilidade dos materiais sempre que necessário.

A Figura 11.10 é um típico **inventário de produtos de limpeza e de hóspedes** para um hotel. Observe as unidades pelas quais certos itens são comprados e controlados. Observe também a coluna marcada como "*par stock*". Essa coluna também pode ser chamada de "estoque mínimo", permitindo ao gerente rever as contagens e determinar se o nível de estoque está ficando muito baixo. De acordo com esse exemplo, baldes de gelo costumam ser comprados em caixas com grandes quantidades (cx), cada uma com seis dúzias de itens (6 dz). O *par stock* desse item é 0,5, o que indica que a quantidade disponível não deve ser menor que meia caixa antes que um novo pedido de compra seja feito.

A Figura 11.10 também pode ser usada como uma **folha de contagem** quando um inventário de rotina é feito. A última coluna também pode ser usada para indicar a quantidade de um item que deve ser comprada na próxima oportunidade.

A Figura 11.11 é um **registro de inventário** que pode ser usado para registrar a informação no livro ou relatório de inventário. Esse tipo de registro descreve o consumo durante determinado período, como os suprimentos foram usados, informações atualizadas de preço e o valor dos suprimentos à disposição. Os *controllers* dos hotéis esperam que esses registros sejam mantidos e que os inventários sejam conduzidos regularmente.

Os custos das operações devem incluir apenas a porção do inventário que foi usada durante o período. Tais custos não devem incluir o valor do que foi comprado, mas não utilizado ainda. A maioria dos *controllers* concorda que caixas que não foram abertas terão o preço total contabilizado no inventário. Uma vez que a caixa seja aberta, contudo, os itens são considerados gastos. Podem existir exceções a essa regra que permitem que os departamentos contabilizem os itens remanescentes de uma caixa aberta. Itens que não estejam no estoque principal, mas nas rouparias de apoio dos andares, também podem ser considerados no inventário. Uma vez estabelecido, o sistema de contabilidade especificado pelo *controller* deve ser obedecido.

Armazenagem

As salas de estoque dos suprimentos devem ser bem controladas e o acesso a elas limitado às pessoas responsáveis. Alguns itens que possuem custo alto por unidade ou que são muito utilizados, como sabonetes especiais, podem até mesmo ser armazenados em armários trancados para prevenir o furto. Estabelecimentos onde o local de armazenagem fica aberto durante o dia costumam gastar excessivamente com suprimentos, tendo seu lucro proporcionalmente afetado. Quando o controle é rigoroso, o custo dos suprimentos de limpeza não excede três décimos de 1% da receita, e os custos dos suprimentos de hóspedes são de até seis décimos de 1%.

Utilização de Pessoal

Outra sub-rotina importante é a **previsão** semanal (ou às vezes diária) de **horas de trabalho necessárias** – o maior custo operacional do departamento de hospedagem. As governantas executivas devem estar envolvidas no processo de preparo do orçamento anual (discutido posteriormente) pelo qual elas ajudam a determinar as horas de trabalho necessárias com base na ocupação projetada. Uma vez que o orçamento tenha sido determinado, é primordial que uma previsão semanal das horas de trabalho utilizadas seja feita com base na previsão semanal de ocupação. As previsões devem estar alinhadas com a expectativa de ocupação e com a carga de trabalho, ou a alta gerência deve ser notificada.

A Figura 11.12 é um exemplo de formulário de **previsão semanal de remuneração** com base na ocupação esperada durante a terceira semana do quarto período do hotel-modelo. A **previsão de ocupação** refere-se ao número e à porcentagem de UH ocupadas dentre as 353 do hotel-modelo. Por exemplo, na terça-feira, 94% ou 332 UH devem estar ocupadas. O ter-

INVENTÁRIO DE PRODUTOS DE LIMPEZA E DE HÓSPEDES

Data ____________ Inventariado por ____________

Item	Unidades	Unidades disponíveis	*Par stock*	Pedidos novos (X)
Sacolas de lavanderia	PCT/500		2	
Listas de lavanderia	PCT/250		250	
Cardápios do *room service*	PCT		500	
Sacolas de artigos de escritório	CX/1.000		1	
Artigos de escritório	CX/10 PCT		1	
Envelopes	CX/1.000		1	
Cartões postais	CX/10 CX		1	
Formulário "fale conosco"	CX/500		1.5	
Sacolas sanitárias	CX/1.000		1	
Sacolas de utilidades	CX/1.000		1.5	
Diretório de serviços para hóspedes	PCT		500	
"Escolha o seu crédito"	PCT		500	
Formulários de regulamento	PCT		1000	
Mapas do hotel	CX		1000	
Lenços faciais	CX/36 CX		3	
Papel higiênico	CX/96 RL		2	
Sabonete	CX/500		5	
Faixas para assento de vaso sanitário	CX/10.000		.5	
Cartões de identificação	CX		1	
Boletas AMEX	CX		.5	
Lâmpadas 100W	CX		.5	
Lâmpadas 60W	CX		.5	
Listas telefônicas	PCT		25	
Bíblias	PCT		12	
Madeira	CX/50		.5	

Figura 11.10 – Formulário para o inventário de produtos de limpeza e de hóspedes, indicando as unidades pelas quais os itens devem ser solicitados e comprados, por apartamento disponível (*par stock*), unidades disponíveis e quantidades a serem pedidas novamente.

mo **tipo de remuneração** refere-se à classificação contábil dos diferentes tipos de trabalho. Na Figura 11.2, o código 02 é para supervisores, 06 é para funcionários com número fixo de horas como os da limpeza, 07 é para as GRA e 08 é para auxiliares de seção da governança.

O número de horas trabalhadas para os supervisores do hotel-modelo corresponde ao total de horas dos quatro líderes da equipe, o supervisor da rouparia, o supervisor da noite e a supervisora de limpeza (menos as horas dos funcionários que estarão de folga). As horas das GRA foram obtidas da Tabela de Necessidade de Pessoal do Capítulo 2.

O número planejado de horas para cada dia encontra-se especificado. As horas são totalizadas para os sete dias da semana para cada tipo de remuneração e para todos os tipos em cada dia. A receita esperada para 2.276 pernoites (veja previsão de 7 dias na Fig.

INVENTÁRIO DE PRODUTOS DE LIMPEZA E DE HÓSPEDES *(Cont.)*

Data ________ Inventariado por ________

Item	Unidades	Unidades disponíveis	*Par stock*	Pedidos novos (X)
Cabides (plástico)	CX/50		.5	
Cinzeiros	CX/48		2	
Cinzeiros (dourados)	CX/6		.5	
Baldes de gelo	CX/6 DZ		.5	
Bandejas	CX/12		2	
Cestos de lixo	CX/12		1.5	
Fósforos	CX/50 CX		1	
Blocos de telefone	CX/500		.5	
Sinais de "não perturbe"	PCT/100		.5	
Sacos de lixo	CX/100		2	
Invólucro de copos	CX/12 RL		2 RL	
Tratamento para esfregão de pó	LT		.25	
Produto de limpeza para banheiro	LT/55 G		.25	
Toalhas de mesa	CX		12	
Copos	CX/36		24	
Esponjas	CX/40		.5	
Vassouras	CX/12		.5	
Vinagre	CX/6 G		.5	
Gatilho de pulverizador	CX/12		1.5	
Garrafas pulverizadoras	CX/12		1	
Garrafas para estoque de soluções	CX		6	
Porção pac 202	CX/4 CX		4 CX	
Porção par 265	CX/4 CX		4 CX	
Sacos para aspirador (papel)	CX/250		25 CX	

Figura 11.10 - *Continuação.*

11.12) é feita para a semana e são desenvolvidas **estatísticas** com relação às vendas por hora trabalhada e horas da GRA pelo número esperado de UH ocupadas. As estatísticas previstas são, então, comparadas com o orçamento para determinar se as previsões de horas trabalhadas estão **sob controle**. Depois que a previsão está pronta, ela é encaminhada à gerência, que avalia se o planejamento das operações para a próxima semana está sob controle.

Análise Semanal da Remuneração

Além da previsão da remuneração, as despesas reais com os salários devem ser analisadas depois da semana ter terminado. A **análise semanal da remuneração** (Fig. 11.13) é quase uma réplica da Figura 11.12; contudo, a informação reflete as **despesas reais**, que devem ser comparadas com a previsão, para avaliar a precisão da previsão e determinar as variações que estão ocorrendo e que podem ser ajustadas.

REGISTRO DIÁRIO DE INVENTÁRIO

1	2	3	4	5	6	7	8	9	10	11	12
Item	*Par*	Inventário anterior	Compras	Consumo	Impróprios (baixas)	Disponível	Contagem física	Variação	Preço	Valor do inventário	Novo pedido

Figura 11.11 – O registro de inventário é um método para registrar informações sobre cada item do inventário. Total disponível = inventário anterior + compra – consumo – impróprios para uso. Variação = disponível – contagem física real. Valor do inventário = contagem atual × preço.

PREVISÃO SEMANAL DE REMUNERAÇÃO

Período 3 Semana do período 4th Término da semana Sexta-feira 27 de Março (data)

Previsão de ocupação								
Tipo de remuneração	Sábado	Domingo	Segunda-feira	Terça-feira	Quarta-feira	Quinta-feira	Sexta-feira	Total
02	40	48	48	40	48	40	32	296
06	56	56	56	56	56	56	56	392
07	144	136	160	152	160	160	128	1040
08	32	32	32	32	32	32	24	216
Total	272	272	296	280	296	288	240	1944

Aprovado por

Governanta executiva

$100.00 Diária média prevista

Receita estimada 227,600

Vendas estimadas/horas de funcionários estimadas 117.08

Vendas orçadas/horas de funcionários 116.77

Horas das GRA/apartamentos ocupados; orçado .46 real .45

Figura 11.12 – O relatório de previsão semanal de remuneração é usado para prever as horas trabalhadas para os diversos tipos de remuneração na semana seguinte. Os tipos de remuneração referem-se à classificação contábil dos diferentes cargos: 02-supervisores, 06-horas fixas (funcionários da limpeza); 07-GRA; 08-auxiliares de seção da governança. A previsão de ocupação refere-se ao percentual e número de UH ocupadas dentre as 353 do hotel modelo. As previsões incluem estatísticas (vendas por funcionário/hora e horas das GRA por apartamento ocupado), tornando possível comparar o que foi orçado com o que foi previsto.

ANÁLISE SEMANAL DA REMUNERAÇÃO

Período 3 Semana do período 4th Término da semana Sexta-feira 27 de Março (data)

Ocupação real								
Tipo de remuneração	Sábado	Domingo	Segunda-feira	Terça-feira	Quarta-feira	Quinta-feira	Sexta-feira	Total
02	42.1	47.9	48.1	40.2	40.2	40.4	30.8	289.7
06	56.0	54.5	55.6	56.2	50.4	56.1	56.0	384.8
07	162.4	137.5	113.4	144.9	136.6	164.6	126.1	985.5
08	32.1	32.1	32.3	30.8	30.9	32.1	32.2	222.5
Total	292.6	272.0	249.4	272.1	258.1	293.2	245.1	1882.5

	Orçado	Previsto	Realizado
Receita	227,000.00	227,600.00	220,121.67
Vendas/ horas dos funcionários	116.77	117.08	116.93
Pernoites vendidos/horas das GRA	0.46	0.45	0.46

Explicação das principais variações: Vendas previstas/ hora trabalhada levemente menor, mas dentro do limite de tolerância do orçamento. Não há variações significativas

Assinado por: Governanta
Governanta executiva

Figura 11.13 – O formulário de análise semanal da remuneração assemelha-se ao de previsão semanal de remuneração, mas registra as despesas reais em oposição à prevista. A análise semanal da remuneração para a semana que terminou, juntamente com a previsão para a próxima semana, é apresentada para a alta gerência.

Observe as diferenças entre as Figuras 11.12 e 11.13. Em situações nas quais a ocupação não foi a prevista, a governanta executiva faz os ajustes necessários durante a semana por meio da *escala reduzida,* que ajuda a compensar quando a ocupação real é maior ou menor que a esperada. Observe que a ocupação prevista para quarta-feira era de 100%, mas a real foi bem menor do que isso. Foram feitos ajustes para atender à ocupação mais baixa, acertando as horas das GRA de forma a obter o melhor proveito das horas trabalhadas, mantendo as estatísticas conforme planejado. Governantas executivas que não prevêem e analisam a utilização das horas de trabalho correm o risco de ter um custo de salários incontrolável, deixando o departamento em situação desfavorável de custo-trabalho que não pode ser revertida durante o ano.

Avaliação Crítica

As **demonstrações de resultados** fornecem os resultados das operações no período, em especial os resultados das tentativas de controle de gastos durante esse período. Organizações hoteleiras eficientes exigem que esses gastos sejam comparados com a receita e que as demonstrações sejam analisadas para determinar se estão ocorrendo variações inaceitáveis. Muitos estabelecimentos exigem que seja feita uma **análise crítica** dos resultados para determinar onde as receitas e os gastos estão fora da tolerância predeterminada.

Análises críticas costumam ser solicitadas pela gerência geral cinco dias após o recebimento dos resultados. Os padrões típicos de controle de gastos exigem que se faça uma avaliação crítica sempre que o gasto variar mais que um décimo de 1% da receita. Tais avaliações devem explicar por que os custos estão fora da tolerância e o que será feito para trazê-los de volta ao aceitável (uma demonstração de período será analisada em detalhes na Fig. 11.25).

Compras

Suprimentos de Limpeza e de Hóspedes

Comprar é a sub-rotina que pode ocupar parte de todos os dias da governanta executiva. Embora algumas cadeias de hotéis possuam centrais nacionais de compras que conseguem bons descontos, em geral os suprimentos de limpeza e de hóspedes são comprados pelo **comprador** do hotel (se houver) ou pelo chefe de cada departamento.

Considerando o tamanho e a variedade do inventário dos suprimentos de limpeza e de hóspedes, muitos fornecedores e vendedores tentarão arduamente fechar negócios com a governanta executiva. Os fornecedores podem ser grandes aliados ou um grande estorvo para o trabalho do departamento de governança. A procura competitiva de vendedores e fornecedores simplificará a questão de quem será usado para quais produtos. A Figura 11.14 é um exemplo de **formulário de concorrência de compras** que pode ser usado para determinar os diversos atributos dos vendedores.

Um formulário de compra separado deverá ser mantido para cada produto usado na limpeza e no atendimento ao hóspede. Os preços dos produtos devem ser revistos no mínimo uma vez a cada seis meses. Comentários com relação ao atendimento dos vendedores e fornecedores e sobre como eles conhecem e demonstram seus produtos são importantes para escolher quem utilizar. O preço, embora importante, não deve ser o único critério para a escolha de um produto. Qualidade, conveniência, necessidades de estocagem e o tamanho das embalagens são importantes para a escolha correta.

Não é raro que um vendedor seja selecionado para todos os produtos de papel, outro para produtos químicos de limpeza e outro para esfregões, vassouras e outros itens usados no dia-a-dia da limpeza. O uso do tempo será mais eficiente caso o número de vendedores possa ser limitado. Alguns fornecedores ligam para a governanta executiva todas as semanas, outros ligam com menos freqüência. Os pedidos devem ser feitos pelo telefone, visto que os fornecedores farão visitas apenas ocasionalmente para garantir o atendimento adequado ao cliente. Remessas periódicas de mercadorias podem ser negociadas, de forma que o fornecedor fique com o problema do armazenamento, e não o hotel.

Há duas áreas principais com as quais é preciso ter maior cuidado. A maioria dos fornecedores prevê verbas para atender aos clientes. Alguns oferecem prêmios e descontos pessoais para a governanta executiva a fim de conseguir a conta do hotel. É preciso ter muito cuidado para garantir que o desconto seja para o hotel e não para a governanta executiva. Falando mais diretamente, tenha cuidado com as ofertas de comissão. Toda governanta executiva deve conhecer e entender totalmente a política da empresa sobre aceitar presentes na época de natal ou outros períodos em que os fornecedores são generosos com seus clientes. Em geral, as organizações hoteleiras determinam diretrizes sobre o que deve ou não ser aceito.

Em uma ocasião específica, quando eu era governante executivo, recebi um telefonema interurbano de um fornecedor que disse que "seus novos produtos multiuso eram extremamente eficazes" e que "se eu permitisse que eles fossem testados em meu estabelecimento, receberia *em minha casa* um *home-theater* completo, com aparelho de som e TV". É interessante notar que esse novo produto custava US$ 7,80/L, comprado em galões de 220L. O produto que eu já utilizava, com resultados satisfatórios, era comprado por meio de um contrato nacional por US$ 1,20/L. Você pode perceber imediatamente quem estaria pagando pelo *home-theater*.

FORMULÁRIO DE CONCORRÊNCIA DE COMPRAS								
Item	Quantidade/ tamanho	Preço	Vendedores					Observações

Figura 11.14 – Um formulário de concorrência de compras é usado para comparar os preços dos vendedores para determinado item do inventário. Os vendedores devem ser avaliados periodicamente para garantir que seja pago o melhor preço por item comprado.

Enxoval

Conforme o Capítulo 6, em governança, o termo "enxoval" geralmente se refere aos itens associados com cama e banho – lençóis, fronhas, toalhas de banho, de rosto e de mão e pisos. Várias sub-rotinas devem ser desenvolvidas com relação ao enxoval. Algumas servem para determinar políticas simples e procedimentos-padrão, descrevendo o movimento do enxoval entre a lavanderia e os andares todos os dias; outras envolvem as rotinas de baixas, armazenamento, consertos e cuidados normais. O enxoval está em segundo lugar, após os salários, nos gastos do departamento. Por essa razão, há um interesse especial pelas sub-rotinas associadas ao inventário e pela compra de enxoval.

Inventário do Enxoval

Como mencionado no Capítulo 6, o estoque inicial de roupas de cama e banho deve fazer parte das despesas de pré-abertura, quando o enxoval é disponibilizado para ser utilizado e amortizado durante determinado período. A substituição desse enxoval inicial, contudo, é uma despesa operacional. Em virtude dos gastos relativos (mão-de-obra *versus* enxoval), a quantidade total de roupa de cama e banho nunca deve ser pequena a ponto de fazer com que os funcionários tenham que esperar para poder arrumar as UH. Sendo assim, a quantidade de enxoval deve ser sempre algumas vezes maior do que a necessária para todas as UH de uma só vez (*par stock*).

Se o hotel possuir lavanderia própria, um suprimento inicial seria o seguinte:

- 1 jogo: *para cada cama* e banheiro (depois da arrumação diária).
- 1 jogo: *sujo*, que acaba de ser removido das camas e banheiros depois da arrumação diária (trabalho da lavanderia para o dia seguinte).
- 1 jogo: *limpo* e pronto para uso nas UH no dia seguinte.
- 0,5 jogo: *novo*, no estoque, para ser usado em substituições, quando necessário.
- 3,5 jogos: total.

Se o hotel não possuir lavanderia própria, acrescente um jogo para o trânsito entre a lavanderia comercial e o hotel.

Como uma diminuição na quantidade do enxoval pode diminuir a eficiência da arrumação dos apartamentos, **inventários físicos do enxoval** devem ser feitos regularmente e deve-se manter registro cuidadoso dos resultados para que seja possível prever com antecedência as necessidades adicionais. Em muitos hotéis os inventários são feitos mensalmente. Em situações nas quais os inventários estão sob controle e os sistemas de contabilidade são precisos, inventários podem ser conduzidos trimestralmente.

Vamos imaginar que, para o hotel-modelo, são necessários 3,5 jogos por UH e que o controle e o uso do enxoval sejam estáveis, permitindo que o inventário seja realizado trimestralmente. Deve-se manter atualizado um livro de inventários, com cabeçalho similar ao registro de inventário descrito na Figura 11.11. Necessidades periódicas de reabastecimento são determinadas após a conclusão de cada inventário físico.

Nos dias em que os inventários são feitos, é preciso tomar cuidado especial para que todas as peças possam ser localizadas para serem contadas. Os inventários devem ser conduzidos no final do dia de trabalho, quando há poucas peças em trânsito (depois da lavanderia ter concluído seu serviço, geralmente todas as UH já foram arrumadas e todos os carrinhos da governança estão abastecidos para o próximo dia). A Figura 11.15 é um exemplo de **formulário para contagem de enxoval** usado por quem faz o inventário.

Quanto mais funcionários estiverem envolvidos na contagem do enxoval, mais rápido o processo pode ser concluído. Além disso, quando os funcionários estão envolvidos na contagem, eles tornam-se mais cientes da importância e do valor das roupas de cama e banho. Cada GRA conta o enxoval de seu carrinho, as supervisoras contam as peças que estiverem nos carrinhos de transporte e nas prateleiras das rouparias dos andares. O supervisor e o atendente de rouparia contam todos os itens encontrados na rouparia principal. As auxiliares de seção contam os lençóis das camas extras. Os funcionários da lavanderia contam as peças que estão sujas e serão lavadas no dia seguinte e qualquer peça limpa que ainda esteja na lavanderia. A supervisora de limpeza e suas auxiliares contam o enxoval novo em estoque.

Na contagem dos lençóis, eles devem ser separados por tamanho (Fig. 11.15). Para facilitar, outros itens que não são exatamente enxoval, como travesseiros, cobertores, protetores de colchão e colchas, também podem ser contados nesse momento.

Quem contou o quê e onde deve ser registrado no formulário de contagem para que os gerentes possam conferir os números (não é incomum que o *controller* do hotel participe da realização do inventário para conferir as contagens).

Quando a contagem estiver concluída, os formulários de contagem são recolhidos e registrados no **registro do inventário do enxoval no período,** como o da Figura 11.16. Esse registro é usado para juntar os números de todos os formulários e registrar o número **total de enxovais em uso** e o **total de enxoval disponível.** Depois de pronto, o inventário é comparado

FORMULÁRIO PARA CONTAGEM DO ENXOVAL

Local de contagem: Carrinho 14 — Contado por: Maria — Data: 17/5

Item	Número contado
Lençóis *King*	6
Queen	4
Casal	26
Solteiro	0
Fronhas	39
Toalhas de banho	35
Toalhas de mão	35
Toalhas de rosto	35
Pisos de banheiro	18
Acolchoados de cama	—
Cobertores (opcional)	—
Travesseiros (opcional)	

Figura 11.15 – Formulário para contagem do enxoval utilizado pelos funcionários em diversos locais do hotel.

com o anterior para determinar a diferença (como na Fig. 11.10). A separação do enxoval em uso do novo é feita para valorizar corretamente o enxoval. A maioria dos hotéis considera o enxoval novo (em caixas fechadas) pelo preço de compra e o enxoval em uso pela metade do preço. Sendo assim, o total da **avaliação do enxoval** é determinado da seguinte forma:

$$\left(\frac{\text{Enxoval em uso} \times \text{Preço}}{2}\right) + (\text{Enxoval novo} \times \text{Preço}) = \text{Valor do Enxoval}$$

Deve-se tomar cuidado na contagem do enxoval para que não ocorra crescimento injustificado de determinado item. Por exemplo, o inventário anterior apontava a existência de 1.000 lençóis de casal à disposição. Entre aquele inventário e o último foram comprados 500 lençóis de casal. Desse modo, o total disponível não deve exceder 1.500. Entretanto, o inventário atual indica que há 1.724 peças, aumentando a quantidade disponível em inexplicáveis 224 lençóis. Quando isso ocorre, o problema pode ser tanto do primeiro inventário quanto do atual, e a contagem precisa ser refeita. Nessas situações, os inventários devem ser realizados com maior freqüência até que tudo esteja sob controle.

Compra de Enxoval

Os inventários indicam as necessidades de compra e muitos **fornecedores varejistas de enxoval** atendem a esse tipo de necessidade. Entretanto, para utilizar os serviços de um intermediário, paga-se mais caro. Se o enxoval for comprado diretamente da **fábrica**, é possível economizar mais de um terço do valor. Para compras direto da fábrica é preciso planejar-se com antecedência e fechar o contrato com cerca de um ano e meio de antecipação, permitindo que a fábrica produza o pedido conforme sua conveniência.

Tal planejamento pode parecer impossível, mas o **plano de pedido anual de enxoval** ilustrado na Figura 11.17 é totalmente possível. Observe como os inventários trimestrais são conduzidos e comparados com a necessidade de um estoque de 3,5 jogos. Os pedidos de enxoval podem ser feitos cerca de doze a dezoito meses antes da data efetiva, de modo que o pedido é enviado trimestralmente. O eixo vertical da Figura 11.17 indica o número de um item particular do inventário. A linhas verticais pretas mais grossas indicam o aumento da quantidade de enxoval provocado pelo recebimento do pedido. O eixo horizontal indica a passagem de um trimestre para outro. As linhas diagonais entre os trimestres indicam o déficit de enxoval em virtude de perdas, do uso e baixas que podem ocorrer no período entre os inventários. Os déficits determinados em cada um dos quatro inventários trimestrais indicam a quantidade total de enxoval que precisa ser reposta a cada ano. Uma linha horizontal sobre determinados valores indica a contagem de um item para mantê-lo em 3,5 jogos por UH. Os níveis de contagem variam uniformemente acima ou abaixo do valor de 3,5 jogos de *par stock*.

REGISTRO DO INVENTÁRIO DO ENXOVAL NO PERÍODO

1 Item	2 Camas	3 Lavanderia – enxoval sujo	4 Lavanderia – enxoval limpo	5 Governança – enxoval sujo	6 Rouparia central	7 Rouparias dos andares	8 Carrinhos de camareiras	9 Camas extras	10 Total em uso	11 Novos em estoque	12 Total geral

Figura 11.16 – Registro do inventário do enxoval no período, utilizado para fazer o inventário do enxoval. A soma das colunas de 2 a 9 resultam na coluna 10. A soma da coluna 10 com a 11 resulta na coluna 12. Os resultados são transferidos para o registro do inventário do enxoval de modo que seja possível estabelecer comparações com inventários anteriores a fim de determinar baixas e variações.

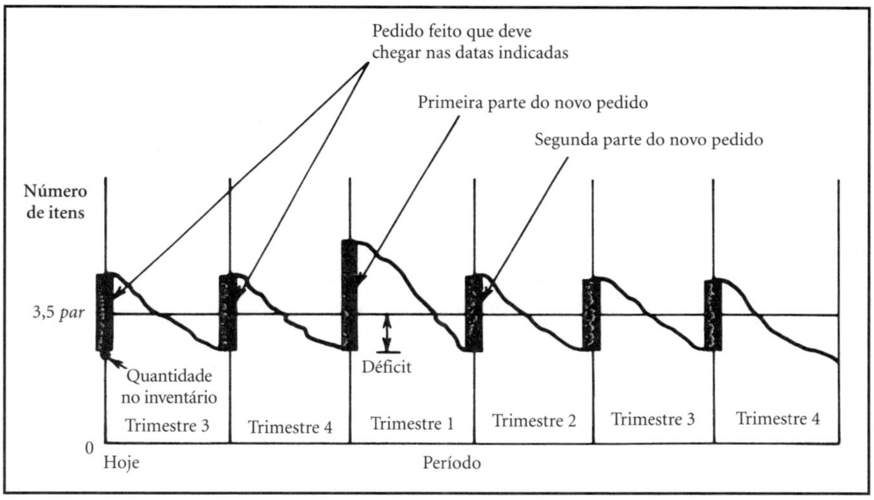

Figura 11.17 – O plano de pedido anual de enxoval mostra a quantidade disponível e o reabastecimento de um determinado item do inventário. O reabastecimento adequado para os 4 trimestres do ano vindouro deve ser determinado no início do terceiro trimestre do ano corrente. A fórmula para esse planejamento é a seguinte: enxoval disponível (hoje) + enxoval que irá chegar (já encomendado) – déficit (previsão até o final do ano corrente) – uso anual – 3,5 jogos por UH = pedido ÷ 4 (trimestres) × tamanho da embalagem = remessas trimestrais esperadas no próximo ano.

Como exemplo, imagine que um pedido de lençóis de casal será feito em 30 de junho para começar a ser utilizado a partir de 1º de janeiro do ano seguinte, sendo entregue trimestralmente durante o ano. Nesse ano, o estoque ideal é de 3,5 jogos disponíveis por UH para lençóis de casal. No dia 30 de junho, o inventário indicou a existência de 1.750 lençóis em estoque (250 a menos que o necessário). Pouco tempo depois do inventário do dia 30 de junho, 500 lençóis (pedidos anteriormente) devem chegar, aumentando a quantidade para 2.250. Segundo históricos anteriores, em setembro ocorrerá um novo déficit de lençóis, mas uma segunda remessa de 250 lençóis (já pedidos) chegará e o inventário de outubro contará com aproximadamente 1.950 lençóis. Outro déficit de 225 lençóis é previsto para o final do ano, em dezembro. Deve-se, portanto, fazer um pedido em 30 de junho que inclua o uso anual (quatro trimestres anteriores) mais o déficit previsto para 31 de dezembro. Esse pedido anual deve, então, ser dividido em quatro remessas trimestrais e feito diretamente para a fábrica seis meses antes. Observe a fórmula:

Enxoval disponível (hoje) + Remessas que deverão chegar (primeiro pedido) – Déficit (esperado para o final do pedido) – Uso anual – 3,5 jogos por UH = Pedido futuro (número negativo)

Pedido ÷ 4 × Tamanho da embalagem = Remessas esperadas para começar a chegar daqui a seis meses

Como foi mostrado, o pré-planejamento da compra de enxoval para uso futuro pode representar grande economia. Apesar de existirem varejistas dispostos a atender às necessidades do hotel, seu lucro representa a economia real que pode ser obtida pelo departamento de governança que faz o pedido diretamente da fábrica. Sendo assim, eles devem ser usados apenas em emergências.

Administração de Pessoal

Controle do Cartão de Ponto

Outra sub-rotina que requer atenção diária da gerência é o **controle do cartão de ponto**. No momento da contratação, deve-se informar aos funcionários a carga horária de seu turno diário de trabalho. Algumas organizações estabelecem turnos de 8h, incluindo tempo para as pausas e almoço. Outras exigem que os funcionários batam o cartão para o almoço, de modo que a empresa não paga por esse tempo. O departamento de governança pode estar organizado de tal maneira que os funcionários permaneçam no estabelecimento por 8,5h, com duas pausas de 15min pagas pela empresa, mais uma pausa para o almoço por conta o funcionário, totalizando 8h diárias de trabalho. Quando é assim, os funcionários devem bater o cartão no início e no final de seu turno e ao sair e voltar do almoço. Por força da legislação, as horas trabalhadas de todos os funcionários devem ser registradas para garantir que recebam efetivamente o que merecem.

Alguns funcionários, mesmo sabendo que seus turnos começam às 8h, batem seu cartão mais cedo, às 7h45, e esperam ser pagos por toda a hora trabalhada conforme indicado no cartão. Não se deve permitir aos funcionários bater o cartão quando preferirem, esperando serem pagos por essas horas. Os gerentes devem especificar de forma clara as regras para as horas extras e os horários nos quais cada funcionário deve bater o cartão todos os dias. Se for solicitado aos funcionários que venham trabalhar antes de seu horário normal, eles devem bater o cartão mais cedo e esperar receber por esse período. Se não, entradas entre 7h55 e 8h05 serão consideradas como feitas às 8h. Políticas similares se aplicam aos horários de saída.

Muitos hotéis possuem dois locais para guardar os cartões de ponto de cada funcionário. Um é para os cartões de quem não está no estabelecimento e outro para os que estão trabalhando. Em grandes hotéis, uma rápida olhada na localização do cartão de ponto mostra se o funcionário está ou não trabalhando.

Enquanto o funcionário estiver no estabelecimento, deve existir um registro de entrada e nenhum de saída. Durante esse período, os gerentes podem verificar as horas dos cartões do dia anterior e indicar o número de horas que devem ser pagas com base nessas informações. Isso permite que os funcionários saibam exatamente quanto receberão pelo dia anterior. Desse modo, qualquer dúvida que apareça pode ser imediatamente resolvida. Além disso, as horas extras autorizadas também podem ser verificadas.

A Figura 11.18 mostra um exemplo de cartão de ponto em que vários dias foram registrados. Note as observações à mão, feitas pelo gerente que verificou o cartão, indicando a quantidade de horas a serem pagas ao funcionário. Na quarta-feira, a hora extra foi autorizada. Na terça-feira, a hora extra não foi autorizada e pode ser necessário relembrar o funcionário das regras e procedimentos de registro de entrada e saída. Esse tipo de verificação de horas trabalhadas é uma sub-rotina que deve ser feita todos os dias. É fácil verificar um cartão usando um relógio 24h que registra horas e centésimos de horas.

Administração da Folha de Pagamento

O pagamento adequado de salários aos funcionários é um problema que exige grande atenção aos detalhes por parte do gerente do departamento. Os funcionários têm direitos e esperam ser pagos pelo trabalho realizado. Desse modo, é vital para o departamento que o gerente tenha certeza de que as horas trabalhadas durante a semana foram adequadamente registradas nas **folhas de horas** por meio das quais o pagamento será calculado.

As folhas de horas costumam ser entregues a cada gerente pelo departamento de pessoal antes do final de cada período. Essas folhas contêm uma lista de todos os funcionários em ordem alfabética. Funcionários admitidos depois de calculada a folha original devem ser adicionados. Supondo que a verificação diária dos cartões de ponto tenha sido feita, ao final do período os cartões de ponto devem ser totalizados e seus valores inseridos nas folhas de horas (Fig. 11.19) que será enviada ao departamento pessoal.

As folhas de horas semanais indicam o número de horas pelas quais os funcionários receberão. Os dias de folga são também indicados para que não haja espaços em branco em nenhum dia; formas especiais de pagamento são registradas no local apropriado. Itens como licenças médicas, férias pagas, total de horas regulares, horas extras e valor da hora trabalhada são registrados, bem como as classificações de salários sob as quais os funcionários são pagos. No caso desse hotel norte-americano, alguns funcionários podem ter um segundo código de trabalho pelo qual eles podem ser pagos. Por exemplo, a camareira com classificação (07) pode trabalhar um dia da semana substituindo a supervisora de andares com classificação (02). O funcionário deve, então, receber um valor de hora trabalhada maior para aquele dia. Depois que todas as horas forem adequadamente registradas, um resumo das informações é incluído na Análise Semanal dos Salários (Fig. 11.13).

Para uma administração adequada dos salários, é preciso orientar os funcionários para que entendam quando os salários serão pagos. Para uma semana de

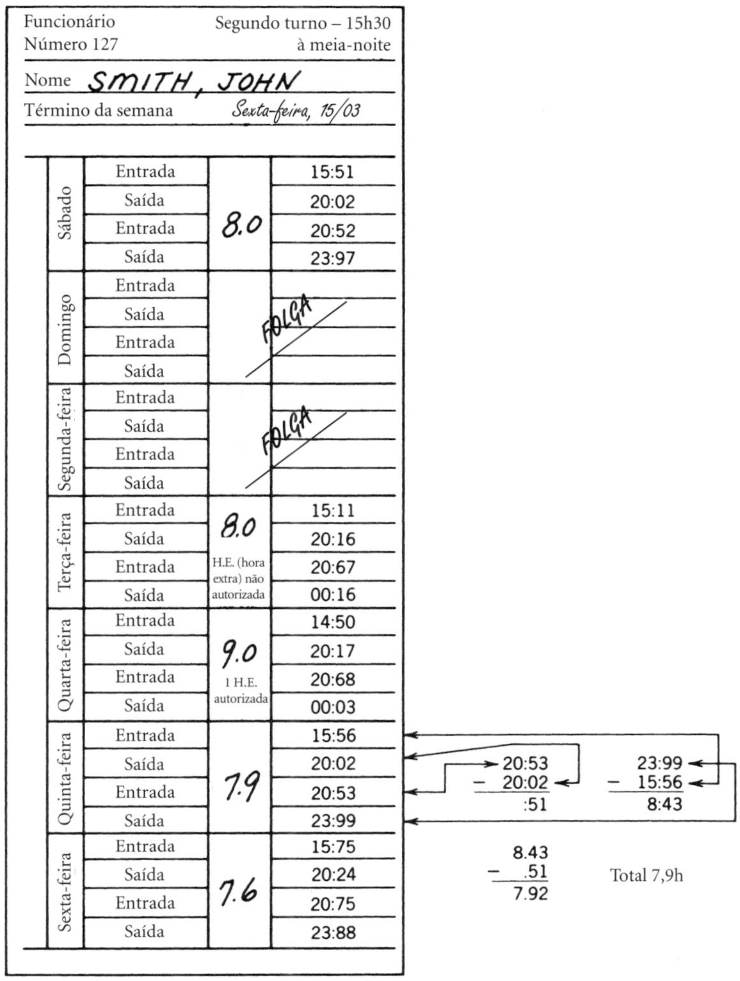

Figura 11.18 – Auditoria diária do cartão de ponto. Esse cartão de ponto foi utilizado com um relógio que registra horas e centésimos de horas. É mais fácil verificar as horas com um relógio que registra as horas e seus décimos do que com um que registra horas normais de 60min. Observe o exemplo para quinta-feira: o primeiro horário registrado é 15,56 (ou cerca de 15h34 – 56/100 de 1h após as 15h). O último registro é 23,99 (1/100 de 1h antes da meia-noite). Ao subtrair a hora menor da hora maior, determina-se o tempo total que o funcionário permaneceu no estabelecimento. Os dois registros intermediários de entrada e saída correspondem à pausa do jantar. Subtraindo-se o menor do maior, obtém-se o tempo gasto com o jantar. Por fim, a subtração do tempo gasto com o jantar do tempo total passado no hotel indica o tempo total trabalhado pelo funcionário. Observe que, na terça-feira, o resultado indica um período de 8,5h em virtude de um registro de entrada feito mais cedo que não foi autorizado. Desse modo, somente as 8h regulares são permitidas. John Smith ficaria sabendo desse fato na quarta-feira, durante seu dia de trabalho. Se existirem dúvidas quanto à verificação, John será aconselhado a não registrar sua entrada mais cedo sem autorização prévia. Na quarta-feira, a hora extra foi autorizada, de modo que foi permitida a contabilização de 9h. Alguns estados norte-americanos exigem que as horas extras sejam pagas por dia, outros por semana, quando exceder 40h. No primeiro exemplo, John teria trabalhado 39,5h regulares e 1h extra. No segundo, John trabalhou um total de 40,5h, sendo 0,5h extra.

trabalho que vai de sábado a sexta-feira, as folhas de horas devem ser preparadas ao final do trabalho na sexta-feira. Um período de 5 a 10 dias é necessário para preparar os cheques. Dependendo dos métodos de preparo da folha de pagamento, o pagamento do funcionário para a semana terminada na sexta-feira, 5 de junho, por exemplo, pode não ser feito até a quarta-feira, dia 15 de junho.

É preciso explicar aos funcionários, logo que começam a trabalhar, que o pagamento do trabalho concluído na sexta-feira da primeira semana não será feito até quarta-feira, 10 dias depois. Embora esse procedimento possa ser penoso para alguns funcionários, é melhor ter o dia de pagamento distante o suficiente para garantir que o pagamento estará disponível no dia programado do que *não* cumprir o prazo estabelecido. Pagamentos atrasados costumam criar mais problemas e devem ser evitados.

Os funcionários precisam entender que, no término do seu contrato, o pagamento devido será recebido e que o valor devido não será afetado. Os funcionários que pedirem demissão deverão esperar por dias agendados para receber. É melhor se os funcionários demitidos pela empresa receberem imediatamente com um contracheque especial para não precisarem retornar ao estabelecimento para receber.

Como é o gerente do departamento que controla as horas de trabalho e o pagamento dos funcionários, a distribuição dos contracheques é também de sua responsabilidade, sendo que esta tarefa não deve ser passada para outro departamento (como o departamento pessoal).

Os funcionários cujos nomes aparecem nas folhas de horas, mas que não têm nada a receber, encaixam-se em duas categorias: aqueles que estão em **licença** autorizada e os que foram desligados da empresa sem que o departamento de pessoal tenha sido avisado. O gerente deve ser cuidadoso para que os nomes de funcionários desta segunda categoria não apareçam mais na folha de pagamento.

A sub-rotina de **preparo da folha de horas** é tediosa, consome muito tempo e exige grande atenção aos detalhes. Com treinamento adequado, contudo, a tarefa pode ser delegada alternadamente para todos os

FOLHA DE HORAS SEMANAIS

Término da semana 5/17

Nome (código primário de salário) (código secundário de trabalho)		Valor da hora trabalhada	Horas							Total de horas	Vencimentos			
			SÁB	DOM	SEG	TER	QUA	QUI	SEX		Regular	Hora Extra	Especial	Total
ADAMS, Sarah	(07)	9.90	8.0	8.0	8.1	7.9	FO	FO	8.0	40.0	396.00			
														396.00
BROWN, Betty	(07)	10.15	9.0			8.0	7.9	FO	FO	24.9	242.59	15.23		
	(02)	10.65		8.0	8.0					16.0			170.40	428.21
CARTER, Louis	(06)	9.90	9.0	8.0	FO	FO	8V	8V	8V	41.0	158.40	14.85	237.60	
														410.85
GREEN, Martha	(02)	10.90	FO	FOE	8S	8.0	8.0	8.0	FO	32.0	261.60		87.20	
														348.80
JONES, Thomas	(08)	9.90	LR	→					LR					
	(02)													0.00
KING, Mary	(07)	9.40	8.2	8.1	8S	8S	FO	FO	8.0	40.3	225.60	4.23	150.40	
														380.23
SMITH, John	(08)	9.65	8.0	FO	FO	8.0	9.0	7.9	7.6	40.5	390.83	7.24		
														398.06
THOMAS, William	(08)	9.40	8.0	8.0	FO	FO	E	E	E	16.0	112.00			
														112.00
WHITE, Jane	(06)	9.90	8.0	8.0	8.0	7.4	8A	FO	FO	39.4	310.86		79.20	
	(02)	10.40												390.06
Total (Primária)			58.2	40.1	32.1	47.3	40.9	23.9	31.6	274.1	2097.87	41.54	724.80	
(Secundária)				8.0	8.0					16.0				2864.21

Códigos Especiais

M – Licença Médica
FE – Férias Pagas
J – Obrigações Jurídicas
A – Pagamento Administrativo

LR – Licença Remunerada
FO – Folga (Sem Pagamento)
FOE – Dia de Folga Extra (Sem Pagamento)
E – Contrato Encerrado

Preparado por Annette Moccio

Aprovado por [illegible]

Figura 11.19 – Folha de horas semanais preparada pelo departamento responsável pela folha de pagamento, ilustrando uma impressão de computador com uma lista de funcionários da folha de pagamento em ordem alfabética. Uma lista completa pode ter muitas dessas páginas. As explicações para os registros feitos nesse formulário são:

Adams: trabalhou cinco dias regulares como auxiliar de governança (07), teve folga quarta e quinta-feira. Total de 40h trabalhadas na semana, no valor de US$ 9,90 por hora, gerou o ganho semanal de US$ 396.

Brown: GRA; trabalhou três dias regulares sob a classificação principal do cargo (07) e dois dias como supervisora (02). Também trabalhou nove décimos de 1h como hora extra, pela qual ganhará o valor de 1h30.

Carter: trabalhou dois dias regulares como atendente de limpeza; teve dois dias de folga, solicitou e obteve três dias de férias pagos.

Green: trabalhou três dias regulares, teve um dia extra de folga e obteve 8h de licença por doença.

Jones: obteve licença para se ausentar por algumas semanas (licença autorizada, os benefícios são mantidos).

King: trabalhou três dias regulares; requisitou e obteve dois dias de licença médica. Também trabalhou três décimos de 1h em hora extra.

Smith: horário similar ao de Adams. Folgou domingo e segunda-feira.

Thomas: trabalhou dois dias regulares, folgou dois dias e faltou no retorno ao trabalho. Seu contrato foi encerrado. Ele receberá as obrigações no próximo dia de pagamento. Se tivesse sido demitido, teria recebido tudo imediatamente e uma marcação seria feita indicando que ele tinha sido pago.

White: trabalhou quatro dias regulares, pediu e conseguiu um dia de licença administrativa (sem pagamento). Também teve uma classificação de trabalho secundária mas não trabalhou com essa classificação durante a semana.

supervisores de departamento. Uma assinatura autenticada do gerente do departamento deve constar em todas as folhas de horas.

Avaliação do Desempenho

Uma sub-rotina que nunca deve ser negligenciada é a **avaliação de desempenho** de todos os funcionários do departamento. Todo funcionário tem o direito de saber as expectativas da gerência e de receber avaliações para saber como as responsabilidades e tarefas estão sendo executadas. As avaliações de desempenho devem ser conduzidas em intervalos estabelecidos e em outros períodos quando necessário.

A primeira avaliação regular ocorre ao final do **período de experiência**. Os funcionários costumam ser admitidos por um período de experiência que pode variar entre três e seis meses. Ao final do período de experiência, deve-se avisar ao funcionário que seu desempenho foi considerado satisfatório e que ele agora é funcionário efetivo, temporário ou reserva em boa posição ou, com antecedência, antes do final do período de experiência, que seu desempenho foi deficiente. Gerentes que esperam até o final desse período para informar que o desempenho foi inaceitável são insensíveis em relação à dinâmica humana de sua responsabilidade de supervisão.

As avaliações de desempenho de rotina ocorrem em intervalos determinados. Após o término bem-sucedido do período de experiência, o funcionário deve ficar sabendo quando será o próximo período de avaliação (em geral uma vez por ano, a partir de então). Quando o período de experiência é concluído de forma satisfatória, presume-se que o funcionário seja capaz de executar as tarefas que lhe foram designadas de maneira adequada. A não-continuidade da realização das tarefas da mesma maneira indica desempenho insatisfatório, motivando avaliação especial. Quando se observa que o desempenho é continuamente excepcional, também é preciso fazer uma avaliação especial.

Avaliações de desempenho satisfatórias e excepcionais devem ser consideradas para **aumento de salário**, de acordo com a política da empresa. Se o funcionário completar com sucesso o período de experiência, um aumento de salário é apropriado. Um ano depois, com desempenho satisfatório, um outro aumento é indicado.

Muitas empresas possuem **escalas de salários** nas quais há remuneração inicial, remuneração-base, remuneração após um ano e um teto máximo para cada tipo de cargo. Por exemplo, para uma GRA, pode-se aplicar os seguintes valores:

- Remuneração inicial: US$ 9,50/h.
- Remuneração-base: US$ 10/h.
- Remuneração após um ano: US$ 10,50/h.
- Remuneração máxima: US$ 12,50/h.

O salário inicial é aplicado quando a pessoa começa no emprego. Tendo um desempenho satisfatório ao final do período de experiência, a remuneração aumenta para o valor-base. Desempenho satisfatório durante um ano garante aumento adicional além da inflação. O mesmo pode acontecer durante os três anos seguintes. Ao atingir o valor máximo, aumentos adicionais não poderão ser concedidos, a não ser que as escalas de salários sejam alteradas em virtude de aumento do custo de vida ou de promoções.

Nesse caso, desempenhos essencialmente satisfatórios, e não o tempo de atuação em um cargo específico, garantem aumentos constantes até o limite estabelecido para o tipo de trabalho realizado. Os valores das escalas de salários devem aumentar todos os anos em função do aumento do custo de vida. Para obter aumentos maiores que a média, o trabalhador deve possuir um desempenho acima da média ou ser promovido para um cargo superior.

Técnicas de Avaliação de Desempenho

As avaliações de desempenho devem acontecer entre o gerente e o funcionário. O gerente pode consultar outros supervisores, mas a avaliação deve vir apenas do gerente do departamento.

No Capítulo 8, foi instituída uma ficha para cada funcionário admitido. A frente da ficha (Fig. 8.4) contém todos os dados pertinentes para a identificação do funcionário e o verso (Fig. 8.5) é usado para a avaliação de desempenho. Funcionários que trabalham há bastante tempo na empresa deverão ter várias fichas em seu prontuário, preenchidas toda vez que foi necessário alterar algum dado pessoal importante ou quando avaliações de desempenho foram realizadas. A frente da ficha mais recente contém os dados mais atuais do funcionário, com o verso em branco aguardando a próxima ação (mudança de dados ou avaliação de desempenho).

O departamento de recursos humanos ajuda a governanta executiva a lembrar-se de quando as avaliações de desempenho precisam ser feitas para cada funcionário, localizando a ficha mais recente e enviando para o departamento de governança para ser feita a avaliação (em geral no prazo de uma semana). Deve-se agendar uma hora na semana para escrever e apresentar os resultados para os funcionários.

Como mostrado na Figura 8.5, o formulário de avaliação deve conter as seguintes informações:

1. Os pontos fortes observados.
2. Informação com relação aos objetivos traçados (se foram atingidos ou não).
3. Os pontos fracos (é duvidoso que o desempenho de um funcionário seja perfeito. Os pontos fracos devem ser apontados como oportunidades de melhoria para o funcionário. Uma avaliação de desempenho sem pontos fracos indica que não é possível melhorar nenhum aspecto do desempenho).
4. Um conselho. O que o funcionário deve fazer para melhorar o desempenho e o que o empregador pode fazer para auxiliá-lo.
5. Uma estimativa de quando o funcionário deverá estar pronto para uma promoção (isso não garante que a promoção acontecerá).

Depois que a avaliação estiver pronta, deve-se agendar uma reunião com o funcionário. A avaliação escrita é usada para discutir o desempenho do funcionário. Após a discussão e de ter certeza de que o funcionário compreendeu os pontos analisados, ele deve assinar a avaliação para que fique registrado que a recebeu e que conhece seu conteúdo e significado. A assinatura não é o reconhecimento da precisão do conteúdo da avaliação, mas apenas a confirmação de que o funcionário a recebeu e compreendeu o ponto de vista do avaliador. O funcionário deve, então, fazer comentários por escrito no espaço fornecido. Se a avaliação resultar em aumento de salário, essa observação deverá ser feita na frente da Ficha de Funcionário, bem como a observação sobre quando acontecerá a próxima avaliação.

Avaliações Especiais

As avaliações especiais devem ser conduzidas de maneira similar às regulares – a diferença é que elas ocorrem quando o desempenho é insatisfatório ou excepcional. Os desempenhos ruins devem ser avaliados *antes* de se tornarem insatisfatórios. Isso permite uma ação corretiva antes da possibilidade de demissão. A Ficha de Funcionário deve ser utilizada para registrar que uma notificação verbal foi feita ou para a anotação de uma notificação escrita. Quando um desempenho ruim ou questionável precisar ser avaliado, deve-se utilizar uma técnica conhecida como nivelamento. A **técnica do nivelamento** é executada da seguinte forma:

1. Conduza as sessões de nivelamento de forma individual. Há raras ocasiões em que uma terceira pessoa precisa ser envolvida para validar condições ou observações; as sessões individuais costumam ser mais abertas e levam a um melhor entendimento e comprometimento futuro.
2. Seja bastante honesto e franco. Não use a técnica do nivelamento se não for possível ser totalmente transparente.
3. Trabalhe o problema assim que possível. A ação imediata é muito melhor do que a ação tardia. O adiamento da resolução de um problema indica fragilidade por parte da gerência e falta de vontade de para lidar com situações desagradáveis na esperança de que elas desapareçam. Isso não costuma acontecer.
4. Organize a sala de modo que não exista nada entre o avaliador e o funcionário. Não fique atrás da mesa e sente-se em posição de igualdade com o funcionário. Não fique em pé enquanto o funcionário está sentado ou vice-versa.
5. Vá direto ao ponto. Conversas superficiais ou piadas não são adequadas.
6. Transmita mensagens usando "eu". O uso do "eu" indica preocupação sem julgar que o funcionário é uma má pessoa. Afirmações como "estou preocupado com os seus atrasos freqüentes" ou "estou preocupado porque você está tendo dificuldades de relacionamento com seus colegas de trabalho" farão com que o funcionário saia da defensiva e se abra, conversando sobre os problemas.
7. Dê reforço positivo sincero quando merecido, mas não seja paternalista.
8. Ouça. Metade da comunicação reside em saber ouvir, compreender os significados e perceber se as pessoas estão sendo sinceras ao falar.
9. Evite referências a problemas passados se eles não forem relevantes nessa ocasião (os erros do passado deveriam ter sido trabalhados no passado. *É o presente que importa*).
10. Chegue a uma decisão mútua ou entendimento sobre as ações futuras ou comportamentos esperados.
11. Confirme os entendimentos com observações escritas das discussões e decisões tomadas; faça isso para ser registrado e forneça uma cópia para o funcionário (pode ser a cópia de uma notificação escrita).
12. Mantenha o encontro totalmente profissional e livre de emoções por parte do avaliador. Se o funcionário tornar-se emotivo, permita que se acalme antes de prosseguir com a avaliação.

A avaliação de desempenho dos funcionários é um dos aspectos mais importantes da administração de pessoal em que a governanta executiva envolver-se-á. Um gerente consegue que as coisas aconteçam através das pessoas. Para entender isso, é necessário comprometer-se com o entendimento das dinâmicas humanas e possuir vontade de ser um profissional na tarefa da supervisão.

Comunicação e Treinamento

Para gerenciar bem, é preciso compreender completamente como delegar de forma adequada e como essa delegação faz com que os funcionários tornem-se comprometidos e envolvidos. Não se consegue comprometimento guardando segredo sobre problemas, que os funcionários *têm que saber*, que vão além de preocupações acerca dos trabalhos a serem realizados ou de problemas que eles *querem saber*, o que indica que o desempenho do funcionário contribui para o sucesso da organização. O comprometimento e o envolvimento acontecem por meio de orientações, treinamento individualizado e encontros regulares nos quais os funcionários têm a palavra.

Reuniões Departamentais

Regularmente (no mínimo mensalmente), **reuniões departamentais** devem ser agendadas. Elas devem ser interessantes, informativas e produtivas. Elogios para trabalhos bem feitos são sempre adequados para esses encontros, quando desempenhos individuais louváveis devem ser reconhecidos diante de todos.

Anúncios sobre eventos que irão acontecer e sobre o sucesso (ou fracasso) de eventos passados são apropriados, bem como observações da gerência sobre alguns acontecimentos. Uma parte do encontro deve ser destinada à apresentação e discussão de novas políticas do hotel, bem como para uma revisão regular e periódica das políticas existentes.

Os comentários dos hóspedes sobre os serviços (bons ou ruins) devem ser apresentados; contudo, comentários específicos sobre desempenhos ruins individuais devem ser apresentados em particular. As reuniões devem ter um tempo reservado para perguntas dos funcionários, por meio das quais os gerentes podem tomar conhecimento dos seus problemas e preocupações.

A governanta executiva deve permitir que gerentes juniores e supervisores conduzam as reuniões, mas deve sempre estar presente. Os líderes de cada equipe devem conduzir reuniões regulares (simplificadas) com suas equipes, mantendo anotações e discutindo os resultados com a governanta executiva.

Planejamento de Longo Prazo

Confecção de Orçamento (Sub-rotina Anual)

Há muitos casos em que são apresentados orçamentos para a governanta executiva que indicam quanto será gasto com mão-de-obra e suprimentos para a realização das tarefas. Tais orçamentos, que são formulados pela alta gerência e transmitidos para os departamentos, quase nunca atraem o comprometimento dos gerentes operacionais, porque há pouco ou nenhum planejamento que contribua com o departamento. A participação da governanta executiva na confecção do **orçamento operacional para o departamento de governança** é essencial se os gerentes desejam comprometer-se com o sucesso do planejamento de longo prazo conhecido como orçamento.

Contribuição da Alta Gerência para o Orçamento

A alta gerência deve estar envolvida no processo de elaboração do orçamento: as expectativas da empresa devem ser elaboradas e as tendências nacionais analisadas; devem ser estabelecidos critérios com relação aos padrões que devem ser atingidos na utilização dos suprimentos; planos de *marketing* devem ser finalizados para o próximo ano; e a orientação para a elaboração do orçamento é essencial. Entretanto, depois que essas tarefas forem cumpridas, cada departamento do hotel deve começar do zero, estabelecendo as necessidades para os gastos com mão-de-obra, materiais e dinheiro para produzir o serviço ou produto que gerará receita. Após identificar as vendas esperadas e seus respectivos custos, a alta gerência deve analisar o orçamento, indicando onde devem ser feitos ajustes a fim de que a empresa ou corporação possa atingir os objetivos estabelecidos. Se for preciso modificar o orçamento, ele deverá ser revisado pelos departamentos operacionais até que se chegue a um consenso.

Ciclo do Orçamento

O **ciclo operacional do orçamento** geralmente dura vários meses desde o planejamento inicial até as críticas e os ajustes finais. O processo de elaboração do orçamento deve, portanto, começar a acontecer com bastante antecedência antes do início do ano fiscal.

Os orçamentos operacionais normalmente refletem **períodos** do ano fiscal. Alguns orçamentos operacionais hoteleiros são construídos com cada um dos 12 meses constituindo um período. Outros sistemas possuem 13 períodos de 28 dias, cada um constituído de quatro semanas consecutivas. O sistema de 13 períodos parece ser mais adequado, pois os períodos têm início no primeiro dia da primeira semana e terminam no último dia da quarta semana. Isso permite a comparação de receitas e custos sobre uma base consistente em cada período.

Períodos de orçamento com base no calendário dos meses possuem dois meses dos 12 nos quais existirá um dia extra de pagamento, causando uma comparação distorcida dos custos dos salários com a receita. Tal distorção não ocorre no sistema de 13 períodos. Além disso, determinados dias de cada período sempre cairão no mesmo dia da semana, permitindo comparações sistemáticas de dias similares. Por exemplo, suponha que as semanas comecem aos sábados e terminem às sextas-feiras. Desse modo, o primeiro dia de cada período será sempre o sábado. Similarmente, o 16º dia de cada período será sempre o terceiro domingo de cada período. Exceto em períodos especiais de feriado, é provável que as receitas e os custos resultantes das operações do hotel reflitam similaridade mais fiel pelos dias da semana do que por qualquer outro critério estatístico.

Sub-rotina de Elaboração do Orçamento

Todo ciclo de planejamento do orçamento começa com os envolvidos no orçamento das vendas. Tabelas indicando o volume de apartamentos que devem ser vendidos em cada dia do ano seguinte são preparadas e finalizadas antes que os orçamentos operacionais sejam feitos por qualquer departamento influenciável por variações da ocupação (como a governança). A maioria das tabelas de vendas esperadas também trará uma comparação do orçamento para o próximo ano com o ano existente, a fim de que o crescimento possa ser analisado. Não apenas o crescimento das vendas é relevante, como mudanças na diária média e nas receitas esperadas serão importantes para o desenvolvimento de estatísticas para o departamento de governança. A Figura 11.20 é um exemplo de um típico **resumo consolidado de venda de diárias**, que servirá como guia para a governança na formulação do orçamento de despesas do departamento.

Classificação de Salários

Como as despesas com pessoal são as mais altas despesas operacionais da governança, justificativas mais detalhadas serão solicitadas com relação ao número de horas de trabalho a serem gastas. Lembre-se de que os

		Taxa de ocupação	Número de pernoites	Diária média	Receita	% de receita em pernoites	% de receita em dólares
Ano corrente	1	73	7215	101.21	730,230		
Real	2	74	7314	101.43	741,859		
	3	77	7611	101.39	771,679		
	4	73	7215	104.04	750,649		
	5	82	8105	104.08	843,568		
	6	79	7808	103.95	811,642		
	7	85	8401	103.99	873,620		
	8	89	8797	104.02	915,064		
	9	83	8203	104.10	853,932		
Previsão	10	82	8105	103.94	842,434		
Previsão	11	81	8006	104.06	833,104		
Previsão	12	69	6820	104.04	709,553		
Previsão	13	60	5931	104.13	617,595		
Total		77.5	99531	103.43	10,294,929		
Orçamento do ano	1	75	7413	105	778,365	2.7	6.6
Orçamento	2	78	7709	105	809,445	5.4	9.1
	3	86	8500	105	892,500	11.7	15.7
	4	86	8500	105	892,500	17.8	18.9
	5	88	8697	105	913,185	7.3	8.3
	6	92	9093	107	972,951	16.5	19.9
	7	93	9192	107	983,544	9.4	12.6
	8	93	9192	107	983,544	4.5	7.5
	9	92	9093	107	972,951	10.8	13.9
	10	89	8797	107	941,279	8.5	11.7
	11	89	8797	107	941,279	9.9	13.0
	12	80	7907	107	846,049	15.9	19.2
	13	63	6227	107	666,289	5.0	7.9
Total		84.9	109117	106.25	11,593,881	9.7	12.6

Figura 11.20 – O resumo consolidado de vendas de diárias apresenta as expectativas de vendas, taxa de ocupação, diária média e receita para o próximo ano. Dados estatísticos reais são fornecidos para comparação e o percentual de crescimento da venda de diárias e da receita com relação ao ano atual é fornecido. O resumo consolidado de vendas de diárias deve ser desenvolvido e distribuído para todos os departamentos antes que a previsão das despesas operacionais possa ser feita. Como o ciclo do orçamento deve ter início aproximadamente no décimo período ativo do corrente ano, os números listados como "reais" do décimo ao 13º período são "previsões", visto que ainda não aconteceram. Conforme o processo de elaboração do orçamento continue, as previsões referentes aos últimos períodos do ano corrente serão atualizadas. Na ilustração, contudo, suponha que tais períodos do ano atual já tenham terminado.

valores das horas de trabalho para os diversos tipos de cargo do departamento de governança são classificados para fins contábeis. No exemplo anterior, as horas trabalhadas das GRA foram classificadas como (07), as horas trabalhadas das auxiliares de seção de governança foram classificadas como (08), as horas trabalhadas pelo pessoal de supervisão eram (02) e as horas dos funcionários da limpeza e da rouparia, que não variam, foram, portanto, classificadas como horas fixas (06). Outras classificações de horas trabalhadas dentro do departamento de hospedagem são a dos funcionários da recepção (01, 03, 05), que estão sob a supervisão do gerente de recepção. A Figura 11.21 ilustra um sistema

Número da categoria de remuneração	Categoria de remuneração
00 *	Gerência
01 **	Supervisão de recepção
02 ***	Supervisão de governança
03 **	Recepcionistas/atendentes de reservas
04 **	Caixas de recepção
05 **	Mensageiros
06 ***	Governança (horas fixas)
07 ***	GRA
08 ***	Auxiliares de seção de governança
09 ****	Monitores de lazer

Figura 11.21 – É necessário existir um sistema de classificação da remuneração para fins contábeis e de elaboração do orçamento, de forma que as horas trabalhadas para cada categoria específica de remuneração possam ser orçadas, coletadas e analisadas.

JUSTIFICATIVA DE UTILIZAÇÃO DE MÃO-DE-OBRA PARA O ORÇAMENTO

Departamento *Hospedagem* Centro de custo *Governança*

Categoria de remuneração *07*

Análise racional do quadro de funcionários

Título da posição *GRA*

Horários de funcionamento *1º turno das 8h às 16h30*

2º turno das 15h30 às 24h

Turnos por dia: *2* Gerentes designados: *2* Supervisores que recebem por hora: *6*

Explicação da operação:

As GRA serão escaladas conforme a Tabela de Necessidade de Pessoal (anexa). Espera-se que cada GRA arrume 18 UH/dia. As horas baseiam-se em 7 dias de operação semanal. O departamento tem em seu quadro uma "equipe variável", funcionários para cobrir os dias de folga da equipe regular.

Resumo

Período	Ocupação	Número médio de funcionários dia/noite	Horas/dia	Dias/semana	Horas/total semana	Horas/período total	Valor médio da hora trabalhada	Custo
1		15/1	128	7	896	3,584	9.76	34,967
2		16/1	136	7	952	3,808	9.78	37,229
3		17/1	144	7	1,008	4,032	9.80	39,500
4		17/1	144	7	1,008	4,032	9.82	39,580
5		18/1	152	7	1,064	4,256	9.83	41,822
6		19/1	160	7	1,120	4,480	9.84	44,068
7		19/1	160	7	1,120	4,480	9.85	44,112
8		19/1	160	7	1,120	4,480	9.87	44,202
9		19/1	160	7	1,120	4,480	9.89	44,292
10		18/1	152	7	1,064	4,256	9.91	42,162
11		18/1	152	7	1,064	4,256	9.92	42,205
12		16/1	136	7	952	3,808	9.93	37,800
13		13/1	112	7	784	3,136	9.94	31,161
Total/ano		17/1	146		13,272	53,088	9.85	523,100

Comentários sobre aumentos de salário

Horas de treinamento de funcionários *não inclusas* Custo ______

Operações noturnas *2912* Custo ______

Total de horas trabalhadas *53,088*

Custo total *523,100*

(Aprovação)

Figura 11.22 – A justificativa de utilização de mão-de-obra para o orçamento serve para explicar as necessidades de horas trabalhadas para as diversas categorias de remuneração. Um documento específico de justificativa é necessário para cada categoria. Uma descrição do funcionamento do departamento é apresentada por extenso e, então, resumida em forma de tabela para cada período do ano orçado. Esse formulário torna-se parte do orçamento.

pelo qual as horas são classificadas em **categorias de remuneração**.

Justificativa do Orçamento

A governanta executiva precisa explicar como as horas de trabalho foram estabelecidas para cada categoria de remuneração. Em geral, um formulário-padrão para a **justificativa de horas de trabalho** é preparado e incluído como parte do orçamento. A Figura 11.22 é um exemplo de formulário de justificativa do orçamento das horas trabalhadas que explica a utilização das horas das GRA (categoria de remuneração 07), uma das categorias de remuneração pelas quais a governanta executiva é responsável.

Considerando a ocupação esperada observada na Figura 11.20, a governanta executiva consulta a tabela de necessidade de pessoal (Tabela 2.2) para determinar exatamente quantas horas de trabalho serão necessárias para a ocupação estabelecida, para o hotel-modelo. As explicações sobre a operação relacionada à categoria de remuneração das GRA (07) baseiam-se no número mínimo de horas de trabalho para arrumar o número de UH ocupadas orçado.

A Figura 11.22 ilustra uma justificativa do orçamento detalhada. A folha de justificativa para outras categorias de remuneração pode ser menos detalhada. Observe que as operações noturnas são identificadas separadamente; os custos de treinamento são também identificados separadamente, mas não são incluídos neste momento. Os custos de treinamento serão somados a outros custos de treinamento do estabelecimento e resumidos separadamente. No exemplo, estima-se que quatro funcionários serão substituídos em cada período, com custo de treinamento de 24h não produtivas por funcionário substituído por período.

Se a alta gerência questionar os detalhes expressos na justificativa do orçamento, deve-se deixar claro como o serviço poderá ser prejudicado antes de diminuir as horas estimadas. Se os lucros devem aumentar mas o serviço deve ser mantido no nível especificado na justificativa do orçamento, a diária média precisaria aumentar para melhorar a receita e os lucros resultantes. Esse pode ser o tópico de discussão durante as análises do orçamento.

Resumo dos Salários

A Figura 11.23 é um resumo do custo de todas as horas trabalhadas para todo o departamento de hospedagem. Na parte inferior da Figura 11.23 está o cálculo de **vendas por hora trabalhada**. Este é um cálculo útil que se refere ao número de horas trabalhadas da categoria de remuneração (07) a ser gasto para cada dólar de receita gerada com as vendas. Uma vez que a estatística seja aceita, ela se torna uma boa meta a ser mantida ou melhorada em cada período. Posteriormente, comparações das vendas por hora trabalhada para o ano orçado com o ano corrente indicam se está sendo possível manter, exceder ou diminuir a eficiência com relação ao ano anterior.

No exemplo, a receita para o ano orçado é de US$ 11.593.881. As horas das GRA (categoria de remuneração 07) necessárias para atender à ocupação que gerará essa receita são 53.088. Desse modo, as vendas por hora trabalhada são de US$ 11.593.881 dividido por 53.088 = US$ 218,39. Uma vez aceito esse valor, a receita pode ser comparada em cada período com as horas das GRA para determinar se a estatística será atingida ou se é maior ou menor que o orçamento. Se as vendas por hora trabalhada do ano corrente forem maiores que o orçado, isso indica que a eficácia do departamento melhorou.

Orçamento de Suprimentos e Outros Controláveis

O orçamento de outros **itens controláveis**, embora não tão detalhado como as horas trabalhadas, exige o mesmo esforço. A Figura 11.24 mostra o orçamento total do departamento de hospedagem. Observe o formato pelo qual os dados reais e projetados para o ano atual são comparados com o orçamento do próximo ano.

O orçamento final é dividido em seis partes: total de vendas, total de salários, total de gastos de pessoal, total controlável, resultado e estatísticas. A apresentação das despesas com salários é por categoria de remuneração, agora apresentadas de todo o departamento de hospedagem. O gasto total de pessoal agrega outras despesas além de salários, incluindo benefícios de, em média, 20%. O termo "controlável" refere-se às diversas contas de suprimentos nas quais somas de dinheiro serão necessárias. Nem todas as contas de despesas são de responsabilidade da governanta executiva, mas as de sua responsabilidade são óbvias: incluem suprimentos de limpeza, de hóspedes, despesas de lavanderia, de enxoval e partes de muitas outras contas como despesas gerais. Todas as despesas controláveis podem ser expressas como uma porcentagem da receita. Por exemplo, os suprimentos de limpeza podem representar aproximadamente três décimos de 1% da receita e os suprimentos de hóspedes, seis décimos de 1%. Tais estatísticas tendem a variar conforme o tipo de hotel, o tipo de mercado, as expectativas de excelência e outros fatores específicos.

Orçamento em Operação

Uma vez desenvolvido o orçamento, ele será analisado conforme descrito anteriormente. Depois de aprovado, o principal planejamento operacional de longo prazo está pronto para o próximo ano. Conforme o ano orçado passar, o departamento de contabilidade produzirá relatórios dos períodos em um formulário quase idêntico ao do orçamento, como ilustrado na Figura 11.25.

Folha de orçamento *Hospedagem*

RESUMO DE SALÁRIOS

Período	Taxa de ocupação	Período Total		Departamento 01		Departamento 02		Departamento 03		Departamento 04		Departamento 05		Departamento 06		Departamento 07		Departamento 08		Departamento 09	
		Quantidade	Valor da hora trabalhada / Horas trabalhadas	Quantidade	Valor da hora trabalhada / Horas trabalhadas	Quantidade	Valor da hora trabalhada / Horas trabalhadas	Quantidade	Valor da hora trabalhada / Horas trabalhadas	Quantidade	Valor da hora trabalhada / Horas trabalhadas	Quantidade	Valor da hora trabalhada / Horas trabalhadas	Quantidade	Valor da hora trabalhada / Horas trabalhadas	Quantidade	Valor da hora trabalhada / Horas trabalhadas	Quantidade	Valor da hora trabalhada / Horas trabalhadas	Quantidade	Valor da hora trabalhada / Horas trabalhadas
1																34,967	9.76 / 3584				
2																37,229	9.78 / 3808				
3																39,500	9.8 / 4032				
4																39,580	9.82 / 4032				
5																41,822	9.83 / 4256				
6																44,068	9.84 / 4480				
7																44,112	9.85 / 4480				
8																44,202	9.87 / 4480				
9																44,292	9.89 / 4480				
10																42,162	9.91 / 4256				
11																42,205	9.92 / 4256				
12																37,800	9.93 / 3808				
13																31,161	9.94 / 3136				
Total/ano		1,543,366	11.54 / 133,728	61,226	12.25 / 5,000	211,936	11.77 / 18000	147048	10.36 / 14,192	27851	10.36 / 2,688			138465	9.89 / 14,000	523,100	9.85 / 53,088	178,027	9.89 / 18,000	66,011	7.54 / 8,760
		Vendas por hora trabalhada	Valor médio da hora trabalhada	Vendas por hora trabalhada	Valor médio da hora trabalhada	Vendas por hora trabalhada	Valor médio da hora trabalhada	Vendas por hora trabalhada	Valor médio da hora trabalhada	Vendas por hora trabalhada	Valor médio da hora trabalhada	Vendas por hora trabalhada	Valor médio da hora trabalhada	Vendas por hora trabalhada	Valor médio da hora trabalhada	Vendas por hora trabalhada	Valor médio da hora trabalhada	Vendas por hora trabalhada	Valor médio da hora trabalhada	Vendas por hora trabalhada	Valor médio da hora trabalhada
Orçamento																218.97					
Ano passado																210.77					

Figura 11.23 – Resumo de salários no qual o total de horas, o nível de remuneração e o custo do salário para cada categoria dentro do departamento de hospedagem são totalizados. Para simplificar, apenas a categoria de salário (07) e o total do departamento estão mostrados.

DEPARTAMENTO DE HOSPEDAGEM

ORÇAMENTO

Desempenho do orçamento

Ano

	Ano			1998		1997	
		Real (US$)	%	Orçado (US$)	%	Projetado (US$)	%
1	Total de vendas de diárias			11,606,264		10,308,686	
2	Desconto permitido			(12,383)		(13,757)	
3	Receita líquida de diárias			11,593,881		10,294,929	
4	Outras vendas			65,015		55,748	
5	Custos de vendas			(34,445)		(29,251)	
6	TOTAL DE VENDAS			11,624,451	100.0%	10,321,427	100%
7	Categorias de remuneração 01			61,226		60,515	
8	02			211,936		216,072	
9	03			147,048		148,708	
10	04			27,851		28,423	
11	06			138,465		140,251	
12	07			523,100	4.5%	481,219	4.7%
13	08			178,027		182,772	
14	09			66,011		60,676	
15	TOTAL DE SALÁRIOS			1,346,504	11.6%	1,318,636	12.8%
16	Horas extras			2,449		2,790	
17	Pagamento de feriado			43,702		44,455	
18	Salários de gerência			131,872		108,606	
19	Bônus			18,839		13,208	
20	TOTAL DE SALÁRIOS E REMUNERAÇÕES			1,543,366	13.3%	1,487,696	14.4%
21	Férias da gerência			4,898		2,840	
22	Férias de horistas			10,361		6,671	
23	Encargos sobre folha de pagamento			54,908		48,054	
24	Seguros e assistência médica			11,974		7,636	
25	Relações com funcionários			942		1,367	
26	Alimentação de funcionários			42,442		36,097	
27	TOTAL DE GASTOS COM PESSOAL			125,525	1.1%	102,666	1.0%
28	CONTROLÁVEIS						
29	Provisão de devedores					948	
30	Relações públicas					533	
31	Suprimentos de limpeza			34,782	0.3%	41,179	0.4%
32	Comissões			2,449		2,433	
33	Serviços contratados			5,652		8,067	
34	Decoração e plantas			2,449		1,519	
35	Entretenimento			1,225		1,778	
36	Aluguel de equipamentos			2,543		2,800	
37	Despesas gerais			2,449		6,698	
38	Suprimentos de hóspedes			69,564	0.6%	72,065	0.7%
39	Aluguéis de equipamentos			16,955		17,377	
40	Despesas de lavanderia			78,530		86,152	

Figura 11.24 – Orçamento do departamento de hospedagem, que junta o orçamento de todas as vendas que gerarão receita para o departamento de hospedagem e inclui os custos da recepção e da governança. O orçamento é anual e mostra ao lado o ano corrente para que comparações possam ser feitas. Certos itens-chave do orçamento foram comparados com a receita, como percentuais da receita, para gerar metas de desempenho. A receita e as horas trabalhadas são orçadas. Estabelece-se assim o controle de lucro do departamento, bem como metas estatísticas geradas pelas quais o desempenho pode ser medido. Outros dados auxiliares (Figs. 11.20, 11.22 e 11.23) fazem parte do pacote de orçamento que será apresentado para a alta gerência para revisão e aprovação. Uma vez aprovado, o orçamento é distribuído em 13 períodos, que serão usados para comparação com os acontecimentos reais quando ocorrerem em cada período.

	Ano			1998		1997	
		Real (US$)	%	Orçado (US$)	%	Projetado (US$)	%
1	Despesas de enxoval			81,372	0.7%	85,447	0.83%
2	Aluguel de enxoval						
3	Impressão e postagem			15,071		18,010	
4	Despesas de telefone			2,449		7,628	
5	Uniformes			3,768		9,503	
6	Traslados de hóspedes			942		1,558	
7	Despesas com fotocópias			3,768		3,305	
8	TOTAL DE CONTROLÁVEIS			323,752	2.8%	368,997	3.6%
9							
10	RESULTADO CONTROLÁVEL			9,631,808	82.9%	8,362,067	81.0%
11							
12	Horas						
13	Categorias de remuneração 01			5,000		5,141	
14	02			18,000		17,984	
15	03			14,192		14,297	
16	04			2,688		2,543	
17	05						
18	06			14,000		13,591	
19	07			53,088		48,969	
20	08			18,000		18,721	
21	09			8,760		7,623	
22	TOTAL DE HORAS			133,728		128,869	
23							
24	Média do valor da hora trabalhada			11.54		11.54	
25	Vendas/horas trabalhadas			86.93		80.09	
	07 vendas/horas trabalhadas			218.97		210.77	
26	Horas trabalhadas da governança/UH ocupadas			0.49		0.49	
27	Despesas de salários/receita (%)			11.58%		12.78%	
28							
29	Taxa de ocupação (%)			85%		77.5%	
30	Pernoites			109,117		99,531	
31	Diária média			106.25		103.43	
32							
33							
34							
35							
36							
37							
38							
39							
40							

Figura 11.24 – *Continuação.*

DEPARTAMENTO DE HOSPEDAGEM

Resultados do Período

Demonstração de resultados para o terceiro período, 1997

		Ano	Período Real (US$)	%	Período Orçado (US$)	%	Acumulado Orçado (US$)	%	Acumulado Real (US$)	%
	1	Total de vendas de diárias	893,771		893,455		$ 2,483,175		2,473,982	
	2	Desconto permitido	(544)		(955)		(2,865)		(2,187)	
	3	Receita líquida de diárias	893,227		892,500		2,480,310		2,471,795	
	4	Outras vendas	4,857		5,074		15,324		15,415	
	5	Custos de vendas	(2,663)		(2,684)		(8,115)		(8,369)	
	6	TOTAL DE VENDAS	895,421	100%	894,890	100%	2,487,519	100%	2,478,841	100%
	7	Categorias de remuneração 01	4,750		4,773		13,929		11,593	
(1)	8	02	19,495		16,521		49,447		48,178	
	9	03	11,482		11,462		34,156		31,961	
	10	04	2,377		2,171		6,064		13,938	
	11	06	10,795		10,794		32,134		29,845	
(2)	12	07	36,746		39,500		111,696		108,143	
	13	08	12,514		12,409		37,017		34,287	
	14	09	5,195		5,145		15,057		16,202	
	15	TOTAL DE SALÁRIOS	103,353	11.5%	102,775	11.5%	299,500	12.0%	294,147	11.9%
	16	Horas extras	431		191		577		989	
	17	Pagamento de feriado	932		3,406		10,299		4,619	
	18	Salários de gerência	9,853		10,280		31,079		31,188	
	19	Bônus	-		1,468		4,440			
	20	TOTAL DE SALÁRIOS E REMUNERAÇÕES	114,569	12.8%	118,120	13.2%	345,896	13.9%	330,943	13.4%
	21	Férias da gerência	-		382		1,154			
	22	Férias de horistas	1,250		808		2,434		2,830	
	23	Encargos sobre folha de pagamento	4,177		4,280		12,940		11,392	
	24	Seguros e assistência médica	361		382		2,822		2,643	
	25	Relações com funcionários			808		221		-	
	26	Alimentação de funcionários	3,947		4,280		10,003		9,704	
	27	TOTAL DE GASTOS COM PESSOAL	9,735	1.1%	10,939	1.2%	29,575	1.2%	26,569	1.1%
	28	CONTROLÁVEIS								
	29	Provisão de devedores	325						1,150	
	30	Relações públicas							325	
(3)	31	Suprimentos de limpeza	3,169		2,711		8,198		10,949	
	32	Comissões	269		191		1,539		618	
(4)	33	Serviços contratados	859		441		1,331		1,962	
	34	Decoração e plantas			191		577			
	35	Entretenimento			95		289		231	
	36	Aluguel de equipamentos			199		600			
(5)	37	Despesas gerais	1,432		191		577		2,963	
(6)	38	Suprimentos de hóspedes	5,386		5,422		16,394		22,418	
	39	Aluguéis de equipamentos	1,321		1,321		3,994		3,994	
(7)	40	Despesas de lavanderia	5,622		6,122		18,506		19,222	

Figura 11.25 – Demonstrações periódicas de resultado do departamento de hospedagem, indicando progresso com relação ao orçamento para o terceiro dos 13 períodos do ano fiscal. (A demonstração refere-se à Fig. 11.24, com base no hotel-modelo.) Observe que o terceiro período é comparado com o orçamento proporcional e que comparações dos valores acumulados (total dos períodos um, dois e três) com o orçamento de três períodos também são feitas. Analise atentamente se o desempenho para o terceiro período reflete melhora ou piora para o ano como um todo.

Demonstração de resultados
para o terceiro período, 1997

		Ano	Período Real (US$)	%	Período Orçado (US$)	%	Acumulado Orçado (US$)	%	Acumulado Real (US$)	%
(8)	1	Despesas de enxoval	8,631		6,327		19,128		8,631	
	2	Aluguel de enxoval								
	3	Impressão e postagem	1,149		1,174		3,540		3,338	
	4	Despesas de telefone	283		191		577			
(9)	5	Uniformes	4,622		294		887		4,658	
	6	Traslados de hóspedes	168		73		221		568	
	7	Despesas com fotocópias	168		294		887		721	
(10)	8	TOTAL DE CONTROLÁVEIS	33,404	3.7%	25,236	2.8%	77,246	3.1%	81,747	3.3%
	9									
(11)	10	RESULTADO CONTROLÁVEL	737,713	82.4%	740,595	82.8%	2,034,803	81.8%	2,039,581	82.3%
	11									
	12	Horas								
	13	Categorias de remuneração 01	379		385		1,155		1,131	
(12)	14	02	1,632		1,385		4,154		4,280	
	15	03	1,088		1,092		3,275		3,198	
	16	04	205		207		621		626	
	17	05								
	18	06	1,045		1,077		3,231		3,166	
(13)	19	07	3,525		4,032		11,424		10,609	
	20	08	1,839		1,874		4,154		3,594	
	21	09	670		674		2,022		1,554	
	22	TOTAL DE HORAS	10,383		10,726		30,036		28,158	
	23									
(14)	24	Média do valor da hora trabalhada	11.03		11.01		11.52		11.75	
(15)	25	Vendas/horas trabalhadas	86.24		83.43		82.82		88.03	
	26	07 vendas/horas trabalhadas	254.02		221.95		217.75		233.65	
(16)	27	Horas trabalhadas da governança/UH ocupadas	0.41		0.47		0.48		0.45	
	28	Despesas de salários/receita (%)	11.5%		11.5%		12.0%		11.9%	
	29									
	30	Taxa de ocupação (%)	86.6%		85.9%		77.5%		77.5%	
	31	Pernoites	8,563		8,500		23,883		23,622	
	32	Diária média	104.31		105.00		103.85		104.64	
	33									
	34									
	35									
	36									
	37									
	38									
	39									
	40									

Figura 11.25 – *Continuação.*

Os novos custos reais estão próximos dos que haviam sido orçados. A governanta executiva deverá explicar quaisquer distorções negativas sérias e apresentar como elas serão corrigidas. Esse tipo de controle é um dos principais desafios do profissional especialista em governança. A governanta executiva, tendo participado do processo de elaboração do orçamento, deve aguardar com interesse o desafio gerencial de planejar, analisar e controlar o orçamento.

Para entender a realização do orçamento e os processos relacionados, analise cuidadosamente as explicações dadas nas Figuras 11.24 e 11.25. Na Figura 11.25, alguns itens questionáveis diretamente sob o controle da governanta executiva que podem aparecer são:

Análise Crítica

(1) e (2) Os gastos com salários de supervisores permanecem altos no terceiro período e continuam uma tendência estabelecida no primeiro e no segundo períodos; os salários de GRA parecem muito baixos, considerando a ocupação um pouco maior que a orçada (linha 29, página 2).

(3) As principais compras de produtos multiuso foram pagas nos períodos um e dois. Essas compras não ocorrerão novamente nos próximos seis meses. A área estará sob controle e dentro do orçamento no quinto período.

(4) Término do contrato com a AJAX Dedetização e pagamento das obrigações contratuais devidas. Uma grande redução de custos acontecerá em função do contrato com a empresa GETTABUG.

(5) As despesas gerais ultrapassaram o valor orçado em US$ 1.241 (US$ 1.432 menos US$ 191) no terceiro período e estão maiores em US$ 2.963 no acumulado do ano. As compras envolveram a aquisição de prateleiras novas para a rouparia principal, que não estava prevista. Segundo o *controller*, será aprovada a transferência desse custo para os gastos de capital. O item já está acima do orçamento para esse ano. Se a transferência não for feita, serão necessários fundos adicionais para essa área.

(6) Os suprimentos de hóspedes para o terceiro período estão agora sob controle, depois de terem superado o valor orçado nos períodos um e dois, em virtude do pagamento das faturas dos suprimentos anuais. O item permanecerá sob controle no ano fiscal.

(7) As despesas de lavanderia estão agora sob controle, depois de um incidente no segundo período ter forçado a utilização de serviços de lavanderia externa.

(8) A despesa com enxoval no período reflete o pagamento de fatura de uma remessa enviada. As despesas estão sob controle no ano.

(9) Os custos de uniforme estão bem acima do orçado em função da ordem da alta gerência para mudar o uniforme das supervisoras de andares (não orçado). Alguma economia durante o ano deve deixar esse item sob controle até o fim do ano fiscal.

(10) O total de gastos controláveis está 32,4% acima do orçamento para o período e apenas 5,8% para o acumulado do ano. Decisões da gerência e os controles citados farão com que o orçamento seja normalizado até, aproximadamente, o quinto período.

(11) Não há comentários a serem feitos sobre o resultado operacional, pois esse item está sob controle.

(12) e (13) A tendência observada em (1) e (2) também se reflete no uso das horas das supervisoras e GRA. O que parece estar acontecendo é que as supervisoras estão limpando UH de hóspedes quando faltam GRA suficientes. Esse problema continuará acontecendo se o número de funcionários classificados como 07 continuar baixo ou se muitas GRA faltarem ao serviço. A atenção da gerência com relação a essa área da administração de pessoal será enfatizada. Os problemas de faltas e da falta de funcionários serão resolvidos até o início do quinto período.

(14) A alta média do valor da hora trabalhada pode ser reflexo de outro departamento. Além disso, a baixa rotatividade de funcionários pode manter o índice alto.

(15) As vendas por hora trabalhada estão em excelente condição.

(16) O índice de horas das GRA por UH ocupada é muito baixo (41 contra 47 orçado – e reduzindo). Essa é outra indicação de que os apartamentos estão sendo limpos pelas supervisoras que recebem mais por hora.

A utilização de supervisoras para limpar UH é o problema mais visível revelado pela análise da demonstração de resultados do período. Atenção imediata deve ser dada a esse caso. Outros itens fora de controle foram percebidos e houve sugestões para medidas corretivas. Analise outros aspectos da demonstração para garantir que você a compreendeu.

Resumo

As sub-rotinas fazem parte das preocupações diárias da governanta executiva da mesma forma que a rotina diária. Apesar das sub-rotinas mencionadas neste capítulo não estarem diretamente relacionadas umas às outras, elas estão ligadas pelo fato de precisarem tornar-se mais uma *rotina* do que uma exceção à rotina diária.

Como todas as rotinas acontecem periodicamente, elas podem ser padronizadas e ter procedimentos definidos por meio de formulários. Diversos formulários foram apresentados e todos podem ser modificados para atender a qualquer hotel, hospital ou estabelecimento de saúde de qualquer tamanho e complexidade.

A participação nas sub-rotinas dos gerentes juniores e supervisores tem duas funções importantes: ajuda-os a desenvolverem-se e alivia a governanta executiva, que pode envolver-se em problemas específicos e estimular sua criatividade. Apesar de muitas sub-rotinas serem delegadas pela alta gerência, uma governanta executiva bem informada e pró-ativa pode exercer bastante influência na apresentação e no desenvolvimento de idéias de sub-rotinas que podem tornar-se prática-padrão da empresa.

Para fins organizacionais, as sub-rotinas foram apresentadas sob cinco principais tópicos: limpeza e manutenção, controles operacionais, administração de pessoal, comunicação e treinamento e planejamento de longo prazo.

TERMOS E CONCEITOS-CHAVE

Sub-rotinas
Áreas comuns
Rondas de limpeza e manutenção
Faxina
Limpeza profunda
Projetos
Reparo e manutenção física
Ordem de serviço de manutenção
Inspeção de manutenção
Check list de manutenção
Inspeções das UH
Inspetores
Inspeção aleatória
Dia de inspeção
Programas de inspeção
Programa de inspeção da propriedade
Olhar externo
Programa de inspeção por zonas
Zonas
Inventários físicos do enxoval
Formulário para contagem de enxoval
Registro do inventário do enxoval no período
Total de enxovais em uso
Total de enxoval disponível
Avaliação do enxoval
Baixa de enxoval
Fornecedores varejistas de enxoval
Fabricantes de enxoval
Plano de pedido anual de enxoval
Controle do cartão de ponto
Folhas de horas
Horas em defasagem
Licença médica
Preparo da folha de horas
Avaliação de desempenho
Inspeção semanal de manutenção
Inventários
Informações críticas de controle
Inventário de produtos de limpeza e de hóspedes
Folha de contagem
Registro de inventário
Controller
Previsão de horas de trabalho necessárias
Previsão semanal de remuneração
Previsão de ocupação
Tipo de remuneração
Estatísticas
Análise semanal da remuneração
Despesas reais
Demonstração de resultados do período
Análise crítica
Compras
Formulário de concorrência de compras
Período de experiência
Aumento de salário
Escalas de salários
Técnica de nivelamento
Reuniões departamentais
Orçamento operacional para o departamento de governança
Ciclo operacional do orçamento
Períodos
Resumo consolidado de venda de diárias
Categorias de remuneração
Justificativa de horas de trabalho
Vendas por hora trabalhada
Itens controláveis

QUESTÕES PARA DISCUSSÃO E REVISÃO

1. Quais são as diferenças e semelhanças entre sub-rotinas e rotinas diárias em departamentos de governança?
2. Indique três sub-rotinas que não foram mencionadas neste capítulo. Em um estabelecimento novo, por que é tão importante identificar tantas sub-rotinas quanto possíveis e preparar os PPO assim que possível? Qual é o principal papel dos PPO no funcionamento de um departamento?
3. Descreva o conceito de inspeção por zonas. Como ela está relacionada com o Documento de Divisão do Trabalho e com o Plano de Responsabilidade das Áreas? De que maneira um programa de inspeção por zonas facilita o desenvolvimento de gerentes juniores?
4. Explique como funciona o sistema de solicitação de serviços à manutenção. Descreva o fluxo de informações necessário para garantir controle adequado.
5. Quem deve inspecionar as UH? Desenvolva um plano para cada pessoa listada, indicando quantas UH devem ser inspecionadas por cada pessoa, com que freqüência e por quê.
6. Prepare a pauta para uma reunião de departamento. Como você faria para conseguir a maior adesão possível dos participantes?
7. Explique o que significa o sistema de 13 períodos. Quais são as vantagens e desvantagens da utilização desse sistema para produzir relatórios operacionais? E para produzir relatórios financeiros?
8. Liste as partes que devem constar em um orçamento quando ele é submetido à análise da alta gerência. Explique para que serve cada parte. Como você justificaria gastos adicionais com horas de GRA durante o turno da noite sabendo que a diária média está aumentando?

NOTA

1. Baseado em entrevista com Clarence R. Johnson, MELCOR. Reimpresso por Stan Gottlieb, "Maintenance: A Workable Program for the Smaller Property," *Lodging*, May 1984. Copyright © 1984, American Hotel Association Directory Corporation.

Parte Quatro

Tópicos Especiais: Operação e Gestão de Piscinas, Serviços de Limpeza Hospitalar, Proteção dos Bens, Lavanderias Internas e Ciclo Completo de Administração

Na Parte Três, as funções de direção e controle foram aplicadas à "Rotina Diária da Governança" e a várias "sub-rotinas" que podem ser vivenciadas por membros da governança durante as operações diárias. Nesta parte final, os tópicos específicos de gerenciamento e operação de piscinas, serviços ligados ao ambiente (governança para hospitais e clínicas médicas), referências à proteção dos bens (segurança e proteção) e lavanderias internas serão abordados. Na conclusão, a solução de problemas, estilos gerenciais e o futuro da governança como uma profissão administrativa também serão discutidos.

12

Operação e Gestão de Piscinas

OBJETIVOS DO CAPÍTULO

1. Aprender novos termos e definições relacionadas à operação de piscinas e balneários, incluindo as várias partes do sistema operacional da piscina.
2. Aprender sobre o processo de filtragem da água da piscina, os diferentes tipos de filtros e os testes de limpeza da água.
3. Entender a importância de ter a piscina com água quimicamente segura para nadar.
4. Aprender como promover o crescimento zero de algas no sistema de operação da piscina, como corrigir problemas quando aparecem algas e como testar e registrar as condições químicas da água.
5. Aprender quais peças especiais do equipamento são necessárias para operar adequadamente o sistema.
6. Aprender sobre a contratação de pessoal para a piscina e as qualificações exigidas dos atendentes.

Responsabilidade

Alguns podem se perguntar por que é necessário discutir sobre a piscina em um livro de governança. A piscina não deveria estar sob a competência do departamento de manutenção? Devemos lembrar que o clássico *princípio da competência* da contabilidade postula que as despesas devem ser relacionadas às receitas geradas por um departamento específico. O departamento de manutenção geralmente é responsável, e tem verba orçada, para o *reparo* e a *manutenção* da instalação, não para a gerência e operação do departamento. Se houver uma pane nas operações físicas do sistema, escoamento de água, decomposição química mecânica dos sistemas de filtragem ou cloração, tais reparos devem ser feitos pelo departamento de manutenção. Por outro lado, o dia-a-dia da piscina deve estar sob os cuidados dos subdepartamentos operacionais associados às operações e à receita dos quartos (hospedagem). Uma vez que as tarefas que mais demandam **horas-trabalho** de empregados são a limpeza da área da piscina e a prestação de serviços aos hóspedes, a operação e o gerenciamento da piscina e de sua área geralmente estarão sob o domínio do departamento de governança.

É possível, em grandes sistemas, que um **engenheiro de operação** seja designado para os sistemas mecânicos da piscina, mas isso costuma ser exceção. A maioria das operações e funções da piscina está organizada sob a responsabilidade total da governanta executiva, assessorada por um *salva-vidas sênior* ou *supervisor de piscina*, os quais supervisionam a operação total da piscina e adjacências, assistidos por funcionários *salva-vidas* ou *atendentes de piscina*. A diferença entre **salva-vidas** e **atendente de piscina** será explicada posteriormente neste capítulo.

Componentes de um Sistema de Piscina

Embora não haja dois sistemas exatamente iguais, a maioria é projetada com certos requisitos operacionais genéricos. Os 14 componentes descritos a seguir costumam estar presentes em um sistema, e a compreensão de sua proposta e operação pode ajudar o leitor a visualizar como os três primeiros objetivos mencionados anteriormente são atingidos. Para isso, os componentes são nomeados e suas funções, descritas.

O *layout* do sistema de piscina é demonstrado nas Figuras 12.1 (vista plana) e 12.2 (vista lateral). Isso inclui os vários componentes listados a seguir:

Entrada da água – encanamento por onde a água filtrada entra na piscina. Os **jatos de entrada** conduzem a água em movimento anti-horário ao redor da piscina.

Skimmers – recipientes instalados no nível da água ligados ao encanamento que levam a água de fora da piscina para o **sistema de tubulação interna,** conduzindo-a de volta para os filtros. O **abastecimento de água** deve ser regulado para manter a água da piscina em um nível ideal; caso contrário, o baixo nível de água fará com que entre ar na válvula do filtro (*closed liquid loop*) e o sistema de circulação pára de funcionar.

Cestas dos *skimmers* – são projetadas para se encaixar nos *skimmers* (quatro são mostradas no desenho), onde os **fragmentos da superfície** são capturados e removidos da água. A circulação da superfície da água no sentido anti-horário fará com que a maioria dos fragmentos passe por dentro de uma ou mais cestas. As cestas com fragmentos podem ser retiradas e esvaziadas periodicamente.

Dreno principal – localizado na parte inferior do ponto mais fundo da piscina, drena fragmentos do fundo ou pode ser usado para drenar a piscina toda se necessário.

Dreno Manifold – coleta água de toda a linha de drenagem, retornando-a da piscina para o filtro. Esse dreno tem uma **válvula de regulagem** sobre cada linha para controlar o volume do fluxo de cada linha de retorno. As válvulas costumam ser ajustadas para regular o fluxo através de cada *skimmer* com um fluxo parcial para a drenagem principal.

Sifão principal – pode ser aberto e a peneira do sifão esvaziada dos fragmentos que escaparam dos *skimmers* (pequenas pedras, etc.), antes de a água entrar na bomba de ar.

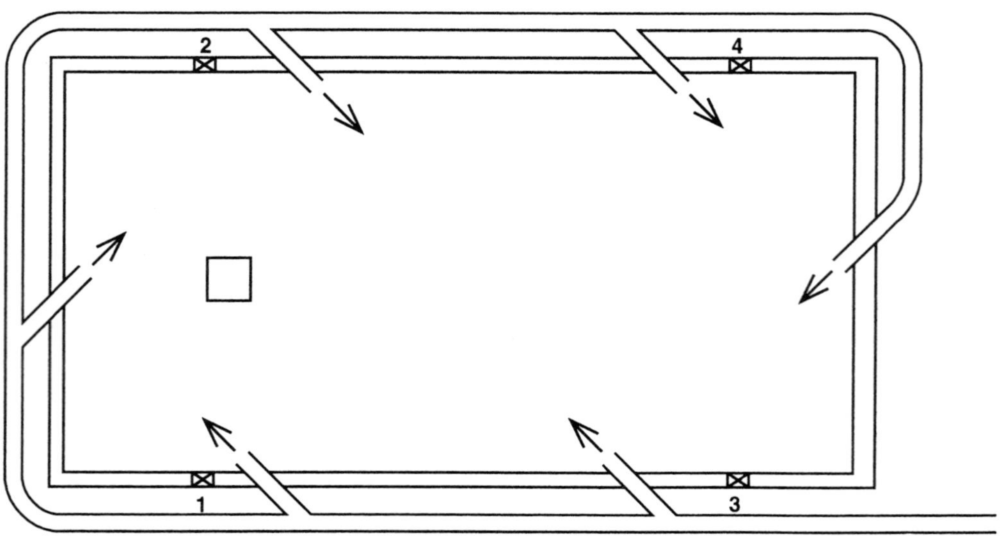

Figura 12.1 – Vista plana da piscina e do encanamento com os jatos d'água direcionando o fluxo da água em sentido anti-horário na piscina, permitindo que a superfície da água passe pelos quatro *skimmers*.

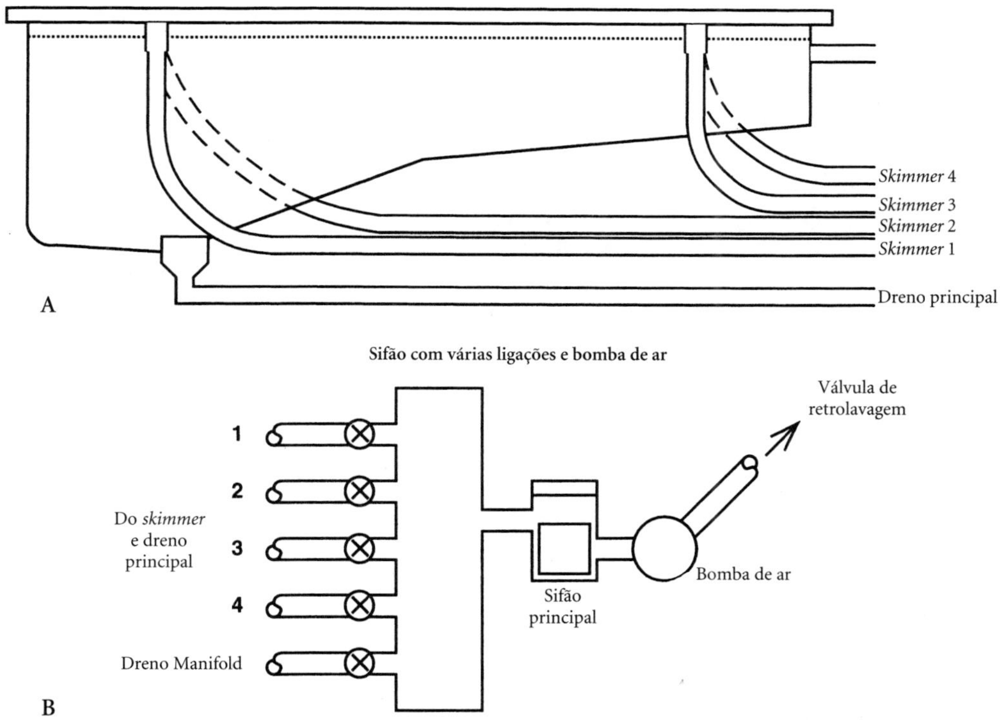

Figura 12.2 – (A) Vista lateral da piscina mostrando as partes rasa e funda, com o encanamento para o *dreno principal* e as quatro linhas dos *skimmers*. (B) A água dessas cinco linhas é coletada em um dreno Manifold com válvulas reguladoras em cada uma das linhas para controlar o fluxo de água. A água é então coletada e enviada para o *sifão principal*. Esse sifão deve ser aberto periodicamente e sua cesta, removida e limpa. A água é enviada para a bomba em razão da pressão do vácuo que esta gera quando ligada.

Bomba de ar – cria uma pressão *positiva* que força a água através do filtro e volta pelas *linhas de retorno* da piscina. A bomba também cria uma pressão *negativa* (vácuo) no sistema de circulação, a qual traz a água através dos *skimmers* e drenos da piscina. Esse **vácuo** pode também ser usado para facilitar a aspiração da piscina, que será mencionada posteriormente.

Válvula de retrolavagem – essa válvula, operada por uma alavanca puxa-empurra, direciona a água em operações normais para o topo do filtro, forçando a água para baixo através da filtragem de material de onde a água filtrada retorna para a piscina. Quando a posição da alavanca é revertida, o fluxo no filtro é alternado, a água **levita** os agentes filtrados e os fragmentos capturados no filtro movem-se para o topo do **reservatório do filtro**, onde podem ser retirados pelo sistema de tubulação.

Visor de vidro – peça tubular de vidro ou cano de plástico transparente através da qual é possível observar a pureza da água descarregada do filtro. Em geral, a água em retrolavagem aparece marrom até que o filtro esteja limpo. Depois, a válvula de água pode ser reajustada para a posição normal da operação.

Manômetro – combinação de medidor de pressão e válvula de escape; fica no topo do filtro, que é o ponto mais alto do **sistema de circulação.** A leitura da pressão, tirada no momento da instalação quando o sistema está limpo, é identificada como **pressão normal de operação.** Como o filtro deve filtrar as **partículas** da água, a pressão tende a aumentar, indicando que está se tornando difícil empurrar a água através do filtro e o sistema deve ser revertido. (Por exemplo, se a pressão normal da operação é 16psi e aumentou para 20psi, é indicada a retrolavagem. Assim que a água descartada clarear, observando-se o visor de vidro, o filtro retorna para a operação normal e a pressão normal de 16psi pode ser lida novamente.)

O sistema deve também ser mantido com uma válvula (livre de ar para prevenir perdas hidráulicas de vácuo e pressão). O ar aprisionado por esse sistema irá para o topo do filtro, podendo ser removido pela ativação da bomba e abertura da válvula pelo manômetro. Isso fará com que o ar seja forçado para fora do sistema, de modo que somente líquido circule novamente.

Aquecedor – piscinas na região sul dos Estados Unidos não são suficientemente confortáveis para nadar (25°C) até o final de maio. A maioria das piscinas deve aquecer a água cerca de 5 a 7°C, a fim de que ela possa ser usada antes da temporada. Na região norte do país, piscinas externas são geralmente aquecidas, exceto em julho ou agosto. Em piscinas pequenas, esse aquecedor será de 100.000 BTU, capaz de aquecer também a piscina principal ou o balneário, se houver um. A água é aquecida antes de voltar para a piscina.

Recipiente de cloro – artifício controlável usado para despejar o **agente de cloração** (cloro ou produto similar, como bromo) na circulação antes do seu retorno para a piscina.

Aspiração da piscina – a **base do aspirador** tem duas conexões: uma para uma vara que dá acesso à parte mais funda da piscina, outra que se conecta à mangueira que pode alcançar a superfície da água e fixar-se nos *skimmers*. Pelo ajuste das válvulas no Manifold, toda a pressão de aspiração pode ser direcionada para o *skimmer* no qual a mangueira é conectada. Isso oferece uma capacidade total de aspiração para a posição direcionada no fundo ou lado da piscina. Deve-se realizar esse procedimento sempre que necessário ou no mínimo uma vez por semana. *Cuidado:* quando fixar a mangueira do aspirador em um dos *skimmers*, a bomba de ar deve ser desligada. Se a bomba estiver funcionando, a força da aspiração no *skimmer* é forte o suficiente para puxar e quebrar dedos.

Tamanhos e Formas das Piscinas

As piscinas podem ser encontradas em todos os tamanhos e formas. Um hotel de 300 apartamentos provavelmente terá uma piscina aquecida de 7,5 por 18m, formato retangular, parte rasa medindo 90cm e parte funda com 1,8m. Deve ter capacidade de 114 mil litros e sistema de encanamento como o descrito anteriormente. Algumas terão trampolins, outras não. Em climas frios, as piscinas costumam ser internas. A maioria dos hotéis terá, em seu balneário, banheiras de água quente (*jacuzzis*) associadas à piscina principal.

Os principais *resorts* terão piscinas tão grandes que podem comportar milhares de pessoas ao mesmo tempo. A Figura 12.3 mostra o Mirage Resort em Las Vegas. Há duas piscinas e uma área de cabana de banhistas. O *deck* das duas piscinas tem 1.150 espreguiçadeiras e pode receber 6 mil hóspedes por dia. Há também duas cachoeiras com cerca de 26,6 mil litros de água e três cascatas. Em um dia lotado, haverá 12 a 14 salva-vidas nos arredores, enquanto um adicional de 10 atendentes de piscina acomodará as pessoas e distribuirá as toalhas.

Pureza da Água

A pureza da água refere-se à medida adequada do **grau de filtragem.** A água da piscina deve ser adequadamente filtrada para que esteja tão limpa quanto deve ser. A água estará limpa se todas as **partículas sólidas**

Figura 12.3 – Piscina principal do Mirage Resort com as quedas d'água em segundo plano. A piscina tem área de superfície de 1.650m², 1,839 milhão de litros, 315m de perímetro, 53 retornos de fundo, 35 jatos de entrada, 46 *skimmers* e 6 drenos cobertos com 60cm por 17m de comprimento. Há ainda 170m de junções para expansão construídas na piscina. Note as três voltas em primeiro plano.

forem removidas e mantidas fora dela. Isso é mais difícil para piscinas externas porque a origem das partículas será poeira, folhas e outros fragmentos.

A água que está livre de partículas é de cor azulada e completamente transparente. Se estiver verde, não é adequadamente filtrada e sua cor costuma ser o produto de **germes trazidos pelo ar** que se transformam em algas. Ela não parecerá apenas verde, mas turva – tão turva que, às vezes, o fundo da piscina não poderá ser visto. Quando isso acontece, a piscina deve ser considerada inadequada para o banho, não porque a água esteja perigosa do ponto de vista químico, mas porque não seria possível ver um nadador no fundo da piscina que estivesse em situação de perigo. Contudo, este autor acredita que um teste correto para ver o grau de filtragem é:

> Lance uma moeda na parte mais funda da piscina. Depois de alcançar o fundo, ela pode ser vista a ponto de se determinar se é "cara ou coroa"? Se a resposta for sim, a água está com grau adequado de pureza. Se não, a filtragem deve ser melhorada.

Tipos de Filtros e Como Funcionam

Há dois tipos básicos de filtros encontrados nas instalações de piscinas dos hotéis: o **filtro de areia e terra** e o **filtro de terra diatomácea.** Em geral, esses dois filtros são distinguidos pelo tamanho.

O filtro de areia e terra (Fig. 12.4) é o maior dos dois. Ele é preenchido com grãos de areia de diferentes tamanhos para criar um agregado de pedras sobre o qual a água da piscina será bombeada sob pressão. Esse filtro precisa de retrolavagem periódica; caso contrário, os fragmentos vão se *solidificar* na areia e será necessário abri-lo e substituir toda a areia e terra. Esse é um procedimento trabalhoso e tedioso. A Figura 12.5 é um exemplo de filtro de terra diatomácea muito menor. Observe a estrutura interna do filtro, que apresenta algumas **películas.** Há várias películas constituídas pelo entrelaçamento de fios de náilon microscópicos separados por uma malha, a qual é revestida igualmente por **terra diatomácea** (um pó branco feito de restos de esqueletos de criaturas marinhas microscópicas).

Após certo tempo, pequenas partículas podem causar um aumento da pressão porque fica mais difícil forçar a água pelo filtro. O processo de retrolavagem deve então acontecer. Com esse tipo de filtro, a camada de terra diatomácea nas hélices também será expulsa do sistema e o filtro necessitará de nova camada de terra diatomácea no sistema após a conclusão do processo. Isso é feito pela mistura de **pasta fluida** de água e terra diatomácea colocada dentro do sistema por meio de um dos *skimmers*, com a bomba funcionando. Essa pasta irá, conseqüentemente, alcançar o filtro e cobrir as películas para a adequada operação.

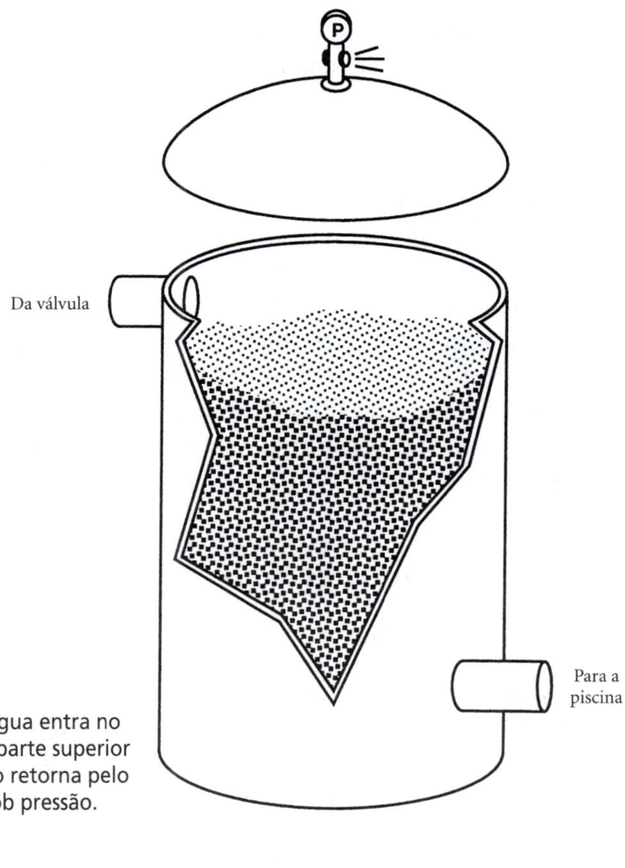

Figura 12.4 – Depois de passar pela válvula de retrolavagem, a água entra no filtro. O filtro demonstrado é de areia e terra. A água entra pela parte superior e é forçada para baixo através do filtro sob pressão. A água então retorna pelo aquecedor (se houver), pelo cloro e, finalmente, para a piscina, sob pressão.

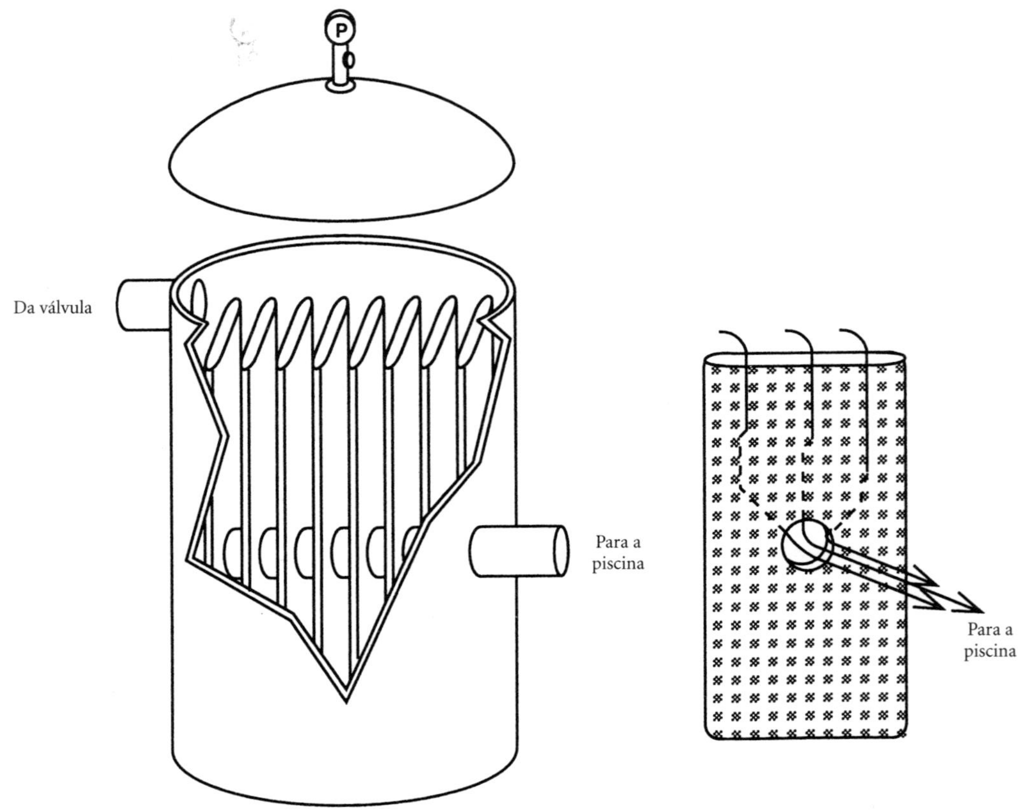

Figura 12.5 – O filtro apresentado é de terra diatomácea. Após a adição de terra diatomácea, ele cobrirá as películas do filtro com um fluido líquido. A água entra pelo topo do filtro, envolve as películas e é forçada através do fluido de terra diatomácea e da superfície de cada película. A água é então coletada pelo centro de cada película do filtro e devolvida à piscina.

A quantidade de terra diatomácea requerida é determinada pela superfície das películas do filtro. Essa quantidade costuma ser marcada na caixa do filtro (por exemplo, "este filtro contém 5,3m^2 e requer 1,8kg de terra diatomácea para a cobertura adequada). O fracasso na cobertura adequada do filtro pode causar operações inadequadas e quebra das películas.

Um terceiro tipo de filtro disponível, mas raramente visto em hotéis, é o filtro em cartucho. A fabricação desse filtro é similar à dos outros, mas ele contém seis ou mais cartuchos de papel empilhados em seu interior (Fig. 12.6). Embora não seja necessária a retrolavagem, esse filtro deve ser aberto periodicamente e cada cartucho limpo e **lavado com ácido.** (A substituição desses filtros é muito cara.)

Ciclo de Retrolavagem

Como indicado anteriormente, tanto o filtro de areia e terra como o de terra diatomácea devem sofrer a retrolavagem quando a pressão do sistema indicar essa necessidade. Ambos os sistemas têm alguma forma de válvulas de retrolavagem (Fig. 12.7) que indica como um **fluxo revertido da água** é criado, o que, em resposta, força uma descarga de resíduos dentro do sistema do encanamento. A Figura 12.7 mostra como essa reversão pode ocorrer.

Balneário

O balneário nada mais é do que uma pequena piscina sem *skimmers*. A água geralmente flui acima da barragem do balneário para a piscina principal, se a ela estiver conectada. Se não, elas têm dois sistemas de encanamento separados. Entretanto, as válvulas do encanamento permitem a drenagem principal e a entrada da água para ser direcionada para a piscina principal ou para o balneário. A temperatura não deve exceder 40°C e sinais de advertência devem ser apresentados, avisando aos hóspedes sobre a exposição ao calor e a recomendação de outra pessoa presente enquanto alguém estiver no balneário.

Substâncias Químicas da Água

Embora manter a água da piscina limpa e convidativa seja parte do desafio, a química da água é outro problema de igual importância. A segurança química da

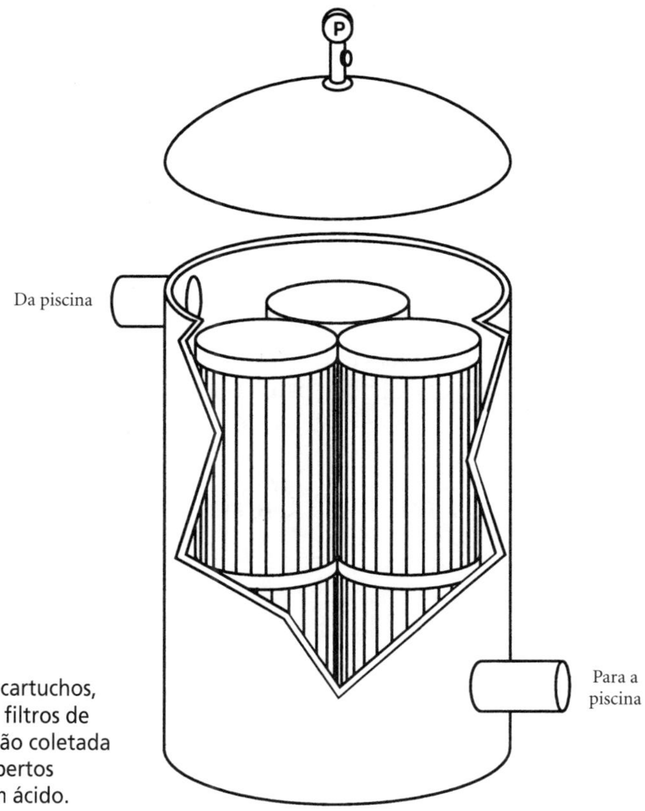

Figura 12.6 – Um filtro de cartucho normalmente contém seis cartuchos, como mostra a figura. A água envolve cada um deles, feitos de filtros de papel pesado, e é forçada pelo filtro para dentro. A água é então coletada no fundo do filtro e retornada à piscina. Os filtros devem ser abertos periodicamente e os cartuchos removidos, limpos e lavados com ácido.

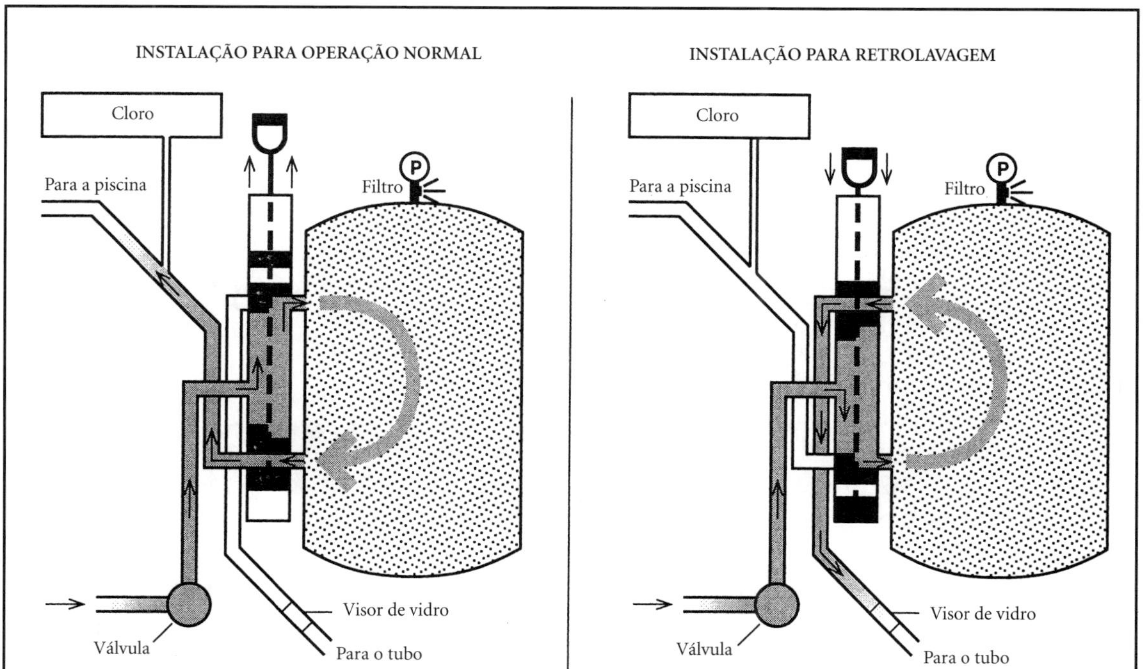

Figura 12.7 – Ciclo de retrolavagem. A válvula de retrolavagem tem a capacidade de reverter o fluxo da água através do filtro. Quando em operação de retrolavagem, a água não retorna para a piscina, mas é bombeada para o tubo, passando pelo visor de vidro. A retrolavagem continua até a água que passa pelo visor de vidro estar limpa.

água para nado requer o controle de bactérias nocivas que podem nela estar presentes.

O cloro e o bromo são os dois agentes que podem ser usados para sanitização da água. Os dois fazem relativamente a mesma coisa, mas o cloro tem um cheiro mais distintivo que pode incomodar alguns banhistas. O bromo tem menos odor, mas é consideravelmente mais caro. As proporções de cada um podem ser relativamente diferentes; contudo, lembre que a discussão que se segue se relaciona ao uso do cloro. Para ser **segura quanto às bactérias,** a água deve conter 2ppm de cloro dissolvido (**pelo volume**) para que a bactéria nociva se torne inofensiva.

Bons e Maus Efeitos do Cloro

A obtenção da solução de cloro na água não é difícil, mas sua manutenção é extremamente trabalhosa caso não se preste atenção a detalhes. Os efeitos positivos do cloro podem não ser obtidos sem que se suponha seus efeitos negativos.

O bom efeito garantido por 2ppm de **cloro livre** é facilmente perdido como resultado de *iluminação, aquecimento* e *agitação.* A luz direta do sol, a temperatura do ar de aproximadamente 30°C e pessoas esparramando água ao redor podem rapidamente eliminar os bons efeitos do cloro, significando que seu nível deve ser elevado no início do dia (6ppm) e vagarosamente dosado dentro da água para assegurar que a quantidade seja mantida até o fim do dia.

Altos e Baixos da Densidade da Água

O pH neutro da água é 7. Se o pH estiver abaixo de 7, a água está ácida; se estiver acima, a água está alcalina. Adicionar 3,8L de cloro na água da piscina tem o efeito de adicionar 450g de sal, que tende a aumentar a densidade da água (pH), tornando-a mais alcalina. O mau efeito de adicionar cloro na água ocorre quando continuamos adicionando cloro e o pH continua subindo.

A Tabela 12.1 mostra a medida da densidade para a **água quimicamente pura** com o valor 7, e também indica a variação ideal para o pH proporcionar o melhor resultado com cloro (7,2 a 7,6). Se o pH passar de 7,6 e a variação para melhor resultado de cloro for excedida, deve-se adicionar ácido para reduzir o pH. Há tabelas que indicam quanto ácido deve ser adicionado, com base no pH diferencial e no tamanho da piscina em litros de água. A importância do balanceamento é que a proporção correta de 2ppm de cloro seja mantida juntamente com a medida adequada de pH de 7,2 a 7,6. A dificuldade ocorre quando a correção de um valor altera o outro.

Manutenção de Registros Adequados

As dificuldades com a química da piscina aumentam a necessidade de que sejam feitas várias coletas de dados e estas sejam registradas várias vezes ao dia. No final do horário de uso da piscina (21h), a medida do cloro provavelmente estará baixa, devido à agitação e iluminação. A medida da quantidade de cloro deve ser realizada durante a noite. Às 8h, a leitura e a contagem do cloro devem estar acima de 2ppm, mas o ácido provavelmente não será necessário. Esse ácido (**muriático** ou **clorídrico**) deve ser adicionado pelo lado mais fundo no final da piscina. Ninguém deve estar dentro da água quando ele for colocado. Ele deve dispersar-se em cerca de 30min e obrigatoriamente antes da abertura da piscina, às 10h.

Os inspetores da vigilância sanitária costumam inspecionar os registros mantidos pelo pessoal do departamento. Quando eles percebem que há problemas na tentativa de equilibrar a química da água, eles auxiliarão a atingir o equilíbrio. Se tais registros não são encontrados, a piscina provavelmente será fechada, o que poderá ser desagradável.

Outras características conhecidas das condições químicas da água são:

- Laterais e fundo limoso (as pessoas escorregam e não podem ficar em pé na piscina): água muito alcalina e propensa à formação de algas pretas.
- Laterais e fundo áspero: água muito ácida; o acabamento da piscina está sendo causticado. Verifique se a bomba não foi danificada pela ação do ácido.

Testes para Piscinas

Há alguns pequenos *kits* auto-explicativos que podem ser comprados em supermercados ou lojas de supri-

Tabela 12.1 – Acidez específica da água

					ÁCIDO			NEUTRO			ALCALINO				
pH	5,6	5,8	6,0	6,2	6,4	6,6	6,8	7,0	7,2	7,4	7,6	7,8	8,0	8,2	8,4
										Melhor taxa para a ação do cloro (7,2 a 7,6)					

mentos para piscina e fornecem ao usuário uma pequena quantidade de **reagentes (ortotolodina e fenol vermelho)** que podem testar o cloro contido na água e o pH adequado. Um teste também pode ser feito para a **resistência total** da água. Esse teste mede o aumento de resistência da água com a contínua adição do cloro. Quando a resistência total se aproximar de 1.000g/mL, pode se tornar necessário drenar a piscina pela metade e então enchê-la novamente com água fresca (menos resistente). A resistência total alta pode indicar a formação de "pedras" nos canos e cantos das instalações da piscina e, possivelmente, a criação de algas. A resistência total e as algas são as duas únicas razões para o esvaziamento da piscina.

Algas

As algas são manifestações orgânicas, de aparência desagradável, mas não nocivas aos humanos. Em geral, há três tipos de algas que podem se formar na piscina, comumente conhecidas como verdes, marrons e pretas. Condições que devem existir antes das algas aparecerem: **esporos** na água, luz, aquecimento (temperatura acima de 30°C) e pH acima de 8,5. Mas de onde vêm os esporos? Eles estão no ar e são carregados pelo vento. Se há chuva abundante, pode-se considerar que essa chuva coletou esporos e os depositou na sua piscina. Eles nunca serão vistos até que as condições mencionadas acima sejam satisfeitas, quando os esporos irão **florescer.** Esta não é uma visão bonita e pode ocorrer em um piscar de olhos. Geralmente a água irá se **tornar verde** e turva. Essa alga irá aderir às laterais da piscina alcalina e poderá, posteriormente, tornar-se marrom. Isso pode ser prevenido com o uso de **algicida.** Se não houve prevenção, deve-se adicionar algicida imediatamente, estabilizar a química da água e escovar as laterais da piscina. Algas verdes e marrons são facilmente removidas pela escovação, mas os resíduos devem ser filtrados e aspirados para fora. Para estabilizar a água rapidamente, é possível utilizar tratamentos concentrados de cloro (65% **hipoclorito de cálcio**), mas deve-se fechar a piscina por alguns dias para que esse tratamento tenha efeito. A água irá se turvar fortemente e então clarear, depois da aspiração dos resíduos no fundo da piscina.

As **algas pretas** são as piores inimigas. Elas tendem a se formar em fendas e pequenos buracos no acabamento da piscina, quando as coisas parecem sob controle. É extremamente difícil removê-las e mantê-las longe da piscina. Podem ser necessárias a drenagem da piscina e uma lavagem ácida das laterais, mas não de maneira demorada, pois é prejudicial ao acabamento da piscina. A detecção precoce da alga preta é um dever e o tratamento de choque concentrado pode manter a piscina em ordem. Geralmente elas devem ser *retiradas* completamente de seu "ninho".

Cloraminas

Alguns hóspedes podem reclamar da "quantidade de cloro" na água e que seus olhos ardem por causa disso. Em uma piscina limpa, o cloro dissolvido na água não tem odor. O cheiro que o hóspede sente não é do cloro livre na água, mas das cloraminas. As cloraminas são uma combinação de cloro e materiais orgânicos. Folhas, óleos para pele, urina e outros materiais orgânicos combinados com o cloro causarão cheiro forte. A solução, vale repetir, é um tratamento de choque – 65% hipoclorito de cálcio. Isso causará o fechamento da piscina até que os resíduos possam ser limpos e aspirados.

Equipamentos da Piscina

Em oposição aos componentes da piscina, os equipamentos que devem estar disponíveis e próximos da piscina são:

- Escova (com vara).
- Peneira de superfície (com vara).
- Aspirador (com vara e mangueira).
- Mangueira de jardim (para lavar o *deck*).
- Bóia salva-vidas (usar com cuidado se for lançada).
- Regulamento da piscina (de acordo com a legislação estadual).
- Cercas ao redor da piscina (de acordo com a legislação estadual).

Trampolins

A maioria dos trampolins está sendo removida dos hotéis com piscinas pequenas porque eles são considerados um elemento de risco. Operadores prudentes estudaram as leis e observaram casos de negligência contra o hotel em que hóspedes se machucaram por causa de acidentes de mergulho. A profundidade da água em grandes piscinas de *resorts* e o uso de salva-vidas podem evitar esses acidentes, mas em geral a regra se inclina mais e mais pela inexistência de trampolins nas piscinas dos hotéis.

Pessoal (Salva-vidas ou Atendentes de Piscina)

Seja salva-vidas ou atendente de piscina, ambos devem ser qualificados pela **Cruz Vermelha** como **salva-**

vidas e/ou **instrutores de segurança na água**, se possível. Não deve haver pessoas na atividade da piscina que não sejam qualificadas para salvar vidas ou realizar **ressuscitação cardiopulmonar.** Em relação ao título do cargo dessa pessoa, há algumas discussões. Este autor acredita que as piscinas dos hotéis são locais para os hóspedes relaxarem e não devem ser conduzidas como um local para abdicar de sua própria segurança. Avisos como "piscina aberta – sem salva-vidas em serviço – nade por seu próprio risco" são razoáveis. Se você anuncia a presença de salva-vidas em serviço, deve haver uma pessoa que não faça nada além de se sentar na beira da piscina e esperar alguém estar em perigo. Se, contudo, não há salva-vidas em serviço, mas existem um ou mais atendentes de piscina, eles podem salvar alguém se for necessário, mas também executar outras obrigações, como manter o *deck* limpo, organizado e livre de vidros, fornecer toalhas e sacos plásticos e serem bons anfitriões. Anunciar um salva-vidas em serviço pode aumentar a responsabilidade do hotel no caso de um acidente grave.

A maioria dos *resorts* com grandes piscinas, atividades de mergulho, trampolins e outros jogos não tem escolha a não ser a presença de salva-vidas. Em geral, espera-se que existam trampolins, mas não em pequenos hotéis.

A composição da equipe da piscina deve ser suficiente para executar as atividades antes da abertura (teste e ajuste da água) e manter o equilíbrio adequado durante o dia, atualizando o registro diário das entradas de química na água. O livro de registro deve ser também usado em qualquer circunstância ou atividade incomum.

Deve-se lembrar que as piscinas são causas de muitos acidentes nos quais o hotel é considerado negligente em suas operações. Sendo assim, devemos confiar que essa advertência será valiosa nas futuras operações de piscinas.

Resumo

Em muitas ocasiões, as piscinas são trazidas sob a responsabilidade da governanta executiva. Quando ocorrem problemas, o departamento de manutenção deve reparar ou substituir o que for necessário. Contudo, a operação e gestão da piscina e das áreas de recreação costumam ser parte das operações de governança por, primariamente, representarem um tipo de operação de limpeza e serviço.

Os objetivos das operações devem incluir a pureza da água, o controle das substâncias químicas e o crescimento zero de algas. A piscina deve ser adequadamente equipada e contar com funcionários adequados para operações seguras. A nomenclatura da piscina foi discutida, assim como seus vários componentes. O controle de segurança da água (química) é considerado uma função operacional e deve ser mantido e registrado algumas vezes ao dia para assegurar que ela se mantenha segura para o uso e que o balanço do pH esteja dentro do limite ideal.

As algas devem ser prevenidas e adequadamente controladas, assim como as condições das áreas em geral. O uso de trampolins em pequenos hotéis é questionável e deve ser considerado um risco para a segurança.

As piscinas devem ser adequadamente equipadas para o trabalho que deve ser feito. Os funcionários podem ser os atendentes de piscina, em oposição aos salva-vidas. Salva-vidas são esperados em hotéis maiores, que são equipados com trampolins, escorregadores e outros brinquedos.

TERMOS E CONCEITOS-CHAVE

Horas-trabalho
Engenheiro de operação
Salva-vidas
Atendente de piscina
Componentes do sistema das piscinas
Pasta fluida
Filtro de cartucho
Ciclo de retrolavagem
Reversão do fluxo de água
Entrada de água
Jatos de entrada
Skimmers
Sistema de tubulação interna
Abastecimento de água
Cestas dos *skimmers*
Medida de densidade da água
pH
Água quimicamente pura
Manutenção de registros adequados
Ácido muriático
Ácido clorídrico
Kits de teste da água
Reagentes
Ortotolodina
Fenol vermelho
Resistência total
Algas
Crescimento orgânico
Esporos
Agente de cloração
Bromo
Aspiração da piscina

Dreno principal
Válvulas de regulagem
Sifão principal
Bomba de ar
Aspirador de pressão
Válvula de retrolavagem
Reservatório do filtro
Visor de vidro
Manômetro
Sistema de circulação
Pressão normal de operação
Partículas
Aquecimento da água
BTU
Lavagem com ácido
Balneário
Barragem do balneário
Química da água
Água segura quanto às bactérias
Bons e maus efeitos do cloro
Cloro livre
Base do aspirador
Claridade da água
Grau de filtragem
Partículas sólidas
Esporos trazidos pelo ar
Filtro de terra e areia
Filtro de terra diatomácea
Películas dos filtros
Terra diatomácea
Tom verde
Algicida
Tratamento de choque
Hipoclorito de cálcio
Algas pretas
Cloraminas
Equipamentos da piscina
Trampolins
Contratação de pessoal para a piscina
Cruz Vermelha
Instrutor de segurança da água
Ressuscitação cardiopulmonar

QUESTÕES PARA DISCUSSÃO E REVISÃO

1. Desenhe um sistema de operação de piscina, nomeando todos os componentes.
2. Explique a necessidade e a técnica para a retrolavagem da piscina. Qual a função do visor de vidro no procedimento de retrolavagem?
3. Estabeleça cronologicamente, passo a passo, o registro diário das medidas tomadas da piscina.
4. A água da piscina parece ótima, o conteúdo de cloro está bom, o pH está balanceado, mas a resistência total excede 1.000g/mL. O que está acontecendo? O que fazer?
5. Discuta os prós e contras de ter salva-vidas *versus* atendentes de piscina no quadro de funcionários.

13

Higiene e Limpeza – Governança em Hospitais e Clínicas de Repouso

OBJETIVOS DO CAPÍTULO

1. Aprender novos termos e definições relacionadas à governança de hospitais e clínicas de repouso.
2. Aprender sobre microbiologia, tipos de sujeira, substâncias químicas para limpeza, contaminação, desinfecção, precauções no manuseio do enxoval e artigos sujos e necessidades de controle de lixo contaminado.
3. Refletir sobre as preocupações dos serviços de higiene e limpeza, incluindo o controle de peste e de lixo contaminado.
4. Familiarizar-se com a Comissão de Reconhecimento de Organizações de Saúde e seu papel no estabelecimento de padrões de qualidade para controle ambiental.
5. Entender a natureza do nosso planeta, ecologia e o significado de nossas responsabilidades relativas à poluição da Terra e da sua atmosfera.

Higiene e Limpeza: Natureza da Profissão

Nos Estados Unidos, a **Associação Nacional de Governantas Executivas** (*National Executive Housekeeper's*

Association, NEHA) há muito reconheceu a similaridade na responsabilidade das pessoas que realizam as funções de governança em hospitais, hotéis e clínicas de repouso. A Associação tem como membros não só funcionários de hotéis, casas para terceira idade e empresas de limpeza, mas também de hospitais e clínicas de repouso. Além disso, a troca de pessoal gerencial entre esses setores é bastante documentada.

Quando questionado sobre as dificuldades que um gerente enfrenta para fazer a transição em qualquer direção, Don Richie, **gerente de serviços de higiene e limpeza** da University Medical Center de Las Vegas, Nevada, afirmou que "a função primordial da governança em ambas as áreas é limpar quartos e áreas públicas e controlar o lixo e demais resíduos. Entretanto, há apenas uma diferença principal: no hospital, nós sabemos exatamente com o que estamos lidando; em hotéis, não sabemos com o que podemos ter que lidar". Aqui reside a diferença primária entre o treinamento técnico da governanta executiva e do gerente de serviços de higiene e limpeza de um hospital ou clínica de repouso.

Embora um gerente de serviços de higiene e limpeza possa se beneficiar, da mesma forma que a governanta executiva, por compreender os princípios de planejamento, organização, formação de equipes, direção e controle vistos nos capítulos anteriores deste livro, a **Comissão de Reconhecimento de Organizações de Saúde** (*Joint Comission on Accreditation of Health Care Organizations*, JCAHO) exige com rigor determinados requisitos que devem ser obedecidos no campo da higiene e limpeza de hospitais e clínicas de repouso. Este capítulo dedica-se à terminologia e às definições encontradas neste ambiente singular, e às exigências desta área controlada por várias agências relacionadas a essas questões.

Estendemos nossos agradecimentos à Sra. Janice M. Kurth, vice-presidente de operações do Metropolitan Hospital, na cidade de Nova York, e à Aspen Publications, por permitirem o uso de sua publicação "Hospital Environmental Services Policy and Procedure Manual" ("Manual de Políticas de Serviços de Higiene e Limpeza e de Procedimentos") como base para este capítulo. Agradecemos também ao Hospital Desert Springs de Las Vegas, Nevada, por sua ajuda e por permitir o acesso ao seu manual de procedimentos.

Hotéis e Hospitais Requerem Profissionais com Habilidades Similares

Na maioria dos casos, as ações solicitadas das pessoas que trabalham nos serviços de higiene e limpeza de hospitais são muito parecidas com aquelas solicitadas de pessoas que trabalham na governança de hotéis. Após a realização de estudos sobre o trabalho que deve ser realizado, foram preparadas descrições de cargos indicando a divisão adequada do trabalho; em seguida, foram preparados roteiros passo-a-passo na forma de procedimentos-padrão de operação. Esses documentos *formalizam* procedimentos que devem ser realizados pelos funcionários designados para rotinas específicas. A singularidade de hospitais e instituições de cuidados à saúde se torna evidente, entretanto, quando se pesquisam os cuidados especiais e considerações que devem ser feitas ao lidar com o seguinte:

- **Desinfecção** diária e terminal dos quartos de pacientes.
- **Limpeza terminal** das salas cirúrgicas do hospital.
- Correto descarte de **agulhas e seringas** usadas.
- Descarte de resíduos infectados.

Cada um desses procedimentos será discutido em detalhes; primeiro, faz-se necessário apresentar fundamentos básicos relativos a um conhecimento mínimo de **microbiologia** e **química de limpeza e desinfecção.**

Transmissão de Patogenias pelo Sangue: o Mais Novo Elo

Em dezembro de 1991, as profissões hospitalares e de hospedagem foram aproximadas nos Estados Unidos, quando a Administração de Saúde e Segurança Ocupacional (*Occupational Safety and Health Administration*, OSHA) publicou uma nova norma relativa à "exposição ocupacional à transmissão de patogenias pelo sangue". O que tinha sido, em um primeiro momento, uma preocupação dos hospitais e instituições de saúde, agora está também no setor hoteleiro.

Primeiro, algumas definições básicas: *sangue* refere-se ao sangue humano e seus componentes, como plasma e sangue para transfusão, além de produtos feitos do sangue humano. *Agentes patogênicos do sangue* são microorganismos presentes no sangue que podem causar doenças. *Outras substâncias potencialmente infecciosas* podem ser outros fluidos do sangue humano, tais como sêmen, líquido amniótico e outros que dificilmente podem ser diferenciados, como culturas de HIV e HBV.

Outras agências governamentais norte-americanas têm sido envolvidas na questão da exposição de funcionários a materiais infecciosos por algum tempo. Por alguns anos, o Departamento de Saúde e Serviços Humanos (*Department of Health and Human Services*) escreveu e publicou o "Guia para prevenção da transmissão do vírus HIV e da hepatite B para funcionários da saúde e segurança pública". As preocupações são variadas. Primeiro, o debate nos últimos anos em relação ao vírus HIV e a AIDS despertou preocupações do público e dos legisladores quanto à transmissão de doenças infecciosas. Além disso, o aumento das preocupações com a segurança e saúde do funcionário tem causado interesse quanto à exposição e aumento da hepatite B. Finalmente, a OSHA iniciou um trabalho preparando uma norma sobre as patogenias transmitidas pelo sangue. Essa norma tornou-se lei em 1991 e as empresas e profissões norte-americanas expostas aos vírus HIV e HBV tinham até março de 1992 para se adequarem. A lei definiu certos termos conforme segue:

- **Contaminado:**
  - Possuir materiais potencialmente contaminados em um item ou superfície.
- **Lixo controlado:**
  - Sangue líquido ou semilíquido ou outros materiais potencialmente infecciosos.
  - Itens contaminados que liberam materiais infecciosos se compactados.
  - Itens compactados com material infeccioso.
  - Agulhas contaminadas.
  - Lixo contendo materiais infecciosos.
- **Fonte individual:**
  - Indivíduo cujo material potencialmente infeccioso pode ser uma fonte de contaminação.
- **Precauções universais:**
  - Idéia de se aproximar sempre de sangue humano e de outros fluidos corporais como se tivessem patogenias.
- HIV (vírus da imunodeficiência humana):
  - A mais recente doença transmitida pelo sangue.
  - Espalha-se rapidamente.
  - Não tem cura conhecida.
  - Não tem vacina.
  - Geralmente leva ao desenvolvimento da AIDS.
  - Pode não apresentar sintomas por algum tempo.
- HBV:
  - Hepatite B (forma predominante de doença do fígado).
  - Resulta na inflamação, cirrose e câncer de fígado.
  - Há vacina que previne a infecção.
- **Exposição Parenteral:**
  - Entrada de material infeccioso no corpo através de cortes ou escoriações, perfurações de agulha ou ferimentos.

Todas as instalações de hospedagem que possuem departamentos com propensão à exposição (governança, pelas roupas de cama e banho sujas), de manutenção (cortes e escoriações) e de segurança devem possuir um *programa de controle de exposição.* Esse programa deve se destinar a limitar/eliminar a exposição por meio de *precauções universais* (uso de equipamentos e manuseio de lixo contaminado), *práticas de trabalho*, uso de *equipamentos de proteção* e boas práticas de governança. O programa deve também dispor sobre o uso de etiquetas/sinalização de alerta e procedimentos de exposição, além de estabelecer um programa de vacinação contra o HBV (gratuito para os funcionários). Por fim, o cumprimento da lei deve ser comprovado por meio da manutenção de registros corretos. À época da elaboração deste texto, os efeitos da AIDS já tinham sido reduzidos com o uso de certas medicações, mas o problema básico continuava conosco.

Microbiologia Básica*

A microbiologia é uma ciência natural que se iniciou com a descoberta do microscópio e que levou, no século XVII, à dramática descoberta de que existem formas vivas invisíveis a olho nu. Anteriormente, no século XIII, já havia sido sugerido que organismos "invisíveis" eram responsáveis pela decomposição e pelas doenças. A palavra *micróbio* foi criada no último quarto do século XIX para descrever esses organismos, imaginando-se que todos possuíam características comuns. À medida que a microbiologia se desenvolvia como uma ciência, percebia-se que os micróbios (pequenas criaturas vivas) abrangiam um grande grupo de organismos extremamente diversos – o que levou à divisão da disciplina em três partes, conhecidas hoje como bacteriologia, protozoologia e virologia.

Microbiologia, portanto, é o estudo e a identificação dos **microorganismos**. Tal disciplina compreende o estudo de bactérias, riquétsias, pequenos fungos (tais como germes e bolor), algas e protozoários, bem como formas problemáticas de vida como os vírus. Em razão da dificuldade de definir os microorganismos como plantas ou animais – alguns se parecem com plantas, outros com animais – algumas vezes eles são considerados como um grupo separado chamado **protista**. Os micróbios também podem ser divididos em procariontes, que têm

* Adaptado com permissão da introdução de "Microbiologia", *Enciclopédia Britânica*, 15.ed., © 1979.

material nuclear primitivo e disperso – tais como as algas azuis esverdeadas, bactérias e riquétsias – e eucariontes, que apresentam o núcleo limitado por uma membrana. São as pequenas algas, com exceção das azuis esverdeadas, os germes e o bolor e os protozoários (todos os organismos superiores são eucariontes).

A vida diária do homem é repleta de microorganismos. Eles são encontrados na terra, no mar e no ar. Embora não sejam percebidos, eles são abundantes em todos os lugares e dão ampla evidência da sua presença, às vezes de maneira desfavorável, como quando causam deterioração ou decomposição em objetos valiosos para os humanos ou geram doenças; e algumas vezes favorável, como quando fermentam o álcool para o vinho e a cerveja, ajudam no crescimento do pão, condimentam o queijo e criam laticínios. Os microorganismos são de valor incalculável na natureza, causando a desintegração de restos de animais e plantas e transformando-os em gases e minerais que podem servir a outros organismos.

Pode-se dizer que 90% de todos os microorganismos são bons e essenciais para a natureza e a humanidade. A preocupação neste texto, contudo, é com os 10% que não são.

Terminologia Adequada de Microbiologia

O que segue é uma lista de microorganismos específicos merecedores de atenção. Abaixo estão representados alguns, como se tivessem sido colorados e vistos pelo microscópio com ampliação de 500 vezes.

- *Bactéria*: termo usado para referir-se a microorganismos em geral, o mesmo que germes e micróbios.
- *Bacilo*: bactéria com forma de bastão.

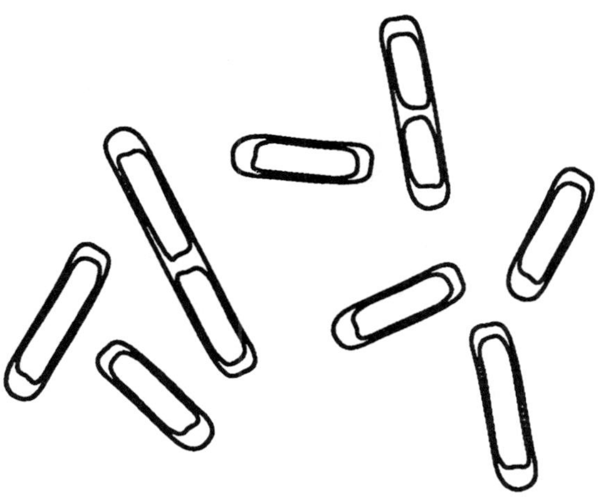

- *Coco*: bactéria com forma cilíndrica.

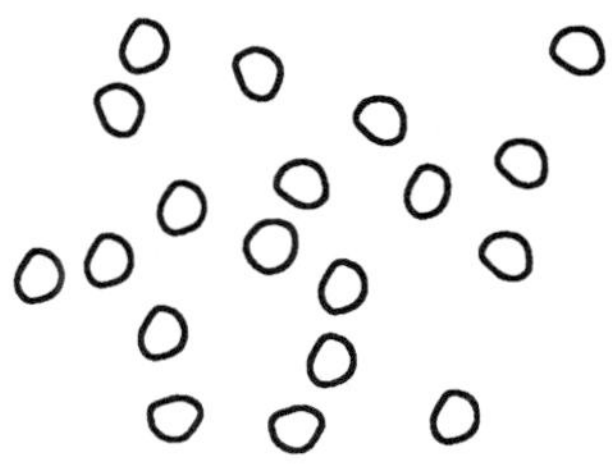

- *Fungo*: planta simples sem clorofila (o bolor do pão é um exemplo).
- *Espiroqueta*: microorganismo com forma espiral.

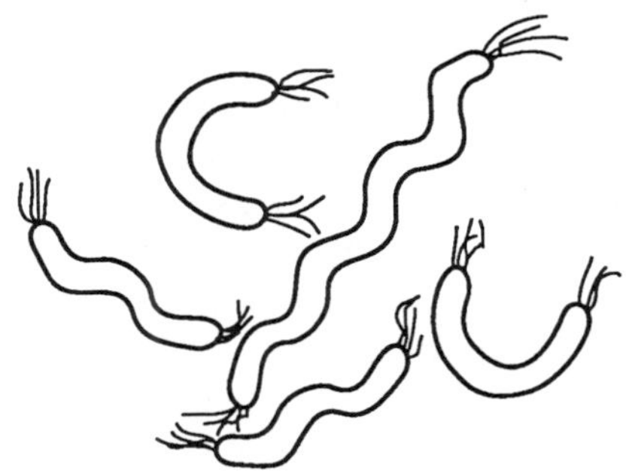

- *Esporo*: microorganismo dentro de um refratário, concha de proteção.
- *Estafilococo*: organismo em forma de cacho que causa furúnculos, infecções de pele, erupção purulenta e/ou peritonite.

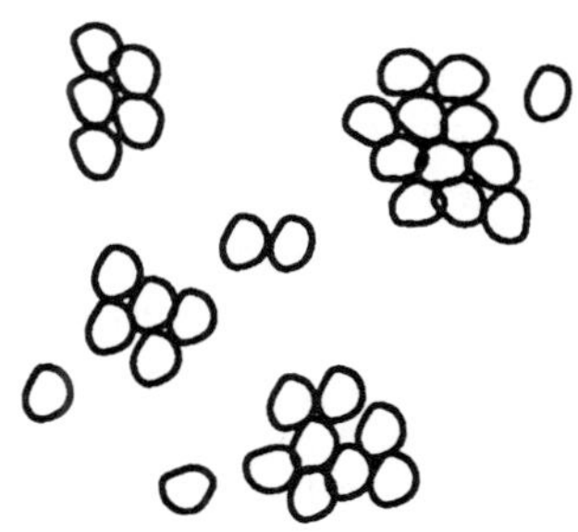

- *Estreptococo*: organismo cilíndrico em forma de corrente que causa infecção de garganta.

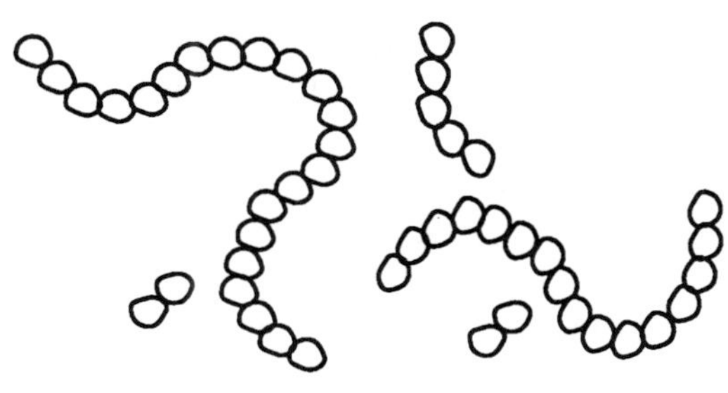

- *Vírus*: o menor de todos os microorganismos.

Outras palavras importantes no estudo da microbiologia incluem:

- *Aeróbica*: bactéria que deve ser exposta e necessita de ar (oxigênio) para sobreviver e crescer.
- *Anaeróbica*: bactéria que pode viver sem ar (oxigênio).
- *Anti-sepsia*: uso de substâncias químicas na pele com proposta bactericida e germicida.
- *Assepsia*: estar livre de germes e infecções.
- *Assepsia (médica)*: método usado para prevenir a contaminação por doenças contagiosas. Lavar as mãos e isolamento são exemplos.
- *Assepsia (cirúrgica)*: método usado para esterilizar equipamentos, suprimentos e procedimentos envolvidos na entrada no interior "estéril" do corpo humano.
- *Autoclave*: aparelho parecido com um forno, que usa vapor sob pressão, no qual os suprimentos são deixados em calor intenso por um período de tempo. Também chamado de esterilizador.
- *Agente químico*: substância química adicionada em uma solução em dosagem correta que irá matar a bactéria ou, no mínimo, impedir seu crescimento.
- *Desinfecção*: processo no qual substâncias químicas são usadas nos pisos e equipamentos com proposta bactericida e germicida.
- *Desinfecção (simultânea)*: processo usado enquanto a doença está em progresso.
- *Desinfecção (terminal)*: processo usado no final da doença.
- *Gram (positivo/negativo)*: refere-se ao teste de coloração de uma amostra de certa bactéria. *Gram-positivo* dá resultado azul quando certas bactérias são tratadas com reagentes. *Gram-negativo* é uma indicação de teste vermelha.
- *Hospedeiro intermediário*: aquele que transmite a doença, mas não é afetado por ela. Também conhecido como "transportador imune". Um exemplo é o mosquito *Anopheles*, que pica a pessoa infectada com malária e depois pica outra pessoa, desta maneira transmitindo a doença.
- *Mícron*: unidade de medida – 1/25.000 de uma polegada (a bactéria é geralmente encontrada em tamanhos que variam de 1 a 300 mícrons).
- *Patogenia*: doença causada ou produzida.
- *Agentes físicos*: agentes não químicos que afetarão o crescimento da bactéria ou irão destruí-la; por exemplo, a luz do sol, temperatura, calor, umidade ou pressão.
- *Reagentes*: grupo de soluções de teste usadas para identificar certas bactérias e suas propriedades. Tais testes podem ajudar a determinar qual química deve ser usada para matar certa bactéria.
- *Esterilização*: processo pelo qual as bactérias são mortas pelo calor.

Microorganismos Específicos e Suas Características

A seguir há uma lista de 11 microorganismos comuns que podem estar em contato com funcionários de hospitais, clínicas ou hotéis e algumas de suas características.

- *Staphylococcus aureus*. Gram-positivo (cor azul). Maior causa de infecções (furúnculos, carbúnculos, infecções de ouvido), intoxicação de alimentos. Tamanho: 0,8 a 1,0 mícron. Resistente a antibióticos. O melhor tratamento é o calor.
- *Mycobacterium tuberculosis*. Gram-negativo (cor vermelha). Resistente ao ácido (não pode ser eliminado com ácido).
- *Salmonella choleraesuis*. Gram-negativa. Uma forma de contaminação de alimentos. O corpo pode tolerá-la e eliminá-la. É usada para testar germicidas.
- *Pseudomonas aeruginosa*. Gram-negativo. Muito resistente a desinfetantes. O maior problema está nos banheiros públicos. Doença de maior predominância em mulheres. A bactéria cresce em água parada.
- *Streptococcus pyogenes*. Gram-positivo. Bactéria encontrada em locais públicos; ferimentos e infecção de garganta. Também associada à febre escarlatina e à febre reumática.
- *Diplococcus pneumoniae*. Gram-positivo. Pneumonia lobular. Tratável com antibióticos.
- *Mycobacterium diphteria*. Gram-positivo. Transmitido pelo leite. Não muito predominante devido à vacinação.
- *Escherichia coli*. Gram-negativo. Pode crescer no sabonete. Nunca use barra de sabonete em lavatório público. Pode ser transmitida por excrementos de animais.
- *Clostridium perfringens*. Sem coloração de Gram. Esporo anaeróbico. "Botulismo". Encontrado em fezes, esgoto, leite esterilizado inadequadamente ou alimentos fechados hermeticamente. Também encontrado em ferimentos não tratados (gangrena gasosa).
- *Tricophyton interdigitale*. Sem coloração de Gram. Fungo ("pé de atleta"). Pode ser usado para avaliar um germicida.
- *Vírus*. Parte do reino protista. Inclui a gripe *influenza*, A (vírus da gripe), herpes simples, varíola bovina, adenovírus tipo 2 e AIDS.

Os Cinco Tipos de Sujeira

Há cinco tipos de sujeira que representam um desafio para o gerente de higiene e limpeza, ou alguém com a responsabilidade de "limpar". Nem todas as sujeiras são diretamente relacionadas a bactérias, mas a bactéria deve ser mantida nessa lista. Cada sujeira, orgânica ou inorgânica, é um composto capaz de ser alterado por uma reação química.

Os cinco tipos de sujeira são os seguintes:

- *Mineral*: elemento ou composto sólido, homogêneo e cristalino, com composição química específica, que resulta de um processo inorgânico da natureza.
- *Orgânica*: substância composta apenas de matéria de origem vegetal ou animal. Quimicamente são compostos contendo fileiras de moléculas de carbono fixadas em uma ou mais moléculas de hidrogênio.
- *Osmológica*: relacionada com sujeira orgânica ou inorgânica que emite odor desagradável.
- *Bacterial*: sujeiras ou compostos contendo bactérias vivas.
- *Entomológica*: sujeiras envolvendo insetos que causam ou transmitem doenças.

Substâncias Químicas para Limpeza*

Para entender a química da limpeza, o aluno deve primeiro aceitar o fato de que *não* precisa se tornar um químico para isso. A compreensão de uma pessoa leiga sobre o que acontece quando se aplica desinfetante ou detergente serve para valorizar os produtos a fim de alcançar os objetivos para que foram concebidos. Muito freqüentemente, funcionários "acham" que alguma coisa *vermelha* limpa melhor do que alguma coisa *azul*, ou que uma solução *concentrada* é melhor do que uma *diluída* ou, muitas vezes, que *mais é melhor*. Esta seção não apresenta as **fórmulas químicas**, mas solicita ao aluno que domine um novo grupo de termos e espera que ele respeite os componentes de cada produto de uso corrente no mundo da limpeza e desinfecção. A química para limpeza é mais adequada a esta seção visto que não apenas limpa, mas mata as bactérias (desinfetando).

O que segue é um pouco de química para leigos, para que o profissional possa melhor entender a história e o significado dos produtos desenvolvidos:

Átomo. De acordo com a "Tabela Periódica de Elementos", a menor combinação de núcleo (centro com prótons e nêutrons) e elétrons envolvidos ao redor, associada com o nome de um dado **elemento.** Por exemplo, um átomo de enxofre (S), oxigênio (O), hidrogênio (H) ou carbono (C) é a menor partícula que é reconhecida por esse nome. Todos têm diferentes pesos, sendo o hidrogênio o mais leve e o urânio um dos mais pesados, em decorrência das suas respectivas estruturas atômicas. São mais de 106 elementos descobertos no universo. Alguns deles não existem na natureza; foram criados pelo homem no último século.

Molécula. Composto criado pela combinação de certos grupos de átomos. Muitos átomos descritos anteriormente, *quando encontrados na natureza*, são vistos como moléculas que se combinarão com outras moléculas para formar os mais complexos compostos químicos. Por exemplo: quimicamente falando, átomos de hidrogênio (H) ou oxigênio (O) na natureza são encontrados em moléculas gasosas de hidrogênio (H_2) e oxigênio (O_2). O número associado ao símbolo descreve certas características de como eles reagem quimicamente quando combinados um ao outro ou com outros elementos. Suas reações "químicas" são baseadas em diferentes fenômenos, mas principalmente no número de elétrons livres que se encontram na camada mais externa do átomo. Uma molécula que possui o mesmo número de prótons no núcleo que o de elétrons na órbita ao redor do núcleo terá carga elétrica zero (**valência** zero). Se há excesso de prótons no núcleo, existe carga positiva de +1 ou +2 (valência positiva); se há mais elétrons do que prótons, a carga será negativa (–1 ou –2, valência negativa). A combinação da valência com o tipo de átomo considerado determina quão difícil, fácil, violenta ou modesta será a reação ao tentar combinar moléculas de átomos com outras moléculas para formar um composto mais elaborado. Cada molécula simples de *água* é composta por dois átomos de *hidrogênio* e um átomo de *oxigênio*. O menor átomo de hidrogênio encontrado na natureza está na molécula gasosa de hidrogênio (H_2). A menor molécula de oxigênio encontrada na natureza é o oxigênio gasoso (O_2). Sob certas condições, a combustão de hidrogênio na presença de oxigênio causa uma violenta explosão, tendo água como subproduto. Para manter o cálculo correto, uma fórmula molecular é mencionada para mostrar que as coisas devem ser equilibradas. Por exemplo: duas moléculas de hidrogênio gasoso $2H_2$ (g) irão combinar-se quimicamente com uma molécula de oxigênio gasoso, O_2 (g), para formar duas moléculas de água líquida, $2H_2O$ (l).

Algumas moléculas, principalmente em sistemas biológicos e plásticos, são muito grandes e contêm milhares de átomos.

Compostos Químicos

As reações químicas são também chamadas de transformações químicas. Elas causam a conversão de uma

* Adaptado com permissão da administração do Desert Springs Hospital, Las Vegas, Nevada.

ou mais substâncias em uma ou mais substâncias diferentes chamadas de **compostos.** As substâncias que reagem são chamadas **reagentes** e os resultados das reações são chamados de **produtos.**

Em uma reação química, os átomos são reagrupados para formarem diferentes substâncias; os átomos não são destruídos ou convertidos em átomos de outros elementos (como poderia ocorrer em uma **reação atômica**). Os produtos químicos de limpeza são formulados para combinarem quimicamente com certos tipos de sujeira. Os produtos químicos são então removidos quimicamente, agarrando-se à sujeira a ser removida.

A seguir encontra-se uma lista de alguns termos básicos relevantes nas reações químicas:

Radicais: grupo de átomos que não se dissocia durante a reação química, ficando juntos. São radicais comuns:

(OH) hidróxido	(NO_3) nitrato
(SO_4) sulfato	(PO_4) fosfato
(NH_4) amônia	(CO_3) carbonato

Compostos orgânicos: compostos feitos de carbono, hidrogênio e oxigênio.

Íon: átomo ou grupo de átomos que tenham adquirido carga elétrica pelo ganho ou perda de elétrons.

Ânion: átomo de carga negativa.

Cátion: átomo de carga positiva.

Ácido: composto com maioria de ânions, átomos ou radicais, combinados com o cátion hidrogênio (H^+).

Alcalino: metal catiônico combinado com o radical aniônico hidroxílico (OH), conhecido quimicamente como hidróxido de metal. Alcalinos combinam-se com ácidos para formar *água* e *sais*.

Sais: resultado da substituição do íon hidrogênio de um ácido por um metal.

Água: o **solvente universal** (geralmente o primeiro líquido experimentado quando se testa uma substância para ver se pode ser dissolvida em solução).

pH (densidade): medida de acidez ou alcalinidade de uma substância. Usa-se uma escala de 0 a 14. O número 7 é o ponto neutro. Todas as substâncias com medida de pH maior do que 7 são **alcalinas**; menor do que 7, são **ácidas.**

R: letra usada para identificar um grupo de carbono longo de algum elo conhecido de comprimento ou configuração de um composto químico.

Desinfetante: composto que mata bactérias.

Composto de amônia quaternária: classe de desinfetantes que são agentes ativos de superfície catiônica contendo nitrogênio, longos elos de carbono (R) e um ânion, geralmente cloro.

Fenol: ácido carbólico, fênico.

Fenólico: derivação do fenol amplamente usada como desinfetante. Correntes de carbono são fixadas em uma posição precisa na molécula de fenol. Mil vezes mais ativo que o fenol puro.

Iodo: elemento altamente reativo, o que faz dele um efetivo desinfetante com amplo espectro de eficiência.

Alcoóis: metanol, etanol, isopropanol; função similar à do composto de amônia quaternária no método de ação.

Detergente: sabão orgânico sintético, solúvel em água ou óleo, derivado de hidrocarbonetos, petróleo, álcool, amina, enxofre ou outros compostos orgânicos. A maioria dos agentes químicos que foi criada para o uso na limpeza *e* desinfecção é da categoria da *amônia quaternária* ou dos *fenólicos*. Ambos destroem bactérias patogênicas.

Anti-sépticos: substâncias que retardam o crescimento das bactérias; incluem iodo e álcool.

Bactericidas: previnem a multiplicação das bactérias. Antibiótico (não para consumo, mas para uso em locais como lavanderias).

Sanitizador: geralmente usado em áreas de alimentos e para tratamento químico de filtros e unidades de manuseio de ar.

Conservantes: usados em alimentos para prevenir o crescimento de bactérias.

A familiarização com os vários aspectos do uso das substâncias químicas em instituições de saúde e hotéis requer o entendimento básico não só das substâncias químicas, mas também dos processos químicos. O gerente de serviços de higiene e limpeza conhece os produtos químicos que estão sendo usados em suas instalações e sabe como usá-los.

Teste de Produtos

Vários testes podem determinar a eficiência e eficácia de um produto. A Associação de Análises Químicas (*Association of Analytical Chemists*, AOAC) pode também testar produtos para fabricantes ou usuários.

Um teste típico seria preparar algumas *placas de Petri* (pequenas esferas planas com uma gelatina nutritiva [hospedeiro]), que podem ser esfregadas com um bastão contendo a bactéria a ser testada. Primeiro se dá tempo para que a bactéria cresça. Então, ela é tratada com diferentes soluções de produtos germicidas. A meta do teste é determinar qual a **taxa de diluição** do produto que mata a bactéria. Outros testes podem ser feitos para determinar em quanto tempo um certo germicida mata a bactéria em determinada diluição, ou para determinar o efeito da adição de certos produtos para aumentar a eficiência de um certo germicida.

O Fabricante dos Produtos e o Desafio Químico

Depois de apresentar a microbiologia e a química para leigos, torna-se óbvio qual é o desafio para o fabricante do produto: determinar qual produto pode, primeiro, limpar e, em seguida, desinfetar. A limpeza inorgânica pode ser simples como varrer o pó do piso, pegando-o e dispondo-o de maneira que não volte para o mesmo espaço. Com muita freqüência, os produtos disponíveis nos supermercados possuem certas químicas que soltam a sujeira, prendem-na em **suspensão química** e então recolhem a suspensão por inúmeras maneiras diferentes e as eliminam.

O desinfetante, contudo, traz um desafio adicional: não apenas limpar, mas entrar na membrana da célula da bactéria e matar o seu núcleo.

Ácido Carbólico (Fenol)

O **ácido carbólico** (**fenol**) foi, por anos, a melhor forma disponível de matar as bactérias desinfetando a área. Contudo, o composto requer longos períodos de contato com a área a ser desinfetada. Além disso, o fenol pode matar a bactéria, mas não é um bom agente de limpeza.

Com o desenvolvimento do **fenólico** (derivado do fenol), o desinfetante tornou-se mil vezes mais efetivo para entrar na membrana protetora das bactérias e matá-las. Contudo, ele continua a ser um agente de limpeza pobre e um material altamente **tóxico**. A proporção da diluição é de 256 para 1.

Composto de Amônia Quaternária

Além de ser um agente antibactericida eficaz, o composto de amônia quaternária é também um bom agente de limpeza. Ele também é altamente tóxico e teve, por anos, uma desvantagem adicional como desinfetante: a ineficácia contra a bactéria da tuberculose. Os progressos recentes no desenvolvimento dos quaternários, contudo, têm superado o problema da tuberculose, e esses compostos têm se tornado a melhor escolha de desinfetantes para hospitais.

Agentes Não Químicos que Matam ou Retardam o Crescimento da Bactéria

A **luz** é um excelente agente que mata as bactérias que ficam na superfície dos objetos ou na pele. A luz do sol e a luz ultravioleta são excelentes agentes sanitários, mas não penetram além da superfície de objetos ou na pele.

O **frio** não mata, mas retarda e inibe o crescimento; em alguns casos, as bactérias ficam latentes no frio.

O **calor** mata as bactérias. Um esterilizador a vapor é um equipamento vital para a esterilização. Nos casos em que tecidos humanos estejam envolvidos, o tempo de contato com o calor é importante.

A **remoção física**. O uso de filtros de ar e eletrostáticos é significativo. A aspiração ou uma simples limpeza com pano também pode remover bactérias.

Ambiente Controlado de Bactérias

Um ambiente controlado de bactérias é um ambiente mantido limpo e livre de insetos, com o lixo adequadamente removido. Além disso, o estoque é protegido, as pessoas que manuseiam o lixo usam luvas e são tomadas medidas para prevenir todo tipo de poluição.

Para *prevenir a propagação de infecções*, as instalações devem ser mantidas limpas e salubres. As doenças são transmitidas pelos **rastros da bactéria.** A cadeia de eventos que se segue é vista como um rastro da bactéria. A **cadeia de infecção** se inicia com um *agente causador da patogenia.* Em seguida, há o *receptáculo*, ou o local onde o **agente patogênico** vive, seguido pelo *modo de escape*, *método de transmissão* e *modo de entrada do hospedeiro.* A pessoa é o **hospedeiro** que passa a patogenia e a corrente continua. Quando a corrente de eventos é quebrada em qualquer ponto, a infecção pára.

Unidade de Isolamento

A Figura 13.1 mostra o *layout* de uma **unidade de isolamento** de um grande hospital. Observe como o carrinho de isolamento contém um suprimento de aventais, luvas, máscaras, sacos plásticos, sacolas para lavagem de roupas e sacolas de lavanderia. Dentro da unidade há vários métodos e lugares para deixar as roupas do isolamento antes de sair do quarto.

Artigos Contaminados e Excrementos

Para alguns pacientes no isolamento, é necessário tomar algumas precauções com os artigos contaminados por urina ou fezes. Por exemplo, pode ser necessário desinfetar (ou descartar) um urinol ou comadre.

Limpeza Terminal e Desinfecção da Sala de Cirurgia

O objetivo da limpeza e desinfecção da sala de cirurgia é reduzir o número de microorganismos presen-

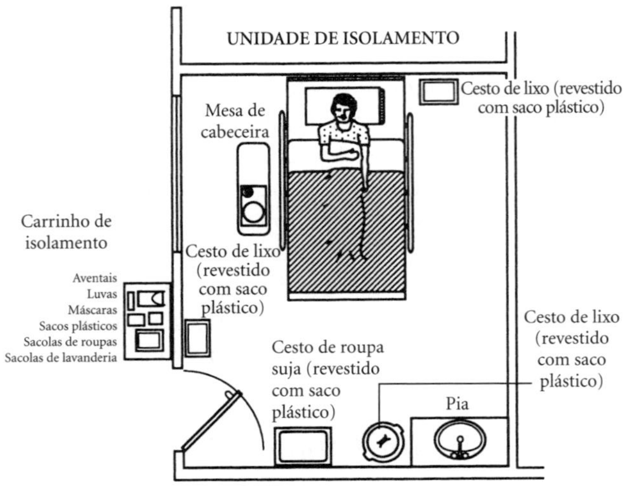

Figura 13.1 – *Layout* de uma unidade de isolamento.

tes e, assim, manter um ambiente limpo e seguro para pacientes, funcionários e visitantes.

Em primeiro lugar, deve-se reunir o equipamento necessário. Os itens seriam:

1. Balde plástico de 10L para a lavagem da mobília.
2. Panos secos e úmidos para a limpeza.
3. Desinfetante/detergente.
4. Solução em *spray* para aplicação nos pisos.
5. Aspirador de água para remover a solução.
6. Enceradeira com feltro para esfregar.
7. Material para lavagem das paredes (incluindo balde, torcedor, esfregão de mão e com cabo).

Os procedimentos para a limpeza da sala incluem:

1. Preparar, limpar e checar todos os equipamentos.
2. Preparar a solução desinfetante e colocá-la no reservatório *spray*, unidade de lavagem da parede e no balde de 10L.
3. Ir para a primeira sala designada; limpar e desinfetar a cama ou mesa de operação e limpar todas as superfícies com desinfetante e agente de limpeza.
4. Usando técnica similar, desinfetar toda a mobília (prateleiras, mesas ou outras peças móveis), movendo-a para o meio da sala ao redor da cama ou mesa de operação. Enxaguar cada item com o pano depois de limpar.
5. Desinfetar todas as instalações das paredes, tomando cuidado para não deixar solução dentro ou atrás dos umidificadores, termostatos, telas de raios X, portas esterilizadas ou pontos de eletricidade.
6. Pulverizar solução desinfetante no piso e usar um aspirador de água para remover a solução. Deixar 30cm molhados ao redor da mobília que ainda está no meio da sala.
7. Recolocar a mobília, assegurando-se de que as rodas passarão pelos 30cm para serem desinfetadas. Deslizar a cama ou mesa cirúrgica sobre a solução para um lado da sala.
8. Limpar as lâmpadas da mesma forma que a mobília foi limpa.
9. Pulverizar solução do piso no meio da sala. Usar o aspirador para remover a solução remanescente.
10. Retornar a cama ou mesa para o local apropriado.
11. Retirar-se da sala e limpar totalmente os equipamentos com desinfetante e/ou detergente. Guardar os equipamentos de maneira adequada ou repetir o procedimento na próxima sala de cirurgia.

Preocupações Especiais

1. Não deve haver pulverização de soluções perto dos carrinhos.
2. Corredores, tetos e paredes devem ser desinfetados mensalmente. As manchas devem ser lavadas conforme a necessidade.
3. Cortinas em pequenos compartimentos das áreas afins ou de qualquer área ligada à cirurgia devem ser trocadas mensalmente ou sempre que necessário.

Descarte de Agulhas e Seringas Usadas

A proposta deste procedimento é assegurar que objetos pontiagudos usados, tais como agulhas e seringas, sejam cuidadosa e seguramente removidos do hospital e dispostos com segurança, de tal maneira que pessoas desavisadas não tenham contato com esses itens e não corram risco de contaminação. O serviço de enfermagem do hospital tem a responsabilidade de preparar tais objetos para que sejam eliminados adequadamente.

Os seguintes procedimentos devem ser usados:

1. Equipe de enfermagem: colocar seringas usadas encontradas no andar das áreas de cuidado ao paciente dentro de plásticos de descarte contendo a seguinte inscrição: "para objetos pontiagudos".
2. Esterilizar todos os recipientes de objetos pontiagudos do andar das áreas de pacientes e enviá-los à central de serviços para coleta e descarte.
3. Esterilizar recipientes das áreas de cirurgia, emergência, isolamento, área respiratória, de função pulmonar e medicina nuclear, e enviá-los à Central de Serviços para coleta e descarte.
4. Equipe da Central de Serviços: enviar todas as agulhas esterilizadas ao laboratório para o descarte final.

5. Equipe do laboratório: colocar todas as agulhas e seringas em recipientes próprios; selá-los, colocá-los em sacos plásticos vermelhos e esterilizar antes do descarte final.
6. O laboratório deve assegurar-se de que o pessoal de higiene e limpeza pegará os materiais esterilizados e irá dispô-los com o lixo normal.

Distribuição de Lixo dos Agentes Antineoplásticos

A remoção e a distribuição segura do lixo, associadas à preparação e distribuição dos agentes antineoplásticos, pretendem assegurar que pessoal não autorizado ou desavisado não se contamine pelo contato com tais agentes.

Os seguintes procedimentos devem ser usados:

1. O departamento de higiene e limpeza é responsável pela remoção do lixo lacrado em recipientes marcados por uma etiqueta verde como **drogas quimioterápicas.** Esses recipientes costumam ser encontrados nas despensas dos andares nos quais os agentes antineoplásticos são ministrados.
2. O técnico, assistente, enfermeira ou secretária da unidade notificará o serviço de higiene e limpeza quando os recipientes estiverem cheios.
3. O recipiente cheio será lacrado antes de ser removido da despensa pelo técnico designado, que recolocará um recipiente vazio.
4. O recipiente cheio será levado para um local de armazenamento temporário, designado para o refugo de agentes antineoplásticos.
5. Os recipientes serão removidos periodicamente por uma empresa autorizada e adequadamente licenciada.

Nos Estados Unidos, esses procedimentos estão sujeitos a revisão e inspeção periódica por um agente da JCAHO. Resultados insatisfatórios de tais inspeções devem formar a base de um "alerta", com uma notificação da ação solicitada para manter o reconhecimento. Alertas negligenciados ou deficiência na ação correta podem levar à suspensão do reconhecimento.

Controle de Pestes

Os insetos estão na Terra há milhões de anos e a maioria tem "sobrevivido à tempestade" melhor que outras espécies. A maioria tem ciclos de vida curtos, se propaga rapidamente e morre, ainda que suas espécies continuem sobrevivendo.

As gravuras que seguem (Fig. 13.2) mostram 12 pestes da "variedade de jardins" que devem ser mantidas sob controle da melhor forma possível, não necessariamente pelas mesmas razões. Alguns insetos picam, outros vivem em áreas úmidas contaminadas ou junto ao lixo e podem contaminar o ambiente humano. Todos os insetos são capazes de transmitir bactérias, porque elas se alojam em seus corpos e pernas e então viajam através de seus domínios, infectando a todos que os tocam, humanos ou não.

Um Cenário Verdadeiro

O simples "carrapato de madeira" é um bom exemplo de todos os elementos da cadeia de infecção. O carrapato normalmente se origina (e se propaga) na umidade, em áreas com muita madeira e vegetais. Ele espera que um animal com sangue quente passe perto o suficiente para que ele sinta o calor do corpo. Ele então pula (ou voa) por volta de 3 a 4,5m e se segura firmemente no animal, sugando seu sangue. Essa atividade continua por vários dias, período no qual o animal hospedeiro pode viajar por longas distâncias. Como passageiro, o carrapato será exposto a áreas contaminadas com bactérias, através do contato com as fezes e outros tecidos em decomposição (**agente causador**). Depois de alguns dias, o carrapato crescerá até o tamanho de uma unha humana (**reservatório**). A área do ferimento causado pelo carrapato agora está purulenta e fraca, permitindo que o peso do carrapato faça com que ele caia (**modo de escape**), possivelmente milhares de milhas de distância de sua localização inicial. Ele carrega consigo não apenas suprimento de sangue, o qual digere por vários dias, mas também um excesso de bactérias em seu corpo (**transportador imune**). Eventualmente, o carrapato retorna a seu tamanho inicial e novamente se fixa em uma haste para esperar a próxima exposição de calor de algum animal (**método de transmissão**). Dessa vez, uma pessoa pode se tornar o alvo da mordida e do salto do carrapato (modo de entrada em um novo **hospedeiro**). De 10 a 15 dias depois, ela percebe o desenvolvimento de uma erupção nas extremidades da pele começando a irradiar-se pelo tronco, dando a aparência de sarampo. O que aparenta ser sarampo, contudo, não é, visto que o tempo de recuperação para o sarampo é de 10 dias a partir da erupção. Com um exame mais detalhado, um carrapato é descoberto no cabelo da pessoa e o diagnóstico é mudado para febre maculosa das montanhas rochosas. Um dia depois, a pessoa morre em sua casa... na Flórida. Esse cenário verdadeiro mostra como o primeiro animal e o carrapato eram transportadores imunes, e a **cadeia de infecção** pôde ser descoberta a mil milhas do local onde se suspeitou da doença – descoberta tardia para um tratamento efetivo.

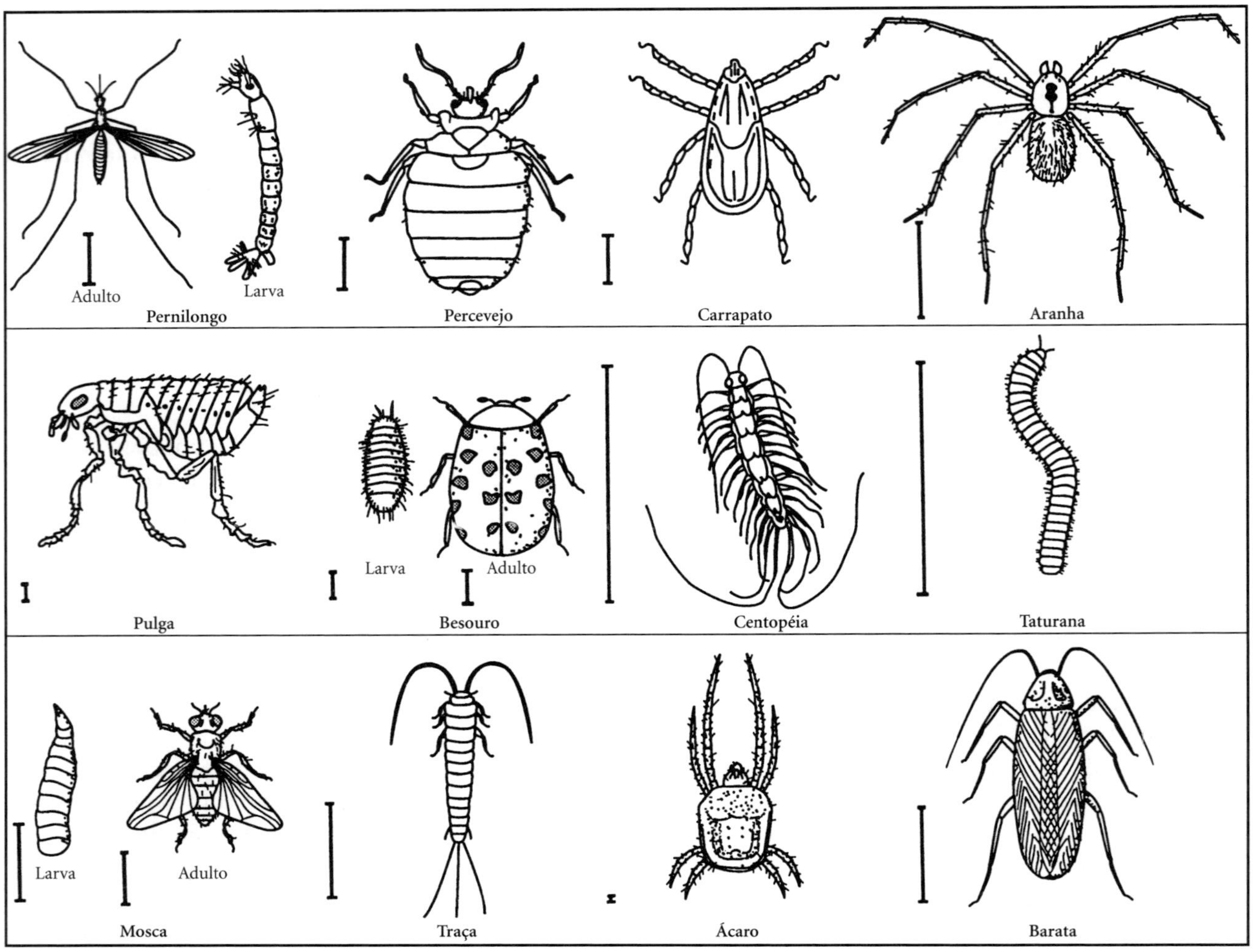

Figura 13.2 – Doze tipos comuns de pestes. A linha ao lado de cada ilustração indica seu tamanho aproximado.

Manter Pestes sob Controle Significa Manipular o Ambiente

Pessoas que trabalham em serviços de higiene e limpeza devem ter metas relativas ao controle de peste:

1. Manter a área limpa.
2. Remover e descartar todo o lixo com freqüência.
3. Usar tela nas áreas onde os insetos sejam predominantes.
4. Manter as instalações em boas condições de manutenção.
5. Ter um programa de substâncias químicas para o controle de pestes para livrar-se adequadamente de *todos* os insetos.

Aplicação de Pesticidas

A aplicação de pesticidas deve ser controlada e monitorada de perto. Apenas as pessoas adequadamente treinadas em armazenagem, diluição e aplicação de pesticidas devem ser autorizadas a usá-los. Os registros devem ser mantidos, assim como a licença de pessoal específico.

Quando agências externas são contratadas para fazer o trabalho de controle de pestes, as credenciais devem ser checadas e os contratos mantidos por não mais do que um ano. Isso permitirá ao gerente das instalações ter rápido acesso a novas empresas se as pestes não estiverem sob controle.

Tipos de Pesticidas

Os pesticidas podem ser classificados da seguinte maneira:

1. Por sua eficácia contra certos tipos de pestes:
   - Inseticidas contra insetos.
   - Herbicidas contra pragas.
2. Pela maneira como são formulados e aplicados:
   - Pó.
   - Vapor.

- Granulados.
- Pós umedecidos.

3. Pela substância química do pesticida:
   - Hidrocarbonetos clorados (chlordane).
   - Fosfatos orgânicos (malathion).
   - Inseticidas orgânicos naturais (piretro).

A eficácia contra uma determinada espécie de peste, segurança, riscos clínicos para a propriedade, equipamentos necessários e custos de materiais devem ser levados em conta ao escolher um pesticida para um trabalho em particular. As recomendações mudam com a experiência, o desenvolvimento de novos materiais e as novas regulamentações governamentais. Contudo, há um grau de estabilidade e a maioria das recomendações se mantém ao longo dos anos. Os pesticidas recomendados neste capítulo são os mesmos usados há vários anos. Deve-se considerar, entretanto, que não são os únicos materiais de trabalho, mas são os produtos-padrão que funcionarão se usados adequadamente.

Chlordane é um hidrocarboneto clorado. Trata-se de um inseticida de largo espectro, de resíduos duráveis, usado contra cupins e pestes domésticas e do gramado. É classificado como moderadamente tóxico; contudo, certas formulações comumente usadas para o controle de cupins têm alta porcentagem de composto ativo e devem ser classificadas como de risco para amadores. Em geral, os amadores fazem com que o equipamento e o conhecimento façam um trabalho satisfatório no controle de baratas.

Diazinon (*spectracide*) é um tipo de organofosfato, inseticida de largo espectro, com resíduos de melhor longevidade e bastante tóxico. É amplamente usado no controle de baratas, traças, percevejos, formigas, aranhas e muitas outras pestes domésticas. O Diazinon é formulado como um pó solúvel a 50% ou como emulsão a 25%. Quando não utilizado por profissionais é conveniente ter muito cuidado, seguindo rigorosamente as instruções de uso.

DDVP (vapona, dichlorous) é um organofosfato, inseticida e acaricida volátil que é usado sob condições especiais. Embora seja muito tóxico, o DDVP se decompõe rapidamente. É usado por operadores profissionais em programas de controle de baratas e amplamente usado contra insetos. É formulado como uma tira de resina, que é presa ao teto. Em muitos casos, porém, essas tiras de resina são usadas de forma ineficiente. Uma ou duas tiras não podem proteger um cômodo grande com uma fonte constante de ar fresco vindo de fora. Siga as recomendações do fabricante quando usar esse produto.

Kelthane (dicofol) é um tipo de hidrocarboneto clorado que é relativamente seguro quando usado de acordo com as instruções. É muito empregado para o controle de acarinos, incluindo tanto o acarino *clover* como o vermelho. Está disponível como pó solúvel em 35% e é recomendado para ser utilizado por não profissionais.

Malathion é um tipo de organofosfato, inseticida de largo espectro que tem risco inicial muito baixo se usado de acordo com as instruções. Embora seja apenas levemente tóxico para o homem e outros mamíferos, é altamente tóxico para peixes e pássaros. O *malathion premium*, em *spray*, possui de 2 a 3% de malathion e pode ser usado contra a maioria das pestes domésticas; há menor possibilidade de problema com seu odor quando comparado com o malathion normal. Pode ser comprado como uma emulsão concentrada em 57%. É recomendado para uso não profissional.

Methoxychlor (marlate) é um tipo de hidrocarboneto clorado, inseticida levemente tóxico que está sendo usado como substituto do DDT. O methoxychlor não se acumula na gordura do corpo humano e não contamina o ambiente como o DDT. Está disponível como pó solúvel a 50% e é comumente vendido como marlate. É seguro para uso não profissional.

O *DDT* é um tipo de hidrocarboneto clorado, inseticida de largo espectro que é muito estável e persistente. Ele é apenas moderadamente tóxico para o homem. Contudo, em virtude de suas qualidades cumulativas e persistentes, não é mais amplamente usado nas áreas onde haja riscos de contaminação ambiental. Em alguns estados norte-americanos, seu uso é ilegal. Contudo, onde é permitido, operadores de controle de pestes e outros profissionais ainda usam DDT sob algumas circunstâncias (tais como o controle de piolhos, pulgas e percevejos), pois possui os melhores resultados e é o material disponível de maior segurança. *Não é* recomendado o seu uso por não profissionais.

Dimethoate (eygon) é moderadamente tóxico, inseticida de organofosfato usado para o controle de insetos. *Não é* recomendado para uso não profissional.

Outros pesticidas. Há muitos outros pesticidas disponíveis. Em casas comerciais, de repouso ou hospitais, contudo, o controle de pestes é melhor se deixado para os especialistas da área, devidamente licenciados e experientes no controle de pestes. Por outro lado, a terceirização também elimina a necessidade de estocagem de produtos pesticidas e equipamentos.

A preocupação com insetos (pestes) é primariamente **preventiva** por natureza. A limpeza profunda e regular provavelmente faz mais pelo controle de insetos que qualquer outro tipo de prevenção.

Descarte e Controle de Resíduos

Há nove tipos de **resíduos** classificados, cada um com uma necessidade de descarte distinta. O termo resíduo é associado com o que não é mais usado, não é necessário ou é descartado. As classificações são as seguintes:

- **Tipo 0**: principalmente papel. Depois de incinerado, sobra menos de 5% de resíduo sólido.
- **Tipo 1**: 80% do resíduo tipo 0 e 20% de restos de restaurantes; 10% é não combustível. Esse termo inclui todos os resíduos não deterioráveis, exceto cinzas. Há duas categorias de refugos: combustíveis e não combustíveis.
  - *Combustíveis*: material principalmente orgânico – inclui itens como papéis, plásticos, papelão, madeira, borracha e forragem.
  - *Não combustíveis*: material principalmente inorgânico e inclui latas, metais, vidros, cerâmicas e outros resíduos minerais.
- **Tipo 2**: 50% tipo 0 e 50% tipo 1. Tem uma mistura residual com teor de 50. Requer fogo a alta temperatura. Deixa 10% de resíduos sólidos após queimado.
- **Tipo 3**: todo resto de alimentos. 70% água. É o lixo putrescível resultante do manuseio e preparo de alimentos.
- **Tipo 4**: inclui resíduos sólidos. Na prática, essa categoria inclui sobras, refugo, cinzas e animais mortos.
- **Tipo 5**: cinzas. Resíduo de fogo usado para cozinha, aquecimento e outras incinerações.
- **Tipo 6**: lixo biológico, inclui restos animais e humanos. Resultante diretamente de procedimentos diagnósticos e de tratamento, incluindo materiais médicos, cirúrgicos, de autópsia e de origem laboratorial.
  - *Resíduos médicos*: geralmente produzidos nos quartos de paciente, de tratamentos e na enfermagem. A sala de cirurgia também pode contribuir. Esse item inclui vestes sujas, curativos, cateteres, algodão, recipientes e máscaras.
  - Resíduos cirúrgicos e de autópsia (patológicos): podem ser produzidos nas salas de cirurgia e de autópsia. Podem ser incluídos itens como placentas, tecidos e órgãos, membros amputados e materiais similares.
  - Resíduos laboratoriais: produzidos no diagnóstico ou pesquisas laboratoriais. Incluem culturas, fluidos espinais, animais mortos e peles de animais; 85% deste tipo de lixo é liberado por agentes funerários para a incineração.
- **Tipo 7**: resíduos líquidos. Costumam ser tóxicos e perigosos. Devem ser tratados com germicidas/desinfetantes antes de descartados nos esgotos sanitários.
- **Tipo 8**: lixo sólido. Tóxico, perigoso, podendo ser esterilizado, embalado e descartado com o lixo comum.

Qualquer das categorias acima pode produzir **resíduos infecciosos**. É o método de manuseio, contudo, que permite um descarte seguro. Cada centro de higiene e limpeza desenvolverá seus próprios procedimentos para descartar todos os tipos de resíduos (veja os procedimentos anteriormente mencionados para descarte de "agulhas, seringas e lâminas" e "agentes antineoplásticos").

Comissão de Reconhecimento das Organizações de Saúde

A Comissão de Reconhecimento das Organizações de Saúde (*Joint Comission on Accreditation of Health Care Organizations*, JCAHO) é a principal **autoridade certificadora** de hospitais e casas de saúde nos Estados Unidos. Essa organização determina padrões não apenas para os hospitais e organizações de saúde, mas também padroniza procedimentos de governança das instituições.

Cada instituição é inicial e anualmente inspecionada para assegurar que os departamentos estejam organizados de modo a cumprir suas funções de maneira adequada e para que os padrões das operações e de limpeza sejam mantidos.

Questionário Aplicado na Governança

A JCHAO geralmente inicia com uma revisão de todas as políticas e procedimentos escritos. Solicita-se a documentação do programa de educação continuada do pessoal da governança. Contratos ou acordos por escrito de terceiros que forneçam tais documentações também são solicitados.

A pessoa responsável pelo departamento de higiene e limpeza, designada pelo administrador do estabelecimento, deve completar algumas partes de um questionário de inspeção escrito.

As seguintes condições devem ser encontradas na inspeção:

1. As responsabilidades do gerente devem incluir a participação no desenvolvimento de procedimentos do departamento, treinamento e supervisão de pessoal, escala e designação de pessoal e manutenção da comunicação com os outros chefes de departamento.
2. Os procedimentos escritos do departamento devem versar sobre uso, limpeza e cuidados com os

equipamentos; limpeza das áreas especializadas; seleção, medição e uso adequado dos suprimentos de limpeza e de governança; manutenção de escalas de limpeza; controle de infecção e higiene do pessoal.

3. A participação do pessoal da governança em um programa de educação continuada deve estar documentada.
4. A utilização de serviços de governança terceirizados deve estar documentada (se os serviços de governança são de origem externa, um acordo por escrito deve exigir que a empresa siga os padrões da JCAHO para tais serviços. Se o contrato tiver sido interrompido no ano anterior, as razões para isso devem estar documentadas).

Rouparia e Lavanderia

Também há controles e procedimentos estritos relativos à coleta, ao processamento e à distribuição do enxoval. Os **padrões da JCAHO** neste aspecto solicitam o seguinte:

1. Uma declaração seja feita definindo qual organização (interna ou externa) é responsável pelo enxoval e pela lavanderia.
2. Haja um suprimento adequado de enxoval limpo.
3. O enxoval limpo seja manuseado e armazenado de forma que os riscos de contaminação sejam mínimos.
4. O enxoval sujo seja colocado em sacolas ou embalagens de qualidade e funcionalidade suficientes para conter a umidade do enxoval sujo durante o tempo necessário para a coleta e remoção da área de pacientes.
5. O enxoval sujo seja colocado em sacolas ou embalagens que, quando cheias, sejam fechadas adequadamente antes de seu transporte.
6. O enxoval seja identificado quando originado do isolamento ou nos casos de assepsia cirúrgica.
7. O enxoval sujo seja mantido separado do enxoval limpo.
8. Embalagens funcionais separadas sejam usadas para o transporte do enxoval limpo e sujo.
9. A lavanderia do hospital seja funcionalmente separada das instalações de cuidados ao paciente.
10. O sistema de ventilação da lavanderia tenha uma entrada adequada, filtragem, troca e sistema de exaustão.
11. Procedimentos de garantia da qualidade sejam efetivamente utilizados tanto em serviços externos como em lavanderias internas.
12. A participação do pessoal de rouparia e lavanderia em programas de educação continuada relevante seja documentada.

Poluição Ambiental

É inadequada a dissociação das discussões dos serviços de higiene e limpeza da poluição: essa é a maior preocupação de toda a humanidade, especialmente para aqueles em profissões nas quais tanta poluição é gerada. Em primeiro lugar, é apresentado um olhar leigo sobre o ambiente.

Elementos do Meio Ambiente

A *crosta terrestre* é composta por **óxidos** dos seguintes elementos:

Silício	SiO_2	66,4%
Alumínio	Al_2O_2	15,5%
Cálcio	CaO	3,8%
Sódio	Na_2O	3,5%
Potássio	K_2O	3,3%
Ferro	FeO	2,8%
Magnésio	MgO	2,0%
Ferro	Fe_2O_3	1,8%
Manganês	MnO	0,1%
Fósforo	P_2O_3	0,3%
Outros elementos		0,5%

A *água* (oceânica) é composta por uma combinação de hidrogênio e oxigênio (H_2O), cloreto de sódio (NaCl) (sal comum de cozinha) e inúmeros sais minerais. Os *elementos puros da água* são derivados da água do mar evaporada, condensada nas nuvens e precipitada, e depois levados para lagos e rios subterrâneos.

A *atmosfera terrestre*, comumente chamada de ar, consiste em camadas de gases, misturas de gases, vapor d'água e partículas sólidas e líquidas.

O ar próximo à superfície (entre 0 e 15km) é chamado de troposfera. Essa é uma área de gases bem definidos de dois grupos distintos:

Principal		
Nitrogênio	N_2	78%
Oxigênio	O_2	21%
Argônio	Ar	1%
Secundário		
Dióxido de carbono	CO_2	
Óxido nitroso	N_2O	
Monóxido de carbono	CO	
Ozônio	O_3	
Metano	CH_4	
Monóxido de nitrogênio	NO_2	
Hidrogênio	H_2	
Hélio	He	

A *camada intermediária* (de 15 a 500km) é conhecida como estratosfera. É o local onde ocorre a mistura de gases atômicos, formando gases moleculares.

A *ionosfera* (acima de 500km) é a parte da atmosfera onde átomos de oxigênio (O), hélio (He) e hidrogênio (H) existem em estado livre, sendo o hidrogênio a mais leve e distante camada de gás da atmosfera.

Barreira de Proteção da Terra

A Terra é constantemente bombardeada pelos **raios ultravioleta** vindos do sol. O oxigênio molecular (O_2) é fotodissociado em átomos de oxigênio (O), que se ligam imediatamente para a produção do ozônio ($O + O_2 = O_3$). O ozônio (O_3) torna-se uma barreira que restringe a quantidade de raios ultravioleta que chegam à superfície da Terra. Essa barreira protege a terra, as plantas e os animais da destruição pelo ultravioleta. Visto que a radiação ultravioleta tem pequeno efeito de penetração, a vida das plantas e animais nos oceanos é prontamente protegida: isso explica por que tal tipo de vida foi a primeira a ocorrer no planeta. A vida na terra, contudo, não pôde ocorrer até que o oxigênio criado do mar se tornasse parte da criação de ozônio na atmosfera, que protege os seres vivos.

Ecologia

A ecologia, como um ramo da biologia, estuda as relações de plantas e de animais com o ambiente em que vivem e entre eles. A ecologia traz a preocupação a respeito de o que fazemos com nós mesmos quando danificamos o meio ambiente. A poluição que está sendo gerada hoje deve ser reconhecida e eliminada, se é desejo que a vida no planeta – tal qual a conhecemos hoje – continue. O tempo de vida da humanidade na Terra em relação ao tempo de vida da Terra é tão infinitamente pequeno que é difícil perceber o quanto a vida humana pode ser reduzida a menos que percebamos em um futuro próximo o que estamos fazendo com nosso planeta.

Poluição do Ar

A poluição do ar ocorre de maneira natural e artificial. A poluição natural do ar inclui as cinzas vulcânicas, pólen e fumaça de incêndios florestais. Essas formas de poluição do ar acontecem há milhões de anos e não são a maior preocupação.

A poluição artificial do ar, contudo, consiste em colocar nas correntes de ar naturais elementos como monóxido de carbono, hidrocarbonetos contendo enxofre, óxido nitroso que causa neblina e fumaça, e os componentes levados pelo vapor d'água que retornam à terra em forma de **chuva ácida**.

A maior preocupação a longo prazo é, entretanto, a liberação de aerossóis do tipo febrífugo na atmosfera, que contêm o hidrocarboneto chamado de **clorofluorcarbono**. Conforme esses gases são levados para a ionosfera, eles reagem com o ozônio de tal maneira que o ozônio é destruído. Inexplicáveis **buracos na camada de ozônio** dos pólos da Terra não estão apenas desenvolvidos como estão aumentando.

Há também a poluição do ar causada pelas queimadas das áreas florestais do mundo. Uma excessiva liberação de dióxido de carbono na atmosfera causa um bloqueio indevido do calor, que não pode ser normalmente radiado da superfície da Terra. Isso é chamado de **efeito estufa**, e pode trazer mudanças nos padrões de temperatura da Terra. Tais mudanças podem começar a alterar as áreas de chuva, criando desertos onde antes havia áreas temperadas com vasta vegetação.

A queima de alguns tipos de lixo pode adicionar hidrocarbonetos tóxicos à água e ao ar.

Poluição da Água

A poluição da água é outra preocupação desafiante que se apresenta aos ambientalistas. Lixo doméstico e industrial que não é prontamente decomposto pode causar a poluição tóxica dos suprimentos de água, o que pode ocasionar a acidez do solo. Detergentes alcalinos podem prevenir a decomposição dos lixos.

Outras Formas de Poluição

Outras formas de poluição incluem as causadas por lixo radioativo, pesticidas, ruídos e resíduos de aterro sanitário que não se decompõem.

Papel da Governanta no Controle Ambiental

Um programa plausível de **controle da poluição**, **controle de lixo**, **descarte de lixo** e **reciclagem** deve tornar-se uma das maiores metas para todas as pessoas envolvidas com as operações de governança. Independentemente do tipo de instalação – hospital, enfermaria ou casa de repouso, ou ainda estabelecimentos como hotéis e restaurantes – todos devem ter o ambiente como parte de suas preocupações profissionais.

A regulamentação governamental já entrou em cena e continuará crescendo e influenciando nossas operações diárias se o gerente responsável não se *encarregar* do problema da poluição ambiental.

Resumo

O trabalho dos envolvidos nos serviços de higiene e limpeza de hospitais e casas de saúde não é diferente da governança em hotéis. Ambos têm políticas e procedimentos que são documentados. Ambos têm descrições de cargos capazes de elencar os diversos trabalhos que devem ser feitos e há uma hierarquia de supervisão similar. O conhecimento, contudo, de "com o que se estará lidando" é muito mais detalhado ao funcionário de higiene e limpeza. Seria bom, portanto, para o atendente de governança de hotel, que tivesse consciência dos perigos escondidos que existem em abundância na governança hoteleira.

As doenças são causadas por microorganismos. A propagação de patogenias é reduzida com a limpeza. Ter cuidados extras para evitar contaminação é uma maneira de manter o ambiente do hospital (e hotel) seguro.

Técnicas de isolamento em hospitais são especialmente importantes. Cada passo em todos os procedimentos de isolamento deve ser dado cuidadosa e completamente.

Abordou-se o controle de pestes, com exemplos de vários tipos de pestes que podem criar um problema de contaminação. Também foram apresentados tipos de inseticidas ao longo do texto, com recomendações para o uso. Houve uma forte recomendação para contratar pessoas qualificadas para realizar o trabalho de controle de pestes.

Diferentes tipos de resíduos foram identificados e categorizados, e foram apresentadas informações de como descartar cada uma das diversas classificações.

A comissão JCAHO é um organismo que estabelece padrões pelos quais as instituições devem ser mantidas e operadas nos Estados Unidos.

Lavar as mãos antes e depois do contato com pacientes é provavelmente o mais importante item para proteger as pessoas – funcionários e pacientes.

Finalmente, o assunto da poluição foi desenvolvido, indicando os desafios para todas as operações de governança ao *lidar com o problema*, antes que as regulamentações governamentais invadam a profissão, não deixando a esta a chance de resolver esses problemas por meio da gerência eficiente. Hospitais e hotéis possuem esses assuntos em comum.

TERMOS E CONCEITOS-CHAVE

Associação Nacional de Governantas Executivas
Gerente de Higiene e Limpeza
Comissão JCAHO
Desinfecção
Limpeza terminal
Bactéria
Bacilo
Coco
Fungos
Espiroqueta
Esporo
Estafilococo
Estreptococo
Vírus
Aeróbico
Anaeróbico
Anti-sepsia
Assepsia (médica)
Assepsia (cirúrgica)
Esterilizador
Agente químico
Desinfecção
Desinfecção (concorrente)
Desinfecção (terminal)
Gram (positivo/negativo)
Hospedeiro intermediário
Mícron
Patogênico
Agulhas
Seringas
Lâminas
Microbiologia
Química de limpeza e desinfecção
Microorganismos
Protista
Desinfetante
Composto de amônia quaternária
Fenol
Fenólico
Iodo
Álcool
Detergente
Desinfetante (germicida)
Anti-sépticos
Bactericida
Sanitizador
Conservantes
Placa de Petri
Taxa de diluição
Patogenia
Unidade de isolamento
Refugo dos agentes antineoplásticos
Drogas quimioterápicas
Agente causador

Agentes físicos
Reagentes
Esterilização
Mineral
Orgânico
Osmológico
Bacterial
Entomológico
Fórmulas químicas
Átomo
Elemento
Molécula
Valência
Compostos
Reagentes
Produtos
Reações atômicas
Radical
Compostos orgânicos
Íon
Ânion
Sal
Solvente universal
Cátion
Ácido
Alcalino
pH
Reservatório
Modo de escape
Transportador imune
Método de transmissão
Hospedeiro
Cadeia de infecção
Preventivo natural
Descarte e controle de lixo
Resíduo
Autoridade certificadora
Padrões da JCAHO
Poluição ambiental
Óxidos
Raios ultravioleta
Ecologia
Neblina e fumaça
Chuva ácida
Clorofluorcarbono
Buracos na camada de ozônio
Efeito estufa
Poluição
Controle de lixo
Descarte de lixo
Reciclagem
Lavar as mãos

QUESTÕES PARA DISCUSSÃO E REVISÃO

1. Sr. James, de Houston, Texas, deu entrada no University Inn no fim da tarde. Ele estava com febre e náuseas depois de ter voado de Los Angeles. Ele chamou o recepcionista e pediu um pouco de gelo, bebeu um copo de água e foi direto para a cama. Percebeu um inchaço vermelho atrás de seu pescoço, que manchou o colarinho da sua camisa, e usou um farrapo para limpá-lo.

   Quando Mildred, atendente de governança, foi arrumar a cama, encontrou Sr. James muito doente. Ela deu-lhe um copo de água e perguntou se ele queria que um médico fosse chamado, ao que ele respondeu que sim.

   A. Que tipo de procedimento escrito deveria haver para que Mildred soubesse o que fazer nessa situação?
   B. Que itens específicos do quarto estão contaminados?
   C. Quando o médico chegar, ele terá que transportar Sr. James para o hospital. Que tipo de procedimento Mildred usará para limpar o quarto, passo a passo?
2. Quando da chegada ao hospital, a temperatura de Sr. James era de 38,9°C, o inchaço vermelho estava escorrendo e ele tinha dificuldade de respiração.
   A. Que tipo de isolamento seria melhor para ele?
   B. Que passos específicos a governanta deve tomar na unidade de isolamento?
      a. Para manuseio do lixo?
      b. Para manuseio da roupa suja?
   C. Que artigos devem ser limpos, removidos ou esterilizados quando Sr. James deixar a unidade?

14

Segurança do Patrimônio: Preocupações com Segurança e Proteção nas Operações de Governança

OBJETIVOS DO CAPÍTULO

1. Aprender sobre os conceitos de gestão de riscos e segurança do patrimônio.
2. Entender os problemas subjacentes relativos à segurança e à proteção dentro de hospitais e hotéis.
3. Saber como reduzir os furtos no departamento de governança.
4. Saber como deixar apartamentos e hóspedes seguros.
5. Entender a natureza das emergências que podem ocorrer nas atividades de hotéis e hospitais.
6. Aprender sobre o "planejamento de emergência", sobre como se proteger contra os desastres potenciais e o que fazer em casos de emergências.

O **corpo de conhecimento** que está se tornando uma grande preocupação daqueles envolvidos na administração de serviços profissionais trata da **segurança do patrimônio** de uma organização. Essa é uma responsabilidade com a qual todos que trabalham na organização devem estar atentos.

A **Sociedade Americana de Segurança Industrial** (*American Society of Industrial Security* – ASIS, a associação nacional para diretores de segurança) catalogou recentemente este corpo de conhecimento de modo a criar a base da educação, certificação e treinamento não apenas de diretores de grupos de segurança, mas também daqueles responsáveis por outros departamentos organizacionais.

É com esse fim que o gerente dos serviços de higiene e limpeza de hospitais e a governanta executiva de hotéis devem se envolver na análise dos riscos assumidos diariamente por sua empresa (**análise de riscos**) e com a gestão de tais riscos (**administração de riscos**), de maneira a reduzir as ameaças às propriedades da empresa.

Conceito de Defesa do Patrimônio

Em primeiro lugar, é necessário compreender o que pode ser reconhecido como "patrimônio" de organizações hoteleiras ou de saúde:

HUMANO	FÍSICO	INTRÍNSECOS
Hóspedes	Terreno	Marca
Pacientes	Instalações	Reputação
Funcionários	Equipamentos	
	Estoque	
	Dinheiro	
	Contas a receber	

Diferença entre Segurança e Proteção

O conceito de *proteção* em operações hoteleiras é muitas vezes considerado sinônimo de *segurança*, embora as definições de cada termo sejam diferentes. A tendência hoje é usar o termo *segurança* ao discutir problemas como desastres, prevenção de incêndio, dispositivos contra incêndio e condições que ofereçam alguma forma de defesa de riscos e prejuízos para o patrimônio. *Proteção*, por outro lado, é mais usada no sentido de descrever a necessidade de se sentir livre do medo, da ansiedade, de dúvidas envolvendo a si próprio, assim como defesa contra perdas ou furtos de hóspedes, funcionários e patrimônio da empresa. Os dois termos são, contudo, reconhecidos como uma única parte de um todo. Há novos termos, como proteção e salvaguarda do patrimônio, análise de pontos fracos ou ameaças, inspeção de segurança, análise de riscos e gestão de riscos. As operações hoteleiras, grandes ou pequenas, são extremamente vulneráveis a casualidades. A natureza das operações, as quais envolvem a presença de uma ampla variedade de pessoas (a maioria das quais desconhecida do proprietário), é um considerável perigo para a segurança da propriedade. Os riscos de incêndio também são sérios. A incidência de incêndios em hotéis, causando perdas de vidas e prejuízos, tem aumentado nos últimos anos. Como resultado da responsabilidade de proprietários e gerentes pela segurança e proteção dos hóspedes e funcionários, pelo seu patrimônio e pelo patrimônio da empresa, a posição ocupada pela segurança tem muitas vezes sido elevada para o nível gerencial executivo.

Nem todos os hotéis possuem mais de 100 unidades habitacionais (UH). Muitos estabelecimentos pequenos (40 UH) são operados por uma ou duas pessoas da família. Por outro lado, empreendimentos de 1.000 UH são agora considerados pequenos perto dos hotéis com mais de 5.000 apartamentos, *resorts* e cassinos. Contudo, a pequena propriedade hoteleira se confronta com as mesmas ameaças que os grandes estabelecimentos, e normalmente os malfeitores sabem que os pequenos não dispõem de forças de segurança amplas e completas como as das propriedades gigantes.

O proprietário também deve estar ciente da maior quantidade de restrições legais que se aplicam a um empreendimento, ao contrário de uma residência. Eles têm responsabilidade direta com a segurança e o bem-estar de seus hóspedes, e parte dessa responsabilidade deve se adequar às leis referentes a operações de empreendimentos públicos.

Função Básica da Proteção

A função de proteção no setor hoteleiro é mais bem descrita como sendo a principal atividade preventiva e pró-ativa usada para proteger o patrimônio da organização. Mas não havia quem, 40 anos atrás, pensasse que a *lista de ativos* evoluiria a ponto de incluir os hóspedes, convidados e funcionários e mais o patrimônio dos três, além de estoques, equipamentos e fundos, bem como a reputação e a clientela do estabelecimento.

Para isso, os envolvidos na segurança do trabalho devem ser capazes de antever e estimar perigos, e então fazer recomendações aos proprietários e gerentes relativas às ações mais apropriadas para salvaguardar a vida e o patrimônio. Além disso, as equipes de todos os departamentos devem procurar saber e alertar a gerência operacional da necessidade de "prevenir" operações imprudentes e irracionais, que podem ter como resultado a responsabilidade legal por ações imprudentes e comportamento negligente.

Natureza da Função de Proteção

Poucas instalações são tão vulneráveis a riscos como hotéis com restaurantes, saguões, cassinos, estacionamentos e parques temáticos. A natureza do negócio envolve um grande número de pessoas, a maioria das quais são desconhecidas do gerente. Isso constitui riscos de segurança contínuos para outros hóspedes, funcionários e para o patrimônio. Os riscos de incêndio e desastres naturais, tumulto, furtos, fraudes, distúrbios civis e perigo de bombas têm aumentado nos últimos anos, podendo causar sérios prejuízos ou perda de vidas, furtos, dano ou prejuízo ao patrimônio dos hóspedes, funcionários ou às próprias instalações.

O Que Não É Proteção

Proteção não é o que antes era visto como os "detetives da casa", vestidos à paisana, cuja única função era manter a paz dentro do hotel e, de vez em quando, livrar-se de hóspedes barulhentos e dos que não tinham intenção de pagar a conta.

Ainda que, na maioria dos casos, os funcionários da segurança sejam uniformizados, identificados e algumas vezes andem armados, tais pessoas não são membros da polícia metropolitana local nem são parte do destacamento policial do xerife. Raramente membros de uma organização privada possuem poder de polícia; apenas o poder de um cidadão comum para ensinar, observar, relatar, pedir ajuda e, em algumas ocasiões, realizar a detenção de um cidadão.

Espera-se que esta informação encoraje todo o pessoal da governança a ficar atento e ter preocupações relativas à volatilidade e fragilidade do setor hoteleiro com relação à capacidade de prever os problemas de segurança e proteção.

A função da segurança hoteleira é responsabilidade de *todos os funcionários*. Procurar o que é "estranho", prevenir, pressupor, antever e eliminar os riscos e outras causas de crime, prejuízo e práticas inseguras, deve estar na mente de todo funcionário, seja qual for o tamanho do estabelecimento ou o departamento a que pertence. Todos os funcionários, gerentes e proprietários devem se tornar os olhos do departamento de segurança – havendo 100 funcionários nesse departamento ou apenas um no turno da madrugada. Lembre – se nada acontecer, é porque a segurança está fazendo um bom trabalho.

Proteção contra Furtos no Departamento de Governança

Furto por Funcionários – Natureza do Problema

Nenhum outro funcionário tem tanto acesso ao patrimônio do hotel e dos hóspedes como os membros do departamento de governança.

Este autor se lembra de ter visto uma fotografia tirada por uma funcionária de suas crianças em casa. No fundo havia cortinas, colchas e um abajur do hotel no qual ela trabalhava.

A atitude dos gerentes em relação à honestidade de funcionários vai de um extremo a outro, como ilustrado pelas seguintes declarações, freqüentemente ouvidas: "Meus funcionários nunca roubariam" ou então "não confio em nenhum dos meus funcionários; eles roubariam se lhes aparecesse a oportunidade". Essas declarações revelam que ou os gerentes são ingênuos sobre as pessoas em geral, ou acreditam que a única maneira de gerenciar pessoas são as técnicas da Teoria X, usando táticas assustadoras.

Dr. Harold Gluck[1], criminalista e membro da Associação Americana de Criminologia, citou relatos que afirmam que "30% dos funcionários roubarão; 30% são honestos e os 40% restantes vão agir conforme a oportunidade". A conclusão do Dr. Gluck permite supor que há um ponto racional e objetivo a partir do qual deve ser estabelecido um bom programa visando à **prevenção de furtos por funcionários.**

Influência de Funcionários – Perigo Real e Presente

Bob Curtis[2] fala sobre a **contaminação de funcionários**, estabelecendo que isso pode ocorrer por diversas causas:

1. Quando se sabe que um funcionário está roubando, outros tendem a segui-lo.
2. Funcionários frustrados e nervosos com a maneira com que estão sendo tratados pela gerência tendem a falar para outros como é fácil roubar a empresa. Esses funcionários recebem o apoio de seus colegas pela sua habilidade em corromper o sistema. Uma vez que o funcionário tenha agido contra o sistema, ele gabar-se-á para os companheiros ou colocar-se-á em uma posição na qual os companheiros possam vê-lo como aquele que furtou. Quando houver rumores de que a gerência não pode descobrir quem está furtando, outros também irão se envolver.
3. Funcionários no limite entre a honestidade e a desonestidade são os que não julgam ser desonesto "afanar" de uma empresa gigante e gananciosa que é indiferente ao reconhecimento e ao auxílio de seus funcionários.
4. Moral baixo é um sintoma de que é necessário prevenir a contaminação de funcionários com relação a furtos.
5. O problema da contaminação é considerável em empresas com estilo gerencial altamente autoritário, pois o autoritarismo gerencial só é bemsucedido quando punições e ameaças de punição são controles primários.

A Supervisora de Andares e os Furtos nos Quartos

Não muito tempo atrás, Bob Stafford, em um programa de televisão da Flórida, narrou uma série intitulada "Não Perturbe, Ladrão Trabalhando". Stafford relatou como mais de 80 notificações de roubos haviam sido feitas em uma importante, porém pequena, cadeia de hotéis localizada na Internacional Drive, em Orlando, em menos de um ano. O hotel havia admitido presos em regime de semi-internato de uma instituição penal local para trabalharem como atendentes de quarto. Durante o dia, eles eram trazidos da prisão de ônibus e eram pegos no final do dia para retornarem à prisão. Stafford, com a ajuda de uma câmera escondida, conseguiu registrar vários atendentes de quarto roubando as carteiras das pessoas quando entravam nos quartos. Eles não admitiam seus furtos nem o gerente estava interessado em assistir ao vídeo dessas pessoas roubando. Stafford concluiu sua série mostrando como é fácil comprar uma chave mestra dos apartamentos (o preço variava de US$ 100 a US$ 500). Práticas adequadas de seleção e admissão, com investigações sobre o histórico do funcionário, e a compreensão da posição de confiança em que as GRA* são colocadas quando entram nos apartamentos e estão entre os pertences pessoais dos hóspedes, são vitais para manter o compromisso dos funcionários.

Ninguém é mais sensível ao problema dos furtos do que uma GRA honesta que possui a chave mestra do andar do apartamento que foi roubado. Há uma infeliz suposição de que, como a GRA tem a chave, ela será automaticamente culpada se alguma coisa sumir. Raramente o hóspede imagina que o supervisor do andar, o mensageiro, o recepcionista, o funcionário da manutenção, o garçom do *room service*, a governanta executiva e o gerente geral também têm as chaves, como também o último hóspede a sair do apartamento, para não dizer aquele funcionário que pode ter comprado a chave do quarto em alguma loja de penhor.

Em tais casos, se o GRA faz parte dos 30% honestos de Gluck, pode fingir que não ouviu e se resignar. Se é parte dos 40% que seguem os outros, poderá se tornar parte da amostra de Curtis e concluir: "Por que não roubar? Vou ser acusado de qualquer maneira e ninguém me ajudará se não tiver sido eu".

Embora Gluck e Curtis apresentem argumentos convincentes, um caminho objetivo e profissional para controlar os furtos pode ser estabelecido e mantido, fazendo com que o pessoal do departamento seja recrutado para um programa prático e positivo de prevenção de furtos similar ao que segue.

Programa de 14 Pontos para a Prevenção de Furtos por Funcionários

Vamos iniciar imaginando que os candidatos que se oferecerão para as vagas do departamento se enquadram nas definições de Gluck como 30-40-30% de distribuição por amostragem. O seguinte **programa de prevenção dos 14 pontos** é um ataque racional aos 30% que roubam a qualquer preço e um programa positivo para manter os 40% questionáveis do lado honesto da equação.

1. *Instituir e garantir práticas profissionais de seleção.* Garanta a utilização de métodos adequados de triagem durante a seleção e admissão. Questionários completos, incluindo a possibilidade de verificar informações questionáveis e lacunas, são vitais para as boas práticas de admissão. Lacunas no **histórico do funcionário** podem ser uma informação significativa.

   Cada funcionário deve compreender que as referências serão checadas antes de se decidir pela admissão. Ao checar as referências, telefonemas costumam ser melhores do que declarações por escrito. É muito importante, durante a referência, tentar chegar o mais próximo possível da verdade, tanto no aspecto de questionar alguns pontos como no de perguntar se essa pessoa seria readmitida se houvesse oportunidade. A hesitação na resposta pode ser tudo o que se necessita para indicar a decisão correta.

   O **exame com polígrafo (detector de mentiras)** pode ser utilizado em locais onde não haja proibição por lei ou contrato sindical, em especial para pessoas que lidarão com as finanças da empresa. Cada funcionário, entretanto, deve entender que, em uma situação na qual haja suspeita sobre o funcionário, a pessoa poderá ter a oportunidade de provar sua inocência pelo exame voluntário do polígrafo. Em tais casos, o exame não será usado para provar a culpa em uma corte judicial, mas para estabelecer a inocência de um funcionário, pelo benefício da dúvida, em determinadas circunstâncias.

   Em geral, funcionários admitidos depois da análise de suas referências são melhores, pois sabem que a gerência está atenta à sua experiência anterior, reconhece suas declarações como verdadeiras e será menos tolerante com a desonestidade. Os candidatos também devem estar cientes da existência de controles, como a verificação de pacotes e inspeções periódicas de armários, a fim de entenderem que a gerência exerce um razoável controle de furtos de funcionários como uma rotina dos negócios.

2. *Estabelecer técnicas de identificação positiva para funcionários.* Grandes propriedades necessitam de identificação para todos os funcionários, geralmente pelo **sistema de crachás** que contém a fo-

---

* N. do T.: Conforme mencionado no prefácio, a sigla GRA, de *guest room attendant* (atendente de acomodação de hóspede), é utilizada pelo autor deste livro para designar o cargo de camareira, e foi mantida na tradução.

tografia, a assinatura e um código de cor, indicando o departamento ou área de trabalho do funcionário. Tal sistema de identificação desencoraja as pessoas que tencionam furtar a tentar se passar por um funcionário.

A identificação com cores nos crachás ou mesmo por nomes identifica a área de trabalho do funcionário e expõe os que estão fora de sua área sem uma explicação convincente. Uniformes especiais também identificam um funcionário à sua área de trabalho e não podem ser comprados por qualquer pessoa. Crachás com foto e nome são a melhor maneira de identificação, já que o pessoal da segurança e os supervisores são treinados para observá-los como uma rotina do trabalho. Uma observação mais próxima não será necessária depois que o funcionário se tornar conhecido da gerência e do pessoal da segurança, mas a maioria dos hotéis tem novos funcionários todos os dias ou, no mínimo, toda semana. A gerência e o pessoal de segurança também mudam periodicamente. Por isso, a constante checagem da foto de identificação do crachá é necessária e, em longo prazo, terá efeito positivo no lucro da empresa e, por conseqüência, no custo para os hóspedes.

3. *Conduzir orientações contra o furto e treinamento de atitudes.* Durante o treinamento do funcionário, é importante lembrá-lo que, embora a grande maioria de funcionários seja completamente honesta, uma camareira desonesta de posse de uma chave mestra pode arruinar a operação. Tal pessoa no meio de outros funcionários honestos pode lançar uma percepção de desconfiança em toda a organização. Discuta o **cenário** no qual a GRA honesta pode ser confrontada por um hóspede irado que pensa que ela roubou seus pertences. Além disso, a obrigação de cada pessoa não é apenas encorajar a honestidade dos companheiros, mas também confrontar e expor aqueles que fizeram com que o funcionário estivesse sob suspeita por desonestidade.

   Deve-se ensinar aos funcionários que muitos hóspedes perdem itens trazidos por eles ao hotel e, por um instante, acreditarão na explicação mais simples: esse item foi pego, a camareira é a culpada. Deve-se também ensinar que, em momentos como esses, sua atitude, compostura e comportamento prenunciarão as ações futuras por parte do hóspede e da gerência. O funcionário que se torna emotivo, negando fortemente, não parecerá verdadeiro, ficando em situação de grande suspeita, ao contrário do funcionário que é íntegro, chama a gerência ou a segurança para a cena imediatamente e se oferece para ajudar na busca do item perdido – esse último é menos passível de suspeita em longo prazo. Funcionários honestos não devem se sensibilizar em momentos como este, mas deverão se colocar no lugar do hóspede e perguntar a si próprios: "Qual reação seria esperada do funcionário do hotel se a situação fosse inversa?" As outras possibilidades para o sumiço do item, além da de roubo por parte da camareira, são mais bem explicadas ao hóspede por membros da gerência ou pelo pessoal da segurança. A ação do funcionário deve ser a de auxiliar e cooperar.

   Deve-se explicar, durante o treinamento, que os funcionários não são denunciados aos hóspedes que os acusam, mas o nome do funcionário que limpou um quarto onde se deu falta de alguns itens estará disponível para a polícia caso o hóspede registre uma queixa formal contra o hotel, o que de certa forma indica que não houve suspeitas anteriores. Além disso, os funcionários devem saber que serão mantidos registros sobre itens desaparecidos nos quartos limpos por cada um dos atendentes em seus cadastros pessoais. Muitos casos omissos ou sem solução certamente levarão a suspeitas sobre determinado funcionário, que deverá ter a oportunidade de eliminar essas suspeitas por meio de participação voluntária em um exame no polígrafo.

   Outras questões importantes que devem ser tratadas no treinamento relativo à prevenção de furtos são procedimentos envolvendo achados e perdidos, o que fazer se atos ilegais forem observados durante o trabalho, procedimentos a serem seguidos em relação ao uso dos vestiários e proibição de bolsas de mão nas UH e rouparias de andares. O fato desses procedimentos e regras serem mencionados durante o treinamento indica, para o funcionário, que a empresa é consciente das ramificações do furto, que pretende exercitar controles racionais e instituir procedimentos que ajudarão as pessoas na manutenção de sua integridade, e que se reconhece a presença de tentações, sem entretanto forçá-los a nada. Por fim, isso mostra aos funcionários que a maioria dos procedimentos aprovados para prevenir os furtos são também destinados a prevenir a suspeita sobre os funcionários, se forem seguidos corretamente.

4. *Monitorar de perto o comportamento e a aderência às políticas e procedimentos da empresa durante o treinamento de funcionários e período de experiência.* Muito freqüentemente o **período de experiência** é superficial, mas avaliado como certo e verdadeiro. O período de experiência deve

ser entendido como um período de tentativa no qual o funcionário demonstra não apenas a habilidade para o trabalho, mas também as atitudes e percepções sobre a adequação às políticas da empresa.

Constituem também um período de experiência para a empresa. Gerentes e supervisores devem demonstrar o tipo de atitude que tomam em relação a funcionários e a maneira pela qual ele será tratado, dando-lhe assim uma oportunidade de aprender sobre a empresa antes que o emprego se torne permanente.

Observações de atitudes são muito importantes neste momento crucial do emprego. Os funcionários não devem passar para o emprego permanente sem uma avaliação de suas atitudes em relação aos hóspedes, a outros funcionários, à propriedade e ao patrimônio da empresa. Com muita freqüência, um funcionário passa para o horário integral com contrato permanente ainda que tenha atitudes questionáveis em relação à empresa e os hóspedes, as quais podem vir a ser a causa da demissão – quando a evidência estava presente ainda durante o período de experiência.

5. *Implantar e administrar de perto um programa de controle de chaves.* O grande número de chaves de múltiplo uso mantido no departamento de governança exige que se estabeleça um **programa de controle de chaves** abrangente e estritamente cumprido. As chaves do dia devem ser entregues à custódia de funcionários que, necessariamente, têm de assinar a confirmação de recebimento e devem ser devolvidas ao final do turno de trabalho. As chaves devem ser devidamente controladas o tempo todo, seja pelo controle dos claviculários ou dos registros de devolução.

   Os funcionários devem ter uma maneira de fixar as chaves em seu corpo para que não seja necessário soltá-las para o uso. A Figura 14.1 mostra tal método que permite aos atendentes e supervisores prenderem as chaves mestras. As chaves mestras são presas em um bolso por cordões que possuem um anel para **prender chaves.** Quando não está em uso, a chave fica guardada nesse bolsinho, que pode ser identificado pelo número da seção a que se refere e inventariado dessa maneira. Quando a chave é usada, como demonstra a Figura 14.2, o cordão é colocado em volta da cintura com o bolso para trás, para não atrapalhar. Um gancho é fixado ao anel, permitindo que as chaves possam ser carregadas no bolso até serem necessárias. O cordão tem comprimento suficiente para permitir liberdade de movimento.

Todas as chaves liberadas pelos departamentos devem ser inventariadas ao final de cada dia e a gerência notificada imediatamente se alguma irregularidade for encontrada. Todos os funcionários devem ser convencidos da necessidade de cuidar das chaves confiadas a eles. A perda de uma chave mestra deve ser imediatamente notificada à gerência e sua localização deve acontecer prioritariamente, antes de qualquer outro trabalho. Além disso, várias pessoas devem se envolver na procura de chaves extraviadas. Por fim, os funcionários devem entender que a perda da chave mestra pode ser motivo de demissão, em especial se decorrente de negligência.

Figura 14.1 – Chave mestra de apartamentos fixada à corda com bolso. Quando não está sendo usada, pode ser colocada no bolso, e a corda pode ser enrolada ao seu redor.

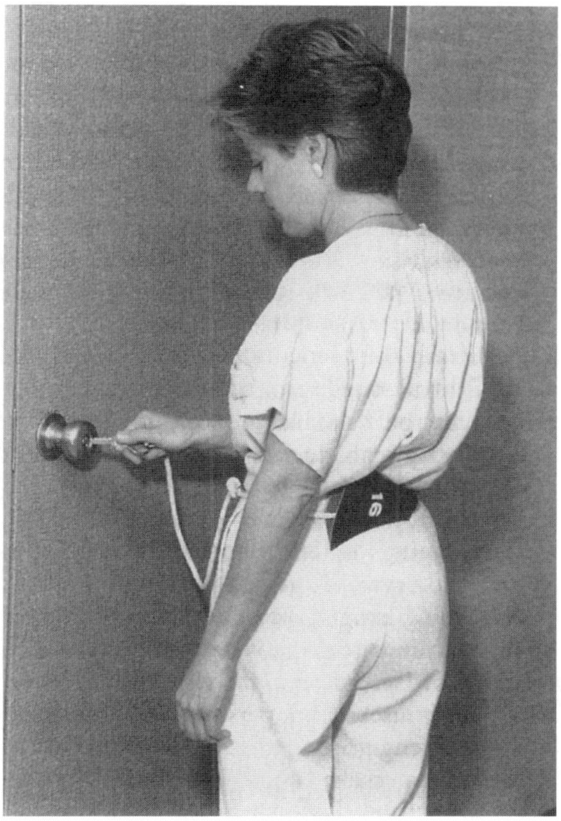

Figura 14.2 – A chave mestra é usada por uma atendente. Observe como o bolso da chave é localizado nas costas da atendente. O cordão disponível é suficiente para o fácil manuseio das chaves. Quando não estão em uso, as chaves são colocadas dentro do bolso.

Chaves de apartamentos deixadas na saída de hóspedes e conseqüentemente encontradas pelo GRA que o está limpando devem ser guardadas por ele, e não deixadas sobre o carrinho de limpeza. Muitos hotéis possuem carrinhos com caixas em sua parte superior que podem ser usadas para depositar chaves. O hotel deve ter alguém circulando regularmente entre as atendentes que estão trabalhando para reaver as chaves e retorná-las para a recepção. Ladrões profissionais de hotéis procuram por chaves deixadas sobre os carrinhos.

6. *Ter um sistema de etiqueta vermelha.* Há legítimas razões pelas quais um funcionário pode ter a permissão de remover um patrimônio do local. Algo dado ao funcionário ou concedido pelo achados e perdidos pode ser removido com a proteção do **sistema de etiqueta vermelha.**

   A etiqueta vermelha, demonstrada na Figura 14.3, é emitida pela gerência para os funcionários depois de o gerente ter visto o item a ser removido. A etiqueta vermelha contém a autorização oficial de remoção do patrimônio e, em alguns casos, cobrirá o empréstimo da propriedade da empresa, tal como um aspirador ou uma cama *roll-away*. Para que o programa da etiqueta vermelha funcione, deve ter o apoio e o envolvimento dos funcionários.

   As etiquetas devem ser fixadas ao pacote e coletadas pelo pessoal da segurança. Como forma de controle, as etiquetas coletadas pelo segurança da portaria devem subseqüentemente ser retornadas para o gerente que as assinou, a fim de que possa controlar o que saiu do prédio com a sua assinatura.

7. *Manter inspeções regulares dos armários pessoais.* Ainda que inspeções regulares e rotineiras de armários pessoais (mesmo as não anunciadas) sejam conduzidas para garantir que itens de propriedade da empresa, drogas, álcool e uniformes sujos não estão se acumulando, a informação de que uma inspeção pode ocorrer a qualquer momento tacitamente desqualifica o armário como um lugar para estocar temporariamente contrabando ou itens roubados. Os funcionários devem ser alertados na admissão de que essas inspeções serão conduzidas periodicamente por um membro da gerência em horário de trabalho. Os funcionários também devem ser informados dos objetivos da inspeção.
8. *Estabelecer programas de controle de estoque; conduzir inventários físicos regularmente; publicar resultados (e implicações) no departamento.* Suprimentos para hóspedes, materiais de limpeza, enxoval e outros itens primordiais devem ser inventariados regularmente e os resultados e

ETIQUETA VERMELHA

Número de série ___________

____
(Data)

____
(Emitida para)

Tem permissão
para remover do local

____
(Item)

Propriedade pessoal ☐ Propriedade do hotel ☐

____
(Assinatura autorizada)

Figura 14.3 – Etiqueta vermelha usada para autorizar a remoção de propriedade pessoal ou do hotel. Todas as etiquetas vermelhas devem ser numeradas em série, assinadas pelo gerente e entregues na portaria de serviço. As etiquetas vermelhas devem retornar ao gerente a fim de que a autenticidade possa ser assegurada.

implicações apresentados para todos os funcionários. Os funcionários que foram orientados a economizar devem saber quando seus esforços trazem redução de custos. Especial reconhecimento deve ser dado a todo o departamento. Por outro lado, os funcionários devem saber também quando a situação de consumo é alta e perceber que isso terá imediata atenção da gerência.

A entrada no almoxarifado e a solicitação de suprimentos devem ser limitadas a poucos funcionários; políticas que permitem que os próprios funcionários peguem os suprimentos necessários não são recomendadas. Por outro lado, o acesso aos suprimentos não pode ser restritivo a ponto de impedir a eficiência dos procedimentos de trabalho: deve-se manter um equilíbrio adequado entre restrição e procedimentos livres.

9. *Manter registros de itens de hóspedes ou do hotel perdidos.* Quando alguém avisar que um item foi perdido ou então se perceber que um item desapareceu, crie arquivos de referência cruzada do item pelo tipo e pelo funcionário que estava envolvido. Às vezes se desenvolvem padrões que são valiosos na descoberta das causas de desaparecimento de itens.

10. *O estacionamento de funcionários não deve ser adjacente ao prédio.* As áreas de estacionamento de funcionários devem ser suficientemente distantes do prédio e das demais estruturas do hotel, de modo a dificultar o acesso várias vezes ao dia ao carro estacionado. As áreas próximas ao estacionamento de funcionários devem ser bem iluminadas.

11. *Manusear lixo com atenção especial.* O manuseio e descarte de lixo é uma parte significativa do trabalho do departamento de governança. A coleta e o descarte devem ser monitorados por diferentes supervisores em rodízio. Em virtude da possibilidade de sacos de lixo serem usados para esconder mercadorias não permitidas, não deve ser permitido seu acúmulo perto de suprimentos e equipamentos que chegam ao hotel.

Os automóveis dos funcionários devem ser periodicamente observados, e alguns carros que ficam parados próximo do local de descarte do lixo devem ser cuidadosamente verificados.

Há casos clássicos em que um ou mais funcionários do hotel agem em conjunto com a equipe que recolhe o lixo. Se o departamento de governança tiver uma doca própria, permita que somente caminhões parem para descarregar; os caminhões devem sair da doca assim que forem descarregados. Muitos aparelhos de TV desaparecem em caminhões de entrega que ficam parados nas docas por mais tempo que o necessário.

12. *Inscrever alguns funcionários na equipe de segurança.* A segurança não é trabalho de uma só pessoa. GRA e supervisores podem ser valiosos na prevenção de furtos e na segurança, relatando comportamentos suspeitos de hóspedes, danos a UH, itens retirados dos quartos e itens especiais ou estranhos que estão em bagagens abertas nos apartamentos. Várias malas grandes vazias com poucos artigos dentro do *closet* podem ser uma indicação de coisas que virão – ou possivelmente irão –, tais como lençóis, colchas e toalhas.

Todo pessoal de governança deve conhecer de vista o pessoal da manutenção. Em especial, a pessoa que conserta as televisões deve ser conhecida. A remoção de uma televisão em um apartamento deve ser acompanhada de imediata substituição, ou então deve-se despertar suspeita.

A rouparia do andar e outras áreas de estoque devem sempre ser mantidas trancadas, a menos que estejam sendo utilizadas. Devem estar sempre limpas e organizadas, e todos os itens devem ser identificados.

Itens estranhos ou pacotes encontrados a esmo ou pelos corredores podem significar algum tipo de problema, justificando uma ligação imediata para o departamento de segurança.

13. *Quando suspeitar de problemas, traga um especialista.* Muitas vezes, prejuízos no estoque ou relato de furtos indicam um problema que pode não se revelar por si próprio. Quando for o caso, admita um **detetive**. Detetives são especialistas em segurança que se passam por funcionários, recolhem as evidências necessárias para resolver problemas de furtos e então, silenciosamente, desaparecem da equipe.

Uma vez eu contratei um detetive quando um departamento estava sofrendo com o desaparecimento de lençóis dos carrinhos das camareiras durante o turno da manhã. O detetive candidatou-se ao emprego para trabalhar como auxiliar da seção de governança, fingindo que não sabia ler nem escrever. A identidade real do detetive foi revelada apenas à governanta executiva e ao gerente residente. O detetive (identificado aqui por John) trabalhou como auxiliar de serviços gerais, tendo assim acesso a todas as áreas do hotel.

Jonh era conhecido por ser falante e era admirado por todos que o conheciam. Era visto apoiado em sua vassoura e fofocando quase sempre. Em pouco mais de três semanas, John veio trabalhar embriagado e infelizmente teve de ser demitido. Três dias depois, um relatório detalhado, abrangente e profissional foi recebido do especialista em segurança (no caso, John), denunciando três funcionários que estavam conspirando e que tentaram recrutar John para sua organização. As declarações de John foram suficientes para convencer que eram os três funcionários os responsáveis pelos roubos, e também para recuperar 25% do que foi roubado. O mais surpreendente foi que um dos funcionários descobertos furtando era um gerente júnior.

14. *Dê o exemplo.* Os 13 primeiros passos desse programa de prevenção de furtos requerem planejamento positivo e acompanhamento. Salvo as medidas usadas na admissão de funcionários e os sistemas usados para identificar os funcionários, todos os outros passos podem parecer muito opressivos e autoritários. Entretanto, e ao contrário, cada passo é definido para ajudar os funcionários honestos a continuarem honestos pela eliminação das tentações por meio de controles conhecidos e publicados, e pela ênfase no fato de que funcionários honestos não enfrentam problemas. Funcionários desonestos, contudo, verão que seus atos são combatidos com o mesmo vigor.

Nenhum dos passos tem tanto efeito como o exemplo que vem da gerência, de cima para baixo. No caso do departamento de governança, a governanta executiva deve mostrar que regras e controles definidos se aplicam à gerência da mesma forma que ao mais recente funcionário, valendo para todos. Nenhuma exceção – nem mesmo um lápis ou uma folha de papel para crianças fazerem a lição de casa – pode ser tolerada. Muitas vezes, é sendo completamente fiel a esses pequenos itens que se dá o tom que a gerência espera, ou melhor, que tem o direito de esperar. Não há nada mais tentador para um funcionário honesto do que ver o chefe pegando alguma coisa.

Utilidade do Perfil dos Funcionários

Barbara Powers, gerente geral do Branford Motor Inn, Branford, Connecticut, e membro da AH&MA, sugere que há um **perfil de funcionário** pelo qual um ladrão em potencial pode ser identificado entre os funcionários[3].

Tais perfis desenvolvem-se com base na experiência com pessoas comprovadamente culpadas de furto ou roubo. Entenda que o perfil pode se aplicar a pessoas honestas. O que é dito aqui são características que os desonestos costumam ter em comum:

- Apresentam ar de insatisfação com alguém ou alguma coisa.
- Não se identificam com o hotel. O hotel é "eles" e não "nós".
- Faltam com o respeito às pessoas ou à propriedade; tendem a não aceitar responsabilidades e são egoístas.
- Ressentem-se de críticas.
- Têm dificuldades financeiras.

Outro ponto pode ser adicionado para um efetivo programa de prevenção de furtos, mantendo perfis de funcionários que demonstram as características enumeradas por Powers. Tais perfis podem se mostrar úteis no estabelecimento de uma lista de suspeitos quando coisas começam a desaparecer e não há nenhuma evidência ou indicação imediatamente à disposição, apenas para saber quem deve ser observado mais de perto no futuro.

Furtos Realizados por Hóspedes ou Outros

Há algumas questões sobre quem pode ser mais culpado por roubos: funcionários, hóspedes ou outras pessoas inclinadas à desonestidade. O índice de roubos em cada uma dessas categorias depende mais da atenção dada pela gerência do que de algum outro fator. A gerência não pode supor que os furtos venham mais de um grupo que de outro. Hóspedes inclinados a roubar lençóis podem causar grande devastação nos estoques, da mesma forma como podem os funcionários ou os outros que têm no hotel uma fonte de furto.

Como mencionado anteriormente, os funcionários devem ser incluídos na equipe de pessoas treinadas pela segurança para saber reagir quando observarem atividades suspeitas. Os atendentes de quartos, especialmente, devem ser treinados para verificar cada item da mobília e acessórios quando entram no apartamento. Itens extraviados devem ser imediatamente comunicados para a gerência a fim de que ações positivas sejam tomadas.

Se os atendentes relatam ter visto uma mala de hóspede carregada de toalhas, a governanta executiva deve notificar o gerente da recepção para discretamente, mas com segurança, adicionar um valor determinado na conta do hóspede a título de **despesas diversas**. Se o hóspede questionar, o recepcionista pode dizer que imaginou que o hóspede gostaria de pagar pelas lembranças que está levando do hotel, e que isto é normalmente lançado na conta do hóspede para cobrir os custos de tais *souvenirs*, quando são parte do enxoval. Na maioria dos casos, o hóspede não reclama e paga a conta toda. Os valores recebidos como resultado de tais lançamentos são transferidos para as contas da governança para que os custos do departamento sejam mantidos sob controle.

Televisão como um Problema

O item mais caro que atrai a atenção dos ladrões de hotéis é a televisão. Isso é especialmente verdadeiro para as televisões que ficam em UH no térreo com saída externa, que possuem portas de vidros que abrem diretamente para as áreas do estacionamento. Há apenas uma coisa que pode melhorar esse cenário para o ladrão que vai furtar – não precisar soltar ou desprender a televisão para removê-la.

Primeiro e principalmente, todas as televisões *devem ser presas* em um pedestal ou em uma prateleira suspensa, de modo que, sem a chave ou instrumento adequado, removê-las seja praticamente impossível. Muitos hotéis têm sistemas de segurança nos televisores que disparam um alarme na recepção quando a antena é desconectada. Tais sistemas têm reduzido drasticamente a remoção clandestina das televisões, em especial nos locais em que o pessoal de segurança é treinado para responder rapidamente a tais alarmes.

O *modus operandi* de muitos ladrões de televisão é passear pelo estacionamento do hotel durante o dia e observar os apartamentos do térreo que não estão ocupados. Depois de selecionar tais apartamentos, o ladrão entra no hotel e, sob o pretexto de ter acabado de sair do hotel, tendo esquecido alguma coisa no quarto, a camareira permite que ele entre no quarto. Uma vez dentro do quarto, o ladrão passa a corrente na porta para não ser imediatamente interrompido. Então começa a retirar a televisão do local, removendo-a através da porta de vidro e colocando-a no automóvel, onde há um comparsa esperando.

As GRA devem ser treinadas para nunca abrir a porta do apartamento para alguém que diga ser um hóspede sem que o tenham visto em outras ocasiões; neste caso, é melhor avisar o supervisor. Se a porta é aberta para um hóspede que não está com a chave, não se deve permitir que ele entre até telefonar para a recepção e verificar o nome da pessoa na reserva. Hóspedes legítimos se impressionam positivamente com esse tipo de precaução tomada em seu favor.

A visibilidade das UH do térreo deve ser restrita para o lado de fora durante o dia. Isso é fácil de conseguir usando um vidro especial nas janelas e portas de todos os apartamentos. Durante o dia, se não houver lâmpadas acesas ou outra luz no quarto, é impossível ver através do vidro e determinar se o apartamento está realmente vago.

Todos os funcionários devem ser treinados para suspeitarem de acontecimentos estranhos e relatá-los para a autoridade competente. Eu ouvi um incidente bizarro no qual o gerente geral estava andando pelo corredor no térreo do hotel. Ele encontrou um hóspede fazendo força para carregar uma televisão que parecia estar pesada; o gerente geral prontamente se ofereceu para ajudar com a carga. Depois de ajudar o hóspede carregar a televisão, colocá-la em um carro que estava esperando e desejar boa viagem e breve retorno, ele escutou a camareira dizer que uma televisão tinha acabado de ser roubada de um dos apartamentos. *Todos* necessitam de treinamento.

Proteção Dentro das Unidades Habitacionais do Hotel

Proprietários de hotéis têm, por lei, a responsabilidade de prover locais seguros para que os hóspedes possam pernoitar. Define-se segurança como as medidas necessárias para promover o estado de bem-estar relativo à proteção da vida e da propriedade, minimizando os riscos de desastres naturais ou crimes. A proteção do hóspede dentro do seu quarto deve ser a mais importante.

Vários estados norte-americanos especificam com precisão o que constitui segurança adequada para os apartamentos de hóspedes. Além disso, as grandes companhias hoteleiras determinam padrões mínimos relativos a travas e trancas para as portas dos quartos. A Holiday Inns Inc. especifica pelo menos 16 critérios que as travas das portas devem atender ou exceder antes de poderem ser usadas em um Holiday Inn.

A **segurança mínima para apartamentos** inclui:

- Portas com fechamento automático.
- Trincos ou travas automáticas que necessitem de uma chave ou outro acessório para abrir ou destrancar a porta pelo lado de fora.
- Trancas que são parte integral dos ferrolhos do lado de dentro do quarto; devem poder ser abertas pelo lado de fora com uma chave de emergência.
- Corrente ou outro dispositivo mecânico que possa ser acionado de dentro do quarto, tal como o da Figura 14.4, que substituiu as correntes do Los Angeles Airport Marriott Hotel.
- Olho mágico instalado na porta do quarto para que o hóspede possa ver quem está do lado de fora antes de abrir a porta.
- Cortinas que fecham completamente e são capazes de escurecer o quarto durante o dia.
- Trincos e correntes em todas as portas de vidro.

Sistema de Entrada com Cartão

A grande mudança ocorrida nos últimos anos para a segurança da UH foi o **sistema de entrada com cartão.** O grande número de fabricantes que agora estão envolvidos na produção de tais sistemas é testemunha da necessidade de alguma técnica que substituísse o antiquado sistema de chaves.

Figura 14.4 – Dispositivo de segurança que substituiu as correntes da porta no Los Angeles Airport Marriott Hotel. Observe que a trava está na posição aberta. Quando a alavanca fixada no batente da porta (à direita) cruza a bolinha afixada na porta (à esquerda), a tentativa de abrir a porta será brecada quando a alavanca chegar na bolinha, permitindo a abertura da porta em apenas 8cm. (Foto cortesia do Los Angeles Airport Marriott Hotel.)

A dificuldade de fazer um sistema de chaves seguro, especialmente em hotéis com grandes chaveiros pendurados nas chaves, é muito conhecida. O custo da substituição nos casos de perda, extravio ou roubo, ou simplesmente por levar as chaves como lembrança, é em si um grande problema de custos, para não dizer nada da falta de controle que resulta de tal prática. O departamento de manutenção desses hotéis tem que estabelecer uma rotina de troca de **tambor de fechadura**, pela qual tambores de fechaduras de um andar são trocados pelos tambores de outros andares e novas chaves são feitas com os novos números, caso se queira manter algum tipo de controle.

O sistema de entrada com cartões simplifica e melhora a capacidade de segurança dos sistemas de fechadura dos apartamentos de hotéis. A maioria dos sistemas é projetada para que, quando o hóspede chegue ao hotel, um cartão de plástico de algum tipo, com uma assinatura elétrica ou eletrônica impressa, seja entregue a ele. O cartão opera a porta do apartamento designado com uma combinação que é válida apenas para o novo ocupante. Quando o hóspede vai embora, a memória é retirada da combinação da porta e do sistema, para esperar a chegada de um novo hóspede.

Sistemas de cartões mestres para a governança ou outros departamentos podem ser habilitados ou cancelados no momento em que surgem as necessidades, e o medo de perder a chave mestra pode ser esquecido. O avanço dos sistemas é tal que há adaptações disponíveis para hotéis que ainda usam o sistema regular de chaves que garantem investigação imediata e possível conversão.

Consciência de Proteção para os Hóspedes

Os turistas de lazer dos hotéis de hoje são muito mais conscientes com relação à segurança do que antigamente. Os hóspedes que viajam com freqüência têm sido prevenidos e, portanto, se comportam de maneira mais cautelosa com o uso de trancas nas portas dos apartamentos quando se recolhem à noite. Em geral, roubos envolvendo hóspedes em quartos de hotéis ocorrem somente quando os hóspedes deixam de trancar a porta adequadamente antes de se recolher, ou quando o hóspede abre a porta indiscriminadamente para qualquer um, sem olhar pelo olho mágico para ver quem está no corredor.

A governanta executiva e todos os membros do departamento de governança devem ser treinados para fechar todas as portas encontradas abertas dentro do hotel, de dia ou à noite. Essa prática é uma forma de proteger os hóspedes que podem ou não estar nas UH, da mesma forma que significa proteção do patrimônio do hotel.

O Los Angeles Airport/Marriott Hotel adicionou um toque a mais de segurança no cartão de informações que fica no quarto, como mostra a Figura 14.5. O cartão fornece um número de telefone para o qual os hóspedes podem ligar se houver uma razão para acreditar que há necessidade de atenção extra da segurança.

Dupla Responsabilidade

Embora seja obrigação de todos os hoteleiros fornecer uma área de segurança dentro da qual os hóspedes possam estar confortáveis e relaxados, livres dos perigos usuais das ruas, os hóspedes nunca devem ser levados por um falso senso de segurança que os faça abdicar da responsabilidade de sua própria proteção. Os hóspedes devem ser prudentes e cuidadosos. O pessoal da governança, portanto, não deve pressupor que não há nada para se preocupar quando se está no hotel. Ao contrário, a equipe da governança deve lembrar aos hóspedes, com gentileza e de forma adequada, que devem ser cuidadosos com portas trancadas e com regras básicas de segurança.

Cartão de "Não Perturbe" *versus* Prevenção

Direito de Privacidade Absoluta do Hóspede

A maioria das leis americanas relativas a hotéis veio do Direito Consuetudinário Inglês para Hospedarias

EMERGÊNCIA

Ligue
55

Como um serviço personalizado adicional para hóspedes, possuímos um sistema especial de linha telefônica. Caso haja algum acontecimento desagradável, se você tiver problemas ou inconvenientes que necessitem de atenção imediata, por favor, ligue para a linha de emergência.

PARA SUA SEGURANÇA

PARA NOSSOS HÓSPEDES
Como seu anfitrião, o Los Angeles Airport Marriott Hotel sente uma especial responsabilidade e preocupação com sua segurança e de suas posses durante sua estadia conosco. Desejamos que você aproveite os serviços oferecidos a seguir para assegurar uma agradável estadia.

VALORES
Cofres gratuitos estão disponíveis na recepção para itens como câmeras ou jóias.

TRANCA DA PORTA
Por favor, use a tranca adicional na sua porta e, ao deixar o quarto, certifique-se de que a porta está trancada.

ASSISTÊNCIA
Nosso desejo é tornar sua estadia agradável. Se necessitar de assistência extra, por favor ligue para a segurança discando "5366".

É um prazer tê-lo conosco.

Los Angeles Airport/Marriott Hotel®

Figura 14.5 – Cartão de mesa usado nos apartamentos do Los Angeles Airport Marriott Hotel. Tais mensagens alertam os hóspedes sobre segurança de valores e fornecem um número de telefone para assistência, se necessária. (Usado com permissão do Los Angeles Airport Marriott Hotel.)

(*English Common Laws of Innkeepers*), criado no século XVII. Uma dessas leis trata do direito de privacidade do hóspede, sendo freqüentemente citada nos nossos dias. Ocasionalmente, hóspedes e, para a nossa surpresa, muitos operadores de hotéis, acreditam que o hóspede tem o **direito absoluto à privacidade** e, quando está em seu quarto, *nunca* deve ser perturbado. Na realidade, as pesquisas indicam que a Lei Inglesa não foi feita para garantir que o hóspede nunca seja perturbado, mas apenas para dar-lhes a garantia da ocupação exclusiva do quarto designado. Antes da decretação da lei, era comum a prática por parte dos hospedeiros de colocar seus hóspedes em **dormitórios coletivos**: os homens em um quarto e as mulheres em outro. A lei aprovada posteriormente garantiu que, uma vez designada uma chave, o hóspede que pagou por quarto privativo faria uso exclusivo do quarto designado e ninguém poderia entrar sem sua autorização. Essa é a razão do direito "absoluto" de privacidade, e não a garantia de que o hóspede não pode ser incomodado sob qualquer circunstância.

Responsabilidade do Gerente Frente à Propriedade, às Leis da Região e ao Hóspede

Com o devido respeito pela privacidade do hóspede, a gerência tem uma grande responsabilidade frente ao proprietário do hotel, às leis estaduais e federais que devem ser cumpridas pela propriedade e ao hóspede, cuja segurança deve sempre ser um parâmetro para os funcionários do hotel.

À luz dessa responsabilidade da gerência e respeitando o direito de privacidade, deve haver um **tempo aceitável** diário para que o gerente, ou seu representante, entre no quarto para a limpeza e garanta que (1) o quarto não está vandalizado ou a mobília e instalações destruídas; (2) a lei não está sendo desrespeitada no quarto; e (3) não há hóspedes em situação de perigo.

Na ausência de instruções específicas em contrário, respeitando o direito de privacidade do hóspede, é considerado razoável entrar no quarto entre 8 e 16h, diariamente, para o serviço de arrumação. Se houver um cartão de "não perturbe" ou se a porta estiver **trancada** por dentro, o incômodo ao hóspede deve ser evitado no mínimo até a hora normal de *check out*. Da mesma forma, se o hóspede solicitar serviço de arrumação para mais tarde, isso deverá ser honrado.

Uma Questão de Previsão

Imagine o seguinte cenário: você é a governanta executiva em um hotel urbano que atende pessoas que viajam sozinhas a negócios. Uma hora depois do horário de *check out*, você recebe um telefonema da atendente do terceiro andar dizendo que o quarto 3019 está com a placa de "não perturbe" desde cedo. Quando a GRA verificou com os supervisores e com a recepção, não havia nenhuma instrução para não incomodar o hóspede até mais tarde. A recepção não tinha registro de saída desse apartamento. A GRA telefonou para o quarto a fim de saber a que horas o hóspede gostaria de ter seu quarto arrumado, mas ninguém atendeu ao telefone. Tentou, então, entrar no quarto com a chave mestra, mas a porta estava trancada por dentro. Fim da cena.

Nesse momento, qual é a previsão mais provável em relação ao quarto 3019? Esta é a hora adequada para respeitar, acima de tudo, o absoluto direito de privacidade do hóspede?

Outra cena – que realmente ocorreu. Em novembro de 1990, este autor foi certificado como especialista em operações hoteleiras na corte federal de Maryland para testemunhar em favor de uma cidadã que estava processando um grande hotel por negligência total. Essa negligência foi alegada como resultado de o hotel não ter tomado as precauções razoáveis relativas à estadia de seu marido no hotel, durante a qual ele teve uma crise de coma diabético em seu apartamento. Ele não foi encontrado em um período de mais de 50h. Uma vez encontrado, foi hospitalizado, mas morreu cinco dias depois. Um médico afirmou que, se ele tivesse sido encontrado 10h antes, poderia ter sobrevivido.

A cronologia dos eventos foi reconstituída como segue: a vítima estava no hotel há vários dias. Seu apartamento havia sido arrumado pela última vez na manhã de terça-feira, por volta das 9h, enquanto ele não estava no quarto. Ele retornou ao quarto antes da meia-noite da terça-feira e trancou a corrente da porta para dormir. Na quarta-feira, a atendente observou que o trinco estava fechado e não foi ao quarto até as 15h, quando então bateu na porta e não obteve resposta. Ela então usou sua chave mestra, mas foi impedida pela corrente da porta. Ela seguiu as orientações do departamento e convocou um funcionário da segurança. O funcionário da segurança observou que a TV estava ligada e, então, comentou que "o hóspede apenas não quer ser incomodado", embora não tenha havido uma *resposta coerente* para o funcionário que bateu na porta.

Nenhuma outra checagem foi feita até o dia seguinte quando, às 16h, a GRA chamou novamente a segurança para comunicar que ela ainda não tinha conseguido entrar no apartamento. Nesse horário, o mesmo funcionário da segurança foi ao apartamento, bateu na porta, não obteve resposta e disse que relataria o ocorrido ao chefe de segurança.

Finalmente, às 18h, outro gerente previu as potenciais possibilidades, chamou a manutenção para cortar a corrente e entrou no apartamento, encontrando o hóspede inconsciente no banheiro, 56h depois da última vez que um funcionário do hotel entrou no apartamento.

A companhia de seguro do hotel, depois de ouvir as testemunhas do caso, ofereceu a quantia, que foi aceita pela esposa, de US$ 1 milhão como indenização.

Neste caso, a negligência ocorreu porque o hotel falhou em seguir um **procedimento racional** de checar os apartamentos no mínimo uma vez por dia. O direito de privacidade do hóspede foi respeitado além das necessidades de assegurar sua segurança periodicamente, no mínimo a cada 24h.

Não apenas a negligência dos funcionários contribuiu para o falecimento do hóspede, como a mesma negligência falhou na proteção dos recursos da empresa, a saber, dinheiro e reputação.

Segurança

Natureza das Emergências

Os dois aspectos mais importantes das **emergências** são que elas são *imprevisíveis* e *incontroláveis*. Esses dois fatores produzem efeitos indesejáveis e imprevisíveis, visto que as reações dos hóspedes e, algumas vezes, dos funcionários, diante de emergências, são igualmente imprevisíveis e (algumas vezes) indesejáveis. Portanto, é imperativo que haja planejamento, treinamento e instruções para combater todos os tipos de emergências.

A fim de manter estruturas seguras, a gerência deve estar pronta para enfrentar quatro tipos de emergências:

- Fogo.
- Ameaça de bomba e bombardeios.
- Desastres naturais.
- Motins e distúrbios civis.

Uma vez que a propriedade é substituível, mas a vida não, fica óbvio para onde vai a principal preocupação. A obrigação é de primeiro *prevenir* qualquer ocorrência que possa trazer uma das emergências listadas acima. Se a prevenção é impossível, a responsabilidade deve ser a de minimizar:

- Riscos de morte ou ferimentos.
- Prejuízos à propriedade.

Como os funcionários da governança em geral permanecem próximos de um grande número de hóspedes durante o turno diário, é imperativo que eles sejam bem treinados nos procedimentos que exigem firmeza, para que sejam o melhor exemplo possível para os hóspedes que podem ser pegos em uma emergência. Por exemplo, alguns funcionários da governança têm medo de usar os extintores por causa do barulho gerado e da nuvem de fumaça branca criada quando ativado. Tal medo requer treinamento e instrução para ser dominado. O treinamento deve ser regular e não precisa ser escondido dos hóspedes. Ao contrário, eles devem saber quando acontecem para que saibam quais precauções são tomadas para lidar com as emergências.

Proteção de Incêndio e o Hóspede do Hotel

Timothy Harper[4], do San Francisco Chronicle, escreveu o seguinte:

> Até pouco tempo, os hoteleiros gostavam tanto de falar sobre incêndios como de pular do 13º andar. Mas com 118 pessoas mortas e centenas feridas em três incêndios desastrosos em hotéis neste inverno (1980, quando 84 pessoas morreram no MGM Grand, Las Vegas; 26 no Stouffer's Inn em White Plains, Nova York; e 8 no Las Vegas Hilton), é óbvio que isso está em suas mentes...
>
> Já não é ruim para os negócios que os hóspedes saibam da possibilidade de incêndio no hotel. De fato, o Red Lion Inn SEATAC, com 14 andares, perto do Seattle Tacoma Internacional Airport no estado de Washington, dá a todos os hóspedes uma cópia de uma carta do chefe de bombeiros local, dizendo que o motel é um dos mais seguros centros de convenções do país.

Harper continua citando Michael Scherkman, da Associação de Proteção ao Fogo (Fire Protection Association), dizendo:

> Apesar de toda a melhoria na segurança de hotéis em relação a incêndios, as pessoas ainda devem ser lembradas de duas coisas. Primeiro, que em geral estão mais seguras em hotéis do que em suas próprias casas, locais onde acontecem 75% das mortes por incêndio. Segundo, que devem ser responsáveis por sua própria segurança onde quer que estejam, seja nos hotéis ou em suas próprias casas.

Recentemente, os hóspedes de hotéis têm sido bombardeados com informações sobre quão seguros os hotéis estão se tornando. Embora a proteção, a prevenção e o treinamento contra incêndios tenham sido altamente melhorados, a maneira pela qual alguns hóspedes receberão e aceitarão a informação pode ser perigosa. Os hóspedes são inclinados a baixar a guarda quando acham que não há nada com que se preocupar. Não é necessário assustar o hóspede para uma partida antecipada, mas há excelentes razões para orientar gentilmente o que fazer em cada situação.

Uma excelente publicação sobre **o que fazer** foi criada e editada pela James H. Barry Company, de São Francisco. Essa publicação pode ser adequada a cada hotel e disponibilizada nas UH. É um livreto simples, mas adequado, que alerta aos hóspedes que um incêndio pode acontecer e dá instruções, neste caso, sobre o que fazer. O Apêndice F contém uma cópia desta publicação.

Uma grande questão para o treinamento no departamento de governança é compreender o **pânico**, definido pela Associação Nacional de Proteção ao Fogo como:

> Um repentino e profundo terror, freqüentemente afetando várias pessoas ao mesmo tempo. O pânico é produto da imaginação desenfreada de alguém, e se estabelecerá rapidamente como manifestação tão logo uma pessoa se perceba perdida, desorientada ou sem conhecimento do que fazer em uma situação de emergência. O pânico é também contagioso, podendo se espalhar por todos e por qualquer um. É também irreversível e, uma vez instalado, crescerá. O pânico pode levar a pessoa a fazer coisas que a levarão à morte. Pessoas em estado de pânico raramente são capazes de salvar-se.

Treinar funcionários e instruí-los para as mais variadas situações é a mais efetiva arma para reduzir o pânico em caso de incêndio.

Eu estive em cinco hotéis nos quais ocorreram incêndios: quatro deles tiveram o fogo diretamente associado às alas habitacionais. As situações causadoras dos incêndios e as respectivas violações das regras do hotel foram:

1. *Pessoa embriagada, fumando na cama, colocou fogo no colchão.* Ninguém se machucou. O fumante, contudo, teve sorte de não ser vítima, pois a fumaça foi suficiente para encher três andares e tirar a visibilidade em três metros. *Violação da regra*: alugar um quarto para pessoa embriagada sem recolher todos os materiais inflamáveis.
2. *Fogo na rouparia do andar tarde da noite.* A causa direta do incêndio foi o lixo e os entulhos deixados no carrinho de camareira em uma rouparia de apoio, que estava com a porta não só destrancada como também entreaberta. Se não fosse pela ronda de segurança às 2h, essa situação teria sido desastrosa. O fogo foi percebido porque o corredor encheu-se de fumaça e o cesto de lixo foi encontrado em um estágio de combustão lenta. *Violação da regra*: falha na coleta adequada do lixo no final do dia e deixar a porta de serviço destrancada.
3. *Fogo iniciado deliberadamente no elevador, tarde da noite.* Devido ao horário, poucas pessoas estavam acordadas. Toda a ala habitacional do hotel ficou repleta de fumaça, sem que ninguém percebesse. Nessa noite em particular o hotel estava cheio, e havia uma excursão com um grande número de idosos. A temperatura externa estava baixa. O fogo estava completamente contido no

elevador e queimou uma faixa de carpete de menos de 0,5m². Entretanto, em virtude do vão do elevador, a fumaça espalhou-se pelos corredores de todos os três andares. Não havia fumaça em nenhum apartamento, até que um hóspede em pânico correu irracionalmente pelos corredores, gritando "fogo" e batendo nas portas. Conforme os hóspedes acordavam, iam para os corredores repletos de fumaça, em muitos casos saindo dos quartos sem levar as chaves e, portanto, impossibilitando seu retorno para um lugar seguro. Muitos hóspedes abandonaram o prédio rapidamente, apenas para ficarem expostos em roupas de baixo. *Violação da regra*: deixar um ambiente conhecido e seguro quando o fogo é reportado sem garantir a possibilidade de fazer o caminho de volta.

4. *Uma televisão explodiu dentro de um apartamento.* Esse é um acontecimento raro mas, se ocorre, costuma ser em uma UH vaga onde a televisão foi deixada ligada. Nesse incêndio em particular, uma grande perda ocorreu dentro da UH em muito pouco tempo. O hóspede foi jantar e, quando voltou, foi surpreendido pelo tumulto e pelos equipamentos contra incêndio que tinham sido solicitados por causa do fogo em seu quarto. *Violação da regra*: deixar a televisão ligada em um quarto vago.

Noções de Fumaça e Fogo como Base dos Programas de Treinamento

Ao contrário do que se vê na televisão e nos filmes, o **fogo** não persegue as pessoas e as queima até a morte. Normalmente são os subprodutos do fogo que matam. Fumaça e pânico costumam ser causas das mortes antes de o fogo chegar, se ele chegar. O mais importante é que todos os funcionários, em especial os da governança, sejam instruídos sobre os efeitos da fumaça e aprendam como evitar a fumaça e o pânico, a fim de serem um exemplo adequado para os hóspedes.

Onde há fumaça não há necessariamente fogo fora de controle. Um colchão queimando produzirá grande quantidade de fumaça, que pode ser captada pelo sistema de ar condicionado e transportada para uma imensa área do hotel. Visto que a fumaça é mais quente que o ar, ela começará a acumular-se no teto para depois começar a descer. Quando o corredor do hotel estiver cheio de fumaça, será tarde demais para procurar a sinalização de saída, visto que as placas *estão sempre* colocadas no teto e ficam escondidas pela fumaça, que cresce na parte superior do corredor (esperamos que, algum dia, os códigos de edificação solicitem a colocação de sinalização indestrutível de emergência perto dos rodapés para que possa ser vista em caso de emergência com fogo).

A fumaça, com o tempo, afetará os olhos. Os olhos podem resistir a alguma quantidade de fumaça antes de se fecharem por reflexo. Uma vez fechados, por mais que se tente, não reabrirão em locais repletos de fumaça. Finalmente, o único ar fresco disponível estará perto do chão. Os funcionários devem aprender a engatinhar para conseguir respirar o único ar fresco que poderá estar disponível.

Há artigos sobre prevenção e segurança de incêndio disponíveis na Associação Nacional de Prevenção de Incêndios em Washington, D.C. Esse órgão pode fornecer as últimas informações atualizadas para auxiliar os programas de treinamento nos hotéis.

O treinamento contra fogo deve ser conduzido e deverá incluir, mas não se limitar, ao seguinte:

1. Demonstração de um funcionário com olhos tampados deixando o hotel a partir de um ponto conhecido de dentro do hotel.
2. Demonstração da ação adequada quando há redução da visibilidade no corredor do hotel em decorrência da fumaça.
3. Sob a supervisão dos bombeiros locais, demonstração do uso de extintores para apagar um foco real de fogo (colocar fogo em um cesto de lixo no estacionamento do hotel pode auxiliar a verificar o comportamento do funcionário utilizando extintores).
4. Apresentação de alguns dos numerosos filmes disponíveis nas agências locais de prevenção de incêndio para os funcionários de governança.
5. Demonstração prática de conhecimento sobre proteção contra fogo e uso dos equipamentos de incêndio como parte da avaliação do desempenho.

Ameaça de Bomba

É provável que o pessoal do hotel envolvido com uma **ameaça de bomba** seja o departamento de telefonia, a gerência, a polícia e os bombeiros. A decisão de evacuar ou não o hotel é do comandante local, que costuma ser um membro da polícia local ou bombeiro. A decisão de quem ordenará a evacuação não é feita por impulso de última hora. Normalmente fica acordado de antemão que o comando local ordenará qualquer evacuação que considere necessário.

Na maioria dos casos, pessoas selecionadas que conhecem bem o hotel integrarão as equipes de busca; a governanta executiva, o chefe de manutenção, o gerente residente e outras pessoas da gerência podem se envolver em buscas pelas instalações.

As instalações do hotel devem sempre ser mantidas limpas e livres de entulhos, equipamentos e suprimentos desnecessários. Se todas as coisas estiverem bem estocadas nos locais adequados, artigos suspeitos serão mais facilmente percebidos, e o pessoal da governança será capaz de participar das buscas e fazer observações mais rápido.

O pessoal do departamento de governança deve ser treinado para não tocar em itens estranhos quando a busca de um possível dispositivo explosivo estiver ocorrendo; eles devem ser treinados para localizar um objeto estranho e avisar a autoridade competente.

Desastres Naturais

Inundações, furacões, terremotos e, algumas vezes, temperaturas muito baixas e tempestades de neve são **desastres naturais.** Para lidar com cada fenômeno há um conjunto próprio de regras. Quando ocorrem, alguns hotéis tendem a ter sua ocupação diminuída, enquanto outros ficam lotados, dependendo da localização e do tipo de problema.

Hotéis localizados próximos das maiores artérias de tráfego e estradas interestaduais lotam quando as condições do tempo prevêem mudanças climáticas. Tal inesperada ocupação pode colocar o hotel em uma circunstância não prevista. Na maioria dos casos, a primeira ação da gerência pode ser mandar os funcionários para casa, achando que o hotel ficará vazio. Quando a situação de emergência começa a se compor, o hotel pode começar a lotar e poderá atingir 100% de ocupação. Um problema real é o hotel lotar e nenhum funcionário poder vir ao trabalho em decorrência do desastre.

Planejamento é a resposta a tais ocorrências. A qualquer momento que o hotel possa lotar em razão de desastres naturais ou temperaturas extremas, deve-se saber que funcionários podem ficar no hotel sem que haja necessidade de convocar outras pessoas; sempre há número suficiente de tais funcionários. Um número adequado de UH deve ser reservado para a equipe de alimentos e bebidas e governança, para garantir que esses funcionários, trabalhando em revezamento, possam acomodar todos os hóspedes de forma razoável.

Tumultos e Perturbações Civis

Perturbações civis podem originar-se no hotel ou começar a milhas de distância e serem trazidas para dentro do hotel. Pessoas revoltadas com um jogo de futebol podem retornar a suas acomodações e continuar sua rebeldia. O pessoal de governança deve conhecer a possibilidade de tal evento acontecer e deve ser treinado com técnicas que acalmarão pessoas revoltadas.

Os funcionários podem aprender os princípios da análise transacional (AT) e ser expostos a *jogos que as pessoas jogam*[5]. A AT é o estudo das comunicações (transações) entre pessoas com base nas teorias apresentadas nos anos de 1960. A primeira preocupação é que os funcionários lidem com os hóspedes adequadamente e não os prejudiquem. O hotel é responsável por qualquer prejuízo que possa envolver o hóspede em função de funcionários impacientes. Essa é outra razão para observar de perto o temperamento do funcionário durante o período de experiência.

Programas de Prevenção de Perdas e Plano de Ação de Emergência

O Holiday Hospitality Corporation Inc., como parte de seu **programa de prevenção de perdas,** fornece excelente treinamento e orientações para a gerência da propriedade a fim de que uma ênfase adequada e profissional possa ser aplicada nas áreas de segurança e defesa. O Plano de Ação de Emergência da Holiday é apresentado em detalhes no Apêndice G.

Governança	Controle de chaves
	Procedimentos de segurança e defesa
	Como lidar com o sinal de "não perturbe"
Todo o hotel	Controle de chaves
	Procedimentos de emergência para incêndio
	Ameaça de bombas
	Busca de bombas
	Procedimentos de evacuação
	Inundações
	Furacões
	Tornados
	Tempestades de inverno
	Morte de um hóspede
	Morte de um funcionário

Resumo

Neste capítulo, apresentou-se o conceito de proteção de patrimônio, explorando assuntos de segurança e defesa, enfatizando que cada um deles requer atenção especial e distinta. Discutiu-se como manter o departamento de governança seguro e apresentou-se um programa de 14 pontos para a prevenção de furtos por funcionários. Também se expôs o assunto da segurança dentro das UH do hotel, especificamente sobre os sistemas de cartão de entrada e dupla responsabilidade.

Depois da discussão geral da natureza das emergências no hotel, foram apresentados procedimentos específicos para lidar com incêndios, ameaça de bombas, desastres naturais e perturbações civis. A ênfase foi na segurança em tais situações.

A responsabilidade da gerência nas áreas de segurança e proteção é clara e não deve, sob nenhuma circunstância, ser abdicada em favor da crença de que nenhuma situação de emergência acontecerá em determinado hotel, nos estabelecimentos de saúde ou para os hóspedes, pacientes ou funcionários. Cautela, treinamento, objetividade e estudo são a chave para a proteção de riscos trazidos por atitudes negligentes de segurança e proteção dentro do departamento de governança do hotel ou de instituições de saúde. Todo planejamento deve culminar com a criação de um plano de ação de emergência, que preveja áreas com problemas potenciais, e planos de procedimentos, para imediata e efetiva ação de prevenção de perda ou destruição do patrimônio. Os planos de ação de emergência devem também ter como objetivo uma rápida recuperação e retorno à normalidade dos negócios o mais breve possível.

TERMOS E CONCEITOS-CHAVE

Corpo de conhecimento
Salvaguarda do patrimônio
Sociedade Americana de Segurança Industrial (ASIS)
Análise de riscos
Gestão de riscos
Detetive
Previsibilidade
Previsão de eventos
Segurança
Proteção
Prevenção de furtos por funcionários
Influência de funcionários
Programa de 14 pontos para a prevenção de furtos
Histórico do funcionário
Exame com polígrafo
Sistema de crachás
Cenário
Período de experiência
Programa de controle de chaves
Bolsa de chaves
Sistema de etiqueta vermelha
Perfil do funcionário
Despesas diversas
Segurança mínima de UH
Sistema de entrada com cartão
Tambor de fechadura
Direito de privacidade absoluta
Dormitório
Tempo aceitável
Trava
Procedimentos razoáveis
Emergências
Publicações "o que fazer se"
Pânico
Fogo
Subprodutos do fogo
Ameaça de bomba
Comando local
Desastres naturais
Perturbações civis
Programas de prevenção de perdas

QUESTÕES PARA DISCUSSÃO E REVISÃO

1. Explique a diferença entre segurança e proteção.
2. O que quer dizer "contaminação do funcionário"? Liste algumas razões para isso.
3. O que é perfil do funcionário? Como e quando é usado? Quais características devem causar preocupação?
4. Como usar os funcionários para diminuir os furtos pelos funcionários? Pelos hóspedes? Que pontos devem ser ditos durante as orientações dos funcionários para obter participação no programa de prevenção de furtos?
5. Explique as vantagens dos cartões sobre as chaves para a entrada dos apartamentos.
6. Explique o pânico. Dê algumas características de pessoas agindo em pânico. Como o pânico pode ser evitado em uma emergência? Como o pânico do hóspede pode ser controlado?
7. De que maneira a Agência Nacional de Proteção a Incêndios auxilia em programas de prevenção e proteção ao fogo para a gerência do departamento?
8. Que medidas preventivas podem ser tomadas pelo pessoal do departamento de governança para evitar ao mínimo a interrupção das rotinas durante ameaça de bomba e para facilitar a rápida inspeção de dispositivos explosivos?

NOTAS

1. Harold Gluck, "How To Reduce Loss Potential During The Hiring Process," *Motel/Motor Inn Journal*, 1979, p. 5.
2. Bob Curtis, "Tips On Keeping Employees Honest," NRN Book Excerpt, *Nation's Restaurant News*, September 1979, p. 1.
3. Barbara Powers, "Crime Shouldn't Pay; Curbing Employee Theft." From an interview conducted by *Lodging*, May 1983, p. 31.
4. Timothy Harper, "U.S. Hotels Find Guest Keen On Fire Protection," *San Francisco Chronicle*, 1981.
5. Eric Berne, *Games People Play: The Psychology of Human Relationships* (New York: Grove Press, 1961). Para uma aplicação mais direta do assunto para hospitalidade e serviços comerciais, ver Maurice F Villere, Thomas S. O'Connor, and William J. Quain, "Games Nobody Wins," *The Cornell HRA Quarterly*, November vol. 24, Nº 3, 1983, pp. 72-79.

15

Lavanderia no Hotel: Compreensão da Manutenção Básica e Considerações Operacionais antes da Instalação

OBJETIVOS DO CAPÍTULO

1. Verificar o que justifica a necessidade de uma lavanderia no hotel.
2. Aprender como planejar a lavanderia, usando consultores quando necessário.
3. Aprender como dimensionar uma lavanderia.
4. Entender a importância da adequada instalação elétrica, mecânica, hidráulica e fluxos de ar no planejamento da lavanderia.

A maior parte da bibliografia sobre **lavanderia em hotéis** questiona se deve ou não haver uma na propriedade. Numerosas publicações do ramo lidam analítica e subjetivamente com considerações sobre a relação custo-benefício, a qualidade e o controle de inventário, a eficiência da operação, a dependência de contratos externos e os custos de investimento em enxoval.

Este capítulo tem outro propósito: fornecer as razões para ter uma lavanderia no hotel e discutir os critérios que as pequenas propriedades devem usar ao considerar a instalação dessas lavanderias.

Uma Declaração a Favor das Operações de Lavanderia no Hotel

Jack E. Scott, presidente da Baker Linen Company da California[1], acredita que se deva considerar a instalação de uma lavanderia no hotel se a lavanderia externa tiver um custo maior do que US$ 900 por mês. A última pesquisa divulgada pela American Hotel and Motel Association (AHMA), citada e atualizada por Scott, indica as seguintes comparações para um serviço interno, um serviço externo e o serviço de aluguel para um estabelecimento típico de 120 apartamentos:

Custos semanais da lavanderia do hotel	$324,00
Provisão semanal de depreciação do enxoval	$133,91
Total dos custos da lavanderia interna	$457,91
Custos semanais com a lavanderia externa	
Usando enxoval próprio – 400kg	$880,60
Provisão semanal de depreciação do enxoval	$133,91

Total dos custos com lavanderia externa	$ 1.014,51
Custos semanais com serviço de aluguel de enxoval	$ 1.782,17

Antigas Preocupações Resolvidas

A manutenção da qualidade do enxoval tem sido um impedimento para a existência de lavanderias internas em hotéis, mas o problema principal foi resolvido. Os modernos enxovais **que não precisam ser passados** (mistura 50/50 de poliéster) passam por dois processos de acabamento que melhoram a estrutura molecular das fibras de poliéster, resultando em uma roupa que mantém suas características sem a necessidade de serem passadas ao longo de sua vida útil. Lençóis de fibras mistas duram três vezes mais que o seu predecessor, de algodão. Na realidade, a fibra de poliéster da nova geração tende a relaxar e realmente aumentar em elasticidade com o uso.

A indústria de tecidos que não precisam ser passados aperfeiçoou os equipamentos que processam essa nova geração de enxovais. O controle do tempo dos ciclos de lavagem e enxágüe, o controle de temperatura e a adição automática de detergente, alvejante e amaciante têm eliminado os problemas de erro humano, de necessidade de treinamento extensivo do funcionário e de negligência do operador.

Em resumo, as razões para ter operações econômicas internas, hoje mais do que nunca, de longe pesam contra a necessidade de abdicar dessa importante operação para terceirizá-la a lavanderias especializadas.

Planejamento e Pré-engenharia

Alguns arquitetos de pequenas lavanderias sugerem que a lavanderia em um hotel não é nada mais do que a instalação de poucas máquinas de lavar e secar em um espaço remoto da propriedade. Em geral, planejamentos inadequados geram lavanderias que precisam ser projetadas novamente por profissionais qualificados e fornecedores de equipamentos de lavanderia, resultando em modificações custosas. Por exemplo, vamos considerar o Hotel Canadian, descrito como uma magnífica criação[2]: o local era inspirador, a arquitetura era impressionante, as acomodações eram luxuosas e os padrões de qualidade e conforto eram exemplares. O hotel era tido como excepcional em todos os sentidos, menos um. Apesar do planejamento detalhado, a lavanderia era pouco equipada e ocupava menos da metade do espaço necessário para ser eficiente. A área tinha sido mal projetada. O problema foi mais do que mera falha de engenharia e projeto: o maquinário não possuía o calibre industrial demandado pelas toneladas de roupas de cada ano. Na tentativa de manter o volume de trabalho, eram necessários 11 turnos semanais.

Grandes lavanderias não são as únicas a receberem planejamento inadequado e pouca atenção inicial da engenharia. Freqüentemente são os proprietários de pequenos hotéis que tomam a decisão de ter uma lavanderia no local, falhando nas considerações e garantias de planejamento que tais operações justificam.

Por exemplo, aqui está a descrição do que um proprietário de um pequeno estabelecimento construiu como lavanderia no subsolo de um hotel de 80 unidades habitacionais (UH). A quantidade e o tamanho dos equipamentos estavam basicamente corretos, mas as decisões não foram tomadas com a compreensão de operações eficientes de lavanderia e especificidades mecânicas. Havia *um* dreno de 110cm no chão, programado para receber a água efluente de duas, ou possivelmente três, lavadoras/centrífugas drenando sob pressão, cada uma tendo 86cm de diâmetro na linha de dreno. Nenhuma vala para dreno complementar foi providenciada para conter temporariamente o excesso de água. Inundações instantâneas poderiam ocorrer a qualquer momento caso as duas ou três máquinas descarregassem a água efluente no sistema ao mesmo tempo. Além disso, três secadoras de 45kg cada descarregavam 22,65m^3 de ar por minuto dentro da lavanderia, que tinha teto baixo. Não houve previsão sobre como descarregar esse ar úmido e aquecido. Condições de trabalho insuportáveis e umidade condensada em cada um dos canos do subsolo certamente ocorriam. Além disso, não havia um sistema suplementar de descarte de fibras. O único removedor de fibras era aquele que existia em cada secadora. Essas fibras constituem um sério risco de incêndio nas operações de lavanderia e devem ser tratadas adequadamente.

Pequenas propriedades podem não requerer o detalhado planejamento necessário para grandes propriedades (entre 300 e 2.500 UH); entretanto, as variáveis de planejamento se aplicam igualmente a grandes e pequenas lavanderias. A AHMA pode fornecer contatos de **consultores de lavanderia** de renome, engenheiros e fabricantes de equipamentos, dos quais a maioria projeta lavanderias e equipamentos específicos sob determinadas restrições orçamentárias. Além disso, eles supervisionam a instalação e fornecem treinamento para gerentes e funcionários durante o início das operações. Uma das empresas que fornece esse tipo de serviço, as Indústrias Baring[3], criou o termo ***systemeering*** para representar os 10 serviços seguintes especificados em seus contratos. Esses passos podem ser seguidos, seja qual for o consultor contratado.

1. *Determinação das necessidades.* Esse passo envolve reuniões com proprietários, arquitetos, *designers* de interiores, engenheiros e outros consultores de projetos para obter todos os dados pertinentes ao dimensionamento da lavanderia no sistema de governança. Os dados incluem o número de UH, de camas, taxas de ocupação estimadas, variedade dos serviços e restrições orçamentárias. A partir desses dados, um relatório contendo dados sobre tamanho, tipo e local das instalações é elaborado. Esse relatório descreve a integração básica e o desenvolvimento da lavanderia no conceito geral do hotel.
2. *Definição do sistema e alocação do espaço.* Uma vez que a necessidade esteja definida, os especialistas se concentram na seleção dos sistemas e componentes que melhor atendem às necessidades do projeto. As inter-relações dos espaços destinados são analisadas pelo ponto de vista da engenharia humana para eliminar passos extras dispendiosos ou padrões com tráfegos cruzados. Muitas análises diferentes são consideradas no projeto de um sistema que otimize a eficiência e a economia das operações.
3. Layout *dos equipamentos.* Idéias para economizar trabalho são mescladas com os padrões mais eficientes de fluxo de trabalho que pode ser projetado dentro de dado espaço. Componentes ou *layouts* alternativos são investigados para garantir a seleção do melhor sistema possível.
4. *Seleção de equipamentos, especificações e orçamento.* Apresenta-se a seleção de opções de qualidade para equipamentos. Os custos são estudados, incluindo instalação e ajuste dos equipamentos. Considerações sobre a manutenção de rotina são incluídas com relação à expectativa de vida dos equipamentos. Os orçamentos são finalizados, usando especificações-padrão que permitem um rápido ajuste para a conclusão do projeto.
5. *Desenho detalhado e especificação.* Definem-se as tabelas de conexão dos equipamentos e detalhes mecânicos, elétricos e de ventilação, mostrando a exata localização de todos os pontos projetados. Essas plantas permitem ao contratado projetar os equipamentos adequadamente antes de sua chegada.

Esses passos aceleram a conexão e a instalação dos equipamentos. Especificações detalhadas para cada equipamento são fornecidas, refletindo as opções selecionadas. Todos os serviços mecânicos e elétricos devem ser coordenados com arquitetos, engenheiros e contratados para toda essa fase.

Os outros cinco passos do serviço de Baring são:

6. *Aquisição dos equipamentos e coordenação da entrega.*
7. *Escala de instalação e supervisão.*
8. *Início, teste e demonstração.*
9. *Treinamento dos operadores e da manutenção.*
10. *Serviço pós-venda.*

Seja qual for o tamanho da lavanderia, todos os passos devem ser executados para assegurar que a sua instalação seja a melhor possível.

Conhecimento Básico para o Proprietário

Pode não ser economicamente vantajoso para o proprietário de pequenos estabelecimentos usar os serviços de um consultor de lavanderia. Em tais casos, o proprietário precisa conhecer as considerações básicas ligadas ao desenvolvimento da operação de pequenas lavanderias de hotel.

A maneira mais usada e tecnicamente correta de decidir sobre o tamanho e a composição dos equipamentos é a análise **do peso do enxoval necessário.** Este é o critério comum utilizado por fabricantes de equipamentos de lavanderia para projetar e especificar as máquinas. Assim, lavadoras e/ou secadoras estão disponíveis para cargas que variam de 11 a 250kg, permitindo a seleção dos mais variados tamanhos de equipamento para cada tipo de necessidade. A maioria das lavadoras centrifuga sua própria água de lavagem e realiza o enxágüe; portanto, centrífugas avulsas não são necessárias. Uma vez que os custos de mão-de-obra são provavelmente os maiores de toda a operação, é desejável especificar o tamanho ideal do equipamento para minimizar os custos.

Outra consideração é que tanto a capacidade de **lavagem** quanto a capacidade de **secagem** ou de **execução** podem ser os pontos críticos da lavanderia; portanto, devem ser equilibrados. Por exemplo, uma lavanderia em que a máquina de lavar tem capacidade de 180kg, ciclo de 30min e 65kg de capacidade de secagem operando em ciclos de 50min, com espaço adequado para manipulação, dobra e estoque, terá limitações na secagem. Por outro lado, uma lavanderia em que a máquina de lavar tem capacidade de 22kg, ciclo de 30min e 45kg de capacidade de secagem com ciclo de 1h pode ser adequada se contar com a devida manipulação.

Em pequenos hotéis, o número de secadoras costuma ser relacionado ao número de lavadoras na proporção de 2 para 1; por exemplo, duas secadoras de 25kg para uma lavadora de 25kg. Essa regra baseia-se no fato de que um ciclo normal de secagem é duas vezes mais longo que um ciclo normal de lavagem.

As lavanderias equipadas com **calandras** não precisam usar secadora para lençóis e fronhas. Nessas operações, as secadoras são usadas apenas para tecidos atoalhados. Todos esses fatores entram no planejamento da quantidade e do tipo de equipamento que deve ser instalado.

Principais Equipamentos Necessários

Lavadoras

Vamos considerar um hotel com 100 UH e necessidade de enxoval como demonstrado na Tabela 15.1. Como parâmetro, será suposto que aproximadamente 450kg diários de roupa de cama são lavados nesse hotel de 100 apartamentos, a fim de determinar os equipamentos necessários (veja também a Fig. 15.1).

A seleção da lavadora/centrífuga deve ser a que melhor equilibre capacidade da máquina e necessidade de mão-de-obra; o melhor equilíbrio é o mínimo de equipamento para ter o mínimo de mão-de-obra (uma pessoa em turno de 8h é o ideal). Depois de estabelecer os limites que requerem a produção de **um jogo de roupa de cama e banho** (a quantidade total necessária para cobrir uma vez todas as camas e suprir todos os banheiros) em um turno, selecionaremos as capacidades da máquina de lavar que é mais prática.

Uma lavadora de 220kg, lavando duas cargas que serão concluídas em aproximadamente 1h, pode dar conta da necessidade de 450kg diários, mas depois ficará inativa por 7h. No extremo oposto, uma lavadora de 22kg trabalhando menos de meia hora por ciclo pode produzir a mesma quantidade em 10h de ope-

Tabela 15.1 – Jogo de enxovais e determinação de peso dos tipos de roupa

NÚMERO DE UH	TIPO	TOTAL DE CAMAS POR UH	TOTAL DE CAMAS	TOTAL DE LENÇÓIS	PESO/ UNIDADE (kg)	PESO TOTAL (kg)
10	*King* Solteiro	1	10	20	1	20
70	*Queen* Casal	2	140	280	0,65	184
20	*Queen* Solteiro	1	20	40	0,65	26
Total						
100	Todos os tipos		170	340		230

Fronhas

TIPO DE CAMA	NÚMERO DE FRONHAS POR CAMA	NÚMERO TOTAL POR TIPO DE CAMA
King	3	3 × 10 = 30
Queen	2	2 × 160 = 320
Número total de fronhas		350
350 fronhas × 0,10kg por fronha = 35kg		

Tecido aveludado

ITEM	QUANTIDADE	PESO/ITEM (kg)	PESO TOTAL (kg)
Toalha de banho	350	0,32	112
Toalha de rosto	350	0,10	35
Toalha de mãos	350	0,02	7
Piso	100	0,20	20
Total	1.150		174

Peso total de um jogo

Lençóis	230kg
Fronhas	35kg
Tecido de linho	174kg
Total	439kg
Aproximadamente	450kg

* Pressupondo uma toalha de banho, uma toalha de mão e uma toalha de rosto por travesseiro e um piso de banheiro por UH.

Figura 15.1 – Quatro lavadoras de 22kg conectadas para a entrada automática de produtos químicos e água. (Foto com permissão.)

ração. Nenhuma das duas é a melhor escolha. Duas lavadoras de 22kg podem produzir 450kg necessários em aproximadamente 5h, e duas máquinas com capacidade de 22kg custam consideravelmente menos do que uma máquina de 220kg e requerem menos energia e manutenção mecânica.

Há outra consideração: nem todo enxoval será lavado da mesma **forma**. As roupas de cama e banho devem ser separadas pelo tipo de tecido e grau de sujeira. A forma de lavagem se refere à combinação do tempo de lavagem, tempo de enxágüe, controle de temperatura e adição automática de detergente, alvejante e amaciante.

O enxoval deve também ser pesado para uma lavagem adequada. Pela análise do peso de cada tipo de roupa, observada na Tabela 15.1, podemos encontrar a mais prática combinação de carga para a lavadora de 22kg. A Tabela 15.2 mostra que duas lavadoras de 22kg, trabalhando em um ciclo de aproximadamente 30min, podem completar toda a operação de lavagem em 5,5h.

Secadoras

Como mencionado anteriormente, em uma lavanderia na qual não se usa ferro elétrico, a proporção de secadoras em relação às lavadoras é de 2 para 1. Com 100% de ocupação, a produção de 450kg de roupa lavada (21 cargas de lavagem) pode ser acomodada por três secadoras de 45kg em um período de 6,5h (Fig. 15.2).

Menos de 100% de Ocupação

Até agora, imaginou-se 100% de ocupação para determinar as necessidades dos equipamentos de lavagem e secagem. Como sabemos, os hotéis nem sempre estão lotados. Como, então, determinar as horas de trabalho da lavanderia relacionando-as com a ocupação do hotel?

A Figura 15.3 equaciona a capacidade de lavagem de duas lavadoras de 22kg para 100% de ocupação no hotel-exemplo de 100 UH em uma base linear, indicando, desse modo, o número de horas que uma la-

Tabela 15.2 – Escala de carga de uma lavadora de 22kg

ITEM	QUANTIDADE	PESO TOTAL (kg)	ITENS POR CARGA	TOTAL DE CARGAS
Lençóis (*king*)	20	9	20	1
Lençóis (*queen*)	320	210	32	10
Fronhas	350	4	175	2
Toalhas de banho	350	113	70	5
Toalhas de rosto	350	37	175	2
Toalhas de mão	350	9	350	1

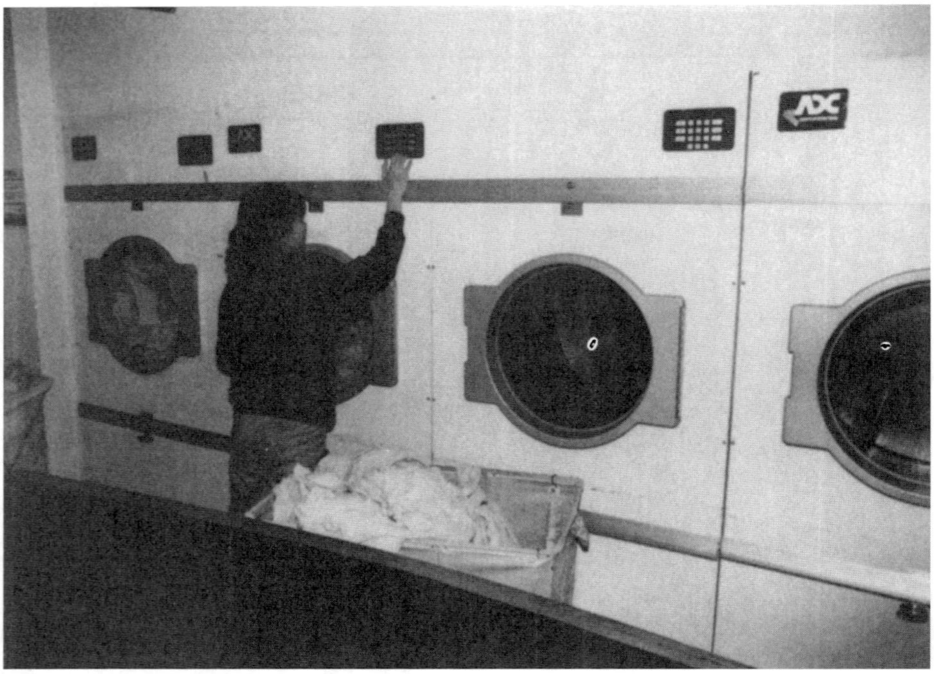

Figura 15.2 – Quatro secadoras de 45kg constituem um arranjo compatível com quatro lavadoras de 22kg. (Foto com permissão.)

vanderia deve operar. Percebe-se que duas lavadoras de 22kg podem lidar com o enxoval necessário para 100% de ocupação em pouco mais de 5,5h; 70% de ocupação necessitará de 4h de operação; menor ocupação requer menos tempo de lavagem.

Equipamento Adicional

Tendo especificado duas lavadoras/centrífugas e três secadoras como maquinário básico para o hotel exemplo de 100 UH, que outros equipamentos podem ser considerados essenciais? Mary Chew[4] recomenda o seguinte equipamento auxiliar:

- *1 tanque*: duas cubas de plástico, para deixar de molho roupas manchadas em fórmulas de lavagem especiais para remoção de manchas (Fig. 15.4).
- *1 mesa de dobragem* (1,20 por 1,80m): centralizada entre as secadoras e as prateleiras. É usada primeiramente para dobragem de roupas de tecidos atoalhados.
- *5 cestos de lavanderia de plástico ou cobertos com lona de vinil*: dois cestos são usados para separar as roupas sujas; um recebe a roupa lavada molhada; dois, a roupa lavada seca. Esses cestos não devem ser usados fora da lavanderia.

Além das recomendações de Chew, indicam-se também os seguintes equipamentos:

- *6 carrinhos conversíveis/móveis de estocagem de enxoval*: três desses carrinhos devem estar na lavanderia

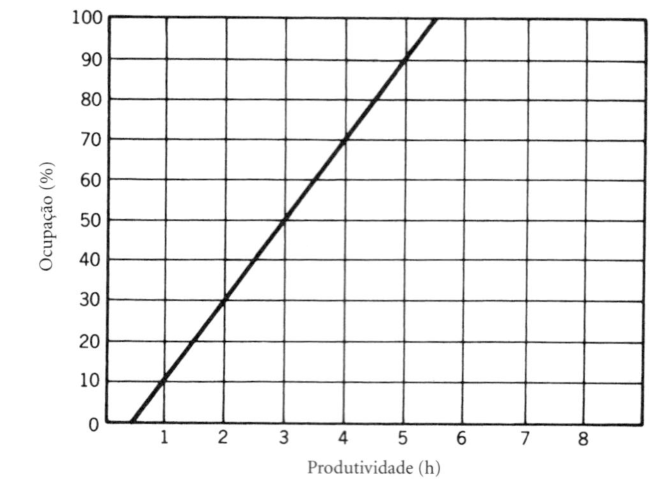

Figura 15.3 – Gráfico de produtividade de lavagem *versus* ocupação, desenvolvido para o hotel exemplo de 100 UH. Com eficiência ideal e nenhuma avaria, duas lavadoras de 22kg, com ciclos de 30min, podem lavar 450kg de roupa em aproximadamente 5h21min. O tempo para carregá-las, as necessidades de diferentes formas de lavagem e também tecidos diferentes foram considerados quando o gráfico foi desenvolvido. As duas lavadoras de 22kg necessitam de apenas 4h de operação para produzir a carga necessária gerada por uma ocupação de 70% no hotel exemplo de 100 UH.

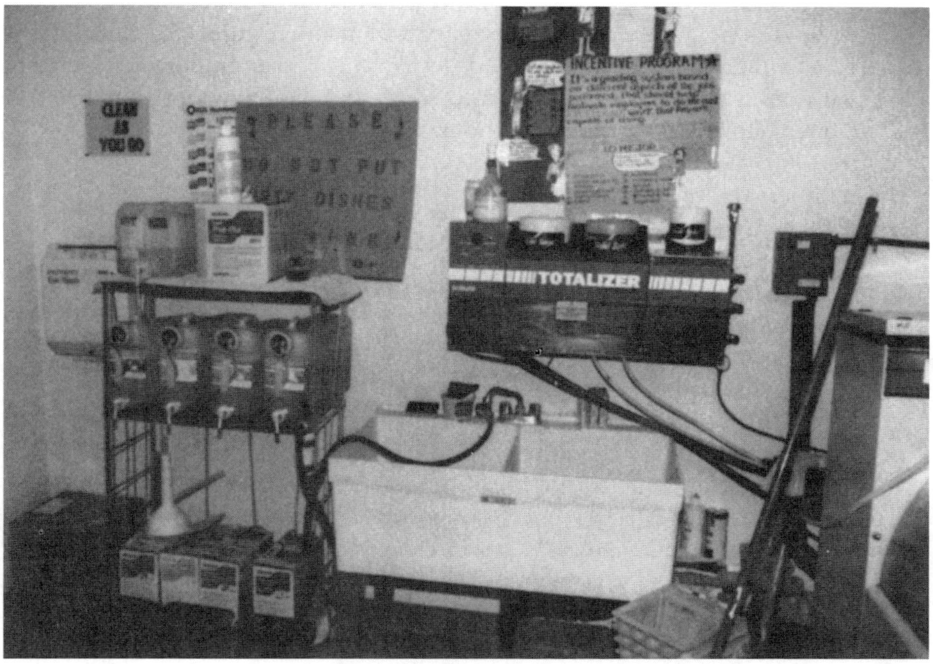

Figura 15.4 – Tanque para deixar de molho e centro de mistura química. Observe os detergentes conduzidos para as máquinas de lavar. Outros produtos químicos são organizados para adequada distribuição. O tanque é um importante componente da lista dos pequenos equipamentos da lavanderia. (Foto com permissão.)

e receber a roupa limpa do dia, sendo então movidos para as rouparias dos andares para a operação do dia seguinte. Conforme o enxoval é passado do carrinho da lavanderia para o carrinho da camareira, a prateleira é reposicionada para formar os cestos de roupa suja para a limpeza do dia seguinte.

Três carrinhos devem estar na rouparia de apoio para acomodar as roupas sujas do dia. Ao final do dia, eles estão prontos para serem levados à lavanderia, para a lavagem. Depois de a roupa suja ter sido removida e classificada, as prateleiras são reposicionadas para receber a roupa limpa. O ciclo será então repetido (a AHMA pode fornecer os nomes de vários fabricantes desse tipo de carrinho conversível). As Figuras 15.5 e 15.6 são exemplos de carrinhos conversíveis/móveis com prateleiras nas posições para roupa limpa e roupa suja, respectivamente.

As prateleiras móveis não evitam a necessidade de algumas prateleiras fixas, mas removem a necessidade de grande quantidade, permitindo o transporte do enxoval. A necessidade total de carrinhos depende do número de rouparias nos andares; são necessários dois para cada área de estocagem, um dos quais deve estar na lavanderia todo dia.

- *1 "mão extra" para dobrar lençóis:* há várias maneiras de dobrar os lençóis. A que será utilizada é geralmente determinada pela dimensão da carga de trabalho da lavanderia. Quando o serviço é pouco, a despesa com dobradores de lençol não é justificada ou recomendada, visto que dois atendentes podem juntos dobrar cerca de 90 ou

Figura 15.5 – Carrinho móvel conversível com a prateleira posicionada para receber roupa limpa. (Foto cortesia do Inter Metro Industries Corp.)

100 lençóis por hora. Por exemplo, uma pequena carga na lavanderia (50% de ocupação) no hotel exemplo de 100 UH gera uma carga de aproximadamente 150 lençóis e requer duas pessoas para dobrar os lençóis por 1,5h.

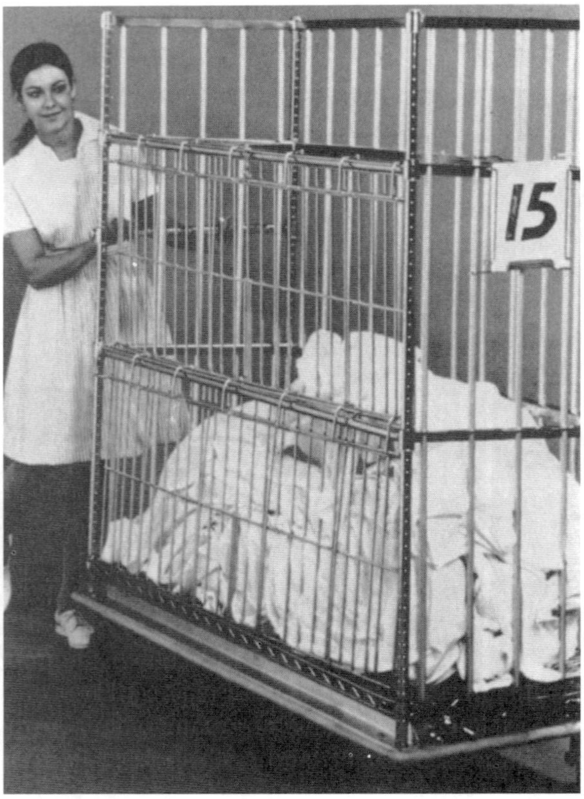

Figura 15.6 – Carrinho conversível com a prateleira posicionada para receber roupa suja. (Foto cortesia do Inter Metro Industries Corp.)

Se a carga de trabalho aumenta permanentemente, torna-se apropriado considerar a compra de uma "mão extra". Essa "mão extra" dá a um funcionário a mesma capacidade de produção de dois funcionários. A Figura 15.7 ilustra um dispositivo "mão extra" em uso: um funcionário realiza cerca de seis passos básicos e dobra em torno de 120 lençóis por hora.

Utensílios e Demais Necessidades

Suprimento de Enxoval

Como mencionado no Capítulo 7, são necessários cerca de 3,5 jogos de enxoval por UH disponível para uma operação de governança eficiente. Um jogo está sobre a cama e nos banheiros de cada apartamento; um jogo está limpo e nos carrinhos para as operações do dia seguinte (Fig. 15.8) e um jogo está sujo, esperando as operações da lavanderia do dia seguinte. O meio jogo que sobrou está novo, em estoque. Se o enxoval for próprio e tiver que ser enviado para uma lavanderia externa, um jogo deve ser adicionado ao total requerido por UH, devido ao tempo de transporte para as roupas irem e virem da lavanderia comercial.

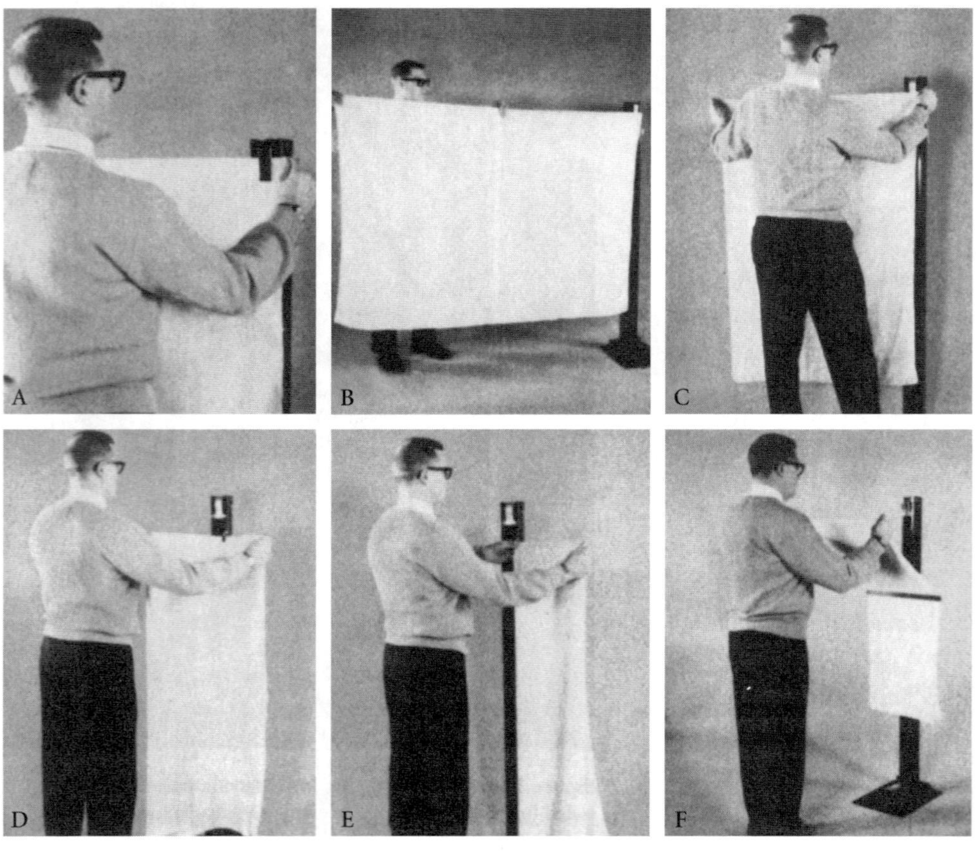

Figura 15.7 – "Mão extra" para dobrar lençóis em operação. Um operador realiza seis passos básicos (A a F), como ilustrado no processo de dobra. O mesmo procedimento pode ser feito para cobertas, cobertores, acolchoados e cortinas de banho, entre outros. (Foto cortesia da S & S Products.)

Figura 15.8 – Suprimento de enxoval limpo pronto para uso futuro. (Foto com permissão.)

Layout *e Dimensionamento da Lavanderia*

Aproximadamente 0,30m² de espaço por UH são necessários para a instalação da lavanderia. Um adicional de 0,30m² por UH é necessário para manuseio e estoque de todo o enxoval da propriedade. A Figura 15.9 mostra um *layout* típico para uma pequena lavanderia com duas lavadoras. A Figura 15.10 mostra o *layout* real de uma lavanderia com quatro lavadoras/secadoras.

As roupas sujas são primeiramente movidas para a área de classificação e lavagem. Depois da lavagem e secagem, a roupa é transferida para a área de dobragem. Os lençóis e toalhas dobrados são então transferidos para os carrinhos, a fim de serem levados para fora da lavanderia.

Uma terceira lavadora deve ser adicionada para acomodar o acúmulo de carga. As secadoras devem ser instaladas como mostrado e são parte do equipamento original (observe a capacidade de ventilação).

Se o sistema de água quente não for suficiente para abastecer duas lavadoras, um aquecedor de água será necessário. Aquecedores a gás devem ser ventilados adequadamente quando instalados.

Dois tanques oferecem condições de deixar roupas manchadas de molho ao invés de usar o tempo da lavadora.

Recomenda-se uma mesa de dobra de 1,20 por 1,80m, posicionada como indicado.

Considerações sobre Formação de Equipe

A composição da equipe de lavanderia do hotel exemplo deste capítulo, de 100 UH (sem considerar o enxoval de mesa ou os uniformes da área de alimentos e bebidas), é de um lavador e um atendente de lavanderia.

O lavador manuseia a carga, descarregando as lavadoras e carregando as secadoras. O atendente de lavanderia descarrega a secadora, dobra os lençóis e empilha as toalhas e fronhas em pequenas pilhas com quantidades determinadas (Fig. 15.11). A proporção de dobras para o dobrador, com ajuda da "mão extra", é de um lençol e meio por minuto. O estoque completo de lençóis (242) pode, conseqüentemente, ser dobrado em 2h pelo atendente de lavanderia.

O atendente de lavanderia passa o restante do turno empilhando toalhas e fronhas, colocando-as em pilhas contadas e passadas para enviá-las às rouparias de andares no final do dia por meio do carrinho móvel.

Para o hotel-modelo (353 UH), a composição da equipe da lavanderia é de aproximadamente sete pessoas (um supervisor, um auxiliar e cinco atendentes). Visto que esse é o mesmo número da equipe de governança (veja Cap. 2), a equipe da lavanderia, com adequado treinamento cruzado, trabalha cinco dias da semana e pode ser substituída no sexto e sétimo dias pela equipe turnante.

Piso da Lavanderia

Mesmo com drenagem adequada, haverá gotas de água e, às vezes, algumas máquinas ou tanques transborda-

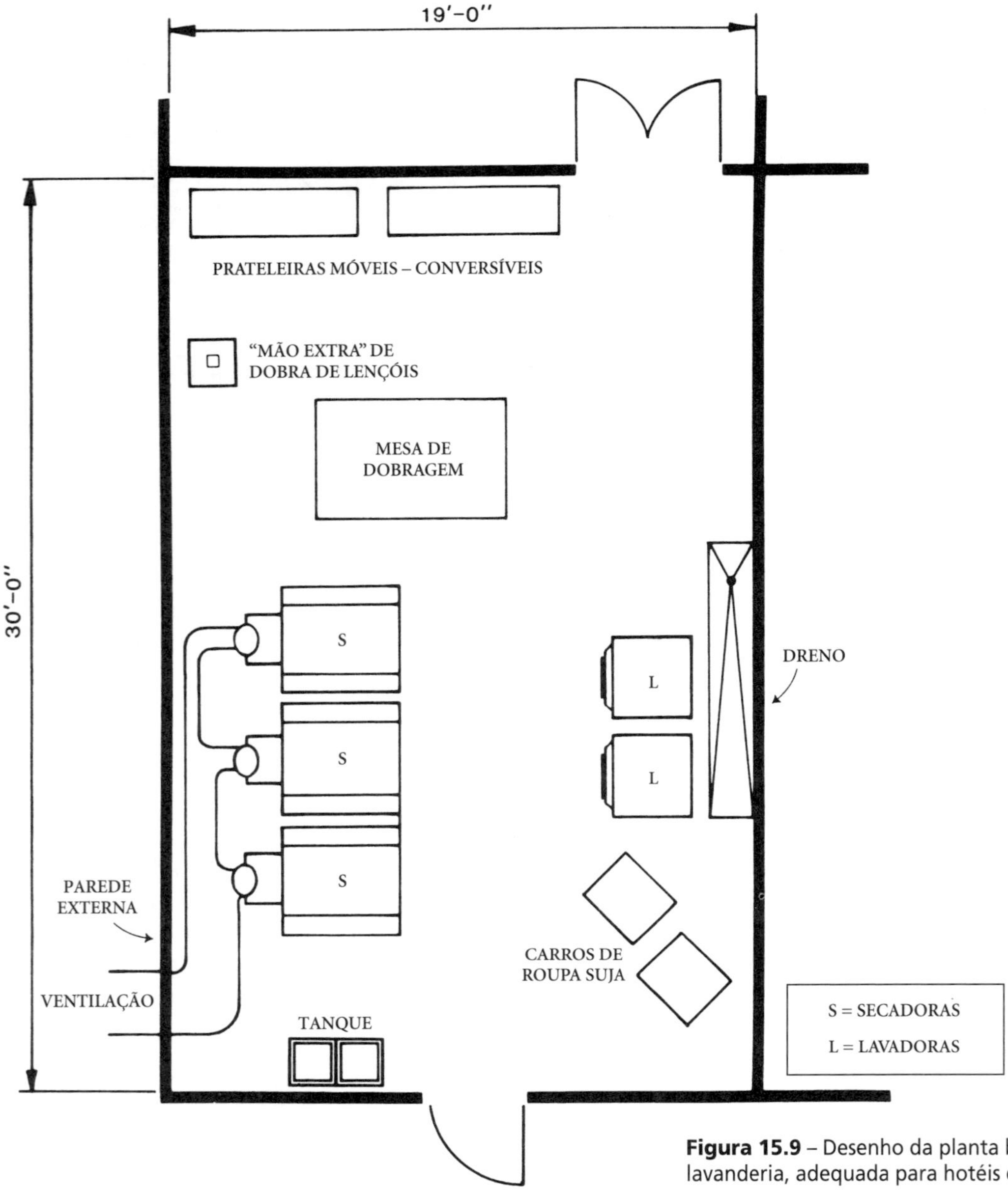

Figura 15.9 – Desenho da planta baixa de uma pequena lavanderia, adequada para hotéis de 60 a 100 UH.

Figura 15.10 – *Layout* de lavanderia, indicando como é o fluxo de roupas da lavadora para a secadora e depois para a mesa de dobra. Os cestos de lavanderia são levados para baixo da mesa de dobra com as roupas limpas e secas para serem dobradas. (Foto com permissão.)

Figura 15.11 – Atendente de lavanderia dobra os tecidos atoalhados, empilhando-os de acordo com o seu tamanho. (Foto com permissão.)

rão. Então, é essencial que o piso da lavanderia seja antiderrapante.

Roupa suja, ou mesmo seca, pode arrastar no chão; assim, o piso da lavanderia deve ser limpo diariamente. Não há problemas com a roupa no chão se o piso foi selado e é limpo todos os dias.

Necessidades de Engenharia Mecânica

Quando equipamentos de uma pequena lavanderia são instalados sem a devida atenção a detalhes, tais como instalação elétrica, suprimento de água ou encanamentos de drenagem e ventilação, pode acontecer uma pane. A maior parte dos "problemas desconhecidos" é causada pela drenagem inadequada da água servida, em razão da ocorrência de ciclos de centrifugação de várias máquinas simultaneamente. Por exemplo, um dreno de 44 polegadas (112cm) pode suportar a drenagem de três lavadoras, cada uma com 3 polegadas (8cm) de linha de descarga? De acordo com a maioria das especificações, a resposta é não. Uma caixa d'água com capacidade para 380L pode permitir que a água sob pressão transborde, dando tempo para que o dreno deixe a água ultrapassar as 44 polegadas em alguns minutos (veja a Fig. 15.9 e observe o dreno especificado na vala associada às duas lavadoras. Há também uma provisão para drenar uma terceira lavadora).

Necessidade de Ventilação

Outra condição é a necessidade de exaustão do ar úmido dessas três secadoras para fora da lavanderia. As pequenas propriedades geralmente têm lavanderias com tetos baixos, o que reforça o problema da exaustão do ar efluente da secadora. A maioria das secadoras de 45kg libera cerca de 800 pés cúbicos por minuto (cfm) de ar (equivalente a 22,65m^3). A operação de três secadoras ao mesmo tempo resulta em 2.400 cfm de umidade quente no ar.

A lavanderia também requer suprimento de ar fresco passando por portas comuns em igual quantidade. Sem ampla entrada de ar através da porta ou suprimento de ar seco forçado, as secadoras não operarão de maneira eficiente. Algumas secadoras modernas fornecem equipamentos de recuperação do ar, que reduzem as necessidades de energia, caso esses acessórios sejam previstos antecipadamente.

Provisão para Remoção de Fios e Felpas

É absolutamente necessário que a lavanderia e as áreas adjacentes sejam mantidas limpas e sem fios ou fiapos. Os fios são os maiores riscos de incêndio nas operações de lavanderia e devem ser tratados adequadamente. Eles não devem ser apenas removidos da ventilação da secadora, mas retirados da parte superior dos canos e áreas de difícil alcance. Uma campanha regular deve ser mantida para que o acúmulo de fiapos seja o menor possível.

Resumo

A decisão de ter ou não lavanderia no hotel é baseada nas considerações de custo. Se for adequada, surge a necessidade de planejamento cuidadoso. As decisões devem ser tomadas preocupando-se com o tamanho adequado do equipamento, *layout* da instalação, equipamentos auxiliares, contratação de pessoal, fluxo de trabalho e tratamento do piso. Um fator crítico no planejamento preliminar é a preocupação necessária com a engenharia mecânica, elétrica, hidráulica e fluxo de ar, para assegurar uma boa operação depois da construção e instalação.

Freqüentemente, tendo sido tomada a decisão de ter uma lavanderia no local, os arquitetos da instalação, não familiarizados com o *design* operacional do hotel e movidos pela necessidade de boa condição de custos de capital, ignoram a necessidade de procura por profissionais para a instalação dos dispositivos. Curtos circuitos nessa área criam problemas que aparecem durante o início das operações e duram até que o problema seja identificado e corrigido. A decisão de ter uma lavanderia no hotel deve, portanto, incluir a decisão de contratar uma firma de consultoria. Pequenos hotéis não devem se preocupar demasiadamente com os custos da consultoria. O retorno, em meses e em anos de operações sem problemas, excede os custos iniciais de planejamento adequado e precaução.

TERMOS E CONCEITOS-CHAVE

Lavanderia própria
Roupas que não precisam ser passadas
Consultor de lavanderia
Systemeering
Tamanho das lavanderias
Peso do enxoval necessário
Capacidade de lavagem
Capacidade de secagem
Capacidade de execução
Calandra
Jogo de enxoval
Forma de lavar
Mão extra
Layout da lavanderia

QUESTÕES PARA DISCUSSÃO E REVISÃO

1. Liste algumas vantagens de ter uma lavanderia no hotel.
2. Discuta as características das roupas que não precisam ser passadas a ferro. Indique por que elas têm deixado as lavanderias internas mais práticas hoje do que antigamente.
3. Quando se consideram as lavanderias em hotéis, por que os serviços de consultores qualificados são importantes? Liste alguns dos fatores que são freqüentemente negligenciados quando pessoas inexperientes se envolvem no planejamento das operações das pequenas lavanderias.
4. O que o termo "dimensionamento da lavanderia" significa? Que restrições devem ser consideradas quando a lavanderia está sendo dimensionada? Como a produtividade de uma lavanderia é medida?
5. Além dos equipamentos de lavagem e secagem, que outros equipamentos são necessários em uma pequena lavanderia interna?
6. Explique a importância da utilização de carrinhos de estocagem móveis/conversíveis para as operações de manuseio do enxoval. Como se determina a quantidade adequada desses carrinhos para as operações da lavanderia?
7. Ao observar as condições para uma lavanderia interna, que fatores necessários, além dos equipamentos, devem ser considerados? Que fatores mecânicos devem ser considerados?

NOTAS

1. Jack E. Scott, Why You Should Install Your Own Laundry, *Lodging*, November 1976, pp. 38-39.
2. Paul Schweid, "A Laundry in Your Plans, Don't Understimate Its Importance," *Cornell Quarterly*, vol. 17, November 1976, pp. 40-46.
3. "Baring Laundry-Valet Profile," Baring Industries, 655 NW 122 Street, Miami, Florida, 33268, undated brochure.
4. Mary Chew, "Those Indispensable Laundry Acessories," *The Executive Housekeeper*, March 1977, p. 46.
5. *The Extra Hand*, S & S Products, 8377 Neiman Road, Lenexa, Kansas, 66214, undated brochure.

16

Ciclo Completo da Administração

OBJETIVOS DO CAPÍTULO

1. Entender o que significa o ciclo completo da administração.
2. Aprender o que significa para a governanta executiva ser uma solucionadora de problemas, incluindo vários dos problemas específicos com os quais ela está envolvida.
3. Ver o que significa para a governanta executiva ser uma líder, assim como uma gerente.
4. Entender o papel da governanta executiva no desenvolvimento dos subordinados.
5. Entender a importância do contínuo desenvolvimento pessoal para gerentes.

Até agora, foram discutidos os aspectos teóricos da administração científica e como eles se aplicam nas tarefas da governanta executiva; ou seja, a abertura do hotel e a operação de governança. Vimos que a governanta executiva deve ser sistemática no desenvolvimento de procedimentos, por meio dos quais as tarefas são delegadas para o pessoal do departamento e são criados controles para que se possa usar a técnica de administração pela exceção. Além disso, foram discutidos os tópicos especiais de segurança nas lavanderias.

Uma vez que procedimentos e tarefas são controlados, o que resta à gerente fazer? Nada – considerando que todo o sistema funcione perfeitamente; não surjam problemas; funcionários não precisem de cuidado, compreensão, atenção, orientação e inspiração; o moral não seja um problema e nenhum progresso seja esperado. Obviamente, tais situações nunca existirão. Veremos então que é a gerente quem lidará com esses problemas e trará a arte e a ciência ao ciclo completo da administração.

A integração da arte e da ciência da administração é especialmente compreensível para gerentes do departamento de governança de hotéis ou hospitais. Isso ocorre em razão do grande número de pessoas empregadas necessitando de orientação, treinamento, desenvolvimento e supervisão, e o dia-a-dia dos problemas que surgem como resultado das inesperadas dinâmicas humanas e interações entre pessoas. Há também a necessidade de flexibilidade para o reconhecimento de mudanças ocasionais na direção operacional e para a aplicação de novas técnicas.

Neste capítulo iremos, portanto, apresentar tópicos relacionados às constantes responsabilidades de gerentes: solução de problemas, estilos gerenciais, desenvolvimento dos funcionários e crescimento pessoal e profissional.

Solução de Problemas

Em determinado período, eu tinha responsabilidades como diretor regional dos serviços técnicos da região centro-oeste da Marriott Hotels, Inc. Quando comecei nessa função, fui apresentado para vários membros de gerência, incluindo outro diretor regional, em um complexo de escritórios onde todos os diretores trabalhavam. Os funcionários da diretoria passavam a impressão de terem atividades complexas e pesadas. As mesas estavam cobertas com trabalhos em andamento, as prateleiras cheias de informações, as paredes repletas de planilhas e gráficos e a maioria dos telefones estavam sendo usados, tocavam ou piscavam luzes coloridas.

Todos os escritórios estavam assim, exceto um, que era exatamente o designado para o novo diretor regional da região do centro-oeste. Em meu escritório havia uma mesa limpa, com gavetas vazias, paredes limpas, prateleiras vazias, uma credencial e um telefone em silêncio. A aparência do escritório não dava idéia do conteúdo do trabalho desse novo cargo. Essa incerteza durou apenas um momento, entretanto.

O telefone tocou – era a governanta executiva do Marriott Houston contando que houve um problema com a lavanderia recém-instalada. A partir desse momento não houve mais nenhuma dúvida das responsabilidades envolvidas na nova função. O incumbido tornar-se-ia um solucionador de problemas e, em pouco menos de um mês, o escritório do diretor regional do centro-oeste apresentava as mesmas características dos demais escritórios.

A **solução de problemas** pode ser um dos maiores desafios enfrentados a cada dia pela governanta executiva. Raros serão os dias em que alguém na organização não use a frase óbvia: "estou com um problema". A maioria dos problemas é mais bem resolvida se assegurado que o supervisor da área onde o problema ocorre não o leve aos níveis hierárquicos superiores. As soluções devem vir da pessoa e não de quem tem mais autoridade. A característica da natureza humana pela qual as pessoas tendem a empurrar seus problemas para o outro, que o aceitará e resolverá por ele, deve ser evitada. Além disso, a tendência de os gerentes serem superprotetores e fazerem dos problemas dos outros seus próprios devem ser superadas.

Muitos funcionários têm medo de solucionar problemas temendo cometer erros. Os erros são uma grande ferramenta para ensinar se forem usados como aprendizado objetivo e não como avaliação insatisfatória de desempenho. A maioria dos erros cometidos na governança não causa grandes prejuízos e o desenvolvimento proporcionado ao cometer um erro e aprender com ele custa muito menos que os treinamentos necessários para prevenir que o erro aconteça. As governantas executivas devem evitar resolver problemas nas áreas em que outros gerentes ou supervisores simplesmente não agiram.

Nem todos os problemas podem ser delegados à média chefia para solução sem que haja alguma orientação. Há problemas que devem ter um envolvimento direto da governanta executiva ou eles crescerão em complexidade e intensidade. Uma revisão de alguns dos problemas mais comuns que requerem a atenção da governanta executiva está a seguir.

Faltas de Funcionários

As razões pelas quais os funcionários não se apresentam para o trabalho para o qual estão escalados são geralmente previsíveis e evitáveis. Quando questionados sobre as razões para faltas contínuas, muitos funcionários indicam "problemas pessoais", quando na verdade as raízes de tais problemas podem ser encontradas na insensibilidade da gerência para alguns pontos críticos: má orientação, falta de compreensão do valor da pessoa para a operação de governança, falta de acompanhamento adequado durante o período de experiência e de treinamento, supervisão fraca ou dificuldades de relacionamento com os supervisores, além de insensibilidade da gerência para as necessidades pessoais dos funcionários, estão entre as primeiras causas das faltas.

Má Orientação

Durante as reuniões de orientação, é essencial que o gerente transmita a idéia de que os funcionários foram admitidos porque são necessários e que a gerência não contrata pessoas com a intenção de demiti-las. Deve ficar claro que os funcionários são contratados para realizar tarefas que são vitais para o sucesso da operação e que o custo da admissão e do treinamento não deve ser negligenciado.

Comentários como esses durante as orientações são cruciais para o início da construção de um ambiente estimulante, pelo qual o funcionário pode se motivar para vir ao trabalho quando escalado. Desta forma, os funcionários se consideram *valiosos* para o sucesso ou fracasso da operação. Além disso, mostra-se aos funcionários que eles estão trabalhando para uma empresa que é bem-sucedida. É, então, adequado afirmar que trabalhar para uma organização bem-sucedida requer contribuição, confiança e dedicação de todos os funcionários.

Falta de Auto-estima

Embora as tarefas possam ser diferentes, funcionários que entendem que suas contribuições são tão importantes quanto as da governanta executiva e gerentes gerais são mais do que aptos para reconhecer seu próprio valor e papel no sucesso das operações. Eles procurarão participar todos os dias, ao invés de encontrar desculpas para evitar vir trabalhar.

Observação Inadequada Durante o Período de Experiência

Apenas os funcionários que demonstram competência técnica e atitudes condizentes com os objetivos da empresa devem ter permissão para concluir o período de experiência do emprego com sucesso e efetivar-se. Muito freqüentemente, os funcionários completam o período de experiência quando deveria ser óbvio que alguns não estão em concordância com os objetivos e metas da empresa. No sentido mais verdadeiro, as metas da empresa incluem os objetivos dos funcionários efetivos, em período integral, que foram bem-sucedidos e que demonstraram o desejo de ser parte da organização. De fato, um desserviço estará sendo prestado aos bons funcionários, que precisarão trabalhar com outros de lealdade questionável aos ideais pregados pelos funcionários regulares.

Supervisão Fraca

Supervisão fraca ou inapta pode ser outra razão comum para as faltas dos funcionários. As medidas positivas enumeradas anteriormente costumam ser colocadas em prática pelos supervisores de pessoal. Tornar-se um supervisor competente requer treinamento em relações pessoais, liderança, ação responsável e dinâmicas humanas.

Com que freqüência um excelente desempenho na governança é recompensado com a promoção para a supervisão? Quão raramente, entretanto, o novo supervisor é adequadamente treinado para esses novos e diferentes tipos de responsabilidade? O desempenho superior apresentado pela atendente ou auxiliar de seção de governança deve ser recompensado com reconhecimento público e incentivo de pagamento, não pela promoção para posições às quais não tenha sido demonstrado potencial ou desenvolvimento para o trato com pessoas.

Não se quer dizer com isso que existem funcionários "não promovíveis"; apenas que a promoção deve ser baseada na demonstração de desenvolvimento profissional, não como recompensa para melhores desempenhos em habilidades técnicas já aprendidas. Supervisores recém-promovidos devem ser colocados em programas de treinamento nos quais serão apresentados a novas habilidades. A simulação deve ser usada para familiarizar o novo supervisor com situações de relacionamento pessoal *antes* que elas ocorram, ao invés de deixar que o novo supervisor falhe e perca a posição *após* um conflito.

Há 95% de chance de que todos os problemas enfrentados pelo supervisor já tenham ocorrido antes; erros foram cometidos e soluções foram encontradas. Negar as vantagens de se aprender com a solução de erros antigos é equivalente a reinventar a roda. O novo supervisor ganhará mais confiança quando exposto a situações dinâmicas que foram experimentadas por outros, de modo que os 5% de problemas restantes serão mais bem tolerados e formarão as bases para a resolução de novos problemas. Temperamento, atitudes sobre pessoas em geral e disposição para aplicar técnicas antigas, mas valorizadas pela gerência – a Regra de Ouro – devem também ser parte do treinamento da supervisão.

Insensibilidade da Gerência

A gerência deve permanecer sensível às necessidades pessoais dos funcionários. Tal premissa não requer que o gerente se envolva com os problemas pessoais dos funcionários, apenas que reconheça que coisas diferentes são mais ou menos importantes para pessoas diferentes. Entender isso é reconhecer que o funcionário trabalha por diferentes razões. Alguns funcionários trabalham para se sustentar, enquanto outros trabalham para aumentar a renda da família. As mães trabalhadoras vêem suas prioridades diferentemente das mulheres que não têm filhos. Alguns funcionários vêem seus empregos como secundários em relação a suas escolas, enquanto outros trabalham para superar o tédio.

Cada uma dessas razões para o trabalho resulta em motivações de origens diferentes, e cada qual deve ser descoberta durante as entrevistas anteriores ao emprego. A governanta executiva que visita os andares com funcionários fica constantemente em sintonia com as preocupações individuais dos funcionários, é mais bem informada sobre o que conta na vida deles e pode então se precaver de futuros problemas. Por exemplo, espera-se que uma mãe, cuja criança esteja doente, reajuste suas prioridades em razão disso e necessite se ausentar. A maior preocupação não é que a mãe trabalhadora falte ao trabalho, mas que ela não notifique o departamento a tempo de ser temporariamente substituída.

Está documentado que gerentes que demonstram respeito genuíno, consideração e cuidado para com o funcionário criam o máximo de lealdade e produtividade. Os sentimentos devem ser genuínos, contudo, a fim de que não se crie uma sensação de paternalismo, causando o efeito reverso.

Willian T. Scherer leva a afetividade um passo à frente e cita o "amor" aos funcionários como necessário para transmitir afeto. Scherer afirma:

> Alguns... concordarão que o "amor" é uma palavra forte quando descreve a atitude que o gerente deve ter para com seu pessoal. Alguns até rirão dessa idéia. Se você age assim, pare e pense por um momento. O falecido Vince Lombardi, do Green Bay Packers, foi um grande técnico de futebol e líder. Muitos podem pensar que "amor" é um termo muito delicado para descrever os sentimentos entre o técnico e seus jogadores. Mas ouça os homens que jogaram e venceram para Vince Lombardi. Eles não se envergonham de dizer que eles o amaram e deram tudo por ele, porque, para um homem, eles sabem que ele amou cada um deles[1].

Scherer continua relembrando que o amor é uma emoção recíproca. Quando o amor e o afeto são evidentes entre o gerente e os funcionários, o espírito de equipe floresce, e lealdade, compaixão e compreensão retornam para o gerente de maneira ampliada, em desempenhos sinceros e bem-sucedidos.

A sensibilidade da gerência com as necessidades dos funcionários culmina em uma compreensão acurada do que motiva os funcionários a realizarem uma ação desejada. A motivação vem de dentro. A motivação é a complexa reação entre um indivíduo e seu ambiente.

As governantas executivas ou supervisores que sentem que podem motivar seus funcionários permitem a troca de responsabilidades em relação à motivação, do trabalhador para o supervisor, o que é em si uma técnica pobre. Embora o supervisor possa auxiliar no desenvolvimento motivacional criando uma atmosfera na qual os funcionários motivem a si mesmos, técnicas que gerem uma mentalidade de "eu vou motivar você" são altamente suspeitas.

As soluções estão nas atividades sobre as quais o supervisor tem o controle: comunicação aberta, afetividade, sensibilidade para as necessidades pessoais e a garantia de que os funcionários entendem seu valor pessoal para toda a operação ajudam a criar uma atmosfera de automotivação.

As faltas dos funcionários, como dito anteriormente, são previsíveis e evitáveis, desde que a governanta executiva olhe para os lugares certos. Má orientação, falta de auto-estima, pouca ou nenhuma observação durante o período de experiência, supervisão inapta e gerência insensível podem ser apontadas como causas da maioria das faltas. As GRA* que deixam de trabalhar um dia com o coração apertado, porque sabem da importância de sua contribuição na operação bem-sucedida e lucrativa, aguardam o próximo dia de trabalho com grande expectativa, e não pensando em outra maneira de faltar ao trabalho.

Rotatividade de Funcionários

Outro problema com o qual a governanta executiva deve se envolver é a **rotatividade** de funcionários. O problema é uma extensão das faltas dos funcionários, pois quando as faltas ao trabalho se tornam excessivas, surge o custo de admitir e treinar outro funcionário.

A rotatividade de funcionários no departamento de governança pode variar entre 2 e 15% ao mês, o que representa no mínimo um quarto dos funcionários por ano. Embora seja verdade que 90% de todas as trocas ocorrem em menos de 10% dos cargos de governança, uma análise das causas *é* importante. Admitir um funcionário no departamento na segunda-feira apenas para que ele falte na terça-feira é uma indicação de que os processos de admissão devem ser altamente suspeitos. Freqüentemente, a pressão dos negócios tende a forçar o gerente a ignorar assuntos importantes, tais como um completo olhar sobre a história passada de trabalho, ao revisar as experiências anteriores na esperança de que tudo corra bem. Obviamente, cuidado e atenção devem estar presentes na seleção de funcionários.

Depois que uma pessoa é contratada, há várias coisas que a governanta executiva e os gerentes em geral podem fazer para assegurar o sucesso e o compromisso de longo prazo do funcionário. Primeiro, os membros da equipe que treinarão outros devem ser cuidadosamente considerados. Mais de um funcionário potencialmente bom desanima por causa das técnicas da pessoa designada para o treinamento, causando uma saída precoce e desnecessária. Segundo, o enriquecimento do trabalho é a técnica pela qual o funcionário pode ver sua função como importante e necessária para o adequado funcionamento da organização. Terceiro, a administração participativa, por meio da qual os funcionários são envolvidos nas discussões, como as que tratam dos motivos que levam funcionários a sair da companhia, freqüentemente revela motivos ainda não identificados ou mal compreendidos pelas pessoas que trabalham na gerência.

---

* N. do T.: Conforme mencionado no prefácio, a sigla GRA, de *guest room attendant* (atendente de acomodação de hóspede), é utilizada pelo autor deste livro para designar o cargo de camareira, e foi mantida na tradução.

Os funcionários, por si mesmos, podem ser capazes de apontar questões de importância na redução da rotatividade.

Quarto, ser menosprezado por alguém de fora pela natureza do trabalho realizado é a maior causa de insatisfação dos funcionários, o que pode levar o funcionário a pedir para sair. Esse mal-estar geralmente tem como base um novo e pouco esclarecido chefe que, abertamente, declara o seu desagrado com a função de governança e que não seria capaz de realizar tais tarefas. Programas de treinamento de chefias que incluem orientação sobre o departamento de governança resultam em uma percepção atenta e sutil do valor de realizar essas funções[2]. Por exemplo, relações pessoais próximas que podem ser desenvolvidas entre uma camareira hábil e um estagiário da área de vendas que está sendo treinado no serviço de quarto podem permitir o desenvolvimento inestimável de respeito mútuo para cada função. A governanta executiva deve, portanto, forçar para que os ciclos de treinamento de chefias e gerentes júniores em geral incluam o departamento de governança.

As causas subjacentes às faltas são o motivo das altas taxas de rotatividade de funcionários e devem, portanto, ser consideradas quando se procura por soluções. A governanta executiva deve primeiro avaliar o nível de rotatividade e então traçar metas para a redução desse índice. Quando adequadamente tratada, a maioria dos índices de rotatividade pode ser reduzida pela metade no período de um ano.

Problemas de Funcionários

Problemas de funcionários envolvendo dificuldades no trabalho com supervisores ou entre seus pares necessitam de constante atenção. Não é necessário que os funcionários se gostem, desde que se respeitem no trabalho.

Os funcionários devem ser aconselhados de que problemas pessoais envolvendo a família devem ser deixados em casa e não devem ser trazidos ao trabalho. Isso não serve para diminuir a preocupação do gerente com cada funcionário, mas apenas para reforçar o fato de que as pessoas que expõem seus problemas pessoais e familiares no trabalho criam fofocas que geralmente as perseguem.

É melhor usar o aconselhamento como medida preventiva do que esperar os problemas surgirem. Os funcionários devem ser orientados a manter a vida pessoal separada da profissional. Embora a gerência deva se manter reservada e objetiva quanto aos problemas de relacionamento que emanam das relações de trabalho, ela não deve permitir que isso interfira no ambiente de trabalho.

Aparência e Higiene Desfavoráveis

A **aparência do funcionário** e a maneira como se veste nunca será melhor do que quando veio procurar emprego. É surpreendente como muitos funcionários, uma vez admitidos, supõem que ter os cabelos desarrumados ou sob uma bandana, ou trabalhar com uniforme sujo, é normal e perfeitamente aceitável. Esse problema deve ser abordado durante a orientação a fim de que todo funcionário entenda que a aparência caminha lado a lado com a qualidade total e com a aparência da propriedade.

O trabalho da governança não é como o trabalho de escritório, já que muita energia física é despendida durante o dia. Os funcionários devem ser orientados que, independentemente do tipo de trabalho que se faz em um hotel, eles precisam manter-se o mais asseados possível; caso contrário, parecerão estar no lugar errado. Um uniforme resistente e confortável, que permite liberdade de movimentos, deve ser fornecido. Além disso, deve-se especificar um determinado pulôver ou jaqueta, ao invés de ter funcionários vestindo as mais variadas cores sobre seus uniformes no inverno.

Conseguir a aceitação de tais conceitos requer o envolvimento dos funcionários na seleção dos uniformes. As cores podem ser especificadas pelos decoradores do hotel, mas o tipo e a qualidade do uniforme devem ser deixados para o funcionário, visto que a aparência tem um importante efeito no moral e no orgulho pessoal. Um grupo de funcionários pode ser usado para rever os catálogos de uniformes e fazer recomendações sobre que tipo de uniforme seria apreciado pelos demais colegas.

O cuidado e o tratamento de uniformes devem ser monitorados, e todos devem ser orientados com relação às técnicas adequadas para lavá-los. Alguns hotéis preferem que os uniformes sejam retirados e devolvidos diariamente. Esse serviço é mais dispendioso, entretanto descarta a possibilidade de permitir ao funcionário o envolvimento na manutenção e na seleção do uniforme.

A **higiene do funcionário** é outro problema que não pode ser ignorado. Quando os funcionários constantemente apresentam problemas com a sua higiene pessoal, o gerente deve primeiro considerar que o funcionário pode nunca ter sido orientado sobre como não ter um odor forte enquanto realiza trabalhos físicos pesados. A regra de que "só os mais íntimos lhe falarão isso" é mais verdadeira do que podemos pensar – já que essa orientação é discreta e profissional. Os custos de manter aulas profissionais de como se vestir para o sucesso, como cuidar de seu cabelo e como aplicar maquiagem é totalmente justificado pelos benefícios na aparência em geral e no moral. Independentemente de quanto uma questão possa ser pessoal, problemas na aparência e higiene não devem ser ignorados e devem ser tratados de uma maneira profissional.

Queixas de Funcionários sobre Injustiça

Uma das grandes causas de **queixas de funcionários em relação a injustiças** está associada ao desejo de informação – perguntar e não receber respostas, não saber o que está acontecendo e um sentimento de que "ninguém liga para mim ou para o que eu penso". Funcionários que fazem perguntas merecem respostas. Se a resposta não é conhecida, deve haver um esforço real na sua busca; o funcionário deve ser informado em um razoável período de tempo. Questões feitas para a gerência que ficam sem resposta serão respondidas por outras pessoas, freqüentemente de forma incorreta.

Toda questão feita à gerência é uma oportunidade para demonstrar preocupação com os funcionários. Lembre-se de que os funcionários que não recebem respostas para suas questões individuais geralmente procuram alguém que os represente: o resultado é a abertura de uma porta para o sindicalismo. Funcionários que fazem perguntas e recebem respostas podem não gostar da resposta, mas são muito mais abertos a aceitá-la quando se oferecem explicações.

Desempenho Inadequado

Funcionários que cumprem satisfatoriamente o período de experiência devem ter demonstrado sua capacidade de realizar todas as tarefas solicitadas para o trabalho. Um **desempenho ruim** após a experiência indica alguma razão que não existia previamente.

Há muitos fatores relacionados ao comportamento do funcionário que culminam em um desempenho insatisfatório, e que têm pouco a ver com a habilidade do funcionário de cumprir a tarefa adequadamente. Problemas em casa, relacionamento frágil com os supervisores, mudança de prioridades, doença e moral baixo podem causar a piora do desempenho.

O desafio da governanta executiva em cada caso é encontrar o que está por trás do problema apresentado e lidar com as causas antes que a situação se torne irreversível. A técnica de nivelamento discutida no Capítulo 11 é mais efetiva no trabalho com funcionários cujos desempenhos estão abaixo dos padrões, especialmente quando gerentes enviam as mensagens "eu". Mensagens "eu" (ao invés de mensagens "você") significam que o gerente está preocupado com como as operações podem estar sendo prejudicadas pelo mau desempenho, ao contrário de assumir que o funcionário é uma má pessoa. "Estou preocupado porque seu desempenho não tem sido como era antes" em vez de "você não está correspondendo aos padrões" ataca o centro do problema sem concluir que o funcionário tem um desvio de personalidade. Na verdade, o funcionário que tem seu desempenho prejudicado pode não estar ciente de tal deterioração porque ninguém *até agora* deu a ele uma avaliação objetiva do que estava se tornando óbvio há várias semanas.

Iniciativa para Solução de Problemas

Os gerentes de governança precisam desenvolver um **temperamento para a solução de problemas.** Ver um problema como uma ocorrência a ser temida ao invés de uma oportunidade que requer solução pode impedir seriamente o desenvolvimento do gerente para grandes responsabilidades. Tais sentimentos devem ser enfrentados antes que atitudes negativas resultem no fenômeno "avestruz".

Eu me lembro de um gerente júnior que possuía excelentes habilidades na solução de problemas e foi selecionado para uma promoção a gerente de governança, resultando na transferência para uma propriedade menor. De início, o jovem gerente recusou a promoção, o que surpreendeu muitas pessoas, pois ele parecia estar em busca de rápida ascensão dentro da empresa. Quando questionado, o gerente júnior apontou sua preocupação em ser designado para uma propriedade menor: "eu perderia a confusão" foi sua resposta, referindo-se ao fato de que, em uma grande propriedade, os desafios de solucionar problemas do dia-a-dia forneciam a maior fonte de prazer de seu cargo. Ele temia que perder esse desafio faria do trabalho algo tedioso. Apontou-se que a promoção raramente traz consigo menores oportunidades de resolução de problemas, apenas mudam os problemas que podem ser encontrados. O jovem gerente foi encorajado a reconsiderar a decisão, o que aconteceu, e hoje ele é um dos gerentes gerais da empresa. Resolver problemas deve ser um desafio aceito pelo gerente.

Estilos Gerenciais

Mudando Filosofias

Os **estilos gerenciais** formam uma gama que vai do extremo autoritarismo à total abdicação. A filosofia ocidental de administração se preocupa há anos com o seguinte axioma: administradores dizem aos trabalhadores o que fazer e os trabalhadores fazem o que é dito. Tal filosofia tem estado por trás do desenvolvimento do espírito empresarial na América, que tem glorificado a pessoa que se faz por si mesma na vanguarda do progresso industrial. Tais pessoas obtiveram sucesso por meio da liderança diretiva e, em muitos casos, tornaram-se presidentes do conselho de administração e chefes de operações de muitas empresas bem-sucedidas – 50 anos atrás.

Não é surpresa que, em tais empresas de sucesso, gerentes juniores tiveram que modelar seus estilos de gerência conforme o dos líderes; falhar nesse processo traria certamente mediocridade ao desenvolvimento pessoal e limitaria o sucesso dentro da administração.

> Têm sido esses empresários, contudo, que têm desafiado seus funcionários com questões de como suas organizações podem ser melhoradas, e então tido a coragem de aceitar que eles próprios podem ser uma parte do problema de rastejar na mediocridade. Considerem-se quatro atitudes diferentes frente ao poder, como ilustrado no material coletado com administradores de diferentes companhias pelos especialistas em administração Robert Tanembaum e Warren Schmidt[3]:
>
> 1. Eu acredito em ação, em conseguir que as coisas sejam feitas. Não posso perder tempo marcando reuniões. Alguém tem que mandar por aqui e eu penso que deva ser eu.
> 2. Estou sendo pago para mandar. Se deixar outras pessoas tomarem as decisões que eu deveria tomar, então não estou valendo o que como.
> 3. Uma vez que eu tenha decidido o curso de uma ação, faço o meu melhor para vender minha idéia para os meus funcionários.
> 4. É imprudente tomar decisões a respeito de problemas que afetam outras pessoas. Eu sempre converso com meus subordinados, mas deixo claro para eles que quem dá a palavra final sou eu.

As duas primeiras declarações são símbolos do tipo de liderança militar, que pode produzir uma resposta instantânea, mas não necessariamente a melhor decisão. Situações de emergência envolvendo questões de vida ou morte requerem alta liderança diretiva, mas a maioria das decisões tomada pelos gerentes não envolve questões de vida ou morte e não pressupõem a indispensabilidade do gerente.

As duas afirmações seguintes são mais representativas de um gerente que escolheu dividir o poder com os que são afetados pelas decisões tomadas; como resultado, são mais apropriadas para encorajar a participação dos funcionários que serão submetidos às decisões.

Os princípios democráticos defendidos pelas duas últimas posições são hoje classificados por termos como "administração participativa", "democracia industrial" e "círculos de qualidade". Compartilhar o poder não é abdicar da responsabilidade; significa o reconhecimento de que um maior comprometimento por parte dos funcionários é alcançado pelo envolvimento dos que têm interesse no resultado das decisões.

Governanta Executiva e Administração Participativa

A maneira mais garantida para a governanta executiva estabelecer um estilo de liderança paternalista é assumir que os funcionários da governança, carentes de experiência e educação, são limitados ao senso comum ou nunca poderão se preocupar com o sucesso ou fracasso da operação de governança. Infelizmente, tais governantas executivas estão em evidência ainda hoje. Algumas vezes, os funcionários são tratados como crianças: afetivamente quando seus desempenhos estão acima da média e repreendidos quando a qualidade do trabalho é inferior à desejada. Assume-se que os funcionários não têm a preocupação ou inclinação para se envolver com a empresa.

A verdade é que, quando os funcionários, seja qual for seu nível de educação formal, são envolvidos nas decisões, eles se tornam ativos e contribuem nas decisões mais importantes. Não ficam apenas comprometidos com o resultado dessas decisões, mas também envolvidos com o seu sucesso ou fracasso, sendo então motivados a continuar sua participação e crescimento pessoal.

Por exemplo, considere um caso no qual a limpeza das UH estava sendo atrasada pelo fato das travas dos aspiradores quebrarem. As prioridades da manutenção faziam com que vários dias se passassem antes da trava ser substituída e a máquina voltar para a GRA. Foi uma delas quem sugeriu que seria possível poupar tempo se a troca da trava fosse feita pelos usuários, ao invés de envolver a manutenção em uma tarefa mecânica simples. "Ninguém havia consertado a trava para ela em sua casa, e ela nunca tinha usado uma chave de fenda, apenas uma moeda". Como resultado da participação da camareira na solução de um problema comum que atrasa o trabalho, todas as camareiras foram equipadas com uma trava extra com uma moeda afixada a ela, e foi dado o treinamento técnico necessário para fazer essa troca. Os funcionários que reclamavam da trava quebrada e de quanto tempo levava para receberem o aspirador consertado de volta envolveram-se em uma disputa para ver quem trocava a trava mais rapidamente. O vencedor recebia um simples, mas público, reconhecimento, que encorajava a participação e implementava a mudança no ambiente de trabalho.

Governantas executivas de sucesso que permitem a participação nas decisões afirmam que a delegação não as deixa com a sensação de estar perdendo o poder. O poder verdadeiro somente é mantido quando você pode dar poder a outros. Nada na decisão participativa pode tirar a responsabilidade da governanta executiva; as decisões são apenas tomadas com maior aceitação.

Governanta Executiva – Administradora ou Líder

Para a governanta executiva tornar-se administradora, é necessária apenas a determinação da autoridade superior. Tal determinação autoriza o gerente a executar as funções seqüenciais e contínuas da administração dentro do departamento: analisar problemas, tomar decisões e comunicar à direção sobre os planos, organização, formação de equipes e controle das operações de governança.

Ser indicado para administrar, entretanto, não garante que o **gerente seja um líder**. Tal garantia está na competência daqueles que se lidera. É difícil conhecer as nossas próprias habilidades de liderança, visto que as provas de tais atributos podem estar latentes nos sentimentos e atitudes de quem é liderado. Contudo, as questões abaixo podem ser usadas para uma auto-avaliação sincera a respeito de que tipo de líder você pode ser. Para cada uma, determine a melhor opção:

1. Dirigir os funcionários ou treiná-los?
2. Pedir crédito ou dar crédito?
3. Estar preocupado com as coisas ou com as pessoas?
4. Dizer ao funcionários para chegarem ao trabalho na hora ou ser o primeiro a chegar na hora?
5. Pensar "eu" ou pensar "nós"?
6. Inspirar medo ou entusiasmo?
7. Ver o hoje ou olhar para o amanhã?
8. Saber como o trabalho é feito ou mostrar aos funcionários como fazer o trabalho?
9. Depender da autoridade ou da boa vontade?
10. Trabalhar duro para produzir ou trabalhar duro para ajudar os funcionários a produzir?
11. Deixar os funcionários saberem o seu lugar (de líder) ou o lugar deles?
12. Nunca ter tempo suficiente ou arrumar tempo para as coisas importantes?
13. Dizer "vá" ou "vamos"?
14. Apontar culpados pelos erros ou mostrar como corrigir os erros?
15. Usar funcionários ou desenvolvê-los?
16. Comandar ou perguntar?

Você ousaria pedir aos *seus* funcionários uma avaliação objetiva de seus atributos de liderança? Gerentes corajosos ousam.

Desenvolvimento de Outros

É uma pena que alguns gerentes ergam barreiras para o desenvolvimento de subordinados. Na maioria dos casos, o medo de ser superado pelo subordinado é a causa de tal comportamento. Gerentes de sucesso permitem o desenvolvimento de supervisores que podem, em último caso, vir a ser seus substitutos, permitindo, dessa maneira, seu próprio avanço. Considere um alerta dado a um grupo de jovens gerentes: "as oportunidades podem ir e vir, mas até você ter um substituto treinado para seu cargo atual, considero-o indispensável na sua designação, então não posso promovê-lo". Um comentário pôde então ser ouvido: "vou me tornar a pessoa mais dispensável que eu conheço".

Desenvolvendo Governantas Executivas

O desafio de inaugurar um departamento de governança de um hotel faz muito pelo desenvolvimento da governanta executiva, bem como de outros funcionários com potencial. A abertura de um departamento requer muitas horas de trabalho e poucos dias de folga uma vez que, *a priori*, as habilidades dos subordinados são limitadas. Assim sendo, a primeira preocupação da governanta executiva é identificar as pessoas que aceitam responsabilidades e então desenvolvê-las o máximo possível.

Muitas GRA e auxiliares de seção de governança farão um excelente trabalho em seu cargo atual, mas resistirão a responsabilidades extras. Algumas excelentes funcionárias falham ao assumir responsabilidades sobre novos desafios. Outras podem desejar o reconhecimento que a promoção traz, mas uma semana depois começarão a dar sinais de que não sabiam o quão diferente seria o novo conjunto de responsabilidades; as habilidades necessárias para lidar com subordinados são diferentes das necessárias para arrumar camas. Como resultado, o desempenho pode declinar e sinais de grande deterioração podem se tornar evidentes.

Ser promovido a supervisor na governança é o mesmo que estar no primeiro degrau da escada da administração, e esse primeiro passo será o maior de todo o caminho. A questão, portanto, é identificar o funcionário que demonstra o desejo de maiores responsabilidades. Jasper Dorsey comenta dois importantes fatores[4]: a disposição para correr riscos e a habilidade de descobrir as capacidades das pessoas.

Correr riscos implica que nenhum gerente pode desenvolver outros sem estar propenso a permitir que as pessoas cometam erros e aprendam com eles. Assumir riscos cria oportunidade para falhas. Infelizmente, alguns funcionários podem falhar completamente, mas falhar em uma tarefa não significa que a pessoa seja um fracasso. O que acontece depois de ter falhado na tarefa é o que conta.

Dorsey indica que o potencial de uma pessoa é "descoberto colocando-a em uma posição que requer 100% de esforço. Uma vez que a pessoa se sinta confortável nesse nível de realização, aumente a carga. O crescimento vem para os que aceitam mais responsabilidades". Dorsey traça um paralelo com esse método dizendo: "coloque alguém com a água até o pescoço e, quando ele se sentir confortável, coloque a água acima da sua cabeça. Depois que ele se tornar um grande nadador, comece a fazer ondas".

Treinamento e Avaliação de Supervisores e Gerentes

O desenvolvimento de pessoal de gerência e de supervisão requer avaliações planejadas, sistemáticas e periódicas. Algumas empresas usam um sistema de autodesenvolvimento para funcionários com bom desempenho. A Marriott Corporation, por exemplo, usa o sistema conhecido como **Programa de Desenvolvimento Individual**, por meio do qual os funcionários indicados para uma promoção tornam-se responsáveis pelo seu próprio desenvolvimento, em ritmo adequado à sua aprendizagem individual. O sistema Marriott envolve a designação de tarefas predeterminadas (por volta de 100) a serem realizadas. Algumas dessas tarefas envolvem fazer o trabalho que costuma ser realizado pelo pessoal que posteriormente será supervisionado (os instrutores das tarefas costumam ser as pessoas que regularmente realizam a tarefa a ser aprendida). Algumas tarefas envolvem trabalho administrativo e o estudo de sistemas e procedimentos, outras envolvem a mudança do *trainee* para outros departamentos, nos quais será adquirido conhecimento que pode ser imperativo para a compreensão total da área primária de treinamento (por exemplo, como as operações da recepção se relacionam com a governança).

Após a realização das tarefas, a autocrítica sobre o desempenho no treinamento é solicitada por meio da análise de certos pontos-chave e questões a respeito das tarefas. Em cada área de tarefa, o *trainee* tem um orientador que o treina e orienta. Periodicamente, o *trainee* encontra-se com o orientador (geralmente um gerente sênior do hotel) para revisar o desempenho do treinamento, identificar seu progresso e mapear as futuras funções e metas.

Algumas outras grandes organizações hoteleiras recrutam gerentes *trainees* diretamente das universidades e os colocam em programas formais de desenvolvimento que guiam os candidatos por todos os departamentos do hotel. Algumas empresas admitem *trainees* em departamentos específicos. Em operações de cadeias hoteleiras, o desenvolvimento geralmente supõe a transferência entre diferentes hotéis, visto que um supervisor promovido a partir de um grupo de funcionários pode ter dificuldades em manter uma relação de superioridade com o mesmo grupo. Na maioria dos casos, a transferência facilita o encerramento de velhos relacionamentos e o início de outros.

Freqüentemente, a governanta executiva envolverse-á com os programas formais de treinamento criados por outras entidades (departamento de treinamento corporativo) dentro da empresa. Quando isso acontece, a governanta executiva deve contribuir com tempo e esforço para desenvolver *trainees* e evitar o seu uso para vantagem pessoal. Uma vez que uma das responsabilidades primárias do gerente é desenvolver outros funcionários, nenhuma governanta deve ser tão ocupada para não devotar o tempo adequado a essa importante responsabilidade.

Em pequenos hotéis, onde tais programas corporativos de desenvolvimento não existem, a governanta executiva deve estabelecer programas em seu departamento, independentemente do que é feito nas outras partes da organização. A governanta executiva considerada para promoção trabalhou bem se, quando perguntada pelo nome da pessoa qualificada para substituí-la, poderá providenciar uma *lista* de pessoas.

Desenvolvimento Pessoal

Treinar um indivíduo para realizar as funções técnicas do departamento de governança pode levar semanas de trabalho duro. O **desenvolvimento pessoal de um gerente**, entretanto, nunca acaba, e o progresso é reconhecido apenas quando se assume maior responsabilidade gerencial. É por essa razão que a governanta executiva deve aproveitar todas as oportunidades para melhorar seus conhecimentos técnicos e suas habilidades gerenciais.

A governanta executiva deve se atualizar com novas técnicas, sistemas e procedimentos utilizados na profissão de governança. Periódicos como *Executive Housekeeping Today, Lodging, Hospitality Management* e *Lodging Hospitality* são apenas algumas das publicações que oferecem informações referentes aos aspectos técnicos das operações de governança. Há também uma grande variedade de informações sobre o tema de administração em geral. Muitos hotéis assinam publicações de administração tais como a revista da American Management Association (Associação Americana de Administração). Compartilhar essas publicações aumenta em dez vezes a quantidade de informação disponível para cada gerente. Além disso, há associações que suprem as necessidades da governanta profissional. Os membros da National Executive Housekeeper's Association (NEHA, Associação Nacional das Governantas Executivas), bem como organizações locais, podem ser benéficos não apenas para o desenvolvimento pessoal por meio de programas certificados, mas também no compartilhamento de informações sobre produtos, sistemas, procedimentos, disponibilidade pessoal e conhecimentos gerais sobre o mercado de trabalho e o recrutamento de pessoal.

A publicidade de seminários de administração e convenções nas áreas de governança e de gestão deve ser analisada para participação quando conveniente. A maioria dos hotéis está interessada em ajudar no desenvolvimento dos gerentes que mostram interesse, e pagariam com prazer suas inscrições.

Plano Pessoal

Não é suficiente que a governanta executiva deixe o desenvolvimento pessoal acontecer. Um **plano pessoal** por escrito deve ser preparado por todos os gerentes, analisado pelo supervisor e colocado em prática ao longo de determinado período de tempo.

Um exemplo de tal plano, em que o gerente indica em detalhes o que pretende realizar em um dado período de tempo, é apresentado no Apêndice H. O Apêndice H relaciona-se especificamente com a governanta executiva e trata das habilidades técnicas e realizações para as áreas de administração, habilidades gerenciais e desenvolvimento pessoal. O plano pessoal oferece metas específicas para serem alcançadas em determinado prazo, citando como o gerente pretende executar responsabilidades primárias e servir como instrumento para monitorar o desenvolvimento pessoal. Revise esse documento na íntegra e use-o como modelo para escrever o seu próprio plano pessoal.

Gerentes de Governança do Futuro

A recessão de 1982 ofereceu observações interessantes sobre o recrutamento em *campus* universitários. Considerando que, no passado, a maioria dos estudantes recebia várias ofertas de emprego, em 1982 apenas poucos deles tiveram sorte suficiente para receber pelo menos uma oferta.

Uma vez que os estudantes estavam interessados em estágios gerenciais, foram orientados a considerar as necessidades dos empregadores na área de governança. Para surpresa geral, três estudantes receberam a oferta e aceitaram o cargo de gerente *trainee* de governança em grandes organizações hoteleiras. Não apenas esses estudantes foram surpreendidos por encontrar vagas disponíveis, mas alguns recrutadores foram surpreendidos por encontrar estudantes com objetivos de gerência geral que aceitaram entrar pela porta da governança.

Relatos desses estudantes denotavam três informações importantes: (1) a porta da governança era uma entrada viável na carreira, permitindo a oportunidade de progredir para a alta gerência dentro da organização; (2) a oportunidade de supervisionar um grande número de pessoas e, como resultado, desenvolver habilidades de supervisão era muito maior do que se esperava e maior que a observada em outros departamentos; e (3) as oportunidades para homens e mulheres eram iguais.

A idéia de que o cargo de governanta executiva é uma situação de fim de carreira é ultrapassada ou fora de cogitação. Seguramente, há governantas executivas que vêem seu papel como uma forma de atingir sua meta, visto que a satisfação no cargo é uma recompensa por si só. Para a governanta executiva que deseja a promoção, contudo, a oportunidade é clara, porque pode demonstrar suas habilidades de gestão, assim como as habilidades técnicas de governança.

A posição de governanta executiva pode ser agonizante ou inspiradora, cheia de armadilhas ou oportunidades, cansativa ou refrescante, cuidadosa ou benevolente, interessante ou tediosa, significativa ou sem sentido. Tudo isso dependerá daquilo que a pessoa almeja, mantém e possivelmente desenvolve a partir do cargo de governanta executiva. Aos que desejam ser os melhores possíveis na governança executiva, espero que este texto inspire a melhorar os sistemas e técnicas, indique os desafios que aguardam o gerente que escolhe progredir e tornar-se um gerente melhor e apresente a governança como um caminho para o desenvolvimento da carreira de gerente.

Resumo

Grande parte das responsabilidades da governanta executiva envolve a criação de tarefas que podem ser realizadas por outros membros do departamento de governança. Este texto enfatizou fortemente a delegação de tais tarefas para pessoas do departamento, sempre que possível. Assim, o que é deixado para a realização pessoal da governanta executiva gira em torno das funções contínuas da administração enumeradas no Capítulo 1: analisar problemas, tomar decisões e comunicar-se. Uma ênfase maior para o envolvimento pessoal deve, portanto, ficar na área da solução de problemas.

Solucionar problemas não significa assumir as responsabilidades dos subordinados, mas guiar seu pensamento para ajudá-los a chegar às soluções dos problemas pelos quais eles são responsáveis. Além disso, há problemas específicos em áreas que são de responsabilidade direta da governanta executiva e devem, portanto, dar significado ao termo *ciclo completo de administração.*

Faltas de funcionários, má orientação, pouco reconhecimento do valor pessoal, acompanhamento inadequado durante o período de experiência e insensibilidade da gerência às necessidades dos funcionários são as causas da maioria dos problemas enfrentados pela governanta executiva. Esses problemas devem ser tratados profissionalmente quando ocorrem e não devem, por negligência, assumir maiores proporções.

A solução de problemas requer o desenvolvimento de um temperamento único que reconhece os problemas como oportunidades para soluções ao invés de considerá-los uma tarefa aborrecedora. Na realidade, isso é o que deveria levar a governanta executiva a investigar o seu próprio estilo de gestão e suas qualidades de liderança. A governanta executiva pode ser designada como uma gerente pela alta gerência, mas serão seus subordinados que dirão se ela é ou não uma boa líder.

O ciclo completo da administração não termina com as habilidades de gestão para resolver problemas; ele continua no domínio do desenvolvimento dos outros, para aumentar suas responsabilidades e no de seu próprio desenvolvimento. O desenvolvimento do potencial de outros assegura a disponibilidade da governanta executiva quando um cargo mais elevado de responsabilidade tornar-se disponível. Um programa agressivo de autodesenvolvimento não apenas sinaliza o desejo de promoção, mas também ajuda a qualificar o gerente para maiores responsabilidades.

Governantas executivas do futuro verão sua posição não apenas do ponto de vista profissional, mas também como uma significativa porta de entrada para o campo da hotelaria e das operações hospitalares que conduzem ao topo das posições administrativas.

TERMOS E CONCEITOS-CHAVE

Solução de problemas
Faltas de funcionários
Rotatividade de funcionários
Problemas de funcionários
Aparência de funcionários
Higiene de funcionários
Reclamações de injustiça
Desempenho ruim
Temperamento para solução de problemas
Estilos gerenciais
Gerente como líder
Desenvolvimento de subordinados
Programa de desenvolvimento individual
Desenvolvimento pessoal do gerente
Plano pessoal

QUESTÕES PARA DISCUSSÃO E REVISÃO

1. O ciclo completo da administração requer que a governanta executiva solucione problemas. Como isso pode ser feito sem assumir as responsabilidades dos subordinados de resolver seus próprios problemas?
2. O sucesso ou fracasso de um gerente como pessoa que efetivamente resolve problemas está em seu estilo. Identifique vários tipos de estilos de gestão e avalie-os quanto a lidar com os vários tipos de problemas e pessoas.
3. Explique a diferença entre um gerente e um líder.
4. Imagine que, como governanta executiva, você observa um gerente júnior cometendo um erro. Reconhecendo que muitas pessoas aprendem com seus erros, sob que condições, se houver, você pararia e preveniria o subordinado de estar cometendo um erro? Se o erro causasse prejuízo, como você justificaria o erro para o seu próprio gerente após ter permitido que isso acontecesse?
5. Reconhecendo que planos pessoais são escritos como um guia para realização, por que eles devem ser negociados com o seu supervisor? Conforme o ano passa e seu desempenho mostra que você não alcançará os objetivos específicos relacionados em seu plano pessoal, que ações devem ser tomadas?

6. Alguns gerentes almejam o cargo de governanta executiva como o objetivo final; outros vêem o cargo como um degrau para uma posição de maior responsabilidade. Qual condição é mais provável de desenvolver um estilo de liderança que conduza ao desenvolvimento de subordinados? Por quê?

NOTAS

1. William T. Scherer, "Is Caring about People a Lot of Hogwash?" *Chemical Engineering*, February 14, 1977, pp. 93-94.
2. Robert J. Martin, "Recognition of Employee Worth vs. Turnover," *Executive Housekeeping Today*, March 1983, pp. 18-20.

Apêndices

Apêndice A
Americanos com Deficiências

Este apêndice apresenta um artigo escrito por Jerry Droll, da rede de assistência técnica e treinamento do ADA-Ohio. O artigo "Lei dos americanos com deficiências: acomodando hóspedes portadores de deficiências" foi publicado na edição de junho de 1997 da revista da International Executive Housekeepers Association (Associação Internacional das Governantas Executivas), *The Executive Housekeeper Today.* Foi extraído de uma grande publicação, *Access for All* (Acesso para Todos), 3ª edição, 1984, um livro de bolso de 256 páginas sobre o projeto sem barreiras para o estado de Ohio, desenvolvido pela firma de arquitetura Schooley Caldwell e o Conselho Estadual de Deficientes de Ohio.

Pessoas envolvidas no projeto de governança e de outros tipos de meios de hospedagem fariam bem em procurar essa grande publicação como referência antes de reformar, remodelar e/ou construir edificações para alojamento, restaurante ou outras instalações de hospedagem.

Lei dos Americanos com Deficiências:

Acomodando Hóspedes Portadores de Deficiências

POR JERALD J. DROLL

A Lei dos Americanos com Deficiências (*American with Disabilities Act*, ADA) tornou ilegal nos Estados Unidos a discriminação contra pessoas portadoras de deficiência.

O ADA, transformado em lei em 26 de julho de 1990, é a primeira lei federal norte-americana que exige que empreendimentos particulares se tornem acessíveis a pessoas com deficiências. Há duas seções do ADA que se aplicam a meios de hospedagem:

1. Título I, "Oportunidades de emprego iguais para pessoas com deficiências", torna ilegal a discriminação contra pessoas com deficiências no local de trabalho.
2. Título III, "Sem discriminação por deficiências em acomodações públicas e instalações comerciais", exige que meios de hospedagem e outras acomodações públicas removam barreiras e forneçam acomodações para hóspedes com deficiências.

Este artigo tem como foco o Título III.

O ADA de Ohio recentemente recebeu o telefonema de um gerente de um grande hotel, perguntando sobre a obrigatoriedade de acomodar hóspedes que possuem deficiências. Muitas pessoas com deficiências haviam reservado acomodações que lhes permitissem o acesso e queriam que o hotel lhes providenciasse camas hospitalares. Eles reclamavam que, sem as camas hospitalares, as acomodações não lhes eram úteis, e que o ADA exigia que o hotel lhes acomodasse.

Usualmente, o ADA de Ohio diria que o hotel não é obrigado a fornecer camas hospitalares por duas razões:

1. Instalar camas hospitalares alteraria a natureza essencial do serviço para que o hotel foi projetado.
2. Uma cama hospitalar seria um "equipamento pessoal", o que não é responsabilidade do hotel.

No entanto, os hóspedes tinham uma necessidade legítima. As camas do hotel estavam em plataformas que impediam que os hóspedes usassem seus elevadores de transferência, que precisariam deslizar embaixo das camas.

Na verdade, os hóspedes não precisavam das camas hospitalares. Eles precisavam do *espaço* debaixo das camas para que seus elevadores de transferência funcionassem. O ADA de Ohio sugeriu que o pedido dos hóspedes fosse mudado, trocando as camas hospitalares pelo levantamento da plataforma existente em algumas polegadas, de tal forma que os elevadores pudessem entrar debaixo dela. Seria exigido que o hotel fizesse essas mudanças, desde que houvesse uma maneira segura e eficiente de levantar as camas.

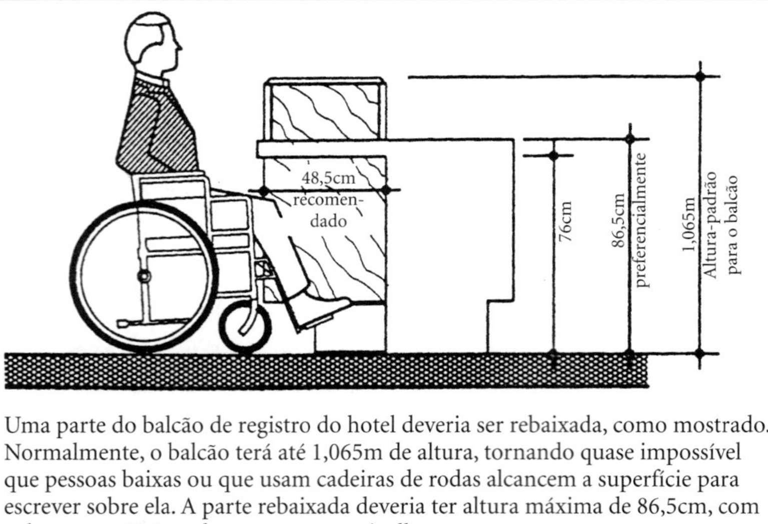

Uma parte do balcão de registro do hotel deveria ser rebaixada, como mostrado. Normalmente, o balcão terá até 1,065m de altura, tornando quase impossível que pessoas baixas ou que usam cadeiras de rodas alcancem a superfície para escrever sobre ela. A parte rebaixada deveria ter altura máxima de 86,5cm, com pelo menos 48,5cm de espaço para os joelhos.

Adaptado de *Access for All*, do Conselho Estadual de Deficientes de Ohio e de Schooley Caldwell Associates, Inc.

Esse é um exemplo dos desafios enfrentados pela indústria de hospedagem ao receber um pedido de acomodação de deficientes. Servir tanto ao consumidor quanto à lei exige, muitas vezes, criatividade, sensibilidade, mente aberta e um enfoque na satisfação do consumidor. Muitos hotéis, motéis, flats, etc. se orgulham de satisfazer os pedidos de todos os hóspedes bem antes que a legislação de direitos civis o exija, por perceberem que isso é um bom negócio. Se você atende às expectativas das pessoas, proporcionando o que elas precisam e querem, elas voltarão.

Outros meios de hospedagem, no entanto, têm resistido quando uma pessoa não aceita ou não pode aceitar padrões, bens ou serviços padronizados. Eles seriam mais felizes se todos fossem iguais e não quisessem todas aquelas coisas 'extras' que causam tantos problemas. Algumas vezes, ao não atender pedidos extras, cria-se uma barreira ilegal para pessoas com deficiências.

Que aspectos e áreas da hospedagem precisam ser acessíveis para pessoas com deficiências? Os mesmos aspectos e áreas acessíveis a hóspedes *sem* deficiências. Isso inclui vans e micro-ônibus, estacionamentos, o processo de reserva, as unidades habitacionais e instalações associadas, restaurantes e bares, instalações de saúde e de ginástica, salas de reuniões, sanitários, telefones e lojas.

Reservas

Como pode uma pessoa com deficiências de fala e escuta fazer uma reserva ou obter informações de reserva? Pessoas que escutam e falam podem simplesmente pegar o telefone e falar com um agente de reservas ou representante.

De acordo com o ADA, os meios de hospedagem precisam garantir a efetiva comunicação. Isso pode ser obtido de várias maneiras. Os agentes de reservas e representantes podem ter acesso e treinamento sobre como utilizar o TTY, que é um aparelho de comunicação para pessoas com dificuldade em falar e escutar.

O Título IV do ADA criou um sistema de revezamento nos Estados Unidos. Esse sistema permite que uma pessoa que usa o TTY faça uma ligação telefônica para outra pessoa utilizando uma terceira pessoa, uma operadora, que também tem o TTY e funciona como tradutora. Agentes e representantes de reservas devem ser treinados para usar esse sistema nos Estados Unidos. Outro método de comunicação que está crescendo é a Internet. Muitos meios de hospedagem possuem *sites* na rede que fornecem informações e endereços eletrônicos que aceitam reservas.

Transporte

Se um meio de hospedagem fornece transporte regular, esse serviço deve ser acessível para as pessoas com deficiências. Isso significa que veículos acessíveis precisam ser usados, ou outras providências tomadas, para oferecer o mesmo nível de serviço para hóspedes que possuam deficiências.

Da mesma forma, se o fornecedor de transporte tem políticas que involuntariamente discriminam pessoas com deficiências, essas políticas precisam ser revistas. Por exemplo, o fornecedor pode ter uma política contra o transporte de animais; isso precisaria ser revisto para permitir o transporte de um animal acompanhante de uma pessoa com deficiência.

Balcão de Recepção

Muitos balcões de recepção são altos demais para conduzir negócios apropriadamente com hóspedes que são muito baixos ou que usam cadeiras de roda. Esses hóspedes seriam mais bem atendidos se o hoteleiro rebaixasse uma parte do balcão ou os atendesse em outro balcão ou mesa que possuísse altura apropriada.

Comunicação Interpessoal

Agentes de reservas e representantes devem receber treinamento sobre comunicação com hóspedes que possuam dificuldades de fala e escuta. Dado que para fazer *check in* e *check out* não é necessário um nível de comunicação muito complexo, treinar a comunicação por meio de bilhetes pode ser adequado.

Em comunicações mais complexas ou se o meio de hospedagem tem uma programação aberta para todos os hóspedes, um intérprete da linguagem de sinais será necessário. Por exemplo, o ADA de Ohio recebeu um telefonema questionando um *resort* e um condomínio *timeshare* que conduziram reuniões para vendas a clientes sem providenciar um intérprete da linguagem de sinais para uma pessoa surda.

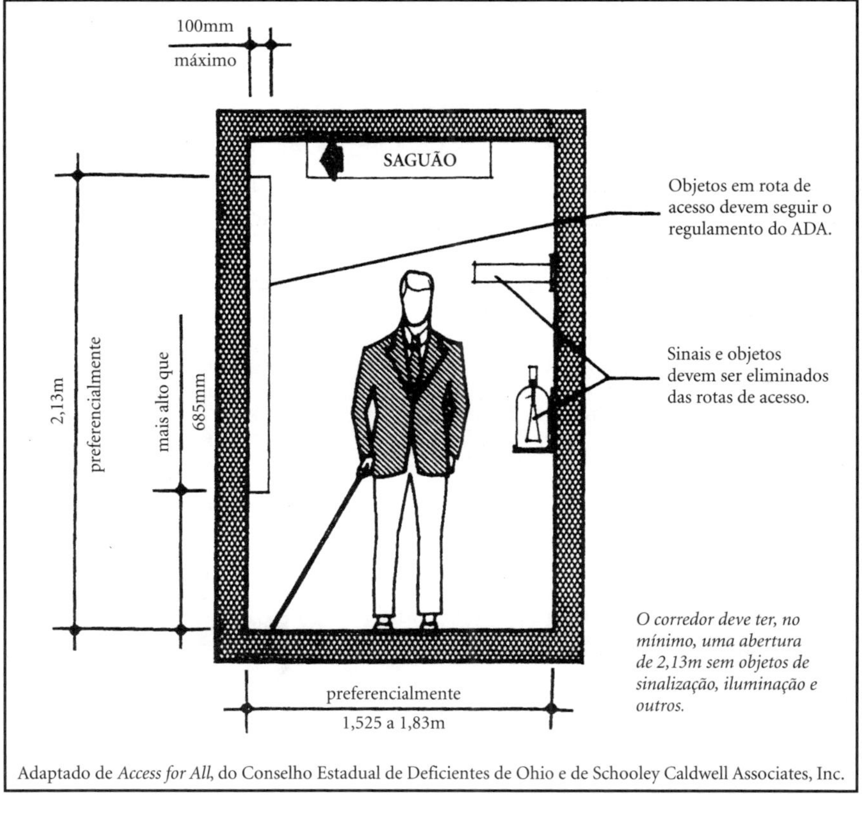

Adaptado de *Access for All*, do Conselho Estadual de Deficientes de Ohio e de Schooley Caldwell Associates, Inc.

Dada a natureza complicada da discussão sobre o investimento no condomínio, o patrocinador da exposição teria obrigações legais nos Estados Unidos, conforme o ADA, de providenciar uma comunicação eficaz, e isso poderia incluir intérpretes, legendas em tempo real e outros equipamentos ou serviços auxiliares. No entanto, garantir uma comunicação efetiva seria apenas um bom negócio para qualquer um que estivesse tentando vender alguma coisa.

Acomodações Acessíveis

A lei norte-americana exige dos meios de hospedagem um número razoável de unidades habitacionais acessíveis para hóspedes com deficiências físicas e um número de unidades habitacionais acessíveis para pessoas com problemas de surdez.

Uma unidade habitacional acessível para deficientes físicos incluiria, entre outras, características como:

- Mínimo de 80cm de largura da porta.
- Porta de dupla abertura.
- Fechaduras acessíveis.
- Dispositivos de segurança acessíveis.
- Olho mágico posicionado entre 0,9 e 1,15m.
- Controles e interruptores de luz posicionados entre 1,20 e 1,40m do chão.
- Mínimo de 80cm de abertura livre para o banheiro.
- Pias e torneiras acessíveis.
- Barras de apoio para o vaso sanitário.
- Assento sanitário de 43 a 48cm do chão.
- Espaços adequados para manobra de cadeira de rodas em frente ao vaso sanitário, banheira e chuveiro.
- Barras de apoio e assentos de transferência para a banheira.

Unidades habitacionais acessíveis para pessoas com deficiências auditivas devem incluir, entre outras, características como:

- Televisão que permita legendas (*closed captions*).
- Telefone de texto.
- Avisos de emergência audíveis e visuais.
- Notificador para batidas na porta e toques de telefone.

O ADA de Ohio tem recebido ligações de pessoas que fizeram reservas para acomodações acessíveis e que, quando chegaram ao hotel, descobriram que as acomodações para deficientes já estavam ocupadas por pessoas sem deficiência. O sistema de reservas deve garantir que as unidades habitacionais para deficientes sejam para pessoas com necessidades e que as reservaram. Oferecer acomodações de deficientes para hóspedes que não as necessitam não é necessariamente ilegal, mas pode acarretar problemas significativos para os hóspedes que de fato precisam delas, bem como para os recepcionistas, que precisam explicar por que todas as unidades habitacionais para deficientes estão ocupadas.

Instalações para Exercício e Saúde

O ADA exige que instalações para ginástica e saúde estejam localizadas em local com caminho acessível a portadores de deficiência. Um telefonema recente ao ADA de Ohio perguntou se hóspedes com deficiências precisam ter acesso à área da piscina, mesmo estando incapacitados de entrar nela.

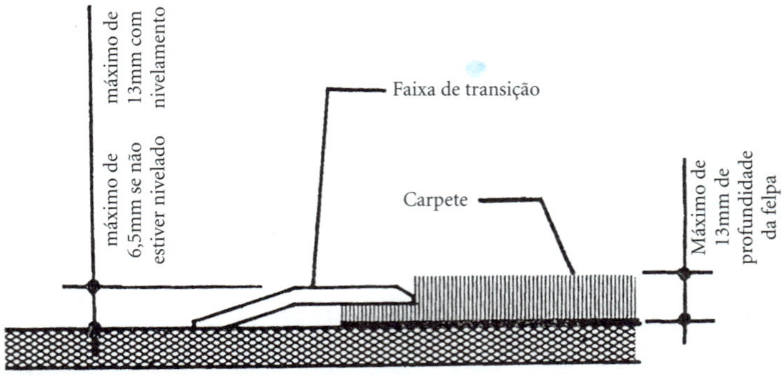

Faixas de metal ou material resiliente para a transição entre o carpete e outro tipo de piso não podem ultrapassar 6,5mm de altura, a não ser que a área de transição seja nivelada conforme ilustrado.

Adaptado de *Access for All*, do Conselho Estadual de Deficientes de Ohio e de Schooley Caldwell Associates, Inc.

Recursos

Access for All é um livro de informações e orientações, com 256 páginas, para auxiliar na construção de prédios públicos e privados, exteriores e acomodações públicas adequadas para todos. É completamente ilustrado para melhor compreensão. Publicado pela Schooley Caldwell Associates e pelo Conselho Estadual de Deficientes de Ohio. Envie nome, endereço e um cheque ou ordem de pagamento de US$ 20 por cópia para: 400 Campus View Blvd., Columbus, OH 43235, telefone (800) 282-4536, ramal 1391.

Accomodating All Guests, de John P. S. Salmen, AIA, é publicado pela Associação Norte-americana de Hotéis e Motéis: 1201 New York Ave., NW, Washington DC, 20005, telefone (202) 289-3100. O livro é bem ilustrado, fácil de ler e foi publicado graças ao apoio financeiro do Departamento de Justiça dos Estados Unidos – Divisão dos Direitos Civis.

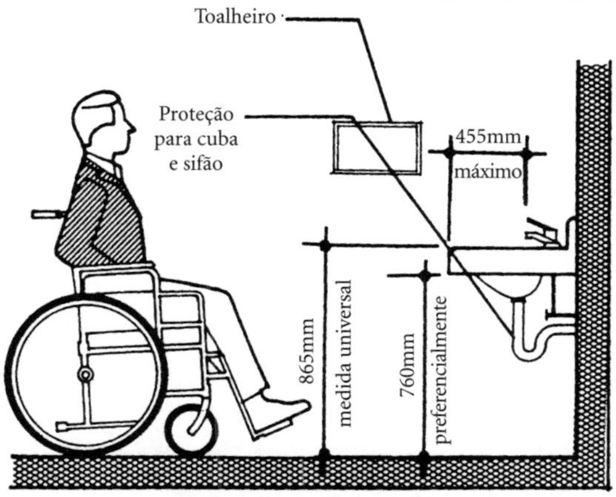

Lavatórios acessíveis devem ter torneiras de alavanca ou de empurrar, ou ainda mecanismos controlados eletronicamente. As torneiras devem estar no máximo a 455mm da parte frontal do balcão do lavatório; as torneiras de água quente e fria precisam ser claramente identificadas com desenhos gráficos, bem como com símbolos em alto relevo.

Adaptado de *Access for All*, do Conselho Estadual de Deficientes de Ohio e de Schooley Caldwell Associates, Inc.

O ADA requer acesso para a área da piscina, independentemente da possibilidade de usá-la. Apesar de haver uma discussão em andamento, o ADA ainda *não* requer meios específicos para utilizar a piscina. No entanto, o Comitê Consultivo de Acesso à Recreação recomenda que deve haver pelo menos um meio para acessar a piscina. O dono ou gerente da piscina deve determinar os meios de acesso mais apropriados para sua própria instalação, seja uma rampa, bancada de transferência ou elevador.

Acomodando Deficiências Menos Óbvias

Muitas pessoas entendem a necessidade de acomodar pessoas com deficiências visíveis – que usam cadeira de rodas, que são cegas, etc. Mas, o que dizer sobre pessoas que possuem deficiências menos óbvias, como diabetes, doenças mentais, epilepsias, AIDS, etc.?

Acomodar pessoas que possuem deficiências inaparentes requer mais sensibilidade e compreensão do que acomodar pessoas com deficiências visíveis. Por exemplo, um hóspede com diabetes pode necessitar de um refrigerador para estocar a medicação. Um hóspede que tem ataques de pânico e está em um congresso pode pedir que seja colocado perto de alguém que ele conheça.

Respeito à Privacidade

As pessoas possuem necessidades particulares que devem ser respeitadas. Explicar por que um hóspede que não tem nenhuma deficiência visível precisa de certos itens e serviços não oferecidos usualmente para os outros hóspedes pode ser um desafio. Somente as informações realmente necessárias a respeito das deficiências de um hóspede deveriam ser solicitadas. Pode ser ilegal, e é certamente impróprio, fazer o contrário.

Um meio de hospedagem deveria ter pelo menos uma pessoa na equipe que estivesse familiarizada com a acomodação de pessoas com deficiências. Essa pessoa pode agir como ligação entre hóspedes com deficiências e outros funcionários responsáveis pela hospedagem.

Os funcionários devem, periodicamente, receber treinamento para conversar e interagir com hóspedes que possuam deficiências. O material impresso deve incluir informações sobre pedidos de informações, reservas de quartos acessíveis e outras facilidades disponíveis aos hóspedes com deficiências.

Jerald J. Droll é diretor executivo do ADA-Ohio, uma organização estatal sem fins lucrativos que fornece informações, assistência técnica e treinamento sobre o Ato dos Americanos com Deficiências. Entre em contato com ele pela 4550 Indianola Avenue, Columbus, OHIO 43214, telefone (800) ADA– OHIO, TTY (800) ADA–ADA1.

Apêndice B
Descrição de Cargos

Este apêndice contém alguns exemplos de descrições de cargos, as quais podem ser escritas para funcionários com diversos níveis de habilidade, bem como para supervisores, gerentes e executivos. As técnicas de apresentação podem variar consideravelmente. Descritas de maneira simples, contudo, são uma maneira de estabelecer um grupo de tarefas combinadas em um só cargo, indicar a responsabilidade de uma pessoa para executar as tarefas, fornecer a autoridade necessária para que a pessoa realize o trabalho e indicar a quem o trabalhador ocupando o cargo deverá responder pelo desempenho apropriado da sua função.

Descrição de Cargo para o Departamento de Governança

Governanta Executiva

Função Básica

Assumir completa direção, controle operacional e supervisão do departamento de governança, lavanderia e áreas de piscina.

Competências

Dirigir os departamentos sob seu controle da maneira mais eficiente possível por meio da aplicação eficaz e reforço das políticas da empresa, do uso dos métodos descritos nos procedimentos-padrão de operação e do uso correto dos princípios gerenciais. O incumbido é responsável sobretudo pela limpeza dos apartamentos e áreas públicas designadas ao departamento de governança. Deve atingir as metas estabelecidas por meio de treinamento, motivação e supervisão de todo o pessoal designado para os departamentos de governança e lavanderia.

Responsabilidades Específicas

1. Coordenar, juntamente com o departamento de recursos humanos, a pré-seleção de funcionários, indicar as necessidades de contratação e as qualificações desejadas para o pessoal necessário aos departamentos de governança e lavanderia. Coordenar com o gerente residente a admissão de subordinados imediatos.
2. Desenvolver planos, ações e procedimentos-padrão de operações para a administração e operação dos departamentos designados. Estabelecer e manter procedimentos para a confecção de escala da governança e lavanderia, levando em consideração o percentual de ocupação, tempo e uso das instalações, áreas públicas especiais e eventos.
3. Organizar o departamento de governança usando o conceito de **equipe de governança**, com a designação de seções de unidades habitacionais a serem limpas para cada camareira.
4. Desenvolver um programa de inspeção para todas as áreas públicas e apartamentos a fim de assegurar que a manutenção apropriada e os padrões sejam alcançados e mantidos.
5. Coordenar a operação do departamento de governança e da lavanderia do hotel para garantir níveis mínimos de interrupção na operação geral do hotel.
6. Com o auxílio do gerente residente, desenvolver orçamentos para o departamento de governança, lavanderia e recreação a fim de assegurar que cada um opere dentro dos custos estabelecidos e, ao mesmo tempo, forneça o melhor serviço.
7. Estabelecer um programa de treinamento para seus departamentos que permita que os cargos de maior responsabilidade sejam preenchidos por pessoas de dentro do departamento.
8. Estar alerta para métodos, técnicas, equipamentos e materiais mais novos que possam melhorar o funcionamento global dos departamentos e fornecer uma operação mais eficiente a custos reduzidos.
9. Estimular atitudes amigáveis e agradáveis entre todos os funcionários, dando a ênfase adequada à cortesia quando estiverem em contato com hóspedes e outros funcionários.
10. Administrar o controle de cartão de ponto de todos os funcionários horistas do departamento.
11. Manter de forma rigorosa o inventário e o controle de compras de todos os itens que possam ser controlados.
12. Desenvolver descrições de cargos para todos os membros do departamento.
13. Servir como facilitador de projetos especiais designados pelo gerente residente ou pelo gerente geral.
14. Comunicar-se livre e eficazmente com os funcionários, transmitindo aos assistentes e subordinados qualquer informação necessária para que eles se sintam incluídos na operação geral do hotel. Reafirmar, se necessário, os objetivos pelos quais os funcionários do hotel devem se empenhar.
15. Conduzir avaliações de desempenho dos funcionários nos períodos certos, mostrando objetividade e sinceridade. Os funcionários devem ser pessoalmente aconselhados a melhorar.
16. Coordenar, juntamente com o gerente residente, a demissão de qualquer funcionário.
17. Controlar rouparias, almoxarifado, enxoval e materiais de limpeza, garantindo segurança e quantidades adequadas.
18. Ser responsável pela escala apropriada do departamento, tendo em mente a previsão de ocupação diária.
19. Desenvolver um plano pessoal para exercer as responsabilidades.

Relacionamentos e Responsabilidades

1. Reporta-se diretamente ao gerente residente.
2. Tem acesso ao gerente geral.

3. Coordena as funções dos departamentos de governança, lavanderia e recreação com todos os outros departamentos.
4. Supervisiona e coordena as atividades dos assistentes do departamento.

Ênfase do Trabalho

Alocação do tempo para desempenho das responsabilidades do cargo:

- 50% administrativo.
- 30% operações, inspeções e treinamento.
- 20% coordenação e acompanhamento.

Descrição de Cargo para um Trabalhador Horista do Hotel

Aqui está um exemplo de descrição de cargo para um trabalhador horista do departamento de governança do hotel.

Uma vez que a organização tenha sido criada, torna-se necessário estabelecer exatamente o que se espera de cada membro da empresa. As descrições de cargos garantem que cada operação que necessite ser realizada tenha alguém designado para executá-la e que as operações não sejam designadas para mais de um indivíduo.

As descrições de cargo geralmente especificam o **título do cargo,** as **horas de trabalho**, a função e o título do cargo do **supervisor imediato**, seja ele um supervisor horista ou membro da gerência. **Responsabilidades** e **deveres** específicos são, então, descritos em detalhes. Deve-se mostrar também se o incumbido irá ou não usar uniforme e bater cartão de ponto e a tabela-padrão de salários para um cargo em particular.

As descrições de cargos são excelentes ferramentas para o treinamento e uma cópia pode ser dada ao funcionário no início do treinamento. São também excelentes documentos a serem usados nas reuniões departamentais para revisões periódicas. Entretanto, não devem ser necessariamente utilizadas para avaliar desempenhos, visto que são inflexíveis por natureza e inclinadas a limitar o desenvolvimento. Avaliações de desempenho, discutidas posteriormente neste texto, devem ser baseadas em **padrões** *estabelecidos em reuniões.*

Algumas Descrições de Cargos para um Departamento de Governança de Hotel

Supervisora de Andares

Título

Supervisora de andares

Supervisor Imediato

Governanta Executiva

Horário

8 às 16h30 – de segunda-feira a sábado
9 às 17h30 – domingos e feriados

Responsabilidades

Seguir as instruções da governanta executiva a fim de manter os padrões de limpeza da empresa para todas as unidades habitacionais do hotel. Supervisionar as GRA* e auxiliares de seção de governança. Repassar informações referentes ao *status* dos apartamentos de e para o escritório da governança.

Deveres

1. Apresentar-se uniformizada ao departamento de governança às 8h e marcar o ponto.
2. Pegar as chaves e planilhas de trabalho para a área que lhe é designada.
3. Anotar todos os **apartamentos prontos** e **saídas** na planilha.
4. Dirigir-se à área designada e checar todos os apartamentos prontos para ter certeza de que estão dentro do padrão para as entradas que venham a ocorrer no início da manhã. Se uma **arrumação** for necessária, deve ser realizada. Se determinada UH necessitar de uma limpeza mais profunda, isso deverá ser comunicado à governanta executiva e anotado no relatório de discrepâncias.
5. Relatar todas as saídas e outras informações às GRA, como solicitações de **arrumar cedo** e **UH a ser arrumada o mais breve possível.**
6. Dar uma volta por toda a área designada, verificando se há itens que necessitam de atenção imediata, como lâmpadas queimadas, manchas no carpete do saguão ou nas paredes, lixo nas escadas ou respingos nas áreas das máquinas de gelo.
7. Verificar todos os suprimentos e equipamentos das GRA para ter certeza de que estão em boas condições de trabalho (todas as supervisoras devem conhecer o uso indicado de todos os materiais de limpeza e substâncias químicas autorizados).
8. Inspecionar aleatoriamente as UH arrumadas pela GRA da seção. Ter certeza de que os apartamentos limpos estão de acordo com os padrões e de que as UH estão prontas para serem ocupadas por um hóspede antes de liberar o quarto para o escritório da governança.
9. Manter registro de todas as UH que receberam **limpeza profunda** em cada área, de forma que todas a recebam periodicamente em sistema de rodízio.
10. Relatar quaisquer danos nos apartamentos, corredores ou equipamentos vistos ou informados pelas GRA. Tais informações devem ser transmitidas à governanta executiva.
11. Comunicar ao departamento de manutenção, por meio da **ordem de serviço de manutenção**, quaisquer defeitos ou falhas em equipamentos que não possam ser corrigidos pelo departamento de governança.
12. Durante todo o dia, ligar periodicamente para o escritório de governança para comunicar todos os apartamentos **prontos** e anotar as UH que deram **saída.**
13. Inspecionar a rouparia e o almoxarifado das áreas designadas para verificar a limpeza e se há suprimento adequado dos materiais usados pelas GRA. Assegurar-se de que a rouparia esteja trancada quando não estiver em uso.
14. Coletar, às 15h, as informações referentes à **checagem vespertina das UH** com as GRA. Verificar as UH das seções abertas. Os relatórios de checagem das UH devem ser entregues imediatamente ao escritório da governança para que o relatório da governança seja preparado para a recepção. Qualquer UH não arrumada naquele dia, com serviço recusado ou com solicitação de serviço posterior, deverá ser informada para a supervisora da noite.
15. Relatar as reclamações persistentes ou observações feitas pelos funcionários com relação às condições de trabalho, salários ou quaisquer outros problemas para a governanta executiva.
16. Relatar periodicamente para a governanta executiva a qualidade do desempenho de cada pessoa supervisionada, fornecendo observações sobre funcionários que estejam com desempenho acima da média, na média ou abaixo da média.
17. Concluir qualquer solicitação especial requisitada pela governanta executiva.
18. Às 16h30, entregar as chaves e bater o cartão.

* N. do T.: Conforme mencionado no prefácio, a sigla GRA, de *guest room attendant* (atendente de acomodação de hóspede), é utilizada pelo autor deste livro para designar o cargo de camareira, e foi mantida na tradução.

Camareira (GRA)

Título

Guest Room Attendant (GRA) ou Camareira

Supervisor Imediato

Supervisora de andares

Horário

8 às 16h30 – de segunda a sexta-feira
9 às 17h30 – domingos e feriados

Responsabilidades

1. Apresentar-se uniformizada ao departamento de governança às 8h e bater o cartão.
2. Pegar as chaves e o **Relatório Diário da GRA** para as tarefas de limpeza. Observar se há alguma instrução especial.
3. Remover o carrinho da rouparia do andar designado e iniciar as tarefas de limpeza. Solicitações especiais dos hóspedes, saídas e arrumações solicitadas no início do dia devem ser feitas primeiro.

Entrando na Unidade Habitacional

4. *Procedimento para entrar em uma unidade habitacional.* Se não houver sinalização de "não perturbe" e a porta não estiver trancada com o **trinco de segurança**, bata suavemente com a mão na porta e anuncie "camareira". Espere alguns instantes e entre no apartamento. Deixe a porta bem aberta. Coloque o carrinho na frente da porta, com a parte do enxoval limpo virada para o quarto.
5. Abra as cortinas para máxima luminosidade e apague as luzes desnecessárias.
6. Observe as condições em que se encontra a unidade habitacional. Se algum item como lençóis, cestos de lixo, TV, móveis ou outros estiver danificado ou faltando, comunique imediatamente a rouparia principal e a supervisora.
7. Em apartamentos ocupados, recolha jornais e periódicos, dobre-os cuidadosamente e coloque-os na escrivaninha. *Nunca* jogue fora jornais, a menos que eles estejam no cesto de lixo.

Quarto

8. Retire a roupa de cama, sacudindo-a cuidadosamente fora da cama. Fronhas são os locais prediletos para esconder valores. Todos os artigos esquecidos ou perdidos devem ser entregues para a rouparia principal para serem etiquetados, registrados e trancados. Notifique a supervisora se encontrar travesseiros de espuma, estrados de cama e outros itens desse tipo no quarto.
9. Colchões e *box springs* devem ser arrumados corretamente, de modo que fiquem um sobre o outro e contra a cabeceira. O forro da cama deve estar limpo e no lugar. Verifique se não há revistas ou outros artigos entre os colchões e a *box spring.*
10. Arrume as camas usando o método de dar a volta por ela apenas uma vez. Não use lençóis rasgados ou sujos. Substitua cobertores ou colchas sujos ou queimados. A cama é o ponto central do quarto. Ela não deve ter dobras ou franzidos. Os travesseiros devem ser macios. O cobertor e o lençol de cima devem estar a 15cm da cabeceira da cama.
11. As camas desmontáveis devem ser arrumadas com lençol limpo. Se for uma saída, arrume a cama e feche-a. Uma auxiliar de seção da governança levará a cama do apartamento para a rouparia do andar para ser guardada.
12. Tire o pó da área da cama. Limpe a cabeceira e tire o pó de todos os quadros, rodapés, cantos e bordas onde se formam teias. Tire o pó do criado-mudo e da lista telefônica. Limpe os cinzeiros, reponha o bloco de anotações, os fósforos e os livros, conforme instruções. Coloque o seu cartão no criado-mudo.
13. Limpe o telefone e o cartão plástico de telefone com pano limpo e uma solução adequada.
14. Tire o pó das cadeiras e da mesa. Lembre-se de limpar as pernas, as costas e debaixo da almofada. Tire o pó da luminária, deixando a marca da junção da cúpula virada para a parede.
15. Tire o pó da TV – tela, suporte, atrás e debaixo do aparelho. Nenhum líquido deve ser pulverizado na tela para não danificar o aparelho.
16. Tire o pó da área da escrivaninha, incluindo abajur, cadeira e todas as superfícies dos móveis. Afaste a cadeira e limpe as laterais do móvel. Limpe a cúpula do abajur e certifique-se de que a junção da cúpula esteja virada para a parede. Limpe a bandeja e o cinzeiro. Arrume a jarra, os copos e os fósforos apropriadamente. Materiais de leitura em cima da mesa ou dentro da gaveta devem ser arrumados e substituídos se necessário.
17. Nas saídas, as gavetas devem ser inspecionadas para verificar se estão limpas e se não há artigos perdidos. Em unidades habitacionais ocupadas, *não* abra as gavetas.
18. Tire o pó do armário. Nas saídas, remova os cabides de madeira e de metal que não pertençam à em-

presa. Substitua os cabides que estiverem faltando. Deve haver oito cabides em cada apartamento. Pendure duas sacolas com o rol da lavanderia no armário. O logotipo da empresa deve estar virado para frente. Tire o pó da lâmpada superior do armário.

19. Certifique-se de que todas as lâmpadas estejam funcionando.
20. Aspire o pó do carpete se necessário. Empurre o aspirador devagar e de forma firme sobre toda a área. Tome cuidado com broches, pedaços de arame, moedas e itens similares; recolha-os com as mãos, pois esses objetos podem danificar o aspirador de pó. Ocasionalmente, as extremidades do carpete precisarão ser varridas com uma vassoura ou limpas com um pano úmido.
21. Ajeite as cortinas conforme as instruções. Certifique-se de que todos os ganchos estejam no lugar e os puxadores presos e funcionando. Relate à supervisora qualquer item que não esteja funcionando para que ela preencha uma ordem de serviço para a manutenção.
22. Ajuste o controle de calefação e ar condicionado conforme instruído.

Banheiro

23. Acenda as luzes para obter luminosidade máxima. Limpe o espelho dos interruptores e a região suja em sua volta na parede. Informe à supervisora a necessidade de lâmpadas.
24. Acione a descarga. Quando o nível da água voltar ao normal, coloque o produto de limpeza no vaso. Deixe agir enquanto limpa o restante do banheiro.
25. Use o produto de limpeza para limpar o espelho.
26. Tire o pó das lâmpadas do espelho. Certifique-se de que as lâmpadas funcionam.
27. Limpe a porta do banheiro e a maçaneta.
28. Limpe e dê polimento à estrutura cromada do encanamento, debaixo da pia.
29. Puxe o tampão da pia e limpe-o minuciosamente. Use o produto de limpeza para esfregar a pia. Seque-a e dê polimento na torneira cromada. Coloque o tampão no lugar.
30. Esvazie e limpe o cesto de lixo. Cuidado com vidros e lâminas da barbear. Verifique os suprimentos. Troque o papel higiênico se o rolo estiver com menos da metade ou sujo. O papel deve rolar para fora pela parte de cima. Pode ser necessário substituir os lenços de papel. Dobre as pontas do papel higiênico e dos lenços de papel em "V". Cada banheiro deve ter um cinzeiro com fósforos e dois sabonetes. Coloque as toalhas limpas nos lugares apropriados.
31. Lave e seque a pia usando o produto de limpeza.
32. Usando o produto de limpeza, esfregue as paredes da banheira, a saboneteira e a banheira. Limpe o tampão da banheira. Seque-a. Dê polimento aos itens cromados, incluindo o chuveiro. Ponha o tapete do banheiro no lugar de modo que o nome do hotel possa ser lido.
33. Pulverize o produto de limpeza nos dois lados da cortina do banheiro e seque-os. Posicione as cortinas de forma harmoniosa na parede próxima ao vaso sanitário.
34. Limpe a tampa do vaso sanitário, assento e base com o produto de limpeza. Limpe a parte interna com o produto que já está lá dentro. O vaso deve ser minuciosamente seco e uma tarja sanitária deve ser colocada sobre o assento.
35. Varra os cabelos do chão do banheiro. Esfregue o chão começando do canto mais distante. Esfregue atrás do vaso e da porta.
36. Verifique se o banheiro está bem limpo antes de apagar as luzes.
37. Passe um pano na porta e no batente.
38. Pendure a trava de segurança e apague a luz.
39. Verifique o apartamento e feche a porta.

Checagem das 15h

40. Às 15h, a GRA começa sua checagem usando o relatório diário "vespertino". Deve-se entrar em todos os apartamentos que constam no relatório para verificar seu *status*, que pode ser **CO** (vago sujo – *check out* – o quarto precisa de limpeza e arrumação), **OC** (ocupado) ou **VL** (vago limpo – pronto para ser ocupado). Os relatórios da tarde são recolhidos e usados pela supervisora da noite ou para completar o relatório diário da governança para a recepção. Nos finais de semana e feriados, a checagem das 15h é feita às 16h.
41. Às 16h nos dias de semana ou às 17h nos domingos e feriados, a camareira deve levar o carrinho para a rouparia do andar, limpá-lo e arrumá-lo para o próximo dia de trabalho. Deve-se reservar tempo suficiente para essa tarefa para que um bom trabalho seja feito, de modo que não se gaste tempo na manhã seguinte para arrumar o carrinho.
42. Notifique a supervisora de área se houver alguma coisa errada com algum carrinho ou aspirador de pó.
43. Às 16h25 nos dias de semana e 17h25 nos domingos e feriados, retorne para a rouparia central, devolva as chaves e bata o cartão de ponto.
44. Em algumas ocasiões, pode ser que a GRA seja requisitada para a função de atendente de lavanderia. Quando isso acontecer, a descrição de trabalho para atendente de lavanderia será aplicada.

Auxiliar de Seção da Governança

Título

Auxiliar de seção da governança

Supervisor Imediato

Supervisora de andares da seção

Horário

8 às 16h30 – de segunda a sexta-feira
9 às 17h30 – domingos e feriados – menos 30min para almoço

Responsabilidades

Trabalhar como um membro da equipe, em conjunto com as supervisoras de andares e GRA, mantendo altos padrões de limpeza na área dos apartamentos dos hóspedes e nas áreas públicas do hotel.

Deveres

1. Apresentar-se uniformizada ao departamento de governança no horário de início do turno de trabalho e bater o cartão.
2. Receber as chaves necessárias para desempenhar as funções do dia.
3. Checar com a supervisora se há alguma instrução especial.
4. Dirigir-se para a rouparia do andar da área designada e determinar se é necessário repor algum item para o dia (sabão para uso geral, limpa-vidros, etc.).
5. Andar e inspecionar toda a área designada, procurando por itens que necessitem de atenção imediata.
6. Proceder com o programa de limpeza usual nas áreas comuns dos apartamentos:
   a. Elevadores: diariamente.
   b. Corredores: duas vezes por semana.
   c. Área de máquina de gelo e de alimentos: duas vezes por semana.
   d. Escadas: uma vez por semana.
   e. Qualquer outra tarefa designada pela supervisora.
7. Pelo menos quatro vezes por dia (mais freqüentemente se necessário), remover todo o lixo dos carrinhos das GRA e levá-lo para o local devido.
8. Pelo menos três vezes por dia (mais freqüentemente se necessário), remover o enxoval sujo dos carrinhos da GRA da sua equipe. Entregar na lavanderia.
9. Todos os dias, aproximadamente às 15h, reabastecer as rouparias dos andares com o enxoval necessário para as GRA carregarem os carrinhos para o dia seguinte (esse enxoval deve ser buscado na lavanderia e levado para as rouparias dos andares).
10. Deverá haver pelo menos dois apartamentos por dia, em cada área do hotel, que passarão por uma **limpeza geral.** Sua supervisora lhe dirá quais apartamentos passarão por tal limpeza. A auxiliar de seção da governança ajuda a pessoa designada a fazer a limpeza profunda e a mover ou recolocar qualquer móvel durante a limpeza.
11. Como membro da sua equipe, reconhecer e ajudar qualquer GRA quando for óbvio que determinada unidade habitacional apresente um problema fora do comum em relação à remoção do lixo. Ajudar conforme necessário.
12. Tomar conta dos equipamentos. Certificar-se de que todos os esfregões estejam limpos, que os aspiradores de pó tenham sido limpos e que todos os equipamentos tenham sido guardados e trancados no final de cada dia. É especialmente importante assegurar que não fique nenhum lixo armazenado em nenhuma rouparia de apoio durante a noite. *O lixo é um risco muito grande para o início de incêndio.*
13. Quando solicitado pela governança, levar itens como camas desmontáveis e berços que tenham sido pedidos pelos hóspedes para as unidades habitacionais.
14. Retornar todos os itens de uso especial, como camas desmontáveis e berços, para a rouparia do andar depois de terem sido apropriadamente arrumados pelas camareiras.
15. Fazer arranjos especiais nos apartamentos dos hóspedes (por exemplo, mesas e cadeiras) quando solicitado.
16. Removê-los e retorná-los para o estoque depois do uso.
17. Desempenhar outras funções exigidas pela sua supervisora.

Apêndice C
Manual dos Funcionários do Hotel

Toda organização que contrata pessoas para atuar com serviços deve ter um manual de orientação dos funcionários ou *guia* para que questões comuns possam ser respondidas o mais rápido possível. Diversas regras, normas e procedimentos que são especificados devem ser aplicados por toda a equipe do hotel.

Este apêndice apresenta um **manual do funcionário** típico, como os utilizados em diversos hotéis. Na última página do manual, fornece-se ao funcionário o nome de seu supervisor e/ou gerente, o nome do cargo, o plano de carreira, informações sobre o sistema de pagamento e seu horário de trabalho. O funcionário assina um recibo de que recebeu tais informações, que é mantido em seu prontuário.

Bem-vindo a Bordo!

Parabéns e bem-vindo a uma das empresas que mais cresce e à mais excitante de todas as indústrias – a indústria hoteleira.

Nós apreciamos seu desejo de juntar-se a nós e lhe desejamos muito sucesso em sua nova carreira – uma carreira cheia de oportunidades de dizer: "Bem-vindo! Posso servi-lo? Fico feliz por você estar aqui e me preocupo com você enquanto for nosso hóspede". Se você sente-se assim em relação às pessoas de modo geral, também irá sentir-se dessa forma em relação a nossos hóspedes e, em breve, descobrirá que o que está prestes a fazer no seu novo trabalho pode trazer alegria e satisfação – independentemente de, no seu cargo, ter contato direto com os hóspedes ou auxiliar quem o faz.

A indústria hoteleira provavelmente tem os mais diferentes tipos de trabalho que qualquer outra indústria que você possa imaginar, mas eu posso assegurar que nenhum trabalho é mais importante que o outro. O que você fará é tão importante quanto o que eu faço todos os dias. (Nós apenas fazemos coisas diferentes, só isso!) E isso se aplica a cada trabalho e a cada pessoa da mesma maneira. Poucos de nós, se é que existe alguém, não começaram "de baixo" – de modo que você encontrará supervisores e gerentes que compreendem sua necessidade de ser treinado adequadamente e que estarão prontos para ajudá-lo se (e quando) você precisar de ajuda. Todos já fomos iniciantes um dia: sabemos que você terá muitas perguntas sobre o seu trabalho, políticas da empresa, o que pode ser feito e o que não pode, oportunidades de promoção e suas próprias oportunidades de crescimento. Não tenha medo de fazer perguntas porque, para você, as respostas a essas perguntas serão importantes. E não tenha medo de cometer um erro. É através dos nossos erros que aprendemos nossas melhores lições.

Um funcionário bem informado, que sabe o que se espera dele, conhece as regras e reconhece sua contribuição para o esforço geral costuma ser um funcionário contente com o que faz e que aguarda ansiosamente todos os dias a vinda ao trabalho.

Esperamos que este manual o auxilie a aprender mais sobre nós, ajudando-o a manter-se informado e saber o que pode esperar.

Mais Uma Vez, Bem-vindo!

Gerente geral

Políticas de Contratação

É nossa política oferecer oportunidades iguais para todos os funcionários qualificados e candidatos a emprego independentemente de raça, sexo, nacionalidade ou religião.

O nosso objetivo na seleção é contratar indivíduos qualificados e/ou treináveis para qualquer cargo, conforme as necessidades de cada cargo, com relação à educação, treinamento, experiência e qualificações pessoais. Indivíduos que possam executar o trabalho com competência, tenham capacidade de crescer e de se tornar parte viva da nossa organização. Usaremos todos os meios disponíveis para selecionar os melhores funcionários para o cargo a ser preenchido.

Funcionários Novos

Todos os funcionários recém-admitidos devem preencher diversos formulários no Departamento Pessoal antes de começar a trabalhar. Seu telefone, endereço e informações sobre a família devem ser registrados. Qualquer alteração nessas informações deve ser comunicada imediatamente, já que elas são muito importantes no caso de alguma emergência e para o Ministério da Fazenda e Previdência Social.

Comunique ao Departamento Pessoal qualquer mudança nos dados abaixo:

- Endereço ou telefone.
- Casamento, divórcio ou separação legal.
- Nascimento ou morte de familiar direto.
- Mudança legal de nome.

Seus registros pessoais são mantidos em local seguro e trancado quando não estão em uso. Somente algumas pessoas autorizadas têm acesso a esses registros. Eles são confidenciais e, como tais, não serão usados fora da empresa por nenhum motivo, como para mala direta de cartões de natal, lista de endereços ou qualquer outro.

Depois de preencher os formulários de contratação, você receberá uma cópia de nosso Manual do Funcionário. Esse manual é para seu próprio benefício, para informá-lo sobre o que esperamos de você e ajudá-lo a desempenhar seu trabalho de maneira satisfatória. É bom que você o leia cuidadosamente e guarde-o para referências posteriores.

Contratos de Trabalho

A seguir está uma lista dos tipos de contrato de trabalho da nossa empresa com suas respectivas definições.

1. *Período integral*
   Contratos em que se espera que o funcionário seja escalado para trabalhar no mínimo 30h por semana. Ocasionalmente, funcionários contratados para trabalhar período integral podem ser escalados para trabalhar menos de 30h por semana. Isso não muda o *status* de período integral do funcionário, a menos que a média de horas trabalhadas por semana, por mais de seis semanas, seja menor que 30h. Se isso ocorrer por um período de seis semanas, o contrato do funcionário pode mudar de período integral para meio período.
2. *Meio período*
   Contratos em que se espera que o funcionário seja escalado para trabalhar 29h por semana ou menos. Funcionários de meio período, ocasionalmente, podem ser escalados para trabalhar mais do que 29h. Se isso ocorrer por mais de três semanas consecutivas, será dada ao funcionário a oportunidade de ter seu contrato alterado para período integral.
3. *Temporário*
   Contrato em que o funcionário é admitido por um determinado período de tempo. O término do contrato é predeterminado no momento da admissão. O número de horas trabalhadas por semana é irrelevante para os funcionários temporários.
4. *Extra*
   Funcionários que são chamados conforme necessário. O número de horas trabalhadas é irrelevante para a definição de funcionário extra.

Período de Experiência

Todo funcionário novo e atual transferido ou promovido para um novo cargo será submetido a um período de experiência de 90 dias. Durante esse tempo, tanto o funcionário quanto a empresa estão em fase de adaptação. O funcionário vai querer saber como a empresa opera e quais são os nossos métodos, e nós queremos saber se você se apresenta ao trabalho regularmente, segue as instruções e relaciona-se bem com os hóspedes, gerentes e colegas de trabalho. Portanto, seu desempenho e adequação ao cargo serão cuidadosamente avaliados durante esses primeiros 90 dias.

Garantia de Tratamento Justo

Como funcionário desta empresa, você tem o direito de indagar sobre qualquer decisão ou fazer qualquer reclamação com relação ao tratamento recebido ou condições de trabalho ao seu supervisor imediato. Se não receber o que considera uma resposta justa, você tem o direito de reclamar ao presidente da empresa.

Quadro de Avisos

Temos diversos quadros de avisos em todo o hotel. Esses quadros têm o objetivo de mantê-lo informado sobre novidades importantes como a política da empresa, procedimentos, organização e mudanças. Se fizer da leitura dos quadros um hábito, você irá se manter bem informado e atualizado.

Indicação de Funcionários

Se você deseja recomendar um amigo ou parente qualificado para emprego, nós ficaremos gratos por entrevistar essa pessoa.

Nós consideraremos qualquer parente seu para emprego, porém eles não serão empregados no mesmo departamento que você trabalha a fim de não gerar situações de conflitos de interesse com relação a transporte, escala de trabalho, etc.

Segurança no Emprego/Estabilidade

Um de nossos objetivos é fornecer segurança e estabilidade para nossos funcionários e, nesse sentido, fazemos um planejamento cuidadoso. Você pode ter certeza de que faremos todo o possível para continuar fornecendo-lhe emprego na medida em que você desempenhe seu trabalho satisfatoriamente e siga nossas políticas e regras.

Abolição de Cargos

De tempos em tempos, conforme crescemos, mudanças ocorrerão. Novos cargos podem ser criados e alguns podem ser abolidos. A qualquer funcionário que esteja ocupando um cargo que está prestes a ser extinto, será dado um aviso prévio de duas semanas ou duas semanas de pagamento. Além disso, toda tentativa de realocar o funcionário será feita se o funcionário for qualificado.

Informações sobre Salário e Folha de Pagamento

Salários

É política da empresa pagar os maiores salários possíveis, coerentes com as boas práticas de negócio e em comparação com as empresas no mesmo ramo.

O valor do salário para cada cargo é determinado pelo grau de dificuldade e responsabilidade. Os valores são revistos anualmente para assegurar nossa competitividade no mercado e na região.

Escala de Salários

Os funcionários terão conhecimento da escala de salários do seu cargo. A escala de salários mostrará o *valor inicial*, o *valor do cargo* (após 3 meses), *o valor de um ano, taxa de aumento* e o *valor máximo.*

Relógio e Cartão de Ponto

A todo funcionário será entregue um cartão de ponto semanal. Você deverá bater o cartão ao se apresentar para o trabalho e também ao ir embora. Visto que o cartão de ponto é a base para a computação do seu pagamento, é sua a responsabilidade de certificar-se de que a hora marcada no seu cartão está correta. Você deve bater apenas seu próprio cartão. Você é pago conforme sua *escala de trabalho*, então tenha certeza de que tem a assinatura do seu supervisor no seu cartão quando for trabalhar mais cedo ou até mais tarde.

Escala de Trabalho

Sua escala de trabalho será preparada e afixada uma semana antes de cada semana de trabalho. Como nosso hotel funciona sete dias por semana, poderão ocorrer mudanças de última hora ou circunstâncias imprevistas. Por isso, nem sempre será possível que você trabalhe todos os dias no mesmo horário ou tenha sempre o mesmo dia de folga.

Dia de Pagamento

Seu contra-cheque será emitido a cada duas sextas-feiras e distribuído depois das 15h, 26 vezes por ano. Nossa semana de trabalho começa legalmente a cada sábado e termina na sexta-feira seguinte. A fim de processar os cartões de ponto, completar a folha de pagamento e emitir cheques, o período de pagamento fecha sete dias antes da sexta-feira do pagamento.

Não é permitido aos funcionários solicitar antecipação de pagamento. Certas situações de emergência podem ser exceções, com aprovação prévia do gerente geral.

Deduções na Folha de Pagamento

Certas deduções, exigidas por lei, serão feitas do seu pagamento. A maior parte das deduções corresponde, em geral, a taxas como imposto de renda federal, imposto de renda estadual e previdência social. Se você recebe gorjetas em quantidade maior que US$ 20 por mês, você deve informar ao departamento pessoal a quantia que recebe por semana. Um relatório de gorjetas foi impresso no verso do seu cartão de ponto para ajudar-lhe. Seu cheque não poderá ser emitido até que você tenha completado essa informação para que as devidas deduções de impostos possam ser feitas.

Outras deduções são permitidas se você solicitar; contudo, nós nos reservamos o direito de decidir quais outras deduções serão permitidas. Todas as deduções feitas no seu pagamento serão listadas no seu holerite.

No final do ano, você receberá uma declaração dos seus rendimentos e a quantia de impostos retida para que possa fornecer essa informação ao governo quando fizer a sua declaração de renda.

Comportamento do Funcionário

Toda empresa bem administrada deve ter regras e normas com relação ao comportamento de seus funcionários para alcançar seus objetivos. Você deve ler essa seção cuidadosamente para entender as regras às quais você e os demais funcionários devem obedecer.

A seguir está uma lista de regras importantes. Seu supervisor pode ter certas regras departamentais a adicionar a essas.

- **Pontualidade:** ser pontual para trabalhar é um ponto importante em seu registro de desempenho. Falhar neste item não só perturba o bom andamento das operações do seu departamento como também afeta o trabalho de seus colegas.
- **Álcool e drogas:** os funcionários não devem se apresentar ao trabalho sob a influência de álcool ou drogas.
- **Faltas:** faltas sem uma razão justificada não poderão ser toleradas. Quando você estiver doente e incapaz de trabalhar, notifique seu supervisor imediatamente. Se doença for motivo de falta, temos o direito de solicitar um atestado do seu médico. Após doença, ferimentos, cirurgias sérias, licença maternidade ou outra razão física, você deverá submeter-se a um exame médico antes de voltar a trabalhar a fim de preservar sua saúde. O funcionário que faltar três dias consecutivos sem comunicar seu supervisor será considerado automaticamente demitido, por vontade própria.
- **Intervalos:** os funcionários têm direito a um intervalo de 15min a cada 4h trabalhadas.
- **Armas letais:** os funcionários não podem carregar armas de fogo ou qualquer outra arma letal nas instalações ou nos veículos da empresa em nenhum momento e sob nenhuma circunstância.
- **Instruções:** espera-se que todos os funcionários sigam as instruções de seus supervisores. A recusa ou falha ao fazê-lo é considerada insubordinação. Também se espera que você desempenhe seu trabalho de maneira satisfatória e efetiva.
- **Confraternização:** os funcionários não confraternizarão com nenhum hóspede do hotel durante ou fora do horário de trabalho. Em outras palavras, você não deve usar seu trabalho como uma oportunidade para estabelecer relações pessoais com os hóspedes.
- **Instalações:** os locais de descanso, áreas da piscina e áreas dos hóspedes são restritos aos hóspedes do hotel. Não será permitido aos funcionários utilizar essas instalações, mas será possível obter permissão para jantar no restaurante em uma ocasião especial com aprovação prévia do gerente geral.
- **Saída durante o expediente:** aos funcionários não é permitido deixar a propriedade da empresa durante o expediente. Se uma situação de emergência demandar sua saída, obtenha permissão do seu supervisor antes de deixar o local. A hora da refeição não é considerada horário de trabalho.
- **Achados e perdidos:** todos os artigos achados devem ser entregues ao seu supervisor para sua própria proteção. Os artigos identificados serão devolvidos ao seu proprietário.
- **Crachá de identificação:** a todos os funcionários será fornecido um crachá com o nome, que deverá ser usado durante o trabalho.
- **Refeições:** todos os funcionários têm direito a um horário de refeição (meia hora) por cada turno de trabalho de no mínimo 4h. Todos os funcionários que trabalharem 9h ou mais terão direito a dois horários de refeição. A refeição dos funcionários será feita no refeitório dos funcionários.
- **Vendedores:** para sua proteção e para evitar interrupções no trabalho, vendedores de fora do hotel não serão permitidos dentro das instalações da empresa. Além disso, a venda de produtos entre funcionários também não será permitida durante o expediente. A distribuição de folhetos, panfletos, papéis ou outros materiais entre os funcionários durante o expediente ou nas áreas da empresa não é permitida.
- **Fora de serviço:** com a conclusão do turno de trabalho, os funcionários devem marcar o ponto, deixar a propriedade e não voltar ao hotel sem aprovação prévia de seu supervisor.
- **Pacotes:** nós nos reservamos o direito de verificar todos os pacotes tirados da propriedade, sejam eles pessoais ou não. Nenhum objeto de propriedade da empresa será retirado do hotel sem autorização escrita do supervisor.
- **Estacionamento:** todos os funcionários deverão estacionar seus carros na área adjacente destinada para esse fim.
- **Atitude pessoal:** espera-se que os funcionários: (1) relacionem-se bem com supervisores, gerentes, colegas de trabalho e hóspedes; (2) não discutam problemas pessoais ou assuntos não autorizados da empresa em áreas públicas onde um hóspede possa ouvir e sentir-se facilmente ofendido ou mal; e (3) não tomem atitudes, dentro ou fora da empresa, que possam trazer descrédito à empresa ou a seus funcionários.

- **Banheiros:** os funcionários devem usar os banheiros perto do refeitório dos funcionários.
- **Aparência:** espera-se que todos os funcionários mantenham um alto padrão de limpeza e aparência pessoal.
- **Padrão de limpeza:** nós ofertamos áreas de trabalho confortáveis e limpas no esforço de fornecer áreas seguras e promover a produtividade. Nós nos orgulhamos da agradável aparência geral das nossas instalações e equipamentos. A fim de mantê-la assim, você deve manter a sua área de trabalho asseada, limpa e livre de artigos que não estejam sendo usados. Isso inclui manter os equipamentos nos locais adequados, jogar o lixo nos locais apropriados e estocar materiais, equipamentos e suprimentos de maneira ordenada e em seus devidos lugares.
- **Fumo:** funcionários uniformizados não podem fumar em áreas públicas. A nenhum funcionário será permitido fumar na cozinha devido às regulamentações de saúde.
- **Uso do telefone:** os funcionários só serão chamados ao telefone em situações de emergência. Os funcionários deverão usar o telefone público localizado no departamento de governança quando precisarem fazer uma ligação externa.
- **Uniformes:** os uniformes serão fornecidos pela empresa para as áreas necessárias e deverão ser usados durante o trabalho.
- **Áreas de trabalho:** espera-se que os funcionários evitem permanecer em áreas onde seu trabalho não exija sua presença.

Disciplina

A fim de conseguir a aplicação razoável das regras da empresa e fornecer tratamento igual a todos os funcionários, um sistema de notificações de violação, chamadas de *advertência escrita*, será utilizado como forma de criticar de forma construtiva e dar oportunidade de melhorar ou corrigir um problema, ou ajudá-lo a desempenhar melhor seu trabalho.

Uma advertência escrita será emitida por qualquer violação às regras ou normas da empresa ou por trabalho desempenhado abaixo do padrão. Se você receber uma advertência escrita, ela deverá ser assinada por você e pelo seu gerente. Sua assinatura na advertência apenas indica que você foi informado sobre a violação ou problema e que entende o que o seu supervisor está lhe dizendo na advertência. Isso não significa, necessariamente, que você concorda com o que está sendo dito.

Durante o período de experiência, se os fatos indicarem desempenho insatisfatório no cargo, o funcionário pode ser demitido sem aviso por qualquer justificativa plausível, incluindo redução da força de trabalho.

Após o período de experiência, um funcionário somente poderá ser dispensado se tiver recebido três advertências escritas para a mesma ou para diferentes violações nos últimos 12 meses (exceto pelas razões listadas como justa causa).

Demissões

Nossos procedimentos de contratação visam a admitir pessoas que irão se tornar funcionários confiáveis e satisfeitos. Entretanto, os funcionários podem pedir demissão ou ser demitidos por várias razões. Algumas dessas razões estarão sob nosso controle, outras estarão além dele.

Demissões Voluntárias

Espera-se que qualquer funcionário que decida deixar o emprego avise com, no mínimo, uma semana, de preferência duas, de antecedência. Supervisores devem comunicar sua decisão com um mês ou mais de antecedência.

Quando um funcionário pede demissão, o vínculo é desfeito. Se, em um momento futuro, um antigo funcionário for recontratado, ele inicia como um novo funcionário. Funcionários que pedirem demissão sem comunicação prévia não serão considerados para recontratação.

Demissão da Empresa

A demissão de um funcionário (a menos que em situação de redução do quadro de funcionários) será reflexo das próprias ações do funcionário. Um funcionário que tenha concluído seu período de experiência não será dispensado antes de ter recebido três advertências por escrito. Isso o protege de perder seu emprego injustamente e lhe dá a oportunidade de melhorar seu desempenho ou corrigir o problema.

Demissão por Justa Causa

Um funcionário pode ser demitido imediatamente por alguns motivos específicos. As seguintes violações podem justificar a demissão sem advertência ou aviso prévio:

- Dano intencional ou apropriação indevida de propriedade da empresa.
- Furto de propriedade da empresa, de funcionário ou de hóspede, ou remoção não autorizada dos supracitados, incluindo itens achados e perdidos.
- Consumo de álcool ou drogas no local de trabalho durante o expediente ou posse de álcool ou drogas durante o expediente sem autorização.

- Falsificação intencional de registros da empresa (como, por exemplo, formulário de solicitação de emprego, folha de pagamento, finanças, etc.).
- Conduta que possa pôr em risco a segurança do funcionário, de colegas ou de um hóspede.
- Prisão seguida de condenação pelo tribunal de justiça competente por contravenção ou crime.
- Recusa em obedecer a uma ordem de um supervisor e/ou conduta de insubordinação perante um hóspede, supervisor ou gerente.
- Conduta imoral ou indecente ou conivência com ela.
- Faltas por três dias de trabalho consecutivos sem avisar ao supervisor.
- Entrar nas unidades habitacionais sem autorização.
- Remover, sem autorização, posses dos hóspedes ou do hotel.

Saúde e Segurança

Estamos interessados em sua segurança e bem-estar. Todos nós podemos fazer muito para prevenir acidentes e ferimentos, desempenhando nossos trabalhos com segurança e cuidado. Mantenha-se sempre alerta e comunique qualquer condição de trabalho que possa causar acidentes ou ferimentos.

Qualquer acidente que ocorra no trabalho, não importa quão pequeno pareça ser, deve ser comunicado ao supervisor. Se necessário, um funcionário ferido será encaminhado para o médico.

Benefícios dos Funcionários

Feriados Pagos

Há seis feriados pagos no ano: Ano Novo, Finados, Dia da Independência, Dia do Trabalho, Dia de Ação de Graças e Natal.

Depois de 30 dias de trabalho, todo funcionário de período integral receberá 8h pagas referente a um feriado. Funcionários temporários e extras não são elegíveis para o pagamento de feriados.

Visto que o hotel nunca fecha, você pode ser solicitado para trabalhar em qualquer desses seis feriados. Caso você trabalhe em qualquer um deles, receberá pelas horas trabalhadas mais as 8h de pagamento de feriado.

Se você for escalado para trabalhar em um dia anterior ao feriado, no feriado ou num dia após o feriado, você deve trabalhar conforme sua escala para receber o pagamento correspondente ao feriado.

Férias Pagas

Depois de concluído um ano de serviço, os funcionários de período integral terão o direito de tirar férias pagas: uma semana de férias pagas, pressupondo-se que uma média de 40h por semana foi trabalhada. Depois de dois anos de serviço, você receberá duas semanas de férias a cada ano. O valor referente às férias pagas é determinado pela média de horas trabalhadas por semana naquele ano.

As férias não podem ser guardadas – você deve tirar seu período de férias todo ano. Todo funcionário deve aproveitar as férias para descansar e relaxar. Pagamento em dinheiro ao invés de férias não será autorizado.

Se o contrato de um funcionário de meio período for mudado para período integral, será paga uma semana de férias após um ano de trabalho em período integral.

Fornecimento de Refeições

As refeições são fornecidas, para sua conveniência, no refeitório dos funcionários. Os funcionários podem fazer uma refeição depois de 4h de trabalho e uma segunda refeição após 9h.

Licenças

Após ter completado seis meses de emprego você pode, no caso de doença, maternidade ou obrigações militares, tirar licença não remunerada, a critério da empresa.

Com exceção da dispensa militar e maternidade, um funcionário pode ter no mínimo 30 e no máximo 90 dias de licença.

Férias e feriados não serão pagos durante a licença. O tempo de serviço será mantido no momento da licença, mas não será acrescentado durante a dispensa. A empresa não pode manter seu cargo em aberto durante a licença. Contudo, ao retornar, será dado ao funcionário o primeiro cargo aberto de mesma classificação e a empresa pagará pelas qualificações do funcionário se seu cargo original não estiver em aberto.

Licença para Serviço Militar

É política da empresa recontratar funcionários depois de alguma convocação para qualquer serviço militar. Funcionários em alistamento para o serviço militar serão classificados como "em licença militar". Depois de dispensado, estando fisicamente capaz, e dentro dos 90 dias da data de dispensa, o funcionário será recolocado no mesmo cargo e com o mesmo salário, se as vagas permitirem. Caso contrário, lhe será dada a opção de aceitar um outro cargo disponível ou ficar em uma lista de espera preferencial para a próxima vaga.

Licença para Treinamento Militar

Se você estiver servindo um período de serviço obrigatório para a Guarda Nacional ou uma unidade reserva, será garantida a licença militar por não mais que duas semanas, com o propósito de atender treinamentos e ou cursos de verão. Quando estiver ausente do trabalho por requisição da Guarda Nacional ou treinamento de reservista, você receberá a diferença entre o seu pagamento militar e o seu pagamento da empresa por não mais que duas semanas em cada ano do calendário. Se um pagamento de feriado da empresa cair durante o período de treinamento você receberá um dia extra de pagamento.

Licença-maternidade

O hotel concederá licença sem remuneração para qualquer funcionária gestante. Para proteger sua saúde, pedimos que você saia de licença dois meses antes de o bebê nascer. As funcionárias grávidas podem, entretanto, trabalhar o tempo que desejarem com aprovação escrita de um médico, mas a empresa reserva-se o direito de colocar tal funcionária em um cargo temporário de acordo com as expectativas de nossos clientes.

Quando confirmada a gravidez, o médico deve enviar por escrito ao Departamento Pessoal uma liberação para que você possa continuar em seu cargo. Sem essa liberação, não lhe será permitido continuar trabalhando.

Licença em Caso de Óbito

No caso da morte de um parente direto, serão permitidos três dias de licença pagos. Parentes diretos incluem marido, esposa, filhos, pai, mãe e irmãos.

Seguro-desemprego

Conforme a legislação, você está segurado contra desemprego. A empresa paga todos os custos desse seguro.

Se você ficar desempregado por motivo que não seja de sua culpa, você é elegível para o seguro-desemprego por um período limitado.

Acidentes de Trabalho

Pelas leis dos Estados Unidos, você está coberto por ferimentos ocorridos durante o seu período de trabalho. Não esqueça de informar qualquer ferimento imediatamente para o supervisor de seu departamento. O custo deste seguro é pago totalmente pela empresa.

Acidentes de Trabalho

Pelas leis dos Estados Unidos, você está coberto por ferimentos ocorridos durante o seu período de trabalho. Não esqueça de informar qualquer ferimento imediatamente para o supervisor de seu departamento. O custo deste seguro é pago totalmente pela empresa.

Para sua Informação

Tipo de contrato de trabalho ________ Período integral ________ Meio período

________ Extra ________ Temporário

Título do cargo ____________________

Nome do seu supervisor ____________________

Nome do seu gerente ____________________

Nome do seu executivo ____________________

Data de início ____________________

Salário inicial ____________________

Primeiro dia de pagamento ____________________

Declaro ter recebido e lido o Manual do Funcionário do Hotel, que descreve meus benefícios e obrigações como funcionário desta empresa.

Data ____________ Assinatura ____________________

Todos os formulários de emprego preenchidos em ____________________

Palestra de orientação assistida em ____________________ , quando foram dadas ao funcionário orientações sobre regras, normas, benefícios, políticas e procedimentos.

Data ____________ Assinatura ____________________

Gerente de Recursos Humanos

Apêndice D
Regras e Normas do Departamento de Governança do Bally's Casino Resort

O Bally's Casino Resort é um luxuoso cassino e *resort* localizado em Las Vegas, Nevada. O *resort* tem 2.832 unidades habitacionais e emprega aproximadamente 560 funcionários de governança, sindicalizados, quando operando a 100% de ocupação. Este documento fornece detalhes sobre as normas do departamento de governança*.

* Impresso com permissão do Bally's Casino Resort, Las Vegas, Nevada.

A seguir é apresentado um conjunto de **instruções departamentais.** Na maioria das organizações de serviços, uma orientação adequada para um novo funcionário incluirá um programa completo de integração elaborado pelo departamento de recursos humanos, visita às instalações e apresentação do guia da empresa. Muitas organizações vão além, apresentando um conjunto das **diretrizes do departamento** de governança do hotel.

Agradecemos ao Bally's Casino Resort Hotel de Las Vegas, Nevada, por permitir a apresentação do seu Guia do Departamento de Governança.

BALLY'S
LAS VEGAS

Bem Vindo ao Bally's Las Vegas

Você foi selecionado para trabalhar no departamento de governança do Bally's Las Vegas. Estamos muito felizes em tê-lo em nossa equipe.

Antes de trabalhar em sua área, você passará por um Programa de Orientação com duração de dez dias. Durante esse período, você estará sob os cuidados do nosso Supervisor/Especialista em Treinamento e saberá o que esperamos de você.

Você será levado para uma volta pelo Hotel e lhe será mostrada a recepção, o cassino, o *shopping center*, o refeitório de funcionários, etc. Você conhecerá as políticas e os procedimentos do Hotel, saberá sobre os dias de folga, os períodos de intervalo e os horários de almoço.

Eu tenho uma política de "portas abertas" e estou aqui para ajudá-lo da maneira que for possível. Queremos que você se sinta bem trabalhando conosco. Nossos hóspedes devem ver em você um funcionário amigável, competente e zeloso. Um bom trabalho e uma atitude positiva agradarão aos nossos hóspedes, e essa é a nossa meta.

Novamente, seja bem-vindo.

Atenciosamente,

Kay Weirick, R.E.H
Governanta Executiva
Ramal 4776

Procedimentos e Diretrizes para o Treinamento de GRA*

I. Introdução

Você terá uma reunião rápida com a Governanta Executiva ou com uma de suas Assistentes.

II. Procedimentos para Novos Funcionários

1. **Diariamente**
   Turno da manhã – das 8 às 16h, de segunda a sábado.
   Domingos e alguns feriados – das 8 às 16h30 ou das 9 às 17h.
2. Ao entrar ou deixar o prédio, você deve passar pelo escritório. Você baterá o cartão ao entrar e ao sair, pelas horas trabalhadas naquele dia.
3. Após colocar seu uniforme, você deve assinar as folhas de ponto do departamento, no escritório de governança, antes de ir para o seu andar.
4. **Toda manhã** – Todos os funcionários devem verificar, ao lado de seu nome, no quadro de avisos do lado de fora do escritório, o andar onde deverão trabalhar e qualquer outra anotação (recados ou instruções especiais).
5. Você deve estar no seu andar até as 8h. Um *traço vermelho* é colocado em seu nome às 8h e qualquer pessoa que assinar depois disso é considerada atrasada (as camareiras não devem ir para os andares para dobrar lençóis antes das 7h30. Por favor, informe ao departamento em qual andar você estará). Você não deve deixar seu andar até 5min antes do final de seu turno.

III. Políticas

A. Atribuição de Colegas de Trabalho
   Você será avisado sobre quem são os Supervisores e quais são suas funções e obrigações: inspetores, pessoas da casa, responsável pela central de governança e checagem de *status*, responsável pela folha de pagamento, pelas escalas, etc.

B. Atitude/Aparência/Atendimento
   1. É extremamente importante certificar-se de que o hóspede está à vontade e que a unidade habitacional é mantida numa condição de "defeito zero".
   2. **Respeito** – Os funcionários devem mostrar respeito por todos com quem trabalham e receber o mesmo de volta. Trate o outro como gostaria de ser tratado.
   3. **Obrigações** – Todos os novos funcionários devem ler o Guia de Segurança e praticar todas as Regras de Segurança.
   4. **Aparência pessoal** – É muito importante ser asseado e limpo. Você deve orgulhar-se de sua aparência. Não use meia soquete, chapéus, faixas ou lenços e tênis. Desodorante é obrigatório. As unhas não podem ser mais longas do que 0,5cm, sem cores vivas. Os sapatos devem ser pretos, brancos ou cinza. Se um suéter for necessário, você pode usá-lo. A cor deve ser preta, branca ou cinza. Nenhuma roupa pessoal deve ser usada por baixo do uniforme.
   5. **Ausências** – Telefonar avisando que está doente, que vai se atrasar ou sair mais cedo sem permissão é considerado ausência. Isso pode levar a advertências e demissão. Certifique-se de avisar com, no mínimo, 4h de antecedência quando não estiver em condições de vir trabalhar. Quando tiver marcado um compromisso num dia em que estiver escalado e precisar de folga, chegar atrasado ou sair mais cedo (você deve assinar um formulário para sair mais cedo), combine isso com a pessoa responsável por sua escala com, no mínimo, 48h de antecedência.
   6. **Cadeado** – Você receberá seu próprio armário e chave. Os armários não devem ser divididos com ninguém. Se você perder sua chave, informe imediatamente.

C. Procedimentos
   1. **Segurança** – Precauções de segurança devem ser tomadas a todo momento a fim de evitar ferimentos e perdas no trabalho.
      a. Se FUMAÇA ou FOGO forem detectados, ligue **4911**!
      b. Será explicado o que fazer e como evacuar o Hotel em caso de incêndio. DIRIJA-SE AO VESTIÁRIO.
      c. Será demonstrado como você deve se inclinar para arrumar as camas.

* **N. do T.:** Conforme mencionado no prefácio, a sigla GRA, de *guest room attendant* (atendente de acomodação de hóspede), é utilizada pelo autor deste livro para designar o cargo de camareira, e foi mantida na tradução.

d. Será demonstrado como você deve se abaixar e levantar do chão sem machucar suas costas.
e. Será demonstrado como você deve trocar toalhas e limpar banheiras sem tentar alcançar distâncias além do alcance.
f. **Patologias transmitidas pelo sangue** – Se você entrar em um apartamento que tiver sangue ou fluidos corporais sobre a cama ou outras áreas, não limpe. Chame sua inspetora, que chamará as pessoas adequadas para lidar com essa situação. Tome muito cuidado para não usar suas mãos para remover o lixo. Sempre leve todo o saco plástico para ser esvaziado. Cuidado com agulhas de seringas e outros objetos afiados. Cada carrinho deve ter uma "SACOLA VERMELHA" para que sejam colocados quaisquer itens que possam conter fluido corporal, sangue ou fezes. Sempre use luvas para proteção.
g. **Lei para os americanos portadores de deficiências** – Alguns de nossos hóspedes podem ser deficientes físicos e precisar de determinadas máquinas para ajudá-los enquanto se hospedam aqui. No momento do *check out*, informe sua supervisora sobre esses itens. Ela, então, avisará o departamento de governança.
h. Comunique todos os problemas de manutenção para sua supervisora – tais como lâmpadas queimadas, chuveiro com defeito, descarga da privada disparada, qualquer móvel quebrado, qualquer marca de queimado ou fiapos. Isto deve ser feito diariamente. Todas as lâmpadas devem estar funcionando o tempo todo, nos corredores e nos apartamentos.
i. Não mova móveis pesados. Peça ajuda. Você pode mover cadeiras e objetos pequenos. Use as extensões do aspirador para alcançar atrás dos móveis pesados.
j. Será demonstrado como tirar o fio do aspirador da tomada. Ele deve ser puxado ou retirado da tomada. O fio deve estar sempre desenrolado.
   NÃO ASPIRE CARPETES MOLHADOS OU PISOS DE LADRILHO.
k. Cheque o piso do banheiro, para ver se não está com água, antes de entrar.
l. Luvas de borracha devem ser usadas o tempo todo para sua proteção. Os tamanhos são P, M e G.
m. Tapetes de borracha devem ser usados na banheira para limpar as paredes do *box*. Não se debruce do lado de fora da banheira para limpar as paredes do *box*.
n. Não fume nos corredores, apartamentos ou rouparias. Você pode fumar nos corredores do elevador de serviço ou na área de descanso. Você não pode fumar em lugar algum nos pisos para não fumantes.

2. **Controle de chaves**
   a. Não dê a sua chave para ninguém!
   b. Não abra apartamentos para ninguém, seja hóspede ou funcionário. Avise ao hóspede para ir à recepção para conseguir outra chave.
   c. Se um hóspede desejar entrar em seu quarto enquanto ele estiver sendo limpo, ele deve inserir o seu cartão na porta antes de entrar. Se a luz da fechadura indicar verde, o hóspede pode entrar.
   d. Se uma chave for perdida, haverá uma advertência ou demissão. Chaves perdidas devem ser comunicadas imediatamente.
   e. Cada inspetora, camareira e supervisora possui suas próprias chaves ou cartões, que estão sob sua responsabilidade.
   f. Devolva todas as chaves de apartamentos desocupados para a supervisora o mais breve possível. Mantenha-as seguras enquanto estiverem com você.
3. **Carrinho da camareira** – Cada item do carrinho será identificado e uma explicação será dada sobre onde ele deve ser colocado no apartamento. Cada carrinho deverá ter uma SACOLA VERMELHA para o lixo que ofereça risco. Todos os carrinhos devem estar limpos, seguros e arrumados de maneira prática. Não sobrecarregue seu carrinho.
4. **Lençóis/enxoval** – Temos apenas lençóis *king* para camas *king* e *queen*. Você deve trocar lençóis e fronhas diariamente. Cobertores e colchas devem ser trocados se tiverem manchas ou estiverem sujos. Não queime fiapos soltos. Essa prática pode resultar em demissão. Travesseiros de pena devem ser usados em todas as suítes. Travesseiros de espuma devem ser usados em todos os apartamentos *standard*. Os hóspedes podem solicitar travesseiros diferentes: lembre-se de destrocá-los após o *check out*.
5. **Exigências quanto à arrumação das unidades habitacionais** – A exigência diária de trabalho é de, no mínimo, 15 unidades habitacionais por turno de 8h: aproximadamente

25min por apartamento ocupado e de 25 a 32min para os que deram saída. Suítes receberão um tempo adicional. O cronômetro do banheiro é usado para ajudar a controlar o tempo de trabalho. Você pode ser escalado para fazer hora extra. Agradecemos a sua cooperação.

6. **Telefones nos apartamentos** – Ao entrar em uma unidade habitacional, a primeira coisa que deve ser feita é discar seu *status.*

Checagem dos quartos da manhã ou da tarde:

VAGO LIMPO	811 mais seu código
VAGO SUJO	812 mais seu código

Quando você **ENTRAR EM UMA UNIDADE HABITACIONAL** para limpar:

ENTRAR	814 mais seu código

Quando você completar a limpeza de uma unidade habitacional, **ATUALIZE O *STATUS*:**

VAGO LIMPO	811 mais seu código
OCUPADO LIMPO	815 mais seu código

SEMPRE DIGITE O SEU CÓDIGO AO ENTRAR NA UNIDADE HABITACIONAL E ATUALIZE SEU *STATUS* ANTES DE SAIR

(Veja as instruções anexas). Se um hóspede estiver usando o telefone quando você terminar, vá até a rouparia, ligue para o ramal da governança (4766) e diga o número do apartamento que você limpou. Um número de identificação pessoal lhe será atribuído no escritório de governança. Você usará esse código todas as vezes, independentemente do andar em que estiver. Todos devem ter um código de telefone. Se você não tem um, vá à governança e solicite o seu.

7. **Gorjetas** – O dinheiro deixado no *check out* será considerado gorjeta (apenas quantias plausíveis). Numa arrumação, se um dólar é deixado no travesseiro, pode ser considerado gorjeta. À exceção dessas situações, dinheiro encontrado em apartamentos vagos e sujos deve ser entregue ao Achados e Perdidos. Nunca pegue dinheiro dentro de embalagens plásticas. Devolva-o.
8. **Checagem das unidades habitacionais** – Você deve checar as unidades habitacionais todas as manhãs às 8h e tardes às 15h para verificar se estão ocupadas ou vagas (limpas e sujas). Isto dá à recepção uma contagem precisa dos apartamentos que estão ocupados, deixa seus inspetores cientes de quantos estão ocupados em cada andar e ajuda as camareiras a determinar quais devem ser limpos. Limpe as unidades habitacionais ocupadas com o cartão de "Favor Limpar" na porta; depois, as vagas sujas e arrumações. Se um hóspede tiver solicitado que seu apartamento seja limpo em um certo horário, anote o horário no seu relatório. Se você não conseguir entrar em uma unidade habitacional pelo menos uma vez durante o dia, ligue para o hóspede. Se não houver resposta, informe sua inspetora. Devemos ter certeza de que o hóspede está seguro e que o quarto não está danificado.
9. **Televisão e telefones** – As televisões não devem ficar ligadas enquanto você estiver trabalhando. Os telefones das unidades habitacionais não devem ser usados, exceto para digitar os códigos na entrada e na saída. Os telefones para uso dos funcionários estão localizados no refeitório. É permitido ouvir rádio em volume baixo. Nunca atenda ao telefone em uma unidade habitacional.
10. **Quebra de objetos de hóspedes** – Se você quebrar um objeto de algum hóspede, avise imediatamente sua supervisora, dando-lhe uma descrição – por exemplo, perfume: nome, marca e tamanho (mL) – para que o objeto possa ser substituído.
11. **Desodorizador de ar** – Sempre use um desodorizador de ar antes de deixar o apartamento.
12. **Troca de colchas** – Troque colchas, forros e cobertores conforme necessário. Verifique os travesseiros e certifique-se de que estão limpos. Avise a supervisora se os carpetes ou cortinas necessitarem de atenção.
13. **Supervisoras por andar** – Há uma supervisora designada para cada dois andares na Torre Norte. Na Torre Sul, há uma supervisora para cada cinco andares.
14. **Limpeza da geladeira – apartamentos "a"** – Degele e limpe as geladeiras. Limpe a pia. Após a limpeza, ligue novamente a geladeira.
15. As saídas e arrumações devem ser feitas da mesma maneira.
16. Apenas a camareira responsável por limpar a unidade habitacional deve estar nela. Permissão especial pode ser dada pela sua supervisora para que mais de uma camareira esteja no apartamento.
17. **Arrumações** – No chuveiro, tire o xampu e o sabonete da banheira para limpar adequadamente. Troque os lençóis todos os dias e deixe os sabonetes usados apenas nas arrumações. Substitua todas as cortesias e aspire todos os apartamentos diariamente.

18. **Alimentos e bebidas** – Nenhum alimento ou bebida deve ser levado para fora do refeitório ou para os andares sem permissão.
19. Há diversos horários de almoço, dependendo do andar onde você estiver em determinado dia. Você deve ir almoçar quando estipulado, a menos que receba permissão de seu supervisor para ir em outro horário.
20. ***Room service*** – Esvaziar garrafas nas bandejas e mesas. Todas as bandejas e mesas devem ser removidas e colocadas no corredor no momento do *check out*.
21. **Achados e perdidos** – Artigos encontrados em quartos vagos devem ser entregues ao supervisor imediatamente e os formulários apropriados devem ser preenchidos. Passagens aéreas devem ser entregues imediatamente. Bebidas alcoólicas não devem ser colocadas do lado de fora do quarto no corredor. O *room service* deve ser chamado para remover aquelas que pertencerem ao hotel. As demais devem ser enviadas ao achados e perdidos.
22. **Lembre-se** – Não jogue nada fora (papéis, passagens, etc.) de uma arrumação ou saída.
23. Não deixe recados para os hóspedes. Não peça gorjetas.
24. Não jogue sabonete no vaso sanitário.
25. Forneça à supervisora o número dos apartamentos com cabeceiras nas camas.
26. Os andares 9, 10, 11, 12, 14, 15 (20, 21 apenas na ala leste) da Torre Norte são para não fumantes. Na Torre Sul, eles vão do 6 ao 10 (56-60) e do 17 ao 20 (67-70).
27. Não jogue pontas de cigarro na lata de lixo. Jogue-as no vaso sanitário e dê descarga. Se não houver nenhum disponível, use água para garantir que o cigarro esteja apagado.
28. Você tem 10min de intervalo antes do almoço, 10min depois do almoço e um intervalo de 40min para almoço, totalizando 1h.
29. Se um hóspede agir de maneira estranha e deixá-lo desconfortável, peça licença e chame sua supervisora, que lhe ajudará ou chamará a segurança.
30. **Prioridades na limpeza das unidades habitacionais** – Todas as unidades habitacionais devem ser arrumadas assim que possível. Os cartões vermelhos devem ser devolvidos para a supervisora depois que a unidade habitacional estiver limpa.
31. Seja amigável e educado com os hóspedes.
32. No final do dia, aproximadamente às 15h45, devolva seu carrinho no vestiário. Certifique-se de que todos os itens achados e perdidos foram entregues à supervisora com os formulários adequados preenchidos. Limpe seu carrinho retirando copos sujos, lixo, alimentos, etc.
33. Vá para o seu andar para devolver sua chave para a supervisora e assinar sua saída. Não desça até às 15h55.
34. Bata seu cartão no escritório de governança e vá para o vestiário trocar de roupa.
35. Você não deve SAIR com qualquer objeto retirado das unidades habitacionais ou de outras áreas, a menos que tenha uma autorização assinada pelo hóspede e por seu supervisor.
36. **Linguagem** – É importante falar em inglês com os hóspedes e os colegas de trabalho. O inglês deve ser falado durante o horário de trabalho. Contudo, se tiver dificuldades com o inglês, outros funcionários ou supervisores poderão ajudá-lo. Por favor, peça ajuda. Nós também temos aulas de inglês, uma segunda língua que você pode aprender sem nenhum custo.
37. O pagamento é sempre feito às sextas-feiras (uma sim, uma não). Retire o seu cheque no escritório. Você pode pegá-lo a partir da meia-noite da quinta-feira. Você também pode solicitar o depósito do seu pagamento.
38. Desejamos que esta tenha sido uma experiência produtiva de aprendizado. Se houver alguma dúvida, por favor, pergunte. Um funcionário bem informado, capaz de responder às questões feitas pelos hóspedes, é uma grande vantagem para nós.

Obrigado. Espero que você aprecie trabalhar conosco.

Apêndice E
Formulário para Inspeção do Estabelecimento por Zonas*

O programa de inspeção do estabelecimento por zonas apresentado a seguir é usado pelo Tropicana Hotel em Las Vegas, Nevada. O programa é apresentado na forma de Procedimentos-padrão de Operação (PPO), cuja cópia é entregue para cada "inspetor chefe" de cada zona antes da inspeção.

Para entender como funciona, considere o inspetor da Zona 1, que inspecionará 14 apartamentos além de suas áreas comuns. O pacote de inspeção incluirá 14 formulários de relatórios de inspeção, um para cada unidade habitacional (UH) a ser inspecionada (para simplificar, a cópia dos relatórios de inspeção das diversas UH de cada prédio foi omitida).

Preste atenção especial às técnicas de controle usadas *após* a inspeção ter sido realizada.

* Cortesia fornecida pelo Ramada's Tropicana Hotel, Las Vegas, Nevada, 1984. Reproduzido com autorização.

Procedimentos-padrão de Operação

Programa de Inspeção do Estabelecimento por Zonas

Conceito

Não é à toa que as propagandas proclamam a excelência das instalações do "novo" Tropicana. A propriedade deve falar por si mesma de tal maneira que nossos hóspedes reconheçam essa qualidade tal como ela é, e que de fato não há nenhum hotel melhor na cidade de Las Vegas. É importante, contudo, que os mais altos padrões de manutenção da propriedade, limpeza e conservação sejam atendidos. A fim de realizar essa tarefa, um sistema de inspeção envolvendo "novas vistorias" numa base periódica, juntamente com um sistema adequado de controle contínuo, é essencial para que os padrões sejam mantidos e melhorados.

Política

O Tropicana como um todo deverá ser inspecionado por zonas a cada semana. O gerente geral pode, na ocasião, retirar uma determinada zona da inspeção se ela tiver passado pela inspeção e obtido repetidos resultados de alta qualidade regularmente. A inspeção por ZONAS não substituirá as inspeções de supervisão departamentais, que ocorrem sempre que necessário.

Atribuição das Zonas

As seguintes zonas estão aqui estabelecidas, definidas e atribuídas para a pessoa que preencha a posição indicada para essa responsabilidade.

Zona 1: Área de governança e apartamentos (veja o formulário de inspeção).

Gerente responsável: governanta executiva.

A zona 1 inclui a inspeção de 14 apartamentos (3 no prédio 3000, 3 no prédio 4000, 3 no prédio 5000 e 5 na torre), todas as áreas públicas dos jardins do prédio e a torre acima do mezanino, com suas respectivas áreas de serviço; todos os elevadores de hóspedes e de serviço e o saguão do elevador (áreas de desembarque no saguão da torre e no piso do mezanino estão excluídas). Estão também incluídos nessa zona o escritório de governança, a rouparia e o estoque de uniformes.

Antes de inspecionar essa zona, o inspetor obterá as chaves dos apartamentos a serem inspecionados na recepção. A inspeção da zona 1 será monitorada, conduzida pela governanta executiva ou sua assistente.

Zona 2: Áreas públicas em geral (veja formulário de inspeção).

Gerente responsável: diretor de governança.

A zona 2 inclui todas as áreas públicas e banheiros públicos do primeiro andar e do mezanino (sem incluir a piscina e os jardins do prédio). A zona 2 também inclui os salões Plaza e Monte Carlo, escritórios executivos e toda a área acarpetada marrom associada a esses escritórios e o pavilhão de esportes.

Zona 3: cozinha, área de preparo de alimentos, recebimento, serviço e áreas de descarte (veja formulário de inspeção).

Gerente responsável: gerente administrativo.

A zona 3 inclui todas as áreas de cozinhas, serviço de alimentos (menos a associada ao serviço de restaurante), dispensas, geladeiras, congeladores, açougue, padaria, copas, área de recebimento, áreas de remoção de lixo, compactador de lixo, latão e áreas externas adjacentes a estas.

Zona 4: Restaurantes e *lounges* (veja o formulário de inspeção).

Gerente responsável: diretor de alimentos e bebidas/gerente de áreas públicas.

Esta zona inclui todas as áreas de alimentos e bebidas vistas pelo público e todas as áreas de serviço imediatamente adjacentes a elas, sem incluir a cozinha. Inclui as áreas de alimentos e bebidas do Country Club e o refeitório dos funcionários.

Zona 5: Parte externa do prédio e pisos (veja formulário de inspeção).

Gerente responsável: superintendente de piso, gerente do Country Club, gerente de manutenção, conforme apropriado.

Essa zona inclui uma avaliação das superfícies exteriores de todas as estruturas, sinais de envelhecimento, painéis, estacionamentos, gramados, piscina e seu respectivo *deck*, entrada principal, iluminação exterior e parte externa das instalações do Country Club.

Zona 6: Áreas de manutenção e serviços gerais (veja formulário de inspeção).

Gerente responsável: diretor de instalações.

Essa zona inclui todo o espaço térreo não mencionado anteriormente, como oficinas de manutenção.

Inspetores das Zonas

Haverá oito inspetores chefes e tantos assistentes quantos forem designados nesse procedimento.

Incumbidos para tais cargos, os assistentes conduzirão inspeções quando solicitado pelos inspetores chefes. Os inspetores chefes são responsáveis por assegurar que as inspeções semanais sejam conduzidas e revisarão os relatórios de inspeção antes de seu envio para o escritório executivo. Para a realização das inspeções por zona, as pessoas designadas como inspetores assistentes estão sob a responsabilidade do inspetor chefe indicado acima de seu nome. Em geral, os inspetores assistentes são designados o mais próximo possível da estrutura organizacional. Exceções a essa regra têm sido feitas a fim de equilibrar as unidades de inspeção para que um grupo de inspetores assistentes não seja mais cobrado do que outro. Os inspetores chefes assegurarão que um rodízio justo e constante de inspetores aconteça; eles mesmos deverão conduzir inspeções periodicamente. Além disso, eles devem acompanhar seus inspetores assistentes com o objetivo de treiná-los.

Inspetores Chefes	**Inspetores Assistentes**
Vice-presidente de operações do hotel	Gerente do hotel
	Gerente de hospedagem
	Gerente executivo assistente
	Governanta executiva
	Gerente de reservas
	Todos os gerentes assistentes
	Gerente de crédito
	Gerente de atendimento ao hóspede
Diretor de alimentos e bebidas	*Chef* executivo
	Gerente de *buffet*
	Gerente de banquetes
	Assistente do *chef* executivo
	Steward
	Gerente do teatro Tiffany
	Gerente do *room service*
	Gerente do Summerfield's
	Gerente do salão Gourmet
	Chefe de caixa
	Gerente do Lord Bryon
	Supervisores de alimentos e bebidas
Vice-presidente de *marketing*	Diretor de vendas
	Diretor de relações públicas
	Diretor de entretenimento
	Todos os gerentes de vendas
	Diretor de propaganda e promoções
	Diretor de análise de mercado
Vice-presidente de operações do cassino	Gerente assistente do cassino
	Gerentes de turno
	Gerente de Baccarat
	Gerente de turno de Baccarat
	Chefes de áreas de "21"
	Chefes de áreas de Baccarat
	Chefe de áreas de dados
Vice-presidente, máquinas caça-níqueis	Gerente assistente de caça-níqueis
	Gerente de turno
	Gerente de Keno
	Gerente assistente de jogos
	Gerente do salão de carteado
	Diretor de *marketing* do cassino
Vice-presidente de finanças	*Controller*
	Controller assistente do cassino
	Controller assistente do hotel
	Analista financeiro
	Gerente de processamento de dados
	Gerente de cabine do cassino
	Gerente de crédito do cassino
Vice-presidente de prevenção de perdas	Chefe de vigilância
	Chefe de segurança
	Diretor de pessoal
	Assistente do diretor de pessoal
	Diretor de compras
	Gerente do Country Club
	Assistente administrativo do gerente geral
Diretor de instalações	Gerente de áreas públicas
	Gerente de manutenção
	Assistente do gerente de manutenção
	Gerente de eventos
	Diretor de *catering* e eventos
	Operador chefe de PABX

Escala de Horário

Uma escala de rodízio dos oito inspetores principais entre as seis zonas será feita semanalmente, mantida pela secretária executiva (veja o formulário de escala no Apêndice H). Depois que o inspetor principal tiver sido escalado, ele pode, então, delegar para um dos assistentes a tarefa de executar a inspeção de fato. Contudo, o inspetor principal é responsável por garantir que a inspeção seja conduzida adequadamente e revisará os relatórios com antecedência, antes de entregá-los.

Procedimentos (Administração e Acompanhamento)

1. A secretária executiva providenciará para cada inspetor chefe uma pasta para a zona apropriada nas reuniões de quarta-feira. Esta pasta conterá um formulário de inspeção em branco para a devida zona e uma cópia da inspeção realizada na semana anterior.
2. A inspeção de zona pode então ser conduzida a qualquer momento depois da reunião, desde que antes das 16h de quinta-feira.

3. Os inspetores chefes revisarão os resultados conforme necessário e farão duas cópias do formulário de inspeção concluído.
4. Os inspetores não devem hesitar em fazer sugestões para a melhoria da segurança, serviço e aparência e não devem se ater apenas ao Guia de Inspeção. Imaginação e criatividade serão a base para melhorias e planejamento futuro.
5. As inspeções da zona 1 serão conduzidas com acompanhantes.
6. Qualquer apartamento da zona 1 marcado como insatisfatório deve ser colocado fora de uso até que se corrija essa condição.

Procedimento dos Gerentes Responsáveis

Após receber do inspetor chefe a cópia do relatório de inspeção de sua zona, os gerentes responsáveis tomarão providências e irão informá-las conforme os códigos a seguir. A providência tomada em relação a um item relatado no formulário de inspeção como deficiente deve ser anotada no espaço destinado com o uso dos seguintes códigos:

CORR	Corrigido
LMP	Limpo, agora dentro dos padrões do Tropicana
OS (____)	Ordem de serviço (número) preparada e encaminhada. Executada em (data)
OSA (____)	Ordem de serviço anterior (número), conclusão esperada para (data)
REP (____)	Reparado (data), agora dentro dos padrões do Tropicana
IC	Item de capital sujeito à aprovação de orçamento
ICA (____)	Orçamento aprovado, execução agendada para (data)
X (____)	Item não corrigido (baixa prioridade), conserto esperado em (data)

1. Apartamentos marcados como INSAT devem ser bloqueados até que se corrija a condição insatisfatória.
2. O gerente responsável deve enviar o acompanhamento para o escritório executivo antes do meio-dia da terça-feira seguinte.
3. Os inspetores chefes entregarão o original e uma cópia do formulário de inspeção para a secretária executiva.
4. Os inspetores entregarão a segunda via dos resultados de inspeção em mãos e revisarão pessoalmente, se necessário, com o gerente responsável pela zona inspecionada, antes do meio-dia de sexta-feira.
5. A secretária executiva entregará o formulário de inspeção original para o gerente geral, que fará os comentários necessários e enviará o original para o vice-presidente de operações. O vice-presidente de operações também comentará e encaminhará o original para o gerente do hotel.
6. A secretária executiva colocará a outra cópia do relatório de inspeção na pasta daquela zona, com um novo formulário de inspeção para a próxima inspeção.
7. O gerente responsável tomará providências e fará comentários, se necessário, na cópia de inspeção que recebeu do inspetor chefe. Essa cópia da inspeção será encaminhada para o escritório até a terça-feira da semana seguinte, no máximo. Ela será revisada pelo gerente do hotel, que preparará críticas mensais sobre os itens que não estão sendo corrigidos em um tempo razoável, indicando os motivos.
8. Os resultados da inspeção e as críticas formarão uma base parcial para as avaliações de desempenho.

Procedimentos de Inspeção

Inspetores

1. Inspetores selecionados aleatoriamente a cada duas semanas ajudarão a dar um "novo olhar" em áreas nas quais os mesmos olhos, semana após semana, podem permitir que os padrões se deteriorem. O que pode ser pequeno em uma semana pode tornar-se grande após algum tempo, e muitas coisas passam despercebidas por serem familiares.
2. Os inspetores devem anotar as deficiências nos relatórios da semana anterior e devem, pessoalmente, anotar se essas falhas foram corrigidas. Se não foram, elas serão registradas novamente e repetidas no formulário de discrepância.

Conclusão

Os inspetores e gerentes responsáveis são a chave para todo o programa de inspeção. O programa de inspeção por zonas é apenas uma ferramenta gerencial que pode simplificar procedimentos na medida em que eles se tornam rotina. Trabalhando em equipe, o inspetor e o gerente responsável podem produzir resultados e, como conseqüência, ambos merecerão crédito quando o sistema de inspeção por zonas funcionar tranqüilamente.

Cancelamento

Todas as instruções e memorandos previamente emitidos referentes à inspeção geral da propriedade são aqui cancelados. Essas instruções não têm como objetivo impedir que cada gerente inspecione suas áreas de responsabilidade ou tome providências apropriadas para corrigir falhas.

TROPICANA

RELATÓRIO DE INSPEÇÃO POR ZONAS

Zona 1

Área de governança e de apartamentos

Gerente responsável GOVERNANTA EXECUTIVA

Inspecionado por ____________________ Data/horário________________

A inspeção deve ser concluída antes de quinta-feira (16h) da semana agendada. Faça duas cópias. O original e uma cópia devem ser enviados para a secretária executiva até as 16h de quinta-feira. A segunda cópia será entregue para o gerente responsável por essa zona. Discuta conforme o necessário. O gerente responsável indicará a ação corretiva de acordo com o código correspondente (veja o procedimento básico). A cópia de acompanhamento deve ser enviada para o escritório executivo no máximo até a terça-feira seguinte.

Local	Satisfatório	Não inspecionado	Insatisfatório	Comentário	GER RESP ação corretiva
Escritório de governança					
Sala de uniforme					
Rouparia					
Garden rooms (3.000)					
Entradas e saídas					
Portas					
Corredores					
Elevadores de hóspedes					
Elevadores de serviço					
Paredes					
Carpetes					
Luzes					
Saídas de incêndio					
Sinalização de saída					
Detectores de fumaça					

Tropicana
Hotel and Country Club
Las Vegas, Nevada

GARDEN ROOMS
(3.000)

RELATÓRIO DE INSPEÇÃO DE UNIDADE HABITACIONAL			
Inspecionado por		UH número	
Camareira		Tipo	
Supervisora		Data da inspeção	
Condição	☐ Aceitável	☐ Aceitável com acompanhamento	☐ Inaceitável

OK	Quarto	Detalhes
	Eletricidade; controle de termostato	
	Interruptores, luzes, lâmpadas	
	Abajures, cúpulas, emenda da costura, lâmpadas	
	Fechaduras, adesivos	
	Trinco	
	Portas, ferragens, bordas	
	Teto e saída do ar condicionado	
	Paredes, pintura, papel de parede, vinil, murais, etc.	
	Cortinas e forros	
	Cortinas: pinos, cordões, molas, puxadores	
	Espelhos e quadros	
	Madeiras e decoração	
	Carpete	
	Janelas, trincos e para-peito	
	Mobília: cômoda, criado-mudo	
	Cadeiras e sofás	
	Cabeceiras, camas	
	Colchas, travesseiros e cobertores	
	TV, rádio, relógio	
	(2) cadeiras dobráveis	
	Cesto de lixo	
	Cartão "não perturbe"/solicitação "arrumar cedo"	
	Agenda telefônica, formulário de telegrama	
	Bloco de anotações, papéis de carta, caneta	
	Rol da lavanderia	
	Sacolas plásticas e *kits* de costura	
	Cardápios, cartões postais, etc.	
	Cinzeiros, fósforos	

LIMPEZA GERAL		
	Poeira	

OK	Banheiro	Detalhes
	Luzes, lâmpadas, interruptores e lâminas	
	Pia, penteadeira e banquinho	
	Torneiras, canos e tampas	
	Espelho	
	Banheira, *box* do chuveiro, rejuntes, barra de apoio	
	Azulejos de pisos e paredes	
	Toalhas	
	Tapete de borracha – tapetes	
	Porta-toalha cromado	
	Vaso sanitário e assento, descarga	
	Porta-papel higiênico	
	Chuveiro	
	Sabonete e saboneteira	
	Abridor de garrafa	
	Gancho da porta	
	Copos	
	Polidor de sapatos	
	Lenço de papel – recipiente	
	Banco do banheiro (não em todas as UH)	
	Encanamento debaixo da pia	
	Cesto de lixo	
	Paredes, vinil e pintura	
	Teto – exaustor	

OK	ARMÁRIO	DETALHES
	Cabides – plástico, madeira	
	Luz	
	Sacolas de lavanderia	
	Prateleiras	
	Trilho	
	Porta-bagagem	
	Teto, paredes, rodapés	
	Batente da porta	
	Portas – protetores contra impacto e dobradiças	

Observações e outros ____

____

____

____

Apêndice F
E Se...

"E se..." é um livreto disponível para os hotéis colocarem em cada unidade habitacional. É uma técnica excelente para educar os hóspedes sobre o que fazer em caso de incêndio.

Este material foi reproduzido com permissão do proprietário dos direitos autorais, James H. Barry Co., de São Francisco, Califórnia. Não pode ser reproduzido sem autorização por escrito. (Os livretos podem ser solicitados escrevendo para: James H. Barry Co., 170 S. Van Ness Ave., San Francisco, CA 94103).

E se...?

Nome do seu hotel
Cidade

E se...?

E se...
você estiver em um incêndio?

Provavelmente isso não acontecerá. Você está em um prédio que foi construído de acordo com os mais modernos códigos de incêndio e que oferece proteção considerável contra tais ocorrências. As suas chances de estar envolvido em um incêndio aqui são de uma em mil.

Mas suas chances são ainda menores se você entender antecipadamente o que fazer em caso de incêndio. Inúmeras pessoas são desnecessariamente feridas em incêndios por *não* entender o que fazer.

Este livreto lhe dirá o que fazer e requer apenas três minutos para ser lido. Aumente suas chances: por favor, leia-o.

Andrew C. Casper
Presidente do Conselho de Visitantes
Academia Nacional de Incêndio
Administração de Incêndio dos Estados Unidos

E se... você acabou de chegar?

Aprenda onde estão as saídas de emergência... antes de entrar pela primeira vez em seu apartamento, olhe para a direita e para a esquerda da porta e localize pelo menos *duas* saídas.

Ande até as saídas... para ajudar a lembrar-se de suas localizações, ande até cada saída partindo do seu apartamento.

Conte as portas no caminho... escolha uma parede e, conforme anda para cada saída, conte as portas dessa parede que estiverem pelo caminho entre a saída e seu apartamento. Isso lhe ajudará a lembrar a distância e a localização das saídas – e também pode ajudar no caso de você ter que encontrar uma saída quando estiver escuro ou enfumaçado.

Encontre alarmes e extintores... localize e ande até o alarme e o extintor de incêndio do seu andar.

Encontre o interruptor do ar-condicionado... no seu próprio quarto, aprenda como desligar o sistema de ar condicionado. Dessa maneira, em caso de incêndio, você pode evitar que a fumaça seja levada para dentro de seu quarto.

E se...
você encontrar um incêndio?

Aperte o alarme de incêndio mais próximo... se você encontrar um incêndio em seu apartamento ou em outro lugar, acione o alarme.

Feche as portas corta-fogo... se possível, feche as portas ao redor da área do incêndio, para evitar que o fogo se espalhe.

Ligue para a gerência para pedir ajuda... telefone imediatamente para a recepção ou gerência para comunicar o incêndio. Se não conseguir encontrá-los, não hesite em telefonar para os bombeiros – esse número está na primeira página de todos os catálogos telefônicos.

Apague apenas incêndios muito pequenos... use um extintor de incêndios se o incêndio for pequeno.

Fuja de grandes incêndios... se possível, saia do prédio se o incêndio não for pequeno.

Sempre pegue a chave do seu apartamento... antes de tentar sair, certifique-se de pegar a chave de seu quarto. Uma dica: se possível, passe a chave ao redor da sua cintura com um elástico de borracha.

Mantenha a calma... não tenha pressa, mantenha-se calmo e *pense.* O perigo é quase sempre menor do que você imagina.

E se... você ouvir um alarme no seu apartamento?

Pegue a chave de seu apartamento... se estiver no seu apartamento, encontre sua chave. Novamente, se possível, passe a chave ao redor da sua cintura com uma tira de borracha.

Sinta o calor das portas antes de abri-las... com sua mão, teste a porta de acesso ao corredor para sentir se está fria ou quente.

Abra a porta cuidadosamente se estiver fria... se a porta para o corredor estiver fria, abra-a cuidadosamente, procurando por fumaça. Se houver fumaça densa do lado de fora, feche a porta rapidamente e permaneça no apartamento.

Saia se não houver fumaça do lado de fora... se o corredor tiver pouca ou nenhuma fumaça, dirija-se para a saída mais próxima.

Apóie-se na parede enquanto sai... enquanto estiver indo para a saída mais próxima, mantenha-se próximo às paredes. Se estiver escuro ou enfumaçado, conte o número de portas para a saída e vá tateando as paredes conforme você anda.

Saia com cuidado... teste a temperatura da porta de saída antes de abri-la e, novamente, verifique se há fumaça densa na escada. Se a escada estiver segura, desça para a rua.

Evite elevadores... em caso de incêndio, nunca use elevadores para saídas de emergência.

Mantenha a calma... não tenha pressa, mantenha-se calmo e *pense.* O perigo é quase sempre menor do que você imagina.

E se... suas saídas estiverem bloqueadas?

Volte para o seu apartamento... se as escadas começarem a ficar com fumaça densa e a sua saída se tornar insegura, volte para o seu quarto se possível – é o lugar mais seguro para você.

Ou vá para o telhado... se você não puder voltar das escadas para seu apartamento, suba para o telhado. Lá você poderá esperar o incêndio ser controlado ou ficar em posição favorável para um possível resgate de helicóptero.

Mantenha a calma... não tenha pressa, mantenha-se calmo e *pense*. O perigo é quase sempre menor do que você imagina.

E se... você não puder deixar seu quarto?

Fique lá... se não puder sair, seu apartamento é o local mais seguro para ficar.

Desligue o ar-condicionado... para evitar que a fumaça seja levada para dentro do seu quarto, desligue seu sistema de ar condicionado.

Coloque panos molhados debaixo da porta... toalhas, lençóis ou cobertores molhados podem impedir que a fumaça entre pela fresta da porta.

Bloqueie as entradas de ar com panos molhados... isso também impede a fumaça de entrar.

Retire todas as cortinas da janela... no caso de o fogo poder entrar pela janela, não deve haver nenhum tecido por perto.

Encha a banheira... mantenha muita água na banheira e tenha cestos de lixo ou baldes de gelo por perto para carregar água. Assim você pode rapidamente umedecer novamente os panos molhados que estão mantendo a fumaça fora.

Telefone e dê sua localização... ligue para a recepção ou gerência e diga-lhes sua localização. Se não conseguir encontrá-los, não hesite em contatar os bombeiros – o número está na primeira página de todos os catálogos telefônicos.

Mantenha a calma... não tenha pressa, mantenha-se calmo e *pense.* O perigo é quase sempre menor do que você imagina.

E se...
nada nunca
acontecer com você?

Como Andrew C. Casper disse no início, provavelmente nada acontecerá.

Se você nunca teve uma experiência ruim com fogo, há várias razões para isso. Talvez porque esse prédio tenha sido extremamente bem planejado para evitar a propagação de um incêndio. Ou talvez porque você e todos os outros hóspedes deste hotel foram cuidadosos ao não fumar na cama ou esvaziar cinzeiros nos cestos de lixo.

Ou talvez seja porque você tenha compreendido este livreto. Nós sinceramente esperamos que sim.

Thomas T. Nyhan
Educador Público para Prevenção de Incêndios
Departamento de Prevenção de Incêndio
Departamento de Bombeiros de São Francisco

Apêndice G
Holiday Hospitality Corporation – Diretrizes e Instruções para Treinamento de Prevenção contra Perdas: Plano de Ação de Emergência

A Holiday Hospitality Corporation, como parte de sua preocupação com a segurança e prevenção de perdas, oferece bons treinamentos e diretrizes de treinamento para seus gerentes com o objetivo de que as áreas de proteção e segurança sejam trabalhadas com profissionalismo. Esse apoio ao treinamento também está disponível para os franqueados, que podem utilizar o original ou tomá-lo como um guia para escrever suas próprias políticas e diretrizes. Este apêndice tem três partes:

- A primeira parte contém instruções específicas para o **treinamento de pessoal de governança**, no que diz respeito ao controle de chaves, procedimentos de proteção e segurança e uso da sinalização "não perturbe".
- A segunda parte, que trata do **controle de chaves**, é um resumo do manual de política de controle de perdas.
- A terceira parte apresenta partes representativas do **Plano de Ação de Emergência** da Holiday Hospitality Corporation. Este plano contém diretrizes relativas à Proteção e Prevenção de Incêndio. O plano é usado nos hotéis da empresa e está disponível para os franqueados como um guia de administração da segurança e proteção. Observe a quantidade de detalhes e formalização desses procedimentos. O espaço disponível impossibilita a reprodução total do plano de ação de emergência. Outros tópicos cobertos pelo plano, mas não citados aqui, são: morte de um hóspede, morte de um funcionário, inundações, furacões/tufões, tornados, tempestades de inverno e distúrbios civis.

O apêndice termina com um cartão de informações para hóspedes que deve ser colocado em cada apartamento. Esse cartão pede aos hóspedes para que sejam cuidadosos com sua própria segurança (os hóspedes nunca devem ser iludidos com uma falsa sensação de segurança de modo a *abdicarem* de sua responsabilidade pela sua própria segurança).

Estendemos nossos agradecimentos à Holiday Hospitality Corporation por permitir a inclusão desse material no livro. Os procedimentos são protegidos pelos direitos autorais (1991) e não podem ser reproduzidos sem permissão prévia da Holiday Hospitality Corporation.

Parte Um: Procedimentos de Governança

Assunto

Controle de Chaves

A segurança das chaves é de importância crucial para hóspedes e funcionários. Penalidades severas podem ser pagas pelo hotel responsável por furtos ou assaltos diretamente relacionados a um mau controle das chaves. Quando a supervisão das chaves mestras é negligente, o acesso ao quarto dos hóspedes pode ser conseguido. Portanto, para proteger hóspedes e funcionários de ações criminais, cuidados especiais devem ser tomados para prevenir a perda ou o furto das chaves mestras.

Codificando a emissão de chaves

- Codifique todas as chaves mestras.
- Certifique-se de que todas as chaves sejam emitidas e entregues no escritório da governança.
- Certifique-se de que as informações abaixo estejam escritas na folha de controle de chaves:
  1. Data atual.
  2. Código da chave.
  3. Nome da pessoa para quem a chave será emitida.
  4. Assinatura da pessoa a quem a chave será emitida.
  5. Horário em que a chave for emitida.
  6. Iniciais da pessoa que emitir a chave.

Custódia das chaves

- Não permita que funcionários emprestem suas chaves uns aos outros. Tais empréstimos aumentam as chances das chaves serem perdidas ou roubadas e dificultam o rastreamento das chaves que estiverem faltando.
- Certifique-se de que todas as camareiras mantenham suas chaves consigo todo o tempo. As chaves nunca devem ser deixadas no carrinho ou em uma unidade habitacional: as camareiras devem manter as chaves presas consigo com uma tira de couro ou de outro material.
- Sempre que os funcionários deixarem a propriedade, mesmo que para intervalos para refeições, faça com que eles assinem a folha de controle de chaves.

Devolução das chaves

- Confira os dados das chaves devolvidas com os anotados, verificando o código da chave.
- Certifique-se de que a folha de controle de chaves está completa com as seguintes informações:
  1. Horário em que a chave foi devolvida.
  2. Assinatura do funcionário que devolveu a chave.
  3. Iniciais da pessoa que receber a chave.

Guardando as chaves

- À noite, guarde as chaves mestras e do almoxarifado em um armário seguro, trancado e preso à parede no departamento de governança ou no cofre destinado à governança na recepção.
- Mantenha o escritório da governança trancado durante a noite.
- Durante o dia, a chave mestra da governança e as chaves do armário e do departamento de governança devem ser mantidas com a governanta executiva.
- À noite, anote a entrega dessas chaves no livro de registro de chaves, na recepção, e coloque-as no cofre da governança.

Chaves dos apartamentos

- Pegue com as camareiras as chaves achadas nas unidades habitacionais que deram saída e devolva-as na recepção dentro de 1h a partir da hora do *check out*. Essas chaves devem ser mantidas num cofre no carrinho ou mantidas em posse da camareira até que sejam recolhidas pela governanta.

FOLHA DE CONTROLE DE CHAVES

Data 18 - 11 - 81 Página 1 de 1

Código da chave	Nome	Assinatura	Horário de retirada	Entregue por	Horário da devolução	Assinatura	Recebida por
A-3	Jean Simmons	Jean Simmons	7:30 a.m.	a.D.	3:30 p.m.	Jean Simmons	a.D.
A-4	Joanne Black	Joanne Black	7:30 a.m.	a.D.	3:30 p.m.	Joanne Black	a.D.
A-5	Lisa Schmidt	Lisa Schmidt	7:30 a.m.	a.D.	3:30 p.m.	Lisa Schmidt	a.D.
A-6	Ellen Hardy	Ellen Hardy	7:30 a.m.	a.D.	3:30 p.m.	Ellen Hardy	a.D.

Assunto

Procedimentos de Segurança e Proteção

O departamento de governança exerce um papel importante para a satisfação do hóspede, preparando e mantendo os apartamentos limpos e em ordem. Os funcionários da governança podem aumentar a satisfação do hóspede seguindo os procedimentos planejados para reduzir os riscos e melhorar a segurança. Além de proteger os hóspedes e suas posses, os funcionários também podem ajudar a proteger a si mesmos e a evitar que o hotel sofra perdas.

Proteção

- Todos os funcionários devem saber que atitudes tomar em casos de emergência. O plano de emergência do hotel deve ser discutido com todos os novos funcionários durante a integração e os procedimentos devem ser revistos periodicamente nas reuniões de departamento.
- Quando ocorrer uma emergência, as camareiras devem puxar seus carrinhos para dentro da unidade habitacional que estiverem limpando, evitando o bloqueio do corredor. Elas devem ter certeza de que não há ninguém no apartamento em que estiverem. As portas devem ser *fechadas* quando saírem para evitar que o fogo se espalhe.

Riscos de incêndio:

- Os funcionários da governança nunca devem fumar nos apartamentos ou manter cigarros acesos nos carrinhos.
- Se os carrinhos precisarem ser guardados perto de equipamentos elétricos, devem ser colocados distantes o suficiente para permitir a circulação de ar e reduzir os riscos de incêndio.
- Ao final do dia, todos os corredores devem estar livres de roupas de cama e de banho, de lixo ou de outros materiais combustíveis.
- As calhas da lavanderia devem ser mantidas fechadas e trancadas.
- Os filtros das secadoras devem ser limpos, no mínimo, duas vezes ao dia. A área abaixo do filtro deve ser limpa sempre que necessário para remover o excesso de fios.

Ferimentos corporais:

- Ao misturar substâncias químicas, os funcionários da governança ou da manutenção devem sempre usar luvas e óculos de proteção.

Assunto

Procedimentos de Segurança e Proteção

- Os produtos químicos da governança não devem ser fornecidos para hóspedes sob nenhuma circunstância, mesmo que eles peçam. Os hóspedes podem não seguir os procedimentos corretos ou as precauções necessárias para a utilização desses produtos e se ferir.
- As bandejas do *room service* deixadas nos corredores devem ser recolhidas ou a pessoa responsável deve ser avisada para recolhê-las o mais rápido possível.
- Todos os berços devem ser verificados quanto à estabilidade depois de terem sido montados para os hóspedes.
- Cabeceiras e criados mudos afixados à parede devem ser regularmente verificados quanto à sua estabilidade.
- Todas as tiras antiderrapantes da banheira devem ser checadas periodicamente.
- Deve-se tirar o pó das lâmpadas apenas com panos SECOS.
- O pessoal de governança deve evitar o uso de fios de extensão excessivamente longos. Quando os abajures dos quartos tiverem fios mais longos do que o necessário para alcançar a tomada, o fio deve ser encurtado ou enrolado sob a base da lâmpada.

Segurança

Ao limpar as unidades habitacionais:

- Todas as portas de conexão, janelas e portas de correr devem ser trancadas. Deve-se verificar se a porta do apartamento está trancada quando a camareira terminar a limpeza.
- As camareiras não devem permitir que ninguém entre na unidade habitacional que estejam limpando, a não ser que a pessoa tenha a chave.

Proteção pessoal e de propriedade:

- Os funcionários devem notificar a gerência *imediatamente* se virem pessoas vagando pela propriedade ou comportando-se de maneira questionável.
- As unidades habitacionais nunca devem ser deixadas com a porta aberta (incluindo as vagas ou em mudança).
- As unidades habitacionais nunca devem ser abertas para hóspedes que dizem estar trancados para fora; os hóspedes devem ser encaminhados à recepção para obter permissão para entrar no quarto com a explicação de que isso é para sua própria segurança.
- Todos os depósitos devem estar sempre trancados.
- Os carrinhos das camareiras não devem ser deixados sozinhos nos corredores; quando não estiverem sendo usados, devem ser colocados em um apartamento vago ou em um depósito.

Assunto

Sinalização de "Não Perturbe"

As unidades habitacionais com sinal de "não perturbe" deixados na porta devem ser investigadas pela gerência se este sinal estiver na porta por mais de 2h depois do horário esperado de saída. A camareira designada para limpar a unidade habitacional deve informar a existência do sinal para a governanta executiva. Isso deve ser registrado pela governança.

Essa prática não representa uma violação aos direitos de privacidade do hóspede. Ela é estabelecida para a proteção do hóspede, que pode estar doente ou impossibilitado de contatar a recepção se precisar de ajuda.

Procedimentos

NOTA: Se, em algum momento durante a verificação das unidades habitacionais, você encontrar o hóspede, desculpe-se por perturbá-lo. Explique que o hotel estava preocupado com seu bem-estar. Pergunte se o hóspede deseja que sua unidade habitacional seja arrumada.

1. Verifique com a recepção para ter certeza de que o hóspede não chegou tarde na noite anterior ou entrou pela manhã. Um hóspede que tenha chegado tarde na noite anterior ou cedo na mesma manhã pode estar dormindo e não deve ser incomodado. Deve-se planejar a limpeza dessa unidade habitacional para mais tarde durante o dia.
2. Tente contatar o hóspede pelo telefone.
3. Se não houver resposta, vá até o apartamento. Leve outro funcionário com você, no caso de necessitar de ajuda.
4. Bata à porta e diga em voz alta: "camareira".
5. Se não houver resposta, verifique se a trava interna está fechada.
6. Se a porta não estiver travada, abra a porta e identifique-se antes de entrar:
   - Se não houver ninguém no quarto e não houver nenhuma condição incomum que exija mais atenção, deixe o quarto como estiver. Feche a porta e deixe o sinal de "não perturbe" na maçaneta.
   - Se encontrar um hóspede doente ou inconsciente no quarto, chame socorro imediatamente.
7. Quando a porta estiver <u>travada</u> e o quarto não puder ser aberto por outra porta, informe o gerente de plantão para que se prossiga com investigações adicionais.

Parte Dois: Resumo do Manual de Política de Controle de Perdas

Controle de Chaves

É essencial para qualquer empreendimento estabelecer procedimentos de controle de chaves. Esses procedimentos devem incluir inventários regulares, guarda segura e substituição de fechaduras quando necessário.

Inventário de Chaves

Chaves departamentais: os chefes de departamentos devem fazer o inventário e listar todas as chaves de seus departamentos para poder conferi-las a qualquer momento.

Cópias de chaves de apartamentos, chaves sem programação e máquinas de fazer chaves: a contagem e custódia de todas as cópias de chave dos apartamentos, das chaves sem programação e das máquinas de fazer chaves devem ser de responsabilidade do chefe de manutenção do estabelecimento. Inventários das cópias das chaves dos apartamentos devem ser realizados a cada três meses e os resultados enviados para o gerente geral. No caso de falta de alguma chave, a fechadura do quarto deve ser trocada imediatamente.

Chaves dos cofres: todas as chaves dos cofres devem ser inventariadas a cada três meses.

Chaves das unidades habitacionais: sugere-se que os hotéis tenham, no mínimo, seis chaves para *cada* apartamento. Três das seis chaves permanecem na recepção para o uso do hóspede. As outras três chaves são mantidas em um armário trancado, na recepção. A chave desse armário permanece trancada em outro armário, sob controle de uma pessoa designada pelo gerente geral.

Mantenha uma lista das unidades habitacionais nesse armário. Conforme as chaves forem retiradas, seu número, a data e as iniciais da pessoa que as retiraram deverão ser anotadas próximo ao número da unidade habitacional correspondente. Quando três chaves de um determinado apartamento forem perdidas, uma solicitação escrita à manutenção deve ser feita para que a fechadura seja trocada antes que as três chaves restantes sejam perdidas. Nenhuma chave de unidade habitacional deve ser copiada sem que o cilindro ou o miolo seja trocado. Somente a pessoa responsável pela manutenção está autorizada a duplicar chaves.

As chaves não devem ter identificação na própria chave. A etiqueta deve ter o mínimo de identificação, no máximo o logotipo do Holiday Inn ou as palavras "Holiday Inn" e o número da unidade habitacional. Como medida de segurança, o Hotel não deve estar identificado pelo nome e endereço.

Chaves sem logotipos podem possuir o número da unidade habitacional. Neste caso, não seria possível identificar determinado hotel pela chave.

Quando um hóspede solicitar uma segunda chave alegando ter sido trancado para fora ou outra razão, pergunte seu nome, número do quarto e peça um documento. Quando nenhuma identificação puder ser fornecida no momento, o hóspede deve assinar seu nome para que a assinatura seja comparada com a do cartão de registro. Se a pessoa disser que é outro ocupante do quarto (como um membro da família), deve-se telefonar para a unidade habitacional. Se não houver resposta, o hóspede deve ser acompanhado até o quarto pelo GERENTE de plantão ou por um funcionário da recepção. A chave *não* deve ser dada ao hóspede até que alguma identificação seja feita. Em nenhum momento essa pessoa pode entrar sozinha no apartamento. Anote no devido relatório ou no cartão de registro as chaves adicionais emitidas.

Na hora da saída, o pessoal da recepção deve perguntar delicadamente aos hóspedes se todas as chaves foram devolvidas. Uma caixa trancada para entrega de chaves, devidamente identificada, pode ser colocada próxima à porta principal como um lembrete adicional aos hóspedes. Esvazie a caixa periodicamente e devolva as chaves recuperadas para a recepção.

Quando uma camareira encontrar uma chave no quarto de um hóspede que já tenha partido, ela deve guardá-la se não houver uma caixa lacrada no carrinho. Essas chaves devem ser entregues à governanta, que irá devolvê-las para a recepção. Chaves encontradas nas portas dos apartamentos por funcionários devem ser retiradas da fechadura e devolvidas para a recepção.

Segurança de Chaves

Chaves de emergência: a chave de emergência "E" deve ser guardada pelo gerente geral ou trancada no cofre de seu escritório. Uma segunda chave "E" deve ser mantida na recepção para uso em emergências. Ela deve ser mantida em local seguro, como um cofre ou armário fixado na parede. Essa chave pode ser liberada quando o registro de controle de chaves for assinado e é para uso do assistente de gerência geral ou de pessoa designada da gerência.

Cópias de chaves mestras: as cópias das chaves do almoxarifado, chaves mestras e grã-mestras, bem como das chaves reservas dos cofres da administração, devem ser mantidas trancadas no cofre do escritório do gerente geral.

Cópias de chaves das unidades habitacionais: as cópias das chaves das unidades habitacionais e as chaves não programadas devem ser mantidas trancadas dentro de um claviculário de metal fixo na parede, que tenha dobradiças que não possam ser removidas. O quadro deve ficar trancado quando não estiver em uso e a chave deve ser removida do trinco. Tanto o claviculário quanto a máquina de fazer chaves devem estar em um local seguro no departamento de manutenção.

Se miolos removíveis são utilizados, os miolos reservas com suas respectivas chaves devem também ser mantidos no mesmo claviculário. Somente o gerente geral e o gerente de manutenção e seu assistente devem ter as chaves do claviculário.

Chaves de cofre sem utilização: essas chaves podem ser mantidas em uma bandeja de chaves dentro de um cofre, com acesso para os funcionários da recepção para que possam entregar chaves para hóspedes. A chave de controle de cofre do hotel não pode ser deixada em qualquer cofre. Ela deve ser guardada em um local seguro, que esteja sob controle do chefe de cada turno e inacessível a pessoas não autorizadas.

Miolos removíveis e chaves de controle: miolos reservas com suas respectivas chaves devem ser guardados no cofre do gerente geral. Eles podem ser usados na substituição imediata para uma seção de apartamentos cuja chave mestra tenha sido perdida, roubada ou comprometida.

> NOTA: se uma chave mestra, grã-mestra, de controle ou de emergência for perdida, roubada ou comprometida, telefone para o Departamento de Prevenção de Perdas e aumente a freqüência das patrulhas de segurança.

Chaves de controle reservas também devem ser guardadas no cofre do gerente geral. As chaves devem ser colocadas em um envelope lacrado e o gerente geral deve assinar na aba do envelope antes de colocá-lo no cofre.

Uma chave controle também deve ser mantida pelo gerente geral em claviculário trancado ou no mesmo local que as demais chaves importantes sob sua custódia. Se necessário, a chave controle pode ser entregue ao gerente de manutenção para a troca de fechaduras. A saída dessa chave deve ser assinada e seu retorno registrado no livro de registro de chaves. Quando não estiver em uso, ela deve ser mantida sob o controle do gerente geral.

Controle de Chaves Individuais

Chaves do gerente geral: são guardadas com o gerente geral e trancadas no cofre do escritório quando ele deixa o hotel.

Chaves do assistente do gerente geral e do gerente de alimentos e bebidas: devem ser guardadas pelo assistente do gerente geral.

Quando o assistente do gerente geral deixar o hotel, as chaves devem ser trancadas no quadro de chaves do escritório do departamento de alimentos e bebidas e o escritório também deve ser trancado.

Se não houver um quadro de chaves disponível no escritório de alimentos e bebidas, as chaves devem ser trancadas em um cofre cuja chave deve ser guardada pelo gerente de alimentos e bebidas. O gerente geral também deve ter a chave do cofre para poder abri-lo em caso de emergência.

Chaves do assistente do gerente de alimentos e bebidas: devem ser guardadas em um quadro de chaves trancado no escritório do departamento de alimentos e bebidas, sob a supervisão do gerente de alimentos e bebidas. Se não houver um quadro de chaves disponível no escritório, as chaves devem ser guardadas em um cofre separado na recepção.

Chaves da governanta/camareiras: devem ser guardadas em um quadro de chaves de metal afixado em uma parede no escritório do departamento. O quadro deve permanecer trancado quando não estiver em uso. Depois do horário de trabalho, o quadro e o escritório devem ser trancados. As chaves do escritório e do quadro devem ser guardadas pela governanta executiva e por sua assistente. Um conjunto de chaves para emergências deve ser guardado no cofre do gerente geral.

Chaves mestras são emitidas diariamente para o pessoal da governança e sua custódia é registrada pela governanta executiva. Cada chave deve ser codificada e o código deve ser registrado no controle diário de chaves da governança. Um exemplo desse formulário é mostrado no modelo 1, "Formulário para Controle de Chaves", a seguir.

Os funcionários da governança devem carregar as chaves das unidades habitacionais afixadas em seus uniformes por cordas, chaveiros, fitas ou outro meio aceitável para evitar perdas ou furtos. Essas chaves são devolvidas diariamente para a governanta para serem guardadas em local apropriado, duplamente trancado, dentro do departamento de governança; ou são trancadas em um cofre privativo na recepção. A governanta e sua assistente devem, cada uma, guardar uma chave de acesso.

Quaisquer chaves utilizadas após o horário regular de trabalho devem ser colocadas dentro de um envelope selado e marcado com as iniciais da pessoa que devolver as chaves. As iniciais devem ser escritas na aba do envelope para que ele não seja violado sem que se perceba. Esse envelope é, então, entregue na recepção e colocado na caixa de entrega.

Chaves da manutenção: o gerente de manutenção deve manter as chaves do departamento de manutenção em um quadro de metal trancado, afixado na parede do escritório do departamento. O quadro deve ser trancado quando não estiver em uso. Depois do horário regular de trabalho, tanto o quadro como o escritório devem ser trancados. As chaves do escritório e do quadro devem ser guardadas pelo engenheiro chefe e seu assistente. Um conjunto de chaves deve ser guardado no cofre do gerente geral para o caso de uma emergência.

Todas as chaves mestras da manutenção são entregues diariamente pelo engenheiro chefe para os membros da equipe de manutenção. Essas chaves devem ser afixadas aos seus uniformes ou cintos de maneira apropriada e segura. Ao final do dia, as chaves devem ser devolvidas para o cofre ou para o local adequado, duplamente trancado, no departamento de manutenção.

Quaisquer chaves usadas após o horário regular de trabalho devem ser colocadas dentro de um envelope selado e marcado com as iniciais da pessoa que devolver as chaves. As iniciais devem ser escritas na aba do envelope para que ele não seja violado sem que se perceba. Esse envelope é, então, entregue na recepção e colocado na caixa de entrega.

Chaves do bar: um conjunto de chaves do bar deve ser entregue ao *barman* sênior do primeiro turno para permitir que o salão seja aberto e dar acesso para o estoque de bebidas alcoólicas, cervejas geladas e vinhos. As chaves devem ser passadas para o atendente de bar sênior de cada turno, com o turno de fechamento assinando a devolução das chaves e colocando-as no cofre.

Chaves da cozinha: um conjunto das chaves necessárias para o dia é retirado da recepção pelo *chef* do primeiro turno. Depois disso ela é passada de *chef* para *chef* e, quando a cozinha fecha, é colocada no cofre, assinando-se sua devolução. Esse procedimento se aplica apenas aos locais utilizados diariamente no trabalho, não para os *freezers* ou armários contendo produtos de maior valor (controlados pelo gerente de alimentos e bebidas).

Chaves de cofres de hóspedes e dos caixas correntistas: devem ser guardadas em um cofre que só possa ser aberto por duas chaves.

Uma chave do cofre é emitida para cada caixa correntista em seus respectivos turnos. Um recibo deve ser assinado por cada funcionário e colocado em seus arquivos. As chaves devem ser devolvidas na hora de saída do funcionário.

A chave mestra do cofre do hotel é controlada pelo chefe de turno da recepção. Sempre que um cofre de hóspede for removido ou devolvido, a chave do caixa correntista e a chave mestra devem ser usadas juntas para abrir e fechar o cofre.

Um registro deve ser mantido pelo chefe de turno cada vez que o cofre for aberto. O registro deve mostrar o seguinte:

- Data e hora em que o cofre foi aberto.
- Assinatura do caixa correntista.
- Assinatura do chefe de turno da recepção.

Chaves de cofres de hóspedes: são guardadas pelos próprios hóspedes que alugaram um cofre da recepção. Não devem existir cópias de chaves de cofres destinados a hóspedes. As chaves dos cofres que não estejam sendo utilizados devem ser guardadas em um cofre trancado, com acesso restrito aos recepcionistas que estiverem trabalhando.

Chaves da segurança: um conjunto de chaves submestras é retirado da recepção e levado pelo segurança do primeiro turno, devendo ser passado para o próximo turno de maneira adequada. Essas chaves devem ser devolvidas na recepção e sua devolução assinada. Em caso de segurança contínua, as chaves submestras devem ser retiradas pelo chefe de segurança e guardadas no departamento de segurança. Elas devem ser inventariadas mensalmente para garantir a integridade do sistema de controle de chaves.

Nenhuma chave do hotel deve deixar a propriedade, com exceção da chave da entrada do escritório ou da chave de acesso a cofres privativos da recepção.

Cópias de Chaves

Qualquer solicitação de cópia de chaves de almoxarifado, sub-mestra, mestra ou grã-mestra deve ser submetida por escrito ao gerente geral, que revisará minuciosamente o pedido antes de conceder a aprovação. A aprovação deve ser por escrito. Se a chave estiver quebrada, as partes quebradas devem ser enviadas ao gerente geral para comparação com a mestra. Se a chave foi perdida, as circunstâncias sob as quais ela foi perdida (como, onde e quando) devem ser discutidas para determinar a necessidade de troca das fechaduras que poderiam ser abertas pela chave perdida.

Quando três chaves reservas de unidades habitacionais forem colocadas em uso, uma solicitação deve ser feita para que a fechadura do quarto seja trocada antes que todas as chaves restantes sejam perdidas. Quando a fechadura é trocada, seis chaves para a fechadura substituta devem ser disponibilizadas. As chaves remanescentes da fechadura original serão retiradas pela manutenção na recepção. Nenhuma cópia adicional deve ser feita, pois resultará em atraso na troca da fechadura da porta de uma unidade habitacional.

Se a fechadura é trocada enquanto os ocupantes da unidade habitacional estiverem ausentes, um aviso indicando a troca deve ser colocado na fechadura do lado de fora da porta. Esse aviso pode ser escrito da seguinte maneira: "Fechadura trocada por procedimento de rotina da segurança. Por favor, obtenha uma chave na recepção." Os hóspedes das respectivas unidades habitacionais podem trocar sua chave por outra na recepção depois que tiverem sua identidade verificada. Hóspedes que estiverem em seus quartos podem, no momento da troca de fechaduras, trocar suas chaves com o funcionário da manutenção, mediante a entrega da chave anterior.

O gerente da manutenção e/ou pessoa designada são as únicas pessoas autorizadas a copiar chaves. Se uma pessoa não autorizada entrar na unidade habitacional, rotate the core.

Dois registros de controle de chaves devem ser mantidos pelo gerente de manutenção: um registro de cópias de chaves de unidades habitacionais e um registro de troca de cilindros e miolos. Esses registros devem ser mantidos de acordo com os procedimentos de controle de chaves.

Todos os registros de chaves, incluindo aqueles que mostram as chaves emitidas fora do horário, devem ser revistos mensalmente pelo gerente geral. Essa checagem deve revelar quaisquer padrões de acesso de pessoal ou uma fragilidade no programa de controle de chaves do hotel que precise de atenção. Os registros de controle de chaves devem ser retidos pelo período de tempo determinado por lei.

Modelo 1

FOLHA DE CONTROLE DE CHAVES

Data ____________ Página ______ de ____________

Código da chave	Nome	Assinatura	Hora da saída	Entregue por	Hora da entrada	Assinatura	Recebido por

Parte Três: Parte do Plano de Ação de Emergência da Holiday Hospitality Corporation

Lidando com os Sinais de "Não Perturbe"

Unidades habitacionais com sinal de "não perturbe" deixado na porta 2h depois do horário esperado para *check out* devem ser investigadas pela gerência, de acordo com os procedimentos existentes. Essa prática não tem o intuito de violar o direito de privacidade do hóspede, mas visa a proteger o hóspede, que pode estar doente ou incapaz de contatar a recepção. Antes de tomar qualquer atitude, os registros da recepção devem ser checados para verificar se o hóspede não chegou de madrugada, pois pode estar descansando e não deve ser incomodado.

A governanta (ou sua assistente) tentará contatar o hóspede por telefone. Se não houver resposta, uma dessas duas funcionárias, acompanhadas de um outro funcionário, deve ir a essa unidade habitacional. Devem bater à porta algumas vezes e anunciar "governança". Se ainda não houver resposta, o apartamento deverá ser aberto.

O quarto e o banheiro devem ser verificados para averiguar se o hóspede não está incapacitado de responder. Depois de certificar-se de que não há hóspede doente ou incapacitado, os funcionários devem deixar o quarto, tomando cuidado para que a porta seja adequadamente fechada e trancada. Uma mensagem deve ser deixada para o hóspede na recepção, avisando-o de que seu apartamento não foi arrumado, pois o sinal de "não perturbe" estava na porta. A luz de mensagem do telefone do quarto deve ser ativada, para avisar ao hóspede que contate a recepção para retirar essa mensagem. O hóspede deve ser informado de que toalhas limpas estão disponíveis se ele desejar.

Acidentes

Quando um hóspede sofrer um acidente no hotel, os seguintes procedimentos devem ser seguidos:

- Seja cortês e não discuta.
- Quando os ferimentos forem leves, preste os primeiros socorros, se possível. Se for necessária atenção especial, leve o hóspede de táxi ao médico ou hospital mais próximo.
- Quando o ferimento for grave, uma ambulância deve ser chamada e o indivíduo deve ser levado imediatamente para o pronto-socorro mais próximo.
- Não discuta as causas do acidente ou dê qualquer opinião.
- Corrija qualquer problema no local o mais breve possível
- Não discuta reembolsos ou os termos de acordo com o hóspede.
- Se necessário, contate seu advogado por telefone.
- Se o hóspede der entrada no hospital, faça um inventário, na presença de testemunhas, dos objetos pessoais deixados no quarto. Parentes que vierem reclamar esses itens devem assinar a lista de inventário como recibo pelos itens.
- Faça observações detalhadas a respeito da causa do acidente e da condição do hóspede (óculos grossos, fala ininteligível, cheiro de álcool e outros detalhes perceptíveis). Com permissão da gerência do hotel, fotografias da área onde ocorreu o acidente podem ser tiradas.
- Obtenha toda informação pertinente e preencha um relatório de incidentes e perdas.

Sinal para a Porta

PROCEDIMENTOS DE PROTEÇÃO E SEGURANÇA

Sua proteção e a segurança de seu patrimônio pessoal são as maiores preocupações da nossa equipe, que lhe dá boas vindas como nosso hóspede. Gostaríamos que considerasse as seguintes sugestões:

Cofres

NÃO DEIXE DINHEIRO OU OBJETOS DE VALOR EM SEU QUARTO. O hotel fornece cofres para seu uso em nossa recepção sem nenhuma taxa. De acordo com a lei estadual, o hotel não é responsável por perdas, a menos que os artigos tenham sido guardados adequadamente nesses cofres.

Fechaduras Duplas e Correntes

Para segurança adicional, ao entrar utilize a tranca existente em sua porta. Isso impedirá que a porta seja aberta por uma chave comum. Como precaução adicional, coloque a corrente de segurança na porta.

Visitas

Não permita a entrada de pessoas em seu quarto antes de identificá-las. Sua porta possui "olho mágico" para sua conveniência. Se houver alguma dúvida sobre a verdadeira identidade da pessoa, por favor, entre em contato com a recepção.

Chaves

Guarde sua chave. Não esqueça de deixá-la com o caixa quando partir. Não a deixe em seu apartamento ou na porta. Não dê sua chave para terceiros.

Fogo

Por favor, familiarize-se com a localização da escada de emergência mais próxima. Em caso de incêndio, dirija-se rápido, mas com calma, para as escadas. Evite o uso de elevadores. Informe a existência de fogo ou fumaça para a telefonista do hotel.

Esperamos que esses procedimentos contribuam para seu conforto e bem-estar durante sua estada em nosso hotel.

Holiday Inn®

PLANO DE AÇÃO DE EMERGÊNCIA – HOLIDAY INNS, INC.

A existência de um plano para a proteção dos hóspedes, funcionários e valores durante uma emergência deve ser parte fundamental de qualquer procedimento de operações de um hotel. Cada hotel deve preparar seus funcionários para colocar em prática o plano de emergência no instante em que ela ocorrer. As informações seguintes irão fornecer-lhe a base para o desenvolvimento de um plano de emergência para o seu hotel.

Metas

As metas de um plano de emergência são as seguintes:

1. Ajudar a garantir a segurança e o bem-estar de todas as pessoas no hotel que poderiam ser afetadas por um incêndio, desastre natural ou catástrofe provocada pelo homem, fornecendo procedimentos para a administração adequada do hotel durante uma emergência.
2. Assegurar um fluxo de informações precisas para os hóspedes do hotel, funcionários, público em geral e quaisquer pessoas diretamente afetadas pelo incidente.
3. Auxiliar na avaliação das causas de qualquer perda e da magnitude do prejuízo.
4. Assistir os funcionários do hotel no processo ordenado de: a) analisar a potencial responsabilidade da propriedade e da administração do hotel e de quaisquer terceirizados que pode advir de uma emergência; e b) iniciar procedimentos de recebimento de reclamações.
5. Perpetuar a longa permanência na liderança do mercado usufruída pela Holiday Inns Inc. no que diz respeito às áreas de prevenção de perdas e segurança de funcionários e hóspedes.
6. Auxiliar na avaliação de processos a favor ou contra o hotel no caso de perdas maiores.
7. Fornecer uma ferramenta para o treinamento de funcionários com relação às atitudes que devem ser tomadas no caso de uma emergência no hotel.

Planejamento de Contingência

A parte crítica de qualquer plano de emergência é a preparação que deve ser feita antes de uma emergência ocorrer. Os seguintes passos irão capacitá-lo para estar mais bem preparado para uma emergência.

1. Treinamento dos funcionários: o gerente geral é responsável pelo treinamento dos funcionários do hotel com relação a procedimentos de emergência. O treinamento deve ser conduzido semestralmente, para que funcionários já existentes estejam cientes de suas responsabilidades, novos funcionários sejam treinados e os recursos sejam mantidos atualizados. Se solicitado, os funcionários do Departamento de Prevenção de Perdas podem fornecer assistência no treinamento e desenvolvimento do plano de emergência.
   Para ajudá-lo a determinar as habilidades de seus funcionários, um Questionário de Habilidades dos Funcionários é mostrado no modelo 44. Copie esse formulário (uma cópia para cada pessoa do hotel) e peça que cada um preencha e devolva para a pessoa adequada. A informação que você coletar irá ajudá-lo a identificar aquelas pessoas que podem ser consideradas úteis no caso de uma emergência.
2. Recursos de emergência: no caso de uma emergência no hotel, serviços externos serão freqüentemente solicitados para atender às necessidades do hotel e de seus hóspedes. Uma lista completa desses recursos deve ser preparada com antecedência. A lista deve conter nomes, números de telefone e uma descrição dos serviços oferecidos. Serviços de suporte podem ser necessários quando apenas um dos contatados não for capaz de atender às necessidades emergenciais. É importante que cada serviço externo seja contatado para garantir que a solicitação seja atendida, sendo o hotel capaz de obter os serviços e equipamentos necessários. Um exemplo de lista de recursos é mostrado no modelo 45.
   Além disso, você deve manter uma lista atualizada dos gerentes da empresa proprietária do hotel que devem ser contatados no caso de uma emergência. Um exemplo dessa lista é mostrado no modelo 46.
3. Relações com as autoridades locais: a gerência do hotel deve estabelecer uma relação funcional com as autoridades locais que atenderão às emergências do hotel. O hotel deve saber o nome de pessoas dos órgãos públicos que possam ajudar a coordenar os esforços de segurança empreendidos pelo hotel.

No caso de uma grande emergência, autoridades locais e estaduais podem tomar o controle do hotel durante um período após a emergência. Seus esforços, antes de uma emergência, em trabalhar com as suas autoridades locais, ajudarão a assegurar que as políticas e procedimentos do hotel sejam seguidos.

4. *Check list* de emergências: cada gerente de departamento deve ter uma lista de atitudes que deverá tomar no caso de uma emergência. Exemplos de *check lists* para cada departamento são mostrados no modelo 47. Você deve acrescentar a essas listas mapas do hotel identificando os controles de fornecimentos dos serviços de utilidade pública, pontos de junção e quaisquer outras áreas ou pontos de importância.
Usando essas listagens como um recurso, os gerentes dos departamentos devem ser treinados por meio de tarefas práticas de treinamento para familiarizarem-se com suas respectivas responsabilidades durante e imediatamente após uma emergência. Os gerentes de departamento devem delegar responsabilidades específicas em suas listas para seus empregados e treiná-los para elas.
5. Treinos e avaliações: o treinamento de emergência de incêndio deve ser conduzido mensalmente em todo o hotel, em cada turno. Treinamentos de todas as outras partes do plano de emergência devem ser conduzidos semestralmente ou com maior freqüência. A gerência do hotel deve fazer uma análise critica das atitudes dos empregados nesses treinamentos, a fim de avaliar e corrigir o plano de emergência do hotel.
6. *Kit* de emergência: um *kit* de emergência deve ser guardado na recepção com suprimentos que permitirão à gerência do hotel realocar funcionários e hóspedes depois de uma emergência. Esse *kit* deve conter:

    - Etiquetas de identificação dos hóspedes (modelo 48).
    - Lista de identificação dos hóspedes (modelo 49).
    - Várias canetas.
    - Blocos de anotação.
    - Pastas de arquivos.
    - Clipes de papel.

    As etiquetas de identificação dos hóspedes são usadas para identificar as vítimas que estão sendo levadas para o hospital. Elas devem ter espaço para registrar o nome e o número do apartamento da vítima e o nome da instituição médica para qual a pessoa está sendo transferida. A etiqueta deve ter duas partes: uma deve ser colocada na roupa da vítima e a outra deve ser guardada pelo gerente geral do hotel para contabilizar e identificar a localização atual das vítimas. Um exemplo dessa etiqueta é mostrado no modelo 48.
    A lista de identificação dos hóspedes mostrada no modelo 49 deve também ser usada para manter atualizada a localização de todos os hóspedes que estavam no hotel no momento da emergência. Ela deve conter o nome do hóspede, o número da unidade habitacional na qual o hóspede está registrado, o nome do local para o qual o hóspede foi transferido e se foi para uma instituição médica ou um alojamento alternativo.
7. Treinamento e suprimentos de primeiros socorros: funcionários selecionados devem ser treinados com antecedência nos procedimentos de primeiros socorros. Esse treinamento deve ser constantemente atualizado. Um *kit* básico de primeiros socorros deve ser guardado com todos os suprimentos necessários.
8. Plano de transporte: no caso de uma emergência, talvez seja necessário supervisionar a evacuação e remoção dos hóspedes. Os planos devem ser feitos com antecedência para que seja possível obter transporte suficiente caso seja necessário remover pessoas. Agências governamentais que possam fornecer transporte devem ser listadas na lista de recursos.
9. Plano de alojamento: organizações devem ser contatadas como locais potenciais para levar hóspedes que precisem ser retirados do hotel no caso de uma emergência. Por exemplo, você pode ter um acordo de auxílio mútuo com um hotel próximo. Essas organizações também devem ser incluídas na lista de recursos.
10. Revisão do Plano de Emergência: seu plano deve ser revisto pelo comitê de prevenção de perdas do seu hotel a cada três meses e qualquer mudança necessária deve ser feita. O gerente geral ou executivo sênior deve verificar se o plano foi revisado. Um exemplo de lista de verificação do plano é mostrado no modelo 50. Os dados de verificação devem estar disponíveis para os Departamentos de Prevenção de Perdas e Qualidade do Holiday Inn durante as inspeções da propriedade.

Plano de Emergência

FASE UM

Na primeira fase, você deve estar preparado para socorrer as vítimas, remover os hóspedes e notificar a administração da empresa sobre a emergência.

Socorrendo as Vítimas

1. Notifique as condições do seu hotel às autoridades responsáveis por emergências, como a polícia, os bombeiros e instituições de saúde.
2. Localize as pessoas feridas e forneça os primeiros socorros que são de seu conhecimento. As vítimas não devem ser removidas a não ser que suas vidas estejam em perigo ou exista a possibilidade de ferimento adicional.
3. Coopere com o pessoal de emergência assim que eles chegarem, oferecendo qualquer ajuda que venham a precisar. Esteja preparado para atender às solicitações feitas pelo pessoal da equipe médica que estiver chegando, já que eles podem precisar de sua ajuda se houver um grande número de vítimas. Os funcionários que tiverem sido treinados em primeiros socorros devem estar disponíveis para ajudar. Materiais básicos de primeiros socorros, toalhas e cobertores devem ser fornecidos para o pessoal da emergência usar no socorro às vítimas.

Remoção de Hóspedes

1. Ao aviso dos profissionais de emergência, evacue o hotel e remova os hóspedes para uma área fora da zona de perigo. Os funcionários do hotel devem ajudar os hóspedes na mudança para esse centro de remoção pré-definido. Implemente seus planos de transporte e alojamento estabelecidos para tais fins.
   Se for necessário mudar os hóspedes do hotel, providencie para que os hóspedes possam ligar para seus parentes. Você deve fazer com que o hotel pague essas ligações.
2. Designe os funcionários da gerência responsáveis por monitorar a remoção dos hóspedes para outro local, incluindo a remoção dos hóspedes feridos. Use o material do *kit* de emergência (etiquetas e listas de identificação de hóspedes) para manter o controle de cada remoção. Esses registros devem ser entregues para o gerente geral.
3. Designe funcionários para ajudar hóspedes e funcionários no centro de remoção.
4. Contabilize todos os hóspedes e funcionários que estavam presentes no hotel na hora em que ocorreu a emergência. Os registros dos funcionários devem ser obtidos junto ao gerente de recursos humanos do hotel. Registros de hóspedes devem ser obtidos com a recepção.
5. Aumente a segurança ao redor da zona de perigo, se necessário, usando guardas contratados para proteger os pertences dos hóspedes e o patrimônio da empresa.
   Inicie e coordene procedimentos para garantir a segurança dos objetos pessoais dos hóspedes.
   Se os hóspedes tiverem sido removidos do hotel, as portas das unidades habitacionais dos hóspedes devem ser trancadas duas vezes. A segurança deve conduzir patrulhas freqüentes no prédio do hotel.
   Talvez seja necessário remover pertences dos apartamentos dos hóspedes. Faça um inventário dos pertences dos hóspedes (use dois funcionários) e guarde os pertences em um local seguro. A chave desse local deve ficar com o gerente geral ou com alguém por ele designado.

Notificando a Administração da Empresa

- Notifique a propriedade de seu hotel, seu advogado e o Departamento de Prevenção de Perdas sobre as condições no hotel.

FASE DOIS

Nessa fase, você estabelecerá um centro de operações, arranjos para a comunicação, providenciará segurança de emergência, suspenderá os serviços de utilidade pública, inspecionará a integridade estrutural e fará arranjos para comunicar-se com a mídia.

Centro de Operações do Hotel

- Se, por razões de segurança, o hotel não puder ser ocupado, estabeleça um centro de operações próximo à área da emergência o mais breve possível após a evacuação do hotel. Isto permitirá que se continue administrando e controlando a emergência, garantindo, ao mesmo tempo, a continuidade dos negócios do hotel. O centro deve estar aberto 24h por dia. O gerente de nível mais alto disponível deve ficar no centro de operações para coordenar as operações do hotel e comunicar-se com as autoridades locais e com a gerência sênior.

Comunicação

1. Contate a companhia telefônica e consiga a instalação de telefones.
2. Obtenha *walkie talkies* para uso da gerência.
3. Tenha no centro de comunicações um número suficiente de funcionários do hotel, ou temporários, que tenham conhecimento bastante para responder às questões de hóspedes e funcionários.

4. Se necessário, alugue ou compre telefones celulares (lembre-se de que, em uma situação de emergência, os telefones do hotel podem não estar funcionando. É possível que telefones públicos estejam funcionando enquanto os internos estejam sem linha. Além disso, há a possibilidade de que ligações possam ser feitas fora da área afetada, mas não dentro dela).
5. Continue comunicando a situação do hotel para a propriedade ou diretoria.
6. Estabeleça as necessidades de mão-de-obra e comunique a escala de trabalho para os funcionários do hotel.

Segurança de Emergência

Em cooperação com as autoridades locais, medidas imediatas devem ser empreendidas para inspecionar a propriedade e fornecer segurança para hóspedes, funcionários e o patrimônio da empresa.

1. Contrate extras ou convoque todos os funcionários da segurança. Estabeleça uma escala na qual a segurança é feita 24h por dia. Estabeleça padrões de patrulha que fornecerão segurança coordenada do hotel e prédios das redondezas.
2. Contrate uma empresa de segurança privada para fornecer serviços adicionais se for preciso.
3. Se necessário, erga barreiras ao redor da área afetada para controlar o acesso a ela.
4. Se o hotel tiver sido evacuado, inicie a segurança coordenada nas redondezas.
   Se a estrutura do prédio estiver danificada ou for desativada por um longo tempo, pode ser necessário erguer cercas ao redor do hotel.
5. Estabeleça um sistema de identificação por crachás para todas as pessoas que possam ter acesso à propriedade. Esse sistema permitirá à segurança identificar funcionários e outros indivíduos que tenham a necessidade de ficar dentro ou nos arredores da área de emergência. Os funcionários do hotel devem usar seus crachás como identificação.
6. Defina uma política que estabeleça quem tem autoridade para entrar na área afetada pela emergência e forneça essa informação para a segurança. Apenas esses indivíduos devem ter permissão para entrar na área afetada. Registros do nome, data e horário da entrada e saída de todas as pessoas devem ser mantidos pela segurança.

Integridade dos Serviços Estruturais e de Utilidade Pública

1. Faça com que a equipe de manutenção do hotel suspenda os serviços de utilidade pública e os sistemas HVAC.
2. Contate as empresas fornecedoras de energia elétrica, gás e água. Peça que inspeções sejam feitas pelos funcionários das empresas para confirmar a integridade dos sistemas do hotel.
3. Contate um eletricista para instalar luzes e geradores de emergência temporários, se necessário.
4. Inspecione a estrutura do prédio para verificar os danos. Posteriormente, pode ser necessário que um engenheiro civil faça uma inspeção detalhada.

Comunicação com a Mídia

1. Consulte a seção X deste Manual de Prevenção de Perdas para instruções sobre comunicação com a mídia, ou contate o departamento de comunicação do Holiday Inn.
2. Estabeleça um local fora da área de emergência onde representantes da imprensa possam se reunir.
3. Estabeleça um horário rígido para fornecer informações ou realizar entrevistas coletivas.

FASE TRÊS

Nessa fase, você fará uma investigação sobre o incidente de emergência, analisará as atitudes tomadas e conduzirá uma revisão do seu plano de emergência para acomodar as perdas não previstas.

Investigação da Emergência

1. Prepare um relatório sobre a emergência incluindo as seguintes informações:
   a. O que aconteceu?
   b. Onde aconteceu?
   c. Quando aconteceu?
   d. Quantas pessoas foram feridas? Mortas? Desaparecidas?
   e. Qual a condição física da propriedade?

   Testemunhas do ocorrido devem ser entrevistadas e suas informações incluídas no relatório, o qual deve ser enviado ao proprietário do hotel o mais breve possível.

   Assim que a diretoria da empresa receber o relatório, eles devem determinar o que será feito em relação à emergência. Você deve assegurar que os recursos apropriados sejam mobilizados para ajudar a gerenciá-la.

   Se o hotel afetado for uma propriedade da Holiday, a direção da empresa pode optar por enviar várias equipes de gestão de emergência para o hotel. Hotéis franqueados devem contatar a diretoria da empresa ou o proprietário, que poderão também enviar equipes. A gerência do hotel deve estar preparada para a chegada dessas equipes.

Além disso, observe que grandes emergências em hotéis importantes envolvem órgãos públicos de todas as instâncias do governo (local, estadual e federal). Espaço deve ser disponibilizado para acomodar os órgãos envolvidos na emergência.

2. Uma vez que a propriedade tenha sido liberada pelas autoridades locais de volta para o seu controle, prepare-se para controlar a segurança da propriedade por meio de:
   a. Fechamento da instalação ou isolamento das áreas danificadas.
   b. Colocação de cerca em toda a propriedade ou áreas danificadas.
3. Planeje-se para investigações da emergência de curto e longo prazo. Cada entidade envolvida na investigação das perdas do hotel necessitará de espaço para trabalhar, bem como dos seguintes itens:
   a. Salas de reunião.
   b. Serviço de alimentos.
   c. Banheiros.
   d. Equipe de secretariado e suporte (os números dependerão da magnitude do incidente).
   e. Comunicação (telefone e rádio).
   f. Sistemas separados para contabilizar a emergência e acionar o seguro.
   g. Computadores para gerenciar e providenciar o processamento de dados.
   h. Projetos e planos da planta física do hotel.
   i. Assistência aos funcionários (por exemplo, onde eles podem ser localizados e quando eles serão necessários para o trabalho).
   j. Acesso a fax para suplementar a comunicação telefônica.

Revisão do Plano de Ação pela Gerência

1. Durante as primeiras 72h seguintes à ocorrência da emergência, agende reuniões com seus funcionários no mínimo três vezes ao dia para garantir que todas as obrigações a eles designadas estão sendo executadas.

   Após as 72h, continue fazendo reuniões diárias ou com a freqüência que as circunstâncias requisitarem.
2. Adicione ou reestruture as tarefas ou funções conforme a situação atual.
3. Continue fazendo reuniões e críticas durante o tempo em que as condições de emergência existirem ou pelo tempo que for necessário para o retorno das operações normais.

Plano de Revisão

Questões inesperadas, que necessitarão de sua atenção, surgirão à medida que perdas adicionais para o hotel forem descobertas após a crise inicial. Continue avaliando seu plano de emergência para resolver essas questões.

Conclusões

Situações de emergência podem ter um efeito traumático para as vítimas, seus familiares e o hotel. O planejamento para situações de emergência pode reduzir bastante o impacto dos danos e auxiliar os esforços para o restabelecimento do hotel após as perdas.

Saber o que fazer e a quem chamar no caso de uma emergência é essencial. Considerando que nem todos os eventos podem ser antecipados, você não pode se permitir esperar até que a catástrofe ocorra para perguntar a si mesmo: "o que fazer agora?".

Holiday Inn®

MODELO 44

QUESTIONÁRIO DE HABILIDADES DOS FUNCIONÁRIOS

Treinamento médico
☐ Primeiros socorros – nível de habilidade ______
☐ Ressuscitação cardiopulmonar – nível de habilidade ______

Experiência ou treinamento em busca e resgate
☐ Militar
☐ Outra (favor explicar) ______

Combate de incêndio
☐ Militar ☐ Bombeiro experiente ☐ Voluntário
☐ Outra ______

Treinamento de sobrevivência (em caso positivo, favor explicar o curso realizado, indicando o período) ______

Treinamento de segurança
☐ Militar ☐ Ex-policial
☐ Guarda de segurança
☐ Outro ______

Comunicações
☐ Operador de rádio amador ☐ CB ☐ Operador de telefone
☐ Outros ______

Idiomas
Idioma ______ Fluência ______
Idioma ______ Fluência ______

Habilidades mecânicas
☐ Reparo de automóveis
☐ Outras ______

Habilidades de construção
☐ Elétrica ☐ Hidráulica ☐ Carpintaria

Experiência em situações de emergência
(em caso positivo, explique o tipo de experiência)
______

Abrigos temporários
Abrigou terceiros a uma distância plausível?

☐ Sim ☐ Quantos ______
Local ______

Veículos de emergência – veículos funcionando regularmente que podem ser usados em uma emergência.
☐ Moto/bicicleta ☐ Carro com tração nas quatro rodas
☐ Van ☐ Picape ☐ *Trailer*

Nome ______
Telefone residencial ______
Telefone comercial ______
Departamento ______
Local ______

Você é membro de alguma organização de serviços de emergência ou tem algum treinamento especial que não consta neste questionário?

As informações que você forneceu nos ajudarão a criar um ambiente mais positivo no caso de um desastre. Agradecemos sua ajuda. Nosso objetivo é zelar por sua segurança.

Após preencher, favor entregar para: ______

Holiday Inn®

MODELO 45

CHECK LIST DE RECURSOS

Contato de órgãos públicos que atendem emergências

Polícia ______	Telefone ______
Bombeiros ______	Telefone ______
Unidade paramédica ______	Telefone ______
Ambulância ______	Telefone ______
Coordenação da gerência de emergências ______	Telefone ______

Contato de instituições de saúde

Hospital ______	Telefone ______
Médico ______	Telefone ______
Capelão ______	Telefone ______

Contato dos oficiais dos órgãos públicos

Oficiais selecionados ______	Telefone ______
Agência de segurança ______	Telefone ______
Empresa de alarme ______	Telefone ______
Serviços de informática ______	Telefone ______

Contatos dos órgãos públicos estaduais

Secretaria estadual de segurança ______	Telefone ______
Proteção ambiental ______	Telefone ______

Contato de serviços de engenharia

Empreiteiro ______	Telefone ______
Geral ______	Telefone ______
Especializado na construção de cercas ______	Telefone ______
Especializado em trancas ______	Telefone ______
Companhia de gás ______	Telefone ______
Companhia de energia elétrica ______	Telefone ______
Companhia de água ______	Telefone ______
Companhia de esgoto ______	Telefone ______
Operadora telefônica ______	Telefone ______
Inspeção do prédio ______	Telefone ______

Contatos de serviços de alimentos e bebidas

Equipamento de refrigeração ______	Telefone ______
Catering ______	Telefone ______
Serviço de alimentação ______	Telefone ______
Laticínio ______	Telefone ______
Produtos ______	Telefone ______
Bebidas ______	Telefone ______
Carnes ______	Telefone ______
Bebidas alcoólicas ______	Telefone ______

Contatos de serviços de relocação

Hotel ______	Telefone ______
Escolas ______	Telefone ______
Universidade ______	Telefone ______
Igreja ______	Telefone ______
Empresa de ônibus ______	Telefone ______
Cruz vermelha ______	Telefone ______
Exército de Salvação ______	Telefone ______

MODELO 46

EQUIPE DE GESTÃO DE EMERGÊNCIAS

Gerente Geral do Hotel
Chamar:

Vice-presidente Regional
Nome:
Telefone:

Operador Sênior
Nome:
Telefone:

Conselheiro Geral e Advogado
Nome:
Telefone:

Diretor de Administração de Riscos
Nome:
Telefone:

Diretor de Prevenção de Perdas
Nome:
Telefone:

Diretor de Comunicação
Nome:
Telefone:

MODELO 47

CHECK LIST DE EMERGÊNCIA

GERENTE GERAL OU GERENTE DE PLANTÃO

DURANTE A EMERGÊNCIA

— Ligar para os órgãos públicos responsáveis pelo atendimento a emergências (bombeiro, polícia, serviços médicos).

— Verificar se há hóspedes e funcionários feridos.

— Auxiliar as pessoas que chegam para atender à emergência.

— Ao aviso do pessoal de emergência, evacuar o hotel e realocar os hóspedes.

— Suspender serviços de utilidade pública e HVAC.

— Isolar a área afetada.

— Contar os hóspedes.

— Contar os funcionários.

APÓS A EMERGÊNCIA

— Notificar a gerência da empresa sobre as condições do hotel.

— Estabelecer um centro de operações.

— Estabelecer segurança para a propriedade.

— Substituir os serviços de utilidade pública por fontes temporárias de luz e eletricidade.

— Restabelecer um sistema de comunicação (utilizando, por exemplo, *walkie talkies* e telefones celulares).

— Estabelecer contato com os órgãos oficiais.

— Reconvocar funcionários-chave.

— Proteger o registro de hóspedes.

— Proteger o registro de funcionários.

— Fornecer ao operador de PABX informações sobre o que deve ser dito a hóspedes, funcionários, parentes e jornalistas.

MODELO 47

CHECK LIST DE EMERGÊNCIA

RECEPÇÃO

DURANTE A EMERGÊNCIA

— Informar a hóspedes e funcionários as condições da emergência (se a emergência for confirmada e os órgãos públicos solicitarem essa ação).

— Informar aos oficiais a localização dos hóspedes com necessidades especiais/deficiências.

— Informar aos outros departamentos do hotel as instruções dos órgãos públicos de atendimento a emergências.

— Cuidar de todos os funcionários da recepção em serviço.

NOTA: A recepção deve ter sempre pelo menos uma pessoa, desde que isso possa ser feito de forma segura, para que respostas possam ser dadas às perguntas dos hóspedes.

APÓS A EMERGÊNCIA

— Proteja os registros dos hóspedes, cofres, chaves "E" e dinheiro.

— Forneça *kits* de emergência aos funcionários responsáveis por realocar os hóspedes.

— Se necessário, estabeleça um sistema de manual de registro para manter atualizadas as transações dos hóspedes.

MODELO 47

CHECK LIST DE EMERGÊNCIA

MANUTENÇÃO

DURANTE A EMERGÊNCIA

— Dirija-se para a zona de alarme ou área da emergência (se houver fogo, tente apagá-lo usando o equipamento disponível. Se o fogo estiver fora de controle, feche as portas de acesso à área, mas não as tranque. Fique em local seguro).

— Informe as condições para a recepção e a telefonista.

— Prepare-se para interromper o fornecimento dos serviços de utilidade pública e sistemas HVAC (os órgãos públicos de atendimento a emergência determinarão se isso é necessário).

— Forneça chaves "E" para órgãos públicos de atendimento a emergências.

— Conte todos os funcionários da manutenção em serviço.

APÓS A EMERGÊNCIA

— Recupere todas as plantas e projetos do hotel.

— Coopere com as autoridades locais.

— Coordene a restauração temporária dos equipamentos e serviços do hotel.

— Trabalhe em conjunto com as companhias fornecedoras dos serviços de utilidade pública para restabelecer o fornecimento desses serviços no local, se possível.

MODELO 47

CHECK LIST DE EMERGÊNCIA

GOVERNANÇA

DURANTE A EMERGÊNCIA

Governanta executiva:

— Instrua os funcionários da lavanderia a desligar lavadoras, secadoras e máquinas de passar roupa.

— Se for necessário evacuar o prédio, instrua os funcionários a sair pela porta mais próxima e fechá-la.

— Auxilie os hóspedes, onde for possível.

— Conte todos os funcionários da governança em serviço.

Funcionários de linha de frente:

Quando soar o alarme, os funcionários devem seguir os procedimentos de emergência do departamento.

— Guardar os carrinhos nos armários ou apartamentos mais próximos.

— Usar escadas para evacuar o prédio.

— Auxiliar os hóspedes quando possível, mostrando as saídas.

APÓS A EMERGÊNCIA

— Fazer o inventário dos suprimentos de governança.

— Providenciar uma área central de distribuição para fornecer toalhas, sabonetes e outras comodidades para os hóspedes (se o hotel não tiver sido evacuado).

— Se necessário, contate terceiros para ajudar na limpeza do enxoval recuperado.

MODELO 47

CHECK LIST DE EMERGÊNCIA

ALIMENTOS E BEBIDAS

DURANTE A EMERGÊNCIA

— Determine o local e a extensão da emergência.

— Avise os gerentes operacionais para estarem preparados para evacuar os departamentos.

— Desligue todos os equipamentos e utensílios.

— Se for necessário evacuar o hotel, retire todos os clientes, hóspedes e funcionários de maneira calma e ordenada.

— Feche todas as portas.

— Conte todos os funcionários de alimentos e bebidas em serviço.

APÓS A EMERGÊNCIA

— Conte todos os recibos do caixa e guarde-os na recepção, se possível.

— Reconvoque funcionários-chave.

— Contate fornecedores para cancelar os pedidos, se necessário.

— Contate a empresa de limpeza urbana para solicitar o recolhimento de mercadorias danificadas.

— Contate serviços terceirizados de alimentos para estocar em *freezer* os alimentos não danificados.

— Coordene com o escritório de vendas a redefinição das atividades especiais.

— Instrua o departamento de banquete a iniciar a montagem de mesas e cadeiras para o centro de operações do hotel.

MODELO 47

CHECK LIST DE EMERGÊNCIA

OPERADOR DE PABX

DURANTE A EMERGÊNCIA

— Notifique os órgãos públicos de atendimento a emergências (bombeiros, polícia e serviços médicos) sobre a emergência ocorrida e forneça todas as informações sobre as condições do hotel.

Se a emergência for um incêndio, mantenha-se conectado por telefone com os bombeiros (não interrompa a conexão).

— Contate: gerente geral ou executivo sênior do hotel, gerente de manutenção de plantão, gerente de plantão e segurança.

— Mantenha um registro das chamadas relativas à emergência.

— Descubra, com o gerente de plantão ou gerente geral, como responder às questões de funcionários, hóspedes, parentes e representantes de imprensa que ligarem.

— Ligue para os apartamentos dos hóspedes quando for ordenada a evacuação do prédio.

— Repasse as informações de funcionários ou hóspedes do hotel sobre o local para os órgãos públicos de atendimento a emergências e para o gerente geral ou executivo sênior.

— Mantenha-se em sua posição enquanto for seguro.

— Se for necessário evacuar o prédio, desligue as luzes e equipamentos e feche as portas quando sair. Dirija-se diretamente para a saída mais próxima.

APÓS A EMERGÊNCIA

— Auxilie a instalação do sistema de telefonia no centro de operações.

— Registre todas as chamadas telefônicas e transmita as mensagens.

— Prepare uma escala de trabalho para 24h por dia e reconvoque telefonistas para trabalhar conforme a necessidade de preenchimento de escala.

— Solicite informações sobre como responder às questões dos hóspedes e da imprensa.

MODELO 47

CHECK LIST DE EMERGÊNCIA

CAPITÃO PORTEIRO

DURANTE A EMERGÊNCIA

— Direcione todos os elevadores para o térreo. Mantenha uma pessoa para controlar os elevadores.

— Mantenha as entradas livres de veículos.

— Feche, mas não tranque, todas as portas na área.

— Obtenha uma lista dos hóspedes com necessidades especiais/deficiências para auxiliar na evacuação.

— Caso seja ordenada a evacuação do hotel, ajude os hóspedes.

— Ajude a controlar os hóspedes que tenham sido levados para fora do hotel.

APÓS A EMERGÊNCIA

— Contate uma empresa de transportes para remoção dos hóspedes.

— Deixe todos os veículos do hotel prontos (e abastecidos) para serem utilizados nas remoções.

— Ajude a remoção de hóspedes.

MODELO 47

CHECK LIST DE EMERGÊNCIA

SEGURANÇA

DURANTE A EMERGÊNCIA

— Dirija-se à zona de alarme ou área da emergência (se houver fogo, tente apagá-lo usando o equipamento disponível). Se o fogo estiver fora de controle, feche as portas da área, mas não as tranque. Fique sempre em segurança).

— Transfira os hóspedes das áreas de perigo até a liberação pelos órgãos públicos de atendimento a emergências.

— Auxilie na evacuação do hotel, se preciso.

— Proteja os pertences dos hóspedes e o patrimônio do hotel.

APÓS A EMERGÊNCIA

— Obtenha serviços externos de firmas de segurança, se solicitado.

— Proteja a propriedade para evitar atos de vandalismo. Coordene seus esforços com as autoridades estaduais e locais.

— Coordene a segurança no centro de operações e no alojamento dos hóspedes.

— Guarde e prepare um inventário dos conteúdos dos cofres do hotel e transfira-os para um local alternativo (isso deve ser feito junto com um membro da gerência do hotel).

— Forneça qualquer assistência necessária.

MODELO 48

KIT DE EMERGÊNCIA

Modelo de Etiqueta de Identificação de Hóspedes

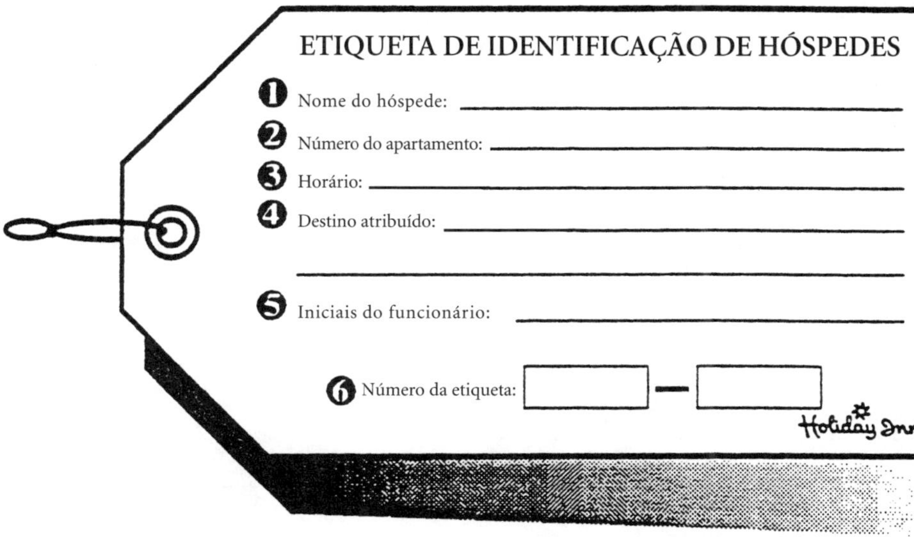

❶ Coloque o nome do hóspede.

❷ Coloque o número do apartamento no qual o hóspede está registrado.

❸ Coloque o horário em que o hóspede foi identificado.

❹ Coloque o nome do hotel, hospital ou instituição para onde o hóspede foi enviado para abrigo ou tratamento.

❺ Coloque as iniciais do funcionário que localizou e identificou o hóspede.

❻ Coloque o número da etiqueta. As etiquetas devem estar em ordem numérica.

MODELO 49

KIT DE EMERGÊNCIA

Modelo de Lista de Identificação de Hóspedes

Nome do hotel ______________________________ Data ____________

Hora ______________ Funcionário que preencheu o relatório ______________________

Número da etiqueta	Nome do hóspede	Destino atribuído

MODELO 50

REVISÃO DO PLANO DE EMERGÊNCIA

Data inicial do plano: ____________________ Por: ____________________

Plano revisado

Data: ____________________ Por: ____________________

Data: ____________________ Por: ____________________

Data: ____________________ Por: ____________________

Data: ____________________ Por: ____________________

Data: ____________________ Por: ____________________

Data: ____________________ Por: ____________________

Revisão trimestral

Data: ____________________ Por: ____________________

Data: ____________________ Por: ____________________

Data: ____________________ Por: ____________________

Data: ____________________ Por: ____________________

Data: ____________________ Por: ____________________

Data: ____________________ Por: ____________________

PROCEDIMENTOS DE EMERGÊNCIA

Os seguintes tópicos específicos estão detalhados no Plano de Emergência. Aqueles marcados por * estão descritos a seguir.

* Incêndio
Inundações
Furacões/Tufões
* Tornados
Tempestades de inverno
Terremotos
Colapso estrutural e explosões
Contaminação de alimentos
* Ameaças de bomba
Distúrbios civis
Greves, piquetes ou protestos
Seqüestro/Extorsão
* Procedimentos de evacuação
Emergências nucleares

INCÊNDIO

A importância de treinar bem todos os funcionários em relação às atitudes a serem tomadas em caso de incêndio não deve ser subestimada. Pessoas que podem reagir ao fogo de maneira rápida, tranqüila e eficiente podem freqüentemente evitar o pânico e prevenir danos às pessoas e à propriedade.

Veja o Plano de Gestão de Emergência do Holiday Inn neste manual para obter diretrizes para o desenvolvimento de um plano de resposta em caso de incêndio. Seu plano também deve incluir as descrições abaixo.

Instruções para Informar a Ocorrência de um Incêndio

- Mantenha a calma, mas reaja rapidamente.
- Puxe imediatamente o alarme de incêndio mais próximo, depois ligue para a telefonista. Descreva para a telefonista o local exato do incêndio.
- Nunca grite "fogo" ou tenha qualquer atitude que possa provocar pânico nos hóspedes.
- Retorne à área do incêndio com uma mangueira ou extintor. Tente extinguir ou conter o fogo usando esse equipamento.
- Se o fogo não puder ser extinto, evacue a área. Feche todas as portas e janelas.

Instruções para a Telefonista

- Notifique imediatamente os bombeiros, dando-lhes o nome e endereço do hotel e o local do incêndio.
- Informe ao chefe dos bombeiros onde o incêndio está localizado.
- Quando os bombeiros ou o gerente geral ordenarem que um andar ou área seja evacuado, comece a ligar sistematicamente para os hóspedes daquela área. Informe-os da necessidade de deixar a área. Diga em voz calma e firme:

"Desculpe incomodá-lo, mas a gerência solicitou que todos os hóspedes de sua área deixem seus apartamentos imediatamente. Por favor, feche sua janela, pegue sua chave e feche a porta ao sair. Use a escada localizada no corredor".

Quando for tomada a decisão de evacuar o hotel, soe o alarme geral e ligue para todos os apartamentos. Durante qualquer evacuação, registre por escrito todas as unidades habitacionais contatadas (um plano completo de evacuação é descrito nesta seção sob o tópico de "Procedimentos de Evacuação").

Uma vez que o sistema de alarme tenha sido ativado, ele não poderá ser silenciado até que a gerência tenha determinado que não existe incêndio ou que os bombeiros solicitem.

Depois do incêndio, notifique o escritório regional, o Departamento de Prevenção de Perdas e o advogado. Preencha um Relatório de Perdas e Incidentes contendo todas as informações pertinentes a respeito do incêndio.

Se ocorrer um incêndio quando apenas uma pessoa estiver disponível para responder à situação, as seguintes atitudes devem ser tomadas na ordem listada:

1. Chame os bombeiros*.
2. Soe o alarme/alerte os hóspedes*.
3. Dirija-se ao local do incêndio e tente apagar o fogo, se tiver experiência.
4. Auxilie na evacuação, se solicitado.

* Realize simultaneamente, se possível.

TORNADO

Saiba a diferença entre a possibilidade de ocorrência de um tornado e um aviso de tornado. Uma possibilidade de tornado simplesmente significa que as condições são favoráveis para a sua formação. Um aviso de tornado é dado quando ele realmente foi visto ou está indicado no radar.

Veja o Plano de Gestão de Emergências do Holiday Inn neste manual para obter diretrizes para o desenvolvimento de um plano de ação em caso de tornado. Seu plano também deve incluir os itens descritos a seguir.

Instruções para a Possibilidade de Ocorrência de um Tornado

O gerente geral, quando ciente da possibilidade de um tornado, deve monitorar as transmissões de rádio e televisão que indicam as mudanças nas condições climáticas atuais. A telefonista deve ser orientada a notificar todos os chefes de departamento de que uma possibilidade de tornado foi apontada pelo Serviço Meteorológico.

O hotel pode continuar funcionando normalmente até que o Serviço Meteorológico Nacional anuncie a ocorrência de um tornado.

Instruções para Aviso de Tornado

Gerente geral:

- Instrua a telefonista a ligar para os hóspedes e informá-los das condições do tempo.
- Instrua o departamento de manutenção a obter as ferramentas necessárias para desconectar os suprimentos de gás e água depois do tornado, se necessário.
- Posicione um observador de tornado em local com vista para o sudoeste, direção pela qual os tornados costumam se aproximar.

Se o observador vir um tornado, ele deve avisar a recepção imediatamente. Usando um sinal previamente combinado, o gerente da recepção deve instruir todos os funcionários a procurarem abrigo em uma área no andar térreo do hotel que não tenha janelas.

Telefonista:

- Telefone para cada quarto de hóspede fornecendo a seguinte informação:
  "O hotel está sob um aviso de tornado. Abra sua janela externa ou porta aproximadamente 2cm, assim você aliviará a pressão interna e diminuirá a possibilidade de ferimento caso o tornado nos atinja. Se o tornado nos atingir, dirija-se ao banheiro e feche a porta".

Gerente de Atendimento aos Hóspedes ou Auditor Noturno:

- Proteja a área do escritório.
- Usando o sistema de alto-falantes, anuncie:
  "Fomos informados de que o nosso hotel está na área de ação de um tornado. Recomendamos que você volte para o seu quarto e abra aproximadamente 2cm da sua janela ou porta. No caso de sermos atingidos pelo tornado, dirija-se ao banheiro e feche a porta".

Gerente de Manutenção:

- Junte as ferramentas necessárias para desconectar o hotel de qualquer serviço de utilidade pública que possa ser danificado na tempestade.
- Remova ou proteja qualquer equipamento externo que possa ser levado pela tempestade.

Funcionários em Geral:

- Se o tornado atingir o hotel, forneça os primeiros socorros, conforme necessário, para os hóspedes e funcionários.
- Desligue qualquer serviço público que possa ser danificado por ventos fortes.
- Proteja a propriedade.
- Deixe os hóspedes o mais confortável possível.

Certifique-se de notificar o vice-presidente regional, o Departamento de Prevenção de Perdas e o advogado sobre qualquer dano causado ao hotel pelo tornado.

Se o tornado não atingir o hotel, todas as atividades podem voltar ao normal. A telefonista deve informar aos hóspedes: *"O perigo já passou. Por favor, feche sua porta ou janela aberta".*

AMEAÇAS DE BOMBA

Quando o planejamento para lidar com ameaças de bomba tiver sido organizado com antecedência, a real ameaça pode ser tratada sem pânico. Dois incidentes não serão iguais, mas as seguintes diretrizes podem auxiliá-lo.

Ameaça Escrita de Bomba

Raramente um hotel receberá uma ameaça de bomba na forma de uma carta, recado ou telegrama. Contudo, se isso ocorrer, a mensagem e o envelope devem ser manuseados com cuidado e pelas beiradas para preservar impressões digitais e outras evidências. Proteja o documento e o envelope e entregue-o ao gerente geral ou quem o substitua. Informe a polícia e o FBI (*Federal Bureau of Investigation*) sobre o conteúdo do recado.

Se a carta for entregue por um mensageiro, detenha-o para interrogatório policial, se possível. Se ele tiver deixado a área, o funcionário que recebeu o recado deve preparar imediatamente um memorando listando as circunstâncias, o horário em que a mensagem foi recebida, qualquer testemunha conhecida e uma descrição detalhada do mensageiro.

Ameaça Oral de Bomba

Qualquer funcionário que tomar ciência de uma ameaça de bomba por meio de contato pessoal ou por ter escutado alguém fazer tal ameaça deve informar o gerente geral rápida e tranqüilamente, tendo todo o cuidado para não alarmar nenhum hóspede. A polícia deve ser chamada de imediato.

A pessoa que transmitiu a ameaça deve ficar sob observação, se possível, e suas características físicas devem ser anotadas. Elas incluem raça, sexo, idade, altura, peso e descrição corpórea, cor dos cabelos e dos olhos, uma descrição das roupas e jóias e qualquer outra característica de identificação, como barba ou cicatrizes.

Se essa pessoa deixar o hotel antes da identificação, registre o meio de transporte e o destino. Deve-se registrar o número do ônibus, a empresa, uma descrição do automóvel (marca e modelo, número da placa e estado) e o número de pessoas no carro.

Essas informações devem ser fornecidas para o gerente geral imediatamente para que a segurança e a polícia tomem conhecimento.

Ameaça de Bomba por Telefone

Em geral, uma pessoa avisa que uma bomba está pronta para explodir no seu hotel porque:

- A própria pessoa colocou a bomba ou descobriu a localização da bomba e quer reduzir o número de feridos ou os danos à propriedade.
- A pessoa quer perturbar o funcionamento normal do hotel, criando um clima de pânico e ansiedade em suas instalações.

Ameaças de bomba são recebidas com mais freqüência na mesa de operações telefônicas do número listado publicamente. A chamada costuma ser breve para que não haja chance de rastrear o número. Contudo, é fundamental que todas as informações sejam precisamente registradas pela telefonista para uso pela segurança e pela polícia. Um *check list* de procedimentos para ameaças de bombas por telefone é mostrado nesta seção no modelo 51, a seguir. Esse tipo de formulário deve ser usado para registro detalhado do telefonema. No caso de uma ameaça de bomba, as responsabilidades devem ser delegadas da seguinte forma:

Instruções à Telefonista:

Quando uma ameaça de bomba é recebida pelo telefone, a telefonista deve manter-se calma e agir da seguinte maneira:

- Anotar a hora exata em que o telefonema foi recebido.
- Tentar ter outro funcionário monitorando o telefonema para duplicar qualquer informação obtida.
- Ouvir cada palavra dita e prestar atenção nos ruídos de fundo.
- Pedir que a pessoa repita a mensagem para mantê-la na linha o maior tempo possível.
- Engajá-la numa conversa de perguntas breves para determinar:
  - Horário esperado da explosão.
  - Local da bomba.
  - Que tipos de explosivos estão sendo usados.
  - Como a bomba pode ser reconhecida.
  - O que poderia desativá-la.

- Motivo da colocação da bomba.
- O que o influenciaria a mudar de tática.

(Veja o *check list* de procedimentos para ameaças de bombas por telefone nessa seção no modelo 51, a seguir.)

- Conte para a pessoa ao telefone o grande número de hóspedes registrados no hotel e fale sobre os diversos adultos e crianças inocentes que poderão ser mortos ou feridos.
- Quando a pessoa desligar, certifique-se de que o gerente geral ou seu assistente possui todos os detalhes para que um deles possa informar a polícia. Esse incidente não deve ser discutido com pessoas não autorizadas a fim de evitar rumores ou pânico desnecessário.

Instruções para o Gerente Geral:

- Notifique a polícia, os bombeiros, a segurança e manutenção do hotel, o departamento de álcool, tabaco e armas de fogo (ATF) e o FBI o mais breve possível.
- Inicie um registro cronológico das ações e eventos. Revise cuidadosamente todos os fatos obtidos, avaliando a validade das informações passadas pela pessoa que telefonou. Discuta o telefonema com a polícia para determinar se uma evacuação completa ou parcial do prédio deve ser ordenada. A polícia pode aconselhar sobre o que fazer com base em informações recentes que eles tenham (para mais detalhes, leia o artigo intitulado "Procedimentos de Evacuação" nesta seção).
- Assim que possível, complete o *check list* de ameaças de bombas por telefone com o funcionário que recebeu a ligação, enquanto os acontecimentos ainda estão frescos na sua mente.
- Com base na quantidade de informações recebidas sobre o local da bomba, decida se deve fazer uma busca localizada ou geral (para maiores detalhes, leia o artigo intitulado "Procedimentos de Busca" nesta seção.)
- Se a pessoa que telefonou avisou que ligará novamente, o escritório de segurança da companhia telefônica deve ser avisado.
- Informe as pessoas adequadas para efetuar as buscas.
- Instale um posto de comando no melhor centro de comunicações, que é normalmente a mesa de operações telefônicas.

Instruções para o Gerente de Segurança:

- Auxilie o gerente geral na avaliação das informações recebidas pela telefonista.
- Tenha certeza de que órgãos públicos de atendimento a emergências tenham sido avisados pelo gerente geral.
- Alerte os funcionários da segurança para que fiquem de prontidão (inclusive os que não estiverem em serviço).

MODELO 51

CHECK LIST DE PROCEDIMENTOS PARA AMEAÇAS DE BOMBAS POR TELEFONE

INSTRUÇÕES: MANTENHA A CALMA, SEJA CORTÊS, OUÇA, NÃO INTERROMPA A PESSOA QUE LIGOU, AVISE O SUPERVISOR/SEGURANÇA POR UM SINAL PREVIAMENTE COMBINADO QUANDO A PESSOA ESTIVER NA LINHA.

Nome do operador telefônico ______________ **Hora** ______________ **Data** ______________

Identificação da pessoa:

_____ Homem _____ Mulher _____ Adulto _____ Jovem _____ Idade aproximada

Origem da ligação:

_____ Local _____ Longa distância _____ Cabine telefônica _____ Interna

Hora do término da ligação ______________ **Hotel** ______________

INFORMAÇÕES REFERENTES À BOMBA

MANTENHA A PESSOA FALANDO – SE ELA MOSTRAR-SE ABERTA PARA UMA CONVERSA MAIS LONGA, FAÇA PERGUNTAS COMO:

Quando ela irá explodir? Hora específica ______________ Tempo restante ______________

Onde está localizada? ______________ Prédio ______________ Andar ______________ Quarto ______________

Qual é o tipo de bomba? ______________ Qual é o explosivo? ______________

Como você sabe tanto sobre a bomba? ______________

Qual é o seu nome e endereço? ______________

Se o prédio estiver ocupado, informe à pessoa que a detonação pode causar ferimentos ou mortes.
A pessoa que ligou mostrou-se familiarizada com o prédio pela forma como descreveu a localização da bomba?
Escreva por extenso a mensagem na íntegra, qualquer outro comentário em uma folha de papel separada e anexe a este *check list.*

Características da voz

___ Alta ___ Suave
___ Aguda ___ Profunda
___ Enjoada ___ Agradável
___ Embriagada ___ Rouca

Fala

___ Rápida ___ Lenta
___ Distinta ___ Deturpada
___ Gaga ___ Nasal
___ Ininteligível ___ Língua presa

Linguagem

___ Excelente ___ Pobre
___ Vulgar ___ Outros

Sotaque

___ Local ___ Estrangeiro
___ Racial ___ Regional

Atitude

___ Calma ___ Exigente
___ Racional ___ Raivosa
___ Coerente ___ Irracional
___ Deliberada ___ Incoerente
___ Risonha ___ Excitada

Ruídos de fundo

___ Animais ___ Trens
___ Música ___ Silêncio
___ Confusão ___ Vozes
___ Aviões ___ Folia
___ Máquinas de escritório ___ Máquinas de fábrica
___ Trânsito

NOTIFIQUE OS FUNCIONÁRIOS DA GERÊNCIA E AS AUTORIDADES IMEDIATAMENTE APÓS A LIGAÇÃO.

PROCEDIMENTOS DE EVACUAÇÃO

Essas diretrizes de procedimentos podem ser usadas quando a decisão de evacuar qualquer parte do prédio for tomada por qualquer razão. A segurança pessoal dos hóspedes e funcionários deve sempre ter prioridade.

Em um prédio grande com estrutura segura, as autoridades podem não desejar evacuar todos os andares, mesmo se uma bomba for encontrada, em razão do risco de pânico. Geralmente, a evacuação inicial incluiria o andar no qual a bomba foi encontrada e os dois andares acima e abaixo dele.

Deve-se estabelecer um registro cronológico das atividades.

Antes do início da evacuação, os funcionários devem ser enviados para a entrada das escadas de cada andar para orientar e tranqüilizar os hóspedes. A princípio, os elevadores não devem ser usados e devem ser mandados para o andar principal.

Com voz calma, o gerente geral deve fazer um anúncio em um alto-falante, similar ao exemplo a seguir, repetindo a mensagem pelo menos uma vez:

> *"Atenção, por favor – atenção, por favor—a gerência solicita que todos os hóspedes e visitantes saiam do hotel (ou dos andares específicos) como medida de precaução. Deixem o prédio pela saída mais próxima. Andem, não corram, por favor".*

No caso de evacuação por incêndio, a mensagem deve instruir os hóspedes a fecharem janelas e portas. Na evacuação por ameaça de bomba, a mensagem deve instruir que os hóspedes deixem as janelas abertas.

NÃO MENCIONE O MOTIVO DA EVACUAÇÃO.

Quando instruído pelo gerente geral, a telefonista deve ligar para os apartamentos, dizendo aos hóspedes:

> *"Desculpe incomodá-lo, mas a gerência solicitou que todos os hóspedes do seu andar desocupem seus apartamentos imediatamente por razões de segurança. Por favor, pegue suas chaves, feche sua porta e saia pela escada mais próxima. Use as escadas localizadas no final do corredor para deixar o andar".*

Em caso de evacuação por incêndio: *"Por favor, feche todas as janelas e portas".*

Em caso de evacuação por bomba: *"Por favor, deixe as janelas abertas".*

A mesa de telefone deve ser verificada para determinar se há cartões marcados com uma "bandeira" colorida, o que indica que há hóspedes deficientes físicos no hotel. Quando existirem pessoas com deficiências hospedadas no hotel, funcionários devem ser enviados para os apartamentos ocupados por elas para auxiliá-las a sair do hotel. Quando o hóspede for surdo, mas estiver acompanhado por alguém que possa ouvir, a telefonista deverá ligar para o quarto e informar ambos os hóspedes que alguém está indo ajudá-los.

Muitas mesas de telefonia são capazes de realizar ligações simultâneas para um grupo de apartamentos. Se isso estiver disponível em seu hotel, deve ser usado.

Liste os apartamentos que não responderam ao chamado. Contate os ocupantes do apartamento pessoalmente para a proteção dos mesmos.

Prédios Muito Altos/Arranha-céus

Em decorrência da estrutura dos prédios muitos altos, a evacuação inicial e imediata deve ser executada nos dois andares acima do incêndio, no andar do incêndio e, no mínimo, em um andar abaixo.

As portas para as escadas devem ser mantidas fechadas, mas monitores dos andares devem permanecer nas adjacências dessas portas para que as pessoas possam sair. Os elevadores devem ser enviados para o andar principal e trancados.

Se for necessário evacuar todo o prédio, faça com que os bombeiros determinem quais elevadores podem ser liberados para a evacuação. Direcione os ocupantes dos andares que podem ser evacuados para esses elevadores. Contudo, sob nenhuma circunstância, os elevadores devem ser usados por pessoas no andar onde o incêndio está localizado. Ali a evacuação deve ser feita pela saída mais próxima que possa ser alcançada em segurança.

Para regular o fluxo de pessoas nas escadas, convém designar escadas diferentes para andares alternados, de modo que haja um intervalo de dois lances completos entre os andares evacuados.

O pessoal de segurança deve estar em cada entrada do prédio para inspecionar a evacuação e impedir a entrada de pessoas.

Os equipamentos de emergência que chegam ao hotel devem ser encaminhados pelos seguranças ou por um membro da gerência até o local da emergência. Todos os funcionários devem, calmamente, lembrar aos hóspedes de que eles estão em segurança, a fim de tornar mais fácil a saída ordenada da área.

No térreo, os hóspedes vindos das escadas devem ser encaminhados pelo pessoal do hotel para uma área de reunião a 6m ou mais da parte de fora do prédio. A área estabelecida não deve coincidir com as rotas dos veículos de emergência. No caso de ameaça de bomba, a área deve ser atrás de uma cobertura sólida para fornecer proteção contra estilhaços.

Em uma emergência de ameaça de bomba, se a localização da bomba for conhecida, considere evacuar, no mínimo, o andar onde a bomba está ou pode estar localizada e os andares acima e abaixo. Se os oficiais responsáveis solicitarem essa ação, não hesite em obedecê-los. Em prédios de diversos andares, as pessoas dos andares acima do local devem ser evacuadas primeiro.

Os funcionários de cada andar devem ter uma chave mestra para checar todos os apartamentos e ter certeza de que todos os hóspedes receberam, entenderam e obedeceram as instruções de evacuação. Os idosos e deficientes necessitarão de assistência especial.

Quando a evacuação começar, desligue o sistema de ar condicionado e ventilação e, em caso de incêndio, ligue os exaustores de fumaça nas escadas.

Desligue as linhas de gás e combustíveis na conexão principal. Isso deve ser realizado por pessoas que, além de conhecerem os procedimentos para desligar os equipamentos, sejam capazes de colocar as caldeiras, fornalhas, bombas e aparelhos de volta em operação quando for seguro.

Os caixas devem fechar e trancar as caixas registradoras ou, se houver tempo, colocar seu caixa no cofre, o qual será, então, trancado pelo gerente sênior.

Os hóspedes podem ser antecipadamente ajudados se um diagrama do andar for colocado na entrada de cada elevador e em cada apartamento, identificando o local das escadas de emergência.

Providências devem ser tomadas para que estejam disponíveis produtos para primeiros socorros e outros equipamentos de emergência.

Apêndice H
Plano Pessoal

O **Plano Pessoal** é um documento preparado por um gerente específico que indica como ele pretende cumprir as responsabilidades gerenciais estabelecidas num determinado período de tempo. O Plano Pessoal é elaborado pelo gerente após consultar seu supervisor imediato. Pode ser usado como um guia para avaliar o desempenho ao final de um período determinado. Mais importante ainda é o uso do plano como uma guia para desenvolvimento profissional.

Este apêndice mostra o Plano Pessoal que eu desenvolvi quando trabalhava como governante executivo no Los Angeles Airport Marriott Hotel durante o ano de inauguração do empreendimento. O Plano indica as áreas a serem desenvolvidas durante o próximo ano.

Observe o último parágrafo, no qual metas específicas foram estabelecidas como *resultados esperados.* No final do ano, o gerente e o supervisor usam o plano para comparar o desempenho com esses resultados esperados; isto é, o que foi especificado como ação pretendida. No final do ano, um novo plano deve ser desenvolvido para o próximo período.

PLANO PESSOAL DO GOVERNANTE EXECUTIVO PARA ______________________________
(nome)

I. Habilidades técnicas
   A. Conhecimento técnico e de trabalho
      A fim de estar à altura das necessidades técnicas do meu cargo, planejo fazer o seguinte:
      1. Continuar revisando toda a mídia à minha disposição em busca de produtos, equipamentos e técnicas. Testar e implementar novas idéias e equipamentos dignos de consideração que possam melhorar os métodos operacionais e padrões e/ou diminuir os custos.
      2. Revisar periodicamente descrições de cargos, métodos para a contratação de pessoal e procedimentos-padrão de operação (PPO) para aumentar a eficiência dos funcionários a mim subordinados.
      3. Melhorar a comunicação eficaz com todos os membros da minha equipe.
      4. Estimular e proporcionar o desenvolvimento da carreira de funcionários qualificados. Manter atitude exemplar para todos os subordinados. Fazer treinamentos em outras áreas para aumentar o potencial para o empreendimento; aumentar a cooperação e o respeito entre todos os funcionários e desenvolver o aprofundamento das habilidades dentro do departamento.

II. Administração
   A. Considerarei minha área de responsabilidade adequadamente administrada quando:
      1. Organogramas organizacionais e descrições de cargos estiverem prontos e divulgados para todos os cargos de minha área de controle.
      2. Existir equilíbrio suficiente de distribuição da carga de trabalho e da produção de forma a aumentar o moral e a eficácia da operação.
      3. Registros, relatórios e objetivos de treinamento tiverem sido realizados pontual e eficientemente.
      4. Controles adequados influenciarem o aumento da produtividade e diminuírem as despesas operacionais, de modo a determinar padrões prioritários para o equilíbrio adequado com relação aos lucros do departamento de hospedagem.
      5. A comunicação for livre e aberta.
      6. A delegação adequada de responsabilidades e autoridade possibilite a utilização efetiva do pessoal.
      7. Os padrões de produção excederem os padrões solicitados.

III. Gerência
   A. Minhas áreas de responsabilidade estarão bem gerenciadas quando:
      1. Metas administrativas tiverem sido conquistadas.
      2. Remunerações e despesas controláveis estiverem no nível autorizado de percentual da receita ou abaixo dele.
      3. O número de horas trabalhadas pelas camareiras por unidade ocupacional ocupada estiver sob controle.
      4. A taxa de rotatividade e a opinião de funcionários refletirem um bom clima organizacional e serviço eficiente.
      5. Houver promoções de funcionários de destaque, sucesso no desenvolvimento do pessoal e reconhecimento dos funcionários.
      6. Padrões forem alcançados ou excedidos na satisfação dos hóspedes, com o mínimo de reclamações.
      7. Os objetivos do meu plano pessoal tiverem sido conquistados.

IV. Desenvolvimento Pessoal
   A. Estarei me desenvolvendo quando:
      1. Tiver conhecimento total de todos os aspectos operacionais dentro das áreas que controlo. Para melhorar esse conhecimento eu pretendo:
         a. Aprender outras habilidades técnicas que se relacionem com meu cargo atual.
         b. Obter conhecimento de pessoal tecnicamente competente que tenha experiência com equipamentos que estiverem sendo utilizados.
         c. Aperfeiçoar o conhecimento por meio de oportunidades de educação formal.
         d. Aproveitar todas as oportunidades em meu tempo livre para aprender outras responsabilidades departamentais.
         e. Buscar assumir responsabilidades, ouvir críticas construtivas e aprender fazendo.
      2. Participar de treinamento na recepção para desenvolver meu conhecimento de áreas diretamente ligadas a meu departamento.
      3. Obter formação básica em outras áreas (alimentos e bebidas), não relacionadas diretamente com minhas tarefas atuais.

4. Aproveitar todas as oportunidades oferecidas para participar de cursos de treinamento disponibilizados pela empresa ou instituições educacionais para melhorar minhas habilidades gerenciais. Continuar trabalhando para obter certificação como um administrador de hotel da AH&MA*.
5. Alcançar minha primeira meta (promoção) por volta de (data).

V. Resultados esperados

A. Espero alcançar os seguintes resultados até as datas indicadas:

1. Garantir que a abertura do hotel seja tranqüila e coordenada para todo o pessoal de bastidores (*back-of-the-house*) até (conclusão da abertura).
2. Solidificar as metas operacionais até (data).
3. Instituir sistemas para a elaboração de escalas, controle de estoque, controle de custos, inventários, treinamento formal contínuo de novos funcionários, controle de enxoval e controle de orçamento até (data).
4. Estabilizar a taxa de rotatividade da mão-de-obra em 8% ou menos até (data).

Este plano foi aprovado e implementado: ___(data)___.
Avaliação de desempenho estimada para: ___(data)___.
Proposto por ______________________.
Aceito por ______________________.

* N. do T.: *American Hotel and Motel Association*, ou Associação Americana de Hotéis e Motéis, instituição de renome que certifica profissionais competentes da hotelaria norte-americana.

Apêndice I
Produtos, Químicas, Suprimentos e Equipamentos

Este apêndice apresenta trechos de catálogos sobre a utilização de vários produtos e informações sobre químicas e equipamentos associados à limpeza, aos serviços sanitários e à indústria hoteleira. Ele não tem a pretensão de tratar de tudo, mas deve fornecer ao leitor um conhecimento geral dos tipos de serviço, produtos e equipamentos que foram mencionados no livro e que estão disponíveis no mercado. As informações foram passadas por S.C. Johnson e Sons Inc., Advance Equipment Company e Brady Industries (Las Vegas), a quem agradecemos.

A sede da S.C. Johnson & Son, Inc. foi projetada em 1939 por Frank Lloyd Wright.

Nós nos consideramos parceiros da **S.C. Johnson Professional** na manutenção predial profissional. E, como qualquer bom parceiro, temos os produtos e serviços que você precisa para tornar a manutenção predial mais eficiente, produtiva e rentável.

Nosso enfoque é de completa integração. Oferecemos uma completa linha de produtos de alta qualidade, apoiada no treinamento de toda a sua equipe, bem como suporte e consultoria para lhe ajudar a fazer o melhor uso dos nossos produtos. Todos os membros da equipe da **S.C. Johnson Professional** são especialmente treinados para oferecer uma análise exata de suas necessidades particulares de manutenção – e para sugerir sistemas completos para ajudá-los.

- Podemos oferecer programas como suporte para o cuidado de pisos, carpetes, saúde, sanitários, além de projetos de limpeza especiais e para serviço de alimentação. A combinação de produtos e serviços apropriados resulta na boa manutenção de todas as áreas do seu prédio.
- Podemos ajudá-lo a reduzir os custos de pessoal e de materiais, recomendando o sistema correto para as suas necessidades e orçamento – incluindo produto e treinamento.
- Podemos ajudá-lo a melhorar sua produtividade, por meio da análise de seu tipo de negócio, sua disponibilidade de trabalho e seu orçamento, para que você consiga a melhor aparência pelo menor preço.
- Podemos ajudá-lo a aperfeiçoar seus procedimentos por meio da alocação eficiente de mão-de-obra e materiais para maximizar os resultados da manutenção das instalações.

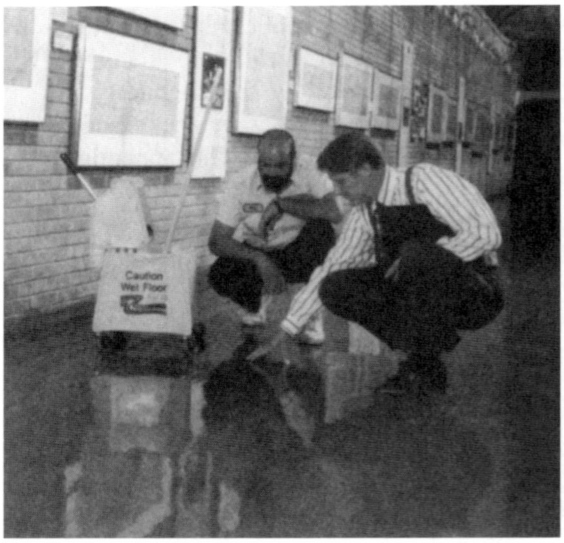

INTRODUÇÃO

- Como a maior e mais conhecida fornecedora de produtos de manutenção predial profissional do mundo, temos relações internacionais que nos mantêm na vanguarda do desenvolvimento de novos produtos e tecnologias. Esse alto conhecimento especializado nos dá uma vantagem que podemos dividir com você – trabalhando com você para usar a tecnologia de amanhã, hoje. A nossa compreensão da tecnologia emergente nos põe indubitavelmente na liderança, e isso é um importante diferencial para os nossos consumidores.
- Nossa aguda consciência sobre as preocupações ambientais, junto com um comprometimento de longo prazo para atingir os objetivos de proteção ambiental, permite-nos fornecer orientação especializada e consultoria nesses temas.

Nossa rede de serviços de suporte inclui:

Suporte Técnico: os serviços podem ser obtidos com um telefonema. Nossa equipe, formada por técnicos qualificados, pode lhe oferecer informações a qualquer momento, respondendo suas questões e enfocando suas preocupações especiais.

Serviço ao Consumidor: informações dos produtos estão disponíveis quando você precisar, pelo Departamento de Serviço ao Consumidor. Também enviamos representantes para chamadas de serviços, levantamento de inventário ou outros temas relacionados a produtos. Nosso EDI (Electronic Data Interface) atende as solicitações.

Serviço de Campo: nossa equipe de serviço de campo, altamente treinada, traz a você uma combinação de experiência, profissionalismo e treinamento contínuo. Podemos ajudá-lo a treinar sua equipe, resolver problemas em suas instalações e discutir métodos para melhorar todo o serviço de manutenção.

Serviços Especiais Jurídicos: podemos ajudá-lo a lidar com incidentes como escorregões e quedas e suas responsabilidades legais. Nosso serviço especial oferece a vantagem da qualificação, treinamento e experiência industrial com base em uma equipe corporativa de profissionais técnicos, caso você necessite desse tipo de suporte.

Para fazer o melhor pela manutenção de seu hotel, deixe a **S.C. Johnson Professional** – uma empresa com mais de um século de experiência – vir trabalhar para você.

*PISOS RESILIENTES**

Sistemas Convencionais

Para a maioria das pessoas, sistemas convencionais para a manutenção de pisos são métodos simples e fáceis de manter a limpeza. Esses sistemas geralmente requerem os menores investimentos de capital, treinamento, mão-de-obra e material; no entanto, oferecem resultados satisfatórios em termos de aparência, durabilidade, manutenção e valor.

Removedores

BRAVO® – Trabalho extrapesado!
Para as superfícies modernas mais fortes e resistentes. Distingue-se pelo brilho superior, penetração e propriedades de emulsificação. Sem amoníaco, sem fosfato, perfume agradável. Embalagens de 1 ou 5 ou 55 galões (EUA), 3,78, 18,9 e 209L (Canadá).

FREEDOM® Speed Striper
Economiza metade do tempo e trabalho dos procedimentos de remoção tradicionais. Sem máquina, materiais de remoção, neutralizadores ou múltiplos enxágües. Use com uma máquina para problemas resistentes. Sem amoníaco. Embalagens de 1,5 e 55 galões (EUA) e 3,78 e 18,9L (Canadá).

POWER-FOAM BRAVO® – Pressurizado
Trabalho extrapesado, pronto para usar, espuma de remoção rápida para agir contra o fortalecimento de manchas. Aroma agradável. Embalagens pressurizadas de 23oz.

PRO STRIP™ – Para profissionais
Removedores especialmente formulados para remover com um único toque e polimento de alta velocidade. Também remove certas camadas alcalinas resistentes, como o Technique e JX-4000. Embalagens de 1,5 e 55 galões (EUA).

* Os nomes dos produtos foram mantidos os originais em inglês.

SISTEMAS DE MANUTENÇÃO DE PISOS

STEP-OFF®
Removedor que economiza trabalho, tem fórmula sem amoníaco para aplicações normais de remoção – praticamente infalível. Embalagens de 1,5 e 55 galões (EUA) e de 3,78 e 18,9L (Canadá).

QUANDO USAR REMOVEDORES, SEMPRE LEIA E SIGA AS INSTRUÇÕES DE USO E DE SEGURANÇA NO RÓTULO.

Seladores

OVER AND UNDER®
Camada base para todas as finalizações usadas em pisos resilientes. Fecha os poros da superfície e a nivela. Ressalta o brilho de todos os produtos para acabamento da S.C. Johnson Professional. Embalagens de 1,5 e 55 galões (EUA) e de 3,78, 18,9 e 209L (Canadá).

TECHNIQUE®
Camada base de longa duração para usar embaixo de qualquer acabamento para piso resiliente. Produz brilho duradouro, protege o chão dos removedores, detergentes, derramamentos e manchas. O acabamento do piso pode ser removido sem tirar o Technique. Embalagens de 1,5 e 55 galões (EUA) e de 18,9 e 209L (Canadá).

Acabamentos

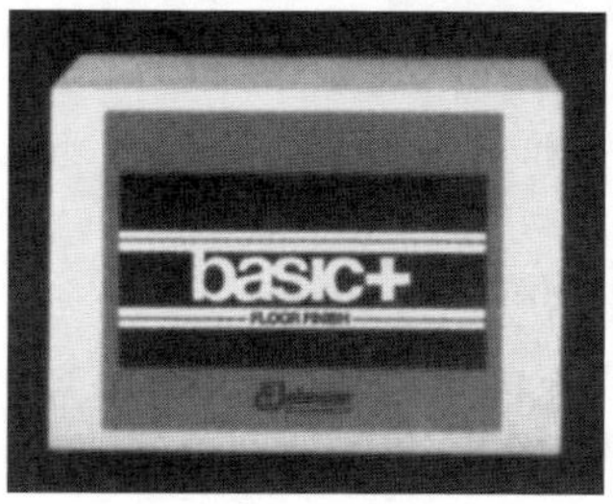

BASIC+™ – **Economia e desempenho consistente**
Oferece boa durabilidade mesmo sob intenso tráfego de pedestres. Minimiza o desgaste, as marcas e sujeiras incrustadas. Resiste a água, detergente, óleo e abrasivos. Excelentes propriedades de adesão. Fácil de usar. Embalagens de 5 galões (EUA).

CAREFREE® – **Acabamento/selador**
Esse acabamento/selador de fácil aplicação é formulado para trabalhar com qualquer método de manutenção e equipamento em todos os tipos de piso. Substitua todos os seus acabamentos de piso por um só. Embalagens de 5 galões (EUA) e de 18,9L (Canadá).

PISOS RESILIENTES

Sistemas de Alta Velocidade

Com uma máquina de alta velocidade e um aspirador de água ou esfregão automático de piso, mude para o acabamento de piso Vectra® e para o pulverizador Trailblazer® Spray Maintainer (The Shiner® Spray Buff**) a fim de obter a aparência que você quer, a um custo razoável, ao mesmo tempo em que ainda aproveita todos os benefícios que o sistema convencional de manutenção de pisos tem a oferecer.*

Se você tem necessidades especiais, nós podemos ajudar.

** Disponível apenas nos Estados Unidos.*

*** Disponível apenas no Canadá.*

Acabamentos *(Cont.)*

PRONTO® – Rápida camada para acabamento de piso
O mais rápido acabamento a seco já desenvolvido. Assim que parecer seco, em geral em 10 ou 15min, está pronto para o tráfego ou para a segunda camada. Brilho excepcional e durabilidade. Embalagens de 1,5 e 55 galões (EUA) e de 3,78, 18,9 e 209L (Canadá).

VECTRA® – Equilíbrio das instalações
Torna o piso brilhante como diamante, claro e durável – permanece até no mais intenso tráfego. Sua longa duração economiza tempo e trabalho, enquanto dá o brilho intenso que mostra o melhor do seu piso. Embalagens de 1,5 e 55 galões (EUA) e de 3,78, 18,9 e 209L (Canadá).

SHOW PLACE® – O melhor acabamento para *spray* polidor
Acabamento com brilho de longa duração para os mais modernos pisos de prestígio. Resposta extraordinária ao jato de *spray*, retendo o brilho superior inicial. 25% de fórmula sólida. Embalagens de 1,5 e 55 galões (EUA) e de 3,78, 18,9 e 209L (Canadá).

ZF 1500+™ – Acabamento com selador
Especialmente formulado, sem zinco ou metais pesados, para ter uma *performance* excelente. Esse acabamento de pouco odor dá um excelente polimento, deixando o piso excepcionalmente seco e brilhante. Produtos restauradores e de manutenção não são necessários (*pode conter apenas rastros de zinco ou metais pesados*). Embalagens de 5 galões (EUA) e de 3,78L (Canadá).

SISTEMAS DE MANUTENÇÃO DE PISOS

Manutenção

SNAPBACK™ Spray Buff (THE SHINER® no Canadá)
Proporciona brilho como se o serviço de limpeza tivesse acabado de ocorrer. Mantém o seu piso com a melhor aparência por todo o tempo. SNAPBACK Spray Buff tem o melhor desempenho com o menor custo. Embalagens de 1 galão (EUA) e de 3,78L (Canadá).

TRAILBLAZER® Spray Maintainer
O Spray Buff Maintainer é para uso em alta e ultra-alta velocidade de polimento (1.000 a 3.000rpm). Spray Buff é o primeiro e único passo para manter bom brilho. Embalagens de 1 galão (EUA).

Limpadores

GP FORWARD® – Limpador multiuso
O limpador multiuso de elevada *performance* que levanta a sujeira – e deixa o brilho. Econômico, versátil, o FORWARD – limpador multiuso pode ser usado em qualquer superfície seca e tem odor com frescor cítrico. Aprovado para o uso Kosher. Embalagens de 1,5 e 55 galões, 32oz Accumix, 64oz de soluções centrais (EUA) e de 3,78, 18,9 e 209L, 0,946L de Accumix, 1,89L de solução central (Canadá).

UHS™ Cleaner – Limpador de alta potência
Limpador poderoso, com pouca espuma, especialmente formulado para limpar polimentos e acabamentos feitos com ultra-alta velocidade. Oferece excelente limpeza sem enxágüe e não deixa resíduo. Mantém o acabamento por mais tempo, estendendo assim os ciclos de remoção. Embalagens de 1,5 e 55 galões, 32oz Accumix e 64oz solução (EUA) e de 3,78, 18,9 e 209L, 0,946L Accumix e 1,89L de solução central (Canadá).

STRIDE® – Essência floral ou cítrica
Limpador multiuso neutro com um sistema detergente avançado para limpeza diária de pisos e para borrifar em trabalhos leves e limpezas rápidas. Oferece excelente combate contra o bolor. Embalagens de 1,5 e 55 galões, 32oz pronto para usar, 32oz Accumix e 64oz solução (EUA) e de 3,78, 18,9 e 209L, 0,946L Accumix e 1,89L de solução (Canadá).

- *Aplique acabamentos e seladores em camadas médias. Não torça o esfregão.*
- *Tenha certeza de que não esfregou demais o acabamento com o esfregão.*
- *Limpe imediatamente. Manchas, derramamentos e depósitos de sujeira são mais fáceis de remover no momento em que ocorrem. Qualquer atraso causa apenas mais trabalho mais tarde.*

PISOS NÃO RESILIENTES

Superfícies Duras

*Superfícies duras representam um desafio crucial. A S.C. Johnson **Professional** confronta esse desafio com produtos especialmente feitos para selar e manter os pisos duros.*

O selador é o segredo de um programa de sucesso para pisos porosos, como concreto e terrazzo*; pisos de pedra, como mármore, ladrilho, ardósia, tijolo e granito; e pisos de argila, como cerâmica.*

Removedores

Bravo® – Trabalho extrapesado!
Para as superfícies modernas mais fortes e resistentes. Distingue-se pelo brilho superior, penetração e propriedades de emulsificação. Sem amoníaco, sem fosfato, perfume agradável. Embalagens de 1 ou 5 ou 55 galões (EUA), 3,78, 18,9 e 209L (Canadá).

FREEDOM® Speed Stripper
Economiza metade do tempo e trabalho dos procedimentos de remoção tradicionais. Sem máquina, materiais de remoção, neutralizadores ou múltiplos enxágües. Use com uma máquina para problemas resistentes. Sem amoníaco. Embalagens de 1,5 e 55 galões (EUA) e 3,78 e 18,9L (Canadá).

POWER-FOAM BRAVO® – Pressurizado
Trabalho extrapesado, pronto para usar, espuma de remoção rápida para agir contra o fortalecimento de manchas. Aroma agradável. Embalagens pressurizadas de 23oz.

PRO STRIP™ – Para profissionais
Removedores especialmente formulados para remover com um único toque e polimento de alta velocidade. Também remove certas camadas alcalinas resistentes como o Technique e JX-4000. Embalagens de 1,5 e 55 galões (EUA).

Escolhendo o Removedor Apropriado para Superfícies Duras

Superfícies duras como terrazzo*, mármore, pedra e outros pisos naturais podem sofrer reações adversas com removedores alcalinos fortes. Consulte o catálogo para escolher o removedor apropriado para o seu piso.*

SISTEMAS DE MANUTENÇÃO DE PISOS

STEP-OFF®
Removedor que economiza trabalho, tem fórmula sem amoníaco para aplicações normais de remoção – praticamente infalível. Embalagens de 1,5 e 55 galões (EUA) e de 3,78 e 18,9L (Canadá).

Ceras

FORTIFY®
Cera para *terrazzo* e concreto. Adere a superfícies alcalinas ou ácidas. Elimina a poeira de concreto. Torna mais fácil manter o piso limpo. Excelente resistência ao tráfego intenso e ao óleo. Embalagens de 5 e 55 galões (EUA).

Limpadores

JX-4000™ – **Cera/acabamento para concreto**
O jeito fácil de limpar e proteger pisos de concreto. Fórmula com base em água. Não requer água-forte. Adere à maioria dos pisos. Segunda camada em 1-2h. Embalagens de 5 galões (EUA).

SCULPTURE®
Cobertura de polímero acrílico desenvolvida para aderir ao mármore e pisos de pedras naturais. Deve ser completada com o produto S.C. Johnson Professional de sua escolha. Embalagens 5 galões (EUA) e de 18,9L (Canadá).

PLAZA™ – **Cera/acabamentos de brilho de longa duração para pisos duros**
Use em *terrazzo*, pedra, azulejo, tijolo, ardósia, cerâmica e telha mexicana. Proporciona brilho excepcional, leveza e durabilidade. Fácil de remover. Embalagens de 1,5 e 55 galões (EUA) e de 3,78, 18,9 e 209L (Canadá).

SECURETHANE™ – **Cera para piso de pedra**
O brilho proporcionado por essa fórmula baseada em uréia para pisos de pedra tem adesão superior e excelente resistência química. Confere acabamento claro que ajuda a proteger os pisos não resilientes de água, óleo, sal e outros derramamentos químicos. Inflamável. Embalagens 18,9L (Canadá).

SECURETHANE™ – **Aditivo**
Promove melhor adesão para os pisos problemáticos. Embalagens de 30mL (Canadá).

PISOS NÃO RESILIENTES

• Superfícies Duras
• Madeira

Diferentes tipos de piso requerem produtos exclusivos. O chão de uma academia de ginástica agüenta fortes impactos; entretanto, com o preparo inicial adequado, mantê-lo brilhante e em condições atrativas não requer muito trabalho. Nossos produtos Johnson, fáceis de aplicar, preparam o piso por muito tempo, tornando a manutenção diária muito mais fácil para você.

Outros tipos de pisos de madeira se beneficiam de nossos acabamentos à base de solventes, que dão mais lustro e impedem o estrago potencial que pode ser feito pela água. Seja qual for o tipo de piso de madeira resistente, a S.C. Johnson Professional tem um sistema de manutenção para satisfazer suas necessidades.

Manutenção

SNAPBACK™ Spray Buff (THE SHINER® no Canadá)
Proporciona brilho como se o serviço de limpeza tivesse acabado de ocorrer. Mantém o seu piso com a melhor aparência por todo o tempo. SNAPBACK Spray Buff tem o melhor desempenho com o menor custo. Embalagens de 1 galão (EUA) e de 3,78L (Canadá).

TRAILBLAZER® Spray Maintainer
O Spray Buff Mantainer é para uso em alta e ultra-alta velocidade de polimento (1.000 a 3.000rpm). Spray Buff é o primeiro e único passo para manter bom brilho. Embalagens de 1 galão (EUA).

Pisos de Madeira

CONQ-R-DUST® – Pressurizado ou líquido
Este eficiente tratamento de esfregão capta e segura a poeira e a sujeira até que sejam liberadas com uma rápida sacudida. Não deixa resíduos oleosos. Para pisos de academias, resilientes, de concreto e de *terrazzo*. Embalagens de 17oz pressurizadas e de 1 galão (EUA).

J-WAX® (GYM FINISH® no Canadá) – Acabamento para madeira
Acabamento para todos os tipos de piso de madeira, incluindo pisos de ginásios, formulado com óleo modificado de resina poliuretana, para cobertura final de pisos de madeira encerados. Embalagens 5 galões (EUA) e de 18,9L (Canadá).

SISTEMAS DE MANUTENÇÃO DE PISOS

Limpadores

FORWARD® DC – Limpador desinfetante
O mais poderoso desinfetante que limpa a sujeira, desodoriza, mata os germes e deixa brilho. É rápido e poderoso, emulsificando as superfícies mais árduas, e suficientemente suave para todas as superfícies laváveis. Dependendo da solução, o versátil FORWARD Disinfectant Cleaner pode também ser usado como sanitizador. Aprovado para uso Kosher. Embalagens de 1,5 e 55 galões, 64oz solução (EUA) e de 3,78, 18,9 e 209L (Canadá).

GP FORWARD® – Limpador multiuso
O limpador multiuso de elevada *performance* que levanta a sujeira – e deixa o brilho. Econômico, versátil, o FORWARD – limpador multiuso pode ser usado em qualquer superfície seca e tem odor com frescor cítrico. Aprovado para o uso Kosher. Embalagens de 1,5 e 55 galões, 32oz Accumix, 64oz de soluções centrais (EUA) e de 3,78, 18,9 e 209L, 0,946L de Accumix, 1,89L de solução central (Canadá).

STRIDE® – Essência floral ou cítrica
Limpador multiuso neutro com um sistema detergente avançado para limpeza diária de pisos e para borrifar em trabalhos leves e limpezas rápidas. Oferece excelente combate contra o bolor. Embalagens de 1,5 e 55 galões, 32oz pronto para usar, 32oz Accumix e 64oz solução (EUA) e de 3,78, 18,9 e 209L, 0,946L Accumix e 1,89L de solução (Canadá).

UHS™ CLEANER – Limpador de alta potência
Limpador poderoso com pouca espuma, especialmente formulado para limpar polimentos e acabamentos feitos com ultra-alta velocidade. Oferece excelente limpeza sem enxágüe e não deixa resíduo. Mantém o acabamento por mais tempo, estendendo assim os ciclos de remoção. Embalagens de 1,5 e 55 galões, 32oz Accumix e 64oz solução (EUA) e de 3,78, 18,9 e 209L, 0,946L Accumix e 1,89L de solução central (Canadá).

- *Estabeleça um cronograma de trabalho e siga-o. A organização se traduz em eficiência – evita manutenção que desperdiça tempo e esforço.*
- *Detenha a sujeira na porta. Use capachos ou grades na entrada para limitar a entrada de terra e água, ajudando a manter pisos e carpetes limpos. Esteiras ou corredores são facilmente limpos com produtos de cuidado de carpete Rugbee.*
- *Limpe imediatamente. Manchas, marcas e depósitos de sujeira são mais fáceis de remover no momento em que ocorrem. Qualquer atraso causa mais trabalho mais tarde.*

• Desinfetantes

Selecione o produto de limpeza correto para as suas necessidades.

***Limpadores ácidos,** embora menos comuns, são normalmente utilizados para remover bactérias, ferrugem e depósitos de água dura encontrados em vasos sanitários. Apesar desses produtos serem muito rudes para grande parte das superfícies, eles são bons para porcelana e louça.*

***Limpadores neutros** são menos fortes que os limpadores altamente alcalinos e ácidos. São os preferidos para a limpeza de chão, já que não escurecem o acabamento nem requerem enxágüe.*

*Às vezes, um limpador não precisa apenas remover a sujeira, mas desinfetar também. Apesar dos **desinfetantes** serem designados para matar todas as bactérias que encontram, são mais bem aproveitados em áreas onde há maior sujidade, como ambientes de tratamento de saúde.*

Desinfetantes

BLUE CHIP®
Limpador desinfetante quaternário, especialmente formulado para o uso em hospitais e áreas onde o controle ativo de bactérias é importante. Desodoriza e atua contra estafilococos, estreptococos, pseudomonoácidos, fungos, bolores, vírus da influenza A2 e parainfluenza. Diluído em água na proporção de 1 para 64 na maioria dos trabalhos. EPA Reg. Nº 4822-97. Embalagens de 1 e 5 galões (EUA).

Escolhendo o Produto de Limpeza Apropriado

Os limpadores estão disponíveis para uso geral, para áreas de saúde, de alimentação e uso industrial, em diversos tamanhos, para diferentes aplicações. Consulte o catálogo para escolher o produto de limpeza apropriado para as suas necessidades.

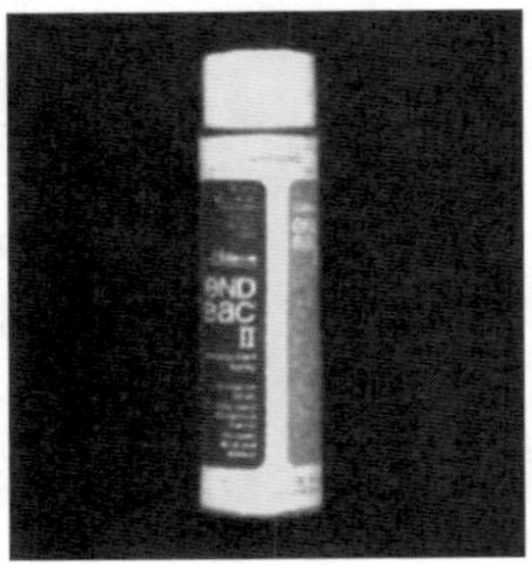

ENDBAC® II – *Spray* desinfetante
Elimina odores e refresca o ar de forma agradável. Mata estafilococos, estreptococos, fungos de pé de atleta e muitos outros germes de superfície. Oferece ação residual bacteriológica quando não enxaguado ou lavado. Destrói bolor e mofo. EPA Reg. Nº 11525-30-4822 (Registro Canadense Nº P.C.P. 13584). Embalagens 16oz pressurizadas (EUA) e de 425g (Canadá).

ENDBAC® LIQUID – Desinfetante enxaguante
Este líquido germicida mata vírus da influenza, estafilococos, estreptococos e outros. Desinfeta, higieniza e desodoriza quando o detergente de limpeza não é necessário. EPA Reg. Nº 4822-41 (Registro Canadense Nº P.C.P. 16248). Embalagens de 1 galão (EUA) e de 20L (Canadá).

ENDBAC® 128 – Limpador desinfetante
Efetivo matador de bactérias, vírus e fungos. Limpa, desinfeta e desodoriza de uma só vez. Pode ser usado em pisos porque não escurece o brilho. Especialmente formulado para uso em hospitais e plantas alimentícias. D.I.N. 00883654. Embalagens de 4 e 20L (Canadá).

PRODUTOS DE LIMPEZA

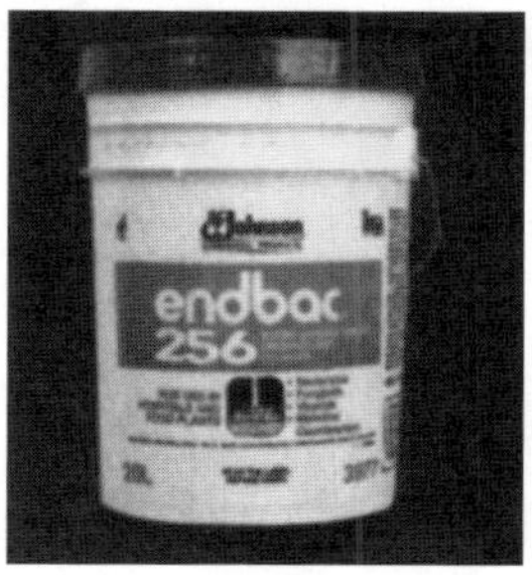

ENDBAC® 256
Superconcentrado. Especialmente formulado para uso em hospitais e plantas alimentícias. Efetivo bactericida e fungicida, atuando também contra vírus. Desinfeta, limpa e desodoriza de uma só vez. Pode ser usado em pisos porque não escurece o brilho. D.I.N 00885746. Embalagens de 1L Accumix, 2L de solução central e com 20L (Canadá).

EXPOSE® II – Phenolic
Oferece controle bactericida em ambientes hospitalares. Limpa, desinfeta, desodoriza. Mata estafilococos, estreptococos, vírus influenza e muitos outros germes. Atua contra tuberculose. Uso diluído em água na proporção de 1 para 256. EPA Reg Nº 4822-109. Embalagens de 64oz solução central e embalagens de 1 galão (EUA).

STRIDE® FLORAL DC
Desinfetante superconcentrado com ampla faixa de atuação bactericida efetiva. Funciona na água até 400ppm e oferece excelente neutralizador antibolor. Embalagens de 3,78 e 18,9L, 0,946L Accumix e 1,89L de solução (Canadá).

ENVY® (BOM-AMI® Multipurpose Cleaner no Canadá) – Limpador germicida instantâneo
Em *spray* de espuma ou líquido, dissolve espuma e restos de sabonete em pias, móveis e outras superfícies laváveis. EPA Reg Nº 4822-66 (Registro Canadense Nº P.C.P. 15670). Embalagens de 19oz pressurizadas ou 32oz líquido (EUA) ou de 570g ou 20L (Canadá).

STRIDE® CITRUS DC
Desinfetante superconcentrado com ampla faixa de atuação bactericida efetiva. Funciona na água até 400ppm e oferece excelente neutralizador antibolor. Embalagens 1,89L de solução (Canadá).

TRIAD™ II – Limpador desinfetante/germicida
Limpador para banheiro sem ácido com essência agradável. Desinfeta, limpa e desodoriza de uma só vez. Pode ser usado em pisos – não escurece o brilho. Embalagens de 64oz de solução e de 5 galões (EUA).

• Rugbee™

Carpetes requerem cuidados constantes para mantê-los com boa aparência e prevenir desgaste prematuro.

O sistema ***Rugbee da S.C. Johnson Professional*** *foi desenvolvido para economizar o seu tempo e dinheiro, ao mesmo tempo em que melhora a condição e a aparência de cada área acarpetada em sua instalação.*

Todos os produtos ***Rugbee da S.C. Johnson Professional*** *são "combinados" – cuidadosamente formulados para serem quimicamente compatíveis.*
O sistema Rugbee de manutenção de carpetes lhe dá uma variedade de métodos para combinar com suas necessidades. Nossos produtos são ideais para tirar manchas, aspirar, esfregar, lavar e extrair a água.

Extração e Sabões

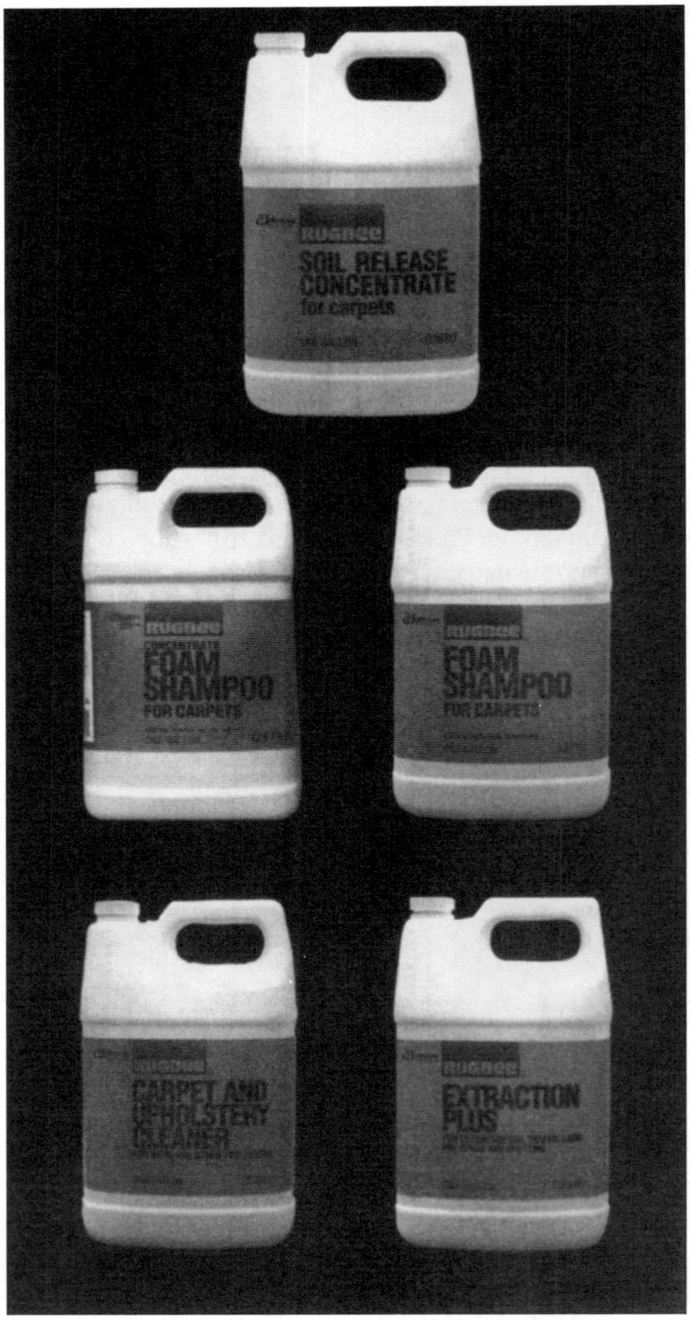

SISTEMAS DE MANUTENÇÃO DE CARPETES

RUGBEE™ Soil Release Concentrate (Bonnet Buff Cleaner no Canadá)
Líquido diluível em água, mistura de substâncias tensoativas biodegradáveis, solventes e polímeros, para ser usado como pré-tratamento, a fim de soltar a sujeira antes de limpar, e como produto para limpeza do caminho de passagem, para limpeza *bonnet* do carpete. Embalagens de 64oz de solução e de 1 galão (EUA) e de 4 e 20L (Canadá).

RUGBEE™ Shampoo (Foam Shampoo no Canadá)
Sabão detergente a base de água para carpetes, contêm polímeros e substâncias tensoativas biodegradáveis. Para usar em equipamentos rotativos e automáticos. Embalagens de 1 e 5 galões (EUA) e de 1L (Canadá).

RUGBEE™ Shampoo Concentrate
Sabão detergente concentrado à base de água para carpetes, contém polímeros e substâncias tensoativas biodegradáveis. Para usar em equipamentos rotativos e automáticos. Embalagens de 1 galão (EUA).

RUGBEE™ Carpet and Upholstery (Natural Fiber Extraction Plus no Canadá)
Um limpador líquido extrator concentrado para estofamentos e carpetes naturais que não desbotam. Contém detergente, alvejantes ópticos, solventes e agentes antiespuma. Embalagens de 1 galão (EUA) e de 4L (Canadá).

RUGBEE™ Extraction Plus
Limpador líquido extrator concentrado para carpetes que contém detergentes, alvejantes ópticos e inibidores de corrosão, gerando pouca espuma para atender às necessidades dos extratores de pressão modernos. Embalagens de 1 e 5 galões e de 64oz solução (EUA) e de 4 e 20L (Canadá).

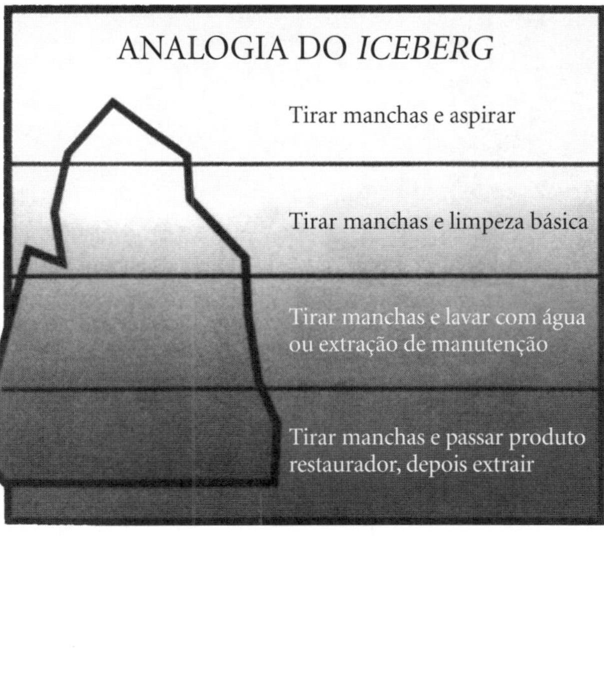

Grande parte da sujeira no carpete permanece embaixo da felpa da superfície – da mesma forma que um *iceberg* fica escondido debaixo do nível da água. Essa sujeira escondida contém superfícies ásperas que podem arranhar as fibras do carpete. Essas áreas friccionadas aparecerão escuras e podem prender partículas de sujeira. Quando a abrasão continua, pode ocorrer a perda da fibra nas áreas de maior tráfego e a vida do carpete pode ser reduzida consideravelmente. A analogia do *iceberg* mostra a necessidade de um sistema completo de manutenção de carpetes, utilizado com freqüência para combater vários níveis de sujeira.

• Rugbee™

O Rugbee Shampoo, o Rugbee Shampoo Concentrate e o Rugbee Soil Release Concentrate são formulados para utilizar na lavagem pesada de grandes áreas. O Rugbee Carpet & Upholstery é ideal para pequenas áreas acarpetadas e para móveis com acabamento em carpete. O Rugbee Extraction é perfeito para limpar profundamente carpetes com nível de sujidade elevado. Os tira-manchas dão os "primeiros socorros" nos casos de manchas e líquidos derramados.

Os produtos do sistema Rugbee se complementam para os melhores resultados, menor esforço e menor gasto de tempo.

Especialmente para Carpetes

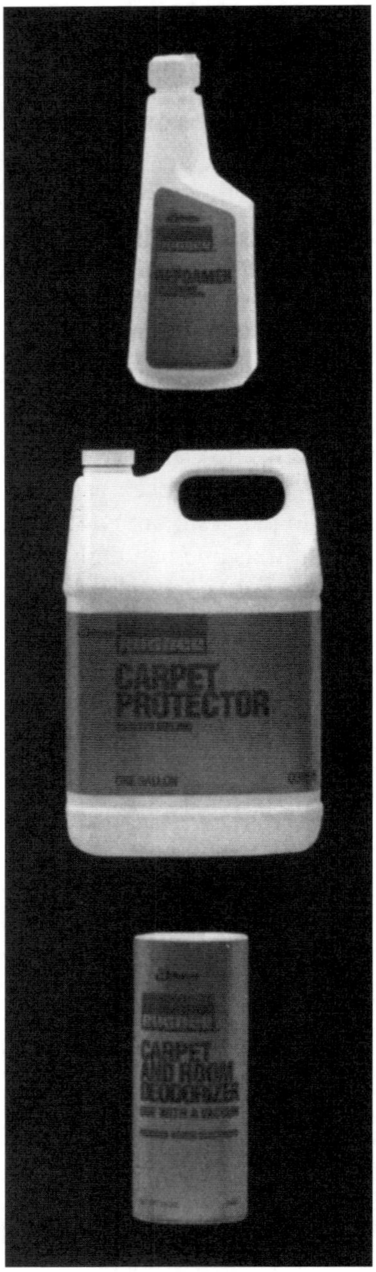

RUGBEE™ Defoamer
Produto à base de água sofisticado, sem espuma, estabilizado com uma mistura de silicone orgânico e inorgânico, para o máximo de desempenho com o mínimo uso. Embalagens de 12oz (EUA) e 750mL (Canadá).

RUGBEE® Carpet Protector
Tratamento líquido concentrado para carpetes contendo flúor e sílica coloidal. Embalagens de 1 galão (EUA) e 4L (Canadá).

RUGBEE™ Carpet and Room Deodorizer (GOOD SENSE® Carpet and Room Deodorizer no Canadá)
Mistura de pó inorgânico e substâncias tensoativas biodegradáveis para desodorizar carpetes. Use com aspirador. Embalagens de 24oz (EUA) e 680g (Canadá).

SISTEMAS DE MANUTENÇÃO DE CARPETES

Tira-manchas

RUGBEE™ Enzyme Spotter (Protein Spot Digester no Canadá)
Produto à base de água altamente ativo. Mistura de enzimas de amílase e protease, estabilizadas para fácil uso em manchas orgânicas. Embalagens de 12oz (EUA) e 750mL (Canadá).

RUGBEE™ General Purpose Spotter (All Spot Remover no Canadá)
Mistura de solventes especiais e substâncias tensoativas, desenvolvida para a fácil remoção de manchas leves de óleo e à base de água. Embalagens de 12oz (EUA) e 750mL e 4L (Canadá).

RUGBEE™ Solvent Spotter
Removedor à base de solvente para manchas em carpetes, contendo solventes e detergentes para limpar manchas à base de água e óleo. Embalagens de 12oz e 1 galão (EUA) e 750mL e 4L (Canadá).

RUGBEE™ Tannin Treatment & Debrowner (Coffee Spot Remover & Debrowner no Canadá)
Mistura altamente concentrada, à base de água, de agentes antimanchas, solventes magnéticos, descolorantes e componentes neutralizadores de odor. Excelente tira-manchas. Remove as marcas escuras do tecido. Embalagens de 12oz (EUA) e 750mL (Canadá).

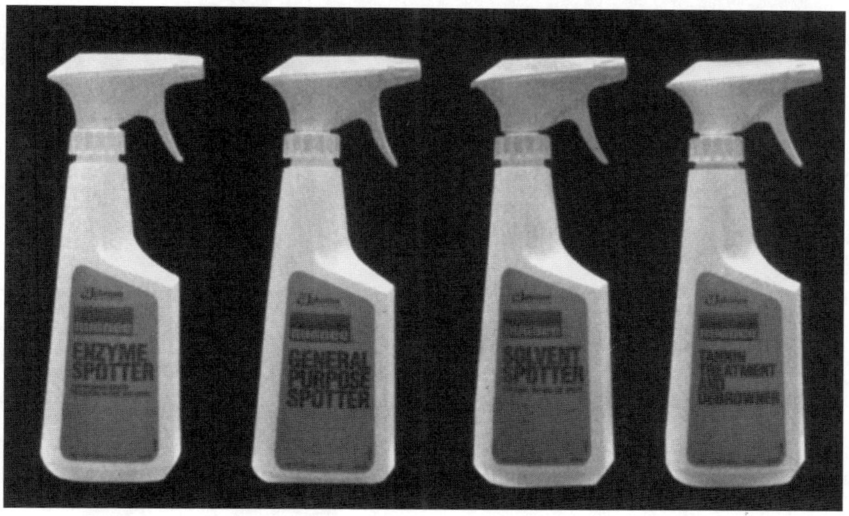

• Geral
• Purificadores de Ar

O sistema de cuidado de sanitários da S.C. Johnson ***Professional*** *lida efetivamente com seis aspectos essenciais de sua manutenção: pisos e paredes; vasos sanitários e mictórios; pias, espelhos e móveis; torneiras; ventilação; e chuveiros. Todas essas áreas requerem atenção e produtos especiais.*

Uma vez que os banheiros são uma das áreas mais usadas em qualquer instalação, a impressão que as pessoas têm deles deve ser a melhor de todas. Odores desagradáveis, pisos sujos, vasos sanitários e mictórios sem higienização, espelhos e pias manchados, porta-papel e sabonete vazios podem contribuir para uma imagem negativa. Outra consideração importante é o que as pessoas não podem ver – bactérias causadoras de doenças e odores.

Geral

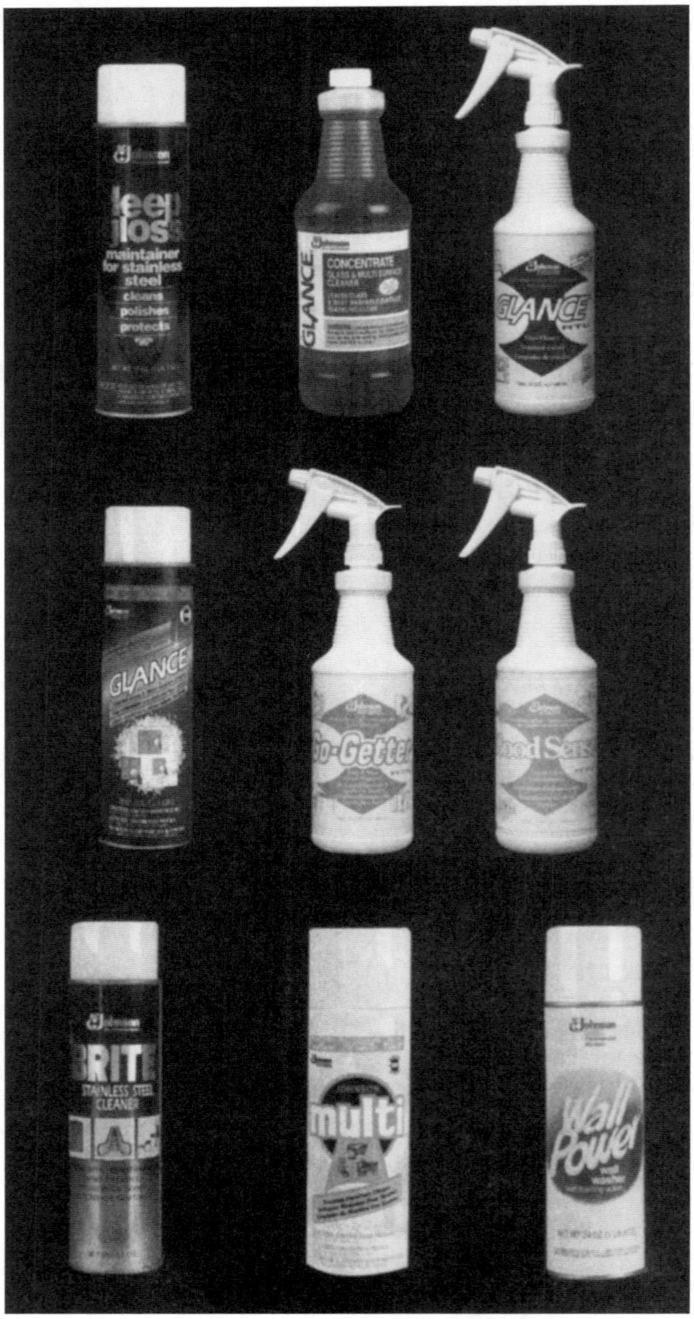

PRODUTOS PARA USO ESPECIAL

DEEP GLOSS® – Para aço inoxidável
Spray cremoso, à base de água, limpa e lustra sem abrasivos. Resiste a marcas e manchas de água. Embalagens de 17oz pressurizados (EUA).

GLANCE® – Glass & Multi Surface Cleaner
Não deixa rastros e marcas. Secagem rápida. Limpa e deixa vidros, espelhos, pias, balcões, aço inoxidável e muitas outras superfícies laváveis brilhando. Embalagens de 32oz pronto para usar, 64oz de solução (EUA) e 0,946L prontos para usar e 1,89L de solução (Canadá).

CONCENTRATE/ REFILL – econômico
Uma garrafa rende 5 galões. Embalagens de 32oz (EUA) e de 0,946L (Canadá).

PRESSURIZADO – a fórmula de espuma exclusiva acaba com a sujeira e a gordura rapidamente e com economia. Embalagens de 19oz (EUA) e 570g (Canadá).

GO-GETTER® – Limpador e desengordurante
Spray de aroma agradável para trabalho pesado. Limpa petróleo e gordura de comida, manchas, marcas de batom e de dedos, e muitos outros tipos de sujeira. Não requer enxágüe. Embalagens de 32oz pronto para usar e 64oz de solução central (EUA).

GOOD SENSE® – Neutralizador líquido de odores
Eficiente neutralizador de maus odores: urina, mofo, vômito, tabaco, fumaça, comida e outros – nos carpetes e superfícies duras. Pode ser também usado como *spray*. Embalagens de 32oz prontos para usar (EUA) e de 0,946L pronto para usar (Canadá).

JOHNSON® BRITE™ – Para aço inoxidável
Limpa, lustra e protege com sua mistura especial de detergentes e solventes. Deixa brilho sem esfregar ou polir. Embalagens de 17oz pressurizadas (EUA).

JOHNSON MULTI™ – Limpador em espuma
Espuma profissional com aroma agradável que limpa e lustra móveis de madeira, cromo, ácido inoxidável, vinil, plásticos e outros. Embalagens de 15oz pressurizadas (EUA).

WALL POWER™ – Limpador em espuma de ação
Limpa todas as superfícies laváveis. Remove sujeira, mofo e gordura sem esfregar. Embalagens de 24oz pressurizadas (EUA).

Purificadores de Ar

GOOD SENSE® – Fragrâncias limpas e leves
Purificador instantâneo de ar de baixo custo e fácil de usar que funciona rapidamente e deixa uma fragrância delicada e fresca. Fórmula pressurizada, não contém clorofluorcarbono.

COUNTRY GARDEN*:* embalagens de 13oz pressurizadas (EUA) e 365g pressurizadas (Canadá).

SUMMER FRESH. POTPOURRI*:* embalagens de 13oz pressurizadas (EUA) e 365g pressurizadas (Canadá).

GOOD SENSE" 7 – COUNTRY GARDEN: fragrância agradável que dura por até sete dias. Disponível em pacotes auto-adesivos (EUA).

NO SMOKE: para os odores difíceis de fumaça. Embalagens de 13oz pressurizadas (EUA) e 365g pressurizadas (Canadá).

TUF ODORS: ataca os odores encontrados nas áreas mais difíceis. Embalagens de 13oz pressurizadas (EUA) e 365g pressurizadas (Canadá).

• Cuidados com as Mãos

Para o controle da expansão dos germes, a lavagem das mãos é a mais importante medida de precaução, mas deve ser feita corretamente para garantir um bom resultado.

Evitar a expansão dos germes é especialmente importante nos estabelecimentos de saúde e serviços alimentícios. As pessoas que trabalham nessas áreas devem, além de ser treinadas com técnicas eficazes de lavagem de mãos, ter acesso apropriado a instalações adequadas e sabão.

Na ***S.C. Johnson Professional,*** *planejamos nossos produtos para simplificar a guerra contra a expansão dos germes que podem causar infecções. Nossos equipamentos de sabonete e produtos de reposição são de fácil uso, fácil limpeza e não requerem manutenção.*

Estimulamos nossos clientes a se juntarem aos nossos esforços para promover as adequadas instalações de lavagem de mãos. As pias devem ser equipadas com torneiras automáticas, sabonete anti-séptico e toalhas de papel.

Funcionários devem ser treinados para lavar as mãos sempre, deixando-as por, no mínimo, 15 segundos no fluxo da água morna. A lavagem das mãos deve ser feita depois de carregar qualquer objeto que possa estar contaminado com germes e antes e depois de qualquer contato interpessoal significativo.

Com esforço combinado de todos os envolvidos, conseguiremos êxito na prevenção de doenças causadas pela má lavagem das mãos.

Cuidados com as Mãos

ENHANCE® DISPENSER
Não requer manutenção. Não corrosiva, a bomba nunca se desgasta. Sem partes para repor ou consertar. Fácil de reabastecer e de limpar. 1,5mL por dose (EUA).

ENHANCE® – **Refil**
Sem perda de produto – bolsa que se evacua completamente sozinha. Baixo custo por lavagem – 1.300 lavagens de mãos por bolsa disponível. Disponível em bolsa de 700mL (EUA).
ENHANCE ANTISEPTIC: disponível em bolsa de 700mL (EUA).
ENHANCE FOOD INDUSTRY (E – 2): disponível em bolsa de 700mL (EUA).
ENHANCE LOTIONIZED: disponível em bolsa de 700mL (EUA).

PRODUTOS ESPECIAIS

SOFT CARE™ DISPENSER
Refil fácil de instalar. Visibilidade da quantidade de sabão restante no dispensador facilita o trabalho de reposição. Garantia contra vazamento, entupimento ou gotejamento. Disponível com 1 a 2mL por dose (EUA e Canadá).

SOFT CARE™ – Refil
Rápida e conveniente. Economiza tempo, trabalho e dinheiro. Elimina desperdício. Selado para segurança antes de ser usado. Disponível em cartuchos de 600mL (EUA e Canadá).

SOFT CARE ANTISEPTIC: disponível em cartuchos de 600mL (EUA e Canadá).

SOFT CARE INDUSTRY (E-2): disponível em cartuchos de 600mL (EUA e Canadá).

SOFT CARE GENTLE LOTION: disponível em cartuchos de 600mL (EUA e Canadá).

SOFT CARE HAIR & BODY SHAMPOO: disponível em cartuchos de 600mL (EUA e Canadá).

SOFT CARE INDUSTRIAL: disponível em cartuchos de 600mL (EUA e Canadá).

SOFT CARE LOTIONIZED: disponível em cartuchos de 600mL (EUA e Canadá).

JOHNSON WAX™
LIQUID HAND SOAP
pH balanceado. Fácil enxágüe. Deixa as mãos limpas e macias. Não corrosivo para os recipientes de sabão – compatível com ácido inoxidável, plástico e outros. Embalagens de 1 galão (EUA).

Química

Química para Piscina

DRY CHLORINE – GRANULAR ESTABILIZADO

Forma do cloro que é 100% solúvel. Deve ser estocado em lugar fresco e seco para manter boa estabilidade por mais de um ano. Tem um estabilizador resistente para reduzir a perda de cloro em piscinas pela ação da luz solar. (SOI 1903505) Tonel 15lb (10076) Tambor de 50lb.

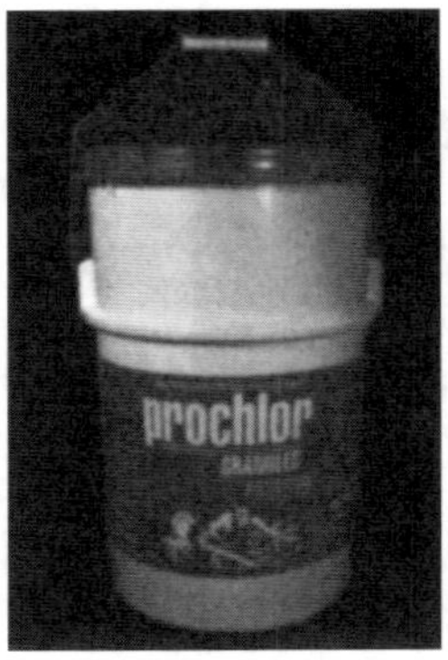

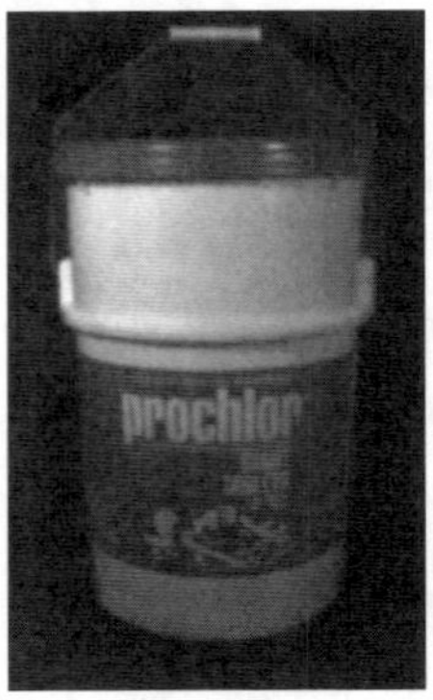

DRY CLORINE – PASTILHAS

Tabletes tipo tricolor elaborados para uso em alimentadores que colocam o cloro automaticamente na piscina. Também contém um resistente estabilizador. (SOI) 1 tablete – 25lb (10028) 3 tabletes – 50lb.

LIQUID CHLORINE

O cloro líquido é o mais econômico para se usar e de mais rápido efeito. Entretanto, exige adição mais freqüente de ácidos que outras formas de cloro. (15120) Galão de garrafa plástica, 4 galões por embalagem.

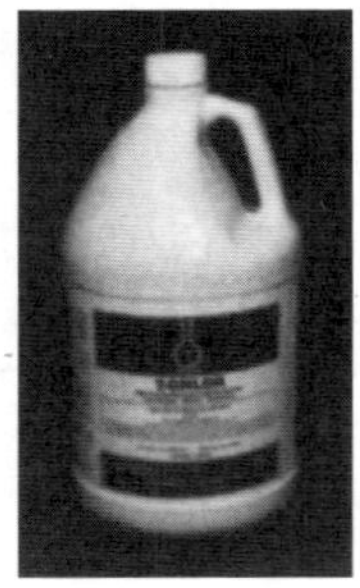

HIPOCLORETO DE CÁLCIO (CCH)

Forma granular utilizada para a cloração de rotina e para a supercloração. (10060) Tambor de 100lb.

ÁCIDO MURIÁTICO

Ácido muriático líquido para piscina, usado para conter a alcalinidade da piscina e manter o pH apropriado. (100005) 4 galões por embalagem.

Química

Química para Piscina

CLAREADOR DE ÁGUA

Produto líquido utilizado para adicionar filtração e para clarear a água turva. (v2992028) Garrafa plástica.

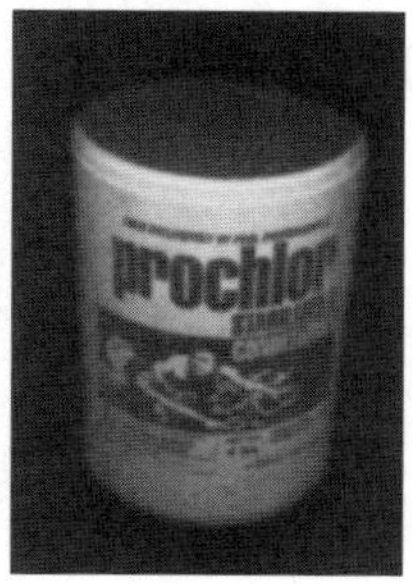

SODA ASH pH INCREASER

100% solúvel, granular, 100% carbonato de sódio, o Soda Ash é usado para conter a acidez excessiva e aumentar o fator pH. (v2992027) Tonel de 5lb (1902201) Sacos de 100lb.

ESTABILIZADOR/ CONDICIONADOR

Ácido usado para estabilizar o cloro em piscinas externas e reduzir o uso de cloro (v2992033) Embalagem de 4lb.

ALGICIDA LÍQUIDO

Usado para controlar e eliminar o crescimento de algas (v29920337) Garrafa plástica.

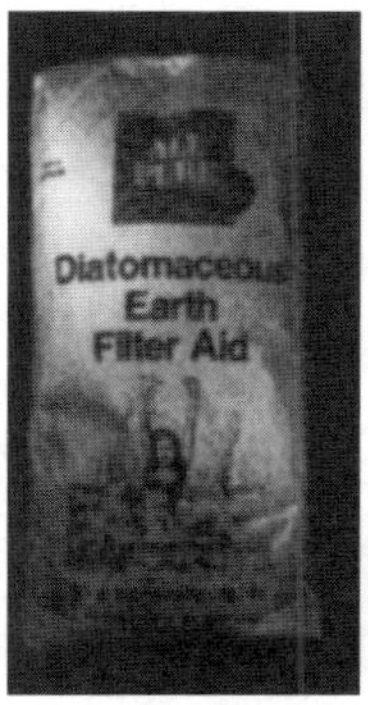

TERRA DIATOMÁCEA

Terra diatomácea é usada em sistemas de filtragem para auxiliar o filtro. (SOI 5845) Sacos de 50lb.

SUPER ALGAE KILL

Produto granular para matar as algas pretas, mais difíceis de remover. (SOI 5506) Embalagem de 2lb.

Equipamentos

Aspiradores Pequenos

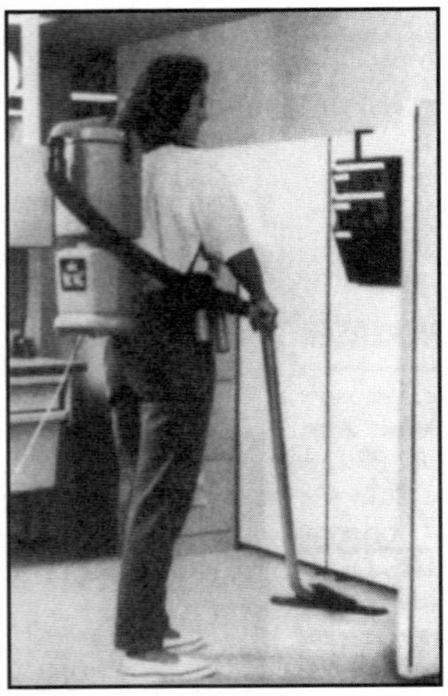

VAC PAC™ PORTABLE BACK VACCUM

O aspirador Windsor's Vac Pac™ é o mais avançado para operar com conforto e conveniência. Essa máquina silenciosa tem um bloco de correia de suporte que distribui o pouco peso (pouco mais que 5kg) no quadril do usuário. Por isso, o peso quase não é notado. As tiras se ajustam em qualquer operador para maior conforto.

O motor poderoso do Vac Pac, de dois estágios e 1hp, levanta 2,3m de água para pegar sujeiras difíceis e escombros para preencher 6,8L de tanque traseiro. O projeto do tanque permite utilizar tanto filtros de pano como de papel. (VP) Vac Pac – (VPTK) Vac Pac Tool Kit

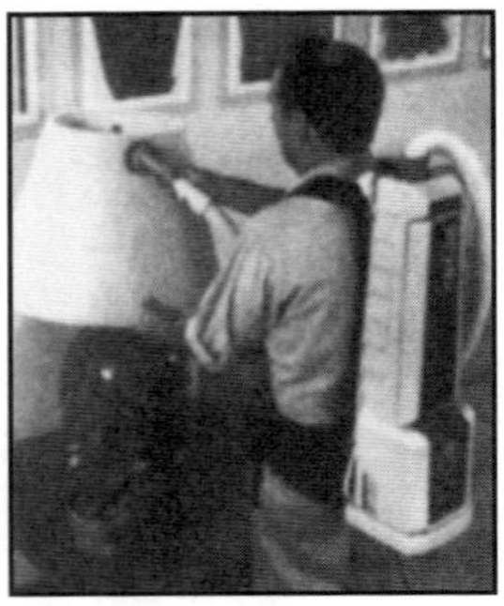

GO VAC™

O Go Vac™ possui uma bolsa para ser usada nas costas; por isso, vai aonde você vai. Utiliza várias ferramentas, incluindo o Power Wand Carpet como acessório. (100349)

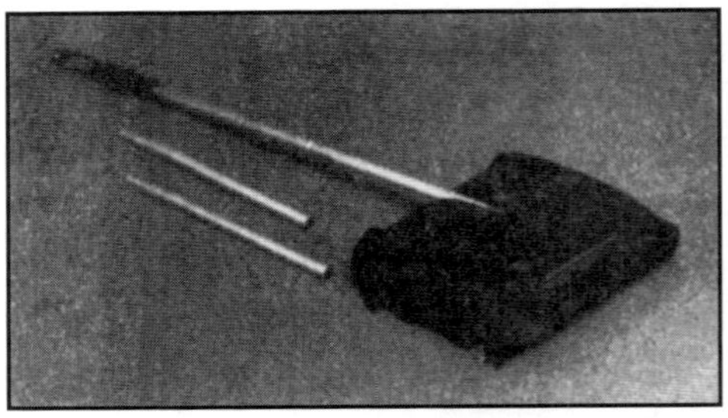

HUSKEE POWERROTOR FLOOR SWEEPER

A vassoura PowerRotor utiliza a tecnologia de lâminas rotativas em vez da escova de pêlo tradicional. Simples, fácil e silencioso, o novo PowerRotor pega os escombros tão finos quanto farinha, sal e açúcar, e tão grandes quanto pipoca, amendoins e batatas fritas, em seus compartimentos duplos de sujeira selados. (5325)

THE BOSS® MIGHTY MITE®

Eureka Mighty Mite®. Esse poderoso aspirador compacto pesa apenas 3,6kg. Tem um motor de 3hp, roda da frente que gira em várias direções, rodas traseiras com 20,3cm de largura, conexão para ventilar, fio de 50cm que é armazenado embaixo da unidade, mangueira de 18cm e é desmontável em 7 partes. Modelo 3134 com vários acessórios de limpeza. (VE3630)

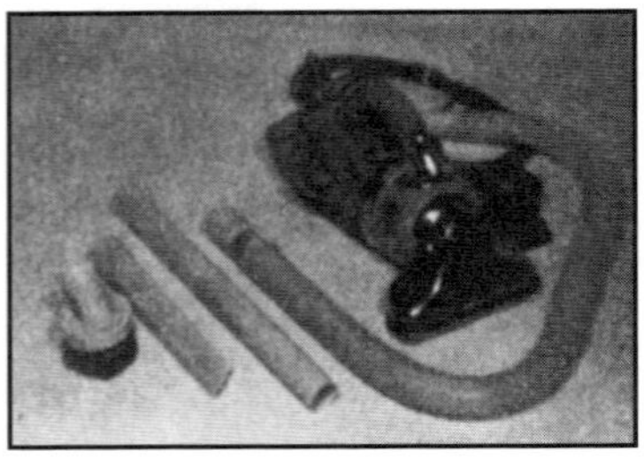

ROYAL HAND HELD VACUUM

Leve, portátil, todo de metal, é um aspirador de mão para limpezas rápidas e requer espaço mínimo para estocagem. Combina escova a motor e uma poderosa sucção. Ideal para carros, barcos, cortinados, armários de roupas, escadas e móveis acolchoados. 7,5m. (SOI501)

HOOVER PORTAPOWER™

Limpador leve com muito poder para aspirar a sujeira ou para ventilar. Sistema de coleta com bolsa de pano reutilizável. Completado com uma mangueira reforçada de vinil, escova de poeira, bocal para móveis e dois tubos de cromo. Pode ser adaptado para o sistema de coleta com bolsa de papel. Garantia de um ano. (S7065-060)

Equipamentos

Aspiradores Verticais

VERSAMATIC EC DUAL MOTOR VACUUMS

Versamatic EC é um poderoso aspirador vertical com duplo motor, leve o suficiente para todos usarem, mas poderoso o suficiente para qualquer trabalho. Luzes indicativas eletrônicas dizem ao operador quando o EC está operando em sua máxima eficiência. (VSE 1/3) modelo 14" (VSE 2/3) modelo 18".

SENSOR

O versátil Sensor torna a aspiração mais produtiva do que nunca. Agora o operador pode ir a qualquer área e aspirar carpetes e pisos duros com uma única máquina. Com a mangueira flexível e acessórios acoplados, o Sensor também cuida de trabalhos detalhados com alta eficiência. A forma de limpeza soma produtividade a esse aspirador (SRE12) Sensor 12" (SR15) Sensor 15" (SOI SR18) Sensor 18".

L/A ONE

O L/A One, aspirador vertical de carpete, limpa uma largura de 35cm, deixando o carpete limpo em uma única passagem. É leve e fácil de usar. O *design* permite que o L/A deite completamente para aspirar debaixo das mobílias. Uma filtragem de 5 fases protege a qualidade do ar, filtrando até 0,1 mícron e exalando apenas o ar limpo. (730900) modelo 14" (SOI 704004) modelo 18".

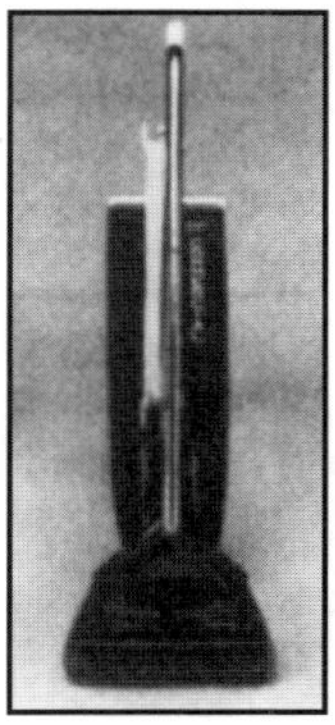

SANITAIRE UPRIGHT VACUUMS

Esses aspiradores verticais são fabricados pela Eureka para uso comercial. Todas as unidades possuem pára-choques de vinil protetores, limpadores de duas bordas, interruptor e quatro rodas fortes, três posições para segurar, 50cm de altura da tampa para limpar embaixo da mobília e bolsas de filtro de resistentes.

(VESC684) 6,5 amp (VESC 886) 7,0 amp (VESC899) Wide Track 40cm de largura e 7,0 amp

Equipamentos

Aspiradores Pequenos

HOOVER COMMERCIAL

Duas bolas ásperas, de aço, escovam para limpezas profundas e funcionam em todos os tipos de carpete, limpando pelas duas bordas. Características vantajosas incluem seleção de quatro posições de altura, cabo para mãos de vinil, interruptor nos dedos para ligar e porta-pó com grande bolso para os detritos. A base tem uma capa de segurança que não estraga os móveis. Um ano de garantia. (CI 425)

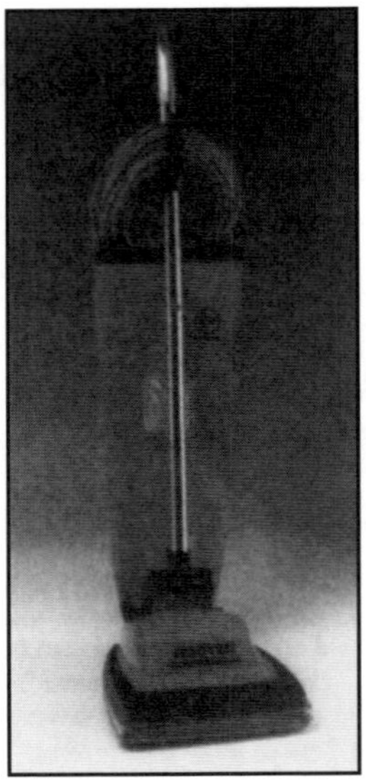

HOOVER LIGHTWEIGHT

Aspirador de pó comercial, oferece grande poder e capacidade de limpeza, mesmo sendo muito leve e fácil de manusear. Ajustamento automático para a altura do carpete. Capaz de realizar limpeza nos dois lados da lâmina, facilmente reposta quando gasta. Porta-pó de tecido opcional disponível. Garantia comercial de 90 dias. (CI403)

HOOVER CONQUEST™ 18

Apresentado com o coletor de sujeira, o Conquest™ gera uma rápida e eficiente limpeza. Dentro do conjunto estão inclusos um cinto protetor em V que serve para prevenir quedas, um sistema duplo de agitação para limpeza das laterais, seis posições de altura ajustável, uma borda que evita marcas no mobiliário. Vem com um fio de 3m e interruptor. Os modelos Conquest são vendidos sem os sistemas coletores de sujeira. Isso permite que você compre e escolha a opção que prefere (sacos descartáveis, sacos reutilizáveis e o conveniente coletor E-Z Empty). (U7071-080)

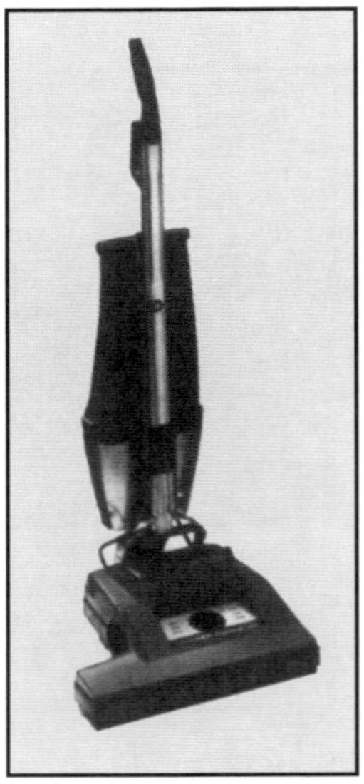

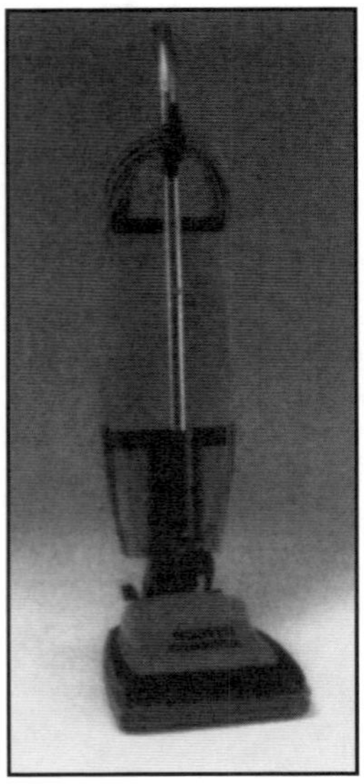

HOOVER COMMERCIAL WITH DIRT CUP

A sujeira é coletada em seu grande coletor E-Z Empty, que elimina a necessidade de bolsas do aspirador. As características incluem duas escovas, bolas de aço, limpeza pelas duas lâminas, interruptor ao alcance dos dedos, quatro posições de ajuste de altura, base com capa de segurança que não estraga os móveis. (CI429)

CARPETWIN 16XP, 20XP

Esses pesados aspiradores CarpeTwin 16XP e 20XP são ideais para serviços pesados diários. Limpam 40 ou 50cm do caminho em uma passada e possuem motores para o aspirador e para as escovas separados, com bolsas coletoras incluídas. Os dois modelos possuem mangueira e varinha para limpeza externa.
(323002) CarpeTwin 16XP
(323300) CarpeTwin 20XP

Equipamentos

Aspiradores Verticais com Tanques

WINDSOR MAXIMATIC

O popular MAXIMATIC, de área de aspiração larga, oferece a velocidade e a eficiência para fazer da aspiração de extensa área do carpete mais fácil do que nunca. O sistema original de recuperação MAXIMATIC permite que o guarda-pó seja esvaziado sem que seja necessário removê-lo. A sujeira e os restos recolhidos são coletados em um funil especialmente projetado que é facilmente retirado para esvaziar. (SOI MX28)

BATTERY-POWERED MAXIMATIC

MAXIMATIC 28B da Windsor é o aspirador de tapete de área larga que combina todas as características para economizar trabalho do MAXIMATIC 28 com uma conveniente bateria acoplada, para facilitar o movimento nos corredores e em áreas congestionadas. (MX28B)

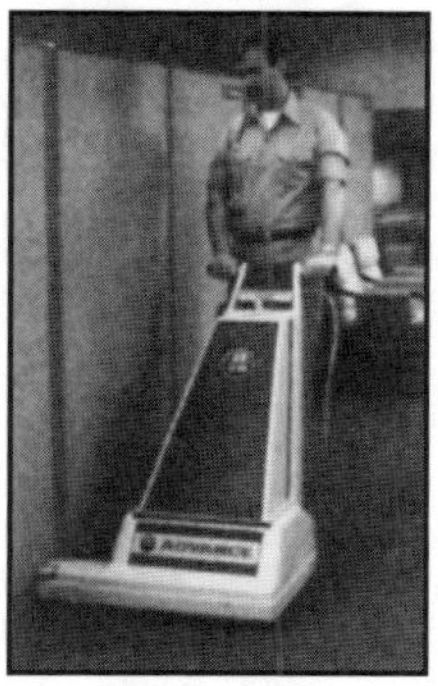

CARPETRIEVER 28XP

Aspirador de tapetes para a limpeza de grandes áreas em uma só passada, o CarpetTriever 28XP tem motores duplos do aspirador e um motor separado da escova. O saco superior de coleta dos resíduos é completamente anexo e uma mangueira e um bocal interno permitem a limpeza externa. (331300) 28" Carpetriever XP

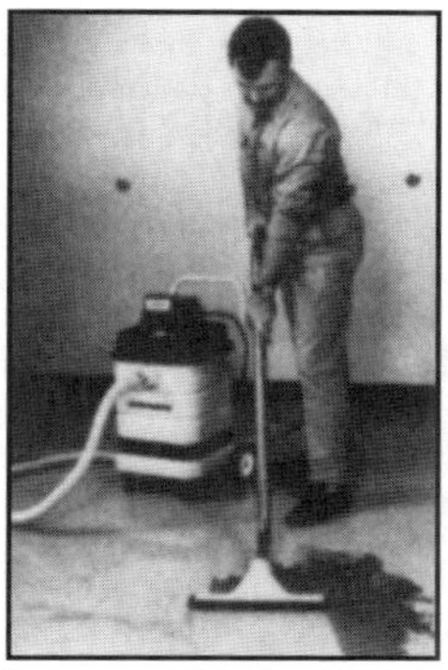

SPRITE

Os aspiradores Sprite seco/molhado possuem tanque à prova de corrosão de 30 ou 45L. Filtram gotas no tanque para melhor aspiração. Uma variedade de ferramentas e acessórios está disponível. (209005) 12 galões (209007) 8 galões

HILD 900

A série HILD 900 é uma série completamente nova de aspiradores para pisos molhados e secos que podem ser convertidos em diferentes tamanhos e modelos para aplicações variadas. Possíveis modelos incluem: aspirador Squeegee, aspirador Tip'n Pour, um HEPA seco/molhado, um HEPA somente seco e, é claro, nosso aspirador básico seco/molhado Wet & Dry. Todos os componentes rotativos moldados em polietileno possuem garantia excepcional de 10 anos. (100240) Standard Wet Dry

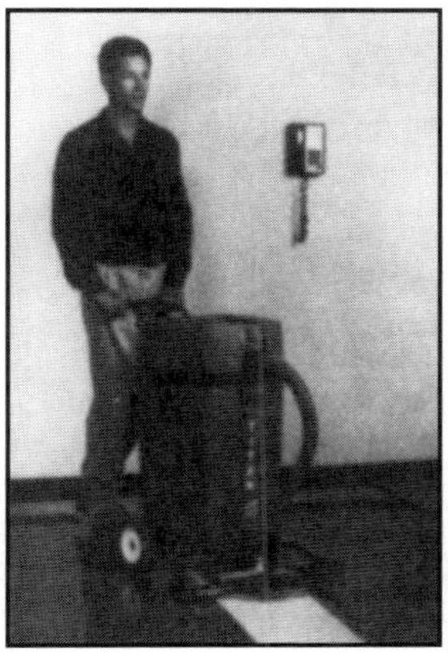

TITAN/SUPER GULP

Com força de 1,25hp e motor de dois estágios, o Titan produz força para realizar o trabalho facilmente. Os SUPER GULPS são especialmente desenhados para cuidar de grandes áreas molhadas rápida e facilmente. O projeto, com o operador por trás e rodos frontais, possibilita secar rapidamente um piso molhado. Seu tipo de operação garante que você pode chegar no local e terminar o trabalho rapidamente. É só conectá-lo e começar. (SOI S10) Super Gulp 10 galões (SOI S16) Super Gulp 16 galões

Equipamentos

Máquinas para Pisos

MATADOR 17

Alta qualidade e desempenho por um baixo custo. O desenho exclusivo para segurar a máquina e o Poly V Drive fazem do Matador a mais eficiente máquina para pisos da indústria. (172200) padrão 17" (172220) padrão 20"

ALL-PURPOSE MATADOR

Rodando a 285rpm (modelo 20", 350rpm para modelo 17"), a máquina de alta velocidade All Purpose Matador dá ao chão um brilho profundo e lustroso, utilizando apenas metade dos passos que você daria com uma máquina comum. O All Purpose Matador é mais do que uma máquina de limpar. É também uma esfregadora de alta velocidade – e também uma lavadora de carpete de alta velocidade – com a escova ensaboadora de toque suave como acessório. (172200) All Purpose Matador 17" (172600) All Purpose Matador 20"

THE PACEMAKER

Essa máquina para pisos tem se mostrado tão duradoura e sem problemas que é garantida incondicionalmente contra qualquer problema de funcionamento – mesmo se causado por danos acidentais no primeiro ano. Sua engrenagem "Silent-Flo" elimina todos os contatos de metal com metal, deixando-a silenciosa. Resiste a choques muito melhor que outros aparelhos. (168100) Pacemaker 17" (168500) Pacemaker 20"

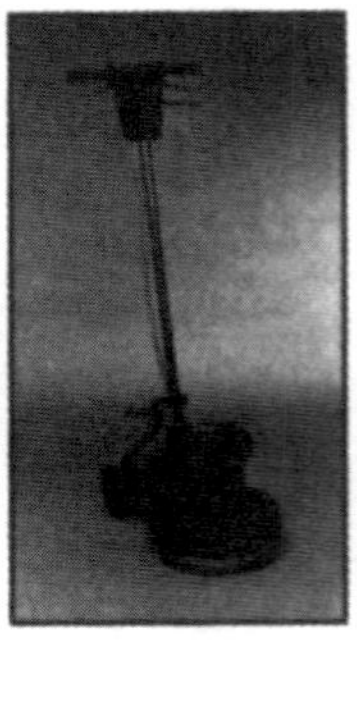

MERIT 175rpm
MULTI-PURPOSE FLOOR MACHINES

A linha Merit de máquinas econômicas para pisos, de 175rpm, oferece resultados profissionais e garantidos. Essas máquinas estão disponíveis em modelos de 13, 17 e 20 polegadas, para se encaixarem em qualquer necessidade. Interruptores com travas de segurança impedem as máquinas de se ligarem acidentalmente. A altura do cabo é ajustada facilmente por meio de um pedal. Os Merits de 13, 17 e 20 polegadas possuem um motor de capacidade inicial de alta qualidade com engrenagem orbital. Todas as máquinas Merit são fortes, com armações e suporte de uma peça única de alumínio para alta durabilidade. (M20X) Merit 20" 175rpm 1hp (M17) Merit 17" 175rpm 1hp (M13) Merit 13" 175rpm $^1/_2$ hp

Equipamentos

Acessórios para Máquinas para Pisos

ESCOVAS

WIRE-BRUSH: suas cerdas são feitas de aço temperado e presas em um bloco de madeira laminada.

NYLO-GRIT BRUSH: as cerdas são feitas de 50 filamentos bem calibrados de náilon impregnado com 80 partículas de carbureto de silicone. Essas cerdas são grampeadas em blocos de uma polegada ou amarradas em um bloco de alumínio e utilizadas apenas para escovação pesada.

SHOWER FEED SHAMPOO BRUSHES: as cerdas são feitas de náilon preto de 0,28; são grampeadas em blocos ou amarradas em um bloco de alumínio. Os blocos possuem buracos por onde a água ou o sabão passa até as cerdas.

THE GRIPPER DRIVE PAD HOLDER*:* completamente preenchido com fibras de polipropileno de meia polegada fixadas em um bloco de uma polegada de altura. Os suportes são usados para a boa aderência com pisos sintéticos.

INSTA-LOK DRIVING ASSEMBLY

O mais fácil e eficiente modo de dirigir qualquer escova de Scotch-Brite. Para prender o Scotch-Brite, simplesmente empurre-o no lugar. Para removê-lo, simplesmente puxe-o. Escovas de plásticos exclusivas alcançam o Scotch-Brite e o aderem com segurança em todas as situações de limpeza. Todos os suportes de alumínio com alimentador de água são fortes para agüentar o uso intenso.

ROTOTECH

A escova Rototech e o sistema Bonnet de limpeza possuem as vantagens dos *bonnets* absorventes e também as de uma escova agressiva, a fim de oferecer o método mais eficiente de manutenção rotineira possível sem grandes gastos. Oferece a restauração do carpete com uma ação agressiva de raspagem para levantar a poeira do carpete. (RTE 17) 17" com 4 feltros (RTE 19) 19" com 4 feltros

SCRAPE-AWAY

Prepare os seus pisos de concreto para remoção de gorduras, limpeza geral ou aplicação de fina camada de revestimento por meio da remoção das sujeiras que permanecem na superfície. Economiza o tempo de secagem, não usa água. Substitui químicas perigosas. Scrape-Away adapta-se à máquina normal de 175rpm e elimina a necessidade de equipamentos especiais caros. Feita com diâmetros de 13", 15"e 17".

UNIVERSAL SOLUTION TANK

Fácil de ligar e desligar, tanque de solução de polietileno, forte, não é corrosivo, leve e praticamente indestrutível. (3500)

Equipamentos

Assessórios para Máquinas para Pisos

3M HIGH PRODUCTIVITY STRIPPING PADS

Utiliza fibras de grande diâmetro para remover sujeiras, acabamentos antigos e limpar eficientemente. Disponível em diâmetros de 17" e 20". Cinco escovas por embalagem.
(04801108275) 17" High Productivity Strip Pad
(04801108278) 20" High Productivity Strip Pad

SPIN KLEAN® BONNETS

Suas bordas arredondadas sintéticas se encaixam em qualquer máquina rotatória de piso. Uma linha completa de *bonnets* para a sua escolha para a limpeza do carpete. Pode ser também usado para polir pisos de madeira e esfregar. 17" (43cm) e 19" (48cm). 6 escovas por embalagem. (P117) 17" Spin Klean Bonnet (C17) 17" Bonnet com Green Stripes (C19) 19" Bonnet com Green Stripes

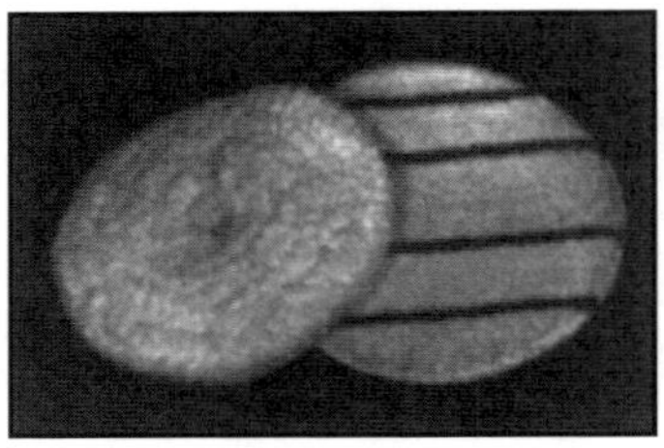

PADS

Exclusiva fibra de poliéster construída e desenhada para somar força e firmeza para as escovas sob qualquer condição de limpeza. Sujeira, cera líquida e acabamentos não irão aderir. Há 5 tipos de escovas designadas a cobrir todos os aspectos problemáticos de limpeza. Tamanhos 13", 14", 15", 16", 17", 18", 20" e 21".

WHITE SUPER POLISH-PAD: devolve a aparência polida produzida pela lã de carneiro quando usada seca, ou faz o piso refletir como um espelho quando usada em *spray*. 5 escovas por embalagem.

RED BUTTER PAD: especialmente desenhada para a limpeza em *spray*, limpa quando úmida, encera quando seca, 5 escovas por embalagem.

BLUE CLEANER PAD: especialmente construída para esfregar e tarefas pesadas de limpeza com pulverizador. Deixa o piso limpo e brilhante. 5 escovas por embalagem.

BLACK STRIPPER PAD: fácil e rapidamente arranca o acabamento antigo do piso, cera, sujeira, marcas pretas e manchas. 5 por embalagem.

HI SPEED SPRAY BUFF PAD SCOTCH BRITE: resiste à carga, limpa mais de três vezes do que as escovas convencionais. Requer 10 a 20% menos corrente para iniciar e menos ampères para a operação. Lavável facilmente. Para máquinas que operam a 250 a 1.100rpm. 5 escovas por embalagem.

Equipamentos

Extratores Completos

AQUACLEAN™

O poderoso extrator de carpete AquaClean AC é fácil de transportar de um trabalho para outro. Tem grandes tanques de solução e de recuperação e uma escova poderosa para soltar a sujeira. Um dispositivo aspirador pega a solução suja. Uma variedade de acessórios torna-o mais produtivo. (264001) 15" AquaClean (260459) 18" AquaClean (2604058) 12" AquaClean

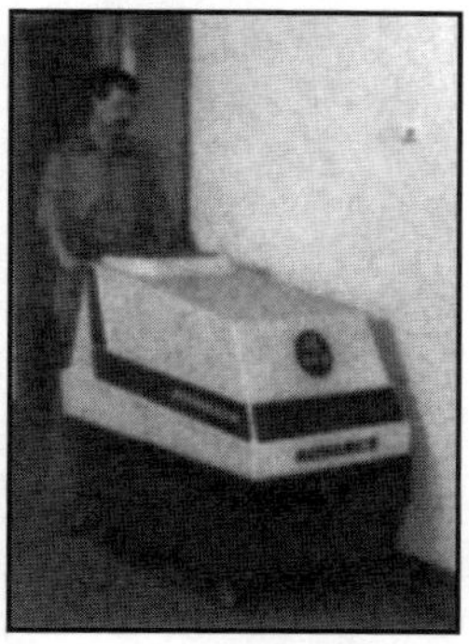

AQUAMATIC™

O Aquamatic 26B/BF é movido a bateria. É uma máquina extratora de autopropulsão projetada para economizar o seu trabalho em manter grandes áreas acarpetadas. Limpa uma largura de 60cm, derramando solução, escovando o carpete e aspirando a solução suja, respectivamente. Possui também modo de operação para lavagem. (261400)

Equipamentos para Lavagem

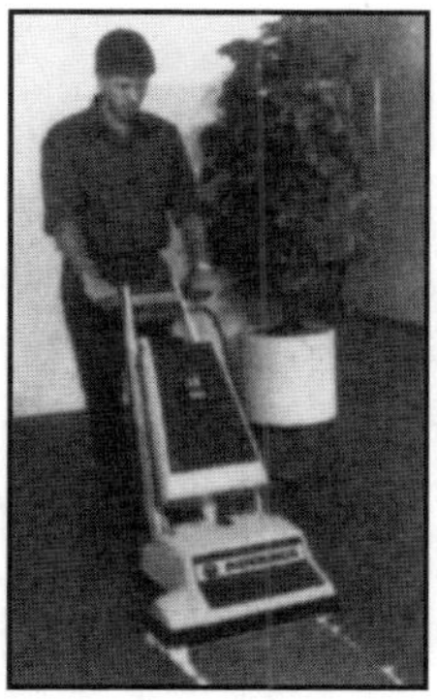

CARPETRON

O Carpetron limpa os carpetes rapidamente. Com o sistema de espuma seca, você nunca mais terá que se preocupar em manter, por horas, o trânsito de pessoas longe dos carpetes ensaboados enquanto seca. Até um operador inexperiente usa o Carpetron de forma profissional desde a primeira vez. (245300) 18" CarpeTron (SOI 245310) 28" CarpeTron

FOAMATIC

A Foamatic lava estofamentos e áreas confinadas. Carpete de escadarias, áreas confinadas ou mobílias estofadas podem ser ensaboadas facilmente e com segurança com esta máquina leve e portátil. Gera sua própria espuma seca e a espalha pela escova de mão. Se você está comprando um Carpetron de 18 ou 28 polegadas, você apenas precisa comprar a Foamatic Power Head (escova de mão), que pode ser presa naquela máquina. (254200)

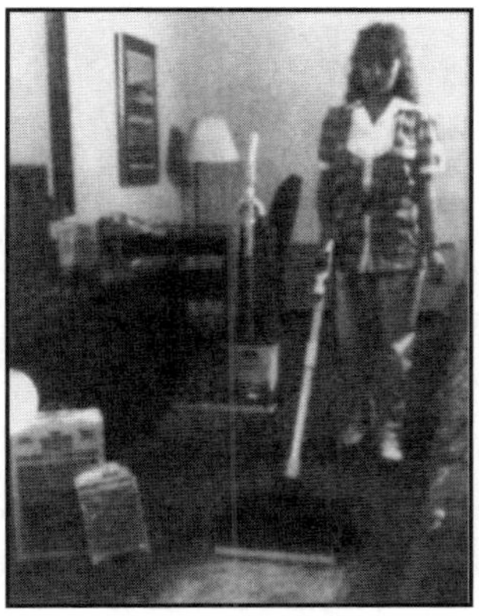

DRI-MATIC

Sistema de limpeza a seco do carpete, excelente para a manutenção de áreas com tráfego e adequado para manchas de carpete ou estofados.

Dri-Matic Compound consiste de pequenas microesponjas, que trabalham rapidamente para absorver a sujeira do carpete. Tanto a sujeira quanto seus compostos são facilmente removíveis do carpete por meio de uma simples aspiração. O Compound vem em embalagens individuais de 2,2L, que limpam mais de 20m². 40 pacotes por embalagem. (PDR4)

Dri- Matic Machine raspa eficientemente o carpete com duas escovas cilíndricas de 12 polegadas. Essa máquina econômica é portátil e fácil de usar. (DR1)

Equipamentos

Esfregadores Automáticos

CONVERTAMATIC™ 200B, 200E E 200LX

O Convertamatic 20 limpa uma largura de 20 polegadas. Oferece excelente maneabilidade em corredores estreitos e para manobras. Disponível elétrico ou a bateria. (SOI324001) 20"Bateria (SOI 324004) 20" Elétrico (SOI 324000) LX 200

CONVERTAMATIC™ 260B

Sistema completo para cuidar de carpetes, o Convertamatic 260B de autopropulsão é ideal para áreas de tamanho médio. Ele deposita o produto, esfrega e aspira de uma só vez. As escovas duplas de polir ou escovar cobrem 65cm (26"). Economize tempo, dinheiro e trabalho com os lavadores automáticos Convertamatic. (SOI 372450)

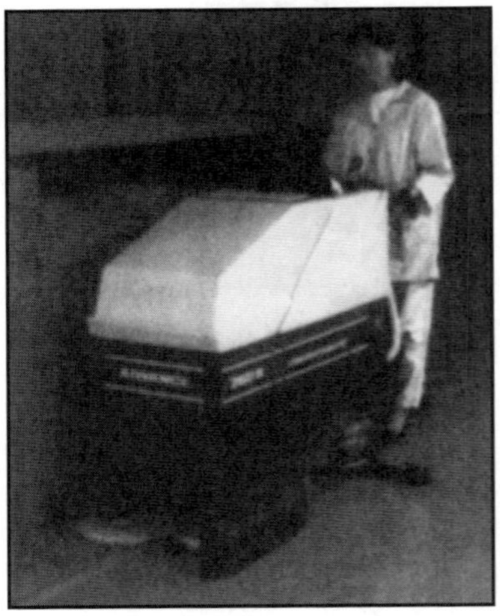

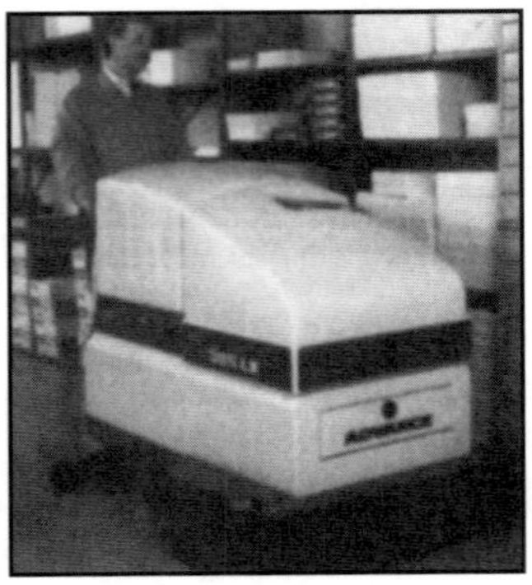

CONVERTAMATIC™ 285LX, 325LX, 385LX

Essa nova geração de máquinas Convertamatic mistura o melhor da tecnologia antiga com a nova. Em suas características estão tanques de mais de 120L para produto e de quase 110L para a aspiração, para a máxima produtividade. Escovas com largura de 28", 32" e 38" fazem o trabalho mais rápido. (SOI 391007) 285LX (SOI 392700) 325LX (SOI 392701) 385LX

EQUIPAMENTOS PARA LIMPEZA COMERCIAL

• ASPIRADORES DE TAPETE • LAVADORAS • ENCERADEIRAS • MÁQUINAS PARA PISOS • ASPIRADORES COM TANQUES • VARREDORES • ESFREGADORES AUTOMÁTICOS • LAVADORES DE PRESSÃO

ASPIRADORES DE CARPETE

ADVAC™ 1205 Aspiradores de carpete vertical

Preço justo, alta *performance* em aspirador de 13cm. O modelo *1205* é leve e fácil de usar. Possui escova giratória de 5.000rpm com altura ajustável. O poderoso aspirador suga a sujeira e a deposita em um saco externo de grande capacidade. Recipiente armazenador de poeira como opcional disponível.

ADVAC™ 1205
Aspiradores de carpete vertical

L/A 114 & 118™ Aspiradores de carpete vertical

Os *L/A 114 e 118* são aspiradores leves com 36 e 48cm, de alto desempenho, feitos para o uso pesado. Possuem tubo e suporte próprios e coletores de poeira circulares para facilitar a limpeza da sujeira do chão; retraem-se até se tornarem planos para a limpeza debaixo dos móveis. São aspiradores com dois motores, com poderosa sucção e uma escova motorizada acoplada. Um circuito eletrônico protege os dois motores e uma filtragem de 0,1 mícron assegura a completa recuperação e limpeza do ar exalado.

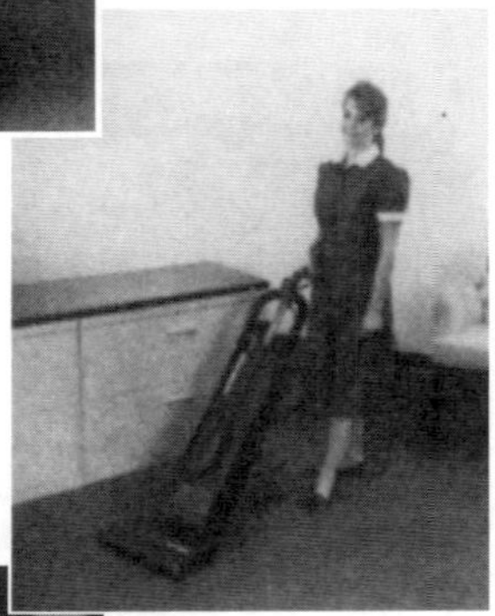

L/A 114 & 118™
Aspiradores de carpete vertical

CARPETWIN™ 16/20XP Aspiradores de carpete

Os aspiradores de carga pesada *CarpeTwin* são feitos para resistir ao duro serviço comercial. Disponíveis com as larguras de 40 e 50cm, possuem motores separados para sucção e escovação. A caixa coletora superior fechada garante a acomodação da sujeira e poeira sem roubar energia da sucção. O tubo e o suporte próprios permitem a limpeza total do chão.

CARPETWIN™ 16/20XP
Aspiradores de carpete

CARPETRIEVER™ 28XP Aspirador para áreas amplas

O *CarpeTriever* tem duplo motor de aspiração para uma potente sucção e um motor de escovação separado com uma correia ligada à escova. A escova com autopropulsão reduz o esforço do trabalho. Foi projetado para limpar grandes áreas acarpetadas externas ou corredores, aspirando uma área de 71cm em uma só passada. Possui tubo e suporte próprios para a limpeza do piso.

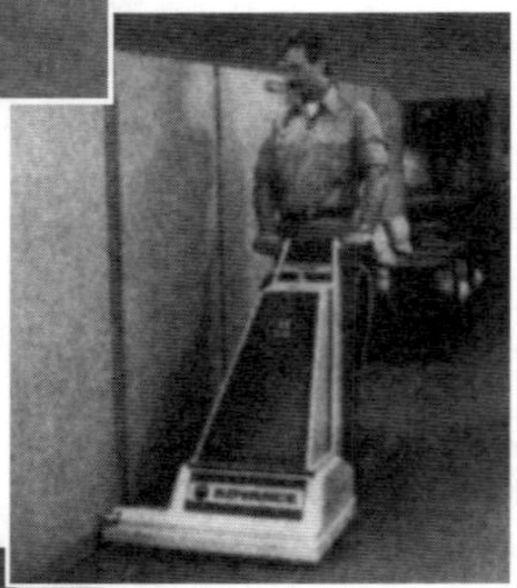

CARPETRIEVER™ 28XP
Aspirador para áreas amplas

GO-VAC™ Aspirador tipo mochila

Esse aspirador tipo mochila foi feito para o conforto. O aspirador vai com você para lugares de difícil acesso. Pesando apenas 4,7kg, pode ser usado confortavelmente com pouca fadiga. Uma variedade de ferramentas opcionais fazem do *Go-Vac* uma máquina versátil de limpeza. Também pode ser usado com a escova de carpete opcional para a limpeza de carpetes.

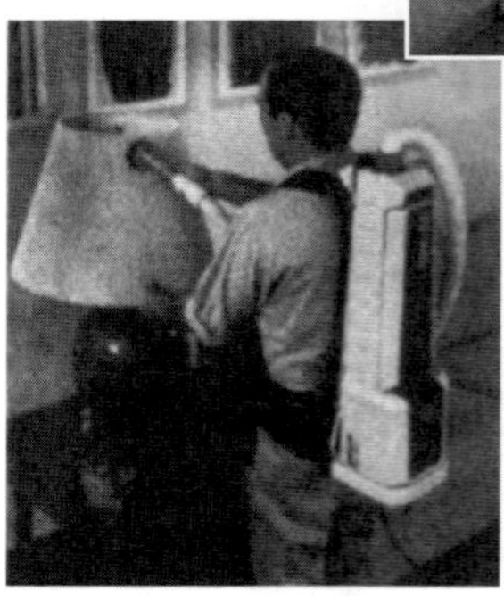

GO-VAC™ Aspirador tipo mochila

LAVADORES DE CARPETE

CARPETRON™ 18 Limpador com espuma com baixa umidade

Com *CarpeTron* e Arid Foam (espuma árida) você, em aproximadamente 1h, pode utilizar novamente a área lavada. O CarpeTron tem um compressor próprio que converte o sabão em uma espuma com baixa umidade (6%). Essa espuma é então esfregada nas fibras dos carpetes, retirando assim as manchas e a sujeira. O resíduo é retirado pela espuma, preso e rapidamente seco, transformando-se em um pó descolorido. Esse pó pode ser rápida e facilmente removido com aspiração. O CarpeTron é seguro, fácil de usar e limpa uma superfície de 46cm.

CARPETRON™ 18 Limpador com espuma com baixa umidade

FOAMATIC™ Lavadora portátil com escova giratória FOAMATRON™

O *Foamatic* é um gerador de espuma seca com tanque de 7,6L. Envia a espuma para a escova giratória portátil Foam Tron. É um sistema portátil para escadas, estofamentos e áreas de difícil acesso. A escova Foam Tron também pode ser usada como um acessório portátil do CarpeTron 18.

FOAMATIC™ Lavadora portátil com escova giratória FOAMATRON™

ALL PURPOSE MATADOR™ Máquinas para pisos

Ideal para uma série de superfícies que precisam de limpeza regular. Gira em rápida rotação, terminando o trabalho com mais rapidez. O que o faz "para todos os propósitos" é o fato de carregar seu próprio tanque de produto centralizado sobre a escova. Coloque sabão no tanque, adicione a escova especial com anel de cerda e disco central macio e use para a lavagem. Perfeito para pulverizar com uma rápida passagem e com um recipiente de mistura da pressurização colocado no guidão. Disponível com 43 e 51cm.

ALL PURPOSE MATADOR™ Máquinas para pisos

AQUAMATIC™ 26BF Lavador/limpador automático

Este é um lavador/limpador automático de carpete movido a bateria, com propulsão própria, desenhado para a manutenção de grandes áreas acarpetadas. Além de extrair a sujeira, ele lava. Um compressor e um tanque provedor de espuma geram uma constante quantidade de espuma de baixa umidade, que vai sendo absorvida pelo carpete enquanto a máquina é passada. Limpa superfícies de 61cm com a base.

AQUAMATIC™ 26BF Lavador/limpador automático

ARID FOAM™ Espuma seca

Espuma seca de fórmula especial para lavadores de todos os tipos, *Arid Foam* é seguro para qualquer carpete de tecido ou sintético. Retira manchas de materiais solúveis em água ou petróleo. *Arid Foam* é de secagem rápida e captura as manchas, mantendo-as em suspensão de forma que o resíduo seco pode ser rapidamente aspirado.

ARID FOAM™ Espuma seca

EXTRATORES DE SUJEIRA DE CARPETES

AQUACLEAN™ 12/15/18 & AQUACLEAN CLASSIC™ Limpadores de carpetes portáteis

Extratores de sujeira elétricos e leves, *AquaClean* são excepcionalmente fáceis de se usar e transportar. O produto de limpeza é pulverizado sobre as fibras do carpete e uma potente escova remove as manchas. Um utensílio aspirador remove a sujeira com o produto para o tanque de recuperação. Essas máquinas limpam superfícies de 30, 38 ou 45cm de largura. O modelo clássico de 43cm, *Aqua Clean Classic*, tem excelente *performance* e preço mais acessível. Acessórios estão disponíveis para todos os modelos.

AQUAMATIC SELECTRIC™ Limpador autopropulsionado

Este é um extrator de sujeira de carpete compacto, autopropulsionado e elétrico. Possui o sistema Touch&Go, que seleciona eletronicamente a velocidade de limpeza, podendo ir para frente e para trás. As rodinhas dianteiras garantem excelente capacidade de manobra e sua pequena altura garante ótima visibilidade para o operador. O projeto "tanque no tanque" permite uma capacidade de 95L de produto e 56L no tanque de recuperação. Limpa uma superfície de 46cm.

AQUAMATIC™ 26BF Limpador automático

O *Aquamatic 26BF* é um extrator automático de carpete movido a bateria, de empurrar, desenhado para economizar trabalho. É muitas vezes mais rápido que os extratores manuais com tubos e mangueiras, limpando em apenas uma passada, com autopropulsão. Movido a bateria, é silencioso, sem fumaça e não tem fios para atrapalhar. O Aquamatic 26BF limpa a largura de 61cm e possui um modo de operação para lavagem com espuma seca.

AQUATRON™ 8XP & 16 XP Limpador de carpetes

O *AquaTron*, usado com a ferramenta aspiradora Power Liquidator™, é um extrator de carpete de bom desempenho. Possui um poderoso jato de *spray* com uma escova que é movimentada com o seu próprio motor e tem um sistema de aspiração. Com acessórios, o AquaTron é utilizado a seco/molhado, e aspiração do carpete também. Os tanques de produtos têm tamanhos de 30 e 60L.

HYDRODRY™ Secador

Um secador *HydroDry* movimenta mais de 56,6m³ de ar por minuto, reduzindo o tempo de secagem após a lavagem do carpete ou pisos não-resilientes. Também é útil para a secagem de porões, tinta fresca, juntas de concreto, ou para aquecer o ar, ventilar a fumaça, etc. Possui um motor de dupla velocidade silencioso e poderoso, e vem com uma resistente caixa protetora de polietileno.

Produtos para Limpeza de Carpete

Use equipamentos e produtos químicos avançados para melhores resultados. *Extraction Cleaner*, para limpeza completa do piso; *Pre-Spray*, para retirar as manchas antes de lavar ou aspirar; e *Foam Buster*, para impedir a formação de espuma no tanque de recuperação do produto sujo, o que pode paralisar a aspiração.

AQUACLEAN™ 12/15/18 & AQUACLEAN CLASSIC™ Limpador de carpetes portátil

AQUACLEAN CLASSIC™ Limpador de carpetes portátil

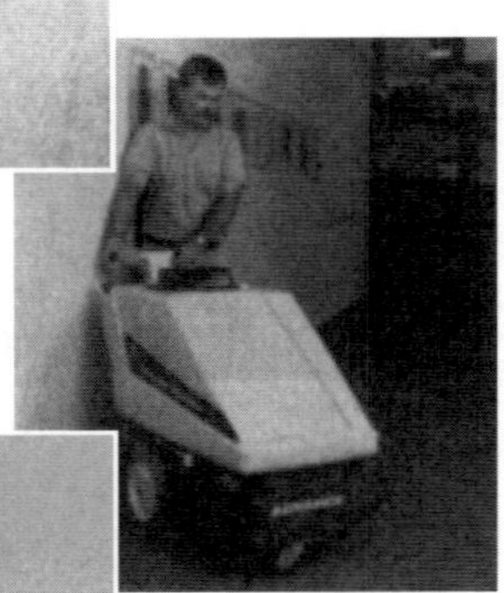

AQUAMATIC SELECTRIC™ Limpador autopropulsionado

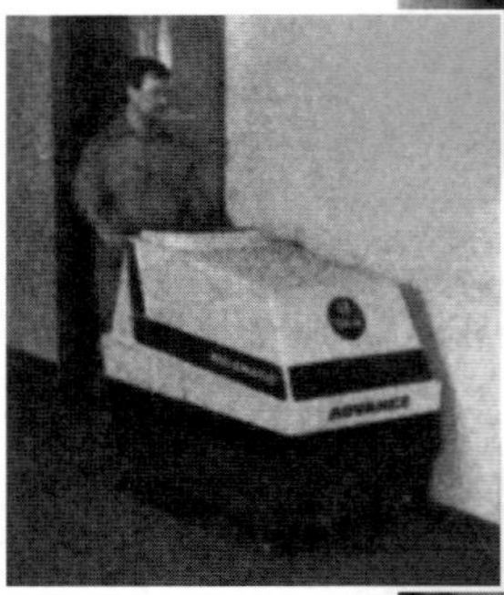

AQUAMATIC™ 26BF Limpador automático

AQUATRON™ 8XP & 16 XP Limpador de carpetes

HYDRODRY™ Secador

ESFREGADORES AUTOMÁTICOS

MOBILMATIC™ 20 Esfregador automático

Versátil e econômico, um verdadeiro esfregador automático, depositando a solução, escovando o piso e aspirando toda a sujeira em uma só passada. Vem com uma área de escovação de 51cm e opera com corrente elétrica AC. Perfeito para áreas estreitas, pois é compacto e fácil de manobrar.

MOBILMATIC™ 20
Esfregador automático

CONVERTAMATIC™ 200 Esfregador automático

Os esfregadores Convertamatic série 200, com largura de limpeza de 51cm e tanques de recuperação e de produto de 45L, dão a você uma alta produtividade em um tamanho compacto. Nos modelos a bateria, você pode escovar mais de 5 horas e limpar mais de 3.500m² com uma única carga. O rodo com eixo curvo segue a superfície de escovação mesmo em curvas fechadas e próximo a paredes, deixando o piso limpo, seco e seguro. Quatro modelos versáteis incluem o 200LX, 20B e 200B e E (elétrico). Esses esfregadores fáceis de usar e compactos poupam seu tempo e dinheiro.

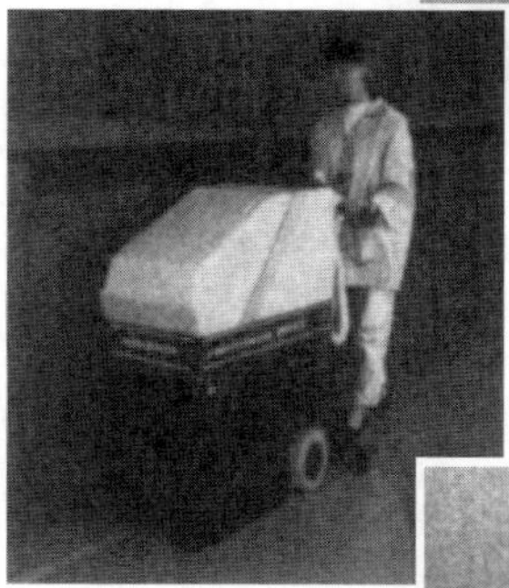

CONVERTAMATIC™ 200
Esfregador automático

CONVERTAMATIC™ 26B, 32BD, 38BD Esfregadores automáticos

Esses esfregadores automáticos possuem a base de escovação com as larguras de 66, 81 e 97cm (26, 32 e 38 polegadas). Feitos para grandes áreas exteriores, podem limpar grandes ambientes com seus grandes tanques para produtos e para recuperação. Os modelos 32 e 38 têm controle Split-Handle para manobra com a escova giratória autopropulsora Power-Flo. A caixa de transferência transfere a energia elétrica para as escovas. Os modelos BD têm eixos separados para as rodas.

CONVERTAMATIC™ 26B, 32BD,
38BD Esfregadores automáticos

CONVERTAMATIC™ 240LX/265LX Esfregadores automáticos

Os esfregadores com autopropulsão Convertamatic 240LX e 265LX foram projetados para uma operação fácil. Esfregam a largura de 61 e 66cm, limpando até 4.650m² com uma carga só. Tanques de polietileno de grande capacidade, anticorrosivos, permitem um maior tempo de escovação antes de ser necessário repor o produto de limpeza. Três opções de operação do produto: automática para operações normais, desligada para dupla escovação e operação manual para limpeza especial. O rodo de eixo curvo segue a superfície da escovação mesmo em curvas fechadas e próximo a paredes. Deixa o piso limpo, seco e seguro. O modo Whisper de aspiração é silencioso como hospitais.

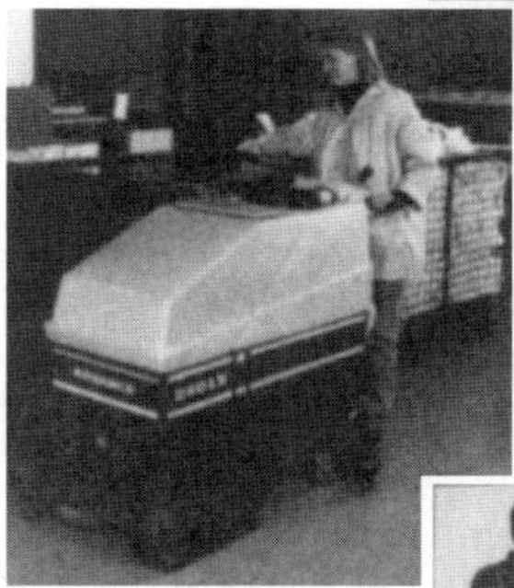

CONVERTAMATIC™ 240LX/
265LX Esfregadores automáticos

CONVERTAMATIC™ 28LX, 32LX, 38LX Esfregadores automáticos

O 28LX tem um tanque de produto de 121L e um tanque de recuperação de 114L, e os 32/38 LX possuem tanques de produto de 121L. Esses esfregadores limpam em uma passada larguras de, respectivamente, 71, 81 e 91cm, e tem autopropulsão para fácil operação e transporte. Seus rodos curvos seguem a trajetória da escova mesmo em curvas, e desvia de obstáculos. Escovas colocadas de maneira flexível seguem a superfície do piso para qualquer escovação. A escovação e o envio de produto param automaticamente quando você pára. O mecanismo é muito durável. Os controles eletrônicos são simples, fáceis de entender e tornam a operação segura e fácil.

CONVERTAMATIC™ 28LX, 32LX,
38LX Esfregadores automáticos

HYDRO-RETRIEVER™ 3800 Esfregador

Esse é um esfregador muito fácil de manobrar, para trabalhar pesado, capaz de limpar até 4.180m² por hora com sua base de 96cm Uma pré-enceradeira acoplável opcional permite que o 3800 faça dois trabalhos de uma só vez. Conta com controle automático de solução, três controladores de pressão nas escovas e velocidade de escova de 200rpm. O equipamento é excelente mesmo em curvas, com seu rodo central. Um módulo opcional de escovação aumenta a produtividade com outros benefícios no desempenho.

HYDRO-RETRIEVER™ 3800
Esfregador

VARREDORES

MINITRIEVER™ Varredor

O varredor com menor necessidade de manutenção já feito, o Minitriever não tem motor ou transmissor, e possui poucas partes desmontáveis. A rotação das rodas gira as cerdas. Só empurre, e o Minitriever varre. Sem fumaça, sem barulho. A escova lateral puxa a sujeira das paredes ou obstáculos e coloca na área da escova principal. A sujeira é coletada num depósito que pode ser retirado de forma simples para a limpeza. Limpa uma superfície de 65cm por passada.

MINITRIEVER™ Varredor

RETRIEVER™ 134B Varredor autopropulsionado

O Retriever 134B de autopropulsão tem velocidades variáveis para frente e para trás. A operação movida à bateria o faz silencioso e sem fumaça. Ele tem uma escova principal de 65cm de largura, e uma escova lateral opcional de 25cm de diâmetro, para uma combinação de 86cm de superfície de escovação. O 134B também possui um sistema altamente eficiente de controle de poeira, e um sistema elétrico para a limpeza do filtro. A caixa de polietileno sai para esvaziar. Ideal para grandes áreas acarpetadas ou pisos de concreto.

RETRIEVER™ 134B Self Varredor autopropulsionado

RETRIEVER™ 300B/350B Varredores autopropulsionados

Esses compactos e facilmente manobráveis varredores são movidos a bateria, então são silenciosos e não fazem fumaça. O modelo 300B varre uma superfície de 76cm, e o 350B varre 89cm, cobrindo até 1.700 e 2.300m², respectivamente. As escovas de alta velocidade usam um sistema de varreção que as fazem trabalhar maravilhosamente em superfícies de carpete ou pisos duros. Ambos varredores possuem sistemas de ventilação que controlam efetivamente a sujeira e a colocam em um grande filtro. Poeira, sujeira, restos e detritos são coletados em uma caixa rosqueável que é fácil de esvaziar.

RETRIEVER™ 300B/350B Varredores autopropulsionados

RETRIEVER™ 4000B Varredor

O 4000B é ideal para grandes áreas, com piso de carpete ou duros, onde você precisa economizar tempo e energia. Ele varre uma largura de 102cm, cobrindo até 4.500m² por hora. A escovação profunda joga a sujeira e os detritos em um depósito de grande capacidade, de 85L. O depósito se desconecta e sai sobre rodas para um rápido e fácil esvaziamento. Um sistema com ventilador cônico altamente efetivo retém a poeira e sujeira num filtro, e um motor periodicamente mantém o filtro limpo e funcionando.Todos os controles são convenientes e fáceis de usar, e o 4000B é movido à bateria, sendo portanto silencioso e não emitindo fumaça.

RETRIEVER™ 4000B Varredor

ASPIRADORES COM TANQUE

SPRITE™ Aspirador com tanque

Esse aspirador garante uma ótima performance comercial mesmo após anos de uso O poderoso motor de 1,3 cavalos do Sprite suga a água rapidamente, deixando o piso seco e pronto para o uso imediato. Um conveniente tubo de 38mm na parte de trás garante o esvaziamento do tanque. O desenho quadrado do tanque garante estabilidade, durabilidade e uma grande capacidade. Coloque um filtro de tecido para poeira e o Sprite pode ser usado para aspiração seca também. Uma variedade de opcionais para piso rígido, implementos para carpete e recolhedores de poeira também estão disponíveis. Disponível com tanques com volumes de 30 e 45L.

SPRITE™ Aspirador com tanque

SPRITE AIR SCOOP™ Aspirador com tanque

No mundo de hoje, o tempo perdido é caro. Quando se fala em poupar tempo, poucas máquinas podem fazer frente à Sprite Air Scoop. Não existe maneira mais rápida de aspirar água de um piso molhado. O aspirador, com base de 66cm de largura, aspira tanto para frente como para trás, e chega até os cantos e bases das paredes. Um conveniente pedal na traseira levanta e abaixa o sugador conforme a necessidade. O Air Scoop é ideal para saguões, corredores e grandes áreas. Unidades movidas eletricamente são disponíveis com capacidade de recuperação de 30 ou 45L. O Air Scoop pode cobrir de 790 a 930m² por hora. O sistema de flutuação pára a máquina automaticamente para prevenir o transbordamento do tanque. Além disso, todos os acessórios usados com os aspiradores Sprite básico também podem ser usados com o Air Scoop.

SPRITE AIR SCOOP™ Aspirador com tanque

SPRITE BATTERY AIR SCOOP™ Aspirador com tanque

O *Air Scoop* movido à bateria está pronto para qualquer aspiração molhada porque não há fio de eletricidade para contê-lo. O operador pode trabalhar em áreas movimentadas sem a necessidade das pessoas ficarem pulando o fio. Não há mais necessidade de procurar e ficar trocando de máquina.

SPRITE BATTERY AIR SCOOP™ Aspirador com tanque

Uma mangueira traseira de 38mm permite um esvaziamento rápido do tanque de recuperação de 45L. Rodas extralargas na traseira de 25cm e rodas de 9cm na dianteira garantem aos Sprite movidos a bateria uma facilidade de transportá-lo.

O rodo colocado na dianteira chega nos cantos e vai para frente e para trás; é levantado ou abaixado com o mínimo esforço por um mecanismo operado pelo pé. O motor de dois tempos é movido por duas baterias de 12 volts que mantêm o aspirador trabalhando por mais de 5h com uma carga só.

Uma variedade de ferramentas e acessórios está disponível para quase todas as operações de limpeza, fazendo o Battery Air Scoop realmente versátil.

POWER WAND™

POWER WAND™

Esse acessório para carpete tem uma escova embutida motorizada que tira as sujeiras incrustadas e as coleta desde a base das fibras do carpete. O *Power Wand*, de 35cm de largura, é um equipamento opcional. Vem com uma mangueira de 3 m e fio elétrico.

MÁQUINAS DE PISO/ ENCERADEIRAS

MATADOR™ Enceradeira

Combina durabilidade com precisão balanceada, permitindo anos de serviço com fácil e prática operação. O sistema Power Flex gera um serviço silencioso, bem feito, eficiente. Um poderoso motor gira a base a 177rpm. Disponível com plataforma de 43 e 51cm, com ajuste de altura e partida elétrica.

MATADOR™ Enceradeira

PACEMAKER™ Enceradeira

Com seu poderoso capacitor duplo AC já aprovado pelo tempo, e com o quase indestrutível Silent Flo, de mecanismo resistente e flexível, o Pacemaker não fadiga. É silencioso, não escorrega, não precisa de combustível, com inegável aderência ao solo, velocidade constante, absorve impactos e não precisa de manutenção. Disponível com superfícies de 43 ou 51cm, ambas com giro de 177rpm. Altura ajustável e sistema elétrico de partida com trava mecânica de segurança para evitar partidas acidentais.

PACEMAKER™ Enceradeira

HIGH SPEED MATADOR™ Enceradeira

Os *High Speed Matadors* de 43 e 51cm são projetados para limpeza ou polimento por meio da pulverização. O modelo de 43cm gira a 350rpm e o modelo de 51cm gira a 285rpm. Ambas as máquinas dão ao piso um profundo e lustroso brilho, em menos tempo do que uma máquina de encerar comum. Isso significa horas do dia economizadas para encerar... economiza tempo e dinheiro. Um motor DC de 1,5hp puxa muito menos corrente que os motores de alta velocidade AC, e trabalha com muita eficiência também.

HIGH SPEED MATADOR™ Enceradeira

ALL-PURPOSE MATADOR™ Enceradeira

Ideal para uma variedade de superfícies que necessitam de limpeza regular. Trabalham com uma rotação mais rápida, por isso o trabalho é feito mais rapidamente. O que faz dele um equipamento para qualquer propósito é o fato de carregar seu próprio tanque para produto centralizado sob a base. O tanque de 11L está montado sobre o motor, e pode armazenar soluções abrasivas ou para a escovação de pisos rígidos. Coloque o produto no tanque, adicione a escova especial flutuante com anel rígido e disco central e use-o para lavar o carpete. Perfeito para encerar com base de alta velocidade e a garrafa pressurizada de borrifar *spray* colocada no guidão. Disponível com 43 e 51cm.

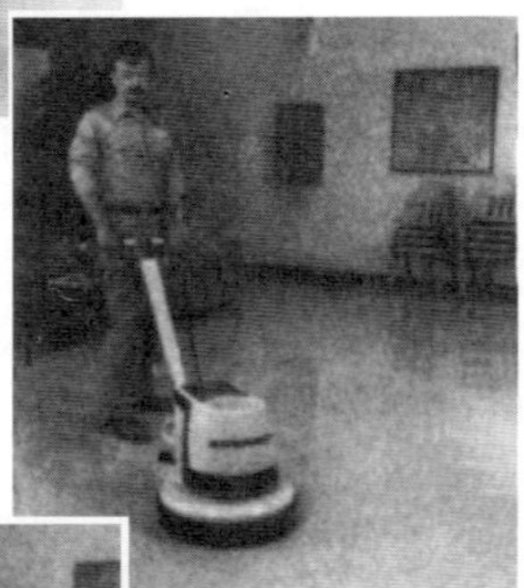

ALL-PURPOSE MATADOR™ Enceradeira

WHIRLAMATIC™ 17& 20UHS Enceradeira

Essa enceradeira elétrica dá ao piso um brilho espelhado em uma passada. O desenho exclusivo *Constant-Flo* usa elimina a variação de pressão na base. Resulta numa lustragem consistente pelo piso, mesmo que seja irregular ou que o operador não tenha experiência. Disponível com superfícies de 43 e 51cm, com velocidade na base de 1.500rpm.

WHIRLAMATIC™ 17& 20UHS Enceradeira

WHIRLAMATIC™ VS20 & 20UHBS Battery Enceradeira

Elimina a poeira que sobrou da varrição. Caixas coletoras especialmente desenhadas retêm a poeira, que é retirada por dois filtros coletores. A base flexível de 51cm dá um brilho duradouro e tem um ajuste de peso para poder obter um perfeito resultado. A autopropulsão das rodas do VS20 faz dele o mais fácil de manobrar e o menos cansativo de operar.

WHIRLAMATIC™ VS20 & 20UHBS Battery Enceradeira

ASPIRADORES COM TANQUE

TIP&POUR™ Aspirador com tanque

Esse aspirador faz com que a retirada de até 45L de sujeira seja uma tarefa simples. Simplesmente remova a tampa, gire a manopla, pise no pedal para destravar e incline para o lixo. O guidão e as largas rodas traseiras permitem um manuseio fácil do aspirador Tip&Pour. O poderoso motor de 2hp, dois estágios, e circuito secundário gera um tremendo poder de aspiração, sem risco da sujeira ou líquido entrarem no motor. Simplesmente coloque um filtro de poeira dentro do tanque de polietileno anticorrosivo e o aspirador Tip&Pour está pronto para a aspiração seca. O aspirador Tip&Pour pode ser usado com os equipamentos básicos de aspiração, secagem, carpete e pó, e com equipamentos como o Power Wand, com a escova motorizada para carpetes.

TIP&POUR™
Aspirador com tanque

TIP&POUR™ Aspirador filtrante HEPA

O avançado aspirador filtrante HEPA (*high efficienc particulate air*) é especialmente feito para ser usado em qualquer lugar onde a poeira pode ser um problema crítico, como salas de computadores, hospitais e áreas de precisão. Esse aspirador tem as mesmas capacidades e usa os mesmos implementos e acessórios que os outros aspiradores avançados, mas o sistema de filtragem o diferencia. O filtro HEPA tem uma taxa de eficiência de 99,97% em partículas com tamanho de 0,3 mícrons, de forma que a poeira fica presa no aspirador e o ar expelido é limpo. O aspirador pode ser usado para aspirar tanto no seco como no molhado sem remover o filtro. O sistema de filtragem de dois estágios inclui um pré-filtro e o filtro HEPA. Filtros de papéis opcionais em sacos plásticos coletores, acopláveis, também podem ser usados.

TIP&POUR™
Aspirador filtrante HEPA

LAVADORES DE PRESSÃO

ADSPRAY™ 700SD/700CSD Lavadores de pressão

Agora existe uma versão sem exageros do lavador de pressão Advance *AdSpray* que oferece o desempenho que você precisa com preço baixo. Esse modelo oferece as funções básicas, fazendo-as simples de operar e fácil de trabalhar. Cada modelo vem com uma mangueira de pressão de 9m, gatilho com uma saída de 15°, pressão ajustável, injeção química e uma sólida estrutura tubular de ferro.

O *AdSpray 700 SD/CSD* é um modelo elétrico que está disponível tanto na versão portátil de mão (SD) como com carrinho (CSD). Possui pressão de 11,3L/min que esquenta a água até 82°C.

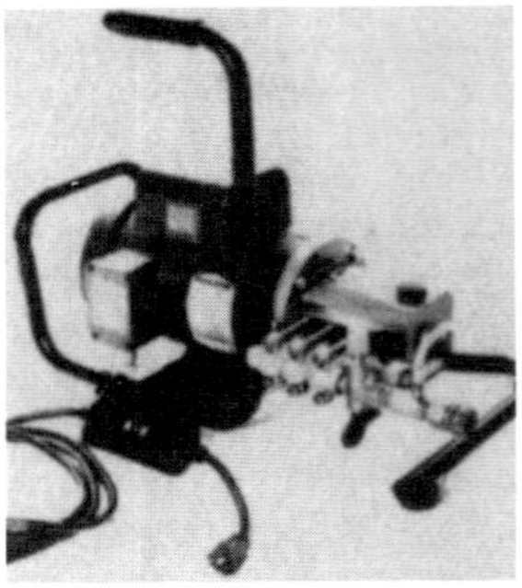

ADSPRAY™ 700SD/700CSD Lavadores de pressão

ADSPRAY™ 1000 Lavadores de pressão

Esse modelo portátil é leve, compacto e conveniente de mover ou guardar. O AdSpray 1000C é elétrico e vem com uma ligação terra para proteger a máquina e o operador. O AD Spray 1000C é um carrinho. O 1000 XPC tem uma alta pressão para uma limpeza potente, e é disponibilizado na versão de mão ou como carrinho. O modelo 1000XPC Deluxe pode ser usado com água previamente aquecida até 60°C para um poder extra de limpeza; tem também luzes indicadoras nos controles. Os modelos de mão ou em carrinhos são tanques de produtos. Todos esses modelos tem pressão ajustável de 250 a 1.000psi (17 a 138 bar), com 2,2gpm (8,3L/min) em todos os modelos *AdSpray*.

ADSPRAY™ 1000 Lavadores de pressão

ADSPRAY™ 1000C Lavadores de pressão com água quente

O *AdSpray 1000C* é um modelo elétrico que aquece a água até 60°C mais do que a temperatura da água que entra. O uso da água quente aumenta a eficiência da limpeza entre 30 e 50%. O aquecimento posterior protege válvulas e isolantes, evitando manutenção. A proteção embutida mantém a água líquida, evitando a vaporização. O aquecedor de água funciona tanto com gasolina como com querosene, ambos fáceis de se obter. O *AdSpray 1000C Hot* é um carrinho.

ADSPRAY™ 1000C Lavadores de pressão com água quente

ADSPRAY™ 1500, 2000 Lavadores de pressão

O *AdSpray 1500BCSD*, movido a gasolina, é um modelo em carrinho que possui motor Briggs&Stratton de 5hp. Tem uma bomba de 13L/min e também pode aquecer a água até 82°C. É ideal para locais remotos.

O *AdSpray 1500BG/HGC* e o *2000VGC* são modelos de lavadores de pressão movidos a gasolina. O modelo *1500* está disponível em carrinho ou para carregar na mão, e o modelo *2000* é um carrinho. Movidos à gasolina, podem ser operados em locais remotos. Todos os modelos são capazes de fazer jatos de areia com acessórios opcionais. Eles também contam com estrutura tubular para estabilidade extra.

ADSPRAY™ 1500, 2000 Lavadores de pressão

Glossário

Termos em itálico indicam palavras ou frases em cada definição que são definidas em outro lugar neste glossário.

abertura da casa: procedimento de planejamento operacional diário por intermédio do qual as unidades habitacionais que precisam ser arrumadas são designadas para *atendentes de seção* especificamente escaladas para trabalhar naquele dia. O procedimento se torna mais ou menos complicado dependendo do nível de ocupação e do número de unidades habitacionais que devem ser redesignados em virtude de dias de folga. Esta é a primeira de várias *atividades matutinas* realizadas todos os dias, devendo ser completada antes dos funcionários chegarem para trabalhar.

abordagem contingencial: teoria da administração que sustenta que o estilo gerencial apropriado depende da composição e das atitudes do quadro de funcionários. Relacionada com o modelo de *liderança situacional.*

absenteísmo: ausência do funcionário ao trabalho. Alto índice de absenteísmo é considerado um indicador confiável de baixa motivação dos funcionários.

acabamento: camada final de cera ou produto sintético com a intenção de proteger o piso da abrasão, proporcionar uma camada macia para o piso e, quando polido, dar-lhe aparência brilhante.

acabamento de polímeros de metal: acabamento de pisos que contém metais pesados como o zinco. Esse tipo de acabamento caiu em desuso por causa do perigo potencial que representa ao meio ambiente.

ácido: substância utilizada para diminuir o nível de pH da água para lavagem em uma lavanderia, para melhorar o processo de alvejamento.

acrílico: grupo de resinas plásticas claras e firmes produzidas de ácidos acrílicos.

administração: uma tarefa gerencial. Trata dos detalhes das obrigações executivas.

administração científica: pensamento sistemático sobre administração com base na obtenção de informações de onde derivar fatos, chegar a conclusões, fazer recomendações e agir.

administração da mudança: estímulo da criatividade e da inovação entre os subordinados, o que promoverá a cooperação quando mudanças nas políticas e procedimentos organizacionais forem necessárias. Uma atividade de *direção.*

administração de diferenças: encorajamento do pensamento independente entre trabalhadores e a resolução de conflitos; em geral chamada de *resolução de problemas.* Uma atividade de *direção.*

administração participativa: ato de envolver funcionários em discussões sobre decisões que afetam, em última instância, os próprios funcionários.

administrador (como um líder): habilidades de liderança da pessoa designada para gerenciar ou supervisionar um grupo de funcionários.

aeróbica: bactéria que necessita do ar (oxigênio) para sobreviver e crescer.

agente químico: química adicionada em uma solução que, na dosagem correta, matará bactérias, ou pelo menos impedirá seu crescimento.

agentes físicos: agentes não químicos que afetam o crescimento de bactérias ou as destroem. Exemplos podem ser a luz do sol, temperatura, calor, vapor e pressão.

agulhas: refere-se a agulhas hipodérmicas.

ala habitacional do hotel: área específica do hotel onde as unidades habitacionais estão localizadas; também inclui os corredores de hóspedes, elevadores, escadarias, áreas de *vending machines* e algumas áreas de serviço. Não estão incluídas as áreas sociais e públicas, restaurantes, áreas de recreação ou as principais áreas de serviço.

ameaça de bomba: anúncios mal-intencionados de futuras explosões ou bombas.

amortizar: diminuir periódica e gradualmente a despesa ou custo até zero, durante determinado período de tempo; por exemplo, as despesas de pré-abertura de um hotel ou hospital.

amplitude de controle: o número de subordinados que pode ser adequadamente supervisionado por um superior. Os fatores que influenciam nesse número incluem complexidade das tarefas, nível de habilidade dos subordinados, distância e tempo.

anaeróbica: bactéria que pode viver sem exposição ao ar (oxigênio).

análise de desempenho: decompor um cargo em seus vários elementos e tarefas a fim de avaliar como um elemento afeta o outro.

análise de problemas: coletar dados, averiguar causas e desenvolver soluções alternativas.

análise de salários semanal: demonstrativo de salários gastos por departamentos, mostrando comparações com os salários orçados e previstos; identifica áreas que estão fora de controle e indica medidas corretivas para retomar o controle de custos se necessário.

anticloro: substância utilizada para remover o excesso de cloro dos tecidos após o branqueamento.

anti-séptico: processo pelo qual compostos químicos são usados na pele com objetivo bactericida e germicida.

aparência de funcionário: aspecto do comportamento ou treinamento do funcionário relacionado com sua aparência pessoal e seu uniforme. Uma preocupação da gerência e da supervisão.

áreas públicas (áreas sociais): áreas físicas de um hotel onde o público em geral pode reunir-se ou passear; inclui o *lobby*, área de estar pública, banheiros públicos e passagens públicas. Não inclui *unidades habitacionais* ou *alas habitacionais* do empreendimento. Também exclui restaurantes, salas de reuniões, escritórios e áreas de serviço.

assepsia (cirúrgica): métodos de uso de equipamentos, produtos e procedimentos esterilizados ao entrar no interior "esterilizado" de um corpo.

assepsia (médica): métodos utilizados para evitar a propagação de doenças transmissíveis. A lavagem das mãos e o isolamento são alguns exemplos.

asséptico: estar livre de germes e infecções.

atendente de áreas sociais: quem trabalha em *áreas públicas*, em oposição às *alas habitacionais* de um hotel.

atendente de seção: pessoa regularmente designada para limpar unidades habitacionais em um hotel. Sinônimo de camareira, arrumadeira, atendente de unidade habitacional. Veja também *GRA* e *atendente de unidade habitacional.*

atendente de unidade habitacional (*guest room attendant, GRA*): veja *atendente de seção.*

atendente do *lobby*: veja *atendente de áreas sociais.*

atividades matutinas: grupo de atividades que ocorrem das 6h30 às 10h no *dia da governança.* Incluem a *abertura da casa*, o início do trabalho que foi atribuído, a condução da *checagem matutina das unidades habitacionais* (UH), a arrumação das UH e a disponibilização de UH *vaga limpa* para a recepção vender para novos hóspedes.

ativo: itens de valor. Registros no balanço patrimonial de uma empresa por meio de livros contábeis, que representam o valor registrado dos ativos. Veja também *ativo circulante*; *ativo permanente*; *ativo fixo.*

ativo circulante: *ativos* de natureza de curto prazo tais como caixa, contas a receber e estoques. Veja também *ativo fixo.*

ativo fixo: ativos tangíveis de natureza de longo prazo tais como terrenos, edificações, maquinário e equipamento. Veja também *ativo*; *bens de capital* e *ativo circulante.*

átomo: a menor combinação de um núcleo (principal ou prótons e nêutrons) e os elétrons ao redor que é associada a determinado elemento.

aumento de salário: aumento de salário concedido a um funcionário por desempenho satisfatório durante um período de tempo específico, por desempenho além do esperado ou em reconhecimento a aumentos de custo de vida ocorridos.

autoclave: máquina parecida com um forno que utiliza vapor sob pressão, na qual objetos são submetidos a um intenso calor por determinado período de tempo. Também é chamada de esterilizador.

auxiliar de governança do *lobby*: veja *atendente do lobby.*

auxiliar de seção: funcionário que é um membro da equipe de governança, auxiliando os outros membros. Deve ser capaz de carregar objetos pesados e operar maquinário utilizado na arrumação e limpeza das principais áreas da *ala habitacional* de um hotel; não está diretamente envolvido na limpeza regular e rotineira de unidade habitacional.

auxiliar de supervisão: assistente da *governanta executiva*, supervisiona toda a limpeza de *áreas sociais*, trabalhos por *projeto*, estoques de áreas de armazenamento e treinamento.

avaliação de enxoval: valor monetário do *estoque* de enxoval, incluindo tanto os *novos* como os *em uso.* O cálculo é determinado pela multiplicação da contagem específica de cada item de enxoval pelo seu último preço de compra conhecido. Um valor do estoque de ativo de enxoval como parte do total de *estoques.*

bacilo: bactéria com formato de bastão.

bactéria: microorganismos em geral, o mesmo que germes ou micróbios.

bacterial: sujeira ou compostos que contêm *bactérias* ativas (vivas).

bactericida: agente que detém o crescimento de bactérias.

bens de capital: ativos tangíveis ou intangíveis como terrenos e edifícios. Veja também *ativo circulante*; *ativo fixo.*

bolsa de chaves: bolsa de couro para guardar chaves. Em geral contém uma marca de identificação ou número para facilitar encontrar mais facilmente as chaves de determinada área das instalações e facilitar também o controle.

borracha de estireno e butadieno (SBR): borracha sintética feita de petróleo e utilizada como material para superfície de pisos.

budget: veja *orçamento.*

calendário de trabalho: sete semanas de trabalho divididas em *semanas de trabalho*, indicando os dias de trabalho normal e os de descanso previstos em cada semana, conforme apresentado na *escala de trabalho rotativa de governança.*

camareira: veja *atendente de seção.*

cancerígeno: substância que causa câncer.

capacidade de lavagem: peso ideal de enxoval que deve ser colocado em uma máquina de lavar industrial automática; por exemplo, 22, 44 ou 88kg; utilizada no *dimensionamento de lavanderias.* Ver também *capacidade de secagem; capacidade de manuseio.*

capacidade de manuseio: medida do desenho das instalações de lavanderia relacionada a quantidade e facilidade de manuseio de roupas no local.

capacidade de secagem: peso ideal de roupa que deve ser colocada em uma secadora comercial automática; por exemplo, secadoras de 20, 40 ou 60kg. Utilizada no *dimensionamento de lavanderias.* Veja também *capacidade de lavagem*; *capacidade de manuseio.*

capas de travesseiros: fronhas decorativas usadas em uma cama. Em geral são feitas do mesmo material que a colcha.

capitalizar: converter uma despesa em um item de capital ou debitar o custo de um item em uma conta de capital. Veja também *despesa, orçamento de capital, ativo fixo.*

carga de trabalho de 18 UH: carga de trabalho designada diariamente às *atendentes de seção* no hotel-modelo utilizado neste livro. Carga de trabalho típica que seria estabelecida em uma governança bem equipada de *hotéis de negócios.*

cargos fixos: cargos que são fixos em termos de requisitos de trabalho e quantidade de mão-de-obra; cargos não sujeitos a redução em função de flutuações na ocupação.

catiônico: íon com carga positiva.

cenário: esboço de possíveis eventos ou acontecimentos.

central de governança: sinônimo de rouparia central. Ponto físico central da atividade administrativa e operacional do departamento de governança. Normalmente contém ou é adjacente aos escritórios da *governanta executiva* e suas assistentes. Sob o controle do *supervisor de lavanderia* e/ou do supervisor noturno.

Ponto central de controle de toda a comunicação que emana da governança e recebida por ela. Ponto escolhido para itens de suprimento e especiais. Veja também *rouparias de apoio.*

cera de carnaúba: cera de alta qualidade obtida das folhas da planta de carnaúba.

checagem de UH: checagem visual de unidades habitacionais por um funcionário para determinar o seu *status*: *vaga limpa* (VL), *ocupada* (OC) ou *check out* (vaga suja, CO).

checagem matutina de UH: verificação visual nas unidades habitacionais (UH) com a finalidade de verificar seu *status*. A checagem é realizada por volta das 8h. As UH que não correspondem ao *status* de recepção são chamadas de discrepantes e devem ser investigadas. Alguns hotéis realizam a checagem matutina em todas as UH para determinar seus estados. Algumas vezes a governança escala funcionários de acordo com os resultados da checagem matutina.

checagem vespertina de UH: inspeção visual de todas as unidades habitacionais de um hotel para determinar o seu *status*. Os resultados da checagem são reportados no *relatório vespertino.*

***check list* de funcionários:** documento utilizado durante a fase de recrutamento de novos funcionários para garantir que nenhum passo será esquecido ou omitido no processo.

***check list* de manutenção:** documento utilizado como um guia no desempenho de uma *inspeção de manutenção.*

ciclo de orçamento operacional: expressão de tempo cronológico envolvendo preparo, ativação e operação do orçamento. Os ciclos de orçamento em geral começam de três a seis meses antes do início do ano fiscal. Incluem expectativas de vendas anuais e a utilização planejada de salários, benefícios e suprimentos controláveis. O novo orçamento é então revisto e analisado. Por fim, a aprovação do orçamento antecede a entrada do ano fiscal. À medida que o ano passa, é planejado o início do próximo ciclo de orçamento.

ciência da administração: derivação contemporânea da *administração científica*. A *ciência da administração* tenta aplicar modelos matemáticos para ajudar a solucionar a tomada de decisões gerencial.

círculo de qualidade: grupo de pessoas que consiste de gerentes, supervisores e funcionários, possuindo todos responsabilidade equivalente pela qualidade do trabalho ou da produção.

classificação de contas: ordenação de vários tipos de receitas, despesas e custos em grupos expressivos com objetivos contábeis.

***Clostridium perfringens*:** sem coloração no Gram, é um esporo anaeróbio. O "botulismo" é encontrado em fezes, esgoto, leite esterilizado inadequadamente ou alimentos fechados hermeticamente. Também encontrado em ferimentos não tratados (gangrena gasosa).

cobre-leito: colcha que cobre a cama até a cabeceira; em geral não chega até o chão; tecido grosso usado para cobrir colchões e travesseiros.

coccus: bactéria com forma cilíndrica.

comandante no local: membro da organização dos bombeiros ou da polícia local, ou outro oficial municipal tecnicamente competente com autoridade sobre os serviços da lei ou de polícia local, que se encarrega de uma situação de *emergência.*

comitê executivo: em geral, o nível mais alto da hierarquia operacional de um estabelecimento hoteleiro. Inclui gerente geral, gerente residente, gerente de alimentos e bebidas, *controller* e gerente de vendas e *marketing*. Outros membros podem incluir o gerente de recursos humanos, de segurança e de manutenção. É o mais alto corpo de definição de políticas da propriedade.

comodidade: qualquer coisa que faça a estada do hóspede ser mais fácil e agradável. Em geral refere-se a itens que são vistos como luxuosos. Uma comodidade normalmente não é essencial para o hóspede.

componentes de amônia quaternária: qualquer derivado de amônia no qual quatro átomos de hidrogênio foram substituídos por radicais orgânicos. A amônia quaternária é utilizada como desinfetante e em vários medicamentos.

componentes fenólicos: qualquer um dos derivados aromáticos hidroxílicos do benzeno, dos quais o ácido carbólico é o principal.

comprador: pessoa que desempenha a função de compras para todos os departamentos de um hotel. Veja também *compras.*

compras: função gerencial de cotar e encomendar itens de valor utilizados na produção de receitas. Algumas empresas possuem *compradores* que fazem todas as compras; outras exigem que os gerentes de departamento façam as funções de compradores para seu departamento, dando-lhes a responsabilidade pelas despesas.

computador: sistema eletrônico de componentes de *hardware* utilizado para armazenar e processar dados eletronicamente.

comunicar: passar ou receber conhecimento, instruções ou dados e se assegurar do pleno entendimento.

concorrência de compras: verificar criticamente as fontes e fornecedores alternativos de bens e serviços comprados para a operação de um hotel ou hospital.

consultor de lavanderia: especialista em desenvolvimento de instalações e operação de lavanderias.

consumidor (segmento de mercado): segmento de mercado de hóspedes que não está, normalmente, em uma conta de despesas; por exemplo, veranistas com ou sem crianças pequenas. Veja também *grupos*; *hotel de negócios.*

contaminação de funcionários: corrupção de funcionários inexperientes ou influenciáveis pela observação dos atos desonestos de outros.

controlar: desempenhar certas atividades que assegurem o progresso em direção aos objetivos planejados. Uma *função seqüencial da administração.*

controle de cartão de ponto: ato de *controlar* o uso de cartões de ponto pelos funcionários para seguir a política da empresa e as regulamentações governamentais.

controle de diluição: controle da mistura de certos agentes de *limpeza multiuso* com água em proporções prescritas que possibilitarão bom desempenho em vários tipos de operações de limpeza. Veja também *taxa de diluição.*

controle de inventário: função de administração de classificar, ordenar, receber, armazenar, emitir e contabilizar itens de valor.

controle de porções: especificar e fornecer aos funcionários quantidades específicas de química, soluções de limpeza ou outros agentes mensuráveis utilizados nas operações de governança. Alguns agentes de limpeza são pré-embalados em porções mensuradas e podem ser enviados para as *atendentes de seção* para tarefas de limpeza.

***controller*:** gerente responsável por todas as funções contábeis de um hotel ou hospital. Suas tarefas incluem o preparo de todo o *budget*, custos e procedimentos de auditoria interna; mensuração do desempenho com base nos planos, procedimentos e padrões previamente aprovados; interpretação e emissão de relatórios com dados financeiros para os outros membros do corpo diretivo do hotel; participação na definição das políticas do hotel e nas ações executivas.

coordenação (esforços dos funcionários): relacionar os esforços dos funcionários de forma a combiná-los mais efetivamente. Uma atividade de *direção.*

correção do *status* de UH: correção do *status* na recepção para refletir a situação real de todas as unidades habitacionais; em geral é realizada em torno de 16h30 todos os dias, a partir do *relatório de governança.*

crachá: método de identificação de funcionários por meio de insígnias. Os crachás normalmente indicam onde o funcionário trabalha e contêm um número de identificação, além de poderem possuir a foto do funcionário.

criação de descrição de cargo (*job description*): identificação e definição do escopo, relacionamentos, responsabilidades, tarefas e autoridade das pessoas na empresa. Uma atividade de *organização.*

crítica: relatório de análise de desempenho, em geral reservada aos elementos ou áreas cujo desempenho não se encontra sob controle. O relatório deve conter comentários sobre as ações propostas e como o controle dos elementos será recuperado. Um *procedimento-padrão de operação* realizado pelos gerentes de departamentos em empresas bem controladas.

custo de salários: classificação do trabalho baseada no cálculo de horas trabalhadas vezes um dado salário por hora, dependendo da classificação do funcionário. Ver também *custos controláveis, despesas de pessoal.*

custos controláveis: classificação de contas de despesas e de suprimentos sob o controle de um gerente de departamento. Veja também *despesas de pessoal, custos de salários.*

***cut loop*:** fios do carpete arrumados em ilhas de tufos altos e baixos para formar padrões e desenhos de diversas alturas.

debitar despesas: registrar como despesa ou gasto ou colocar em uma conta de despesa o custo dos negócios de um estabelecimento hoteleiro em um dado período de tempo. Veja também *capitalizar.*

deficiência de conhecimento: funcionários que não podem desempenhar uma tarefa mesmo que disso dependesse suas vidas. Em geral, causada por falta de treinamento ou de compreensão do que foi ensinado.

delegar: criar responsabilidades ou designar tarefas para subordinados, passando-lhes a necessária autoridade para agir e a responsabilidade final pelos resultados. Uma atividade de *direção.*

delinear relações hierárquicas: definir linhas de ligação dentro da organização formal para facilitar relacionamentos. Uma atividade de *organização.*

demonstrativo contábil: resumo das contas, mostrando uma avaliação do início das transações em uma determinada data, os créditos e débitos efetuados e o saldo remanescente ao final do período contábil. Veja também *balanço patrimonial* e *demonstração de resultados.*

demonstrativo de resultados de operações: relatório financeiro periódico que indica o desempenho realizado (resultados) e o compara com os valores orçados; apresenta receitas, despesas e lucro (ou prejuízo) de um dado período de tempo; pode também apresentar a utilização de *ativos*, como horas de trabalho e material.

demonstrativos periódicos: *demonstrativos financeiros* de natureza operacional cobrindo determinado período de tempo; indicam receitas, *despesas* e *lucro (ou prejuízo) controlável*; em geral mostram comparações com os valores orçados para o mesmo período; requerem análise dos elementos não controláveis. Veja também *demonstrativos operacionais.*

***denier*:** unidade de peso de seda, náilon ou raiom que é uma indicação de espessura. Um *denier* é igual a cinco centésimos de grama em uma fibra de 450m de comprimento. Quanto menor o número, menor a circunferência da fibra (uma *lingerie* de náilon *denier* 15 é mais transparente que uma *lingerie* de náilon *denier* 25).

depreciar: reduzir sistematicamente o valor contábil de um *ativo fixo* ao longo de seu período de vida útil estimado.

desastre natural: evento capaz de causar destruição de vidas, grandes prejuízos materiais, destruição e perigo. Pode ser causado por fogo, enchente, terremoto, furacão e tornado.

descartáveis de hóspedes: suprimentos de hóspedes que se espera que os hóspedes consumam ou levem embora. Exemplos são lenços de papel, sabonetes, etc. Veja também *suprimentos essenciais de hóspedes*; *itens de empréstimo para hóspedes.*

descrições de cargos (*job descriptions*): documentos que descrevem o trabalho que deve ser feito para cada cargo em um departamento. Especifica horários de trabalho, qualificações especiais requeridas do funcionário, caso haja, responsabilidades e tarefas dos que ocupam os cargos aos quais a descrição se refere. Em geral, são preparadas descrições para cargos operacionais e *supervisão de primeira linha.*

descrições de funções: equivalentes às *descrições de cargos*, mas escritas para cargos de gerência. Os documentos estabelecem a função básica gerencial, o escopo de responsabilidades, especificam responsabilidades e relações hierárquicas; também indicam onde o gerente deve gastar seu tempo. Veja e compare com *descrições de cargos.*

desempenho fraco: avaliação indicando que a qualidade do desempenho é pouco satisfatória.

desenvolvimento de estratégias: decisão de como e quando alcançar certos objetivos. Uma atividade de *planejamento.*

desenvolvimento de funcionários: melhoria de atitudes, conhecimentos e habilidades de funcionários com vistas a designar maiores responsabilidades ou a uma promoção. Uma atividade de *formação de equipes.*

desenvolvimento de políticas: tomada de decisões que irão governar quando, onde e como os procedimentos serão implementados; em geral de natureza de longo prazo. Uma atividade de *planejamento.*

desenvolvimento de subordinados: responsabilidade de administração para garantir o crescimento profissional daqueles funcionários subordinados a determinado departamento.

desenvolvimento pessoal de gerentes: responsabilidade dos gerentes de desenvolver subordinados ou gerentes juniores para futuras promoções.

desespumadores: química adicionada a um detergente para tecidos para reduzir a quantidade de espuma produzida pelo detergente na limpeza. São freqüentemente utilizados nas químicas de limpeza para extração de água de carpetes de forma que os tanques de captação da água não fiquem repletos de bolhas.

desinfecção: condição existente quando materiais infecciosos ou infecções são removidos.

desinfecção (concorrente): processo utilizado quando a doença ainda está presente.

desinfecção (terminal): processo utilizado ao final da doença.

desinfetantes: substâncias ou meios que servem para destruir *microorganismos patogênicos.*

desmotivadores: itens periféricos a um trabalho, tais como remuneração, condições de trabalho, políticas organizacionais e qualidade da supervisão que se não apropriadamente conduzidos desmotivarão um funcionário. Os efeitos positivos na motivação da condução apropriada desses itens são, em geral, de curto prazo. Veja também *motivadores.*

despesas de pessoal: custos incorridos resultantes de ter funcionários; incluem custos de saúde e assistência social, afastamento por doença, refeições e outros benefícios. Veja também *custos controláveis*; *custos de salários*.

despesas de pré-abertura: custos ou despesas normalmente associadas com a abertura de um hotel ou hospital (antes do início da geração de receitas). Esses gastos são, em geral, *amortizados* durante um período de vários anos depois que a operação começa. Podem incluir o custo de certos *ativos fixos* bem como custos pré-operacionais.

despesas diversas: lançamento de despesa incomum em conta corrente de hóspede (em oposição a despesas regulares, como de diárias, alimentos ou bebidas), pela compra de produtos ou prestação de serviços.

despesas operacionais: despesas associadas com a geração de receitas. Veja *demonstrativo operacional*; *orçamento operacional*.

detergente: química que atua como sabão e é utilizada para a limpeza de inúmeras superfícies. Os detergentes podem ser utilizados com eficiência em água dura, onde o sabão comum não produz espuma e deixa resíduo.

detergente não iônico: um detergente que não se separa em íons em solução.

detetive: alguém disfarçado para trabalhar a paisana a fim de reunir evidências contra pessoas culpadas de atos desonestos.

dia da governança: período do dia de 24h em que o departamento de governança está funcionando e operando; em geral das 6h30 à meia-noite.

dia de inspeção: dia particular dentro da semana de trabalho quando são feitas inspeções regulares de unidades habitacionais e de outras seções do hotel. Veja também *programa de inspeção por zonas*.

dimensionamento de lavanderias: determinação das *lavadoras*, *secadoras* e *capacidade de manuseio* adequadas para *lavanderias internas*.

***Diplococo pneumonia*:** Gram-positivo. Pneumonia lobular. Tratável com antibióticos.

direção: realizar determinadas atividades que culminam em ações intencionais rumo aos objetivos desejados. Uma *função seqüencial de administração*.

discrepância: situação que ocorre quando o *status* relatado de uma unidade habitacional (UH) pela recepção é diferente do *status* efetivamente observado pelo departamento de governança durante a *checagem matutina* ou *vespertina de unidades habitacionais*. Por exemplo, na recepção consta que uma UH está ocupada e a governança verifica que a UH está pronta ou foi uma *saída*. As discrepâncias devem ser resolvidas pela recepção ou a UH deve ser checada novamente pela governança.

disponível (vago limpo, VL): *status* de uma unidade habitacional que indica que a acomodação está vaga e foi arrumada para ocupação. Veja também *check out* e *ocupada (OC)*.

distúrbios civis: distúrbios causados em hotéis ou hospitais por uma ou mais pessoas que se recusam a obedecer aos pedidos, comandos ou solicitações daqueles com autoridade.

divisão da casa: grupo de quatro a seis *seções de quartos* juntamente com os corredores, elevadores, escadarias, áreas de serviço e armazenamento relacionados; pode ser designado por uma cor ou letra e está sob o controle de um supervisor.

documentado: evento registrado, acontecido, ou resultante de inspeção.

documento de divisão do trabalho: relatório preparado pela *governanta executiva* como resultado da inspeção e investigação das novas instalações hoteleiras antes de sua abertura. O relatório indica as áreas que exigirão limpeza e contém recomendações a respeito de quem deve ser responsável pela limpeza de cada área. Forma a base de desenvolvimento e aprovação do *plano de responsabilidade dos departamentos*.

***double double*:** unidade habitacional com duas camas de casal.

Douglas MacGregor: educador, autor, psicólogo organizacional; conhecido pelo desenvolvimento dos modelos da *teoria x* e da *teoria y* para administração.

***electrowriter*:** aparelho eletromecânico utilizado para transmitir mensagens manuscritas de fac-símile, em geral entre a governança, a recepção e a manutenção.

elementos da administração: fatores com que um administrador deve lidar: idéias, recursos materiais, dinheiro e pessoas.

em manutenção, interditada (UH): designação de uma unidade habitacional que, por algum motivo, necessita de reparo e não pode ser ocupada por um hóspede. A autoridade para designar este *status* normalmente é do chefe ou gerente de manutenção.

emergências: combinação de circunstâncias imprevistas ou estados resultantes que necessitam de ação imediata; podem sempre ser planejadas com antecedência mas raramente previstas.

emprego ou empregado cooperativado: classificação de funcionário ou de vaga na qual se chama o funcionário para trabalhar quando é necessário. Nenhuma escala de trabalho regular é esperada ou prometida.

entomológico: relativo a insetos, especialmente aqueles que podem causar ou carregar doenças.

entrevistas de desligamento: tentativa gerencial de obter informações concernentes às condições de trabalho e razões para demissões voluntárias de funcionários da organização.

enxoval: tradicionalmente eram tecidos feitos de linho, mas hoje é utilizado para lençóis, fronhas, toalhas, pisos de banheiros, guardanapos, etc.

enxoval de cama e banho: itens como lençóis, fronhas, toalhas de mão, toalhas de rosto, toalhas de banho e roupões de banho.

enxoval de mesa: toalhas, guardanapos, jogos americanos.

enxoval disponível: quantidade total de enxoval conforme registrado pelo *inventário*. Inclui o *enxoval novo disponível* e o *enxoval em uso*.

enxoval em uso: quantidade específica de enxoval em circulação ou sendo utilizado pelo departamento de governança para o serviço em unidades habitacionais na hora em que um inventário de enxoval está sendo realizado. Veja também *enxoval novo disponível* e *enxoval disponível*.

enxoval novo disponível: quantidade específica de enxoval novo e sem uso que é armazenado no hotel para quando for necessário; parte do total de *enxoval disponível*.

epóxi: acabamento sintético para pisos sem junções. Extremamente durável.

equipamento de computador *on line*: equipamento de computador (dispositivos de *input* e de *output* e *processador*) que estão eletronicamente conectados e prontos para operar todas as vezes que solicitado por um operador; em oposição a computador *off-line*, que requer entrada de dados no sistema.

equipe de governança (regular ou substituta): grupo de funcionários de governança que consiste em um atendente sênior (supervisor), vários atendentes de seção e um auxiliar de seção, que trabalham juntos, como uma equipe regular ou como uma equipe substituta nomeada, em uma *divisão da casa* designada. A equipe é, em geral, identificada por uma cor ou por um número, similar à identificação da divisão da casa na qual a equipe irá trabalhar.

equipe substituta: equipe de governança que trabalha substituindo uma ou mais *equipes regulares de governança* que estão de folga. Equipes substitutas trabalham nos lugares da *divisão da casa* de acordo com o que é predeterminado pela *escala de trabalho rotativa*.

escala de trabalho da equipe: sistema de organizar a escala de trabalho pelo qual um grupo de funcionários forma uma equipe permanente para desempenhar o trabalho em conjunto. Veja também *trabalho por equipes*.

escala de trabalho rotativa de governança: um sistema contínuo de escala de funcionários ou equipes para que tenham dias de folga regulares em cada semana de um período de sete semanas. Há um rodízio dos dias de folga regulares de cada semana conforme o ciclo de sete semanas vai se completando. Veja também *escala reduzida*.

escala reduzida: sistema de escala no qual um rodízio pode ser ou é modificado diariamente para se adequar à taxa de ocupação.

Escherichia coli: Gram-negativo. Pode crescer no sabonete. Nunca use barra de sabonete em lavatório público. Pode ser transmitida por excrementos de animal.

escola clássica: a primeira grande escola teórica da administração. Caracteriza-se por uma abordagem sistemática da gestão de ativos e funcionários de uma corporação. Henri Fayol e Frederick W. Taylor são considerados por muitos como fundadores dessa escola da administração.

escola comportamentalista: tentativas de aplicar o conhecimento adquirido de disciplinas de psicologia humana e de sociologia na gestão de funcionários. Seus defensores acreditam que a produtividade organizacional pode ser melhorada por meio da satisfação das necessidades psicológicas dos funcionários.

espiroqueta: microorganismos com formato de espiral.

esporos: microorganismos em uma concha protetora.

estabelecimento da estrutura organizacional: desenvolvimento do plano da organização formal para o cumprimento das tarefas do empreendimento. Uma atividade de *organização*.

estabelecimento de procedimentos: decisão e especificação de como uma tarefa deve ser realizada. Uma atividade de *planejamento.*

estabelecimento de qualificações de cargos: definição das qualificações e preparo das especificações das pessoas que ocuparão cargos na empresa. Uma atividade de *organização.*

estatísticas-alvo: itens quantitativos de dados que se tornam objetivos para o desempenho medido.

esterilização: processo no qual toda bactéria é eliminada pelo calor.

estilo de liderança: o comportamento observado de um líder em uma organização. Estilos comumente observados foram classificados e rotulados por teóricos da administração. Exemplos incluiriam a "teoria x" de MacGregor, cujos gerentes preocupam-se muito com a produção mas dão pouca importância ao bem-estar dos subordinados na organização, e o gerente da "teoria y", que preocupa-se igualmente com a produção e com as pessoas da organização.

estilos de administração: veja *estilos de liderança.*

estoques: quantidades disponíveis de vários itens de valor; registrado nos *livros contábeis* como *ativo circulante.*

exame com polígrafo: exame realizado em uma pessoa que pode dar indicações da sua honestidade ou desonestidade. A lei federal norte-americana proíbe seu uso para teste de candidatos a emprego exceto para alguns poucos cargos.

felpa: a trama de fios encontrada na superfície do tapete. O pêlo; sua densidade e peso são indicadores de qualidade.

ficha de funcionário: formulário padronizado utilizado para registrar detalhes de um funcionário como nome, endereço, tipo de regime de trabalho, salário, e registrar seu desempenho passado na empresa; pode ser informatizada.

fixar padrões: estabelecer as condições que existirão quando o trabalho for feito adequadamente.

fixar objetivos: determinar os resultados finais desejados. Uma atividade de *planejamento.*

fogo: decomposição química de um elemento combustível por queima ou combustão. Para que o fogo ocorra e se sustente há a necessidade de quatro elementos: combustível, oxigênio, calor e uma reação química.

folha de contagem: formulário utilizado para registrar resultados de inventários.

folha de designação de trabalho diário: formulário que indica as tarefas especiais de trabalho necessárias em um dado dia e as designa para determinado funcionário.

folha de UH especial: formulário em que são dadas instruções especiais de arrumação de unidades habitacionais (UH), ou reordenação da UH para uma função especial. Veja também *parlor; hospitality suite.*

folhas de dados de segurança de material: folhas de informação disponibilizadas pelos fabricantes de produtos químicos que descrevem os efeitos tóxicos desses produtos e os procedimentos adequados a serem seguidos ao utilizá-los. A lei norte-americana exige que essas folhas sejam acessíveis por todos os funcionários que podem estar expostos a produtos químicos potencialmente perigosos.

folhas de ponto, semanais ou periódicas: documentos em que são registrados os horários de trabalho do cartão de ponto; forma a base de cálculo para salários e para a folha de pagamento. Pode haver outros formulários de pagamento além das horas efetivamente trabalhadas.

força de tensão: um indicador da qualidade do tecido. O grau de força de tensão é determinado pela quantidade de fios (peso) necessária para tecer um pedaço de 1 × 3 polegadas do tecido.

formação de equipe: realização de certas atividades que resultarão na seleção de pessoas competentes para os cargos de uma empresa. Uma *função seqüencial de administração.*

formulário de contagem de enxoval: formulário utilizado para registrar os resultados da contagem de itens de enxoval. Veja também *folha de contagem.*

formulário de escala de trabalho rotativa de governança: formulário utilizado para criar e desenvolver um sistema de escala de trabalho, especificando dias de folga regulares das *equipes de governança* e de outros funcionários do departamento. Veja *escala de trabalho rotativa de governança.*

forro: camada de material colocada sob o carpete para aumentar sua elasticidade. Pode ser feito de vários materiais naturais e sintéticos.

forro primário: superfície na qual as fibras do carpete são trançadas em tufos. O forro é feito, em geral, de polipropileno.

forro secundário: um segundo forro do carpete que lhe deixa mais forte; em geral feito de polipropileno ou juta.

funcionário de primeira linha: um funcionário treinado que desempenha trabalhos operacionais de nível mais baixo na organização.

funcionário de tempo integral: funcionário em situação de tempo integral, em geral após cumprir com sucesso um treinamento e o período de experiência. Em locais livres de interferências sindicais, significa que o funcionário está comprometido com o trabalho e a empresa está comprometida a escalá-lo por mais de 30h semanais de trabalho regular.

funcionário extra: classificação do funcionário que não é fixo, trabalhando em período parcial. Veja também *funcionário temporário.*

funcionário meio período: na indústria hoteleira, alguém que regularmente comparece ao trabalho e é escalado para trabalhar na empresa 29h ou menos por semana. Veja também *funcionário fixo*; *funcionário regular*; *funcionário temporário*; *funcionário cooperativado.*

funcionário regular: alguém que tem um cargo de *tempo integral*; em geral obtido após o cumprimento do período de experiência de forma satisfatória.

funcionário temporário: classificação de funcionário cujo período de trabalho será temporário. A data do final dos serviços é estabelecida, em geral, no dia da contratação.

funções: atividades e tarefas de administração. Podem ser divididas em funções seqüenciais e contínuas.

funções contínuas da administração: ações relacionadas (*análise de problemas, tomada de decisões, comunicação*) que os gerentes exercem continuamente.

funções seqüenciais da administração: grupo de ações relacionadas (*planejamento, organização, formação de equipe, direção* e *controle*) que um administrador pode precisar fazer em dada seqüência. Essa seqüência é mais apropriada no gerenciamento de um projeto.

fundação: a primeira camada de produto aplicada a um piso. O objetivo de uma fundação é evitar que líquidos derramados que possam causar manchas e outros prejuízos penetrem no piso.

fungos: plantas simples sem clorofila. Mofo de pão é um exemplo.

gastos reais: gastos incorridos com mão-de-obra e suprimentos para permitir a geração de receitas, em oposição aos gastos orçados (projetados) ou esperados.

gerente de governança: gerente que é o principal auxiliar da *governanta executiva*, pessoa diretamente responsável pela limpeza das unidades habitacionais. Em pequenos hotéis, pode também ser a pessoa responsável pelo departamento de governança.

gerente de recepção (*front office*): pessoa responsável pelas operações da recepção de um hotel. Um dos vários assistentes principais do *gerente residente*, no mesmo nível hierárquico que a governanta executiva. Pessoa responsável pela recepção, portaria social, transportes, e outras atividades relacionadas em um hotel.

gerente residente: pessoa responsável pela operação de um hotel, com exceção do departamento de alimentos e bebidas. Um membro do comitê executivo. Em geral, o supervisor imediato do gerente de recepção e da *governanta executiva.* Equivalente ao gerente de hospedagem.

goma-laca: verniz feito de álcool e laca refinada. Laca é uma substância pegajosa feita de depósitos de insetos.

governanta executiva: pessoa responsável pelo gerenciamento e administração do departamento de governança de um hotel. Títulos sinônimos podem incluir: diretor de serviços, diretor de serviços internos, gerente de higiene e limpeza (em hospitais).

GRA: *guestroom attendant.* Veja *atendente de seção.*

Gram (positivo/negativo): refere-se à coloração de teste de amostras de determinada bactéria. Gram-positivo é o resultado de teste "azul" que ocorre quando determinada bactéria é tratada com certos reagentes de teste. Gram-negativo é a indicação "vermelha" do teste.

grupos: segmento de mercado de um hotel de negócios, em geral definido pela venda de dez ou mais pernoites para um mesmo grupo.

guia de pessoal do departamento: documento que especifica os cargos de uma empresa e o número de pessoas necessário para cada cargo. Utilizado como um guia para o recrutamento.

***hardware* (informática)**: componentes físicos de um sistema de computador; inclui dispositivos de *input* e de *output*, processadores, impressoras e monitores.

higiene de funcionários: hábitos de higiene pessoal dos funcionários que podem ser objeto de atenção de hóspedes ou de outros funcionários.

hipoclorito: sal ou éster de ácido hipoclorídrico, um ácido instável e fraco, que é utilizado como alvejante e desinfetante.

histórico de funcionários: registro escrito de situação de trabalho anterior; em geral, uma parte do currículo apresentado pelo funcionário que indica em ordem cronológica onde ele trabalhou no passado, incluindo datas de entrada e saída, nome do supervisor e motivo de saída do emprego.

homogêneo: completamente uniforme. Feito dos mesmos elementos.

hospedeiro intermediário: transmissor de doença que não é afetado por ela. Também conhecido como "portador imune". Um exemplo seria o mosquito anófeles, que pode picar uma pessoa infectada pela malária e transmitir a doença picando outra pessoa sadia depois.

hotel de negócios: um hotel em geral utilizado por pessoas que viajam a trabalho. Podem ter um público-alvo adicional, como hóspedes que procuram lazer.

***idophors*:** uma variedade de desinfetantes.

infecção hospitalar: infecção resultante de uma estada em hospital e da exposição a germes lá presentes.

informações de controle: dados coletados e utilizados para manter controle de uma operação.

***input* (informática):** dados introduzidos em um computador para processamento.

inspeção de manutenção: inspeção conduzida com o único propósito de levantar as necessidades de reparo, em oposição às necessidades de limpeza; conduzida também para garantir que a manutenção preventiva está sendo realizada regularmente nas máquinas e equipamentos.

inspeções de UH: inspeções periódicas de *unidades habitacionais* para garantir que *padrões de limpeza* e de serviço estão sendo mantidos.

inspetor: pessoa que não possui outra tarefa além de inspecionar unidades habitacionais em um hotel ou hospital, a fim de garantir que os *padrões de limpeza* estão sendo mantidos.

integração de novos funcionários: familiarizar novos funcionários com sua situação e entorno. Uma atividade de *formação de equipe.*

inventariar: contar e registrar as quantidades de itens de valor de *estoques.*

inventário de suprimentos de limpeza e de hóspede: uma das principais partes do inventário operacional sob o controle e a responsabilidade diretos da *governanta executiva.*

inventário físico de enxoval: contagem ou suprimento real de vários itens do *enxoval disponível.*

itens de empréstimo para hóspedes: suprimentos de hóspedes não encontrados normalmente em uma unidade habitacional mas disponíveis sob solicitação. Exemplos incluem secadores de cabelos, barbeadores, tábuas de passar e ferros. Os hóspedes assinam um recibo e especificam quando o item pode ser pego de volta pelo departamento de governança. Veja também *suprimentos essenciais de hóspedes* e *descartáveis de hóspedes.*

JCAHO: Comissão de Reconhecimento de Organizações de Saúde (*Joint Comission on Accreditation of Health Care Organizations*, JCAHO) nos Estados Unidos.

justificativa de horas-homem: relatório que explica quantas horas-homem e como elas serão utilizadas na geração de receitas.

juta: uma fibra forte e macia que vem de plantas asiáticas. É utilizada para fazer cordas, fios e forro de carpete.

lavanderia interna: lavanderia construída, possuída ou operada pelo usuário do enxoval processado; em geral dentro das mesmas instalações onde o enxoval será utilizado, mas pode estar em um anexo.

***layout* de alas habitacionais:** desenho de engenharia ou arquitetura do *layout* do maquinário, mobiliário, instalações e equipamentos.

lençóis que não amassam: tipo particular de enxoval feito com uma certa percentagem de fibra de poliéster. Também identificado como tecido misto; por exemplo, 50/50 misto tem 50% de algodão e 50% de poliéster. Se manuseado adequadamente na lavagem, sairá sem rugas.

lençol acabado: um lençol com bainha superior e inferior.

***level loop*:** um tipo de carpete no qual os laços da felpa são de altura uniforme.

licença não remunerada: período autorizado de ausência do trabalho sem remuneração, concedido ao funcionário pela gerência, durante o qual os direitos de aposentadoria são preservados.

liderança: tarefa de administração de influenciar pessoas para alcançar os objetivos desejados.

liderança situacional: teoria da administração que afirma que o estilo de liderança da administração deve variar de acordo com a situação, especialmente do nível de habilidade e atitudes dos subordinados.

limpador multiuso: um agente com várias funções desenvolvido para várias tarefas de limpeza diferentes, dependendo da *taxa de diluição* aplicada.

limpeza geral: veja *limpeza profunda.*

limpeza profunda: ato periódico de faxina de unidades habitacionais. Envolve a remoção do mobiliário pesado, a limpeza do pó em lugares altos, a virada de colchões, a aspiração de forros e cortinas, e outras tarefas de limpeza que não são normalmente incluídas na arrumação diária de uma unidade habitacional. Sinônimo de *limpeza geral.*

limpeza terminal: o ato de limpar uma enfermaria ou quarto cirúrgico após a sua utilização.

livro de ocorrência de recebimento de hóspede: livro no qual os hóspedes assinam pelo empréstimo de itens. Veja *itens de empréstimo para hóspedes.*

livro de registro de inventário: registro de quantidades de itens disponíveis específicos; contém também informações de preço e valorização do *estoque* total.

livros contábeis: conjunto de todos os dados, demonstrativos e registros associados ao sistema de contabilidade financeira estabelecido para cada departamento de governança.

lucro (prejuízo) controlável: o que resta após subtrair *custos controláveis, despesas de pessoal* e *custos de salários* da receita de determinado departamento. Em geral, sob o controle de um gerente de departamento.

lustrar: ato de dar brilho à superfície de um piso com uma máquina para pisos de alta velocidade (mais de 350rpm) para obter uma superfície com aparência de molhada.

manual de funcionário: coleção de fatos, regras, regulamentos e orientações sobre um hotel, hospital ou departamento específico; dado ao funcionário por ocasião de sua contratação para auxiliar na sua integração.

manutenção e reparo físico: correção de um defeito físico em uma instalação; ocorre sob a direção do chefe ou gerente de manutenção.

manutenção semanal: serviços ou reparos de manutenção identificados que são feitos semanalmente.

material: classificação geral de itens como móveis, equipamentos e suprimentos utilizados ou sob o controle da governança ou de outro departamento em um hotel, hospital ou instituição de saúde.

matriz da administração: representação gráfica de cinco estilos clássicos de comportamento exibidos por administradores quando pensam em decisões no contexto de um grupo.

mensuração de resultados: apuração da existência e da extensão de desvios dos objetivos e padrões. Uma atividade de *controle.*

mercerização: um processo de acabamento de tecidos que trata o algodão com soda cáustica. Esse processo fortalece o algodão e possibilita que os corantes penetrem melhor no tecido. Patenteado por John Mercer (1791-1866), um tintureiro de tecidos inglês.

método da demonstração: técnica de treinamento pela qual se mostra a alguém como realizar determinada tarefa.

método de conferência: uma técnica de treinamento em que os estudantes participam de uma oficina (*workshop*) para resolução de problemas. Uma excelente técnica para treinamento de supervisão.

método *once-around*: método de arrumação de uma unidade habitacional no qual passos e transporte de equipamentos e materiais desnecessários são eliminados ou minimizados.

método tutor-aprendiz: treinamento para uma pessoa, em que há um único aluno para cada instrutor.

microbiologia: ciência natural que se iniciou com a descoberta do microscópio. Desde o século XIII havia a sugestão de que organismos "invisíveis" eram responsáveis por decomposição e doenças. No final do século XIX, o termo "micróbio" foi cunhado para descrever esses organismos, que se imaginava relacionados. Bacteriologia, protozoologia e virologia são três sub-disciplinas.

mícron: uma unidade de medida – 10^{-6} metro, ou 1/25.000 de polegada (as bactérias encontram-se em geral na faixa de 1 a 300 mícrons).

microorganismos: bactérias, riquétsias, pequenos fungos (tais como germes e bolor), algas e protozoários, bem como formas de vida problemáticas como os vírus.

microorganismos patogênicos: bactérias e vírus causadores de doenças.

mineral: elemento químico sólido, cristalizado e homogêneo ou compostos que resultam de processos inorgânicos da natureza que possuem composição química específica.

modo de lavagem: determinantes quantitativos de como um determinado tipo ou peça de enxoval deve ser lavado, enxaguado e centrifugado; inclui a temperatura das soluções de lavagem e de enxágüe e as quantidades de detergentes, branqueadores e amaciantes a serem usadas durante os diversos ciclos de lavagem.

molécula: um composto criado a partir da combinação de um grupo de *átomos*.

***mop* (escova) seco:** tipo de vassoura utilizada seca para secar poças e para limpeza leve do chão. Essa técnica não pretende remover sujeira pesada ou realizar o acabamento de pisos antigos.

motivação: experiência intrínseca de uma tarefa ou trabalho que cria atitudes positivas e atua para aumentar a motivação. Veja também *desmotivadores*.

motivação de funcionários: criação de uma atmosfera onde os funcionários são persuadidos ou inspirados a tomar a ação desejada. Uma atividade de *direção*.

móveis, instalações e equipamentos (*furniture, fixtures and equipment* – *FF&E*): classificação dos *ativos fixos* de um hotel ou hospital que possuem vida útil depreciável específica, em geral de três a sete anos.

***Mycobacterium diptheria*:** Gram-positivo. Transmitido pelo leite. Não muito predominante devido à vacinação agora disponível contra a doença.

***Mycobacterium tuberculosis*:** Gram-negativo (cor vermelha). Resistente ao ácido (não pode ser eliminada com ácido).

não perturbe: aviso verbal ou escrito pelo hóspede para não incomodá-lo. Refere-se ao hóspede, não à unidade habitacional. O hóspede normalmente faz esta solicitação pendurando uma placa na maçaneta exterior da porta com os dizeres de "não perturbe".

necessidade de funcionários: documento preenchido por um departamento e enviado para o departamento de pessoal, solicitando que procedimentos de recrutamento sejam iniciados para preencher um cargo vago ou recém-criado.

necessidades previstas de mão-de-obra: declaração de curto prazo de necessidades de mão-de-obra para realizar determinada tarefa.

neutralizador de odor: moléculas de gás de um produto químico estimulam as células receptoras do olfato, cancelando os odores desagradáveis causados por outras moléculas de gás.

notificação de desempenho: ato formal de informar os funcionários a respeito da qualidade observada de seu desempenho. Pode ser verbal, mas é mais comum por escrito e se torna uma parte oficial dos registros dos funcionários.

número de fios: o número total de trançados em uma polegada quadrada (6,45cm^2) de tecido. É um indicador que indica a qualidade do tecido.

ocupação dupla: unidade habitacional ocupada por duas pessoas. Veja também *ocupação single*; *ocupação múltipla*.

ocupação múltipla: quando a unidade habitacional está ocupada por mais de dois hóspedes. Veja também *ocupação single*; *ocupação dupla*.

ocupação *single*: a unidade habitacional é ocupada por apenas uma pessoa. Veja também *ocupação dupla*; *ocupação múltipla*.

ocupada (OC): *status* de uma unidade habitacional indicando que há hóspede na casa; a presença de bagagem na UH indica a provável presença de um hóspede registrado.

óleo tungue: um óleo venenoso extraído da semente da árvore tungue. É utilizado com freqüência para o acabamento de superfícies de madeira.

olhar sem vício: inspeções conduzidas por pessoas que não estão regularmente associadas a determinada área; permite observar e relatar deficiências não percebidas por alguém que está em constante contato com essa área.

orçamento: ato de criar um sistema de gestão utilizado para a alocação de recursos em determinado período de tempo.

orçamento base zero: conceito de orçamento que requer que o planejador comece todo o processo de orçamentação do nada a cada ano. Nenhuma premissa a partir dos anos anteriores é assumida. Apesar de ter uma abordagem extremamente acurada, o orçamento base zero toma muito tempo e é difícil de aplicar em uma organização muito complexa e/ou muito grande.

orçamento de capital: demonstrativo financeiro dos gastos de capital estimados para um determinado período de tempo.

orçamento de pré-abertura: plano de utilização de certos itens de custo fixo e variável antes da abertura de um hotel ou hospital. Veja também *despesas de pré-abertura*.

orçamento operacional: demonstrativo financeiro de um plano que fornece estimativas de receitas, despesas e resultado operacional esperados para determinado período de tempo. Veja também *budget*; *orçamento de capital*.

orçamento operacional para o departamento de governança: parte do *orçamento operacional* total de um hotel ou hospital que se refere à governança. Em hotéis, essa parte do orçamento operacional trata de receita de diárias, despesas de pessoal de governança e *custos controláveis* que se referem à arrumação de unidades habitacionais e áreas sociais de um hotel.

ordem de serviço de manutenção: documento de três vias utilizado para registrar a necessidade de reparos; é transmitida para o departamento da manutenção. O formulário permite o controle da progresso do trabalho e o registro das horas de trabalho e dos materiais envolvidos na realização do reparo.

orgânico: substância ou produto de substâncias de origem animal ou vegetal. Quimicamente, compostos orgânicos contêm moléculas de carbono ligadas a uma ou mais moléculas de hidrogênio.

organização: desempenhar certas atividades que arranjam e relacionam as pessoas e o trabalho para um efetivo cumprimento dos objetivos. Uma *função seqüencial da administração*.

organização de linha: estrutura organizacional paralela às tarefas e atividades envolvidas no processo de produção de um bem ou serviço. Segue o princípio da *amplitude de controle* e da unidade de comando (cada funcionário responde apenas a um supervisor).

***output* (informática)**: dados gerados por um computador como resultado de dados de *input* que alimentaram o *processador*, que por sua vez responde para um programa de computador.

padrões de desempenho: condições existentes quando tarefas-chave são cumpridas adequadamente. Uma atividade de *controle*.

padrões de limpeza: declaração das condições que existirão quando o trabalho for feito adequadamente. Utilizados freqüentemente para a construção de formulários de inspeção. Veja também *fixação de padrões*.

pânico: processo psicológico incontrolável advindo de ação ou comportamento responsável que experimenta medo ou repentino susto, que se espalha entre as pessoas como resultado de não saber o que fazer em uma situação de emergência.

par stock: estoque padrão, específico ou normal por unidade habitacional.

***par stock* de enxoval**: quantidade de enxoval necessária para suprir certas necessidades; em geral, a quantidade total necessária para cobrir todos os leitos e suprir todos os banheiros de todas as unidades habitacionais.

parlor: sala de estar que geralmente possui equipamento para dormir escondido; pode ser arrumada para uma pequena reunião ou festa.

patogênico: causador de doenças.

pensamento conceitual: uma tarefa da administração. Formulação de conceitos para a resolução de problemas.

percal: tecido de algodão; tecido apertado de forma a ter um acabamento suave.

perfil de funcionários: descrição resumida da biografia de um funcionário indicando alguns traços, características e personalidade.

performance: desempenho.

período: segmento de tempo no qual o desempenho será demonstrado e mensurado para confrontá-lo com um plano ou orçamento.

período de experiência de funcionário: em geral os primeiros três ou quatro meses de emprego, quando o treinamento é conduzido e a adequação para o emprego de período integral é estabelecida. Um período antes de começar todos os direitos e benefícios do emprego.

personalidade de iniciativa: a característica e atitude pessoal e psicológica mostrada por um gerente quando envolvido na *resolução de problemas*.

peso de face: o peso por metragem quadrada de um carpete.

pisos não resilientes: materiais para pisos que não "se dobram" sob os pés. Exemplos incluem concreto, pedras de cerâmica, epóxi, mármore, *terrazzo* e outros pisos de pedra.

pisos resilientes: pisos que "cedem" sob os passos. Quando amassado, um piso resiliente eventualmente recuperará total ou parcialmente o seu formato original. Os materiais resilientes para pisos incluem asfalto, carpete, linóleo, borracha, vinil e madeira.

planejamento: desenvolvimento de certas atividades que predeterminam o curso de uma ação. Uma *função seqüencial da administração*.

plano anual de pedido de enxoval: sistema de encomenda de enxoval de longo prazo para vários itens; permite que o hotel ou hospital negocie diretamente com uma tecelagem; dá à fábrica a vantagem de manufaturar o enxoval na época mais conveniente.

plano de divisão da casa: documento que especifica a divisão da *ala habitacional de um hotel* em unidades de trabalho adequadas para limpeza e serviço. O plano é, em geral, um desenho dos andares das alas habitacionais, apropriadamente divididas em *seções* e *divisões* que delineiam as responsabilidades de supervisão.

plano de responsabilidade dos departamentos: documento que define geograficamente as áreas físicas de um estabelecimento e designa responsabilidades de limpeza entre os vários departamentos de uma organização hoteleira ou hospitalar; em geral é desenvolvido por meio do *documento de divisão de trabalho*.

plano de salário: uma tabela de aumento de salário por tarefas desempenhadas, divulgada entre os funcionários; em geral, indica aumentos de salário com base em tempo de serviço e o mínimo e máximo oferecido para cada cargo. Desenvolvida pelo departamento de pessoal como resultado de pesquisas de salário na região, grau de dificuldade dos cargos, disponibilidade de mão-de-obra e políticas da empresa.

plano pessoal: documento preparado por um gerente indicando como ele pretende levar a cabo suas responsabilidades e no qual ele se compromete com determinados objetivos.

polimento: aplicação de uma solução de acabamento no tratamento da superfície de um piso para retocar manchas de uso e restaurar o aspecto brilhante do chão; ato de polir a superfície de um piso com uma máquina para pisos de baixa velocidade (175 a 350rpm).

polipropileno: resina leve utilizada para fazer forro de carpete, moldes de plásticos e material isolante.

poliuretano: uma resina de plástico forte que resiste ao fogo, ácidos e não deteriora. Utilizada para várias finalidades, incluindo material isolante, substitutos de espuma de borracha e substitutos de verniz.

ponto de ignição: a temperatura na qual o vapor de uma substância inflamável se incendiará no ar, na presença de uma pequena chama.

prensas: maquinário comercial utilizado para passar roupa em lavanderias comerciais ou dentro dos estabelecimentos hoteleiros.

prevenção de furtos de funcionários: plano ou programa positivo que prevê com antecedência as possibilidades de funcionários roubarem.

previsão (*forecast*): estabelecimento de para onde o presente curso de ação levará. Uma atividade de *planejamento*.

previsão de ocupação: estimativa de curto prazo da ocupação de unidades habitacionais esperada para um dado período de tempo, seja um dia, uma semana, ou outro período em geral inferior a 90 dias.

previsão de salários semanal: documento preparado semanalmente pela gerência de governança, indicando quantas horas de trabalho serão necessárias ou gastas e em que *salários do departamento* (classificações) serão debitados.

pro forma: um balanço patrimonial ou sistema contábil que contém números com finalidade ilustrativa; em geral fornece indicações de como um sistema funcionará.

problemas de funcionários: problemas que podem culminar em problemas de funcionários no trabalho; funcionários ineficientes ou que causam interrupções ao trabalho.

procedimentos-padrão de operação (PPO): um documento formal de natureza duradoura que especifica métodos ou procedimentos de operação para a realização de uma tarefa.

processador (informática): o coração de um sistema de computador; armazena *programas* de computadores; aceita dados de *input*, processa dados de acordo com o programa, e fornece dados de *output* a partir da solicitação do operador.

processamento de dados eletrônico: processamento de dados por um *computador* quando um *hardware* está conectado *on line* com um processador.

produtividade: a habilidade de produzir. A *teoria da administração* está preocupada com o aumento da produtividade.

produtos do fogo: os efeitos secundários ou resultados do fogo. Incluem calor, fumaça, gases tóxicos e vapores.

programa (informática): a inteligência eletrônica armazenada em um computador que controla o processamento de dados. Veja também *software*.

programa de controle de chaves: plano de controle para prevenir a perda de chaves utilizadas por funcionários no exercício diário de suas funções.

programa de desenvolvimento individual: programa de desenvolvimento para gerentes que estão assumindo maiores responsabilidade e/ou promovidos na Marriott Hotel Corporation.

programa de inspeção: inspeção regular de áreas específicas de um hotel ou hospital. Normalmente é formalizado e especificado por meio de *procedimentos-padrão de operação.* Veja também *programa de inspeção da propriedade; programa de inspeção por zonas.*

programa de inspeção das instalações: programa formal para a inspeção de todas as instalações de um hotel ou hospital. Veja também *programa de inspeção; programa de inspeção por zonas.*

programa de inspeção por zonas: uma forma de *inspeção da propriedade* em que várias seções de um hotel são divididas em zonas, que são designadas para diversos inspetores; em geral, realizada uma vez por semana.

programa de prevenção de furtos de 14 pontos: 14 orientações para ação gerencial e de supervisão que podem reduzir a desonestidade e o roubo por parte de funcionários.

programa de prevenção de perdas: plano ou procedimento por meio do qual ações podem ser tomadas para eliminar ou minimizar a perda de vidas ou de propriedades.

programação: arranjo de um grupo de tarefas na ordem desejada. Uma atividade de *planejamento.* O ato de desenvolver um *programa de software* para um computador.

progresso do trabalho: ato de acompanhar o andamento de um trabalho completado por uma *atendente de seção* durante o *dia da governança.*

projeto: elemento do trabalho a ser desempenhado que não faz parte da *rotina diária.*

proteção: qualidade ou condição de estar livre de perigo, medo, ansiedade, incerteza, dúvida ou preocupação.

***Pseudomonas aeruginosa*:** Gram-negativo. Muito resistente a desinfetantes. O maior problema está nos banheiros públicos. Doença de maior predominância em mulheres. A bactéria cresce em água parada.

publicação "e se...": interessante apresentação de situações de emergência que uma pessoa pode encontrar em um hotel ou hospital. A apresentação está sob a forma de perguntas "e se...?" e mostra respostas alternativas.

reagentes: um grupo de soluções de teste utilizado para identificar certas bactérias e suas propriedades. Tais testes podem ajudar a determinar que químicas podem ser usadas para matar certas bactérias.

receita de diárias: valor monetário bruto gerado pela venda de diárias em um hotel.

rechecagens: unidade habitacional ou acomodação identificada pela recepção como *discrepância* e que não pode ser resolvida de imediato pela recepção. Exige que o departamento de governança faça uma segunda checagem no local para certificar-se do *status* correto da UH.

reclamação de funcionários de injustiça: declarações de funcionários que indicam que as relações não estão harmoniosas com a gerência; relacionadas com a maneira pela qual os funcionários são tratados. A principal causa de reclamações trabalhistas.

recompensa de funcionários: elogiar ou disciplinar funcionários conforme a necessidade de mostrar aceitação ou rejeição de suas *performances.* Uma parte da *avaliação de desempenho*; uma atividade de *controle.*

registro periódico de contagem de enxoval: registro de todos os itens de enxoval contados conforme as *folhas de contagem de enxoval* durante o *período de inventário.* Veja também *estoques*; *controle de estoques*; *registro de inventário.*

relatório de auditoria noturna para a governança: relatório preparado pelo recepcionista da noite para o departamento de governança ao final das atividades noturnas; preparado na recepção, indica as unidades habitacionais que necessitarão de arrumação no dia seguinte.

relatório de governança: um relatório feito diariamente pela governança para a recepção, indicando a correta situação de todas as unidades habitacionais (UH) de um hotel, conforme observado visualmente em cada uma delas aproximadamente às 15h. É a compilação dos resultados obtidos pela *checagem vespertina das unidades habitacionais* conduzida em todas as *alas habitacionais do hotel.* Especifica as UH que estão prontas (vagas e limpas), ocupadas por um hóspede ou que contêm bagagem e as que estão sendo arrumadas para a entrada de um novo hóspede.

relatório de supervisão das atividades noturnas: relatório mantido pelo supervisor noturno responsável pelo departamento de governança no segundo turno, indicando o volume e o tipo de atividades desenvolvidas. Inclui um relatório de *check outs* e de unidades habitacionais arrumadas, *rechecagens* realizadas e seus resultados, e um resumo das principais solicitações especiais feitas pelos hóspedes.

relatório diário de atendente de seção: formulário reservado para uma seção de unidades habitacionais específica, utilizado por uma *atendente de seção* durante o dia. Uma cópia desse formulário será utilizada para fazer a *checagem vespertina de UH* e se tornará o *relatório vespertino.*

relatório diário de supervisão: documento indicando todas as unidades habitacionais de uma *divisão da casa* divididas em seções. Permite que o supervisor acompanhe o progresso do trabalho das *atendentes de seção* durante o dia.

relatório vespertino: documento utilizado para registrar o *status* das unidades habitacionais de uma *seção de unidades habitacionais* no final da tarde, em geral por volta das 15h. Os formulários do relatórios são preenchidos diariamente para cada seção do hotel para indicar se as UH estão ocupadas (OC), prontas (VL), ou são de saída (CO). O relatório vespertino é a base do *relatório de governança.*

repasse: unidades habitacionais que precisam ser repassadas para ficarem disponíveis para a venda. Só precisam de uma arrumação leve, não precisando de arrumação de camas completa ou serviço mais pesado. São também as UH que já foram limpas antes do hóspede deixar o hotel, e agora precisam de pouca coisa para estar disponíveis para uma nova ocupação.

requisitos de peso de enxoval: quantidade específica de enxoval pelo peso, gerado pelas demandas de enxoval em um hotel ou hospital em particular, baseado no porte do empreendimento (número e tipo de leitos). Utilizado para determinar a *capacidade de lavagem* e a *capacidade de secagem* no *dimensionamento de lavanderias.*

resolução de problemas: iniciativa. Ato de buscar soluções para problemas pessoais e profissionais. O resultado final da *análise de problemas.*

***resort*:** um hotel de estilo e luxo localizado perto de atrativos culturais, pontos geográficos de interesse ou centros de atividades. Pode ser freqüentado por executivos e turistas de compras, mas é principalmente um destino de lazer.

resumo consolidado de vendas de diárias: documento preparado pelo departamento de vendas e *marketing* indicando o número de pernoites que se espera vender durante o próximo ano fiscal. Usado por outros departamentos para estimar salários, benefícios, e *custos controláveis* para sustentar tais vendas; uma parte de todo o plano orçamentário.

reuniões departamentais: uma técnica de comunicação com todos os membros do departamento ao mesmo tempo. As reuniões departamentais de governança devem ser agendadas pelo menos uma vez por mês e quando situações excepcionais as exigirem. As reuniões devem ser interessantes, informativas e sempre controladas pela gerência. Sempre deve ser reservado um tempo para os funcionários fazerem perguntas, que devem receber respostas adequadas.

rondas de limpeza e manutenção: seqüências planejadas para efetuar a arrumação de várias *áreas sociais.*

rotatividade de funcionários: o número de funcionários que deixaram uma organização durante dado período de tempo, expresso em percentual. Calculado a partir do número total de funcionários que se desligaram da empresa em um ano, dividido pela média do número total de cargos existentes na organização (número total de cargos no início do ano mais o número total de cargos no final do ano dividido por dois). Esse índice é expresso como percentual. Uma rotatividade alta é um dispêndio para a organização.

rotina diária: série de eventos administrativos e relacionados ao trabalho que ocorre entre 6h30 e meia-noite, e formam a rotina do departamento de governança nas áreas habitacionais e sociais de um hotel. Veja também *dia da governança.*

roupa de cama: toda a roupa de cama, como lençóis e fronhas, e cobertores, mantas, cobertas, colchas, acolchoados, protetores de colchão, cobre-leitos, travesseiros, etc.

rouparia central: veja *central de governança.*

rouparia de apoio: uma das várias áreas de serviço satélites localizada na *ala habitacional* de um hotel; utilizada como uma estação de trabalho central para a *equipe de governança*; uma área de armazenamento para camas extras, enxoval e outros suprimentos utilizados regularmente pelas *atendentes de seção* e auxiliares no decorrer de seu trabalho. Veja também *central de governança.*

saída, *check out* (CO): designação de uma unidade habitacional cujo hóspede deixou o hotel e que está esperando para ser arrumada, ou em processo de arrumação para receber um novo hóspede. O mesmo que *vaga suja.*

salários do departamento: sistema de classificação para a identificação dos vários tipos de horas de trabalho usados pelos departamentos em hotéis e hospitais. As classificações se referem, em geral, ao tipo de tarefas que são realizadas.

Salmonella choleraesuis: Gram-negativo. Forma de contaminação de alimentos. O corpo pode tolerá-la e eliminá-la. É usada para testar germicidas.

sanforizar: processo patenteado que pré-encolhe tecidos de algodão, linho ou raiom. O processo foi inventado por Sanford L. Cluett (1874-1968).

sanitizador: substância ou produto para sanitizar ou prevenir a propagação de doenças.

seção de UH: grupo de 13 a 20 unidades habitacionais contíguas que podem ser limpas e arrumadas por uma pessoa em um turno de 8h. Uma seção de UH é, em geral, designada por um número e está sob responsabilidade de uma *atendente de seção.*

seção em aberto: uma *seção de unidades habitacionais* criada para ser normalmente arrumada mas que, devido à falta de ocupação, não possui nenhuma *atendente de seção* trabalhando nela. As unidades habitacionais ocupadas da seção em aberto devem ser redesignadas para outra *atendente de seção* daquele dia.

segunda linha: enxoval e roupas que possuem imperfeições, a maioria das quais são imperceptíveis e não prejudicam a utilização do produto.

segunda ordem de serviço: ordem de serviço de manutenção emitida e enviada pela segunda vez ao departamento de manutenção, referente a uma solicitação de serviço que ainda não foi atendida.

segurança mínima para UH: nível de qualidade nos atributos ou nos itens físicos de uma unidade habitacional que fornece ao hóspede uma razoável medida de proteção contra pessoas indesejáveis.

selador: produto preparado para penetrar nos orifícios da superfície porosa de um piso. Protege o piso de líquidos derrubados.

seleção de funcionários: recrutar e conquistar pessoas qualificadas para cada posição da organização. Uma atividade de *formação de equipe.*

semana de trabalho: sete dias consecutivos com início e fim identificáveis, utilizada para separar uma semana de outra nas operações hoteleiras contínuas. A semana de trabalho pode começar em qualquer dia da semana, terminando seis dias mais tarde. A identificação da semana de trabalho é imperativa para o planejamento da escala de trabalho e para fins contábeis.

seringa: refere-se a seringa hipodérmica.

símbolos de comunicação: uma série de símbolos escritos utilizados para comunicar o *status* das unidades habitacionais, por exemplo: VL, CO, OL, OS, NP e M.

sistema de cartões de entrada: sistema tecnicamente superior para permitir a entrada em unidades habitacionais hoteleiras. A maioria dos sistemas utiliza dispositivos de plástico com assinaturas eletrônicas intercambiáveis que ativam as fechaduras das portas, eliminando a necessidade de uma chave tradicional.

sistema de etiqueta vermelha: sistema de controle que utiliza uma etiqueta vermelha para administrar a remoção legal de *ativos* do hotel ou hospital. A etiqueta indica que material está sendo removido e qual é seu verdadeiro proprietário; é assinada por um gerente. Um recibo (segunda via) da etiqueta é retido pelo vigia da portaria quando o item é removido, e é enviado de volta ao gerente que autorizou a remoção para controle.

sistema de organização por equipe: sistema de organização formal no qual vários grupos organizacionais similares podem ser identificados e reconhecidos desempenhando tipos de tarefas idênticas. Veja também *formação de equipes*; *equipes de governança.*

sistema de relatórios: determinação dos dados críticos que serão necessários, por quem, e com que freqüência, a fim de conduzir uma operação. Uma atividade de *controle.*

***software* (informática)**: o programa por meio do qual um computador processa dados; em oposição ao *hardware* do computador, que são os componentes físicos de um sistema de informática.

solicitação de hóspedes: qualquer solicitação que não está incluída no serviço regular, como toalhas extras, secador de cabelos, cama extra, berço, etc.

solução três-vezes: refere-se à taxa de diluição (em água) de um limpador multiuso que se torna um agente adequado para certas operações de limpeza após aproximadamente três esfregas; por exemplo, a diluição de 40:1 de um agente de limpeza específico é utilizada para limpar espelhos e janelas esfregando três vezes. Ver também *solução uma-vez.*

solução uma-vez: *taxa de diluição* de um limpador multiuso que proporciona um agente de limpeza adequado para certas operações em aproximadamente uma "passada de pano"; por exemplo, a taxa de diluição de 4:1 de determinado agente de limpeza é utilizada para higienizar um vaso sanitário após passado uma vez. Veja também *solução três-vezes.*

solventes de nafta de petróleo: limpadores de tecido e removedores de mancha feitos de petróleo destilado ou produtos de alcatrão.

***spot check* (checagem aleatória no local):** inspeção seletiva de unidades habitacionais e outras seções do hotel para garantir que os *padrões de limpeza* e de manutenção estão sendo mantidos.

***Staphylococcus aureus*:** Gram-positivo (cor azul). Maior causa de infecções (furúnculos, carbúnculos, infecções de ouvido), envenenamento de alimentos. Tamanho: 0,8 a 1 mícron. É resistente a antibióticos; o melhor tratamento é o calor.

***Streptococcus pyogenes*:** organismo cilíndrico e em forma de cadeia que causa infecção de garganta. Gram-positivo. Bactéria encontrada em locais públicos; ferimentos e infecções de garganta. Também associada à febre escarlatina e febre reumática.

sub-rotina: uma série de eventos ou atividades rotineiras realizados periodicamente no departamento de governança, distinta da *rotina diária* mas de igual importância. Envolve o controle de operações, compras, administração de pessoal, comunicações e treinamento, e planejamento de longo prazo.

suíte: duas ou mais unidades habitacionais que são vendidas como uma unidade e conectadas internamente. Veja também *tipos de unidades habitacionais.*

suíte de hospitalidade: unidade habitacional que foi temporariamente arrumada para acomodar uma pequena festa; pode ter sido necessário o rearranjo da mobília; melhor se instalada em uma suíte ou *parlor.*

supervisor de governança (atendente sênior): supervisor que é responsável por uma *divisão da casa* e pelo pessoal que lá trabalha; supervisiona diversas *atendentes de seção* e uma *auxiliar de seção*; garante que os funcionários da seção cumprem os padrões; inspeciona a limpeza de unidades habitacionais quando necessário.

supervisor de lavanderia: cargo de supervisão em lavanderias internas de hotéis ou hospitais; subordinado ao gerente de lavanderia.

supervisor de rouparia: supervisor responsável pela rouparia central; auxilia a governanta executiva. É encarregado da rouparia central ou principal, de suas operações, e da comunicação com o departamento de governança, recepção, manutenção e com os hóspedes.

supervisor noturno de governança: supervisor responsável pelas operações noturnas de governança; um auxiliar da *governanta executiva.*

supervisores de primeira linha: quem supervisiona um ou mais funcionários de primeira linha.

suprimentos de hóspedes: suprimentos necessários em função da ocupação de unidades habitacionais. Veja também *suprimentos essenciais de hóspedes, descartáveis de hóspedes* e *itens de empréstimo para hóspedes.*

suprimentos essenciais de hóspedes: suprimentos de hóspedes que são essenciais em unidades habitacionais mas que não se espera que os hóspedes removam das unidades habitacionais. Exemplos incluem copos para água, formas de gelo e cabides. Veja também *descartáveis de hóspedes*; *itens de hóspedes sob solicitação.*

***systemeering*:** um termo cunhado pelas indústrias Baring (consultores de lavanderia) relacionado ao serviço prestado por seus consultores quando estudam e estabelecem as necessidades de equipamento de lavanderia para um usuário (cliente). O serviço inclui recomendações para a compra de equipamentos, coleta de preços e desenhos mecânicos para as instalações.

tabela de necessidade de pessoal: ferramenta gerencial utilizada para descrever o número de unidades habitacionais que constituem uma certa percentagem da taxa de ocupação em cada nível (de 0 a 100%); o número de *atendentes de seção* e o número de horas de trabalho necessárias por dia, por semana, e por período contábil para limpar e arrumar um certo percentual do nível de ocupação.

tamanho do lençol sem bainha: comprimento e largura de um lençol antes de ser feita a bainha superior e inferior, que diminuirão aproximadamente 12cm no comprimento de um lençol.

tambor de chave: a parte do mecanismo da fechadura de uma porta que contém o segredo da chave; abriga os pinos que combinam com a dentada de uma chave específica utilizada para abrir a porta. Os tambores são removíveis e, portanto, intercambiáveis.

tarefas do administrador: objetivos contínuos impostos a uma pessoa que administra, como *pensamento conceitual, administração* e *liderança.*

taxa de diluição: comparação entre a quantidade de água que é, ou deve ser, adicionada a determinado agente de limpeza recomendada para uma tarefa de limpeza específica. Por exemplo, uma taxa de diluição 20:1 significa que 20 partes de água devem ser adicionadas a 1 parte do agente de limpeza para determinada tarefa. Veja também *controle de diluição; limpador multiuso.*

taxa de rotatividade: ver *rotatividade.*

Taylor, Frederick W.: notável industrial, escritor e consultor, reconhecido como o pai da administração científica.

tecelagem: local onde os enxovais são tecidos. As tecelagens normalmente vendem para hotéis e hospitais através de intermediários, mas hotéis grandes ou mais bem organizados negociam diretamente com as tecelagens.

tecido atoalhado: tecido com trama de fios que cobrem longitudinalmente a extensão de uma toalha, que faz seu tecido ter fios de ambos os lados da toalha. São, em geral, 100% algodão.

tecido cru: tecido sem acabamento direto dos teares.

técnica de nivelamento: estilo de conduzir uma avaliação de desempenho quando desempenhos fracos, insatisfatórios ou questionáveis são objeto de avaliação.

tempo para o pagamento: expressa o número de dias decorridos entre quando o funcionário completa a semana de trabalho e quando está disponível o pagamento; varia entre 3 e 14 dias, dependendo do tempo de processamento da folha de pagamento.

teoria da administração: desenvolvida primeiro por Henri Fayol, era uma tentativa de aplicar princípios científicos a uma organização empresarial. Um dos componentes da *escola clássica.*

teoria da administração centrada no trabalho: teoria clássica da administração que se desenvolve em torno da preocupação com a produção. Dois importantes princípios vêm dessa teoria: da autoridade – o direito de comandar e o poder para exigir obediência; e do processo decisório – de responsabilidade dos que devem garantir a produção.

teoria x: forma de pensamento a respeito dos funcionários que acredita que não se pode encontrar nenhuma satisfação intrínseca no trabalho; que os seres humanos evitam o trabalho tanto quanto podem; que direção positiva (autoritária) é necessária para alcançar as metas da organização; e que os trabalhadores possuem pouca ambição ou originalidade. A teoria x é reconhecida em um administrador pela forma como ele se comunica.

teoria y: pensamento em administração que infere que o trabalho é natural e deve ser motivo de diversão para o trabalhador; que o trabalhador comprometido terá autodisciplina e direção; que a fuga de responsabilidades, a falta de ambição e a ênfase em segurança são conseqüências gerais da experiência – e não características inerentes aos ser humano.

teoria z: modelo de administração japonês que afirma que a produtividade pode ser aumentada em uma organização por meio do envolvimento de todos os funcionários no processo de planejamento e de tomada de decisão. O termo foi cunhado por Thomas Ouchi em seu texto de administração intitulado "Teoria z". Ver *administração participativa.*

termoplástico: certas resinas que possuem o potencial de tornarem-se flexíveis quando aquecidas.

terrazzo: material composto para pisos feito de lascas de mármore, granito, travertino ou outros materiais, e cimento.

tipo de ocupação: forma pela qual um hóspede ou grupo ocupará unidades habitacionais (UH); *ocupação single* é quando há apenas uma pessoa na UH; *ocupação dupla* é quando há duas pessoas; *ocupação múltipla* é quando há mais de duas pessoas em uma UH.

tipos de unidades habitacionais: diferenciação entre unidades habitacionais baseada em tipos de quartos de dormir ou de equipamentos; usualmente identificados por símbolos específicos conforme segue: T (*twin*), quarto com uma cama de solteiro; TT, quarto com duas camas de solteiro; D (*double*), quarto com uma cama de casal; DD (*double double*), quarto com duas camas de casal; ST, *studio*, ou quarto com um sofá conversível em cama; Q, quarto com uma cama de casal *queen size*; K, quarto com uma cama de casal *king size*; P, *parlor* com equipamento de dormir escondido, que pode abrigar uma pequena reunião; S, suíte, dois ou mais quartos de dormir conectados internamente e vendidos como uma unidade; BS, suíte duplex com dois pisos tendo uma escada interna interligando-os; ES, suíte executiva de alto nível, em geral com dois ou mais quartos mas permitindo acesso ao corredor a somente um deles.

tomada de ação corretiva: ajuste de planos e deliberação conforme necessário para atingir os padrões. Pode requerer novo planejamento e uma repetição das *funções seqüenciais da administração.* Uma atividade de *controle.*

total de enxoval disponível: ver *enxoval disponível.*

trabalho por equipes: sistema de escala de trabalho pelo qual os funcionários são recrutados e combinados para equipes identificáveis, com o objetivo de formarem unidades de trabalho com relações lógicas. Veja também *escala de trabalho em equipe* e *equipes de governança.*

trama: fios transversais em um tecido; corrente de fios trançados na largura de um tecido.

treinamento de funcionários: tornar os funcionários eficientes no desempenho de uma tarefa por meio de instruções e prática. Uma atividade de *formação de equipe.*

treinamento de simulação: uma técnica de treinamento em que uma unidade habitacional é reservada para esse propósito, e na qual várias situações são apresentadas para o aluno para resolução.

treinamento em *workshop*: técnica de treinamento utilizada principalmente para treinar supervisores. Envolve a apresentação de problemas gerenciais e permite que os participantes discutam uma ou mais soluções, que então são criticadas.

treinamento no trabalho (*on the job training*): técnica de treinamento na qual um ou mais *trainees* são orientados sobre o que fazer na situação de trabalho. Os funcionários praticam determinada habilidade e são observados pelo instrutor. O trabalho é, então, criticado pelo instrutor. Quando há apenas um *trainee* por vez, a técnica é chamada de *método do tutor-aprendiz.*

triângulo da administração: relacionamento entre três aspectos da atividade administrativa; interesse pela realização do trabalho, interesse pelas pessoas que realizam o trabalho, e aplicação de técnicas científicas no campo da administração.

***Tricophyton interdigitale*:** Sem coloração Gram. Um fungo (pé-de-atleta). O fungo pode ser utilizado para avaliar um germicida.

***turnover*:** veja *rotatividade de funcionários.*

unidade habitacional (UH): acomodação numerada em um hotel destinada especialmente a acomodar um ou mais hóspedes permanentes ou transitórios; mais freqüentemente alugada, embora possa ser cedida a hóspedes especiais; localizada em uma das principais seções do hotel, conhecida como *ala habitacional.*

unidade habitacional encontrada vaga: *status* de uma unidade habitacional conforme observado pela governança. A UH estava registrada como ocupada pela recepção, mas foi encontrada vaga. Essa não é uma ocorrência incomum quando o hóspede deixou a forma de pagamento predeterminada ou as despesas pagas antecipadamente. Isso cria uma discrepância que é resolvida com a rechecagem da UH.

uniformes: vestuário utilizado pelos funcionários para que sejam reconhecidos pelo público em geral como representantes do empreendimento.

urdidura: fios longitudinais em um tecido; trançado de fios no comprimento de um tecido.

vaga limpa (VL): o ato de arrumar uma unidade habitacional (UH) para ser ocupada. Arrumar uma UH a prepara para mudar de *status* de VS (vaga suja) para VL (vaga limpa).

vaga suja: ver *saída.*

varejista de enxoval: pessoa que negocia tecidos; pode representar diversas *tecelagens*; tem conhecimento e acesso a fontes de fornecimento imediato de enxoval.

vendas por homem-hora: índice de desempenho de duas estatísticas mantidas pela indústria hoteleira que pode ser utilizado como medida de desempenho operacional; reflete a quantidade de receita gerada pela venda de pernoites para cada hora de trabalho utilizada para manter a ocupação do hotel e gerar essa receita; pode ser orçado ou previsto para depois ser comparado com o desempenho real. Veja também *estatísticas-alvo.*

verniz: líquido que proporciona superfície brilhante, dura e transparente à madeira ou metal. É feito de resinas que foram dissolvidas em óleo, terebintina ou álcool.

vírus: parte do reino protista, inclui o influenza (vírus da gripe), o adenovírus tipo 2, o da varíola, da herpes e da AIDS. Gram-positivo (coloração azul). Principal causa de infecções (furúnculos, carbúnculos e infecções de ouvido) e de envenenamento por alimentos. Seu tamanho varia de 0,8 a 1mícron. Resistente a antibióticos, a melhor opção é o calor.

zona: parte de uma instalação hoteleira que é sujeita a inspeção por zonas. Ver *programa de inspeção por zonas.*

Índice Remissivo

As páginas seguidas pelas letras *f* e *t* significam, respectivamente, figuras e tabelas.

V

Z